FASSBENDER/KÖNIG/MUSALL

Sächsisches Kommunalrecht

REIHE
Rechtswissenschaft heute

Sächsisches Kommunalrecht

Lehrbuch

von

Professor Dr. Kurt Faßbender
Juristenfakultät der Universität Leipzig, Lehrstuhl für Öffentliches Recht, insbesondere Umwelt- und Planungsrecht

Edgar König
Hauptamtlicher Dozent an der Hochschule für öffentliche Verwaltung und Rechtspflege (FH), Fortbildungszentrum des Freistaates Sachsen (nachfolgend HSF Meißen)

Professor Peter Musall
Rektor a. D. der Fachhochschule Meißen, Studienleiter der Sächsischen Verwaltungs- und Wirtschaftsakademie

3., neu bearbeitete Auflage, 2025

BOORBERG

Bibliografische Information der Deutschen Nationalbibliothek|Die Deutsche Nationalbibliothek verzeichnet diese Publikation in der Deutschen Nationalbibliografie; detaillierte bibliografische Daten sind im Internet über www.dnb.de abrufbar.

3. Auflage, 2025
ISBN 978-3-415-07695-2

Satz: abavo GmbH, Nebelhornstraße 8, 86807 Buchloe |
Druck und Bindung: CPI books GmbH, Eberhard-Finck-Straße 61, D-89075 Ulm

Richard Boorberg Verlag GmbH & Co KG | Scharrstraße 2 | 70563 Stuttgart
Stuttgart | München | Hannover | Berlin | Weimar | Dresden
www.boorberg.de

„Die Menschen, nicht die Häuser machen die Stadt."

(Perikles)

Vorwort zur 3. Auflage

Für diese 3. Auflage sind alle Kapitel überarbeitet und aktualisiert worden. Die Neuauflage berücksichtigt vor allem das Dritte Gesetz zur Fortentwicklung des Kommunalrechts vom 19.2.2022, dessen zahlreiche Änderungen allesamt eingearbeitet worden sind.

Dies betrifft beispielsweise die Möglichkeit für Gemeinden, Bürgerbeteiligungssatzungen zu erlassen oder dass in Ausnahmefällen Gemeinderatssitzungen ohne persönliche Anwesenheit im Sitzungsraum durchgeführt werden können. Des Weiteren enthält die Sächsische Gemeindeordnung nunmehr verbindliche Vorgaben für alle Gemeinden, etwa bei der Mindestgröße einer Fraktion sowie deren angemessene sächliche Mindestausstattung. Auch die lange umstrittene Frage, ob und wie Beratungsunterlagen für den Gemeinderat zu veröffentlichen sind, ist jetzt ausdrücklich und einheitlich geregelt. Entsprechende Bestimmungen enthält die Sächsische Landkreisordnung.

Mit der Entscheidung, dass der Bürgermeister grundsätzlich hauptamtlicher Beamter auf Zeit auch bei kleineren Gemeinden ist, wurde ebenfalls ein jahrelanges Streitthema beendet. Nur unter engen Voraussetzungen können die Gemeinden selbst festlegen, ob der Bürgermeister Ehrenbeamter auf Zeit ist. Wie in einigen anderen Bundesländern bereits seit geraumer Zeit gängige Praxis, können nunmehr auch im Freistaat Sachsen die für mindestens eine volle Amtszeit tätig gewesenen ehemaligen Bürgermeister einen sogenannten Ehrensold erhalten.

Neuerungen gelten auch für die Kommunalwahlen, bei denen die Zuteilung der Mandate für die zahlreichen kommunalen Gremien nicht mehr wie bisher nach dem d'Hondtschen Höchstzahlverfahren, sondern wie bei den Bundestagswahlen und nunmehr auch bei den sächsischen Landtagswahlen aufgrund des Höchstzahlverfahrens nach Sainte-Laguë erfolgt.

Eingearbeitet wurden darüber hinaus weitere für die sächsischen Kommunen wesentliche gesetzliche Neuerungen. Dies gilt insbesondere für das Gesetz zur Gleichstellung von Frauen und Männern im öffentlichen Dienst im Freistaat Sachsen vom 19. Oktober 2023 mit konkreten Festlegungen für die Kommunalen Gleichstellungsbeauftragten. Bedeutsam ist überdies das Sächsische Transparenzgesetz vom 19. August 2022.

Seit dem Erscheinen der zweiten Auflage unseres Lehrbuchs sind zudem zahlreiche für das Kommunalrecht wichtige Gerichtsentscheidungen getroffen worden. So beschloss beispielsweise das Bundesverfassungsgericht am 22. März 2022, dass die auch von einigen sächsischen Gemeinden erhobene Steuer auf Übernachtungsleistungen mit dem Grundgesetz vereinbar ist. Das Bundesverwaltungsgericht urteilte am 24. Mai 2023, dass es den Gemeinden grundsätzlich erlaubt ist, eine Verpackungssteuer zu erheben. Nicht zuletzt ist der Beschluss des Sächsischen Oberverwaltungsgerichts vom 3. Januar

2022 bedeutsam, wie mögliche Verfahrensfehler bei der Durchführung von Bürgerentscheiden überprüft werden können.

Im Besonderen wurde das achte Kapitel unseres Lehrbuches gründlich überarbeitet. Für seine sachkundige Unterstützung möchten wir Herrn André Zötzsche, hauptamtlicher Dozent an der HSF Meißen und ehemaliger Kämmerer der Großen Kreisstadt Borna, ganz herzlich danken.

Bedanken möchten wir uns schließlich bei den Mitarbeiterinnen und Mitarbeitern des Lehrstuhls für Öffentliches Recht, insbesondere Umwelt- und Planungsrecht an der Universität Leipzig, und hier namentlich vor allem den Herren Dr. Alexander Brade, Max Müller und Richard Eißner, für die wertvolle Unterstützung bei der Fertigstellung dieser Neuauflage.

Über Anregungen und Verbesserungsvorschläge der Benutzer dieses Lehrbuchs würden wir uns erneut sehr freuen.

Leipzig und Meißen, im Oktober 2024

Kurt Faßbender
Edgar König
Peter Musall

Vorwort zur 2. Auflage

Seit dem Erscheinen unseres Lehrbuchs sind mittlerweile drei Jahre vergangen, in denen sich zahlreiche gesetzliche Regelungen geändert haben, die sich auf das Kommunalrecht in Sachsen auswirken und eine 2. Auflage erforderlich machen.

Die aus unserer Sicht bewährte Konzeption der 1. Auflage – Grundlagen, Vertiefung und Hinweise – wurde beibehalten. Auch in Zukunft soll dieses Lehrbuch als Hilfestellung im juristischen Studium, im Rechtsreferendariat, in der Aus- und Fortbildung sowie in der Praxis für die fachliche Auseinandersetzung mit dem sächsischen Kommunalrecht dienen.

Die Sächsische Gemeindeordnung als das „Kernstück" des sächsischen Kommunalrechts wurde seit dem Erscheinen der 1. Auflage viermal novelliert, recht umfangreich durch das Gesetz vom 25.6.2019 sowie das Gesetz zur Unterstützung der selbstbestimmten Teilhabe von Menschen mit Behinderung im Freistaat Sachsen vom 2.7.2019. Nicht berücksichtigen konnten wir bei der 1. Auflage zudem die Sächsische Kommunalverfassungsrechtsdurchführungsverordnung des Sächsischen Staatsministeriums des Innern vom 12.11.2018. Diese Verordnung löste nicht nur die bisherigen Durchführungsverordnungen zur Sächsischen Gemeindeordnung und Sächsischen Landkreisordnung ab, sondern integrierte des Weiteren die Verordnung des Sächsischen Staatsministeriums des Innern zur Durchführung von Bürgerentscheiden sowie die frühere Verordnung der Sächsischen Staatsregierung über die Zuständigkeiten der Großen Kreisstädte.

Erhebliche Änderungen gab es überdies in anderen kommunalrechtsrelevanten Bereichen des sächsischen Landesrechts. Besonders erwähnenswert ist in diesem Zusammenhang die Neustrukturierung des sächsischen Polizeirechts. Das einstmalig einheitliche Sächsische Polizeigesetz wurde mit Wirkung vom 1.1.2020 durch das Sächsische Polizeivollzugsdienstgesetz vom 11.5.2019 und das Sächsische Polizeibehördengesetz vom 11.5.2019 ersetzt. Hinzuweisen ist zudem auf zahlreiche Grundsatzentscheidungen des Sächsischen Oberverwaltungsgerichts zur Auslegung des sächsischen Kommunalrechts. Exemplarisch sei nur das Normenkontrollurteil des 4. Senats vom 24.5.2019 erwähnt, wonach aus dem Grundsatz der freien Mandatsausübung das Recht von Kreisräten abgeleitet wird, sich nicht nur zu Fraktionen, sondern auch zu Gruppen unterhalb der Fraktionsstärke zusammenschließen zu können. Zumindest im Hinblick auf eine finanzielle Unterstützung aus dem Kreishaushalt dürfen nach Auffassung des 4. Senats entsprechende Gruppen gegenüber den Fraktionen nicht benachteiligt werden.

Auch aktuelle Veränderungen des Bundesrechts wirken sich erheblich auf die kommunale Ebene aus. Dies trifft beispielsweise auf das Gesetz zur Reform des Grundsteuer- und Bewertungsrechts vom 26.11.2019 zu, auch wenn sich die entsprechenden Konsequenzen in den Städten und Gemeinden erst künftig zeigen werden.

Neben der Aufnahme der Gesetzesänderungen und der wichtigen Judikate der Rechtsprechung war es uns bei dieser 2. Auflage des Weiteren ein besonderes Anliegen, die Weiterentwicklung in der Fachliteratur abzubilden. In diesem Zusammenhang möchten wir uns wiederum bei den Mitarbeiterinnen und Mitarbeitern des Lehrstuhls für Öffentliches Recht, insbesondere Umwelt- und Planungsrecht an der Universität Leipzig, und hier vor allem bei Herrn Constantin Waechter-Cardell, für die wertvolle Unterstützung bei der Fertigstellung dieses Buches bedanken.

Über Anregungen und Verbesserungsvorschläge der Benutzer dieses Lehrbuches würden wir uns erneut freuen.

Leipzig und Meißen, im Oktober 2021

Kurt Faßbender
Edgar König
Peter Musall

Vorwort zur 1. Auflage

Das Kommunalrecht gehört zu den Kernkompetenzen des Landesgesetzgebers, obwohl der rechtliche Rahmen und insbesondere die Garantie des kommunalen Selbstverwaltungsrechts in Art. 28 GG enthalten sind. Die Ausgestaltung der verfassungsrechtlichen Vorgaben obliegt indes den Bundesländern, die von dieser Befugnis entsprechend ihren jeweiligen historischen und politischen Bezügen unterschiedlich Gebrauch gemacht haben. Ähnlich wie etwa das Schul- und Hochschulrecht ist das Kommunalrecht durch zahlreiche landesrechtliche Besonderheiten geprägt.

In den neuen Bundesländern kommt hinzu, dass nach der Wiedervereinigung in kurzer Zeit neue kommunalverfassungsrechtliche Grundlagen geschaffen werden mussten, die in der Folge nicht unerheblich verändert wurden. Zuletzt ist das im Freistaat Sachsen durch das am 1. Januar 2018 in Kraft getretene Zweite Gesetz zur Fortentwicklung des Kommunalrechts sowie das am 27. Juni 2018 beschlossene Gesetz zur Fortentwicklung des Dienstrechts geschehen. Diese Änderungen wurden in dem vorliegenden Werk vollumfänglich berücksichtigt.

Entsprechend seiner großen praktischen Bedeutung ist das Kommunalrecht Pflichtstoff sowohl in der juristischen Ausbildung als auch in den verschiedenen weiteren Hochschulstudiengängen sowie Fortbildungskursen, die für eine Tätigkeit in der öffentlichen Verwaltung qualifizieren. Diesem Personenkreis, der sich im Rahmen von Studium und Rechtsreferendariat sowie Aus- oder Fortbildung mit dem sächsischen Kommunalrecht beschäftigen muss, will das vorliegende Lehrbuch eine Hilfestellung geben. Zudem soll es demjenigen, der sich in der Praxis mit kommunalrechtlichen Fragen befasst, als Informationsquelle dienen.

Bei der Konzeption dieses Werkes war uns wichtig, ein passendes Angebot für die verschiedenen Nutzer zu entwickeln. Wir haben deshalb vorrangig die zwingend erforderlichen rechtlichen Grundlagen des Kommunalverfassungsrechts dargestellt. Wer sich mit weitergehenden Fragen beschäftigen will, dem sollen die Rubriken „Zur Vertiefung" oder „Hinweise" hierzu Gelegenheit bieten. Wichtig war uns des Weiteren, die komplexen Rechtsprobleme mit zahlreichen Beispielen und grafischen Darstellungen zu veranschaulichen.

Schließlich haben wir dem Umstand, dass die Ausbildungs- und Prüfungsordnung für Juristen des Freistaates Sachsen (SächsJAPO) bestimmte Teilgebiete des Kommunalrechts vom Prüfungsstoff für die staatliche Pflichtfachprüfung und für die Zweite Juristische Staatsprüfung explizit ausgenommen haben, durch entsprechende Hinweise zu Beginn der jeweiligen Abschnitte Rechnung getragen.

Die ersten sechs Kapitel und das 8. Kapitel dieses Werkes sind ein „Gemeinschaftsprodukt" von uns drei Autoren. Die Kapitel sieben und neun bis elf haben die beiden Autoren der Hochschule Meißen erstellt. Wertvolle Anregungen haben wir mit Zustimmung der Autoren dem Lehrbuch „Hegele/Ewert, Kommunalrecht im Freistaat Sachsen, 3. Auflage 2004" entnommen, das ebenfalls im Boorberg Verlag erschienen ist. Dafür möchten wir uns bei den Autoren herzlich bedanken.

Schließlich bedanken wir uns bei den Wissenschaftlichen Mitarbeiterinnen und Mitarbeitern des Lehrstuhls für Öffentliches Recht, insbesondere Umwelt- und Planungsrecht an der Universität Leipzig, und hier insbesondere bei Herrn Ref. jur. Alexander Brade, für wertvolle Unterstützung bei der Fertigstellung des Buches.

Über Anregungen und Verbesserungsvorschläge der Benutzer dieses Lehrbuchs würden wir uns freuen.

Leipzig und Meißen, im Oktober 2018

Kurt Faßbender
Edgar König
Peter Musall

Inhaltsverzeichnis

Literaturverzeichnis

Ade, Klaus:	Taschenbuch für Gemeinde- und Stadträte in Baden-Württemberg – Grundwissen für kommunale Mandatsträger, 17. Auflage, Stuttgart 2024.
Andrae, Daniel:	Wählbarkeit und Hinderungsgründe bei Ortschafts- und Stadtbezirkswahlen sächsischer Gemeinden, Die Kommunalverwaltung Sachsen, Heft 7–8/2019 S. 241 ff.
Andresen, Lea:	Fortgeschrittenenklausur – Öffentliches Recht: Kommunalrecht – Wolfsfreie Zone, JuS 2020, S. 656 ff.
Ante, Christian:	Chancen und Risiken direkter Demokratie – Direktdemokratische Partizipation auf kommunaler Ebene in Deutschland und der Schweiz, Baden-Baden 2015.
Attendorn, Thorsten:	Ratsausschluss nach Prügelei?, JURA 2013, S. 1065 ff.
Bader, Mathis:	Examensklausur ÖR: Anspruch einer Partei auf Nutzung kommunaler Einrichtungen, JURA 2009, S 940 ff.
Bätge, Frank:	Möglichkeiten, Chancen und Risiken bei interkommunaler Zusammenarbeit zwischen Kreis und kreisangehöriger Gemeinde, in: *Schneider, Bernd Jürgen,* Handbuch interkommunaler Zusammenarbeit, S. 89 ff., 2. Auflage, 2012.
Baumann-Hasske, Harald:	Die Verfassung des Freistaates Sachsen – Kommentar, Berlin 2021.
Bausback, Winfried/ Poplutz, Christian:	Kommunale Außenpolitik in den Grenzen der gemeindlichen Verbandskompetenz, JA 2004, S. 897 ff.
Becker, Florian/ Meyer, Simon:	Der Zugang zu öffentlichen Einrichtungen, JURA 2021, S. 1450 ff.
Belz, Reiner:	Zur Gemeindeordnung für den Freistaat Sachsen, SächsVBl. 1994, S. 1 ff.
Ders.:	Zur Rechtsstellung der Landesämter nach der sächsischen Landkreisordnung, SächsVBl. 1993, S. 226 ff.
Benne, Günter:	Rechtsprechung zur Zweitwohnungsteuer seit 2013, ZKF 2015, S. 78 ff.
Ders.:	Rechtsprechung zur Zweitwohnsitzsteuer seit 2015, ZKF 2017, S. 55 ff.
Bernet, Wolfgang:	Zu Grundfragen der kommunalen Gemeindeverwaltungs- und Kreisgebietsreform in den neuen Ländern, LKV 1993, S. 393 ff.

Bethge, Herbert/ Rozek, Jochen: Ein kommunaler Neugliederungsstreit – Examensklausur Öffentliches Recht, JURA 1993, S. 545 ff.

Bickenbach, Christian: Fortgeschrittenen-Hausarbeit – Öffentliches Recht: Städtisches Messezentrum, JuS 2006, S. 1091 ff.

Binus, Karl-Heinz/ Sponer, Wolf-Uwe/ Koolman, Sebo: Sächsische Gemeindeordnung – Kommentar, 3. Auflage, Wiesbaden 2020.

Birk, Dieter/ Desens, Marc/ Tappe, Henning: Steuerrecht, 26. Auflage, Heidelberg 2023.

Birk, Hans-Jörg: Die neuen städtebaulichen Verträge nach dem Baugesetzbuch und dem BauGB-Maßnahmengesetz – Teil 1 – Darstellung unter besonderer Berücksichtigung der Rechtslage in Sachsen, SächsVBl. 1994, S. 7 ff.

Boden, Lutz: Zum Entwurf einer Gemeindeordnung für den Freistaat Sachsen, 2. Auflage, Speyer 1992.

Böhm, Monika/ van Leeuwen, Lara: ÖR-Fortgeschrittenenhausarbeit zum Kommunalrecht: Eine Stadt im Zeichen des Klimawandels, JURA 2021, S. 1237 ff.

Böhme, Doris: Die direkte Abwahl von Bürgermeistern, DÖV 2012, S. 55 ff.

Böttner, Robert: Die Beteiligung junger Menschen auf kommunaler Ebene, SächsVBl. 2024, S. 181 ff.

Brand, Marco/ Kobitzsch, Tobias: Werbung in Biederstadt, JURA 2012, S. 981 ff.

Brandmeier, Benedikt/ Wolff, Daniel: Fortgeschrittenenklausur – Öffentliches Recht: Verwaltungsrecht und Grundrechte – Die blaue Madonna von Dieselfing, JuS 2015, S. 530 ff.

Bretzinger, Otto/ Büchner-Uhder, Willi: Kommunalverfassung: Handbuch für die kommunale Praxis in den neuen Bundesländern, Baden-Baden 1991.

Broer, Michael/ Jarass, Lorenz: Verfassungsfeste Erhebung der Grundsteuer mittels Grundsteuererklärung, BB 2018, S. 919 ff.

Brüggen, Georg/ Geiert, Constanze/ Nolden, Frank (Hrsg.): Gemeindeordnung für den Freistaat Sachsen, Dresden 2015.

Brüning, Christoph: Die Haftung der kommunalen Entscheidungsträger, 2. Auflage, Berlin 2013.

Ders.: Die Verfassungsgarantie der kommunalen Selbstverwaltung aus Art. 28 Abs. 2 GG, JURA 2015, S. 592 ff.

Ders.: Risse im Rechtsrahmen kommunaler wirtschaftlicher Betätigung, NVwZ 2015, S. 689 ff.

Büchel, Andreas-Christian/ Patt, Hans-Georg: Sächsisches Kommunalabgabengesetz, Loseblatt-Kommentar, Wiesbaden, Stand: 12. Aktualisierung, April 2024.

Bülow, Jörn: Dienstrecht kommunalfreundlicher gestalten, Sachsenlandkurier 2001, S. 301 ff.

Burgi, Martin: Kommunalrecht, 7. Auflage, München 2024.

Ders.: Privatisierung und Rekommunalisierung aus rechtswissenschaftlicher Sicht, NdsVBl. 2012, S. 225 ff.

Carls, Wieland: „Hy hebit sich an magdburgisch recht". Wege eines europäischen Rechts und seiner Erforschung, in: Denkströme. Journal der Sächsischen Akademie der Wissenschaften 5/2010, S. 139 ff.

von Coelln, Christian: (Original-)Referendarexamensklausur – Öffentliches Recht: Streit um die Entschädigung des Bürgermeisters, JuS 2008, S. 351 ff.

Degenhart, Christoph: Grundzüge der neuen sächsischen Verfassung, LKV 1993, S. 33 ff.

Detterbeck, Steffen: Allgemeines Verwaltungsrecht, 22. Auflage, München 2024.

Ders.: Der praktische Fall – Öffentliches Recht: Die kommunale Heiratsvermittlung, JuS 2001, S. 1199 ff.

Dietl, Fabian: Die kommunale Netzgesellschaft – Kommunalwirtschaftliche Vorgaben für eine Betätigung im Bereich des Netzbetriebs, DÖV 2018, S. 407 ff.

Dietlein, Johannes/ Riedel, Daniel: Zugangshürden im Kommunalwahlrecht – Zur Zulässigkeit moderater Sperrklauseln unterhalb von fünf Prozent zur Sicherung der Funktionsfähigkeit der Räte und Kreistage in Nordrhein-Westfalen, Baden-Baden 2012.

Durner, Wolfgang: Unabhängigkeit der Kontrollstellen für den Datenschutz, JA 2010, S. 678 ff.

Ehlers, Dirk/ Fehling, Michael/ Pünder, Hermann (Hrsg.): Besonderes Verwaltungsrecht Band 3: Kommunalrecht, Haushalts- und Abgabenrecht, Ordnungsrecht, Sozialrecht, Bildungsrecht, Recht des öffentlichen Dienstes, 4. Auflage, Heidelberg 2021.

Ehlers, Dirk: Rechtsprobleme der Nutzung kommunaler öffentlicher Einrichtungen – Teil 1, JURA 2012, S. 692 ff.

Ders.: Rechtsprobleme der Nutzung kommunaler öffentlicher Einrichtungen – Teil 2, JURA 2012, S. 849 ff.

Engelken, Klaas: Einbeziehung der Unionsbürger in kommunale Abstimmungen (Bürgerentscheide, Bürgerbegehren)?, NVwZ 1995, S. 432 ff.

Engels, Andreas: Die Verfassungsgarantie der kommunalen Selbstverwaltung aus Art. 28 Abs. 2 GG, JA 2014, S. 7 ff.

Ders.: Die Verfassungsgarantie kommunaler Selbstverwaltung, Tübingen 2014.

Engels, Andreas/ Krausnick, Daniel: Kommunalrecht, 2. Auflage, Baden-Baden 2020.

Ennuschat, Jörg: Auf dem rechten Auge blind? NVwZ 1990, S. 333 ff.

Erbguth, Wilfried/ Schubert, Mathias: Öffentliches Baurecht, 6. Auflage, Berlin 2014.

Erbguth, Wilfried/ Mann, Thomas/ Schubert, Mathias: Besonderes Verwaltungsrecht – Kommunalrecht, Polizei- und Ordnungsrecht, Baurecht, 13. Auflage, Heidelberg 2019.

Esser, Ingeborg: Bundesverfassungsgericht urteilt zur Grundsteuerbemessungsgrundlage, WPg 2018, S. 728 ff.

Faßbender, Kurt: Alkoholverbote durch Polizeiverordnungen: per se rechtswidrig? NVwZ 2009, S. 563 ff.

Ders.: Ein begrüßenswerter Beitrag zu einem problemadäquaten Kompetenzverständnis im Bundesstaat – Zum Urteil des BVerwG vom 24. Mai 2023 zur Tübinger Verpackungssteuer, ZUR 2023, S. 597 ff.

Ders.: Kommunale Steuerungsmöglichkeiten zur Nutzung erneuerbarer Energien im Siedlungsbereich, NuR 2009, S. 618 ff.

Ders./Brückner, Götz: Der praktische Fall: Die Rache der Räte, VR 2012, S. 59 ff.

Fleckenstein, Jürgen/ Plate, Klaus/ Schulze, Charlotte: Kommunalrecht, Baden-Württemberg, 8. Auflage, Stuttgart 2018.

Franz, Thorsten: Der Kommunalverfassungsstreit, JURA 2005, S. 156 ff.

Ders.: Gewinnerzielung durch kommunale Daseinsvorsorge – Zugleich eine Untersuchung zu den Zwecken und Formen der kommunalen wirtschaftlichen Betätigung, Tübingen 2005.

Funke, Andreas/ Papp, Andreas: Referendarexamensklausur – Öffentliches Recht: Die Internationalisierung des Kommunalrechts – Welterbe unter Aufsicht, JuS 2009, S. 246 ff.

Geis, Max-Emanuel: Kommunalrecht – Ein Studienbuch, 6. Auflage, München 2023.

Ders./ Madeja, Sebastian: Kommunales Wirtschafts- und Finanzrecht – Teil I, JA 2013, S. 248 ff.

Ders./ Madeja, Sebastian: Kommunales Wirtschafts- und Finanzrecht – Teil II, JA 2013, S. 321 ff.

Gerlach, Siegfried:	Sachsen – Eine politische Landeskunde, Stuttgart u. a. 1993.
Gern, Alfons:	Sächsisches Kommunalrecht, 2. Auflage, München 2000.
Ders./ Brüning, Christoph:	Deutsches Kommunalrecht, 4. Auflage, Baden-Baden, 2019.
Gersdorf, Hubertus:	Staatliche Kommunikationstätigkeit, AfP 2016, S. 293 ff.
Gläß, Anne-Christin:	Fernwärmenutzung als Mittel zur Erreichung eines klimaneutralen Gebäudebestandes?, NJOZ 2017, S. 1338 ff.
Dies.:	Rechtsfragen des kommunalen Anschluss- und Benutzungszwangs in Zeiten von Klimawandel und Energiewende, Baden-Baden 2016.
Grochtmann, Ansgar:	Zur Zulässigkeit einer „elektronischen Ladung“ durch Ratsinformationssysteme, BayVBl. 2013, S. 677 ff.
Gourdet, Sascha/ Heger, Alexander:	Fortgeschrittenenklausur – Öffentliches Recht: Kommunalrecht – Streit im Idyll, JuS 2020, S. 37 ff.
Groh, Gunnar:	(Original) Assessorexamensklausur – Öffentliches Recht: Kommunalrecht und Bürgerbegehren und Einstweiliger Rechtsschutz, JuS 2020, S. 37 ff.
Günther, Albert/ Hassel, Volker:	Kommunal-Lexikon von A-Z, Erfurt 1991.
Gusy, Christoph:	Informationszugangsfreiheit – Öffentlichkeitsarbeit – Transparenz, JZ 2014, S. 171 ff.
Halbig, Ute:	Der praktische Fall – Öffentliches Recht – Das kommunale Frauenhaus, JuS 1999, S. 468 ff.
Hardraht, Klaus:	Zur Sanierung öffentlicher Haushalte durch Privatisierung öffentlicher Aufgaben, SächsVBl. 2003, S. 53 ff.
Hartmannsberger, Roland:	Fortgeschrittenenhausarbeit – Öffentliches Recht: Anschluss- und Benutzungszwang, JuS 2006, S. 614 ff.
Hassel, Volker:	Subsidiaritätsprinzip und Kommunalaufsicht, DVBl. 1985, S. 697 ff.
Hattenhauer, Hans:	Über das Minderjährigenwahlrecht, JZ 1996, S. 9 ff.
Heckel, Christian:	Vertrauensschutz für einen Bootsliegeplatz?, JA 2012, S. 361 ff.
Hegele, Dorothea (Hrsg.):	Aktuelle Fragen der Kommunalaufsicht im Freistaat Sachsen, Leipzig 1996.
Dies.:	Gemeinderat und Stellung des Bürgermeisters, DNV 1993, S. 14 ff.

Dies./ Sponer, Wolf-Uwe:	Die neue Sächsische Gemeindeordnung – Basisdemokratisches Modell einer süddeutschen „Bürgermeisterverfassung", LKV 1993, S. 358 ff.
Hellermann, Johannes:	Examensklausur Öffentliches Recht – Mitwirkungsrechte des fraktionslosen Ratsmitgliedes, JURA 1995, S. 145 ff.
Ders.:	Örtliche Daseinsvorsorge und gemeindliche Selbstverwaltung – Zum kommunalen Betätigungs- und Gestaltungsspielraum unter den Bedingungen europäischer und staatlicher Privatisierungs- und Deregulierungspolitik, Tübingen 2000.
Henneke, Hans-Günter:	„Wer bestellt, bezahlt". Zur Verpflichtung des Landes zum vollen finanziellen Ausgleich bei Aufgabenübertragungen nach Art. 85 Abs. 2 der Sächsischen Verfassung, SächsVBl. 1996, S. 53 ff.
Ders.:	Die Kommunen in der Föderalismusreform, DVBl. 2006, S. 867 ff.
Ders.:	Wegdrückmechanismus oder Verantwortungsprinzip? Zur Finanzierung kommunaler Aufgaben in Sachsen, LKV 1996, S. 257 ff.
Heß, Ronja/ Kanalan, Ibrahim:	Zulassung verfassungsfeindlicher Parteien zu kommunalen Einrichtungen, JURA 2020, S. 859 ff.
Heusch, Andreas/ Rosarius, Stefanie:	Neue Rechtsprechung zum Kommunalrecht, NVwZ 2021, S. 1820 ff.
Heusch, Andreas/ Kolbe, Lukas:	Neue Rechtsprechung zum Kommunalrecht, NVwZ 2024, S. 473 ff.
Heyen, Erk Volmar/ Collin, Peter/ Spiecker gen. Döhmann, Indra:	Die Stadt und der Müll, JA 2013, S. 193 ff.
Horn, Robert:	Moderne Medien in Ratssitzung und Gerichtsverhandlung, ZJS 2012, S. 340 ff.
Hufen, Friedhelm:	Verwaltungsprozessrecht, 13. Auflage, München 2024.
Ders.:	Entscheidungsbesprechung zu BVerwG, Urteil vom 9.12.2021 – 4 A 2/20: Verwaltungsprozessrecht: Klagebefugnis von Gemeinden, JuS 2022, S. 990 ff.
Humpert, Paul-Peter:	Genehmigungsvorbehalte im Kommunalverfassungsrecht, Köln 1990.
Ingerowski, Jan Boris:	Examensklausur Öffentliches Recht – Verdichtung der gemeindlichen Planungshoheit zu einer strikten Planungspflicht, JURA 2009, S. 303 ff.

Ipsen, Jörn:	Die Kompetenzverteilung zwischen Bund und Ländern nach der Föderalismusnovelle, NJW 2006, S. 2801 ff.
Ders.:	Niedersächsisches Kommunalrecht – Lehrbuch, 4. Auflage, Stuttgart 2011.
Jaeckel, Liv/ Jaeckel, Fritz:	Kommunalrecht in Sachsen, 2. Auflage, Leipzig 2003.
Janson, Nils/ Blenk, Moritz:	Referendarexamensklausur – Öffentliches Recht: Verfassungsrecht und Kommunalrecht – Kein Geld mehr für die Gemeinderatsfraktion?, JuS 2018, S. 461 ff.
Jarass, Hans D./ Pieroth, Bodo:	Grundgesetz. Kommentar, 17. Auflage, München 2022.
Jestaedt, Matthias:	Demokratieprinzip und Kondominialverwaltung – Entscheidungsteilhabe Privater an der öffentlichen Verwaltung auf dem Prüfstand des Verfassungsprinzips Demokratie, Berlin 1993.
Jungkamp, Thomas:	Rechtsschutz privater Konkurrenz gegen die wirtschaftliche Betätigung der Gemeinden – Eine Untersuchung des Drittschutzes der Schrankentrias in den verschiedenen Bundesländern, NVwZ 2010, S. 546 ff.
Kahl, Wolfgang:	Klimaschutz durch die Kommunen – Möglichkeiten und Grenzen, ZUR 2010, S. 395 ff.
Ders./Schmidtchen, Marcus:	Kommunaler Klimaschutz durch erneuerbare Energien, Tübingen 2013.
Kaplonek, Benno:	Die Normenkontrolle auf kommunalen Antrag vor dem Verfassungsgerichtshof des Freistaates Sachsen, LKV 2005, S. 526 ff.
Kastner, Berthold:	Die Stellung der Ortschaftsräte und Stadtbezirksbeiräte im Freistaat Sachsen, SächsVBl. 2002, S. 72 ff.
Kellner, Martin:	(Original-)Referendarexamensklausur – Öffentliches Recht: Gebühren ohne Grenzen?, JuS 2008, S. 150 ff.
Kerst, Andreas:	Die Feuerwehrkosten, JA 2013, S. 375 ff.
Knauff, Matthias:	Die Kommunen als Träger der Daseinsvorsorge, WiVerw 2011, S. 79 ff.
Knemeyer, Franz-Ludwig:	Die Europäische Charta der kommunalen Selbstverwaltung, DÖV 1988, S. 997 ff.
Koehn, Hans-Günther/ Schröder, Jürgen:	Organisationsprivatisierung und Finanzkontrolle im kommunalen Bereich, SächsVBl. 2002, S. 205 ff.
König, Edgar:	Kommunalrecht Sachsen, Textsammlung mit erläuternder Einführung, 3. Auflage, Dresden 2016.
Ders./Zimmermann, Andrea:	Die gemeindliche Pferdesteuer im Freistaat Sachsen, ZKF 2015, S. 103 ff.

Kopp, Ferdinand/ Schenke, Wolf-Rüdiger: VwGO – Verwaltungsgerichtsordnung – Kommentar, 29. Auflage, München 2023.

Köppler, Rudolf: Die erfolgreiche Bürgerversammlung – Recht und Praxis einer demokratischen Chance, Stuttgart u.a. 1992.

Koreng, Ansgar: Rechtsaufsichtliche Maßnahmen gegen internationale Städtepartnerschaften, SächsVBl. 2008, S. 157 ff.

Körlings, Peter/ Tönningsen, Gerrit: Fortgeschrittenenklausur – Öffentliches Recht: Verwaltungsprozessrecht und Kommunalrecht – Der gemeindliche Verordnungserlass und die Aufsicht, JuS 2014, S. 422 ff.

Kost, Andreas/ Wehling, Hans-Georg (Hrsg.): Kommunalpolitik in den deutschen Ländern – Eine Einführung, 2. Auflage, Wiesbaden 2010.

Kramer, Urs: Referendarexamensklausur – Öffentliches Recht: Die Privatisierung der Schulen und ihre Folgen, JuS 2005, S. 1015 ff.

Kreuter, Sven: Die Verwaltungsgemeinschaft nach §§ 36 ff. SächKomZG, SächVBl. 2017, S. 149 ff.

Ders.: Gästetaxe und Tourismusabgabe – die Neuregelung des Sächsischen Kommunalabgabengesetzes, SächsVBl. 2017, S. 237 ff.

Krönke, Christoph: Das neue Vergaberecht aus verwaltungsrechtlicher Perspektive, NVwZ 2016, S. 568 ff.

Kunze, Richard/ Bronner, Otto/ Katz, Alfred: Gemeindeordnung für Baden-Württemberg – Kommentar, Stand: 34. Lieferung, Juni 2023.

Lange, Gerhard: Der praktische Fall – Ratssitzung mit Fehlern, VR 2005, S. 204 ff.

Lange, Klaus: Kommunalrecht, 2. Auflage, Tübingen 2019.

Ders.: Öffentlicher Zweck, öffentliches Interesse und Daseinsvorsorge als Schlüsselbegriffe des kommunalen Wirtschaftsrechts, NVwZ 2014, S. 616 ff.

Ders.: Verfassungswidrige Scheinkandidaturen, DÖV 2018, S. 457 ff.

Leisner, Walter Georg: Daseinsvorsorge: Begriff, Bedeutung, Grenzen, WiVerw 2011, S. 55 ff.

Lemor, Florian/ Haake, Kai: Ausgesuchte Rechtsfragen der Umsetzung der Dienstleistungsrichtlinie, EuZW 2009, S. 65 ff.

Lindner, Josef Franz: Die kommunale Selbstverwaltungsgarantie als verfassungsrechtliche Parallelgewährleistung – Anmerkungen zur Grundsatzentscheidung des Bundesverfassungsgerichts vom 21. November 2017, DÖV 2018, S. 235 ff.

Ders./ Bast, Alexander: Die Unzulässigkeit staatlicher Einflussnahme auf Versammlungen, NVwZ 2018, S. 708 ff.

Lohse, Eva Julia: Referendarexamensklausur – Öffentliches Recht: Kommunalrecht und Sicherheitsrecht – Harte Zeiten für Biertrinker, JuS 2012, S. 1014 ff.

Lohse, Frank: Kommunale Aufgaben, kommunaler Finanzausgleich und Konnexitätsprinzip, 2006.

Ludwigs, Markus/ Zentgraf, Patricia: Fortgeschrittenenklausur – Öffentliches Recht: Kommunalrecht – Der plastikfreie Weihnachtsmarkt, JuS 2020, S. 1188 ff.

Lühmann, Hans: Das Prinzip der kommunalisierten Kommunalaufsicht im Kommunalrecht der deutschen Länder: verfassungs- und haftungsrechtliche Probleme, Berlin 2003.

Maier, Tanja: Befangenheit im Verwaltungsverfahren – Die Regelungen der EU-Mitgliedstaaten im Rechtsvergleich, Berlin 2001.

Marschall, Ernst: Bundesfernstraßengesetz, Kommentar, 6. Auflage, 2012.

Martini, Mario: Verwaltungsprozessrecht und Allgemeines Verwaltungsrecht – systematische Darstellung in Grafik-Text-Kombination, 7. Auflage, München 2023.

Maurer, Hartmut/ Schwarz, Kyrill-Alexander: Staatsrecht I – Grundlagen, Verfassungsorgane, Staatsfunktionen, 7. Auflage, München 2023.

Ders./Waldhoff, Christian: Allgemeines Verwaltungsrecht, 21. Auflage, München 2024.

Menke, Ulrich: Die Handhabung des Öffentlichkeitsgrundsatzes in den Gemeinderatssitzungen, Sachsenlandkurier 2002, S. 470 ff.

Ders./Arens, Helmut: Gemeindeordnung für den Freistaat Sachsen – Kommentar, 4. Auflage, Stuttgart 2004.

Meyer, Hubert: Anmerkungen zu NWVerfGH, Urt. v. 21.11.2017 – VerfGH 21/16, 2,5 %-Sperrklausel für Wahlen der Gemeinderäte und Kreistage verfassungswidrig, NVwZ 2018, S. 172 f.

Ders.:	Gebiets- und Verwaltungsreformen des letzten Jahrzehnts im Spiegel der Verfassungsrechtsprechung, NVwZ 2013, S. 1177 ff.
Ders.:	Rechtsschutz bei kommunalen Bürgerbegehren und -entscheiden, NVwZ 2003, S. 183 ff.
de Montesquieu, Charles-Louis de Secondat:	De L'Esprit des Lois, 1748.
Muckel, Stefan/ Hauk, Julia:	Keine Neuen auf der Kirmes?, JA 2017, S. 198 ff.
von Mutius, Albert/ Groth, Andy:	Amtshaftung bei fehlerhafter kommunalaufsichtsbehördlicher Genehmigung privatrechtlicher Rechtsgeschäfte, NJW 2003, S. 1278 ff.
Mückl, Stefan:	Diskretion im Aufsichtsrat, JURA 2008, S. 863 ff.
Müller, Klaus:	Verfassung des Freistaates Sachsen – Kommentar, Baden-Baden 1993.
Müller, Matthias:	Kommunalrecht Baden-Württemberg, 4. Auflage, Heidelberg 2019.
von Münch, Ingo (Hrsg.):	Besonderes Verwaltungsrecht, 7. Auflage, Berlin u. a. 1985.
Ders./ Kunig, Philip (Hrsg.):	Grundgesetz: Kommentar Bd. 1, 7. Auflage, München 2021.
Nanz, Patrizia/	
Fritsche, Miriam:	Handbuch Bürgerbeteiligung, Bonn 2012.
Nettesheim, Martin:	Die Tabak-Urteile des EuGH: Lifestyle-Regulierung im Binnenmarkt, EuZW 2016, S. 578 ff.
Oehler, Gerhard:	Die Verwaltungsgemeinschaft als Alternative zur Einheitsgemeinde in den neuen Bundesländern, LKV 1992, S. 72 ff.
Ogorek, Markus:	Der Kommunalverfassungsstreit im Verwaltungsprozess, JuS 2009, S. 511 ff.
Oldiges, Martin:	Verbandskompetenz, DÖV 1989, S. 873 ff.
Oppermann, Thomas/ Classen, Claus Dieter/ Nettesheim, Martin:	Europarecht – Ein Studienbuch, 9. Auflage, München 2021.
Otto, Patrick Christian:	Der Kommunalverfassungsstreit in der Fallbearbeitung, ZJS 2015, S. 381 ff.
Papier, Hans-Jürgen/ Schröder, Meinhard:	Verfassungsrechtliche Grenzen kommunaler Publikationen, DVBl. 2017, S. 1 ff.

Pausenberger, Marcus: Eigentum und Steuern in der Republik – Ein Beitrag zum steuerverfassungsrechtlichen Halbteilungsgrundsatz, Berlin 2008.

Peine, Franz-Joseph/Siegel, Thorsten: Klausurenkurs im Verwaltungsrecht – ein Fall- und Repetitionsbuch zum Allgemeinen und Besonderen Verwaltungsrecht mit Verwaltungsprozessrecht, 8. Auflage, Heidelberg 2024.

Petzold, Siegfried/von der Heide, Hans-Jürgen: Handbuch zur kommunalen Selbstverwaltung: praxisnahe Informationen, Arbeitshilfe und Beratung, Regensburg 1991.

Pielow, Johann-Christian/Finger, Thorsten: Amtshaftung der Kommunalaufsicht und Bürgermeister ohne Vertretungsmacht, JURA 2005, S. 351 ff.

Ders./Groneberg, Simon: Die deutschen Landkreise, JuS 2014, S. 794 ff.

Püttner, Günter: Die Kreisreform in den neuen Ländern, insbesondere in Sachsen, SächsVBl. 1993, S. 193 ff.

Ders.: Kommunalrecht Baden-Württemberg, 3. Auflage, Stuttgart 2004.

Ders./Mann, Thomas: Handbuch der kommunalen Wissenschaft und Praxis, Band 2: Kommunalverfassung, 3. Auflage, Berlin 2011.

Quecke, Albrecht/Schmid, Hansdieter/Menke, Ulrich/Rehak, Heinrich/Wahl, Andreas/Vinke, Harald/Blazek, Peter/Schaffarzik, Bert/Trommer, Frederike: Gemeindeordnung für den Freistaat Sachsen – Ergänzbarer Kommentar mit weiterführenden Vorschriften, Berlin, Stand: Februar 2024.

Richter, Ina: Erläuternde Anmerkung zum Urteil des OVG Bautzen vom 7. Juli 2015, 4 A 12/14, LKV 2016, S. 38 f.

Ritgen, Klaus: Bürgerbegehren und Bürgerentscheid – dargestellt am Beispiel des § 26 der nordrhein-westfälischen Gemeindeordnung, Baden-Baden 1997.

Ders.: Das Recht der kommunalen Selbstverwaltung in den Verfassungsräumen von Bund und Ländern, NVwZ 2018, S. 114 ff.

Roth, Wolfgang: Verwaltungsrechtliche Organstreitigkeiten – Das subjektive Recht im innerorganisatorischen Verwaltungskreis und seine verwaltungsgerichtliche Geltendmachung, Berlin 2001.

Rozek, Jochen:	Staatliche Pflichtfachprüfung 2016/2 in Sachsen – Aufgabe Öffentliches Recht 1, SächsVBl. 2017, 341 f. und 2018, 22 ff.
Säcker, Franz Jürgen/ Rixecker, Roland/ Oetker, Hartmut/ Limperg, Bettina (Hrsg.):	Münchner Kommentar zum Bürgerlichen Gesetzbuch, Band 10, 9. Auflage, München 2021.
Schaffarzik, Bert:	Folgen der Privatisierung für die Erhebung öffentlicher Abgaben, SächsVBl. 2006, S. 225 ff.
Schenke, Wolf-Rüdiger:	Verwaltungsprozessrecht, 18. Auflage, Heidelberg 2023.
Schiffbauer, Björn:	Referendarexamensklausur – Öffentliches Recht: Kommunalrecht und Verwaltungsprozessrecht – Partnerstadt Pjöngjang, JuS 2015, S. 548 ff.
Schliesky, Utz:	Bürgerentscheid und Bürgerbegehren in Schleswig-Holstein – Kommentar, Wiesbaden 1998.
Ders.:	Übungsblätter Klausur Öffentliches Recht – Das unerwünschte Bürgerbegehren, JA 1999, S. 399 ff.
Schmidt, Thorsten Ingo:	Die Kommunalverfassungsbeschwerde, JA 2008, S. 165 ff.
Ders.:	Finanzausgleich in Sachsen – Bestandsaufnahme und Reform, LKV 2018, S. 193 ff.
Ders.:	Rechtliche Rahmenbedingungen und Perspektiven der Rekommunalisierung, DÖV 2014, S. 357 ff.
Ders.:	Kommunalrecht, Reihe „Prüfe dein Wissen“, 2. Auflage, 2022.
Schmidt-Jortzig, Edzard:	Gemeinde- und Kreisaufgaben – Funktionsordnung des Kommunalbereiches nach „Rastede“, DÖV 1993, S. 973 ff.
Ders.:	Kommunalrecht, Stuttgart 1982.
Schmitt, Olaf:	Der kommunale Finanzausgleich aus verfassungsrechtlicher Sicht, DÖV 2013, S. 452 ff.
Schmitz, Michael:	Der Öffentlichkeitsgrundsatz in der Kommunalverwaltung, JuS 2017, S. 31 ff.
Schnabel, Fritz/ Hasenpflug, Henry:	Kreisgebietsreform in Sachsen, LKV 1993, S. 402 ff.
Schneider, Bernd-Jürgen:	Handbuch Kommunalpolitik Nordrhein-Westfalen, 4. Auflage, Stuttgart 2021.

Schneider-Hässler, Tanja: Inkompatibilität im Kommunalrecht – Ausgestaltung und gesellschaftlicher Wandel, Schriften zum deutschen und europäischen Kommunalrecht, Band 51, Stuttgart 2017.

Schoch, Friedrich: Das gemeindliche Selbstverwaltungsrecht gemäß Art. 28 Abs. 2 Satz 1 GG als Privatisierungsverbot?, DVBl. 2009, S. 1533 ff.

Ders.: Das kommunale Vertretungsverbot, Siegburg 1981.

Ders.: Der verwaltungsgerichtliche Organstreit, JURA 2008, S. 826 ff.

Ders.: Rechtsprechungsentwicklung – Bürgerbegehren und Bürgerentscheid im Spiegel der Rechtsprechung, NVwZ 2014, S. 1473 ff.

Ders.: Verfassungsrechtlicher Schutz der kommunalen Finanzautonomie – Darstellung am Beispiel saarländischer Kommunen, Stuttgart 1997.

Scholler, Heinrich: Grundzüge des Kommunalrechts in der Bundesrepublik Deutschland, 4. Auflage, Heidelberg 1990.

Schulz, Sönke: Kommunale Friedhofssatzung und EU-Dienstleistungsrichtlinie – eine unendliche Geschichte, KommJur 2009, S. 441 ff.

Schwarz, Kyrill-Alexander: Einführung des Kommunalwahlrechts für dauerhaft in Deutschland lebende Ausländerinnen und Ausländer aus Nicht-EU-Staaten? SächsVBl. 2019, S. 89 ff.

Schwarting, Gunnar: Kommunale Steuern, 3. Auflage, 2022.

Schwarz, Michael/ Wendel, Mattias: Hausarbeit: Bürgermeisterin bekennt Farbe – Behördlicher Aufruf zum Versammlungsboykott, ZJS 2017, S. 328 ff.

Seybold, Jan: Chancen und Risiken von Bürgerbegehren und Bürgerentscheiden – Untersuchung anlässlich der Reform des niedersächsischen Kommunalrechts zum 1. November 2016, DÖV 2018 S. 293 ff.

Sixt, Werner/ Notheiß, Klaus/ Menzel, Jörg/ Roth, Eberhard: Der Gemeinderat in Baden-Württemberg, 3. Auflage, Stuttgart 2019.

Sodan, Helge/ Ziekow, Jan: Grundkurs Öffentliches Recht, 10. Auflage, München 2023.

Spitzlei, Thomas: Die Auswahlkriterien beim Zugang zu öffentlichen Einrichtungen im Fall der Kapazitätserschöpfung, JA 2020, S. 372 ff.

Sponer, Wolf-Uwe:	Die verfassungsrechtliche Zulässigkeit der Wahrnehmung der Rechtsaufsicht durch ein ausschließlich kommunal strukturiertes Landratsamt, LKV 2003, S. 314 ff.
Ders.:	Unzulässigkeit der Gebührenerhebung bei privatrechtlicher Organisationsform, LKV 1995, S. 392 ff.
Ders./Jacob, Andre/ Menke, Ulrich:	Landkreisordnung für den Freistaat Sachsen, Kreisgebietsreformgesetz, 3. Auflage, Stuttgart 2004.
Ders./Jacob, Andre/ Musall, Peter/ Sollondz, Frank/ Binus, Karl-Heinz/ Jänchen, Isabelle/ Koolmann, Sebo/ Schlegeit, Tino:	Kommunalverfassungsrecht Sachsen, Stand: 39. Aktualisierung März 2024.
Ders./Tostmann, Ralf:	Kommunalrecht, Reihe „Sächsische Lehrbriefe", 10. Auflage, Wiesbaden 2022.
Steiner, Udo/ Brinktrine, Ralf (Hrsg.):	Besonderes Verwaltungsrecht – Ein Lehrbuch, 9. Auflage, Heidelberg 2018.
Stelkens, Paul/ Bonk, Heinz Joachim/ Sachs, Michael (Hrsg.):	Verwaltungsverfahrensgesetz – Kommentar, 9. Auflage, München 2018.
Stern, Klaus/ Sodan, Helge/ Möstl, Markus:	Das Staatsrecht der Bundesrepublik Deutschland im europäischen Staatenverbund, Bd. 2, 2. Auflage, München 2022.
Stober, Rolf:	Gemeindeordnung für den Freistaat Sachsen, Dresden 1993.
Ders.:	Kommunalrecht in der Bundesrepublik Deutschland, 3. Auflage, Stuttgart 1996.
Stumpf, Christoph:	Die allgemeine Gestaltungsklage im Kommunalverfassungsstreit, BayVBl. 2000, S. 103 ff.
Suerbaum, Joachim/ Brüning, Christoph:	Der praktische Fall – Öffentliches Recht: Die familienfreundliche Gemeinde, JuS 2001, S. 992 ff.
Tetzner, Thomas:	Der sachkundige Einwohner in Sachsen – Ausschussmitglied oder nicht, LKV 2017, S. 193 ff.
Vahle, Jürgen:	Hoheitliche Wappen und Flaggen – Der rechtliche Schutz staatlicher Symbole, DVP 2009, S. 315 ff.
Voßkuhle, Andreas/ Kaufhold, Ann Katrin:	Grundwissen – Öffentliches Recht: Die verfassungsrechtliche Garantie der kommunalen Selbstverwaltung, JuS 2017, S. 728 ff.

Waechter, Kay: Kommunalrecht – Ein Lehrbuch, 3. Auflage, Köln 1997.

Waibel, Gerhard: Gemeindeverfassungsrecht Baden-Württemberg, 6. Auflage, Stuttgart 2021.

Waldhoff, Christian: Entscheidungsbesprechung zu BGH, Urteil vom 19.09.2012 – V ZB 86/12: Allgemeines Verwaltungsrecht: Abgrenzung öffentlich-rechtlicher und privatrechtlicher Vertrag, JuS 2013, S. 1055 f.

Ders.: Entscheidungsbesprechung zu BVerwG, Urteil vom 16.10.2013 – 8 CN 1/12: Kommunalrecht: Benutzungsregeln eines kommunalen Friedhofs, JuS 2014, S. 958 ff.

Ders.: Entscheidungsbesprechung zu BVerwG, Urteil vom 16.06.2015 – 10 C 13/14: Kommunalrecht: Kommunale Finanzhoheit und Selbstverwaltungsgarantie, JuS 2016, S. 478 ff.

Ders.: Entscheidungsbesprechung zu BVerwG, Urteil vom 21.01.2015 – 10 C 11.14: Kommunalrecht: Ausschluss eines Mitglieds des Gemeinderats, JuS 2015, S. 1145 ff.

Ders.: Entscheidungsbesprechung zu VGH München, Urteil vom 3.7.2018 – 4 CE 18.1224: Kommunalrecht: öffentlich-rechtlicher Zulassungsanspruch bei privatrechtlich betriebener gemeindlicher Einrichtung, JuS 2019, S. 604 ff.

Ders.: Entscheidungsbesprechung zu VGH München, Beschluss vom 20.11.2018 – 1 S 1824/18: Kommunalrecht: Rederecht von Einzelstadträten im Gemeinderat, JuS 2019, S. 926 ff.

Ders.: Entscheidungsbesprechung zu BGH, Urteil vom 20.12.2018 – I ZR 112/17: Kommunalrecht: Staatsferne der Presse bei gemeindlichen Publikationen, JuS 2019, S. 733 f.

Wernsmann, Rainer: Die Steuer als Eigentumsbeschränkung? NJW 2006, S. 1169 ff.

Wessels, Thomas: Rechtliche Beurteilung der Ausnahmetatbestände und deren Umgehungsgefahr bei Bürgerbegehren und Bürgerentscheid, Baden-Baden 2013.

Wettling, Hans: Kommunalrecht, Baden-Baden 1995.

Wiesner, Reinhard (Hrsg.): SGB VIII – Kinder- und Jugendhilfe – Kommentar, 6. Auflage, München 2022.

Wilhelm, Richard: Zur Einführung der Ortschaftsverfassung im gesamten Stadtgebiet, SächsVBl. 2017, S. 121 ff.

Willmann, Wolfgang: Kommunalwahlrecht in Sachsen – ein Leitfaden für die Praxis, Stuttgart 1994.

Wilrich, Thomas: Der praktische Fall – Öffentliches Recht: Kommunalrechtliche Mitwirkungsverbote, JuS 2003, S. 587 ff.

Winkler, Daniela: „Geteilte Arbeit, vermischte Verantwortlichkeit", JA 2010, S. 526 ff.

Winkler, Markus: Anmerkung zu BVerwG, Urteil vom 27.5.2009 – 8 C 10.08 (VG Kassel), JZ 2009, S. 1169 ff.

Ders.: Gelbengrün GmbH, JA 2004, S. 144 ff.

Zimmermann, Ralph: Finanzielle Zuwendungen an Gruppen in kommunalen Vertretungen im Freistaat Sachsen, SächsVBl. 2019, S. 280 ff.

Abkürzungsverzeichnis

(ohne allgemein übliche Abkürzungen)

AEUV	Vertrag über die Arbeitsweise der Europäischen Union
AfP	Archiv für Presserecht, Fachzeitschrift für das gesamte Medienrecht
AG	Aktiengesellschaft
AktG	Aktiengesetz
AO	Abgabenordnung
AOK	Allgemeine Ortskrankenkasse
BA	Berufsakademie
BauGB	Baugesetzbuch
BayVBl.	Fachzeitschrift „Bayerische Verwaltungsblätter“
BayVerfGH	Bayerischer Verfassungsgerichtshof
BayVGH	Bayerischer Verwaltungsgerichtshof
BbgKVerf	Kommunalverfassung des Landes Brandenburg
BbgKWahlG	Gesetz über die Kommunalwahlen im Land Brandenburg
BBiG	Berufsbildungsgesetz
BeamtStG	Gesetz zur Regelung des Statusrechts der Beamtinnen und Beamten in den Ländern
BerlVerfGH	Verfassungsgerichtshof des Landes Berlin
BeckRS	Beck-Rechtsprechung
BewG	Bewertungsgesetz
BFH	Bundesfinanzhof
BFHE	Entscheidungen des Bundesfinanzhofes
BGB	Bürgerliches Gesetzbuch
BGBl.	Bundesgesetzblatt
BGH	Bundesgerichtshof
BGHZ	Entscheidungen des Bundesgerichtshofs in Zivilsachen
BImSchG	Bundes-Immissionsschutzgesetz
BMG	Bundesmeldegesetz
BVerfG	Bundesverfassungsgericht
BVerfGE	Entscheidungen der amtlichen Sammlung des Bundesverfassungsgerichts
BVerfGG	Gesetz über das Bundesverfassungsgericht
BVerwG	Bundesverwaltungsgericht
BVerwGE	Entscheidungen der amtlichen Sammlung des Bundesverwaltungsgerichts
BW	Baden-Württemberg
BWVBl.	Fachzeitschrift „Baden-württembergische Verwaltungsblätter“

BWVPr	Fachzeitschrift „Baden-württembergische Verwaltungspraxis“
BY	Bayern
DDR	Deutsche Demokratische Republik
DNV	Fachzeitschrift „Die neue Verwaltung“
DÖV	Fachzeitschrift „Die öffentliche Verwaltung“
DRiG	Deutsches Richtergesetz
DRK	Deutsches Rotes Kreuz
DSGVO	Datenschutz-Grundverordnung
DVBl.	Fachzeitschrift „Deutsches Verwaltungsblatt“
DVP	Fachzeitschrift „Deutsche Verwaltungspraxis“
EEErtrBetG	Gesetz zur Ertragsbeteiligung von Kommunen an Windenergie- und Photovoltaik-Freiflächenanlagen
eG	eingetragene Genossenschaft
EinglG	Eingliederungsgesetz
EMRK	Europäische Menschenrechtskonvention
EU	Europäische Union
EuGH	Europäischer Gerichtshof
EUZBLG	Gesetz über die Zusammenarbeit von Bund und Ländern in Angelegenheiten der Europäischen Union
EuZW	Fachzeitschrift „Europäische Zeitschrift für Wirtschaftsrecht“
EUV	Vertrag über die Europäische Union
e. V.	eingetragener Verein
FAG	Finanzausgleichsgesetz (des Bundes)
FH	Fachhochschule
GbR	Gesellschaft des bürgerlichen Rechts
GEG	Gebäudeenergiegesetz
GemO	Gemeindeordnung
GewO	Gewerbeordnung
GewStG	Gewerbesteuergesetz
GG	Grundgesetz für die Bundesrepublik Deutschland
ggf.	gegebenenfalls
GmbH	Gesellschaft mit beschränkter Haftung
GmbHG	Gesetz betreffend die Gesellschaften mit beschränkter Haftung
GrStG	Grundsteuergesetz
GVG	Gerichtsverfassungsgesetz
HessVGH	Hessischer Verwaltungsgerichtshof
HGB	Handelsgesetzbuch
HGO	Hessische Gemeindeordnung
HinSchG	Gesetz für einen besseren Schutz hinweisgebender Personen

Hs.	Halbsatz
HSF	Hochschule für öffentliche Verwaltung und Rechtspflege (FH, Fortbildungszentrum des Freistaates Sachsen)
i. A.	im Auftrag
i. E.	im Ergebnis
i. e. S.	im engeren Sinne
insb.	insbesondere
i. S. d.	im Sinne des/der
i. V.	in Vertretung
InsO	Insolvenzordnung
JA	Fachzeitschrift „Juristische Arbeitsblätter“
JURA	Fachzeitschrift „Juristische Ausbildung“
JuS	Fachzeitschrift „Juristische Schulung“
JZ	Fachzeitschrift „Juristenzeitung“
KG	Kommanditgesellschaft
KGSt	Kommunale Gemeinschaftsstelle für Verwaltungsmanagement
KomBekVO	Verordnung des Sächsischen Staatsministeriums des Innern über die Form der kommunalen Bekanntmachungen
KomDAEVO	Verordnung des Sächsischen Staatsministeriums des Innern über die Regelung der Aufwandsentschädigung für kommunale Wahlbeamte
KommJur	Fachzeitschrift „Kommunaljurist“
KomWG	Gesetz über die Kommunalwahlen im Freistaat Sachsen
KomWO	Verordnung des Sächsischen Staatsministeriums des Innern zur Durchführung des Gesetzes über die Kommunalwahlen im Freistaat Sachsen
KrO	Kreisordnung
KrWG	Gesetz zur Förderung der Kreislaufwirtschaft und Sicherung der umweltverträglichen Bewirtschaftung von Abfällen
LJHG	Landesjugendhilfegesetz
LKRZ	Fachzeitschrift für Landes- und Kommunalrecht Hessen/Rheinland-Pfalz/Saarland
LKV	Fachzeitschrift „Landes- und Kommunalverwaltung“
LPartG	Gesetz über die Eingetragene Lebenspartnerschaft
LT-Drs.	Landtagsdrucksache
MBl.	Ministerialblatt
MRRG	Melderechtsrahmengesetz
m. w. N.	mit weiteren Nachweisen
Nds	niedersächsisch
NGO	Niedersächsische Gemeindeordnung
NJOZ	Fachzeitschrift „Neue Juristische Online Zeitschrift“

NJW	Fachzeitschrift „Neue Juristische Wochenschrift“
NRW	Nordrhein-Westfalen
NSDAP	Nationalsozialistische Deutsche Arbeiterpartei
NuR	Fachzeitschrift „Natur und Recht“
NVwZ	Fachzeitschrift „Neue Zeitschrift für Verwaltungsrecht“
NVwZ-RR	Rechtsprechungsreport der „Neuen Zeitschrift für Verwaltungsrecht“
NWVerfGH	Verfassungsgerichtshof des Landes Nordrhein-Westfalen
NZBau	Fachzeitschrift „Neue Zeitschrift für Baurecht und Vergaberecht“
OHG	Offene Handelsgesellschaft
ÖPNV	Öffentlicher Personennahverkehr
ÖPNVG	Gesetz über den öffentlichen Personennahverkehr im Freistaat Sachsen
OVG	Oberverwaltungsgericht
OVGE	Entscheidungen der Oberverwaltungsgerichte
OWiZuVO	Verordnung der Sächsischen Staatsregierung über Zuständigkeiten nach dem Gesetz über Ordnungswidrigkeiten
PartG	Gesetz über die politischen Parteien
PAuswGebV	Verordnung über Gebühren für Personalausweise und den elektronischen Identitätsnachweis
PStG	Personenstandsgesetz
RIS	Ratsinformationssystem der Kommunen
Rn.	Randnummer
R-Pf	Rheinland-Pfalz
S-A	Sachsen-Anhalt
SächsABl.	Sächsisches Amtsblatt
SächsABl. SDr.	Sonderdruck des Sächsischen Amtsblatts
SächsAbwAG	Sächsisches Ausführungsgesetz zum Abwasserabgabengesetz
SächsAGBMG	Sächsisches Gesetz zur Ausführung des Bundesmeldegesetzes
SächsAGSGB	Sächsisches Gesetz zur Ausführung des Sozialgesetzbuches
SächsAGTierSchG	Sächsisches Ausführungsgesetz zum Tierschutzgesetz und zu weiteren tierschutzrechtlichen Vorschriften
SächsBAG	Gesetz über die Berufsakademie im Freistaat Sachsen
SächsBestattG	Sächsisches Gesetz über das Friedhofs-, Leichen- und Bestattungswesen
SächsBG	Sächsisches Beamtengesetz
SächsBO	Sächsische Bauordnung
SächsBRKG	Sächsisches Gesetz über den Brandschutz, Rettungsdienst und Katastrophenschutz

SächsDSDG	Sächsisches Datenschutzdurchführungsgesetz
SächsDG	Sächsisches Disziplinargesetz
SächsDSchG	Gesetz zum Schutz und zur Pflege der Kulturdenkmale im Freistaat Sachsen
SächsEGovG	Gesetz zur Förderung der elektronischen Verwaltung im Freistaat Sachsen
SächsEigBVO	Verordnung des Sächsischen Staatsministeriums des Innern über kommunale Eigenbetriebe im Freistaat Sachsen
SächsFAG	Sächsisches Finanzausgleichsgesetz
SächsFFG	Gesetz zur Förderung von Frauen und der Vereinbarkeit von Familie und Beruf im öffentlichen Dienst im Freistaat Sachsen
SächsFraktfinVO	Verordnung des Sächsischen Staatsministeriums des Innern über die Fraktionsfinanzierung in Gemeinden und Landkreisen
SächsGastG	Gesetz über die Gaststätten im Freistaat Sachsen
SächsGAVO	Sächsische Gutachterausschussverordnung
SächsGDG	Gesetz über den öffentlichen Gesundheitsdienst im Freistaat Sachsen
SächsGemO	Gemeindeordnung für den Freistaat Sachsen
SächsGewODVO	Verordnung der Sächsischen Staatsregierung zur Durchführung der Gewerbeordnung
SächsGleiG	Sächsisches Gleichstellungsgesetz
SächsGVBl.	Sächsisches Gesetz- und Verordnungsblatt
SächsHSG	Gesetz über die Hochschulen im Freistaat Sachsen
SächsHinMeldG	Sächsisches Hinweisgebermeldestellengesetz
SächsIntG	Sächsisches Gesetz zur Integration und Teilhabe von Menschen mit Migrationshintergrund
SächsJAPO	Ausbildungs- und Prüfungsordnung für Juristen des Freistaates Sachsen
SächsJagdG	Jagdgesetz für den Freistaat Sachsen
SächsJG	Gesetz über die Justiz im Freistaat Sachsen
SächsKAG	Sächsisches Kommunalabgabengesetz
SächsKHG	Gesetz zur Neuordnung des Krankenhauswesens
SächsKitaG	Sächsisches Gesetz zur Förderung von Kindern in Tageseinrichtungen
SächsKomKBVO	Verordnung des Sächsischen Staatsministeriums des Innern über die Kassen- und Buchführung der Kommunen
SächsKomHVO	Sächsische Kommunalhaushaltsverordnung
SächsKomPrüfVO	Verordnung des Sächsischen Staatsministeriums des Innern über das kommunale Prüfungswesen
SächsKomVerfRDVO	Sächsische Kommunalverfassungsrechtsdurchführungsverordnung

SächsKomZG	Sächsisches Gesetz über kommunale Zusammenarbeit
SächsKrGNG	Gesetz zur Neugliederung des Gebietes der Landkreise des Freistaates Sachsen
SächsKRG	Sächsisches Kulturraumgesetz
SächsKrWBodSchG	Gesetz über die Kreislaufwirtschaft und den Bodenschutz im Freistaat Sachsen
SächsKVZ	Sächsisches Kostenverzeichnis
SächsLadÖffG	Gesetz über die Ladenöffnungszeiten im Freistaat Sachsen
SächsLEP	Landesentwicklungsplan 2013 für den Freistaat Sachsen
SächsLKrO	Landkreisordnung für den Freistaat Sachsen
SächsLPlG	Gesetz zur Raumordnung und Landesplanung des Freistaates Sachsen
SächsNatSchG	Gesetz über den Naturschutz und Landschaftspflege im Freistaat Sachsen
SächsOVG	Sächsisches Oberverwaltungsgericht
SächsOWiG	Sächsisches Ordnungswidrigkeitengesetz
SächsPassPAuswG	Gesetz zur Ausführung des Pass- und Personalausweisgesetzes im Freistaat Sachsen
SächsPersVG	Sächsisches Personalvertretungsgesetz
SächsPBG	Sächsisches Polizeibehördengesetz
SächsPVDG	Sächsisches Polizeivollzugsdienstgesetz
SächsSchulG	Schulgesetz für den Freistaat Sachsen
SächsSorbG	Gesetz über die Rechte der Sorben im Freistaat Sachsen
SächsSpKG	Sächsisches Sparkassengesetz
SächsStiftG	Sächsisches Stiftungsgesetz
SächsStrG	Straßengesetz für den Freistaat Sachsen
SächsStrVRG	Gesetz zur Regelung des Straßenverkehrs- und Kraftfahrwesens im Freistaat Sachsen
SächsTranspG	Gesetz über die Transparenz von Informationen im Freistaat Sachsen
SächsUAVO	Sächsische Umlegungsausschussverordnung
SächsUIG	Umweltinformationsgesetz für den Freistaat Sachsen
SächsVBl.	Fachzeitschrift „Sächsische Verwaltungsblätter“
SächsVerf	Verfassung des Freistaates Sachsen
SächsVerfAG	Sächsisches Verfahrensausführungsgesetz
SächsVerfGH	Verfassungsgerichtshof des Freistaates Sachsen
SächsVerfGHG	Gesetz über den Verfassungsgerichtshof des Freistaates Sachsen
SächsVermKatG	Gesetz über das amtliche Vermessungswesen und das Liegenschaftskataster im Freistaat Sachsen
SächsVersG	Gesetz über Versammlungen und Aufzüge im Freistaat Sachsen
SächsVwKG	Verwaltungskostengesetz des Freistaates Sachsen

SächsVwVfZG	Gesetz zur Regelung des Verwaltungsverfahrens- und des Verwaltungszustellungsrechts für den Freistaat Sachsen
SächsVwVG	Verwaltungsvollstreckungsgesetz für den Freistaat Sachsen
SächsWG	Sächsisches Wassergesetz
SGB	Sozialgesetzbuch
SMF	Sächsisches Staatsministerium der Finanzen
SMI	Sächsisches Staatsministerium des Innern
SSG	Sächsischer Städte- und Gemeindetag
StabG	Gesetz zur Förderung der Stabilität und des Wachstums der Wirtschaft
StGB	Strafgesetzbuch
StiftG	Gesetz über die Bildung und Tätigkeit von Stiftungen
StPO	Strafprozessordnung
StVO	Straßenverkehrsordnung
ThürOVG	Thüringer Oberverwaltungsgericht
ThürVBl.	Fachzeitschrift „Thüringer Verwaltungsblätter"
TVöD	Tarifvertrag für den öffentlichen Dienst
UWG	Gesetz gegen den unlauteren Wettbewerb
VBlBW	Fachzeitschrift „Baden-Württembergische Verwaltungsblätter"
Verf	Verfassung
VerfG	Verfassungsgericht
VerfGH	Verfassungsgerichtshof
VG	Verwaltungsgericht
VHS	Volkshochschule(n)
VIG	Verbraucherinformationsgesetz
VKA	Vereinigung der kommunalen Arbeitgeberverbände
VR	Fachzeitschrift „Verwaltungsrundschau"
VWA	Verwaltungs- und Wirtschaftsakademie
VwGO	Verwaltungsgerichtsordnung
VwV	Verwaltungsvorschrift(en)
VwVfG	Verwaltungsverfahrensgesetz
WHG	Wasserhaushaltsgesetz
WiVerw	Wirtschaft und Verwaltung, Beilage zur Fachzeitschrift „Gewerbearchiv"
ZKF	Fachzeitschrift „Zeitschrift für Kommunalfinanzen"
ZPO	Zivilprozessordnung
ZUR	Fachzeitschrift „Zeitschrift für Umweltrecht"

1. Kapitel
Einführung in die Grundlagen des Kommunalrechts

A. Begriff und Bedeutung des Kommunalrechts

Das Kommunalrecht beinhaltet alle Rechtssätze, die die **Stellung der Kommunen** im Staat, ihre **innere Organisation** sowie ihre **Aufgaben**, **Handlungsformen** und **Finanzen** regeln. Umfasst sind damit sowohl das **„Innenrecht“** als auch das **„Außenrecht“**. Neben den Gemeinden und den Landkreisen (Kommunen) unterfallen auch die verschiedenen Formen **kommunaler Zusammenschlüsse und Zusammenarbeit** zur gemeinsamen Durchführung von Aufgaben diesem Rechtsgebiet. 1

Es ist das Recht, das den Einzelnen praktisch sein Leben lang begleitet, denn die Aufgaben der Kommunen sind äußerst vielfältig. Das betrifft nicht nur die **klassischen Verwaltungsaufgaben**, die typischerweise mit einer **Behörde** in Verbindung gebracht werden wie z. B. das Ausstellen von Personalausweisen, Reisepässen oder Führerscheinen, das Meldewesen, die Aufgaben der Standesämter, die Erteilung von Baugenehmigungen oder die Kfz-Zulassung. Dazu gehört v. a. auch die **kommunale Daseinsvorsorge** wie etwa die Trinkwasserversorgung, die Abwasser- und Abfallbeseitigung, das Betreiben von Kindergärten und Schulen, der öffentliche Personennahverkehr sowie die Unterhaltung sozialer Einrichtungen, Theater, Museen, Musikschulen, Sporthallen, Frei- und Hallenbäder, Eissportanlagen und z. B. auch von Radwegen. 2

Das Kommunalrecht gehört als Rechtsgebiet zum **öffentlichen Recht** und ist überwiegend **landesrechtlich ausgestaltet**. In der Rechtswissenschaft erfolgt dabei eine grundlegende Einteilung des gesamten Rechts in das **öffentliche Recht**, das **Privatrecht** und das **Strafrecht**. Das öffentliche Recht regelt, im Gegensatz zum Privatrecht, die Beziehungen des einzelnen Bürgers zum Staat und den übrigen Trägern öffentlicher Gewalt sowie das Verhältnis der Verwaltungsträger zueinander. Zum nationalen öffentlichen Recht gehören neben dem Verfassungsrecht das allgemeine und das besondere Verwaltungsrecht. Das Privatrecht regelt demgegenüber die Rechtsbeziehungen der Einzelnen zueinander. Das wichtigste Gesetz für das Privatrecht ist das Bürgerliche Gesetzbuch (BGB). Im Strafrecht geht es um die Bestrafung wegen Verstoßes gegen Straftatbestände, die vor allem im Strafgesetzbuch (StGB) geregelt sind. Um Sonderfälle handelt es sich beim **Datenschutzrecht** (überwiegend öffentliches Recht) und dem **Staatskirchenrecht** (öffentliches Recht) sowie dem **Kirchenrecht** (kircheninternes Recht). 3

Die verfassungsrechtlichen Wurzeln des Kommunalrechts liegen in Art. 28 Abs. 2 Grundgesetz (GG), dem sog. **Recht auf kommunale Selbstverwaltung**. Landesverfassungsrechtlich ist die kommunale Selbstverwaltung im Freistaat Sachsen in Art. 82 Abs. 2 und Art. 84 Abs. 1 und 2 der Sächsischen Verfassung (SächsVerf) garantiert. Insoweit ist auch ein starker Bezug des Kom- 4 munalrechts zum **Verfassungsrecht** vorhanden.[1] Das Kommunalrecht unterliegt zudem dem **Recht der Europäischen Union (Europarecht)** als prinzipiell übergeordnetem Recht.[2]

5 Neben dem Verfassungsrecht und dem Europarecht bestehen auch intensive Verknüpfungen sowohl zum **allgemeinen Verwaltungsrecht** (z.B. beim Erlass von Satzungen und Rechtsverordnungen, dem Erlass von Verwaltungsakten, dem Abschluss von öffentlich-rechtlichen Verträgen) als auch zu den einzelnen Fachgesetzen des (sonstigen) **besonderen Verwaltungsrechts** (z.B. Polizei- und Ordnungsrecht, Baurecht, Umweltrecht). Das liegt daran, dass die Gemeinden als Träger der öffentlichen Verwaltung nicht nur ihre eigenen Angelegenheiten regeln, sondern darüber hinaus auch für die ihnen übertragenen (staatlichen) Weisungsaufgaben zuständig sind (vgl. Art. 85 Abs. 1 SächsVerf).

6 Das allgemeine Verwaltungsrecht umfasst dabei die Vorschriften, die unabhängig von der betroffenen Sachmaterie grds. für die gesamte Verwaltung maßgebend sind (z.B. die Vorschriften zum Verwaltungsverfahrensrecht des Bundes und der Länder – VwVfGe – oder das Staatshaftungsrecht).

7 Zum besonderen Verwaltungsrecht gehören die einzelnen Sachbereiche der öffentlichen Verwaltung wie z.B. das Baurecht, das Polizeirecht, das Versammlungsrecht, das Gewerberecht, das Schulrecht, das Sozialrecht, das Straßen- und Straßenverkehrsrecht und eben auch das **Kommunalrecht**, die allesamt spezialgesetzlich geregelt sind.

8 Von Bedeutung ist aber weiterhin das **Verwaltungsprozessrecht**, das in der VwGO und in speziellen landesrechtlichen Ausführungsgesetzen (im Freistaat Sachsen: §§ 22 bis 27a SächsJG) geregelt ist. Darauf wird in diesem Buch im Zusammenhang mit den themenbezogenen Rechtsschutzfragen und v.a. bei der Darstellung der sog. Kommunalverfassungsstreitverfahren (Organstreitverfahren) eingegangen.[3]

9 Bezüge bestehen aber auch zum **Privatrecht**, insb. zum **bürgerlichen Recht** (z.B. wenn die Gemeinde im Rechtsverkehr als Vertragspartner auftritt; bei den Vertretungsregeln oder auch bei Haftungsfragen und zivilrechtlichen Streitigkeiten) und zum **Handels- und Gesellschaftsrech**t (z.B. bei kommunalen Unternehmen und bei Gesellschaften als Vertragspartner oder als Empfänger eines Verwaltungsaktes). Schließlich bestehen auch Bezüge zum **Strafrecht**, z.B. gemäß § 45 StGB in Bezug auf das kommunale Wahlrecht, die Amtsträgereigenschaft des Bürgermeisters nach § 11 Abs. 1 Nr. 2a StGB und die strafrechtlichen Risiken vor allem im Hinblick auf Bestechung und Bestechlichkeit (§§ 331 ff. StGB) oder Untreuehandlungen zulasten der Gemeinde (§ 266 StGB).

10 ***Hinweis:***

Gemäß § 14 Abs. 3 Nr. 8 Buchst. c), cc) Sächsische Juristen-Ausbildungs- und Prüfungsordnung (SächsJAPO) gehört das Kommunalrecht zum Prüfungsstoff

1 Siehe ausführlich dazu im 2. Kapitel unter C.
2 Siehe näher dazu im 2. Kapitel unter D.
3 Siehe das nachfolgende 6. Kapitel unter H.

in der staatlichen Pflichtfachprüfung. Ausgenommen werden jedoch das Kommunalwahlrecht, das Kommunalabgabenrecht und das Haushaltsrecht, sodass Studierende der Rechtswissenschaften die entsprechenden Darstellungen bei der Vorbereitung auf die staatliche Pflichtfachprüfung außen vorlassen können. Entsprechendes gilt für die Zweite Juristische Staatsprüfung, da § 44 Abs. 2 S. 2 Nr. 3 SächsJAPO den Pflichtfächerkatalog hinsichtlich des Kommunalrechts nicht erweitert.

B. Gesetzgebungskompetenz für das Kommunalrecht

Nach der Kompetenzverteilungsregel des Art. 70 Abs. 1 GG besitzt der Bund **11**
für ein bestimmtes Gebiet nur dann die Gesetzgebungskompetenz, wenn sie ihm durch das GG ausdrücklich verliehen worden ist. Da sich weder in Art. 73 GG (ausschließliche Gesetzgebung) noch in Art. 74 GG (konkurrierende Gesetzgebung) eine einschlägige Zuweisung an den Bund findet, fällt das Kommunalrecht in die **Gesetzgebungskompetenz der Länder**. Dies erklärt sich in der Sache daraus, dass die Schaffung und Ausgestaltung eines Kommunalwesens die Binnenorganisation des jeweiligen Landes betrifft.[4] Dem **Bund** stehen demgegenüber allenfalls **Annexkompetenzen** für die Erklärung der Zuständigkeit der Kommunen in bestimmten Fällen zu (z. B. der Bauleitplanung).

Seit der sog. Föderalismusreform I, die am 1.9.2006 in Kraft getreten ist[5], gilt **12**
jedoch für den Bund gemäß Art. 84 Abs. 1 S. 7 GG ein Verbot, den Gemeinden und Gemeindeverbänden durch Bundesgesetz Aufgaben zu übertragen. Dieses **Aufgabenübertragungsverbot** („Durchgriffssperre") gilt gemäß Art. 85 Abs. 1 S. 2 GG auch für den Bereich der Bundesauftragsverwaltung und erfasst nach h. M. auch die **Erweiterung bestehender Aufgaben**, die in ihren Wirkungen auf das Schutzgut des Art. 28 Abs. 2 GG einer erstmaligen Aufgabenübertragung gleichkommt.[6] Es ist allerdings zu beachten, dass die vor dem Inkrafttreten der Föderalismusreform erlassenen Aufgabenübertragungen gemäß Art. 125a Abs. 1 GG so lange fortgelten, bis sie gegebenenfalls durch Landesrecht ersetzt werden. Die Einhaltung dieser verfassungsrechtlichen Kompetenzschranken kann auch von den Kommunen im Wege einer **kommunalen Verfassungsbeschwerde** vor dem BVerfG eingefordert werden.[7]

Vor dem verfassungsrechtlichen Hintergrund des Art. 28 Abs. 2 GG und der jewei- **13**
ligen Landesverfassung – im Freistaat Sachsen Art. 82 ff. SächsVerf – haben alle Bundesländer Gesetze für das Kommunalwesen erlassen. Diese werden meistens **Gemeinde- bzw. Landkreisordnungen**, **Kommunalverfassungen** oder **Kommunalordnungen** genannt. Das sind die Gesetze, die grundlegend den Rechtsstatus der Kommunen und den rechtlichen Rahmen ihrer Organisation regeln.

4 *Burgi*, Kommunalrecht, § 1 Rn. 12.

5 Vgl. das Gesetz zur Änderung des Grundgesetzes vom 28.8.2006 (BGBl. I S. 2034); vgl. allgemein dazu *Ipsen*, NJW 2006, S. 2801 ff.

6 Vgl. näher dazu BVerfGE 155, S. 310 = NJW 2020, S. 3232, Rn. 83 ff.; ebenso die in Rn. 85 zitierten Stimmen der Literatur.

7 Vgl. näher dazu BVerfGE 155, S. 310 = NJW 2020, S. 3232, Rn. 28 ff.

14 Im Freistaat Sachsen sind das – betreffend die Gemeinden – die **Gemeindeordnung für den Freistaat Sachsen (SächsGemO)** in der Fassung der Bekanntmachung vom 9.3.2018 (SächsGVBl. S. 62) mit späteren Änderungen und – betreffend die Landkreise – die **Landkreisordnung für den Freistaat Sachsen (SächsLKrO)** in der Fassung der Bekanntmachung vom 9.3.2018 (SächsGVBl. S. 99) mit späteren Änderungen.

15 Sowohl bei der SächsGemO als auch bei der SächsLKrO handelt es sich um **Gesetze im formellen Sinne**, obwohl die Bezeichnung „Ordnung" nicht gleich darauf schließen lässt. Sie wurden vom Sächsischen Landtag in einem förmlichen Gesetzgebungsverfahren beschlossen. Neben diesen grundlegenden Gesetzen sind für das Kommunalrecht zudem zahlreiche von der Exekutive (zumeist vom Sächsischen Staatsministerium des Innern) erlassene Rechtsverordnungen als **materielle Gesetze** von Bedeutung.

Aufgrund der engen Verbindungen des Kommunalrechts zu den unterschiedlichen Rechtsgebieten erfolgt an vielen Stellen dieses Buches eine gemeinsame Darstellung.

C. Rechtsquellen des sächsischen Kommunalrechts

16 Die Rechtsquellen des sächsischen Kommunalrechts lassen sich in einer Vielzahl von Vorschriften des Bundes, des Freistaates Sachsen sowie der jeweiligen sächsischen Kommune selbst finden, wobei sich die wichtigsten Vorschriften des sächsischen Kommunalrechts wie folgt zusammenfassen lassen:

17 **Wichtige Rechtsquellen des Kommunalrechts**[8]

1. Verfassungsrechtliche Grundlagen auf Bundesebene
   - Art. 28 Abs. 2 GG (Garantie der kommunalen Selbstverwaltung) als zentrale Norm
   - Art 28 Abs. 1 S. 2 GG (Garantie einer gewählten Vertretung)
   - Art. 70 ff. GG (Gesetzgebungskompetenz der Länder)
   - Art. 84 Abs. 1 S. 7, 85 Abs. 1 S. 2 GG („Durchgriffssperre" für den Bund, s. o.)
   - Art. 104a ff. GG (Finanzverfassung/Finanzgarantien)

18 2. Verfassungsrechtliche Grundlagen auf Landesebene
   - Art. 82 Abs. 2 SächsVerf (Träger der Selbstverwaltung)
   - Art. 84 Abs. 1 SächsVerf (Allzuständigkeit)
   - Art. 84 Abs. 2 SächsVerf (Anhörungsrecht)
   - Art. 85 SächsVerf (Übertragung von Aufgaben auf die kommunale Ebene mit Absicherung der Fähigkeit, diese Aufgaben auch finanziell erfüllen zu können: sog. „Konnexitätsprinzip")
   - Art. 86 SächsVerf (Gemeindevertretung)

8 Länderübergreifende Darstellung der zentralen landesgesetzlichen Regelungen: *Erbguth/Mann/Schubert*, Besonderes Verwaltungsrecht, § 1 Rn. 7 bis 9.

- Art. 87 Abs. 1 SächsVerf (Angemessene Finanzausstattung)
- Art. 87 Abs. 2 SächsVerf (Recht, eigene Steuern und andere Abgaben zu erheben)
- Art. 88 SächsVerf (Gebietsänderungen)
- Art. 89 SächsVerf (Kommunalaufsicht)
- Art. 90 SächsVerf (Kommunale Verfassungsbeschwerde)

3. Kommunalordnungen (Kommunalverfassungen) im Freistaat Sachsen **19**
   - Sächsische Gemeindeordnung (SächsGemO)
   - Sächsische Landkreisordnung (SächsLKrO)

Hinweis:

Die Länder Brandenburg, Saarland, Mecklenburg-Vorpommern und Thüringen fassen Gemeinden und Landkreise in einheitlichen Gesetzen zusammen. Wenngleich dies im Freistaat Sachsen nicht der Fall ist, weisen die SächsGemO und die SächsLKrO ***zahlreiche Parallelen*** *auf, sodass sich die Darstellung der SächsLKrO im 10. Kapitel dieses Buches v.a. auf die Abweichungen und Besonderheiten im Landkreisrecht beschränkt.*

4. Weitere spezielle Vorschriften im Freistaat Sachsen (nicht abschließend) **20**
   - SächsKomZG[9]
   - SächsKAG[10]
   - SächsVwKG[11]
   - SächsBG[12]
   - KomWG[13], KomWO[14]
   - SächsKomVerfRDVO[15]
   - KomBekVO[16]
   - SächsEigBVO[17]
   - SächsFAG[18]
   - SächsKomHVO[19]
   - SächsKRG[20]

Zusätzlich zu den verfassungsrechtlichen Vorgaben ergeben sich aus dem **Europarecht** in immer stärkerem Maße rechtliche Vorgaben für die kommunale Selbstverwaltung und das deutsche Kommunalrecht zum einen direkt aus dem Primärrecht (v.a. aus den EU-Verträgen) und zum anderen aus dem sog. Sekundärrecht (Verordnungen, Richtlinien und Beschlüsse). Fast alle Be- **21**

9 Sächsisches Gesetz über Kommunale Zusammenarbeit.
10 Sächsisches Kommunalabgabengesetz.
11 Verwaltungskostengesetz des Freistaates Sachsen.
12 Sächsisches Beamtengesetz.
13 Kommunalwahlgesetz.
14 Kommunalwahlordnung.
15 Sächsische Kommunalverfassungsrechtsdurchführungsverordnung.
16 Kommunalbekanntmachungsverordnung.
17 Sächsische Eigenbetriebsverordnung.
18 Sächsisches Finanzausgleichsgesetz.
19 Sächsische Kommunalhaushaltsverordnung.
20 Sächsisches Kulturraumgesetz.

reiche des Kommunalrechts bzw. der kommunalen Selbstverwaltung weisen Berührungspunkte zum Europarecht auf. Stark beeinflusst wird z. B. die **kommunale Auftragsvergabe** durch EU-Richtlinien über die Vergabe von Bau-, Dienstleistungs- und Lieferaufträgen sowie freiberufliche Leistungen und zunehmend auch der kommunale Umweltschutz. Die kommunale Selbstverwaltung hat im Vertrag von Lissabon erstmalig ausdrücklich Erwähnung gefunden, wodurch eine Sensibilisierung der europäischen Politik für dieses Thema immerhin erreicht wurde.[21]

22 Als **Ortsrecht** (kommunales Eigenrecht) ergeben sich wichtige Rechtsquellen aus der Satzungshoheit der Gemeinden und Landkreise aus Art. 28 Abs. 2 GG (Satzungsrecht) und auf fachgesetzlicher Grundlage, neben dem Satzungsrecht, auch durch das Recht, Verordnungen erlassen zu dürfen (z. B. § 32 SächsPBG: Polizeiverordnung).[22]

Soweit es (freiwillige) **Gebietsänderungsverträge** (Eingemeindungsverträge) in der jeweiligen Kommune geben sollte oder **Gesetze zur Eingliederung von Kommunen** gelten, sind diese selbstverständlich mit zu beachten.

D. Geschichtliche Entwicklung

23 Das Kommunalrecht ist historisch gewachsen. Kommunen bildeten sich schon in der **Frühzeit** v. a. zum Schutz gegen äußere Gefahren und zur Strukturierung des (wirtschaftlichen) Zusammenlebens (Kommunen als „Schicksalsgemeinschaft“ bzw. dörfliche Gemeinschaft). Die kommunale Selbstverwaltung ist (vom Prinzip her) seit der römischen Kaiserzeit bekannt.[23]

24 **Im Mittelalter** (ca. 6.–15. Jahrhundert) entstanden Städte als Fortentwicklung alter römischer Städte und/oder verkehrsbedingt als Handelszentren aus Ansiedlungen an wichtigen Handelswegen, Furten oder Brücken (z. B. Frankfurt, Erfurt, Schweinfurt) oder Flussmündungen (z. B. Hamburg, Bremen, Danzig, Passau).[24] Viele Städte entstanden im Schutz von Burgen oder sonstigen Residenzen der weltlichen oder geistlichen Gewalt (z. B. Augsburg, Regensburg, Würzburg). Dadurch kam es auch zu der Bezeichnung des „Bürgers“. Es gab in den mittelalterlichen Städten gewisse Selbstverwaltungsbefugnisse, das Marktprivileg und eine Steuerhoheit.

25 **Leipzig** (Ersterwähnung im Jahr 1015) entstand an der Kreuzung der Via Regia mit der Via Imperii, die sich beide durch ganz Europa zogen (urbs Libzi = Stadt der Linden). **Meißen** wird erstmals **um 1150** als **Stadt** (civitas) erwähnt, wobei die Gründung von Meißen bereits auf das Jahr 929 zurückgeht („Wiege Sachsens“). Die mittelalterliche Stadt entwickelte sich an der Burg Misni

21 Nähere Ausführungen hierzu im 2. Kapitel unter D.
22 Nähere Ausführungen hierzu im 4. Kapitel unter A. und B.
23 Näher dazu *Geis*, Kommunalrecht, § 2 Rn. 1 ff.
24 Vgl. näher zum Folgenden *Geis*, Kommunalrecht, § 2 Rn. 5 ff.; *Gern*, Sächsisches Kommunalrecht, Rn. 3 ff.

(wörtlicher Ursprung von Meißen) zu einem der **bedeutendsten Handelsplätze an Elbe und Moldau**.

Diesen Städten wurden vielfach von den Landesherren bestimmte Privilegien verliehen, insb. das Marktrecht und das Recht zur begrenzten innerstädtischen Rechtsetzung. Manche dieser sog. **Stadtrechte** wurden von anderen Städten vollständig rezipiert und können als Vorläufer des kommunalen Selbstverwaltungsrechts angesehen werden. So wurde in Leipzig zwischen 1156 und 1170 das Magdeburger Stadtrecht eingeführt.[25] In der **frühen Neuzeit** (Mitte 13. bis Ende 15. Jahrhundert) und im **Absolutismus** (16./17. Jahrhundert) blühten die Residenzstädte auf (z. B. München, Stuttgart, Hannover, Potsdam sowie auch Dresden als Sitz der sächsischen Kurfürsten). **26**

Nachdem die meisten freien Reichsstädte durch die Mediatisierung (Eingliederung in fürstliche Territorien), die der Reichsdeputationshauptschluss von 1803 als grundlegender Beschluss angestoßen hatte, ihre Privilegien zunächst wieder verloren hatten, markiert der **Beginn des 19. Jahrhunderts** die Wende zum modernen Verständnis der Gemeinde als Gebietskörperschaft mit Selbstverwaltungsrechten.[26] Durch die Niederlage Preußens gegen Napoleon und den Einfluss der Französischen Revolution erhielten liberale Einflüsse größere Bedeutung. Unter diesem Eindruck wurde – auch zur Stabilisierung des Staates – die **preußische Städteordnung vom 19.11.1808** erlassen. Diese durch den preußischen Reichsfreiherrn vom und zum Stein (1757–1831) veranlasste „Reform von oben" zielte auf eine größere Beteiligung der Bevölkerung an der öffentlichen Verwaltung ihrer Gemeinde, um die Distanz zwischen Bürger und Staat zu verringern und so letztlich den Staat zu stärken (Dezentralisation).[27] **27**

Die preußische Städteordnung war prägend für die Rechtsstellung der Städte und Gemeinden. Sie erhielten durch die Reformen **(sog. „Stein'sche Reformen")** das Recht, ihre Angelegenheiten in eigener Verantwortung zu erledigen. Faktisch bedeutete dies die Einführung des Prinzips der modernen kommunalen Selbstverwaltung, auch wenn dieser Begriff noch nicht verwendet wurde. Die „Stein'sche Städteordnung" war in vielerlei Hinsicht Vorbild für die nachfolgenden Kommunalordnungen in Deutschland.[28] **28**

Wiedererstarkte reaktionäre Kräfte in Preußen bewirkten jedoch **1831 eine revidierte preußische Städteordnung**, die im Hinblick auf die Selbstverwaltung einen gewissen Rückschritt bedeutete.[29] Auch der Versuch scheiterte, im Gefolge der deutschen **Revolution von 1848** ein liberales Gemeinderecht für Städte und Gemeinden in ganz Deutschland zu schaffen (1850). In der Folge kam es daher zu Städteordnungen für verschiedene Landesteile.[30] **29**

25 Vgl. *Carls*, Hy hebit sich an magdburgisch recht. Wege eines europäischen Rechts und seiner Erforschung, in: Denkströme. Journal der Sächsischen Akademie der Wissenschaften, Heft 5 (2010), http://repo.saw-leipzig.de/pubman/item/escidoc:16303/component/escidoc:16302/denkstroeme-heft5_139-155_carls.pdf, S. 139.

26 *Geis*, Kommunalrecht, § 2 Rn. 18; vgl. auch *Waechter*, Kommunalrecht, Rn. 43.

27 *Burgi*, Kommunalrecht, § 3 Rn. 4.

28 Näher dazu *Geis*, Kommunalrecht, § 2 Rn. 18.

29 *Burgi*, Kommunalrecht, § 3 Rn. 7.

30 Näher dazu *Geis*, Kommunalrecht, § 2 Rn. 20.

30 In Sachsen, das 1806 im Frieden von Posen zum Königreich erhoben wurde, wurden **1832 eine „Allgemeine Städteordnung“** und **1838 eine „Landgemeindeordnung“** mit einer eigenverantwortlichen Aufgabenerfüllung im begrenzten Umfang verabschiedet. Dabei war namentlich die Städteordnung stark an die revidierte preußische Städteordnung von 1831 angelehnt.[31]

31 In der **Weimarer Reichsverfassung von 1919** erhielten Gemeinden und Gemeindeverbände in Art. 127 WRV das Recht der Selbstverwaltung innerhalb der Schranken der Gesetze. Die Länder behielten jedoch weitreichende Gestaltungsmöglichkeiten, sodass die historisch gewachsenen kommunalen Verfassungssysteme in den Ländern weitgehend erhalten blieben. Eine Vereinheitlichung des Kommunalrechts scheiterte in der Weimarer Zeit.[32]

32 In Sachsen entstanden ab 1923 neue Gemeindeordnungen mit Elementen von mehr Bürgerbeteiligung und Bürgernähe. So wurden durch die **Sächsische Gemeindeordnung von 1923** und die **abgeänderte Gemeindeordnung von 1925** die rechtlichen Unterschiede zwischen Städten und Landgemeinden beseitigt. Das aktive und passive allgemeine Wahlrecht wurde eingeführt, ebenso Bürgerbegehren und Bürgerentscheide als Formen unmittelbarer Demokratie sowie eine Gemeindekammer als Überprüfungsinstanz aufsichtlicher Entscheidungen.[33]

33 In der Zeit des **Nationalsozialismus (ab 1933)** wurde mit der **Deutschen Gemeindeordnung von 1935** die Selbstverwaltung praktisch wieder abgeschafft und auch auf kommunaler Ebene das „Führerprinzip“ durchgesetzt.[34] Es erfolgte eine Anpassung an die Zentralisierungsbestrebungen und an die Parteiherrschaft im NS-Staat. Bürgermeister und Gemeinderäte wurden durch Staat und NSDAP ernannt. Während des Zweiten Weltkriegs und in der Nachkriegszeit konzentrierten sich die kommunalen Aufgaben auf die Sicherstellung der Grundbedürfnisse der Bevölkerung, teilweise wurden dazu spezielle Wirtschafts- und Ernährungsämter eingerichtet.[35]

34 In der Zeit nach dem **Ende des Zweiten Weltkrieges (nach 1945)** wurde in den **westlichen Besatzungszonen** ein Wiederaufbau des Staates „von unten“ und hierzu eine Wiederbelebung der Selbstverwaltung angestrebt.[36] Im Rahmen der Organisation der Kommunen entstanden in den westdeutschen Ländern Kommunalverfassungssysteme, die zwar an geschichtliche Vorbilder der Länder anknüpften, die aber auch durch die jeweiligen Besatzungsmächte geprägt waren.

35 So entwickelten sich zunächst vier unterschiedlich historisch gewachsene Gemeindeverfassungssysteme: Die (britisch geprägte) **Norddeutsche Ratsverfassung** (in Niedersachsen und in Nordrhein-Westfalen), die im Ansatz monistisch strukturiert war, die (französisch geprägte) – dualistisch ausgeformte – **Bürger-**

31 Näher dazu *Gern*, Sächsisches Kommunalrecht, Rn. 13ff.
32 Vgl. etwa *Engels/Krausnick*, Kommunalrecht, Teil 1, § 1 Rn. 26.
33 Näher dazu m. w. N. *Gern*, Sächsisches Kommunalrecht, Rn. 17.
34 Vgl. etwa *Engels/Krausnick*, Kommunalrecht, Teil 1, § 1 Rn. 29.
35 *Geis*, Kommunalrecht, § 2 Rn. 31f.
36 Näher dazu *Engels/Krausnick*, Kommunalrecht, Teil 1, § 1 Rn. 30.

meisterverfassung (in Rheinland-Pfalz und im Saarland), die auf die preußische Städteordnung von 1808 zurückgehende **Magistratsverfassung** (in Hessen und in Schleswig-Holstein) – kollegiales Vollzugsorgan ist dort der Magistrat – sowie (in Bayern, später auch in Baden-Württemberg) die ebenfalls dualistisch geprägte **Süddeutsche Ratsverfassung.**[37] Die Unterschiede dieser Verfassungssysteme liegen im Wesentlichen in der Aufgabenverteilung zwischen Gemeindevertretung (Rat) und Bürgermeister, der Gewichtung dieser beiden Organe und der Art und Weise der Wahl des Bürgermeisters.

Im **Grundgesetz für die Bundesrepublik Deutschland vom 23.5.1949** wurde die 36
Garantie der kommunalen Selbstverwaltung dann in Art. 28 Abs. 2 GG verfassungsrechtlich festgeschrieben. Später in den 70er-Jahren erfolgten in der Bundesrepublik Deutschland umfassende Gebietsreformen, bei denen die Gesamtzahl der kreisangehörigen Gemeinden auf etwa ein Drittel des bisherigen Bestandes reduziert und diejenigen der Landkreise ungefähr halbiert wurden.[38] In der Folgezeit verlief die Entwicklung der Kommunen und des Kommunalrechts in der Bundesrepublik Deutschland eher ruhig. Die **Kommunalverfassungssysteme begannen sich zunehmend anzunähern**, indem insb. die meisten Länder des norddeutschen, des rheinischen und des Magistratsmodells die Direktwahl des Bürgermeisters einführten. Standardmodell für die kommunale Binnenorganisation wurde nun zunehmend die Süddeutsche Ratsverfassung.[39]

Dagegen wurde in den **sowjetischen Besatzungszonen** und anschließend **in** 37
der DDR (Verfassung der DDR von 1949) nach dem Zweiten Weltkrieg die Selbstständigkeit der Kommunen im Laufe der Jahre weitestgehend durch eine **zentralistische Weisungsgebundenheit** eingeschränkt. Dies galt insb. nach der gesetzlichen Abschaffung der Länder im Jahr 1952 mit Neubildung von Kreisen als Staatsorgane und der Bildung von Bezirken in der DDR. Schließlich wurden die Kommunalvertretungen und Kommunalverwaltungen zu örtlichen Staatsorganen ohne eigenen Wirkungskreis degradiert.[40]

Erst im Zusammenhang mit der **friedlichen Revolution** („Wende“) und den Kom- 38
munalwahlen im Mai 1989 sowie der Volkskammerwahl im März 1990 wurde in der DDR im Jahr **1990** mit der sog. **Kommunalverfassung der DDR**, die für das Beitrittsgebiet galt, das Recht der Selbstverwaltung wieder eingeführt.[41]

Mit Inkrafttreten des **Einigungsvertrages am 3.10.1990** (Beitritt der DDR zur Bun- 39
desrepublik Deutschland) galt das **Grundgesetz** dann auch in den neuen Bundesländern, so auch im Freistaat Sachsen. Bei der hierdurch angestoßenen Kommunalgesetzgebung orientierten sich die ostdeutschen Länder an westdeutschen „Partnerländern“: Brandenburg an Nordrhein-Westfalen, Mecklenburg-Vorpommern an Niedersachsen und Schleswig-Holstein, Sachsen und Sachsen-Anhalt

37 Näher dazu *Geis*, Kommunalrecht § 2 Rn. 34; *Engels/Krausnick*, Kommunalrecht, Teil 1, § 1 Rn. 31ff.

38 *Engels/Krausnick*, Kommunalrecht, Teil 1, § 1 Rn. 35.

39 Vgl. etwa *Engels/Krausnick*, Kommunalrecht, Teil 1, § 1 Rn. 35; *Geis*, Kommunalrecht § 2 Rn. 35.

40 Vgl. näher zum Ganzen und m.w.N. *Geis*, Kommunalrecht, § 2 Rn. 38ff.; *Gern*, Sächsisches Kommunalrecht, Rn. 22.

41 Vgl. etwa *Engels/Krausnick*, Kommunalrecht, Teil 1, § 1 Rn. 38; *Geis*, Kommunalrecht, § 2 Rn. 41.

an Baden-Württemberg sowie Thüringen an Bayern. So wurde im Freistaat Sachsen unter Zugrundelegung des Systems der Süddeutschen Ratsverfassung am **21.4.1993** die **Sächsische Gemeindeordnung (SächsGemO)** und am **19.7.1993 die Sächsische Landkreisordnung (SächsLKrO)** in Kraft gesetzt, die im Wesentlichen bis heute gelten. Ähnlich wie in den westdeutschen Bundesländern erfolgten insb. in Sachsen verschiedene Gebietsreformen, die zu einer Verringerung der Zahl der Gemeinden sowie der Landkreise geführt haben.[42]

40 Zum **1.1.2018** gab es eine grundlegende **sächsische Kommunalrechtsreform** durch das **Zweite Gesetz zur Fortentwicklung des Kommunalrechts vom 13.12.2017**[43], das insb. die SächsGemO und SächsLKrO in einigen Bereichen novelliert hat. Die bisher letzten umfangreichen Änderungen erfolgten durch das am 20.2.2022 in Kraft getretene **Dritte Gesetz zur Fortentwicklung des Kommunalrechts vom 9.2.2022.**[44]

42 Siehe näher dazu unten im 3. Kapitel unter C.V.
43 SächsGVBl. 2017, S. 626 ff.
44 SächsGVBl. 2022, S. 134 ff.

2. Kapitel
Kommunale Selbstverwaltung

Unter dem Begriff der **„Selbstverwaltung“** wird eine von staatlichen Eingriffen unabhängige Wahrnehmung eigener Aufgaben in eigener Entscheidung und mit eigenem Personal sowie eigenen Sach- und Finanzmitteln verstanden. Soweit diese im Grundsatz unabhängige Verwaltung eigener Angelegenheiten von Gemeinden und Landkreisen nach eigenem Ermessen – wenn auch selbstverständlich unter Beachtung der Gesetze – wahrgenommen wird, spricht man von **„kommunaler Selbstverwaltung“**. 1

Die kommunale Selbstverwaltung ist eine der wesentlichen Grundlagen des politischen Aufbaus der Bundesrepublik Deutschland und Ausdruck der demokratischen Mitwirkungsmöglichkeit. Die Kommunen fördern das Wohl ihrer Einwohner in freier Selbstverwaltung. Die kommunale Selbstverwaltung ist im Grundgesetz (GG) in Art. 28 Abs. 2 GG und in den jeweiligen Landesverfassungen enthalten.[45] Im Freistaat Sachsen ist die kommunale Selbstverwaltung in Art. 82 Abs. 2, Art. 84 bis 90 SächsVerf enthalten. 2

Sinn und Zweck der kommunalen Selbstverwaltung sind: 3

- größere Bürgernähe der Verwaltung,
- unmittelbare Einbeziehung von gewählten Vertretern der Bürgerschaft in die kommunalen Entscheidungsprozesse,
- größere Akzeptanz von Verwaltungsentscheidungen,
- Erhöhung der Effektivität der Verwaltung und
- Bewahrung von Brauchtum und Tradition sowie der spezifischen Eigenarten der Gemeinden.

A. Träger der kommunalen Selbstverwaltung

Die Verwaltung des Freistaates Sachsen wird gemäß Art. 82 Abs. 1 SächsVerf durch die Staatsregierung und die ihr unterstellten Behörden sowie durch die Träger der Selbstverwaltung ausgeübt. Die Verfassung des Freistaates Sachsen sieht damit die Träger der Selbstverwaltung nicht als nachgeordnete Behörden, sondern als eigenständige Teile der Landesexekutive an. 4

Träger der Selbstverwaltung sind gemäß Art. 82 Abs. 2 SächsVerf auf der kommunalen Ebene die Gemeinden, die Landkreise und andere Gemeindeverbände. Sie sind 5

- juristische Personen des öffentlichen Rechts,
- die in den Staatsaufbau des jeweiligen Bundeslandes eingegliedert sind und
- im eigenen Namen, vertreten durch selbst gebildete Organe,

45 Vgl. *Erbguth/Mann/Schubert*, Besonderes Verwaltungsrecht, § 2 Rn. 45, Fn. 2 mit Auflistung der einschlägigen landesverfassungsrechtlichen Regelungen der Länder.

- in eigener Verantwortung,
- öffentliche Aufgaben unter staatlicher Aufsicht erledigen.

6 An erster Stelle garantieren das Grundgesetz in Artikel 28 Abs. 2 S. 1 GG und die Sächsische Verfassung in Art. 82 Abs. 2 SächsVerf den **Gemeinden** die kommunale Selbstverwaltung. Darüber hinaus ist die Stellung der Gemeinden in Sachsen insofern gestärkt, als sie gemäß Art. 84 SächsVerf in ihrem Gebiet Träger der öffentlichen Aufgaben sind, soweit nicht bestimmte Aufgaben im öffentlichen Interesse durch Gesetz anderen Stellen übertragen werden.

7 Darüber hinaus steht den in Art. 82 Abs. 2 SächsVerf ausdrücklich genannten **Landkreisen** (als „Gemeindeverbände" im Sinne des Art. 28 Abs. 2 S. 2 GG und des Art. 84 Abs. 1 S. 2 SächsVerf) im Rahmen ihres gesetzlichen Aufgabenbereiches nach Maßgabe der Gesetze ebenfalls das Recht der Selbstverwaltung zu.

8 Jenseits dessen sind **Gemeindeverbände** (nur) solche kommunalen Zusammenschlüsse, die – i. d. R. aber nicht notwendig – als Gebietskörperschaften verfasst sind und denen Selbstverwaltungsaufgaben übertragen wurden, die nach Gewicht und Umfang denen der Gemeinden vergleichbar sind.[46] Dies hat zur Folge, dass die auf der Grundlage der §§ 3 ff. SächsKomZG gegründeten Verwaltungsverbände ebenfalls Träger der kommunalen Selbstverwaltungsgarantie im Sinne der Art. 82 Abs. 2 und 84 Abs. 1 S. 2 SächsVerf sind.[47] Demgegenüber ist z. B. ein Wasser-/Abwasserzweckverband auf den Zweck der Trinkwasserversorgung bzw. Abwasserentsorgung beschränkt und damit kein Gemeindeverband, der sich auf die kommunale Selbstverwaltung berufen kann.[48]

B. Demokratische Verankerung der kommunalen Selbstverwaltung

9 Nach Art. 28 Abs. 1 S. 2 GG muss das Volk in den Ländern, Kreisen und Gemeinden eine gewählte Vertretung haben, womit die Bundesrepublik Deutschland als gebietskörperschaftlich gegliederte Demokratie durch eine Repräsentation grds. von unten nach oben gekennzeichnet wird. Folgerichtig verlangt Art. 86 Abs. 1 S. 1 SächsVerf deshalb, dass das Volk in den Gemeinden und Landkreisen eine gewählte Vertretung haben muss. Wegen der besonderen siedlungsstrukturellen Gegebenheiten in Sachsen sieht Art. 86 Abs. 1 S. 2 SächsVerf hiervon als Ausnahme vor, dass in kleinen Gemeinden an die Stelle der gewählten Vertretung die Gemeindeversammlung treten kann. Damit ist zugleich eine Form unmittelbarer Demokratie auf Gemeindeebene besonders verankert, die in der Praxis aber bislang nicht relevant geworden ist.[49]

10 Der Aufbau der Demokratie von unten nach oben verlangt auch im Übrigen eine mit wirklicher Verantwortung ausgestattete Einrichtung der Selbstverwaltung, durch die den Bürgern eine wirksame Teilnahme an den Angelegen-

46 So BVerfGE 52, S. 95 (112) ebenso ThürVerfGH, ThürVBl. 2009, S. 197 (198).
47 Vgl. SächsVerfGH, LKV 1999, S. 271 ff.
48 Vgl. etwa BVerwG, NVwZ 2012, S. 506 (507 f.); ebenso ThürVerfGH, ThürVBl. 2009, S. 197 (198).
49 Vgl. *Rehfeldt-Staudt/Rellecke*, in: Kost/Wehling (Hrsg.), Kommunalpolitik in den deutschen Ländern, S. 294 f.

heiten des Gemeinwesens ermöglicht wird.[50] Die hieraus resultierende **Bedeutung der Gemeinden für den demokratischen Staatsaufbau** bedingt nach der Rechtsprechung des BVerfG einen grundsätzlichen Vorrang der kommunalen Aufgabenzuständigkeit.[51]

Das Recht und die Pflicht zur ehrenamtlichen Mitwirkung an der politischen Willensbildung und Aufgabenerfüllung der Gemeinde sind eng mit der kommunalen Selbstverwaltung verbunden.[52] Art. 86 Abs. 2 SächsVerf normiert, dass nicht nur die zur Wahl der Vertretung berechtigten **Bürger** nach §§ 15 Abs. 1 S. 1, 16 Abs. 1 SächsGemO, sondern auch alle **Einwohner** durch Übernahme von Ehrenämtern an der Selbstverwaltung mitwirken können und sollen. Die konkrete Ausgestaltung der Mitwirkungsrechte der Einwohner kann gem. Art. 86 Abs. 3 SächsVerf insb. durch die Gemeindeordnung erfolgen. 11

Weder nach dem GG noch nach der SächsVerf zwingend, aber zulässig, ist es, dass auch andere Kommunalorgane vom Volk gewählt werden. Soweit ihnen die selbstständige Ausübung von Staatsgewalt übertragen ist, bedarf es auch für Bürgermeister und bspw. Ortschaftsräte einer Legitimation, die sich auf die Gesamtheit der Bürger als dem Volk, von dem alle Gewalt ausgeht, zurückführen lässt.[53] 12

C. Garantie der kommunalen Selbstverwaltung

I. Allgemeines

Art. 28 Abs. 2 GG garantiert den Gemeinden und den Landkreisen das Selbstverwaltungsrecht. Dabei handelt es sich um eine verfassungsrechtliche Absicherung der Selbstverwaltung der Gemeinden und Landkreise auf Bundesebene.[54] 13

Die Garantie der kommunalen Selbstverwaltung ist danach die Befugnis der Gemeinden, alle Angelegenheiten der **örtlichen Gemeinschaft** zu regeln, die nicht durch Gesetz bereits anderen Trägern öffentlicher Verwaltung übertragen wurden, ohne dass es einer besonderen Zuständigkeitsvorschrift bedarf.[55] Die **Aufgabenallzuständigkeit** garantiert den Gemeinden einen breit gefächerten Wirkungskreis, der nicht durch Aufgabenentzug oder finanzielle Beschränkungen auf wenige Sachbereiche ausgehöhlt und zur staatlichen Verwaltung umgewandelt werden darf. Zugunsten der Gemeinden gilt der im Verhältnis zum Staat maßgebende Aufgabenverteilungsgrundsatz der Art. 28 GG, 84 SächsVerf, auch im Verhältnis zu den Landkreisen.[56] Die Landkreise besitzen demgegenüber aus den oben genannten Gründen keine Allzuständigkeit, sondern können das Recht auf Selbstverwaltung nur im Rahmen ihres gesetzlichen Aufgabenbereiches ausüben. 14

50 Vgl. das sog. Rastede-Urteil BVerfGE 79, S. 127 (150).
51 Vgl. BVerfGE 47, S. 253 (271).
52 Vgl. *Petzold/von der Heide*, Handbuch zur kommunalen Selbstverwaltung, S. 44.
53 Vgl. BVerfGE 138, S. 1 = NVwZ 2015, S. 728 = LKV 2015, S. 23 (Rn. 50).
54 Zum Ganzen *Brüning*, Jura 2015, S. 592 ff.; *Engels*, JA 2014, S. 7 ff. Zusammenfassend *Voßkuhle/Kaufhold*, JuS 2018, S. 728 ff. Fallbearbeitung: *Bausback/Poplutz*, JA 2004, S. 897 ff.
55 Vgl. BVerfGE 79, S. 127 (146); näher dazu *Schmidt-Jortzig*, DÖV 1993, 973 (981).
56 Vgl. BVerfGE 79, S. 127 ff.; näher dazu *Sponer/Jacob/Menke*, Landkreisordnung für den Freistaat Sachsen, Vorbemerkungen S. 16 ff.

Hinweis:

Das Recht der Selbstverwaltung kann in der Praxis trotz vermeintlich klarer Trennung der jeweiligen Aufgaben – v. a. bei Zuständigkeitsverlagerungen – zu einem Spannungsverhältnis zwischen der Gemeinde und dem Landkreis führen, bis hin zu gerichtlichen Auseinandersetzungen wie z. B. in der „Rastede-Entscheidung" des BVerfG[57] *(siehe Näheres dazu im 10. Kapitel unter C.).*

15 Die grundgesetzlichen Bestimmungen sind dabei als **Mindestgarantien** zu verstehen, die durch Landesverfassungsrecht ergänzt und erweitert werden können.[58] Art. 28 Abs. 2 S. 3 GG bestimmt indes, dass die Gewährleistung der Selbstverwaltung auch die Grundlagen der finanziellen Eigenverantwortung umfasst und dass zu diesen Grundlagen eine den Gemeinden mit Hebesatzrecht zustehende wirtschaftskraftbezogene Steuerquelle gehört. Zudem hat der Bund gemäß Art. 28 Abs. 3 GG zu gewährleisten, dass die verfassungsmäßige Ordnung der Länder den Bestimmungen des Art. 28 Abs. 1 und 2 GG entspricht.

16 In der sächsischen Verfassung ist die kommunale Selbstverwaltung wie folgt garantiert und näher ausgeformt:

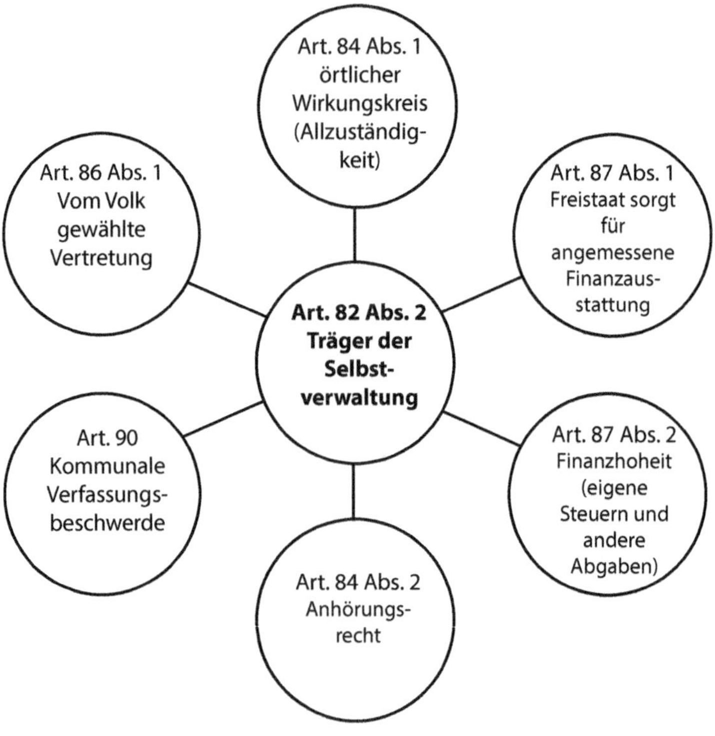

„Kommunale Selbstverwaltung in der Verfassung des Freistaates Sachsen"

57 BVerfGE 79, S. 127.

58 Vgl. etwa *Erbguth/Mann/Schubert*, Besonderes Verwaltungsrecht, § 2 Rn. 46.

Bei alledem ist Folgendes zu beachten: Die kommunale Selbstverwaltungsgarantie ist **kein Grundrecht bzw. keine grundrechtliche Gewährleistung**, sondern lediglich eine institutionelle Garantie, die den Gemeinden jedoch ein subjektives Recht vermittelt[59], das auch gerichtlich verteidigt werden kann.[60] Die Gemeinde ist demgegenüber nach ganz h. M. **grds. nicht grundrechtsfähig.**[61] 17

II. Allgemeine Bestandteile der kommunalen Selbstverwaltung

Diese verfassungsrechtlich in Art. 28 Abs. 2 GG und Art. 84 Abs. 1 SächsVerf geschützte kommunale Selbstverwaltung ist im Einzelnen gekennzeichnet durch: 18

1. Institutionelle Garantie (Bestandsgarantie)

Art. 28 Abs. 2 GG und Art. 82 Abs. 2 SächsVerf enthalten keine Bestandsgarantie für die einzelne Gemeinde, sondern nur eine Garantie der **Institution Gemeinde und des Gemeindeverbandes.** Bei den Gemeindeverbänden ist nicht eine bestimmte Einrichtung, sondern nur eine überkommunale Institution überhaupt garantiert.[62] 19

Diese Gewährleistung der kommunalen Selbstverwaltung enthält also eine **institutionelle Garantie** des Typus Gemeinde/Landkreis dahin gehend, dass es Gemeinden und Landkreise geben muss, denn eine kommunale Selbstverwaltung ohne Kommunen ist nicht möglich. 20

Als Teil des staatlichen Verwaltungsaufbaus gibt es aber **keine Garantie für den Bestand einer einzelnen Gemeinde oder auch eines einzelnen Landkreises**, sodass es unter bestimmten Voraussetzungen Gebietsreformen geben kann. 21

Beispiel: 22

Ein Landesgesetz „Verwaltungsreform" regelt in § 1 „Die Gemeinden werden als Träger öffentlicher Verwaltung abgeschafft. Deren Aufgaben werden künftig von den Landkreisen übernommen." Dieses Gesetz wäre wegen Verstoßes gegen Art. 28 Abs. 2 GG und Art. 82 Abs. 2, 84 Abs. 1 SächsVerf verfassungswidrig und daher nichtig.

Abwandlung: 23

Durch das Gesetz wird nicht die Institution „Gemeinde" aufgelöst, sondern nur das Gebiet einzelner Gemeinden aufgrund einer Gemeindegebietsreform geändert. Darin liegt zwar (auch) ein Eingriff in den Schutzbereich der Selbstverwaltungsgarantie der betroffenen Gemeinden. Allerdings kann ein solcher Eingriff in den Schutzbereich – anders als bei einer vollständigen Auflösung der Institution „Gemeinde" – verfassungsrechtlich gerechtfertigt sein, wenn dies aus Gründen des Wohls der Allgemeinheit und nach vorheriger Anhörung der unmittelbar betroffenen Gemeinden erforderlich ist (vgl. Art. 88 Abs. 1 SächsVerf, §§ 8 Abs. 1 Nr. 1, 8a Abs. 1 SächsGemO).[63]

---

59 Vgl. hier nur *Erbguth/Mann/Schubert*, Besonderes Verwaltungsrecht § 1 Rn. 49; siehe auch *Waechter*, Kommunalrecht, Rn. 50f.

60 Siehe näher dazu in diesem 2. Kapitel unter C.V.

61 Siehe näher dazu unten im 3. Kapitel unter E.

62 *Müller*, Verfassung für den Freistaat Sachsen, Anm. zu Art. 84.

63 Siehe ausführlich dazu unten im 3. Kapitel unter C.

2. Garantie der Aufgabenbereiche (eigener Aufgabenkreis)

24 Den Gemeinden ist die eigenverantwortliche Regelung aller Angelegenheiten der örtlichen Gemeinschaft garantiert. Dies bedeutet, dass für diese Angelegenheiten der örtlichen Gemeinschaft die Gemeinde auch dann zuständig ist, wenn sie diese nicht (durch das Land) ausdrücklich zugewiesen bekommen hat.[64]

25 Art. 28 Abs. 2 S. 1 GG, Art. 82 Abs. 2 SächsVerf enthalten ein **verfassungsrechtliches Aufgabenverteilungsprinzip** hinsichtlich der Angelegenheiten der örtlichen Gemeinschaft zugunsten kreisangehöriger Gemeinden **auch gegenüber den Landkreisen**. Den Landkreisen kommt dabei eine Ausgleichs- und Ergänzungsfunktion im Hinblick auf weniger leistungsstarke kreisangehörige Gemeinden zu.[65]

26 Die Stellung der Landkreise ist nach ihrer eindeutigen Zuordnung zu den Trägern der Selbstverwaltung in Art. 82 Abs. 1, 2 SächsVerf dadurch gestärkt, dass die Rechtsaufsicht über die kreisangehörigen Gemeinden den Landratsämtern der jeweiligen Landkreise obliegt (vgl. § 112 Abs. 1 S. 1 SächsGemO).

27 Die Garantie des Aufgabenbereichs bedeutet auch, dass ohne besondere Gründe den Gemeinden Aufgaben nicht entzogen werden dürfen, indem sie z. B. wegen wirtschaftlicherer Aufgabenerfüllung auf staatliche Behörden übertragen werden. Für Landkreise gibt es eine vergleichbare Garantie jedoch nicht.

28 Den Gemeinden muss – objektivrechtlich gesehen – demnach ein bestimmter Aufgabenbestand zur eigenständigen Erledigung gewährt bleiben. Das einer Gemeinde zugesprochene Selbstverwaltungsrecht liefe praktisch leer, wenn das Land oder der Bund alle Verwaltungsaufgaben an sich ziehen könnte.

29 **Beispiele:**

1. So würde ein Landesgesetz, wonach die Gemeinden zwar weiterhin bestehen bleiben, künftig aber wesentliche und ureigene Angelegenheiten der örtlichen Gemeinschaft wie etwa die Regelung kultureller Aufgaben (z. B. der Betrieb einer Gemeindebücherei) in die Zuständigkeit der Landesverwaltung fallen, gegen Art 28 Abs. 2 GG verstoßen.
2. Der Landesgesetzgeber entzieht durch eine gesetzliche Regelung den Gemeinden die Aufgabe der Abfallentsorgung und überträgt sie auf die Landkreise. Hierbei handelt es sich um eine Angelegenheit der örtlichen Gemeinschaft, da die Abfallentsorgung einen spezifischen örtlichen Bezug hat. Nach Auffassung des BVerfG[66] („Rastede-Beschluss") kann ein solcher Eingriff aber verfassungsrechtlich gerechtfertigt, insb. verhältnismäßig sein, wenn bestimmte Voraussetzungen beachtet werden wie überwiegende Gründe des Gemeinwohls durch objektiv verbesserte Aufgabenerledigung (z. B. wirtschaftlichere Aufgabenerfüllung), Rückübertragungsmöglichkeit und ausreichend verbleibender Aufgabenbestand.

64 Vgl. *Voßkuhle/Kaufhold*, JuS 2018, S. 728 (729).
65 BVerfGE 79, S. 127 (151 f.).
66 BVerfGE 79, S. 127.

a) Angelegenheiten der örtlichen Gemeinschaft

Die gemeindliche Selbstverwaltungsgarantie beinhaltet ein allgemeines Aufgabenverteilungsprinzip zwischen dem Staat i.e.S. und den Kommunen, wonach die Gemeinden grds. für **alle Angelegenheiten der örtlichen Gemeinschaft** zuständig sind. Seinen Bezugspunkt hat das Aufgabenverteilungsprinzip letztlich in der verfassungsrechtlichen Entscheidung für eine am Selbstbestimmungsrecht der Bürger orientierten, dezentralen Verwaltungsebene.[67] 30

Angelegenheiten der örtlichen Gemeinschaft sind nach der Rechtsprechung des BVerfG **diejenigen Bedürfnisse und Interessen, die in der örtlichen Gemeinschaft wurzeln oder auf sie einen spezifischen Bezug haben**[68], die also den Gemeindeeinwohnern gerade als solchen gemeinsam sind, indem sie das Zusammenleben und -wohnen der Menschen in der (politischen) Gemeinde betreffen.[69] Das Aufgabenverteilungsprinzip hindert den Gesetzgeber indes nicht, die Institution der gemeindlichen Selbstverwaltung auch hinsichtlich der Aufgabenausstattung zu regeln. Er hat dabei allerdings das materielle Aufgabenverteilungsprinzip zu beachten und kann Aufgaben der örtlichen Gemeinschaft den Gemeinden nur entziehen, soweit Gründe des Gemeinwohls überwiegen. 31

Danach ist Anknüpfungspunkt 32

- zum einen das Gemeindegebiet (örtlich)
- und zum anderen die Gemeindebevölkerung (Gemeinschaft).

Einen fest umrissenen (abschließenden) Aufgabenkatalog, mit dem sich die Angelegenheiten der örtlichen Gemeinschaft definieren lassen, gibt es also nicht, denn Art. 28 Abs. 2 GG liegt nach Auffassung der Rechtsprechung ein **dynamisches Verständnis** zugrunde. Es gibt aber sehr wohl verschiedene Kriterien, die anerkanntermaßen bei der Ermittlung der Angelegenheiten der örtlichen Gemeinschaft zu berücksichtigen sind: 33

- Ein wichtiger Anhaltspunkt für den Ortsbezug ist die **Tradition**. Aus diesem Grund gibt es auch einen weitgehend anerkannten Katalog von „Gemeindehoheiten", die den Angelegenheiten der örtlichen Gemeinschaft zugeordnet werden.[70] So hat etwa der Zweite Senat des BVerfG in seinem Beschluss vom 19.11.2014 festgestellt, dass die Trägerschaft für Grund- und Hauptschulen als **historisch gewachsene** Gemeindeaufgabe eine Angelegenheit der örtlichen Gemeinschaft sei.[71]
- Der „Katalog" von gemeindlichen Zuständigkeiten ist damit aber nicht gegenständlich abschließend bestimmt und in die **Zukunft** hinein offen und erweiterungsfähig.
- Eine Herausbildung „neuer" örtlicher Angelegenheiten ist daher möglich.[72]

67 BVerfGE 79, S. 127 (148f.).
68 BVerfGE 8, S. 122 (134); 50, S. 195 (201); 52, S. 95 (120) sowie zuletzt BVerfG, NVwZ 2018, S. 140 (145).
69 BVerfGE 79, S. 127 (151f.).
70 Siehe näher dazu in diesem 2. Kapitel unter C.III.
71 Vgl. BVerfGE 138, S. 1 = NVwZ 2015, S. 728 = LKV 2015, S. 23 (1. Leitsatz sowie Rn. 46 und 62ff.).
72 BVerfG, NVwZ 2018, S. 140 (150) für die Wahrnehmung der mit der Kinderbetreuung zusammenhängenden Verwaltungsaufgaben.

34 Damit ist den Gemeinden ein breites Spektrum an Aufgabenmöglichkeiten in ihrem örtlichen Bereich eröffnet, auf dem sie tätig sein können, also eine **Allzuständigkeit**, ohne dass es hierfür einer besonderen Aufgabenzuweisung bedarf (als Teil der sog. „Verbandskompetenz" bzw. „Trägerkompetenz").

b) Allzuständigkeit der Gemeinden

35 Allzuständigkeit bedeutet, dass sich die Gemeinde im Rahmen der örtlichen Gemeinschaft mit allen ihr zweckmäßig erscheinenden öffentlichen Aufgaben befassen kann, die geeignet sind, das Allgemeinwohl ihrer Einwohner zu fördern (sog. „Aufgabenfindungsrecht"). Dabei handelt es sich um einen zentralen Grundsatz der kommunalen Selbstverwaltung.

36 Im Verfassungsrecht selbst sind aber bereits die wesentlichen rechtlichen **Grenzen** der Allzuständigkeit angelegt:

- Die Gemeinden haben Zugriff auf alle Aufgaben, solange sich der Staat bestimmte Aufgaben nicht selbst vorbehält oder diese anderen Aufgabenträgern ausdrücklich zugewiesen hat (anderweitige **Kompetenzzuordnung durch das GG,** z. B. in Art. 73 und 74 GG). Was vom Bundes- oder Landesgesetzgeber zu regeln ist, wird regelmäßig keine örtliche Angelegenheit sein.[73]
- Die gemeindliche Zuständigkeit ist auf diejenigen Angelegenheiten beschränkt, die in der **örtlichen Gemeinschaft** wurzeln oder auf sie einen örtlichen Bezug haben. Deshalb dürfen sich die Gemeinden ohne gesetzliche Ermächtigung nicht mit allgemeinpolitischen und überörtlichen Fragen befassen, die keinen örtlichen Bezug aufweisen.

37 Landkreise haben demgegenüber keine Allzuständigkeit. Ihnen steht das Selbstverwaltungsrecht (Art. 28 Abs. 2 S. 2 GG) nur im Rahmen der Gesetze zu (vgl. § 2 Abs. 1 SächsLKrO). Kreisangelegenheiten betreffen insb. die überörtlichen regionalen Aufgaben.

38 **Beispiele für örtliche Aufgaben:**

Unterhaltung einer Stadthalle oder eines städtischen Schwimmbades, Errichtung und Unterhaltung einer Sporthalle oder eines Sportplatzes, kultureller Einrichtungen wie z. B. eine Musikschule, Oper oder eines kommunalen Krankenhauses, ebenso die gemeindliche Bauleitplanung.

39 **Zur Vertiefung:**

Örtliche Aufgaben werden entweder autonom durch die Gemeinde wahrgenommen oder aber der Gesetzgeber weist sie explizit (als Pflichtaufgabe) den Gemeinden zu. Hierbei handelt es sich zugleich um einen Eingriff in die Selbstverwaltungsgarantie, der einer verfassungsrechtlichen Rechtfertigung bedarf.

73 Vgl. hierzu am Beispiel der Auseinandersetzung um den Schutz des Wolfes die Fortgeschrittenenklausur von *Andresen*, JuS 2020, S. 656 ff.

Was in der einen Gemeinde Angelegenheit der örtlichen Gemeinschaft ist, kann in einer anderen Gemeinde – wegen deren Größe und Struktur – eine überörtliche Angelegenheit sein. Darüber hinaus kann auch eine Aufgabe nur teilweise als eine solche der örtlichen Gemeinschaft anzusehen, im Übrigen jedoch überörtlicher Natur sein.[74] Insofern erscheint es gerechtfertigt, in doppelter Hinsicht von einem ***„gespaltenen Örtlichkeitsbegriff“*** *zu sprechen.*

Umstritten ist, ob und inwieweit die Leistungsfähigkeit der Gemeinde, und hier insb. deren Verwaltungs- und Finanzkraft, bei der Bestimmung der Angelegenheiten der örtlichen Gemeinschaft heranzuziehen ist. Das BVerfG verneint dies in ständiger Rechtsprechung.[75] Das wird teilweise kritisiert, weil das Gericht in manchen Entscheidungen bei der konkreten Zuordnung von Aufgaben dann doch in der Sache auf die Leistungsfähigkeit abstellt.[76] Ferner weist auch § 2 Abs. 1 SächsGemO den Gemeinden die öffentlichen Aufgaben in ihrem Gebiet nur „im Rahmen ihrer Leistungsfähigkeit“ zu. Letztlich geht es dem BVerfG aber wohl v. a. darum, namentlich bei der Entziehung einer überkommenen gemeindlichen Aufgabe zu verhindern, dass die Angelegenheit von vornherein aus dem Anwendungsbereich von Art. 28 Abs. 2 GG „herausdefiniert“ wird.[77] Dies sollten auch die Bearbeiter von Prüfungsaufgaben vermeiden.

Hieraus wird deutlich: Die Bestimmung des Tatbestandsmerkmals der „Ört- **40**
lichkeit“ ist häufig schwierig. Im Zweifel empfiehlt sich eine **Negativabgrenzung**. Der örtliche Bezug wird von Gemeinden dann überschritten, wenn ihre Organe zu überörtlichen Fragen Beschlüsse oder Resolutionen fassen, bei denen der Bezug zum Gemeindegebiet völlig fehlt; eine genaue Abgrenzung ist aber häufig schwierig und politisch brisant.

Zunächst handelt es sich bei den Angelegenheiten um keine Angelegenheiten **41**
der örtlichen Gemeinschaft (Negativabgrenzung), die die **staatlichen** Aufgaben betreffen (Kompetenzbereich des Bundes oder der Länder). Die Gemeinde kann hier allerdings eine **Befassungskompetenz** hinsichtlich staatlicher Aufgaben haben (gestützt etwa auf die kommunale Planungshoheit), indes aber keine Erledigungskompetenz. Die Befassungskompetenz kann sich zu Anhörungs-, Mitwirkungs- und sogar Sachantragsrechten verdichten, wenn und soweit aus dem Selbstverwaltungsrecht oder dem übertragenen Bereich abzuleitende Rechtspositionen der Gemeinden in spezifischer Weise tatsächlich betroffen werden (z. B. geplante Maßnahmen des Bundes auf dem Gemeindegebiet nach § 37 Abs. 2 BauGB).[78]

74 Vgl. zuletzt BVerfGE 138, S. 1 = NVwZ 2015, S. 728 = LKV 2015, S. 23 (Rn. 48).
75 Vgl. BVerfGE 79, S. 127 (151 f.) und zuletzt BVerfGE 138, S. 1 = NVwZ 2015, S. 728 = LKV 2015, S. 23 (Rn. 53).
76 Vgl. *Gern*, Sächsisches Kommunalrecht, Rn. 54; siehe auch *Waechter*, Kommunalrecht, Rn. 69.
77 So deutlich BVerfGE 79, S. 127 (152) = NVwZ 1989, S. 347 (350).
78 Vgl. BVerwGE 87, S. 228 ff.

42 Die Gemeinde genießt zwar „Allzuständigkeit“, hat jedoch **kein sog. allgemeinpolitisches Mandat**.

- Die Gemeinde kann keine Beschlüsse über Angelegenheiten fassen, denen der spezifische örtliche Bezug der Angelegenheit fehlt. Beschlüsse über die „große Politik“ (EU-Erweiterung, Flüchtlingskontingente usw.) sind unzulässig; ein mittelbarer Bezug reicht nicht aus.
- Besteht aber ein spezifischer örtlicher Bezug bzw. gibt es unmittelbare Bezugspunkte (z. B. Unterbringung von Flüchtlingen im Gemeindegebiet), so kommt den Gemeinden zumindest eine Befassungskompetenz zu, ohne dass sich eine solche aus einer konkreten Rechtsnorm ergeben müsste. Die Gemeinde ist für die Befassung mit allen örtlichen Angelegenheiten auch ohne gesetzliche Ermächtigung zuständig.[79]

43 **Beispiele:**

- Im Rahmen der Nachrüstungsdebatte und der sog. Friedensbewegung der 80er-Jahre des letzten Jahrhunderts erklärten zahlreiche Gemeinden ihr Gemeindegebiet zur **„atomwaffenfreien Zone“**. War das noch von Art. 28 Abs. 2 GG gedeckt? Art. 73 Abs. 1 Nr. 7, Art. 87a GG weisen dem Bund die Kompetenz für Verteidigungsangelegenheiten zu, „sperren“ aber nicht eine kommunale Befassung (schon wegen der Folgen von Standortentscheidungen der Bundeswehr für die lokale Wirtschaft und unter Sicherheitsaspekten). Die Befassungskompetenz der Gemeinde bzw. des Gemeinderats entsteht auch nicht erst bei konkreter Stationierungsabsicht („Vorratsbeschlüsse“ sind nicht generell unzulässig). Aber: Eine hiervon losgelöste Erklärung zur „atomwaffenfreien Zone“ ist – als Teilnahme an einer allgemeinpolitischen Debatte – nicht von Art. 28 Abs. 2 GG gedeckt.[80]
- Als örtliche Angelegenheiten anzusehen sind ferner **Städtepartnerschaften**. Dies gilt auch dann, wenn sie international ausgerichtet sind und etwa den Gedanken der Völkerverständigung verfolgen.[81]
- Die Gemeinden können sogar einen – nicht unwesentlichen – **Beitrag zum Klimaschutz** leisten, sofern dieser lokal ansetzt.[82]
- Demgegenüber ist die **Wahrnehmung von Individualrechten der Einwohner** den Kommunen **nicht erlaubt** (z. B. Klage einer Gemeinde gegen eine Anlagengenehmigung zum Schutz von Leben und Gesundheit der Einwohner[83]), denn die Gemeinde ist kein allgemeiner Sachwalter ihrer Bürger.[84]

79 Vgl. etwa zum Befassungsrecht der Stadt Zwickau zur Einrichtung der staatlichen Zentralen Erstaufnahmestelle für Asylbewerber den Beschluss des SächsOVG vom 28.4.2014 – 4 B 72/14, juris; siehe auch *Waechter*, Kommunalrecht, Rn. 73.

80 Vgl. BVerwGE 87, S. 228 ff.

81 Vgl. BVerwGE 87, S. 327 ff. und näher dazu *Koreng*, SächsVBl. 2008, S. 157 ff.; siehe auch *Waechter*, Kommunalrecht, Rn. 71.

82 Vgl. näher dazu *Faßbender*, NuR 2009, S. 618 ff.; *Kahl/Schmidtchen*, Kommunaler Klimaschutz durch Erneuerbare Energien, S. 1 ff. sowie die ÖR-Fortgeschrittenenhausarbeit zum Kommunalrecht: Eine Stadt in Zeiten des Klimawandels, von *Böhm/van Leeuven*, JURA 2021, S. 1237 ff.

83 Vgl. etwa OVG R-Pf, NVwZ 1987, S. 71; BVerfG, NJW 1982, S. 2173 (2174); *Jaeckel/Jaeckel*, Kommunalrecht in Sachsen, Rn. 18.

84 Vgl. SächsOVG, LKV 2021, S. 519 (520).

Bei fehlender Verbandskompetenz sind erlassene Regelungen (Satzungen, Verordnungen) nichtig. Verwaltungsakte sind hingegen nur bei Offenkundigkeit der fehlenden Verbandskompetenz gemäß § 44 Abs. 1 VwVfG nichtig. Dies ist wiederum nur dann der Fall, wenn die Gemeinde unter keinen wie immer gearteten Umständen mit der Sache befasst sein kann.[85] Angesichts dessen wird man jedenfalls in Zweifelsfällen annehmen müssen, dass der Verwaltungsakt lediglich rechtswidrig und anfechtbar ist. 44

3. Garantie der Eigenverantwortlichkeit

Die Gemeinden (und die Landkreise) haben das Recht, die Durchführung ihrer Selbstverwaltungsangelegenheiten (Angelegenheiten der örtlichen Gemeinschaft) selbst, d. h. in **eigener Verantwortung zu organisieren und zu gestalten**. Im Gegensatz zur Frage der Aufgabenkompetenz („**Ob**" der Aufgabenerfüllung) geht es bei der Garantie der Eigenverantwortlichkeit um den Schutz des „**Wie**" der Aufgabenerfüllung. Mit der Eigenverantwortlichkeit wird den Gemeinden zugesichert, dass sie ihre Aufgaben ohne Weisung oder Vormundschaft des Staates nach eigenen Zweckmäßigkeitsüberlegungen durchführen können.[86] 45

Aufgaben in diesem Sinne sind **nicht zwingend nur die weisungsfreien Angelegenheiten.**[87] Vom Gewährleistungsgehalt der kommunalen Selbstverwaltungsgarantie können vielmehr – zumindest mittelbar – auch die Weisungsaufgaben erfasst werden. So greift namentlich die organisatorische Autonomie der Gemeinde (einschließlich etwa der Personalhoheit oder der Haushaltsautonomie) weiter als die inhaltliche, weil sie nicht nur für bestimmte Sachaufgaben, sondern für die gesamte Verwaltung gilt.[88] 46

Aus der Garantie der Eigenverantwortlichkeit resultieren verschiedene hoheitliche Befugnisse zum eigenständigen und eigenverantwortlichen Handeln, die das Wesen kommunaler Selbstverwaltung ausmachen und die notwendige Voraussetzung dafür sind, dass überhaupt von Eigenverantwortung gesprochen werden kann.[89] Diese werden auch als kommunale Selbstverwaltungshoheiten bzw. als Hoheitsrechte bezeichnet und umfassen konkret die **Gebiets-, Planungs-, Organisations-, Personal- und Satzungshoheit sowie auch die Finanzhoheit** als Bestandteile der kommunalen Selbstverwaltung; sie werden im nächsten Abschnitt noch näher behandelt. 47

Die Eigenverantwortlichkeitsgarantie beinhaltet somit verschiedene Befugnisse zur selbstständigen Gestaltung kommunaler Angelegenheiten im Bereich des Gebietes, des Personals, der Organisation, der Finanzen und der Rechtsetzung in den Städten und Gemeinden sowie auch in den Landkreisen. 48

85 Vgl. BVerwG, NJW 1974, S. 1961 (1963); SächsOVG, SächsVBl. 1997, S. 59f.; die Einzelheiten sind freilich umstritten; vgl. etwa *Oldiges*, DÖV 1989, S. 873 (892f.); *Stelkens/Bonk/Sachs*, VwVfG, § 44 Rn. 111 und 161ff.

86 *Quecke/Schaffarzik*, in: Quecke/Schmid, Gemeindeordnung für den Freistaat Sachsen, § 1 Rn. 24.

87 Insofern missverständlich *Burgi*, Kommunalrecht, § 6 Rn. 31.

88 Vgl. BVerfGE 83, S. 363 = NVwZ 1992, S. 365 (366).

89 So grundlegend *Ernst*, in: von Münch/Kunig, Grundgesetz Kommentar, Art. 28 Rn. 69ff.

Es sollte aber nicht in Vergessenheit geraten, dass der Grundsatz der Eigenverantwortlichkeit ebenfalls nur „im Rahmen der Gesetze" gewährleistet ist und daher auch zahlreichen rechtlichen Beschränkungen unterliegt.

III. Konkreter Inhalt der kommunalen Selbstverwaltungsgarantie

49 Es wurde bereits darauf hingewiesen, dass die **Tradition** ein wichtiger Anhaltspunkt für die nähere Bestimmung des Gegenstands der Art. 28 Abs. 2 GG und Art. 82 Abs. 2 SächsVerf ist und dass es vor diesem Hintergrund einen weitgehend anerkannten Katalog von „Gemeindehoheiten" gibt, die den Angelegenheiten der örtlichen Gemeinschaft zugeordnet werden und die für die Garantie der Eigenverantwortlichkeit gleichsam konstitutiv sind. Dieser Katalog setzt sich wie folgt zusammen:[90]

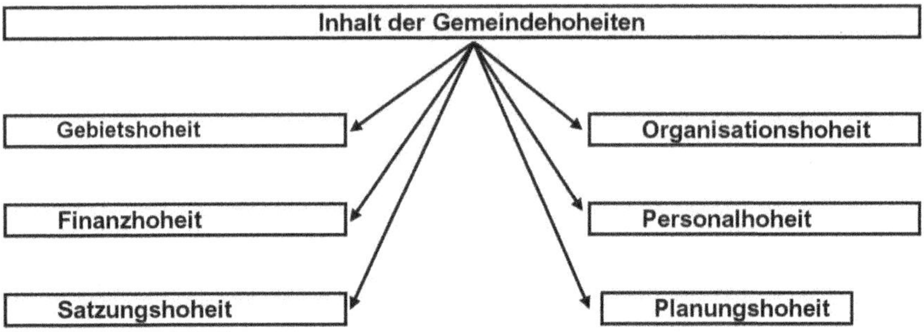

1. Gebietshoheit

50 Aufgrund der Gebietshoheit haben die Gemeinden die örtliche Zuständigkeit und damit die Befugnis, zur Erfüllung ihrer Aufgaben innerhalb der Gemeindegrenzen Hoheitsrechte ausüben zu dürfen (Hoheitsgewalt). Der Gebietshoheit unterliegen alle natürlichen und juristischen Personen, die sich in ihrem Gebiet aufhalten (nicht nur Inländer, sondern auch Ausländer, Durchreisende, Gäste, Touristen) oder die dort Liegenschaften besitzen bzw. ihren Firmensitz haben. Die Gemeinde kann demnach gegenüber allen Personen und Sachen in ihrem Gebiet rechtserhebliche Handlungen vornehmen.

51 Die Gebietshoheit findet ihre Grenzen in dem Recht des Freistaates Sachsen, gemäß Art. 88 Abs. 1 SächsVerf die Gebietsgrenzen zu ändern und neuen Bedürfnissen anzupassen. Art. 88 Abs. 2 SächsVerf räumt freiwilligen Gebietsänderungen durch entsprechende Vereinbarungen der betroffenen Gemeinden den Vorrang ein. Gebietsänderungen gegen den Willen der beteiligten Gemeinden sind nur durch ein Gesetz zulässig. Die Gebietshoheit gewährleistet bei diesem Sonderfall keinen bestimmten Gebietskernbereich, sodass Gemeindeauflösungen und Eingemeindungen möglich sind.[91]

90 Vgl. etwa BVerfGE 138, S. 1 = NVwZ 2015, S. 728 = LKV 2015, S. 23 (Rn. 49); ferner *Geis*, Kommunalrecht, § 6 Rn. 12ff.; *Ernst*, in: von Münch/Kunig, Grundgesetz Kommentar, Art. 28 Rn. 123; ähnlich *Burgi*, Kommunalrecht, § 6 Rn. 33.

91 Vgl. ausführlich zum Ganzen unten im 3. Kapitel unter C.

2. Organisationshoheit

Die Organisationshoheit umfasst im gesamten Wirkungsbereich – und damit auch für die Pflichtaufgaben zur Erfüllung nach Weisung – die Befugnis der Gemeinden, ihre innere und äußere Organisation selbst festzulegen („Wer macht was?"), d.h. nach eigenem Ermessen Organe, Behörden, Einrichtungen und Dienststellen zu errichten, zu ändern oder auch aufzuheben, für deren sachliche oder personelle Ausstattung Sorge zu tragen, deren Kompetenzen und innere Ordnung zu bestimmen und den gesamten Verwaltungsapparat zu beaufsichtigen und zu lenken.[92] Dazu gehört eine Geschäftsverteilung, die Bildung von Ausschüssen, die Einführung und Auswahl neuer Steuerungsmodelle („New Public Management").[93] 52

Zur Organisationshoheit gehört auch die Entscheidung über die Ausgliederung bestimmter Einrichtungen sowie die Privatisierung, weil die Gemeinden insoweit eine Wahlfreiheit besitzen.[94] Zur Organisationshoheit gehört in Form der **Kooperationshoheit** schließlich das Recht der Gemeinde, mit anderen Kommunen Zweckvereinbarungen zu schließen, einen Zweckverband zu bilden oder sich an Unternehmen in Privatrechtsform zu beteiligen.[95] 53

Typische Einschränkungen erfolgen hier etwa durch die gesetzlichen Vorgaben in § 62 SächsGemO (Fachbediensteter für das Finanzwesen), in § 64 Abs. 2 SächsGemO (Gleichstellungsbeauftragte[96]), in § 86 Abs. 2 SächsGemO (Kassenverwalter) und in § 103 SächsGemO (Örtliche Prüfungseinrichtungen).

3. Personalhoheit

Zur Personalhoheit gehört die **Dienstherrnfähigkeit**[97] und die Befugnis, das **Personalwesen eigenverantwortlich** nach Maßgabe der Art. 91, 92 SächsVerf selbst **auszugestalten**. Die Gemeinden können daher im Rahmen des Beamten-, Besoldungs-, Tarif- sowie des Disziplinar- und Personalvertretungsrechts über die Anzahl der Planstellen und die Auswahl, Einstellung, Beförderung und Entlassung der einzelnen Bediensteten entscheiden. 54

Die Personalhoheit als begriffliche Zusammenfassung der von der Selbstverwaltungsgarantie umfassten Handlungsmöglichkeiten im Personalbereich hat ihren Bezugspunkt in der Garantie eigenverantwortlicher Aufgabenerfüllung, deren Voraussetzung und notwendiges Mittel sie ist. Das kommunale Gestaltungsermessen wird aber **durch zahlreiche Regelungen** im Arbeits- und Tarifrecht (TVöD), durch den Gleichbehandlungsgrundsatz oder auch durch Landesrecht (z.B. durch das SächsBG, durch das Besoldungs- und Per- 55

92 Vgl. BVerfG, NVwZ 1987, S. 123ff.; vgl. SächsVerfGH, SächsVBl. 2001, S. 167ff. zur Verfassungsmäßigkeit des Sachsen-Finanzverbandes; SächsVerfGH, SächsVBl. 2002, S. 187ff.

93 Vgl. *Belz*, Zur Gemeindeordnung für den Freistaat Sachsen, SächsVBl. 1993, S. 1, (6).

94 *Koehn/Schröder*, Organisationsprivatisierung und Finanzkontrolle im kommunalen Bereich, SächsVBl. 2002, S. 205ff.; siehe dazu ausführlich im 8. Kapitel unter D.III.3.

95 Vgl. näher dazu *Erbguth/Mann/Schubert*, Besonderes Verwaltungsrecht, § 2 Rn. 57ff. m.w.N.

96 Vgl. zum Recht von Männern, das Amt der Gleichstellungsbeauftragten auszuüben, BVerfG, Beschluss vom 13.7.2016 – 1 BvR 1923/15 – juris.

97 *Quecke/Schaffarzik*, in: Quecke/Schmid, Gemeindeordnung für den Freistaat Sachsen, § 1 Rn. 39; *Bülow*, Sachsenlandkurier 2001, S. 301ff.

sonalvertretungsrecht sowie durch die Regelungen zur Verwirklichung der Gleichberechtigung von Frau und Mann[98]) und speziell auch bezogen auf die Bediensteten und Beauftragten der Gemeinde bzw. des Landkreises (§§ 61 ff. SächsGemO sowie §§ 57 ff. SächsLKrO) durch das Kommunalrecht **eingeschränkt**. Hinzu kommen EU-rechtliche Vorgaben zur Arbeitnehmerfreizügigkeit (Art. 45 AEUV) und zur Niederlassungsfreiheit (Art. 49 AEUV), die auch von den Gemeinden zu beachten sind.

56 In den Kernbereich der Personalhoheit als Bestandteil der kommunalen Selbstverwaltungsgarantie würde z.B. eine Fachprüfung der Stellenpläne oder konkrete, verbindliche staatliche Zahlen zum kommunalen Stellenabbau eingreifen. Daher gelten nach § 24 Abs. 3 Nr. 5 SächsBesG 2023 die Festlegungen von Stellenobergrenzen hinsichtlich der Anteile der Beförderungsämter für Beamte für den kommunalen Bereich nicht, obwohl nach § 1 Abs. 1 SächsBesG 2023 dieses Gesetz grds. auch auf die kommunalen Beamten anzuwenden ist.

4. Planungshoheit

57 Die Planungshoheit betrifft die Befugnis, alle im Gemeindegebiet anfallenden örtlichen planungsfähigen Aufgaben eigenverantwortlich im Rahmen der Zuständigkeit wahrzunehmen.[99] Im Einzelnen erstreckt sich die Planungshoheit auf die langfristige Aufgabenplanung, die Finanzplanung, die Personalplanung, die Wirtschaftsplanung, die Infrastrukturplanung und die Entwicklungsplanung. Im Zentrum steht dabei die **räumliche Planung**, insb. durch Aufstellung der Bauleitpläne (Flächennutzungs- und Bebauungspläne)[100], aber auch durch Vorhaben- und Erschließungspläne sowie städtebauliche Verträge.[101]

58 Erhebliche Beschränkungen der Planungshoheit ergeben sich v.a. aus dem Erfordernis der Anpassung kommunaler Entwicklungsplanung an die **Ziele der Raumordnung** (§ 1 Abs. 4 BauGB) sowie aus zahlreichen überörtlichen Fachplanungen, z.B. die Luftreinhaltepläne nach § 47 BImSchG. Den Gemeinden bleibt aber zumeist trotz der landesplanerischen Zielvorgaben, die i.d.R. keine objektbezogenen Erfordernisse detailgenau festlegen, ein substanzieller Planungsspielraum für die konkrete Regelung ihrer örtlichen Verhältnisse.[102] Auch das EU-Recht beeinflusst die Planungshoheit der Gemeinden, indem EU-rechtliche Planungsvorgaben gemacht werden wie z.B. durch die Richtlinie 2001/42/EG über die strategische Umweltprüfung, die mit Blick auf die Bauleitpläne in §§ 2 ff. BauGB umgesetzt wurde.

---

98 Vgl. näher dazu unten in diesem 2. Kapitel unter C.IV.2.

99 Vgl. BVerwG, NVwZ 1992, S. 878; *Stober*, Kommunalrecht in der Bundesrepublik Deutschland, S. 85. Vgl. auch die Fallbearbeitung von *Ingerowski*, Jura 2009, S. 303 ff.

100 Vgl. BVerfGE 56, S. 298 ff.; BVerwG, NVwZ 1984, S. 584; NVwZ 1986, S. 1003.

101 Siehe hierzu *Birk*, SächsVBl. 1994, S. 7.

102 SächsOVG, SächsVBl. 2001, S. 34 ff.

Zur Vertiefung:

*Die **Umweltprüfung** ist gemäß §§ 4 und 33 UVPG ein unselbstständiger Teil des verwaltungsbehördlichen Verfahrens. Sie wird durchgeführt bei öffentlichen und privaten Projekten (Vorhaben), die möglicherweise erhebliche Auswirkungen auf die Umwelt haben und umfasst gemäß § 2 Abs. 10 UVPG Umweltverträglichkeitsprüfungen (UVP) sowie Strategische Umweltprüfungen (SUP). Dabei kann die Planungshoheit der Gemeinden auch durch UVP-pflichtige Vorhaben beeinträchtigt werden. Die UVP-Richtlinie und § 20 UVPG bestimmen, dass die einschlägigen Informationen über UVP-Verfahren der Öffentlichkeit elektronisch zugänglich sein müssen, wenigstens über ein zentrales Portal. Das UVP-Portal wurde 2017 in einer länderübergreifenden Kooperation entwickelt. Die Informationen zu UVP-Verfahren stehen daher vorläufig in einem länderübergreifenden UVP-Portal zur Verfügung (siehe: „umwelt.sachsen.de" unter Umweltinformationen).*

Planungshoheit bedeutet aber auch das **verfahrensbezogene Recht**, an staat- **59**
lichen und anderen kommunalen Planungsentscheidungen, welche das Gemeindegebiet betreffen, **beteiligt zu werden**.[103] Dies hat das BVerfG mit Blick auf die Schulnetzplanung der sächsischen Landkreise ausdrücklich betont.[104]

Zur Vertiefung:

*Für die Gemeinde besteht z. B. die Möglichkeit, ihre Belange in einem bundesfernstraßenrechtlichen Planfeststellungsverfahren im Rahmen des Anhörungsverfahrens in die Abwägungsentscheidung des Planfeststellungsbeschlusses einfließen zu lassen. Das kommt z. B. dann in Betracht, wenn das Vorhaben eine eigene hinreichend bestimmte und rechtmäßige Planung der Gemeinde nachhaltig stört oder wegen seiner Großräumigkeit wesentliche Teile des Gemeindegebiets einer durchsetzbaren Planung der Gemeinde entzieht. Das kann insb. der Fall sein, wenn eine bereits in Bauleitplänen zum Ausdruck gekommene gemeindliche Planung nicht mehr verwirklicht werden könnte oder nachträglich geändert werden müsste. In diesem Fall ergibt sich aus der **Planungshoheit ein Abwehrrecht** gegenüber der überörtlichen Planung (z. B. bundesfernstraßenrechtliche Ortsumgehung).[105] Demgegenüber kann sich die Gemeinde auch in diesem Zusammenhang nicht auf ihr zivilrechtliches Eigentum oder auf die Rechte ihrer Bürger berufen.*

5. Finanzhoheit

Die Finanzhoheit nimmt im Rahmen der kommunalen Selbstverwaltung **60**
einen besonderen Stellenwert ein, denn eine eigenverantwortliche Tätigkeit wäre ohne finanzielle Kapazitäten nicht möglich.

103 Vgl. zur Fachplanung BVerwGE 90, S. 96 (100).
104 Vgl. zuletzt BVerfGE 138, S. 1 = NVwZ 2015, S. 728 = LKV 2015, S. 23 (Rn. 85 ff.).
105 Vgl. zum Ganzen etwa BVerwG, NVwZ-RR 2022, S. 137 ff. mit Besprechung von *Hufen*, JuS 2022, S. 990 ff.; ferner *Ronellenfitsch*, in: Marschall, Bundesfernstraßengesetz, § 17a, Rn. 22.

61 Die Finanzhoheit der Gemeinden umfasst die Befugnis, ihre Haushaltsmittel eigenverantwortlich zu planen, zu bewirtschaften, abzurechnen und zu kontrollieren.[106] Dabei ist es der Gemeinde freigestellt, ob sie den Finanzbedarf (überwiegend) durch öffentlich-rechtliche oder privatrechtliche Einnahmen decken will. Es besteht demnach ein Recht auf eigenverantwortliche Einnahmen- und Ausgabenwirtschaft, das sog. **„Budgetrecht"** im Rahmen eines geordneten Haushaltswesens.[107]

62 Sie ist dem Bereich der **Eigenverantwortlichkeit** zuzurechnen und gehört in ihrem Grundbestand zum Kernbereich der Selbstverwaltung, während die Einzelausformungen dem weiteren Bereich zuzuordnen sind.[108] Dabei wurde in Art. 28 Abs. 2 S. 3 GG nachträglich ausdrücklich geregelt, dass diese Garantien auch die finanzielle Eigenverantwortung umfassen, wobei das Hebesatzrecht, das v. a. bei den Gewerbe- und den Grundsteuern relevant wird, eigens hervorgehoben wird.

63 Aber auch bei der Finanzhoheit gibt es **Einschränkungen**. Der staatliche Einfluss ist hier tendenziell stärker als bei den anderen Hoheitsrechten, so etwa durch die detaillierten Vorgaben in den §§ 72 ff. SächsGemO (v. a. durch die verbindliche Einführung der Doppik als Rechnungswesen für alle Gemeinden in § 72 Abs. 2 S. 3 SächsGemO) und in der SächsKomHVO. Im Rahmen der Wirtschaftsförderung ist das EU-Beihilferecht als Schranke zu beachten, wonach gemäß Art. 107 Abs. 1 AEUV staatliche oder aus staatlichen Mitteln gewährte Beihilfen gleich welcher Art, die durch die Begünstigung bestimmter Unternehmen oder Produktionszweige den Wettbewerb verfälschen oder zu verfälschen drohen, mit dem Binnenmarkt grds. unvereinbar sind, soweit sie den Handel zwischen Mitgliedstaaten beeinträchtigen (Beihilfeverbot). Allerdings normieren Art. 107 Abs. 2 AEUV eine Bereichsausnahme und Art. 107 Abs. 3 AEUV eine Ausnahmeklausel.[109]

64 ***Hinweis:***

Die Kommunen kritisieren insb. das System der Entscheidung über Fördermittel, die den Städten und Gemeinden aus verschiedenen Finanzquellen (von der EU, vom Bund sowie vom Freistaat Sachsen) zur Verfügung gestellt werden und über deren Auszahlung staatliche Behörden entscheiden bzw. deren Verwendung kontrollieren. So stand bspw. den sächsischen Kommunen im Jahr 2017 ein Fördervolumen von ca. fünf Mrd. Euro zur Verfügung. Für das Auszahlungs- und Kontrollverfahren dieser Mittel sind über 200 Förderrichtlinien des Freistaates Sachsen maßgeblich, die z. T. ganz detailliert den Verwaltungsvollzug regulieren. Die Kommunen sehen sich hierbei nicht nur in ihrer Finanzhoheit eingeschränkt, sondern weisen auch zu Recht auf einen unverhältnismäßigen Verwaltungsaufwand hin.

106 BVerfGE 23, S. 153 (169); 26, S. 228 (246); 71, S. 25 (36); *Stober*, Kommunalrecht in der Bundesrepublik Deutschland, S. 82.
107 BVerfGE 23, S. 353 (367 f.); 26, S. 172 (180) und S. 228 (244); BVerwG, NVwZ 2011, S. 424.
108 *Gern*, Sächsisches Kommunalrecht, Rn. 170 m. w. N.
109 Ausführlich dazu: DStGB-Dokumentation Nr. 151 – EU-Beihilferecht in der kommunalen Praxis (2019); vgl. ferner Burgi, Kommunalrecht, § 17 Rn. 29 ff.

Der Freistaat Sachsen verpflichtet sich in Art. 87 Abs. 1 SächsVerf, für eine **angemessene Finanzausstattung** der Gemeinden zu sorgen, insb. durch die in Art. 87 Abs. 3 SächsVerf vorgeschriebene Beteiligung der Gemeinden im Rahmen eines übergemeindlichen Finanzausgleichs an den Steuereinnahmen des Freistaates Sachsen.[110] Beim kommunalen Finanzausgleich besitzt der Freistaat Sachsen einen weiten **Ermessensspielraum**, der nur dadurch begrenzt wird, dass einerseits die Gemeinden zur Aufgabenerfüllung in der Lage sein müssen, im Zusammenhang mit den übrigen Finanzquellen ihre Aufgaben erfüllen zu können, und andererseits aber auch der Freistaat in der Lage bleiben muss, seine eigenen Aufgaben zu erfüllen.[111] 65

Einen Ermessensspielraum hat der Freistaat Sachsen demgegenüber nicht bei den Pflichtaufgaben, die er gemäß Art. 85 Abs. 1 S. 3 SächsVerf nur dann übertragen darf, wenn er gleichzeitig im aufgabenübertragenden Gesetz oder im Finanzausgleichsgesetz Bestimmungen über die Kosten trifft **(sog. relatives Konnexitätsprinzip)**. Führt die Übertragung der Aufgaben zu einer Mehrbelastung der kommunalen Träger der Selbstverwaltung, so ist gemäß Art. 85 Abs. 2 SächsVerf ein vollständiger und finanzkraftunabhängiger **Mehrbelastungsausgleich** zu schaffen **(sog. striktes Konnexitätsprinzip)**.[112] Seinem Gehalt nach ist Art. 85 Abs. 2 SächsVerf gegenüber Art. 87 SächsVerf eine eigenständige Regelung, die die Garantie des kommunalen Finanzausgleichs in einer Spezialregelung um eine Kostendeckungspflicht ohne Finanzkraftbezug ergänzt.[113] Erforderlich ist im Zeitpunkt der Aufgabenübertragung eine Prognose der durch die Aufgabenübertragung verursachten Kosten und Mehrbelastungen, die auf der Grundlage der vorhandenen und erreichbaren Daten nachvollziehbare Annahmen über die zukünftige Belastung der Gemeinden zugrunde legt.[114] Der Ausgleich nach Art. 85 SächsVerf muss der vollen Höhe der Sach- und Verwaltungskosten der übertragenen Aufgaben entsprechen[115] und greift seit 2014 auch dann, wenn freiwillige Aufgaben in Pflichtaufgaben umgewandelt werden oder wenn der Freistaat Sachsen durch ein Gesetz oder aufgrund eines Gesetzes nachträglich eine finanzielle Mehrbelastung bei der Erledigung übertragener oder bestehender Aufgaben unmittelbar verursacht (vgl. Art. 85 Abs. 2 S. 2 SächsVerf). 66

Ungenügende landesgesetzliche Regelungen können Gegenstand eines verfassungs- oder verwaltungsgerichtlichen Verfahrens werden.[116] 67

110 Vgl. dazu SächsVerfGH, SächsVBl. 2001, S. 61 ff.; *Schoch*, Verfassungsrechtlicher Schutz der kommunalen Finanzautonomie, S. 179 ff.

111 Vgl. SächsVerfGH, LKV 2010, S. 126 (127); grundlegend: *Lohse*, Kommunale Aufgaben, kommunaler Finanzausgleich und Konnexitätsprinzip, 2006.

112 Vgl. *Degenhart*, Grundzüge der neuen sächsischen Verfassung, LKV 1993, S. 33 (38); vgl. länderübergreifende Darstellung: *Erbguth/Mann/Schubert*, Besonderes Verwaltungsrecht, § 2 Rn. 72 m. w. N.; grundlegend: *Lohse*, Kommunale Aufgaben, kommunaler Finanzausgleich und Konnexitätsprinzip, 2006.

113 Vgl. *Henneke*, „Wer bestellt, bezahlt", SächsVBl. 1996, S. 60 ff.

114 Siehe näher dazu SächsVerfGH, SächsVBl. 1994, S. 280 ff.; SächsVBl. 2001, S. 61 ff.

115 Siehe näher dazu *Henneke*, LKV 1996, S. 257 (260) sowie DVBl. 2006, 867; *Engels*, Die Verfassungsgarantie kommunaler Selbstverwaltung, S. 346 ff.

116 Siehe etwa SächsVerfGH, SächsVBl. 2001, S. 61 ff.; SächsOVG, NVwZ-RR 2016, S. 437 ff.

68 Durch die Aufnahme der genannten **Konnexitätsklauseln** in das Landesverfassungsrecht konnten die negativen Folgen der Zuweisung staatlicher Aufgaben an die Kommunen abgefedert werden. Durch die im Rahmen der Föderalismusreform 2006 eingefügten Art. 84 Abs. 1 S. 7 und Art. 85 Abs. 1 S. 2 GG, die bestimmen, dass Gemeinden und Gemeindeverbänden durch Bundesgesetz keine Aufgaben übertragen werden dürfen („Durchgriffssperre“)[117], ist zudem eine zulasten der Kommunen bislang noch offene Lücke geschlossen worden.[118]

69 Ein Ausschnitt aus der Finanzhoheit ist die **Abgabenhoheit**. Die kommunale Abgabenhoheit gehört zwar nicht zum Kernbereich des Selbstverwaltungsrechts, sondern zum weiteren Bereich, der nur im Rahmen der Gesetze garantiert ist. Allerdings garantieren die Landesverfassungen, dass das Land den Gemeinden und Landkreisen die Erhebung eigener Abgaben überhaupt ermöglichen muss.[119]

70 So bestimmt im Freistaat Sachsen Art. 87 Abs. 2 SächsVerf, dass die Gemeinden und Landkreise das Recht haben, eigene Steuern und andere Abgaben nach Maßgabe der Gesetze zu erheben. Die Finanzhoheit umfasst damit auch das Recht der Abgabenfindung und -erhebung, d.h. das Recht, die in einer Satzung bezeichneten Abgabenschuldner zu bestimmten Abgaben (insb. Steuern, Gebühren, Beiträge) heranzuziehen.[120]

71 **Zur Vertiefung:**

Eine „Steuerhoheit“ der Gemeinden besteht angesichts der detaillierten Regelungen in der Finanzverfassung (vgl. Art. 104a ff. GG) allenfalls noch in rudimentärer Form. Auch Art. 28 Abs. 2 S. 3 GG garantiert den Gemeinden kein originäres Steuerfindungsrecht, wohl aber gehört zu den bereits oben erwähnten Grundlagen der finanziellen Eigenverantwortlichkeit eine den Gemeinden zustehende wirtschaftskraftbezogene Steuerquelle (Art. 28 Abs. 2 S. 3, 2. Hs. GG). Schließlich stehen den Gemeinden sowohl bei den Hebesätzen als auch bei den örtlichen Verbrauch- und Aufwandsteuern (z.B. Hundesteuer, Vergnügungssteuer, Zweitwohnungssteuer, Übernachtungssteuer, Gästetaxe) nur von den Ländern abgeleitete Befugnisse zu (vgl. Art. 105 Abs. 2a, 106 Abs. 6 GG).[121]

6. Satzungshoheit

72 Die Satzungshoheit (oder auch Rechtsetzungshoheit) bezeichnet die Befugnis, grds. alle Angelegenheiten der örtlichen Gemeinschaft in Gestalt von generellen Regelungen durch eigene Rechtsetzung, insb. durch Satzungen, ortsspezifisch zu regeln (vgl. Art. 28 Abs. 2 S. 1 GG).[122] Dabei sind die Gestaltungsmöglichkeiten für den Landkreis geringer, weil er nicht über so viele Selbstverwal-

117 Siehe dazu bereits oben im 1. Kapitel unter B.
118 *Erbguth/Mann/Schubert*, Besonderes Verwaltungsrecht, § 2 Rn. 72 m.w.N.
119 *Gern*, Sächsisches Kommunalrecht, Rn. 172.
120 Vgl. Sächsischer Städte- und Gemeindetag (Hrsg.), Taschenbuch für die Ratsarbeit, S. 16.
121 Vgl. *Erbguth/Mann/Schubert*, Besonderes Verwaltungsrecht, § 2 Rn. 55.
122 Siehe ausführlich dazu das nachfolgende 4. Kapitel.

tungsaufgaben verfügt. Ohne das Vorhandensein einer Satzungshoheit kann die kommunale Selbstverwaltung praktisch nicht ausgeübt werden. Wichtigste Anwendungsfälle dafür sind die Hauptsatzung, die Bekanntmachungssatzung, die Abgabensatzungen, die jeweiligen Benutzungssatzungen für die kommunalen öffentlichen Einrichtungen sowie der Bebauungsplan, der nach § 10 Abs. 1 BauGB ebenfalls als Satzung von der Gemeinde zu beschließen ist.

Satzungen unterliegen allerdings dem Vorrang und dem Vorbehalt der (for- **73**
mellen) Gesetze. Demnach gibt es auch hier staatliche Vorgaben, so etwa in § 4 Abs. 2 S. 1 SächsGemO (Hauptsatzung als Pflichtsatzung), in §§ 74, 77 SächsGemO (Haushaltssatzung) oder im § 2 SächsKAG (Abgabensatzungen). Dabei ist schon an dieser Stelle darauf hinzuweisen, dass die bereits im Verfassungsrecht angelegte Einräumung der Satzungsbefugnis die Gemeinden nicht bereits zu Grundrechtseingriffen ermächtigt.[123] Soweit eine Satzung zu einem Eingriff in ein Grundrecht ermächtigt, bedarf es daher stets einer speziellen Ermächtigung, so etwa § 14 SächsGemO (Anschluss- und Benutzungszwang) oder eben auch § 2 SächsKAG.

Dieses Gestaltungsrecht gilt aber nur im Bereich der Selbstverwaltungsauf- **74**
gaben. Im Bereich der staatlichen Aufgaben haben die Gemeinde bzw. der Landkreis das Satzungsrecht nur, soweit es durch den Landesgesetzgeber ausdrücklich übertragen wurde (z. B. der Erlass von örtlichen Bauvorschriften durch Satzung nach § 89 SächsBO).

7. Weitere wichtige kommunale Betätigungsfelder

In der bisherigen Auflistung nicht angesprochen, für die kommunale Eigenver- **75**
antwortlichkeit aber ebenfalls von besonderer Wichtigkeit, sind die kommunalen Betätigungen in der **Daseinsvorsorge** und auf dem **wirtschaftlichen Sektor**.[124]

Zur Vertiefung:

*Das **Recht zur Daseinsvorsorge** (Grundversorgung) leitet sich allgemein aus Art. 28 Abs. 2 GG und Art. 84 SächsVerf und speziell aus § 1 Abs. 2, § 2 Abs. 1 SächsGemO ab (Schaffung, Unterhaltung und Weiterentwicklung kommunaler Infrastruktur). Die Daseinsvorsorge an sich ist in Art 20 Abs. 1 GG im Sozialstaatsprinzip verankert. Insb. gehören dazu die Versorgung des Gemeindegebietes mit Energie und Wasser sowie die Entsorgung von Abwasser und Abfall. Viele weitere Beispiele lassen sich darunter fassen (u. a. ÖPNV, Sparkassen, Krankenhäuser, Sportplätze, Museen, Breitbandversorgung, kommunales WLAN). Aber auch hier gibt es Grenzen, denn es muss sich stets um Angelegenheiten der örtlichen Gemeinschaft handeln. Die Gemeinden dürfen nach § 2 Abs. 1 SächsGemO nur die für das Wohl ihrer Einwohner erforderlichen öffentlichen Einrichtungen und diese auch nur im Rahmen ihrer*

123 BVerfGE 32, S. 346 (362); 33, S. 125 (157).

124 Vgl. hierzu grundlegend *Hellermann*, Örtliche Daseinsvorsorge und gemeindliche Selbstverwaltung, S. 1 ff.; ferner *Knauff*, WiVerw 2011, S. 79 (80); *Leisner*, WiVerw 2011, S. 55 (57 f.). Kritisch *Engels*, Die Verfassungsgarantie kommunaler Selbstverwaltung, S. 473 ff., der sich an der (vermeintlich) fehlenden begrifflichen Präzisierung reibt.

Leistungsfähigkeit schaffen. Weitere Eingrenzungen der gemeindlichen Betätigung ergeben sich v.a. aus dem kommunalen Wirtschaftsrecht (§§ 94a ff. SächsGemO) und aus dem EU-Recht (z.B. EU-Trinkwasser- und Abwasser-Richtlinien sowie beihilfe- und vergaberechtliche Vorgaben).

IV. Beschränkungen der kommunalen Selbstverwaltungsgarantie

76 Trotz der Rechte, die die kommunale Selbstverwaltung garantiert, bleiben die Gemeinden (und die Landkreise) bei ihrer Aufgabenerfüllung an Recht und Gesetz gebunden (vgl. bereits Art. 20 Abs. 3 GG: Gesetzmäßigkeit der Verwaltung). So kann das kommunale Selbstverwaltungsrecht beschränkt werden, etwa durch

- Völkerrecht und Richtlinien und Verordnungen der EU (insb. im Umweltrecht),
- durch das GG und verschiedene Bundesgesetze und Verordnungen,
- durch das Landesrecht und sogar
- durch das Eigenrecht (Satzungs- und Verordnungsrecht) der Kommunen selbst.

Eine Beschränkung des Rechts auf kommunale Selbstverwaltung ist letztendlich bei allen belastenden, durch andere Hoheitsträger verfügten Einzelmaßnahmen (insb. Verwaltungsakte) möglich; die Eingriffe dürfen aber nicht völlig unerheblich sein, d.h. sie müssen eine gewisse Intensität aufweisen.

77 Die kommunale Selbstverwaltung existiert gemäß Art. 28 Abs. 2 S. 1 GG nur **„im Rahmen der Gesetze"**. Das Selbstverwaltungsrecht steht damit zugleich unter einem **Gesetzesvorbehalt** (Schranke). Beschränkungen der Garantien und Rechte sind nur durch Gesetz oder auf der Grundlage eines Gesetzes zulässig.[125] Eingriffe in die kommunale Selbstverwaltung können also gerechtfertigt und damit verfassungsgemäß sein. Das gilt für das „Ob" und das „Wie" kommunaler Aufgaben, d.h.

- den Entzug von Aufgaben der örtlichen Gemeinschaft und
- Vorschriften über die Art der Erledigung kommunaler Aufgaben.

78 Als Eingriffe kommen dabei sowohl formelle Gesetze als auch Rechtsverordnungen, Satzungen und andere behördliche Maßnahmen (insb. Verwaltungsakte) in Betracht. Diese begrenzen das Selbstverwaltungsrecht und geben die Möglichkeit eines beschränkt staatlichen Eingriffsrechts.

79 Der Regelungsbefugnis des Gesetzgebers sind allerdings Grenzen gesetzt (Schranken-Schranken). Für Eingriffe in die kommunale Selbstverwaltung muss unterschieden werden zwischen dem **Kernbereich** und den **übrigen Bereichen (Randbereiche)** der Selbstverwaltung.

125 Deshalb kommen hier nicht nur formelle Gesetze, sondern auch Rechtsverordnungen in Betracht; vgl. etwa BVerfGE 56, S. 298 (309).

1. Garantie der Unantastbarkeit des Kernbereichs der kommunalen Selbstverwaltung

Eingriffe in den Kernbereich sind nach der Rechtsprechung des BVerfG stets unzulässig (vergleichbar mit Eingriffen in den Wesensgehalt von Grundrechten, vgl. Art. 19 Abs. 2 GG).[126] Umstritten ist aber, was zum Kernbereich gehört: eine bestimmte oder bestimmbare Gruppe an Aufgaben oder „lediglich" Strukturprinzipien kommunaler Selbstverwaltung. Nach herrschender und zutreffender Meinung gehören zum Kernbereich jedenfalls **80**

- das **Prinzip der Allzuständigkeit**,
- die prinzipielle Existenz der **Gemeindehoheiten** in ihrem Grundbestand und damit ein Schutz vor innerlicher Aushöhlung der gemeindlichen Selbstverwaltung sowie
- das Recht auf eine **finanzielle Mindestausstattung**.[127]

Beispiele für unzulässige Eingriffe: **81**

Durch ein Gesetz wird den kreisangehörigen Gemeinden das Bauplanungsrecht entzogen und den jeweiligen Landkreisen übertragen.

Durch ein Landesgesetz wird bestimmt, dass bei allen kommunalen Personalentscheidungen die Aufsichtsbehörde ein Mitspracherecht hat.

Derartige verfassungswidrige Eingriffe sind aber bislang kaum gerichtlich festgestellt worden; deshalb sollte mit einer etwaigen Annahme eines Eingriffs in den Kernbereich eher zurückhaltend verfahren werden. **82**

2. Eingriff in den Randbereich der kommunalen Selbstverwaltung

Liegt dagegen lediglich ein Eingriff in den Randbereich vor, so ist dessen Zulässigkeit – trotz vereinzelter Kritik im Schrifttum[128] – am **Grundsatz der Verhältnismäßigkeit** (Übermaßverbot) zu messen, der als Ausprägung des Rechtsstaatsprinzips auch dort Bedeutung erlangen kann, wo Träger öffentlicher Gewalt – so wie bei der kommunalen Selbstverwaltungsgarantie – mit Rechten gegenüber dem Staat ausgestattet sind.[129] Die Voraussetzungen für das Vorliegen der Verhältnismäßigkeit des Eingriffs sind **83**

- legitimer Zweck (legitimes Ziel muss verfolgt werden),
- objektive Eignung zur Förderung des gesetzlichen Zwecks,
- Erforderlichkeit (Grundsatz des mildesten Mittels) und
- Angemessenheit (Abwägung Vor- und Nachteile).

---

126 Vgl. BVerfGE 138, S. 1 = NVwZ 2015, S. 728 = LKV 2015, S. 23 (Rn. 54ff.).

127 Vgl. näher dazu m. w. N. *Burgi*, Kommunalrecht, § 6 Rn. 36ff.; *Geis*, Kommunalrecht § 6 Rn. 8.

128 Vgl. *Burgi*, Kommunalrecht, § 6 Rn. 39ff.

129 So mit überzeugender Begründung BVerfGE 138, S. 1 = NVwZ 2015, S. 728 = LKV 2015, S. 23 (Rn. 55ff.).

84 Typische Randbereiche betreffen

- den Entzug einer kommunalen Aufgabe, die nicht den Grundbestand einer der klassischen Gemeindehoheiten infrage stellt (z. B. „Hochzonung" der Abfallbeseitigung[130] oder Schulnetzplanung[131]);
- die Beschränkung der eigenverantwortlichen Aufgabenerfüllung (Eingriff in Hoheitsrechte) oder
- die Übertragung neuer Aufgaben mit Mehrbelastung (Kosten).

85 Dabei sind die Maßstäbe für einen Aufgabenentzug strenger als bei der bloßen Ausgestaltung/Regelung kommunaler Aufgabenerfüllung. Es ist dabei zu berücksichtigen, dass den Gemeinden möglichst der Vorrang bei der Aufgabenerledigung einzuräumen ist (**Grundsatz des gemeindefreundlichen Verhaltens**).

86 **Zur Vertiefung:**

Regelmäßig kommt es zu Konflikten zwischen der Planungshoheit der Gemeinden und der überörtlichen Planung, z. B. durch die Festlegungen im Landesentwicklungsplan, der nach § 7 Abs. 1 SächsLPlG von der Staatsregierung als Rechtsverordnung erlassen wird, sowie den entsprechenden Konkretisierungen in den Regionalplänen, die von der jeweiligen Verbandsversammlung der vier regionalen Planungsverbände in Form einer Satzung beschlossen werden (§ 7 Abs. 2 SächsLPlG). Häufiges Streitthema ist gegenwärtig die Ausweisung von Vorrangflächen für Windkraftanlagen in den Regionalplänen. An entsprechende Vorgaben sind die Gemeinden bei ihrer Bauleitplanung insoweit nach § 1 Abs. 4 BauGB gebunden, dass eine andersartige Nutzung der betroffenen Gebiete (z. B. die Ausweisung von Wohngebieten) ausscheidet.

87 Aufgrund des Gesetzesvorbehalts des Art. 28 Abs. 2 S. 1 GG hat die Gemeinde kein absolutes Abwehrrecht; sie kann aber in formeller Hinsicht eine Beteiligung am Verfahren und in materieller Hinsicht die Rechtfertigung eines Eingriffs in die Planungshoheit (nur) durch überörtliche Interessen von höherem Gewicht einfordern. Da diese Anforderungen i. d. R. durch die geltenden planungsrechtlichen Regelungen und Grundsätze abgesichert sind, geht die Rechtsprechung davon aus, dass ein rechtserheblicher Eingriff in die Planungshoheit nur dann vorliegt, wenn die überörtliche Planung eine hinreichend konkrete örtliche Planung nachhaltig stört oder sofern wesentliche Teile des Gemeindegebiets einer durchsetzbaren Planung der Gemeinde entzogen werden.[132]

88 Auch die **Personalhoheit** der Gemeinden kann sich nicht unerheblichen Eingriffen ausgesetzt sehen, z. B. durch die verschiedenen Vorgaben zur Verwirklichung der Gleichstellung von Frauen und Männern (vgl. die Regelungen des neuen Sächsischen Gleichstellungsgesetzes), die u. a. mit der Pflicht zur Bestellung von

---

130 Vgl. BVerfGE 79, S. 127 = NVwZ 1989, S. 347 (351 f.).

131 So jedenfalls implizit BVerfGE 138, S. 1 = NVwZ 2015, S. 728 = LKV 2015, S. 23 (Rn. 61 ff.), auch wenn die konkrete landesgesetzliche Ausgestaltung in § 23a SächsSchulG a. F. für den Freistaat Sachsen im Ergebnis als Verstoß gegen Art. 28 Abs. 2 S. 1 GG gewertet wurde.

132 Vgl. etwa VerfGH NRW, NVwZ 2003, S. 202 ff. m. w. N.

Gleichstellungsbeauftragten einhergehen (§ 64 Abs. 2 SächsGemO), die, soweit erforderlich, von ihrem (sonstigen) Dienst freizustellen und auch entsprechend auszustatten sind (siehe § 18 SächsGleiG).[133] Hierzu ist verfassungsrechtlich anerkannt, dass der Kernbereich kommunaler Selbstverwaltung nicht berührt ist und der Eingriff in die Organisations- und Personalhoheit durch den Verfassungsauftrag des Art. 3 Abs. 2 S. 2 GG gerechtfertigt ist.[134]

Zusammenfassende Übersicht zur kommunalen Selbstverwaltungsgarantie

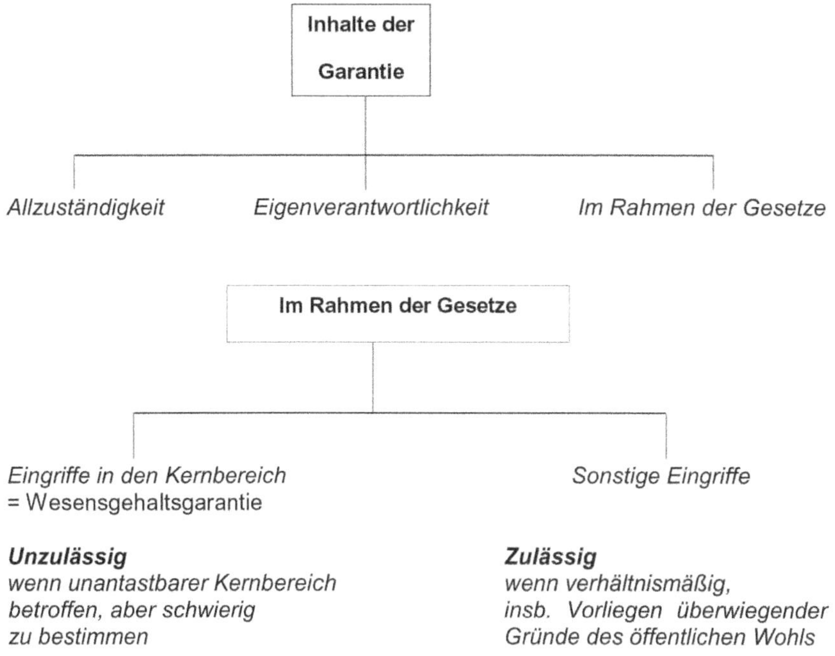

V. Rechtsschutz der Gemeinden und Landkreise

Teil des Art. 28 Abs. 2 S. 1 GG ist die subjektive Rechtsstellungsgarantie, die 89
den Gemeinden und Landkreisen die gerichtliche Geltendmachung einer Verletzung der kommunalen Selbstverwaltungsgarantie ermöglicht. Die Gemeinden und Landkreise können sich also gegen Verletzungen ihres Selbstverwaltungsrechts in eigenem Namen auf dem Rechtsweg wehren. Im Fall der gesetzlichen Auflösung einer Gemeinde bleibt sie nach ständiger Rechtsprechung für die gegen diese Maßnahme gerichtete kommunale Verfassungsbeschwerde beschwerdebefugt und parteifähig.[135]

133 Siehe näher dazu unten im 6. Kapitel unter G.IV.
134 Vgl. etwa BVerfGE 91, S. 228 = NVwZ 1995, S. 677 ff.; VerfGH NRW, NVwZ 2002, S. 1502 ff.
135 St. Rspr. seit BVerfGE 3, S. 267 (279 f.).

1. Verfassungsrechtlicher Rechtsschutz bei Eingriffen in das kommunale Selbstverwaltungsrecht

90 Bezüglich der statthaften Verfahrensart ist danach zu unterscheiden, ob die Verletzung der Selbstverwaltungsgarantie durch ein Bundesgesetz oder durch ein Landesgesetz erfolgt.

a) Kommunale Verfassungsbeschwerde zum BVerfG (Art. 93 Abs. 1 Nr. 4b GG)

91 Art. 93 Abs. 1 Nr. 4b GG, § 91 BVerfGG räumt den Gemeinden und Landkreisen zum Schutz der kommunalen Selbstverwaltungsgarantie nach Art. 28 Abs. 2 GG das Recht ein, Verfassungsbeschwerde beim BVerfG zu erheben.[136] Die Verfassungsbeschwerde kann sich **nur gegen (formelle oder materielle) Gesetze** richten. Daher können Akte der Exekutive und auch gerichtliche Entscheidungen nicht mit der kommunalen Verfassungsbeschwerde angegriffen werden. Etwas anderes gilt nur für das Richterrecht, das – so wie die Rechtsprechung zum Arbeitskampfrecht – ein Rechtsgebiet maßgeblich prägt.[137]

92 Erforderlich ist weiterhin gemäß § 91 S. 1 und 2 BVerfGG die Behauptung, dass das Gesetz **das Recht auf kommunale Selbstverwaltung** aus Art. 28 Abs. 2 GG verletzt.[138] Das betreffende Gesetz ist dabei auch am Maßstab der Art. 70 ff. GG[139] und gegebenenfalls am Demokratieprinzip[140] zu messen, denn zumindest diese Regelungen des GG sind nach der Rechtsprechung des BVerfG geeignet, das verfassungsrechtliche Bild der Selbstverwaltung mitzubestimmen.

93 Zudem muss vor Erhebung der Kommunalverfassungsbeschwerde zum BVerfG aufgrund der systematischen Stellung im 15. Abschnitt des BVerfGG gemäß § 90 Abs. 2 S. 1 BVerfGG der **Rechtsweg erschöpft** sein, sofern es einen solchen gibt. Hier kommt bei untergesetzlichen Normen insb. gemäß § 47 Abs. 1 Nr. 2 VwGO i. V. m. § 24 Abs. 1 SächsJG ein Antrag auf verwaltungsgerichtliche Normenkontrolle in Betracht.[141]

94 Ferner gilt nach § 93 Abs. 3 BVerfGG – auch bei einer Verfassungsbeschwerde, die sich bspw. gegen eine Rechtsverordnung richtet – eine **Jahresfrist**. Diese beginnt bei Durchführung des nach § 90 Abs. 2 S. 1 BVerfGG gebotenen verwaltungsgerichtlichen Normenkontrollverfahrens aber erst mit dessen Abschluss zu laufen.[142]

95 Bei **Landesgesetzen** erfolgt eine Überprüfung durch das BVerfG darüber hinaus nur, soweit nicht Beschwerde beim Landesverfassungsgericht erhoben werden kann (Art. 93 Abs. 1 Nr. 4b, 2. Hs. GG); sog. **Subsidiarität der kommunalen Verfassungsbeschwerde beim BVerfG**. Im Freistaat Sachsen eröffnet

136 Vgl. dazu die Fallbearbeitung von *Winkler*, JA 2010, S. 526 ff.
137 So ausdrücklich BVerfG, NVwZ 2016, S. 1630 f.
138 Vgl. *Stober*, Kommunalrecht in der Bundesrepublik Deutschland, S. 107 ff.; siehe auch *Waechter*, Kommunalrecht, Rn. 35.
139 Vgl. etwa BVerfGE 137, S. 108 = NVwZ 2015, S. 136 (Rn. 126 f.).
140 Vgl. BVerfG, NVwZ 1995, S. 677 (679).
141 Vgl. hierzu den Überblick bei *Gern*, Sächsisches Kommunalrecht, Rn. 969 ff., wo freilich statt § 24 SächsJG noch die früher maßgebliche Vorschrift (leider unzutreffend) genannt wird (maßgeblich war früher § 14 SächsVerfAG i. d. F. vom 24.5.1994).
142 Vgl. BVerfGE 76, S. 107 (115 f.) = NVwZ 1988, S. 47; BVerfG, NVwZ 2003, S. 850.

Art. 90 SächsVerf den Trägern der kommunalen Selbstverwaltung die Möglichkeit, den SächsVerfGH mit der Behauptung anzurufen, dass ein Gesetz die Bestimmungen der Art. 82 Abs. 2, 84 bis 89 SächsVerf verletze. Unter Berücksichtigung der o. g. Subsidiaritätsklausel besteht für diese bei Eingriffen durch Landesgesetze daher ausschließlich die Möglichkeit, sich an den SächsVerfGH in Leipzig zu wenden, nicht aber an das BVerfG. Die verfassungsrechtliche Überprüfung sächsischen Landesrechts ist daher aus kommunaler Sicht nur im Antragsverfahren gemäß Art. 90 SächsVerf möglich.[143]

Das BVerfG hat den **Grundsatz der Subsidiarität** allerdings in einer jüngeren Entscheidung erheblich **relativiert**. Denn danach soll dieser Grundsatz dann keine Anwendung finden und in der Folge eine Kommunalverfassungsbeschwerde zum BVerfG auch dann zulässig sein, **wenn die landesverfassungsrechtliche Garantie** der kommunalen Selbstverwaltung **hinter** dem Gewährleistungsniveau des **Art. 28 Abs. 2 GG zurückbleibt.**[144] Dies konnte das BVerfG im konkreten Fall relativ klar bejahen, weil sich das zuvor angerufene Verfassungsgericht des Landes Sachsen-Anhalt – in offenem Widerspruch zur ständigen Rechtsprechung des BVerfG[145] – auf den Standpunkt gestellt hatte, die landesverfassungsrechtliche Garantie der kommunalen Selbstverwaltung unterscheide nicht zwischen Gemeinden und Landkreisen mit der Folge, dass es auch keinen prinzipiellen Vorrang der Gemeinde- vor der Kreisebene gebe.[146] Jenseits dessen wird sich aber in Zukunft immer wieder die Frage stellen, wann die landesverfassungsrechtliche Garantie der kommunalen Selbstverwaltung tatsächlich hinter dem Gewährleistungsniveau des Art. 28 Abs. 2 GG zurückbleibt[147], zumal das BVerfG so abstrakte Postulate wie „die Gewährleistung eines eigenen Aufgabenbereichs der Gemeinden sowie die Eigenverantwortlichkeit der Aufgabenerfüllung“ zu den „wesentlichen Gewährleistungsinhalten von Art. 28 Abs. 2 GG“ zählt.[148] 96

b) Kommunale Verfassungsbeschwerde zum Sächsischen Verfassungsgerichtshof (Art. 90 SächsVerf i. V. m. §§ 7 Nr. 8, 36 SächsVerfGHG)

Art. 90 SächsVerf räumt den Gemeinden und Landkreisen die Möglichkeit ein, formelle oder materielle Gesetze des Freistaates Sachsen beim SächsVerfGH daraufhin überprüfen zu lassen, ob diese ihre verfassungsmäßig geschützten Rechte aus Art. 82 Abs. 2, 84 bis 89 SächsVerf verletzen.[149] Das **Normenkontrollverfahren auf kommunalen Antrag** nach Art. 90 SächsVerf kann entsprechend dem Vorbild des Art. 93 Abs. 1 Nr. 4b GG nur von Trägern der kommunalen Selbstverwaltung eingeleitet werden, die geltend machen kön- 97

143 Vgl. dazu *Sponer*, in: Binus/Sponer/Koolman, Sächsische Gemeindeordnung, § 1 Rn. 13.
144 Vgl. BVerfG, NVwZ 2018, S. 140 (2. Leitsatz und S. 142 ff.).
145 Vgl. BVerfGE 21, S. 117 (128 f.); 23, S. 353 (265); 79, S. 127 (150).
146 Vgl. VerfG S-A, DVBl. 2015, S. 1535 (1538 f.).
147 Vgl. auch die Prognose von *Brüning*, NVwZ 2018, S. 155 (156), dass sich das BVerfG nach diesem Urteil kaum davor schützen könne, mit den drängenden Fragen der Kommunen konfrontiert zu werden.
148 Vgl. BVerfG, NVwZ 2018, S. 140 (144).
149 Vgl. hierzu auch den Überblick bei *Gern*, Sächsisches Kommunalrecht, Rn. 968.

nen, durch die angegriffene gesetzliche Bestimmung in ihrem Selbstverwaltungsrecht aus Art. 82 Abs. 2, 84 bis 89 SächsVerf verletzt zu sein.[150]

98 Das Verfahren nach Art. 90 SächsVerf ist folglich **kein abstraktes Normenkontrollverfahren**, das Art. 81 Abs. 1 Nr. 2 SächsVerf für die Überprüfung sächsischen Landesrechts am Maßstab der Landesverfassung vorsieht, sondern eröffnet ausschließlich die Möglichkeit, Landesrecht einer Prüfung auf seine Vereinbarkeit mit den landesverfassungsrechtlichen Gewährleistungen des Selbstverwaltungsrechts durch den SächsVerfGH zu unterwerfen.

99 **Maßstab der Prüfung** ist daher grds. nur Art. 82 Abs. 2 sowie Art. 84 bis 89 SächsVerf. Dies folgt daraus, dass das Normenkontrollverfahren nach Art. 90 SächsVerf die dort genannten subjektiven Rechte der Gemeinden und Landkreise schützen und nicht – wie das Verfahren nach Art. 81 Abs. 1 Nr. 2 SächsVerf (abstrakte Normenkontrolle) – in objektiver Weise klären soll, ob einfaches Landesrecht mit der Verfassung vereinbar ist.[151]

100 Eine – freilich umstrittene[152] – **Ausnahme** gilt nach der Rechtsprechung des SächsVerfGH für die **Überprüfung der Gesetzgebungskompetenz**, die sich nach Art. 70 ff. GG richtet und die daher „an sich" nicht von Art. 90 SächsVerf erfasst wird.[153] Dem ist zuzustimmen, weil die durch Art. 82 Abs. 2, 84 bis 89 SächsVerf geschützte Selbstverwaltungsgarantie – nicht zuletzt wegen Art. 1 SächsVerf – nur durch ein kompetenzgemäß erlassenes Landesgesetz eingeschränkt werden kann.[154] Daher ist der SächsVerfGH bei fehlender Gesetzgebungskompetenz auch nicht verpflichtet, nach Art. 100 Abs. 1 GG das BVerfG anzurufen; er kann den Verstoß vielmehr selbst feststellen und das Gesetz für nichtig erklären.

101 Gemäß § 36 Abs. 1 SächsVerfGHG ist der Antrag nur **innerhalb eines Jahres** seit dem Inkrafttreten des Gesetzes zulässig. Dabei muss der Antrag nach § 10 Abs. 1 SächsVerfGHG i. V. m. § 23 Abs. 1 BVerfGG **substanziiert begründet** werden. Hieran scheiterten in der Praxis bereits einige Normenkontrollverfahren.[155]

102 Demgegenüber ist das – nach dem Vorstehenden für die kommunale Verfassungsbeschwerde zum BVerfG geltende – **Erfordernis der** vorherigen **Rechtswegerschöpfung** bei der Kommunalverfassungsbeschwerde zum SächsVerfGH **nicht zu beachten**. Auch der Grundsatz der Subsidiarität oder ein allgemeines Rechtsschutzbedürfnis fordern hier – entgegen anderslautenden Stimmen im

150 Vgl. SächsVerfGH, SächsVBl. 1994, S. 227 ff.; ebenso VerfGH NRW, DÖV 2003, S. 414; BerlVerfGH, LKV 2004, S. 76 f.

151 Vgl. SächsVerfGH, Beschluss vom 14.8.2012 – Vf. 97-VIII-11, juris.

152 Vgl. zur Gegenansicht etwa *Kaplonek*, in: Baumann-Hasske/Kunzmann (Hrsg.), Die Verfassung des Freistaates Sachsen, Art. 90 Rn. 14, der jedoch durch eine – vermeintlich – mittelbare Heranziehung anderer Verfassungsbestimmungen zum gleichen Ergebnis kommt. Das gleiche Problem stellt sich etwa bei der abstrakten Normenkontrolle nach Art. 81 Abs. 1 Nr. 2 Verf; vgl. etwa *Rozek*, in: Baumann-Hasske/Kunzmann (Hrsg.), Die Verfassung des Freistaates Sachsen, Art. 91 Rn. 51.

153 Vgl. SächsVerfGH, Urteil vom 20.5.2005 – Vf. 34-VIII-04, juris, Rn. 113.

154 So richtig *Kaplonek*, LKV 2005, S. 526 (528 f.).

155 Vgl. etwa SächsVerfGH, Beschluss vom 14.8.2012 – Vf. 97-VIII-11, juris.

Schrifttum[156] – weder bei formellen Gesetzen, bei denen ohnehin kein fachgerichtlicher Rechtsschutz zur Verfügung steht, noch bei untergesetzlichen Vorschriften etwas anderes.[157] Dies liegt weniger darin begründet, dass den Kommunen hinsichtlich des Ergebnisses fachgerichtlicher Verfahren keine Möglichkeit einer Überprüfung durch den SächsVerfGH zur Verfügung stünde.[158] Denn der SächsVerfGH könnte seine Prüfung auch nach dem fachgerichtlichen Verfahren, wie von Art. 90 SächsVerf gefordert, auf die streitgegenständliche Norm konzentrieren. Die Jahresfrist des § 36 Abs. 1 SächsVerfGHG ist ebenfalls kein Argument, wenn man – so wie auf der Bundesebene – davon ausginge, dass diese bei Durchführung eines verwaltungsgerichtlichen Normenkontrollverfahrens erst mit dessen Abschluss zu laufen beginnt.[159]

Entscheidend ist vielmehr, dass sich der sächsische Landesgesetzgeber im **103** SächsVerfGHG, anders als der Bundesgesetzgeber in §§ 90ff. BVerfGG, bewusst gegen eine Parallelisierung von allgemeiner und kommunaler Verfassungsbeschwerde entschieden hat. Der sächsische Landesgesetzgeber hat vielmehr im Gegenteil in § 7 Nr. 8 und § 36 SächsVerfGHG zum Ausdruck gebracht, dass er hier eher eine Parallele zur verfassungsgerichtlichen Normenkontrolle sieht[160], der das Erfordernis der Rechtswegerschöpfung ohnehin fremd ist. Zudem verweist § 36 Abs. 2 SächsVerfGHG – nach dem Gesagten konsequent – eben nur auf die §§ 22 bis 24 SächsVerfGHG und nicht auf das Erfordernis der Rechtswegerschöpfung in § 27 Abs. 2 SächsVerfGHG, sodass es an einer gesetzlichen Grundlage für eine so weitreichende Einschränkung der Zulässigkeit der kommunalen Verfassungsbeschwerde mangelt. Angesichts dessen kann auch aus dem Grundsatz der Subsidiarität oder einem allgemeinen Rechtsschutzbedürfnis nichts anderes folgen, weil diese Postulate bei einem verfassungsgerichtlichen Normenkontrollverfahren keine oder allenfalls eine eingeschränkte Geltung, etwa im Sinne eines objektiven Klarstellungsinteresses, beanspruchen können.

Kommt der SächsVerfGH zu der Überzeugung, dass Landesrecht mit der Verfassung unvereinbar ist, so erklärt er die zur Prüfung gestellten Bestimmungen für **nichtig** (§§ 23 S. 1, 36 Abs. 2 SächsVerfGHG). Sind weitere Bestimmungen desselben Gesetzes aus denselben Gründen mit der Verfassung unvereinbar, so kann der SächsVerfGH diese ebenfalls für nichtig erklären (§ 23 S. 2 SächsVerfGHG). **104**

c) Allgemeine Verfassungsbeschwerde (Art. 93 Abs. 1 Nr. 4a GG)

Angesichts der Tatsache, dass Gemeinden und Landkreise sich zwar nicht auf **105** die „klassischen" Grundrechte, wohl aber auf die Justizgrundrechte nach Art. 101

156 Vgl. *Kaplonek*, in: Baumann-Hasske/Kunzmann (Hrsg.), Die Verfassung des Freistaates Sachsen, Art. 90 Rn. 11. Vgl. auch *Kaplonek*, LKV 2005, S. 526 (528) und SächsVBl. 2005, S. 205 (206).

157 So im Ergebnis richtig SächsVerfGH, Urteil vom 29.1.2010 – Vf. 25-VIII-09, juris, Rn. 102.

158 So aber SächsVerfGH, Urteil vom 29.1.2010 – Vf. 25-VIII-09, juris, Rn. 102.

159 Vgl. BVerfGE 76, S. 107 (115 f.) = NVwZ 1988, S. 47; BVerfG, NVwZ 2003, S. 850.

160 Von daher spricht auch der SächsVerfGH konsequent nur vom Verfahren der Normenkontrolle auf kommunalen Antrag und nicht von kommunaler Verfassungsbeschwerde; vgl etwa SächsVerfGH, Urteil vom 20.5.2005 – Vf. 34-VIII-04, juris, Rn. 107, 113; Urteil vom 29.1.2010 – Vf. 25-VIII-09, juris, Rn. 102.

Abs. 1 S. 2 und Art. 103 Abs. 1 GG berufen können[161], besteht auch die Möglichkeit, dass sie – freilich nur unter Berufung auf die genannten Justizgrundrechte – **Verfassungsbeschwerde (Art. 93 Abs. 1 Nr. 4a GG)** erheben können.[162]

105a **Hinweis zur Vertiefung:**

Auch nach dem Vertrag von Lissabon fehlt ein der Kommunalverfassungsbeschwerde nach Art. 93 Abs. 1 Nr. 4b GG vergleichbares Verfahren auf europäischer Ebene. Wenn eine Kommune in ihrem Selbstverwaltungsrecht unmittelbar durch den Rechtsakt eines EU-Organs verletzt wird, kann sie lediglich – wie jede natürliche oder juristische Person – eine ***Nichtigkeitsklage*** *nach Art. 263 Abs. 4 AEUV erheben. Das hat nach der Rechtsprechung des EuGH zu Art. 263 Abs. 4 AEUV zur Folge, dass Akte der EU-Gesetzgebung kaum durch die Kommune selbst anfechtbar sind. Diese prozessuale „Kommunalblindheit" stellt eine gewisse Rechtsschutzlücke dar.*[163] *Geschlossen werden kann diese Rechtsschutzlücke nur dadurch, dass sich die Kommunen an die Bundesrepublik Deutschland als Mitgliedstaat wenden. Der Bund kann dann gemäß Art. 263 Abs. 2 AEUV als sog. privilegierter Kläger auch gegen Akte der EU-Gesetzgebung vorgehen.*

2. Verwaltungsgerichtlicher Rechtsschutz

106 Gegen **nicht normative Maßnahmen der staatlichen Verwaltung** stehen den Gemeinden keine verfassungsrechtlichen Rechtsbehelfe zur Verfügung. Insb. sind nur „Gesetze" Gegenstand der kommunalen Verfassungsbeschwerden nach Art. 93 Abs. 1 Nr. 4b GG und Art. 90 SächsVerf, während eine allgemeine Verfassungsbeschwerde nach Art. 93 Abs. 1 Nr. 4a GG zwar gegen jeden Akt der öffentlichen Gewalt (und somit gegen alle drei Gewalten) möglich ist. Die Kommunen können sich jedoch nur auf die o.g. Justizgrundrechte berufen mit der Folge, dass eine allgemeine Verfassungsbeschwerde nur gegen Maßnahmen der Justiz in Betracht kommt.

107 Gegen Verwaltungsmaßnahmen vom Bund oder dem Land (auf der Grundlage eines Gesetzes) kann die Gemeinde daher nur den Verwaltungsrechtsweg beschreiten und (ggf. nach Durchführung eines Vorverfahrens) eine **Anfechtungs-** oder **Verpflichtungsklage** bzw. – bei Nichtvorliegen eines Verwaltungsaktes – eine **allgemeine Leistungsklage** oder eine **Feststellungsklage** erheben. Der Verwaltungsrechtsweg ist eröffnet, da es sich um „öffentlich-rechtliche Streitigkeiten" nach § 40 Abs. 1 S. 1 VwGO handelt. Die notwendige Klagebefugnis ergibt sich aus den Rechten der Gemeinden aus Art. 28 Abs. 2 GG bzw. Art. 82 Abs. 2 SächsVerf. Demgegenüber kann sich die Gemeinde auch in diesem Zusammenhang nicht auf ihr zivilrechtliches Eigentum oder auf die Rechte ihrer Bürger berufen.[164]

161 Siehe näher dazu im nachfolgenden 3. Kapitel unter E.
162 Vgl. etwa BVerfGE 61, S. 82 (104 f.).
163 So *Schmidt*, Kommunalrecht, Nr. 382.
164 Vgl. etwa BVerwG, NVwZ-RR 2022, S. 317 ff. mit Besprechung von *Hufen*, JuS 2022, S. 990 ff.; siehe auch unten im 9. Kapitel und D. zu Maßnahmen der Rechtsaufsicht.

Beispielsfälle: 108

Die Landesdirektion Sachsen erlässt gegenüber der Stadt C. eine „Verfügung", durch die die Stadt verpflichtet wird, die Benutzungsgebühren für ihre Musikschule um die Hälfte zu verringern. Welche Rechtsschutzmöglichkeiten stehen der Stadt C. zu?

Die Stadt C. kann gegen diesen Bescheid (VA) Widerspruch einlegen. Die für den Widerspruch gemäß § 42 Abs. 2 VwGO analog erforderliche Widerspruchsbefugnis ergibt sich aus Art. 28 Abs. 2 GG bzw. Art. 82 Abs. 2 SächsVerf. Die Unterhaltung der Musikschule ist eine Angelegenheit der örtlichen Gemeinschaft im Rahmen der Daseinsvorsorge, wodurch die kommunale Selbstverwaltung betroffen ist.

Erfolgt der Eingriff in Form eines Gesetzes, kann die betroffene Gemeinde 109
nach Maßgabe der zuvor geschilderten Grundsätze im Wege der Kommunalverfassungsbeschwerde (kommunale Normenkontrolle) dagegen vorgehen. Im Falle eines Bundesgesetzes kommt gemäß Art. 93 Abs. 1 Nr. 4b GG nur der Weg zum BVerfG in Betracht, während die betroffene Gemeinde gegen ein Landesgesetz nur beim SächsVerfGH gemäß Art. 90 SächsVerf eine Kommunalverfassungsbeschwerde einlegen kann.

Hinweis: 110

Von der kommunalen Verfassungsbeschwerde nach Art. 90 SächsVerf wurde v. a. bei der Gemeindegebietsreform 1998 im Freistaat Sachsen[165] *von vielen Gemeinden Gebrauch gemacht, so u. a. von vier gesetzlich zum 1.1.1999 zur Stadt Chemnitz eingegliederten Gemeinden. Diese hatten jeweils einen Antrag auf kommunale Normenkontrolle nach Art. 90 SächsVerf gegen das „Eingliederungsgesetz Chemnitz vom 24.8.1998" beim SächsVerfGH in Leipzig gestellt. Im Ergebnis waren diese indes (wie fast alle anderen) Verfassungsbeschwerden erfolglos.*[166]

D. Kommunale Selbstverwaltung und Europa

Fragt man nach den europarechtlichen Einflüssen auf die kommunale Ebene, 111
so fällt der Blick zunächst auf die **Europäische Charta der kommunalen Selbstverwaltung** von 1985, die – ebenso wie die EMRK – im Rahmen des Europarates als eigenständiger völkerrechtlicher Vertrag vereinbart und von Deutschland gemäß Art. 59 Abs. 2 GG ratifiziert wurde.[167] Ihr **Einfluss** auf das deutsche Kommunalrecht ist jedoch **gering**, weil die hiesigen Standards weitgehend den in der Charta geforderten entsprechen oder sogar darüber hinausgehen.[168] Mitunter wird die Charta aber auch in der Rechtsprechung herangezogen, um das gefundene Ergebnis argumentativ abzusichern.[169]

165 Siehe näher dazu im 3. Kapitel unter C.V.2.

166 Vgl. etwa SächsVerfGH, Beschluss vom 3.12.1998, Vf. 86-VIII-98, abrufbar unter https://www.justiz.sachsen.de/esaver/internet/1998_086_VIII/1998_086_VIII.pdf.

167 Vgl. BGBl. II 1987, S. 65. Vgl. näher zu diesem Vertragswerk *Knemeyer*, DÖV 1988, S. 997 ff.

168 Vgl. näher dazu *Engels/Krausnick*, Kommunalrecht, Teil 1, § 4 Rn. 16.

169 Vgl. etwa SächsOVG, NVwZ-RR 2009, S. 776 (777).

112 Demgegenüber nimmt der **Einfluss des Rechts der Europäischen Union (EU)** immer mehr zu. Die Kommunen werden als maßgebliche Aufgabenträger am stärksten von der europäischen Gesetzgebung und Rechtsprechung beeinflusst, weil das EU-Recht v.a. durch die Mitgliedstaaten vollzogen wird (sog. **indirekter Vollzug des EU-Rechts**).[170] Insofern sind die Kommunen aus europäischer Sicht in erster Linie **Verwaltungsstellen der Mitgliedstaaten**.[171]

113 Vor diesem Hintergrund ist es bedeutsam, dass das primäre Unionsrecht seit dem am 1.12.2009 in Kraft getretenen **Vertrag von Lissabon** die regionale und lokale Selbstverwaltung ausdrücklich als Teil der nationalen Identität der Mitgliedstaaten anerkennt (vgl. Art. 4 Abs. 2 S. 1 EUV). Damit ist die kommunale Selbstverwaltung aus Art. 28 Abs. 2 GG der Kommunen in Deutschland jedenfalls im Kernbereich geschützt. Die EU achtet das kommunale Selbstverwaltungsrecht auch im Rahmen des **Subsidiaritätsprinzips** und der **Verhältnismäßigkeit** (Art. 5 Abs. 3 und 4 EUV). Nach dem Subsidiaritätsprinzip muss die EU, wenn sie auf einem Gebiet tätig werden will, das nicht in ihre ausschließliche Zuständigkeit fällt, zumindest begründen, warum die Ziele der in Betracht gezogenen Maßnahmen von den Mitgliedstaaten weder auf zentraler noch auf regionaler oder lokaler Ebene ausreichend verwirklicht werden können (vgl. Art. 5 Abs. 3 EUV). Damit sind die Zuständigkeiten der Kommunen jedenfalls dem Grunde nach rechtlich geschützt.[172] Es bleibt aber dabei, dass das Subsidiaritätsprinzip aufgrund der unzureichenden Kontrolle durch den EuGH keine nennenswerte kompetenzbegrenzende Wirkung entfaltet.[173]

114 Schließlich gibt es bereits seit dem Maastrichter Vertrag zur Vertretung kommunaler und regionaler Interessen in Europa einen **„Ausschuss der Regionen"** (vgl. Art. 300 AEUV), der jedoch ausschließlich beratende Aufgaben (Anhörungsrecht) – nicht zuletzt bei der europäischen Gesetzgebung (vgl. etwa Art. 192 AEUV) – wahrnimmt.[174] Darüber hinaus können die kommunalen Spitzenverbände gemäß § 14 Abs. 2 S. 2 EUZBLG nach dem für die Entsendung maßgeblichen innerstaatlichen Abkommen nur drei Kandidaten vorschlagen, die gewählte Vertreter von Gemeinden oder Gemeindeverbänden sein müssen.[175] Dies hat zur Folge, dass nur wenige der 24 „deutschen" Sitze im Ausschuss der Regionen von „echten" Kommunalvertretern eingenommen werden; die meisten sind Vertreter der Landesregierungen.

170 Vgl. näher dazu *Oppermann/Classen/Nettesheim*, Europarecht, § 12 Rn. 31; ferner aus kommunalrechtlicher Perspektive *Burgi*, Kommunalrecht, § 4 Rn. 8.

171 *Burgi*, Kommunalrecht, § 4 Rn. 7.

172 Die Bedeutung des Subsidiaritätsprinzips betonen etwa *Erbguth/Mann/Schubert*, Besonderes Verwaltungsrecht, § 1 Rn. 10 m.w.N.

173 Vgl. etwa EuGH, BeckRS 2016, 80849 zur Tabakregulierung und kritisch dazu *Nettesheim*, EuZW 2016, S. 578 ff.

174 Vgl. näher zur Stellung des Ausschusses *Burgi*, Kommunalrecht, § 4 Rn. 12.

175 Vgl. die im MBl. NRW. 1993, S. 1550 abgedruckte Bekanntmachung des Abkommens über die Entsendung der Mitglieder und Stellvertreter in den Ausschuss der Regionen der Europäischen Gemeinschaft vom 19.8.1993.

Der europarechtliche Einfluss auf das Kommunalrecht wird am deutlichsten bei der Einführung des **Kommunalwahlrechts für Unionsbürger**[176], das in Art. 22 Abs. 1 AEUV primärrechtlich vorgeschrieben und das in Deutschland in Art. 28 Abs. 1 S. 3 GG verfassungsrechtlich verankert worden ist. Dies war erforderlich geworden, nachdem das BVerfG auf der Grundlage einer „schulmäßigen" systematischen Auslegung festgestellt hat, dass das Staatsvolk, das gemäß Art. 20 Abs. 2 S. 1 GG Träger und Subjekt der Staatsgewalt ist, nach dem Grundgesetz von den Deutschen, also den deutschen Staatsangehörigen und den ihnen nach Art. 116 Abs. 1 GG gleichgestellten Personen gebildet wird, und dass für die in Art. 28 Abs. 1 S. 2 GG vorausgesetzten Wahlen ohne eine Grundgesetzänderung nichts anderes gelten könne.[177] 115

Hinweis:

*Es ist umstritten, ob die zuvor genannte Entscheidung des BVerfG in der Konsequenz die Möglichkeit der Einführung eines **Kommunalwahlrechts für dauerhaft in Deutschland lebende Ausländerinnen und Ausländer aus Nicht-EU-Staaten** selbst im Wege einer Verfassungsänderung ausschließt.*[178]

Mit Blick auf das sächsische Kommunalrecht werden Staatsangehörigen eines anderen Mitgliedstaates der EU insoweit folgende Rechte zuerkannt: 116

- die Zuerkennung der **Bürgereigenschaft** (§ 15 Abs. 1 S. 1 SächsGemO);
- damit verbunden das **aktive Wahlrecht** bei allen Gemeindewahlen (vgl. § 16 Abs. 1 SächsGemO), d.h. bei Wahlen zum Gemeinderat (§ 30 Abs. 1 SächsGemO), zum Ortschaftsrat (§ 66 Abs. 1 S. 1 SächsGemO), zum Stadtbezirksbeirat (§ 71 Abs. 1 S. 2 SächsGemO) und zum Bürgermeister (§ 48 S. 1 SächsGemO), sowie
- das **passive Wahlrecht** zum Gemeinderat (§ 31 Abs. 1 SächsGemO), für das Amt des Bürgermeisters (vgl. § 49 Abs. 1 SächsGemO) sowie des Ortsvorstehers (§§ 68 Abs. 1, 69 Abs. 1 S. 1 2. Hs. SächsGemO).

Der Einfluss des Europarechts erstreckt sich aber prinzipiell auf alle Gemeindehoheiten und beeinflusst damit auch jenseits des Wahlrechts die kommunale Selbstverwaltung nach Art. 28 Abs. 2 GG. So gibt es etwa EU-Vorgaben für das kommunale Handeln bei der **Vergabe kommunaler Aufträge**. Werden bestimmte von der EU-Kommission festgesetzte Schwellenwerte überschritten, befindet man sich im sog. Oberschwellenbereich und es gelangt das Kartellvergaberecht zur Anwendung (vgl. § 106 GWB), d.h. die Aufträge müssen europaweit ausgeschrieben werden. [179] Weitere EU-Vorgaben gibt es bei der 117

176 So zutreffend *Geis*, Kommunalrecht, § 4 Rn. 17; vgl. zum Begriff des Unionsbürgers Art. 20 AEUV.

177 Vgl. BVerfGE 83, S. 37 ff.; näher zu den Konsequenzen dieser Rechtsprechung und der Grundgesetzänderung für kommunale Abstimmungen *Engelken*, NVwZ 1995, S. 432 ff.

178 Vgl. zum Meinungsstand etwa *Burgi*, Kommunalrecht, § 11 Rn. 21; *Schwarz*, SächsVBl. 2019, S. 89 ff.

179 Vgl. näher dazu *Burgi*, Kommunalrecht, § 17 Rn. 19; vgl. ferner zur letzten großen Reform des Vergaberechts *Krönke*, NVwZ 2016, S. 568 ff.

Umsetzung der Grundfreiheiten (z.B. EU-Dienstleistungsrichtlinie, die u.a. ein Normenscreening in den Kommunen sowie die Einrichtung eines Einheitlichen Ansprechpartners erforderte,[180] sowie die EU-Richtlinie zum Schutz von Personen, die Verstöße gegen das EU-Recht melden[181]), die sich u.a. auf die Personalhoheit auswirken. Hinzu kommt v.a. das in Art. 107 ff. AEUV geregelte **europäische Beihilferecht** (grundsätzliches Verbot von Beihilfen in Form von Subventionen und anderen Vergünstigungen aus staatlichen Mitteln, die den Wettbewerb verzerren können).[182]

117a Von erheblicher Bedeutung für die kommunale Praxis ist zudem die **EU-Förderung** lokaler und regionaler Projekte. Besonders wichtig sind hierbei die verschiedenen Strukturfonds, insb. der Europäische Fonds für regionale Entwicklung (EFRE) gemäß Art. 176 AEUV sowie der Europäische Sozialfonds (ESF) gemäß Art. 162 AEUV. V.a. die Förderung aus dem EFRE ist für Investitionen in die kommunale Infrastruktur sowie für die städtebauliche Erneuerung mittlerweile unverzichtbar.

118 Fraglich bleibt gleichwohl, wie die Kommunen ihre Stellung bzw. ihr kommunales Selbstverwaltungsrecht nachhaltiger als bisher auf europäischer Ebene behaupten können. Zentrales Anliegen ist dabei, dass im Zuge der Liberalisierung ganzer Wirtschaftszweige für die **Aufgaben der kommunalen Daseinsvorsorge** (als „besondere Aufgaben" i.S.d. Art. 106 Abs. 2 AEUV) ein ausreichender **Wettbewerbsfreiraum** erhalten bleibt. Reformbedarf gibt es schließlich in Bezug auf eine **vorzeitige Beteiligung der Kommunen bei der Rechtsetzung der EU**, die bislang, wie dargelegt, im Ausschuss der Regionen überwiegend durch die Länder wahrgenommen wird.[183]

119 **Europa ist aber auch eine aktive kommunale Aufgabe**, die vielfältige Chancen eröffnet. Der Schwerpunkt der gestaltenden Europaarbeit der Kommunen liegt dabei auf Städtepartnerschaften, projektbezogenen Städtenetzwerken (bspw. dem EUROCITIES-Netzwerk, ein Zusammenschluss europäischer Großstädte) und EU-Förderprojekten. Hinzu kommen **Kommunale Europabeauftragte/-referate/-büros**, die für die Koordinierung von Gesetzesumsetzungen, Fördermittelakquise und zur Informationsverbreitung, aber auch für die Netzwerk- und Öffentlichkeitsarbeit zuständig sind.

180 Vgl. dazu am Beispiel der Anpassung von Friedhofssatzungen *Schulz*, KommJur 2009, S. 441 ff.; ein allgemeiner Überblick zu den einschlägigen Vorgaben der Richtlinie findet sich bei *Lemor/Haake*, EuZW 2009, S. 65 ff.

181 Im Freistaat Sachsen durch das SächsHinMeldG vom 4.6.2024 (SächsGVBl. S. 494) umgesetzt.

182 Vgl. näher dazu *Burgi*, Kommunalrecht, § 17 Rn. 29 ff.

183 Vgl. näher zum Ganzen *Geis*, Kommunalrecht, § 4 Rn. 19 und § 23 Rn. 10 f.

3. Kapitel
Begriff, Gebiet, Rechtsstellung und Aufgaben der Gemeinden

A. Gemeindebegriff

Der Grundtypus der Kommunen ist die Gemeinde (vgl. Art. 28 Abs. 2 S. 1 GG). 1
Die Gemeinde ist die kleinste rechtsfähige Gebietseinheit im Verwaltungsaufbau der Bundesrepublik Deutschland (Bund, Land, Landkreis, Gemeinde). Der Freistaat Sachsen hat derzeit 418 Gemeinden (Stand: 1.1.2024). Das sind die Kreisfreien Städte Chemnitz, Dresden und Leipzig sowie 415 kreisangehörige Gemeinden. Für alle Gemeinden in Sachsen gilt die SächsGemO (§ 3 Abs. 1 SächsGemO).

In der sächsischen Gemeindeordnung ist der Begriff der Gemeinde nicht definiert. 2
§ 3 Abs. 1 S. 1 SächsGemO besagt lediglich, dass Gemeinden im Sinne dieses Gesetzes die kreisangehörigen Städte und Gemeinden sowie die Kreisfreien Städte sind (Gemeindearten). Die sächsische Gemeindeordnung kennzeichnet aber **die wesentlichen Merkmale der Gemeinde** in dreifacher Hinsicht wie folgt:

- **Stellung im Staat (§ 1 Abs. 1 SächsGemO)**

Die Gemeinde ist „Grundlage und Glied des demokratischen Rechtsstaates", d. h., der demokratische Staat baut auf den Gemeinden auf, und die Gemeinde ist als Träger eines Teils der öffentlichen Verwaltung integrierter Bestandteil des Staates.

- **Besondere Form ihrer Verwaltung (§ 1 Abs. 2 SächsGemO)**

Die Gemeinde erfüllt ihre Aufgaben „in bürgerschaftlicher Selbstverwaltung" und ist damit Träger der zuvor beschriebenen kommunalen Selbstverwaltungsgarantie.[184]

- **Rechtsnatur (§ 1 Abs. 3 SächsGemO)**

Die Gemeinden sind rechtsfähige (kommunale) Gebietskörperschaften des öffentlichen Rechts. Eine Gebietskörperschaft des öffentlichen Rechts ist eine Körperschaft, deren Gebietshoheit einen räumlich abgegrenzten Teil des Staatsgebiets **(Gemeindegebiet)** sowie dessen Bewohner als **gesetzliche Mitglieder** ihrer Organisation erfasst. Die Mitgliedschaft ergibt sich aus dem Wohnsitz im Gebiet der Körperschaft und wird durch den Wohnsitz begründet. Die Gebietskörperschaft hat die **Gebietshoheit** inne. Sie grenzt sich dadurch von solchen Körperschaften ab, deren Mitgliedschaft durch persönliche Eigenschaften bestimmt wird (Personalkörperschaften wie Ärztekammer, Handwerkskammer, Berufsgenossenschaften, Universitäten). Als weiteres Kriterium, das Gebietskörperschaften von sonstigen Körperschaften unterscheidet, ist die unmittelbare Wahl einer eigenen demokratischen Vertretung **(unmittelbare Organwahl)** zu nennen.

184 Siehe oben im 2. Kapitel.

3 Nach dieser Umschreibung ist – trotz der mannigfaltigen tatsächlichen Unterschiede, insb. zwischen Dörfern und „Weltstädten" – von der **„Einheitsgemeinde"** auszugehen.[185] Eine Einheitsgemeinde ist eine Gemeinde, die alle Aufgaben selbstständig erledigt (umfassende Verwaltungskompetenz) und damit nicht Mitglied in einer Verwaltungsgemeinschaft oder einem Verwaltungsverband ist.[186]

B. Gemeindegebiet

4 Das Gemeindegebiet ist die räumliche Grundlage der Gemeinde als Gebietskörperschaft, auf das sich ihre Aufgaben und ihre hoheitlichen Befugnisse beziehen und beschränken.[187] Ihre Verwaltungshoheit umfasst alle Personen, die in ihrem Gebiet wohnen oder sich dort aufhalten und alle Gegenstände, die sich in ihm befinden.

I. Umfang

5 Das Gemeindegebiet bilden diejenigen Grundstücke, die nach dem geltenden Recht zur Gemeinde gehören (§ 7 Abs. 1 S. 1 SächsGemO). Grds. soll jedes Grundstück zu einer Gemeinde gehören. Aus besonderen Gründen können jedoch Grundstücke außerhalb der Gemeinde verbleiben – gemeindefreie Grundstücke (§ 7 Abs. 2 S. 2 SächsGemO). Dies muss durch ein besonderes öffentliches Interesse (z.B. militärische Gründe) gerechtfertigt sein. In Sachsen gibt es gegenwärtig jedoch keine gemeindefreien Grundstücke, d.h. „jeder Quadratmeter" Sachsens gehört zu einer Gemeinde.

6 **Zur Vertiefung:**

In Deutschland gibt es gegenwärtig (Stand: 1.6.2023) in sieben Bundesländern noch 205 gemeindefreie Grundstücke (davon 172 in Bayern und 25 in Niedersachsen), die entweder durch staatlichen Hoheitsakt gebildet wurden (z.B. Truppenübungsplätze für das Militär wie etwa der Truppenübungsplatz Bergen in der Lüneburger Heide) oder nie zu einem Gemeindegebiet (große Waldgebiete wie z.B. der Ettaler Forst im Landkreis Garmisch-Patenkirchen) gehört haben.[188] *Im Gegensatz bspw. zum Truppenübungsplatz Bergen liegt der (mittlerweile) einzige sächsische Truppenübungsplatz Oberlausitz nicht auf gemeindefreien Grundstücken, sondern gehört zur Gemarkung der Gemeinde Weißkeißel im Landkreis Görlitz.*

---

185 *Burgi*, Kommunalrecht, § 5 Rn. 3.
186 Vgl. näher dazu *Oehler*, LKV 1992, S. 72ff. und in diesem Kapitel unter C VI.
187 *Quecke/Schaffarzik*, in: Quecke/Schmid, Gemeindeordnung für den Freistaat Sachsen, § 7 Rn. 1.
188 Vgl. näher dazu *Geis*, Kommunalrecht, § 6 Rn. 14.

II. Innere Gebietsgliederung

7 Die SächsGemO ermöglicht eine innere Gebietsgliederung der Gemeinde durch die Möglichkeiten einer Bildung von **Gemeindebezirken** (§§ 70 ff. SächsGemO) und einer Einführung der **Ortschaftsverfassung** (§§ 65 ff. SächsGemO). Hierdurch können kleinere Verwaltungseinheiten mit gebietlich beschränkten Zuständigkeiten und eigenen „Organen" geschaffen werden, die jedoch keine „unter" der Gemeinde stehenden Gebietskörperschaften sind und auch keine eigene Rechtspersönlichkeit haben. Die Gemeinde als solche bleibt also auch in diesen Fällen einheitliche Trägerin der öffentlichen Verwaltung.[189]

C. Gebietsänderungen

I. Allgemeines

8 Die sächsische Gemeindeordnung enthält keine Vorgaben über Mindestgrößen oder Mindesteinwohnerzahlen eines Gemeindegebietes. Das ergibt sich bereits aus § 29 Abs. 2 SächsGemO, der für die Zusammensetzung des Gemeinderats die Größenklasse „bis zu 500 Einwohner" vorsieht (z.B. hat der Kurort Rathen als kleinste sächsische Gemeinde 347 Einwohner [Stand: 31.12.2022]). Allerdings ist heute allgemein anerkannt, dass die Größe eines Gemeindegebietes so bemessen sein sollte, dass einerseits die örtliche Verbundenheit der Einwohner im räumlichen und funktionalen Sinne erhalten bleibt, andererseits aber auch die Leistungsfähigkeit der Gemeinde zur Erfüllung ihrer Aufgaben gewährleistet wird.

9 Weder Art. 28 Abs. 2 GG noch die Art. 82 ff. SächsVerf garantieren einen festen Gebietsbestand für eine einzelne Gemeinde oder den gebietlichen Fortbestand einer einzelnen Gemeinde (oder eines einzelnen Landkreises) als solche.[190] Es gehört aber zum bundesverfassungsrechtlich garantierten Kernbereich der kommunalen Selbstverwaltung, dass Gebietsänderungen von Gemeinden nur aus Gründen des öffentlichen Wohls und nach Anhörung der betroffenen Gemeinde zulässig sind.[191]

10 Im Einklang damit gestattet Art. 88 Abs. 1 SächsVerf (so auch § 8 Abs. 1 S. 1 SächsGemO), das Gebiet von Gemeinden nur aus **Gründen des Wohls der Allgemeinheit** zu ändern. Nach Art. 88 Abs. 2 S. 2 SächsVerf bedarf die Auflösung von Gemeinden gegen ihren Willen eines Gesetzes (so auch § 8 Abs. 3 S. 2 SächsGemO). Art. 88 Abs. 2 S. 1 SächsVerf legt fest, dass Gebietsänderungen nur durch Vereinbarung der beteiligten Gemeinden mit staatlicher Genehmigung, durch Gesetz oder aufgrund eines Gesetzes erfolgen dürfen. Eine entsprechende gesetzliche Regelung findet sich in § 8 Abs. 1 SächsGemO (bzw. § 7 SächsLKrO).

189 Siehe ausführlich zum Ganzen im 7. Kapitel.
190 Siehe bereits das 2. Kapitel unter C.III.1.
191 Vgl. hier nur BVerfGE 86, S. 90.

II. Arten von Gebietsänderungen

11 Im § 8 Abs. 2 SächsGemO ist aufgezählt, welche einzelnen Arten von Gebietsänderungen möglich sind; diese Aufzählung ist aber nicht abschließend („insb.“). Gebietsänderungen können danach v. a. vorgenommen werden durch

- **Eingliederungen (§ 8 Abs. 2 Nr. 1 SächsGemO):**

Eine oder mehrere Gemeinden werden vollständig in eine andere Gemeinde eingegliedert. Die eingegliederte Gemeinde geht als Rechtssubjekt unter. Die aufnehmende Gemeinde besteht als Rechtssubjekt fort und wird Rechtsnachfolgerin der eingegliederten Gemeinde.

Die Folge ist, dass die aufnehmende Gemeinde in alle Rechte und Pflichten der untergegangenen Gemeinde (Übernahme des Personals, Eintritt in alle Verträge, Mitgliedschaften usw.) eintritt, was in der Praxis teilweise zu erheblichen Problemen und Konsequenzen für die aufnehmende Gemeinde führt. Die aufnehmende Gemeinde kennt häufig nicht alle Verträge. Die Verträge müssen geprüft und ggf. beendet werden. Benötigt die aufnehmende Gemeinde überhaupt die bestehenden Mitgliedschaften? Ggf. muss aus Verbänden ausgetreten werden. Probleme bereitet v. a. häufig der Austritt aus Zweckverbänden, was zu erheblichen finanziellen Folgen führen kann.

- **Vereinigung (§ 8 Abs. 2 Nr. 2 SächsGemO):**

Mehrere Gemeinden werden zu einer neuen Gemeinde vereinigt. Beide bisherigen Gemeinden verlieren ihren Status und gehen sozusagen unter. Die neue Gemeinde ist in diesem Fall Rechtsnachfolgerin der bisherigen Gemeinden.

- **Umgliederung/Grenzänderung (§ 8 Abs. 2 Nr. 3 SächsGemO):**

In diesem Fall erfolgt nur die Eingliederung eines Gebietsteils in eine andere Gemeinde, was ausnahmsweise durch Erlass einer Rechtsverordnung möglich ist (vgl. § 8 Abs. 1 S. 2 SächsGemO).

- **Ausgliederung (§ 8 Abs. 2 Nr. 4 SächsGemO):**

Gebietsteile werden aus einer oder aus mehreren Gemeinden herausgelöst, und aus ihnen wird eine neue Gemeinde gebildet (Neubildung).

- **Gemeindeauflösungen (gesetzlich nicht ausdrücklich geregelt):**

Aufteilung des Gemeindegebietes bzw. Ausgliederung des gesamten Gebietes auf mehrere Nachbargemeinden, was nur in Ausnahmefällen möglich ist.

12 **Zur Vertiefung:**

Neben diesen „klassischen" Varianten der Veränderung des Gebietszuschnitts gehört zu den im Rahmen von Art. 88 SächsVerf zulässigen Gebietsänderungen auch die ***Freigabe des Gemeindegebietes zur Inanspruchnahme für andere Zwecke*** *(Devastierung/Ortsverlagerung des Gemeindegebietes).*[192]

192 Vgl. etwa SächsVerfGH, LKV 2000, S. 489ff., wo es um die Inanspruchnahme der Gemeinde Heuersdorf zum Braunkohleabbau ging.

III. Voraussetzungen für Gebietsänderungen

1. Gründe des Wohls der Allgemeinheit

Bei dem Begriff der **„Gründe des Wohls der Allgemeinheit“** handelt es sich um einen unbestimmten Rechtsbegriff, der vom SächsVerfGH strenger überprüft wird als vom BVerfG.[193] Die Verfassungsrechtsprechung hält Gründe des Wohls der Allgemeinheit bzw. Gründe des öffentlichen Wohls immer dann für gegeben, wenn mit der Gebietsänderung für die Allgemeinheit Verbesserungen in organisatorischer, verwaltungstechnischer, wirtschaftlicher oder sonstiger Hinsicht entstehen.[194] 13

Solche Gründe des Allgemeinwohls liegen insb. vor, wenn eine Gebietsänderung 14

- die kommunale Leistungs- und Verwaltungskraft stärkt,
- im Einklang mit den landesplanerischen Zielen steht,
- die Lebensverhältnisse der Einwohner in den einzelnen Gemeinden angleicht (Art. 3 GG, Sozialstaatsprinzip),
- Bürgernähe schafft und die örtliche Verbundenheit der Einwohner fördert sowie
- die Wirtschaftlichkeit und Sparsamkeit der Verwaltung erhöht (allgemeiner Grundsatz des staatlichen Handelns).

Das Vorliegen von Gründen des Allgemeinwohls im Hinblick auf eine Gebietsänderung muss sich aus dem konkreten Neugliederungsgesetz in Verbindung mit der Begründung in den parlamentarischen Beratungen ermitteln lassen. Dies gilt insb. dann, **wenn die Gebietsänderung gegen den Willen einer Gemeinde** erfolgt. Darüber hinaus verlangt der SächsVerfGH in solchen Fällen, dass der Gesetzgeber bei der Aufstellung der aus dem Ziel herausgebildeten Leitsätze zur Neugliederung alle sich aufdrängenden Gemeinwohlaspekte beachtet hat, dass die zugrunde liegenden Erkenntnisse nicht offensichtlich unzutreffend waren und dass die Leitsätze nicht offensichtlich ungeeignet waren, das Ziel der Neugliederung zu erreichen. Ferner wird geprüft, ob der Gesetzgeber bei der einzelnen Neugliederungsmaßnahme alle relevanten Aspekte ermittelt und berücksichtigt und etwaige Alternativen in eine umfassende **Abwägung** einbezogen hat.[195] 15

Dies alles zeigt, dass den sächsischen Gesetzgeber hier eine hohe Begründungslast trifft. Am Ende ist es aber seine Sache, wie er die relevanten Belan- 16

193 Vgl. einerseits SächsVerfGH, LKV 2000, S. 21 ff., wo es um die Eingliederung der Stadt Markkleeberg in die Stadt Leipzig durch das „Stadt-Umland-Gesetz Leipzig“ ging, und andererseits BVerfG, DVBl. 1992, S. 960 (961). Vgl. zudem SächsOVG, Beschluss vom 8.3.2019 – 4 A 787/16 Rn. 7 m. w. N. Auch im Schrifttum wird dem Gesetzgeber hier häufig ein Beurteilungs- bzw. Gestaltungsspielraum eingeräumt; vgl. etwa *Bethge/Rozek*, Jura 1993, S. 545 (547); *Geis*, Kommunalrecht, § 9 Rn. 6.

194 Vgl. die Nachweise bei *Gern*, Sächsisches Kommunalrecht, Rn. 203.

195 Vgl. SächsVerfGH, LKV 2000, S. 21.

ge im Einzelnen gewichtet und bewertet, sodass ihm auch eine gewisse Gestaltungsfreiheit zukommt.[196]

17 Schließlich ist darauf hinzuweisen, dass das Sächsische Staatsministerium des Innern (SMI) **Grundsätze für freiwillige Zusammenschlüsse von Gemeinden im Freistaat Sachsen**[197] sowie gemeinsam mit dem Sächsischen Städte- und Gemeindetag (SSG) entsprechende Leitlinien[198] entwickelt hat, die der Unterstützung von Gemeinden dienen sollen, die freiwillige Gebietsänderungen anstreben.

2. Anhörung der betroffenen Gemeinden

18 In verfahrensrechtlicher Hinsicht besteht eine Pflicht zur vorherigen Anhörung der betroffenen Gemeinden, die sowohl bei Gebietsänderungen durch Gesetz als auch bei Gebietsänderungen durch Verordnung zu beachten ist (§ 8 Abs. 3 S. 1 SächsGemO). Schon aufgrund der bundesverfassungsrechtlichen Fundierung[199] kann ein Verstoß gegen das Anhörungserfordernis **nicht** – z. B. aufgrund einer (analogen) Anwendung von §§ 45, 46 VwVfG – nachgeholt werden oder unbeachtlich sein; er führt vielmehr zwingend zur **Nichtigkeit** des Gesetzes oder der Verordnung.[200]

3. Einwohneranhörung

19 Die Pflicht zur Anhörung der Bevölkerung ist bereits in Art. 88 Abs. 2 S. 3 SächsVerf ausdrücklich geregelt. Hieran anknüpfend bestimmt § 8a Abs. 1 SächsGemO, dass die Einwohner des unmittelbar betroffenen Gebietes (und damit auch in der Gemeinde lebende Ausländer), die das 16. Lebensjahr vollendet haben, zu hören sind. Sie haben hierdurch Gelegenheit zur Stellungnahme, aber es ist kein Einverständnis erforderlich. Das Ergebnis der Anhörung muss aber in sachgerechter Weise im Entscheidungsprozess berücksichtigt werden.

20 Eine Einwohneranhörung erfolgt nur bei Gebietsänderungen durch Gesetz oder Rechtsverordnung nach § 8 Abs. 3 S. 1 SächsGemO sowie bei einer vereinbarten Umgliederung oder Ausgliederung. Dazu ist der Entwurf der Vereinbarung für die Dauer eines Monats **öffentlich auszulegen**, was wiederum zuvor öffentlich bekannt zu machen ist (§ 8a Abs. 1 S. 2 und 3 SächsGemO). Die Anhörung ist zwingend durchzuführen (Einwohner „sind" zu hören) und hat das Ziel, die Entscheidungsträger über die Meinung der Einwohner zu informieren und ihnen eine sachgerechte und umfassende Entscheidungsgrundlage zu geben. Bei vereinbarten Eingliederungen sowie Vereinigungen muss hingegen in der ein-

196 Vgl. SächsVerfGH, LKV 2000, S. 21 und *Bethge/Rozek*, Jura 1993, S. 545 (547). Zusammenfassend zu den jüngeren Gebiets- und Verwaltungsreformen *Meyer*, NVwZ 2013, S. 1177 ff.

197 Bekanntmachung des SMI zu den Grundsätzen für freiwillige Zusammenschlüsse von Gemeinden im Freistaat Sachsen vom 26.10.2010 (SächsABl. S. 1620).

198 Vgl. Staatsministerium des Inneren (Hrsg.), Freiwillige Zusammenschlüsse von Gemeinden im Freistaat Sachsen – Leitfaden, 3. Auflage 2016; der Leitfaden ist abgedruckt im Sachsenlandkurier 1/2016 und im Internet abrufbar unter https://publikationen.sachsen.de/bdb/artikel/26447.

199 Vgl. etwa BVerfGE 107, S. 1 (24 f.).

200 Vgl. etwa *Bethge/Rozek*, Jura 1993, S. 545 (547); *Engels/Krausnick*, Kommunalrecht, Teil 2, § 1 Rn. 7.

zugliedernden und aufnehmenden Gemeinde bzw. in den Gemeinden, die sich zu einer neuen Gemeinde vereinigen wollen, über den Entwurf der Vereinbarung gemäß § 8a Abs. 3 SächsGemO ein **Bürgerentscheid** gemäß § 24 SächsGemO i. V. m. §§ 8 ff. SächsKomVerfRDVO durchgeführt werden.

Nach § 8a Abs. 2 SächsGemO obliegt die Durchführung der Anhörung bei einer Gebietsänderung durch Gesetz oder Rechtsverordnung den Gemeinden als Pflichtaufgabe nach Weisung. Das Weisungsrecht ist unbegrenzt. § 2 Abs. 3 S. 3 SächsGemO findet keine Anwendung. Sogar Weisungen in Einzelausführungen sind daher möglich. 21

Ist die Anhörung unterblieben oder mit erheblichen Fehlern behaftet[201], sind das Gebietsänderungsgesetz bzw. der Gemeinderatsbeschluss über den Gebietsänderungsvertrag **nichtig**. Im letzteren Fall hat die Rechtsaufsichtsbehörde den Beschluss zu beanstanden. Der Mangel kann also auch hier **nicht** rückwirkend durch Nachholung der Anhörung geheilt werden. Vielmehr muss das Änderungsverfahren wiederholt werden. 22

IV. Formen der Durchführung von Gebietsänderungen im Einzelnen

1. Gebietsänderung durch Vereinbarung

Sog. **freiwillige** Gebietsänderungen erfolgen auf der Grundlage einer Vereinbarung, die in § 9 SächsGemO im Einzelnen geregelt wird. Sie sind der **Regelfall** von Gemeindezusammenschlüssen und bedürfen der Genehmigung der Rechtsaufsichtsbehörde. 23

a) Art der Vereinbarung

Bei der Vereinbarung handelt es sich um einen **öffentlich-rechtlichen Vertrag** nach §§ 54 ff. VwVfG, der mit der **Mehrheit der Stimmen aller Mitglieder des Gemeinderates** beschlossen werden muss (vgl. § 9 Abs. 1 SächsGemO). 24

Die freiwillige Gebietsänderung kann vom Gemeinderat, aber auch von den Bürgern vorgeschlagen werden (namentlich durch ein Bürgerbegehren), andererseits aber auch verhindert werden; denn gegen den Gemeinderatsbeschluss über eine Gebietsänderung können sich die Bürger mittels eines Bürgerbegehrens und eines anschließenden Bürgerentscheids wehren (vgl. §§ 24, 25 Abs. 3 S. 3 SächsGemO). 25

Der **Mindestinhalt** der Vereinbarung ergibt sich aus § 9 Abs. 2 bis 4 SächsGemO. Darüber hinaus können noch weitere Inhalte geregelt werden (z. B. die Zukunft gemeindlicher Einrichtungen, wie den Erhalt der Feuerwehr oder der Grundschule).[202] Es besteht dabei auch die Möglichkeit, der bisherigen Ge- 26

201 Ein solcher Verfahrensfehler kann z. B. auch daraus resultieren, dass der entsprechende Gesetzentwurf nach der Anhörung der Gemeinde und/oder der Einwohner wesentlich geändert wird; vgl. dazu SächsVerfGH, LKV 2000, S. 489 (490 f.) und den Fall bei *Jaeckel/Jaeckel*, Kommunalrecht in Sachsen, Rn. 42.

202 Zu dem Muster eines entsprechenden Vertrages vgl. Staatsministerium des Inneren (Hrsg.), Freiwillige Zusammenschlüsse von Gemeinden im Freistaat Sachsen – Leitfaden, 3. Auflage 2016, Anhang 2: Mustervereinbarungen; der Leitfaden ist abgedruckt im Sachsenlandkurier 1/2016 und im Internet abrufbar unter https://publikationen.sachsen.de/bdb/artikel/26447.

meinde zumindest den **Status einer Ortschaft** zu verschaffen (vgl. § 9 Abs. 5 SächsGemO), was in der Praxis regelmäßig auch so vereinbart wird.

27 Soweit **Landkreisgrenzen** geändert werden, entfällt im Falle einer Vereinbarung aufgrund von § 7 Abs. 2 S. 2 SächsLKrO die Notwendigkeit eines Gesetzes (sonst ist dies nach S. 1 nur durch Gesetz möglich). Die sog. Auseinandersetzung erfolgt nach § 8 SächsLKrO, d.h. Landkreis und Landkreis oder Landkreis und Kreisfreie Stadt müssen sich in der Vereinbarung über Personalübergang, Aufgabenwahrnehmung, Aktenübergabe, Kosten usw. einigen.

b) Einvernehmen und Genehmigung

28 Die Gebietsänderungsvereinbarung bedarf gemäß § 8 Abs. 1 S. 1 Nr. 2 SächsGemO zu ihrer Wirksamkeit der **Genehmigung** durch die Rechtsaufsichtsbehörde, die wiederum des **Einvernehmens** mit der obersten Rechtsaufsichtsbehörde bedarf. Diese staatliche Genehmigung hat konstitutiven Charakter und wird als **Kondominialakt**[203] bezeichnet, da eine Gebietsänderung nur wirksam ist, wenn eine zwischen den beteiligten Gemeinden abgeschlossene Vereinbarung **und** die entsprechende staatliche Genehmigung vorliegen. Die Genehmigung ist ein Verwaltungsakt gegenüber den beteiligten Gemeinden. Die Gemeinden haben keinen Anspruch auf Genehmigungserteilung. Bei der Genehmigungsentscheidung hat die Aufsichtsbehörde einen Beurteilungs- und Gestaltungsspielraum, der nur eingeschränkt gerichtlich überprüfbar ist, und zwar dahingehend, ob (wie bei gesetzlichen Gebietsregelungen) die Genehmigungsentscheidung im Ergebnis offensichtlich fehlerhaft, eindeutig widerlegbar ist oder gegen grundlegende Wertentscheidungen der Verfassung verstößt.[204] Den Umfang der im Rahmen des Antrages auf Genehmigung sowie des Einvernehmens nach § 8 Abs. 1 S. 1 Nr. 2 SächsGemO beizufügenden Unterlagen und die Verfahrensabläufe regelt im Einzelnen § 5 SächsKomVerfRDVO. Solange das Einvernehmen fehlt, darf die Genehmigung nicht erteilt werden.

29 **Zuständig** für die Genehmigung ist gemäß § 8 Abs. 1 S. 1 Nr. 2 SächsGemO die Rechtsaufsichtsbehörde und damit gemäß § 112 Abs. 1 S. 1 SächsGemO für kreisangehörige Gemeinden das Landratsamt und bei Beteiligung von Kreisfreien Städten die Landesdirektion Sachsen. Gehören die beteiligten Gemeinden verschiedenen Landkreisen an, wird die Genehmigung gemäß § 6 SächsKomVerfRDVO von der Landesdirektion Sachsen erteilt. Es empfiehlt sich daher, die Rechtsaufsichtsbehörde bereits frühzeitig begleitend einzubinden.

30 Gegen die Versagung der Genehmigung steht den betroffenen Gemeinden, nicht aber den Einwohnern, die Möglichkeit einer verwaltungsgerichtlichen **Verpflichtungsklage** zu (§ 42 Abs. 1 2. Alt. VwGO).

31 Die Gemeinde unterrichtet die Rechtsaufsichtsbehörde aber am besten frühzeitig und vor Eintritt in das förmliche Verfahren von dem Vorhaben und legt die dafür entsprechenden Gründe dar.

---

203 Vgl. hierzu grundlegend *Jestaedt*, Demokratieprinzip und Kondominialverwaltung.

204 Vgl. SächsOVG, DÖV 1996, S. 882 sowie SächsOVG, Beschluss vom 8.3.2019 – 4 A 787/16 Rn. 7 m. w. N.

Zur Vertiefung: 32

Weitere Einzelheiten zu Form, Verfahren und (Mindest-)Inhalten der Gebietsänderungsvereinbarung enthält die umfangreiche Vorschrift des § 9 SächsGemO.

Besonderheiten sind zu beachten beim
- *Zusammenschluss aller Gemeinden eines Verwaltungsverbandes nach § 32 SächsKomZG (Umwandlung),*
- *Zusammenschluss aller Gemeinden einer Verwaltungsgemeinschaft durch Vereinbarung oder Eingliederung nach §§ 8 ff. SächsGemO,*
- *Zusammenschluss von Gemeinden durch Vereinbarung oder Eingliederung unter Fortbestand des Verwaltungsverbandes bzw. der Verwaltungsgemeinschaft nach §§ 8 ff. SächsGemO sowie*
- *Ausscheiden von Mitgliedsgemeinden oder Auflösung von Verwaltungsverband bzw. Verwaltungsgemeinschaft.*

2. Gebietsänderung durch Gesetz mit Hinweisen zum Rechtsschutz

Hierbei handelt es sich um unfreiwillige Gebietsänderungen, die aus den zu- 33 vor genannten Gründen nur **durch formelles Gesetz** vorgenommen werden dürfen (Gebietsänderungsgesetz, z. B. das Eingliederungsgesetz Chemnitz 1999) und für die die zuvor geschilderten Anforderungen gelten.

Die durch die Gebietsänderung nach § 8 Abs. 1 Nr. 1 SächsGemO betroffenen Ge- 34 meinden können gemäß Art. 90 SächsVerf, § 7 Nr. 8 SächsVerfGHG den SächsVerfGH mit der Behauptung anrufen, durch das Gebietsreformgesetz in ihren Rechten aus Art. 82 Abs. 2 und Art. 88 SächsVerf verletzt zu sein.[205] Prüfungsmaßstab sind dabei die Gemeinwohlgründe auf der einen und das Recht der kommunalen Selbstverwaltung der betroffenen Gemeinden auf der anderen Seite.[206] Dabei sind die betroffenen Gemeinden nach allgemeinen prozessualen Grundsätzen als fortbestehend anzusehen und damit insoweit weiterhin beschwerdebefugt, partei- und auch prozessfähig, wobei sie gemäß § 51 Abs. 1 S. 2 SächsGemO (weiterhin) durch den (früheren) Bürgermeister vertreten werden.[207]

V. Gebietsreformen im Freistaat Sachsen seit 1990

Im Freistaat Sachsen haben nach der Wiedervereinigung seit 1990 drei grund- 35 legende Gebietsreformen stattgefunden.

205 Siehe dazu auch im 2. Kapitel unter C.V.1 b).
206 Siehe näher dazu in diesem 3. Kapitel unter C.III.1.
207 Vgl. etwa *Bethge/Rozek*, Jura 1993, S. 545 (549).

1. Kreisgebietsreform 1994/1996

36 In einem ersten Schritt wurde in den Jahren 1994/96 die Zahl der Landkreise auf der Grundlage des Kreisgebietsreformgesetzes aus dem Jahr 1993 von 48 im Jahr 1990 auf 22 verringert.[208]

2. Gemeindegebietsreform 1998

37 Durch die 1998 zum Abschluss gebrachte Gemeindegebietsreform wurde die Anzahl der kreisangehörigen Städte und Gemeinden von 1.622 im Jahr 1991 auf 546 reduziert. Die **Gemeindegebietsreformgesetze** wurden nach einer fünfjährigen Freiwilligkeitsphase zum 1.1.1999 in Kraft gesetzt.[209]

38 Es wurden dafür Gesetze zur Eingliederung von Gemeinden (**EinglG**), die sog. fünf Stadt-Umland-Gesetze im Freistaat Sachsen erlassen, und zwar betreffend die Städte Chemnitz (EinglG Chemnitz)[210], Dresden (EinglG Dresden), Leipzig (EinglG Leipzig), Zwickau (EinglG Zwickau) und gemeinsam die Städte Görlitz, Plauen, Hoyerswerda (EinglG Görlitz/Hoyerswerda/Plauen). Insgesamt gab es 120 Klagen gegen die Stadt-Umland-Gesetze, wovon nur zwei Klagen erfolgreich waren (u.a. die Klage der Stadt Markkleeberg[211]).

3. Kreisgebietsreform 2008

39 Im ländlichen Raum wurden **Gesetze in fünf Planungsregionen** erlassen. Dies betraf die Gesetze zur Gemeindegebietsreform in der Planungsregion Chemnitz-Erzgebirge, Südwestsachsen, Westsachsen, Oberlausitz-Niederschlesien und Oberes Elbtal/Osterzgebirge. Am 1.8.2008 ist das Gesetz zur Neugliederung des Gebietes der Landkreise des Freistaates Sachsen vom 29.1.2008 (SächsKrGebNG[212]) in Kraft getreten. Dadurch wurden in Sachsen die Landkreise von 22 auf zehn und die Kreisfreien Städte von sieben auf drei (Chemnitz, Dresden und Leipzig) reduziert.

40 Ziel der Kreisneugliederung war es, Landkreise zu schaffen, die – auch vor dem Hintergrund des demografischen Wandels – eine gewisse Einheitlichkeit hinsichtlich Größe und Grundstruktur aufweisen. Die Einwohnerzahlen in den neuen Landkreisen liegen zwischen 199.824 im Landkreis Nordsachsen (Stand: 31.12.2023) und 327.739 im Erzgebirgskreis (Stand: 31.12.2023).

---

208 Vgl. näher dazu *Bernet*, Zu Grundfragen der kommunalen Gemeindeverwaltungs- und Kreisgebietsreform in den neuen Ländern, LKV 1993, S. 393ff.; *Schnabel/Hasenpflug*, Kreisgebietsreform in Sachsen, LKV 1993, S. 402ff.; *Püttner*, Die Kreisreform in den neuen Ländern, insb. Sachsen, SächsVBl. 1993, S. 193ff.

209 In der Stadt Chemnitz kam es in der Freiwilligkeitsphase im Rahmen von Eingemeindungsverträgen zur Eingliederung der ehemaligen Gemeinden Einsiedel, Klaffenbach und Kleinolbersdorf-Altenhain in die Stadt Chemnitz.

210 In der Stadt Chemnitz kam es z.B. zu einer Flächenerweiterung um 26 Prozent durch die gesetzlich eingegliederten – ehemals selbstständigen – Gemeinden Grüna, Mittelbach, Röhrdorf und Wittgensdorf. Diesen vier ehemaligen Gemeinden steht seit der Eingliederung der Ortschaftsstatus zu. Diese Gemeinden hatten sich zuvor aber heftig gegen diese gesetzliche Eingliederung nach Chemnitz gewehrt. Die dazu gestellten Anträge auf kommunale Normenkontrolle nach Art. 90 SächsVerf (mit vorhergehenden einstweiligen Rechtsschutz) aller vier Gemeinden wurden vom Verfassungsgerichtshof in Leipzig i.E. allesamt abgewiesen.

211 Vgl. SächsVerfGH, LKV 2000, S. 21ff.

212 SächsGVBl. 2008, S. 102.

Zur Vertiefung: 41

Zusammen mit der Kreisgebietsreform vollzog der Freistaat Sachsen im Jahr 2008 eine ***Verwaltungs- und Funktionalreform****. Eine der Hauptzielrichtungen der Reformüberlegungen bestand neben der erheblichen Verschlankung der Strukturen und einem einschneidenden Personalabbau in der weitreichenden Aufgabenverlagerung auf die kommunale Ebene, d. h. auf die Kreisfreien Städte und auf die Landkreise. Das bedingte größere und stärkere Landkreise und führte zu der erwähnten Reduzierung der Gesamtzahl von 22 Landkreisen auf nur noch zehn. Rechtsgrundlage war neben dem bereits erwähnten SächsKrGebNG das Gesetz zur Neuordnung der Sächsischen Verwaltung vom 29.1.2008 (Sächsisches Verwaltungsneuordnungsgesetz – SächsVwNG[213]). Die Verwaltungs- und Funktionalreform umfasste neben der Neuordnung der Staatsverwaltung (Reduzierung von Behörden) auch eine Kommunalisierung bzw. Übertragung von Aufgaben des Freistaates (teilweise mit Personalübergang) auf die Landkreise und Kreisfreien Städte.*

Dazu folgende Beispiele: 42

Anstelle der früheren staatlichen Ämter für Familie und Soziales sind nunmehr die Landkreise und Kreisfreien Städte auch für die Gewährung von Bundeselterngeld sowie Landeserziehungsgeld, die Feststellung der Schwerbehinderteneigenschaft und die Gewährung von Landesblindengeld zuständig.

Umweltfach- und Vollzugsaufgaben für Wasser, Abfall, Alteisen, Bodenschutz, Immissions-/Klimaschutz, Naturschutz obliegen seitdem nicht mehr den staatlichen Umweltfachämtern, sondern den jetzt zuständigen kommunalen Behörden. Entsprechendes gilt für das Vermessungswesen: Anstelle der früheren staatlichen Vermessungsämter sind jetzt die Landkreise und Kreisfreien Städte untere Vermessungsbehörden.

VI. Grundsätze für freiwillige Zusammenschlüsse von Gemeinden

Die Entwicklungstendenzen im Freistaat Sachsen gehen nach wie vor dahin, 43
weitere leistungsfähige kommunale Selbstverwaltungseinheiten zu schaffen. Für Gemeindezusammenschlüsse gilt nach dem Vollzug der o.g. Gemeindegebietsreformgesetze wieder das **Prinzip der Freiwilligkeit**. Dementsprechend entscheiden die Gemeinden selbst, ob und wann sie einen Zusammenschluss mit Nachbargemeinden eingehen. Gemeinden, die einen Zusammenschluss anstreben, sind dabei aber an die geltenden Gesetze, Rechtsverordnungen, Verwaltungsvorschriften und Satzungen als Gestaltungsrahmen gebunden.

Speziell sind zu beachten: 44

- Art. 88 SächsVerf
- §§ 8 ff. SächsGemO

213 SächsGVBl. 2008, S. 138, mit späteren Änderungen.

- SächsKomVerfRDVO, dort insb. §§ 5, 6 zur „Genehmigung von Gebietsänderungen“
- Gemeindegebietsreformgesetze 1998 (Orientierung an den Maßstäben und Intentionen dieses Reformgesetzes)
- SächsKrGebNG
- Landesentwicklungsplan Sachsen 2013 (LEP[214])
- Regionalpläne der Regionalen Planungsverbände in den vier Planungsregionen

45 Zur Unterstützung der Gemeinden dient dabei v.a. der bereits erwähnte Leitfaden für freiwillige Gemeindezusammenschlüsse[215] und die darin als Anlage 3 enthaltenen Grundsätze für freiwillige Zusammenschlüsse von Gemeinden im Freistaat Sachsen vom 26.10.2010 (Leitbild 2010).

46 **Zur Vertiefung:**

*Der Freistaat Sachsen betont ausdrücklich den **Vorrang der Bildung von Einheitsgemeinden** gegenüber den bislang noch existierenden **Verwaltungsgemeinschaften** (§§ 36ff. SächsKomZG) und **Verwaltungsverbänden** (§§ 3ff. SächsKomZG).[216] Als Anreiz für die Bildung von Einheitsgemeinden waren deshalb finanzielle Zuschüsse vorgesehen (sog. „Hochzeitsprämien“ bis zum 1.1.2015 nach § 22 Abs. 2 Nr. 4 SächsFAG a.F.). Gemäß § 22a Nr. 3 SächsFAG gibt es nunmehr sog. Bedarfszuweisungen nur noch dann, wenn bei der Eingliederung und Vereinigung besondere haushaltswirtschaftliche Belastungen entstehen. Hinweis: Die Neubildung von Verwaltungsverbänden oder Verwaltungsgemeinschaften bzw. deren Erweiterung um weitere Mitgliedsgemeinden ist seit dem 18.11.2012 nicht mehr möglich (vgl. § 2 Abs. 1 Nr. 2 SächsKomZG).*

47 In den Grundsätzen für freiwillige Zusammenschlüsse von Gemeinden im Freistaat Sachsen vom 26.10.2010 (Nr. 1–4) ist Folgendes enthalten:

- Maßstäbe für die freiwilligen Zusammenschlüsse (unter Nr. 1).
- Öffentlich-rechtliche Organisationsformen auf kommunaler Ebene (unter Nr. 2: Einheitsgemeinde, Verwaltungsverband, Verwaltungsgemeinschaft).
- Kriterien für freiwillige Gemeindezusammenschlüsse (unter Nr. 3).
- Hinweise zur Anwendung der Grundsätze (unter Nr. 4).

48 Der Freistaat Sachsen strebt danach bei der Bildung von Gemeindestrukturen eine **Mindesteinwohnerzahl** im **ländlichen Raum,** bezogen auf das Jahr 2025, mit **mehr als 5.000 Einwohnern**[217] und im **Verdichtungsraum** unmittelbar um die Oberzentren **von mehr als 8.000 Einwohnern** an (unter Nr. 3 der genannten Grundsätze ausgeführt).

---

214 Der LEP 2013 ist auf einen Zeitraum von ca. zehn Jahren ausgerichtet. Er ist bei Bedarf durch Fortschreibung der weiteren Entwicklung anzupassen.

215 Vgl. dazu oben Fn. 185.

216 Näheres zu Verwaltungsgemeinschaften und Verwaltungsverbänden im 11. Kapitel.

217 Vgl. hierzu auch § 3 Abs. 3 S. 4 SächsKomZG.

Insb. nach der Gemeindegebietsreform von 1998 dürfte auf absehbare Zeit jedenfalls kein grundsätzlicher Gebietsänderungsbedarf auf Gemeindeebene mehr vorliegen. Allerdings können auch in der Zukunft einzelne Gemeinden in ganz besonderen Situationen von gesetzlichen Gebietsänderungsregelungen bzw. Auflösungsregelungen aus überragenden Gemeinwohlgründen betroffen sein.

D. Gemeindearten im Freistaat Sachsen

Es gibt in allen Bundesländern verschiedene Gemeindearten.[218] Die Gemein- 49
den im Freistaat Sachsen lassen sich organisatorisch in **kreisangehörige Städte und Gemeinden**, in die **Großen Kreisstädte** und in die **Kreisfreien Städte** unterteilen, wobei die kreisangehörigen Städte/Gemeinden einerseits und die Kreisfreien Städte andererseits die beiden Arten von Gemeinden darstellen (vgl. § 3 Abs. 1 SächsGemO).

I. Kreisangehörige Städte und Gemeinden

Kreisangehörige Städte und Gemeinden (§§ 3 Abs. 1 S. 1 1. Hs., 5 Abs. 2 Sächs- 50
GemO als „Normalfall") sind zwar **rechtlich selbstständig**, aber **einem Landkreis zugeordnet** (kreisangehörig). Sie teilen sich die Aufgaben mit dem Landkreis, dem sie angehören, wobei der Landkreis in erster Linie die überörtlichen Aufgaben erfüllt.

Die Bezeichnung „Stadt" führen nach § 5 Abs. 2 SächsGemO die Gemeinden, 51
denen diese Bezeichnung nach bisherigem Recht zusteht oder denen sie durch die Staatsregierung neu verliehen wird. Die Bezeichnung Stadt wird nur an Gemeinden verliehen, die nach Einwohnerzahl, Siedlungsform und kulturellen und wirtschaftlichen Verhältnissen **städtisches Gepräge** tragen. Städte sind damit nichts anderes als „große Gemeinden". Die Verleihung der Bezeichung „Stadt" wird nach § 2 Abs. 5 SächsKomVerfDVO vom Staatsministerium des Innern im Sächsischen Amtsblatt bekannt gegeben. Die Bezeichnung „Stadt" hat zwar keine kommunalverfassungsrechtliche Bedeutung mehr. Das Stadtrecht hat lediglich Konsequenzen hinsichtlich der Bezeichnung des Gemeinderats und seiner Mitglieder (siehe § 27 Abs. 2 SächsGemO: „Stadtrat" und § 29 Abs. 1 S. 2 SächsGemO: „Stadträte").[219] Dennoch kann es kommunalpolitisch für Gemeinden durchaus von besonderer Relevanz sein.

Die kreisangehörigen Städte und Gemeinden gehören demnach zum Hoheits- 52
bereich eines Landkreises; d.h. sie unterstehen der Rechtsaufsicht des Landkreises, sind aber keine nachgeordneten Behörden des Landratsamtes bzw. Landkreises. Bis auf die drei Kreisfreien Städte Chemnitz, Dresden und Leipzig gehört jede sächsische Gemeinde zu einem Landkreis.

218 Vgl. etwa die Darstellungen bei *Burgi*, Kommunalrecht, § 5 Rn. 5; *Geis*, Kommunalrecht, § 7 Rn. 23ff.
219 Vgl. etwa *Koolman*, in: Binus/Sponer/Koolman, Sächsische Gemeindeordnung, § 5 Rn. 6.

II. Große Kreisstadt

53 Nach § 3 Abs. 2 S. 1 SächsGemO sind auch die Großen Kreisstädte kreisangehörige Gemeinden. Der Umfang der von ihnen zusätzlich wahrzunehmenden Aufgaben wird durch Gesetz oder aufgrund bundes- oder landesgesetzlicher Ermächtigung durch Rechtsverordnung bestimmt (vgl. § 3 Abs. 2 S. 2 SächsGemO). Ist eine Große Kreisstadt erfüllende Gemeinde einer Verwaltungsgemeinschaft, erstreckt sich die Zuständigkeit zur Erfüllung der Aufgaben auch auf die an der Verwaltungsgemeinschaft Beteiligten (vgl. § 3 Abs. 2 S. 3 SächsGemO). Die Großen Kreisstädte erfüllen damit nicht nur Aufgaben einer kreisangehörigen Gemeinde, sondern auch einige wenige Aufgaben des Landkreises und der Kreisfreien Städte. Sie haben also zu ihren Aufgaben zusätzlich noch einen **besonderen Aufgabenbereich**, der in § 1 SächsKomVerfRDVO festgelegt ist. Das hat für den Bürger den Vorteil, dass er diese Aufgaben nicht beim Landratsamt, sondern bei der Stadtverwaltung erledigen kann. Die Große Kreisstadt ist damit sozusagen ein „Mittelding" zwischen einer kleinen Gemeinde und einer Kreisfreien Stadt. Sie gehört einem Landkreis an, nimmt aber mehr Aufgaben wahr als eine Gemeinde.

54 Nach § 3 Abs. 3 SächsGemO werden Gemeinden mit **mehr als 17.500 Einwohnern** auf ihren Antrag (dieser steht im Ermessen der Gemeinde) durch das SMI zu Großen Kreisstädten erklärt, wenn sie in drei aufeinanderfolgenden Jahren die erforderlichen Einwohnerzahlen überschreiten. Die Änderung tritt mit Beginn des darauffolgenden Jahres ein. Die Erklärung zur Großen Kreisstadt ist im Gesetz- und Verordnungsblatt bekannt zu machen. Nach § 131 S. 1 SächsGemO können Gemeinden, die nach dem 1.1.1994 als Folge der Neugliederung der Landkreise ihren Kreissitz verloren haben, abweichend von den Voraussetzungen des § 3 Abs. 3 S. 1 SächsGemO auf Antrag durch das SMI zur Großen Kreisstadt erklärt werden.[220]

55 Neben den zusätzlichen Aufgaben gehört zu den weiteren Besonderheiten der Großen Kreisstädte, dass gemäß § 51 Abs. 4 SächsGemO der Bürgermeister die Amtsbezeichnung „Oberbürgermeister" führen darf sowie den Beigeordneten durch den Gemeinderat gemäß § 55 Abs. 4 S. 2 SächsGemO die Amtsbezeichnung „Bürgermeister" verliehen werden kann. Zudem führt der Gemeinderat die Bezeichnung „Stadtrat" (§ 27 Abs. 2 SächsGemO).

56 Große Kreisstädte unterstehen als kreisangehörige Gemeinden der Rechtsaufsicht des Landratsamtes als kommunale Behörde des Landkreises (§ 112 Abs. 1 1. Hs. SächsGemO)

57 Die zusätzliche Erledigung folgender Aufgaben wurden in § 1 SächsKomVerfRDVO den Großen Kreisstädten als Weisungsaufgaben der Landkreise und der Kreisfreien Städte übertragen:

- abweichend von § 2 der Verordnung der Sächsischen Staatsregierung zur Durchführung der Gewerbeordnung (SächsGewODVO), die Ausführung der §§ 33a und 33i sowie des § 15 Abs. 2 der Gewerbeordnung (GewO), soweit sich diese Vorschrift auf Gewerbebetriebe bezieht, die den Vorschriften der §§ 33a und 33i der GewO unterliegen;

220 Hiervon haben 32 Gemeinden – ausgenommen Rothenburg/OL – Gebrauch gemacht.

- abweichend von § 1 Nr. 2 des SächsStrVRG die Aufgaben der unteren Straßenverkehrsbehörden nach § 3 des SächsStrVRG. Dies betrifft neben allen Aufgaben, die die StVO den Straßenverkehrsbehörden zuweist (etwa die Überwachung der zulässigen Höchstgeschwindigkeit nach § 3 StVO; für die Überwachung des ruhenden Straßenverkehrs können die Ortspolizeibehörden nach § 1 S. 1 Nr. 1 der VO des SMI über die Wahrnehmung polizeilicher Vollzugsaufgaben entsprechende Mitarbeiter der Gemeinde beauftragen) sowie zusätzlich nach § 3 S. 2 SächsStrVRG z. B. die Genehmigung von Ausnahmen nach § 46 Abs. 2 StVO bezüglich des Gebots zur Aufstellung auffällig warnender Zeichen (§ 15 S. 2 StVO).[221]

Daneben sind die Großen Kreisstädte nach § 3 Abs. 2 OWiZuVO zuständig für die Verfolgung und Ahndung von Ordnungswidrigkeiten gemäß § 49 StVO einschließlich der erforderlichen Nachermittlungen, soweit die Ordnungswidrigkeiten nicht auf Bundesautobahnen begangen werden und nicht die Gemeinden gemäß § 3 Abs. 3 und 4 OWiZuVO zuständig sind. 58

Zur Vertiefung: 59

Es gibt derzeit (Stand: 1.1.2024) 53 Große Kreisstädte in Sachsen (zuletzt: Klingenthal, Geithain und Hainichen), darunter – aufgrund der Neugliederung des Gebietes des Freistaates Sachsen zum 1.8.2008 – mit einem Sonderstatus die ehemaligen Kreisfreien Städte Zwickau, Görlitz, Plauen und Hoyerswerda, deren Kreisfreiheit durch § 2 Abs. 2 SächsKrGebNG aufgehoben und denen gemäß § 9 SächsKrGebNG der Status einer Großen Kreisstadt übertragen wurde. Der kraft Gesetzes verliehene Status einer Großen Kreisstadt wurde hier durch zusätzliche fachgesetzliche Aufgabenzuweisungen bzw. Kompetenzen ergänzt, welche sie wiederum von anderen Großen Kreisstädten unterscheiden (z. B. Regelungen zum Sparkassenwesen in § 25 Abs. 2 SächsKrGebNG, die Zuständigkeit als untere Bauaufsichtsbehörden gemäß § 57 Abs. 2 SächsBO, ein Antragsverfahren gemäß § 3 Abs. 2 SächsDSchG für die Aufgabe als untere Denkmalschutzbehörde sowie die in § 3 Abs. 1 ÖPNVG geregelten Befugnisse).

III. Kreisfreie Stadt

Die Kreisfreie Stadt gehört keinem Landkreis an, sondern **steht selbstständig neben den Landkreisen**, mit der Folge, dass sie auch nicht deren Rechtsaufsicht, sondern ebenso wie der Landkreis der Rechtsaufsicht der Landesdirektion Sachsen untersteht (§ 112 Abs. 1 2. Hs. SächsGemO). Sie ist nicht nur für alle Aufgaben einer kreisangehörigen Gemeinde, sondern in ihrem Gebiet auch für die Aufgaben des Landkreises zuständig (Pflichtaufgaben ohne Weisung oder Weisungsaufgaben). Im Unterschied zu den Landkreisen, bei denen das Landratsamt diese Aufgabe gemäß § 112 Abs. 1 1. Hs. SächsGemO gegenüber den kreisangehörigen Gemeinden wahrnimmt, entfällt indessen bei der Kreisfreien Stadt die Aufgabe der Rechtsaufsicht. 60

221 Vgl. *Sponer*, in: Binus/Sponer/Koolman, Sächsische Gemeindeordnung, § 3 Rn. 6.

61 Gemäß § 3 Abs. 1 S. 2 SächsGemO kann die Kreisfreiheit nur durch **Gesetz** verliehen oder aberkannt werden. Die Kreisfreien Städte sind, soweit nichts anderes bestimmt ist, „untere Verwaltungsbehörden" im Sinne bundes- und landesrechtlicher Vorschriften (§ 3 Abs. 4 SächsGemO).

62 **Zur Klarstellung:**

Beim Begriff „untere Verwaltungsbehörde" handelt es sich um keine eigenständige Aufgabenart, diese muss stets anhand der einzelnen Aufgabe geprüft werden (im Regelfall sind es aber Pflichtaufgaben nach Weisung).[222]

63 Nach § 51 Abs. 4 SächsGemO darf der Bürgermeister auch hier die Amtsbezeichnung Oberbürgermeister führen. Wie bei den Großen Kreisstädten kann der Stadtrat nach § 55 Abs. 4 S. 2 SächsGemO dem Beigeordneten die Amtsbezeichnung „Bürgermeister" verleihen. Der Gemeinderat führt ebenfalls die Bezeichnung „Stadtrat" (§ 27 Abs. 2 SächsGemO).

Gemäß § 1 SächsKrGebNG gibt es in Sachsen **drei** Kreisfreie Städte: Chemnitz, Dresden und Leipzig.[223]

64

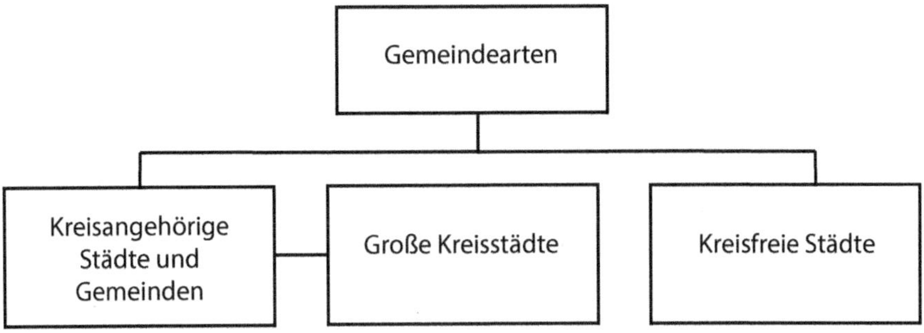

E. Rechtsstellung der Gemeinden einschließlich Grundrechtsfähigkeit

65 Die Gemeinde ist gemäß § 1 Abs. 3 SächsGemO (rechtsfähige) **Gebietskörperschaft des öffentlichen Rechts.** Als Körperschaft ist die Gemeinde eine **juristische Person des öffentlichen Rechts**, die sich über ihre Mitglieder (Einwohner) definiert. Durch den Status als juristische Personen haben die Gemeinden zahlreiche Rechte, die (im Unterscheid zur Landesbehörde) eigenverantwortliches Handeln ermöglichen:

66 • **Rechtsfähigkeit**
Die Gemeinde hat die (kraft Gesetzes erhaltene) Fähigkeit, eigenständiger Träger von Rechten und Pflichten zu sein, und zwar nicht nur bezogen auf

222 Vgl. dazu *Menke/Arens*, Gemeindeordnung für den Freistaat Sachsen, § 3 Rn. 8f.; *Sponer*, in: Binus/Sponer/Koolman, Sächsische Gemeindeordnung, § 3 Rn. 10.

223 Beachte: Der Landkreis Leipzig ist zu trennen von der Stadt Leipzig. Beide Körperschaften sind rechtlich voneinander unabhängig und „lediglich" Nachbarn.

das öffentliche Recht, sondern auch auf das Privatrecht/Zivilrecht (allerdings begrenzt durch die Verbandskompetenz).

Beispiele:

Namensrecht, Vermögensrechte, u. a. Eigentümer/Besitzer von Grundstücken, Vertragspartner, Inhaberschaft von dinglichen Rechten wie Hypotheken, Grundschulden, Erbfähigkeit

Zur Vertiefung:

Die Gemeinden sind als Körperschaften des öffentlichen Rechts damit den sonstigen juristischen Personen weitgehend gleichgestellt; sie sind aber nicht insolvenzfähig (vgl. § 12 Abs. 1 Nr. 2 InsO i. V. m. § 19 S. 1 SächsJG).

- **Grundrechtsfähigkeit** 67

  Die Gemeinde ist darüber hinaus ungeachtet des Art. 19 Abs. 3 GG ebenso wie andere juristische Personen des öffentlichen Rechts nach ganz h. M. **grds. nicht grundrechtsfähig**, da sie ebenso wie die Landkreise als Teil der Staatsgewalt gemäß Art. 1 Abs. 3 GG in erster Linie an die Grundrechte gebunden ist und folglich nicht gleichzeitig durch sie geschützt werden kann (sog. Konfusionsargument).

  Etwas anderes gilt für die in Art. 101 Abs. 1 S. 2 und Art. 103 Abs. 1 GG normierten **Justizgrundrechte**, denn diese enthalten objektive Verfahrensgrundsätze, die für jedes gerichtliche Verfahren gelten und die daher auch den Kommunen zugutekommen müssen.[224]

  Diese Grundsätze gelten nach der Rechtsprechung des BVerfG auch für **juristische Personen des Privatrechts, die von den Gemeinden gehalten oder beherrscht werden**.[225]

  Umstritten ist, ob sich die Kommunen auch **auf Art. 3 Abs. 1 GG** berufen können.[226] Das BVerfG hat sich frühzeitig gegen eine Anwendbarkeit des allgemeinen Gleichheitssatzes auf juristische Personen des öffentlichen Rechts ausgesprochen.[227] Das erscheint mit Blick auf die zuvor erwähnte Rechtsprechung zu den Justizgrundrechten nicht ganz konsequent, zumal auch das BVerfG später anerkannt hat, dass jedenfalls das Rechtsstaatsprinzip Bund und Länder verpflichtet, mit Blick auf Gemeinden und Gemeindeverbände das Gebot der Gleichbehandlung zu beachten. Hieraus folgt zugleich ein **interkommunales Gleichbehandlungsgebot**, auf das sich die Gemeinden auch im Rahmen der kommunalen Verfassungsbeschwerde berufen können.[228]

224 So etwa in jüngerer Zeit BVerfGE 138, S. 64 = NVwZ 2015, S. 510 (Rn. 53 ff.); ebenso, jeweils m. w. N., *Burgi*, Kommunalrecht, § 7 Rn. 3 f.; *Geis*, Kommunalrecht, § 5 Rn. 20.

225 Vgl. etwa BVerfG, NVwZ-RR 2016, S. 242 f.

226 Vgl. dazu auch *Burgi*, Kommunalrecht, § 7 Rn. 3 f. und *Geis*, Kommunalrecht, § 5 Rn. 17.

227 So grundlegend BVerfGE 21, S. 362 (372 f.) = NJW 1967, S. 1411 (1413); ebenso, jeweils m. w. N., *Burgi*, Kommunalrecht, § 7 Rn. 3 f.; *Geis*, Kommunalrecht, § 5 Rn. 17 ff.

228 Vgl. zum Ganzen BVerfGE 137, S. 108 = NVwZ 2015, S. 136 (Rn. 107 ff.); ferner zum Gebot kommunaler Gleichbehandlung SächsVerfGH, NVwZ 2009, S. 39 (44).

68 • **Handlungsfähigkeit/Geschäftsfähigkeit**
Die Gemeinde ist fähig, am privatrechtlichen und öffentlich-rechtlichen Rechtsverkehr teilzunehmen und kann Handlungen vornehmen, Rechtsgeschäfte abschließen und Willenserklärungen abgeben. Sie handelt durch ihre Organe (Gemeinderat, Bürgermeister bzw. dessen Vertreter, Bevollmächtigter oder Beauftragter). Als Grenze des Handelns gibt es Genehmigungserfordernisse für bestimmte Rechtsgeschäfte.

69 • **Parteifähigkeit-, Beteiligten- und Prozessfähigkeit**
Die Gemeinde kann unter ihrem Namen im Zivilrecht klagen und verklagt werden (§ 50 ZPO: Parteifähigkeit) und kann im Verwaltungsstreitverfahren als Beteiligte auftreten (§ 61 Nr. 1 2. Alt. VwGO: Beteiligtenfähigkeit), und zwar gemäß § 63 VwGO als Kläger, Beklagter, Beigeladener oder sonstiger Beteiligter. Die Gemeinde kann Prozesshandlungen aber nicht selbst, sondern nur durch ihren gesetzlichen Vertreter vornehmen (§ 62 Abs. 3 VwGO: Prozessfähigkeit). Dies ist gemäß § 51 Abs. 1 S. 2 SächsGemO der (Ober-)Bürgermeister, der diese Aufgabe wiederum auf Stellvertreter oder andere Amtsträger übertragen kann. Hinsichtlich der Postulationsfähigkeit vor dem BVerwG und dem SächsOVG kann sich die Gemeinde gemäß § 67 Abs. 4 S. 4 VwGO durch eigene Beschäftigte mit Befähigung zum Richteramt vertreten lassen.

70 • **Deliktsfähigkeit bzw. Haftungsfähigkeit**
Die Gemeinde haftet wie jede juristische Person für Handlungen ihrer Organe und ihrer Beauftragten (§§ 31, 89 BGB, § 831 BGB; öffentlich-rechtliche Amtshaftung gemäß Art. 34 GG i.V.m. § 839 BGB[229]), kann aber als juristische Person nicht strafrechtlich zur Verantwortung gezogen werden; dies kommt nur bei natürlichen Personen in Betracht.[230]

71 • **Dienstherrenfähigkeit**
Der Gemeinde steht das Recht zu, Beamte zu haben (§ 2 BeamtStG).

F. Name und Bezeichnung

I. Der Gemeindename

72 Wie jede andere juristische Person haben die Gemeinden das Recht, einen eigenen Namen zu führen; dies wird abgeleitet aus ihrer Rechtsfähigkeit. Der Name ist die amtliche Identifikationsbezeichnung der Gemeinde und dient ihrer individuellen Kennzeichnung. Er ist daher wichtig für die Identität sowie das Zusammengehörigkeitsgefühl der Gemeindeeinwohner und dient damit auch der Integration, was nicht unterschätzt werden sollte. Der Name ge-

229 Vgl. etwa BGH, NJW 1989, S. 976ff. zur Amtshaftung wegen der Überplanung von sog. Altlasten. Zur Amtshaftung wegen nicht rechtzeitig zur Verfügung gestellter Kita-Plätze: BGH, NJW 2017, S. 397ff.

230 Vgl. ausführlich zum Ganzen *Brüning*, Die Haftung der kommunalen Entscheidungsträger; *Geis*, Kommunalrecht, § 13 Rn. 12; siehe auch unten im 6. Kapitel unter B.IV.3.

hört zum Schutzbereich der kommunalen Selbstverwaltung und ist als Institut im Kernbereich der Selbstverwaltung geschützt. Er ist ein gegen jedermann (sowohl gegenüber Privatpersonen als auch gegenüber Trägern der öffentlichen Verwaltung) wirkendes absolutes Persönlichkeitsrecht.[231]

Im staatlichen Interesse liegt es aber, Verwechslungen nach Möglichkeit auszuschließen und landesgeografische Aspekte zu berücksichtigen. Deshalb kann der Name – individuell – unter bestimmten Voraussetzungen geändert werden. § 5 SächsGemO sowie § 2 SächsKomVerfRDVO enthalten deshalb Regelungen zur Namensbestimmung. **73**

§ 5 Abs. 1 S. 1 SächsGemO bestimmt, dass die Gemeinden ihren „bisherigen Namen" führen, d.h. den Namen, den sie bei Inkrafttreten der SächsGemO (im Jahre 1993) führten **(Namensführungsrecht)**. § 5 Abs. 1 S. 2 SächsGemO (bzw. § 4 Abs. 1 S. 2 SächsLKrO) regelt, dass die Bestimmung, Feststellung unklarer und Änderung bestehender Namen der Genehmigung der Rechtsaufsichtsbehörde im Einvernehmen mit der obersten Rechtsaufsichtsbehörde bedürfen. **74**

Zur **Namensänderung** ist also eine Genehmigung im staatlichen Interesse erforderlich. Die Genehmigung ist gegenüber der Gemeinde ein feststellender Verwaltungsakt; die Gemeinde hat dabei einen Anspruch auf fehlerfreie Ausübung des Ermessens. Alles Weitere zum Namen und zur Bezeichnung ist in § 2 SächsKomVerfRDVO geregelt. Gemeinden können folglich nicht aus eigener Machtvollkommenheit heraus ihren Namen ändern. Eine Ausnahme hiervon stellt die **Benennung von Gemeindeteilen** dar. Indes muss die Gemeinde gemäß § 3 Abs. 2 SächsKomVerfRDVO zuvor verschiedene staatliche Stellen anhören. **75**

Zur Vertiefung: **76**

Bei der Bestimmung, Feststellung und Änderung des Gemeindenamens, v. a. bei der Namensfindung neu gebildeter Gemeinden, sind das in § 2 SächsKomVerfRDVO festgelegte Verfahren und die in der Anlage zur SächsKomVerfRDVO enthaltenen ***Grundsätze der Namenskunde*** *zu beachten.*

Praxisrelevant und problematisch sind Namensänderungen bzw. neue Namen v. a. bei ***Zusammenschlüssen von Gemeinden*** *zu einer neuen Gemeinde (Welcher Name soll zukünftig gelten? Doppelname? Welcher Namensteil wird zuerst genannt?). Bei der Namensfindung soll dabei darauf geachtet werden, dass der Name möglichst kurz und zutreffend ist und einen örtlichen Bezug herstellt. Es ist insb. auf Aussprache, Klang und Schreibweise sowie auf eine praktikable Verwendung im Schriftverkehr (Begrenzung der Buchstabenzahl in Adressfeldern bzw. Formularen) zu achten (Nr. 1 der Anlage zur SächsKomVerfRDVO).* ***Besonderheiten*** *gibt es schließlich* ***beim Sorbischen Siedlungsgebiet*** *aufgrund von Art. 6 SächsVerf, § 5 Abs. 4 S. 3 SächsGemO und § 10 SächsSorbG. Nach Nr. 4 der Anlage zur SächsKomVerfRDVO ist im sorbischen Siedlungsgebiet bei der Bezeichnung der Gemeinden und Gemeindeteile die Zweisprachigkeit zu beachten. Die Grundsätze der Namenskunde finden auf die sorbischen Gemeinde- und Siedlungsnamen entsprechende Anwendung.*

231 Vgl. etwa BVerwGE 45, S. 351 = NJW 1974, S. 1207.

II. Namensschutz

77 Das Recht der Gemeinde auf ihren Namen ist geschützt. Die Gemeinde muss insb. vor Verwendung ihres Namens durch Dritte um Erlaubnis gefragt werden. Ohne Einwilligung darf der Name von Dritten nicht verwendet oder vermarktet werden, soweit dies über eine reine geografische Herkunftsbezeichnung hinausgeht. Unter das Namensrecht fallen neben Gemeindenamen auch namensähnliche Zeichen wie Wappen, Siegel, aber auch Internet-Domainnamen.

78 Das Namensrecht einschließlich seiner amtlichen Zusätze ist durch § 12 BGB im privatrechtlichen Bereich geschützt. Dieser Schutz nach § 12 BGB steht nicht nur natürlichen Personen, sondern ebenso juristischen Personen und damit auch Gemeinden als juristische Personen des öffentlichen Rechts zu. Maßen sich daher Private einen Gemeindenamen an (etwa bei der Verwendung einer Internet-Domain) oder respektieren sie einen Gemeindenamen nicht, so bietet § 1004 i. V. m. § 12 BGB (in unmittelbarer Anwendung) die Grundlage für gemeindliche **Unterlassungs- und Beseitigungsansprüche**, die auf dem Zivilrechtsweg (§ 13 GVG) geltend gemacht werden können.

79 Durch § 5 Abs. 1 bis 3 SächsGemO i. V. m. § 12 BGB analog sowie direkt aus Art. 28 Abs. 2 GG ist der Name auch im öffentlich-rechtlichen Bereich geschützt. Bei Anmaßung bzw. Nichtbeachtung eines Gemeindenamens durch andere Hoheitsträger (z. B. falsche Benennung einer Autobahnabfahrt) kann die Gemeinde nach § 5 Abs. 1 bis 3 SächsGemO i. V. m. § 12 BGB analog im Verwaltungsrechtsweg (§ 40 Abs. 1 S. 1 VwGO) einen **öffentlich-rechtlichen Abwehranspruch** in Form eines Beseitigungs- oder Unterlassungsanspruches (z. B. gegen den Bund) durchsetzen.

80 Eine Verwendung von Ortsnamen als **geografische Herkunftsbezeichnungen** ist aber – vorbehaltlich fachlicher Beschränkungen, insb. durch die Verordnung (EU) Nr. 1151/2012 über Qualitätsregelungen für Agrarerzeugnisse und Lebensmittel – unzweifelhaft möglich (z. B. „Meißner Porzellan", „Dresdner Stollen", „Riesaer Nudeln", „Leipziger Volkszeitung"). Hier greift kein Namensrechtsschutz, da nur eine örtliche Beschreibung erfolgt. Ebenso zulässig ist die Verwendung von Bezeichnungen wie Stadtapotheke, Stadttheater usw. Das entscheidende Kriterium ist dabei das Vorliegen einer **Verwechslungsgefahr**, d. h. es muss eine Identitäts- und Zuordnungsverwirrung vorliegen.

81 **Zur Vertiefung:**

Rechtsprechung und Literatur gewähren aus dem Namensrecht des § 12 BGB auch ein Recht auf die alleinige Nutzung des sog. „Domainnamens" im Internet. Gemeinden müssen daher den unbefugten Gebrauch ihres Namens als Domainname im Internet nicht hinnehmen.[232]

232 Vgl. etwa LG Mannheim, NJW 1996, S. 2736 („heidelberg.de"); OLG Köln, NJW-RR 1999, S. 622 („herzogenrath.de"); BGH, NJW 2007, S. 682 („solingen.info"). Näher zur Nutzung entsprechender Top-Level-Domains (z. B. „.berlin" statt „berlin.de") *Holznagel/Hartmann*, NVwZ 2012, S. 665 ff.

III. Die Bezeichnung „Stadt"

Der Bezeichnung „Stadt" kommt, wie bereits erwähnt, keine kommunalverfassungsrechtliche Bedeutung zu.[233] Sie ist auch kein Namensbestandteil, aber als Bezeichnung zusammen mit dem Städtenamen gemäß § 12 BGB gegen unbefugten Gebrauch geschützt. Die **bisherige Bezeichnung „Stadt"** führen die Gemeinden weiter, denen diese Bezeichnung bei Inkrafttreten der SächsGemO zusteht (vgl. § 5 Abs. 2 S. 1 SächsGemO). So kann etwa die Gemeinde „Stadt Wehlen" mit lediglich 1. 571 Einwohnern (Stand: 31.12.2019) die Bezeichnung „Stadt" führen. Darüber hinaus kann die Bezeichnung „Stadt" auf Antrag durch das SMI an Gemeinden verliehen werden, die nach Einwohnerzahl, Siedlungsform und kulturellen und wirtschaftlichen Verhältnissen **städtisches Gepräge** tragen (§ 5 Abs. 2 S. 2 SächsGemO). Von dieser Möglichkeit wurde seit Inkrafttreten der SächsGemO indes noch kein Gebrauch gemacht. Des Weiteren darf die Bezeichnung „Stadt" geführt werden, wenn das Recht im Wege der **Gesamtrechtsnachfolge** im Zusammenhang mit der Gemeindegebietsreform auf die neu gebildete oder aufnehmende Gemeinde übergeht (§ 5 Abs. 2 S. 3 SächsGemO). 82

Zur Vertiefung: 83

Eine Umschreibung des Begriffs „städtisches Gepräge" enthielt der Abschnitt 1e der früheren Verwaltungsvorschrift zu kommunalen Namen vom 8.8.1991 (SächsABl. S. 5). Diese VwV kann zur Gesetzesauslegung noch herangezogen werden.[234]

Die Entscheidung erfolgt als Verwaltungsakt im überwiegenden (überörtlichen) öffentlichen Interesse; aber es gibt zumindest einen Anspruch auf ermessensfehlerfreie Entscheidung. Die Verleihung der Bezeichnung „Stadt" nach § 5 Abs. 3 S. 2 SächsGemO wird vom SMI im Sächsischen Amtsblatt bekannt gegeben (§ 2 Abs. 5 SächsKomVerfRDVO). 84

IV. Sonstige Bezeichnungen

Bei sonstigen Bezeichnungen handelt es sich um **Namenszusätze**; diese dürfen als amtliche Zusatzbezeichnung verwendet werden. Sonstige Bezeichnungen müssen aber unterscheidungskräftig, aus übergeordneter Perspektive wesentlich und als kommunale Bezeichnung üblich sein. Danach fallen Zusätze wie etwa „Stadt im Grünen", „Uhrenstadt", „Weinstadt", „Stadt der Kunst", „Stadt der Schlösser" oder „Opelstadt" nicht unter die amtlichen Bezeichnungen. Sie können jedoch nach allgemeiner Ansicht zu Werbezwecken von den Gemeinden frei verwendet werden.[235] 85

Im Einzelnen regelt § 5 Abs. 3 S. 1 SächsGemO, dass die Gemeinden sonstige überkommene Bezeichnungen, welche die zuvor genannten Kriterien erfül- 86

233 Siehe näher dazu in diesem 3. Kapitel unter D.I.

234 *Menke/Arens*, Gemeindeordnung für den Freistaat Sachsen, § 5 Rn. 5.

235 Weitere Beispiele sind Chemnitz: „Stadt der Moderne"; Dresden: „Elbflorenz"; Meißen: „Porzellan- und Weinstadt".

len, **weiterführen** können. Sie werden von Gemeinden geführt, welche dieses Recht bereits bei Inkrafttreten der SächsGemO im Jahr 1993 innehatten (z. B. die Gemeinde „Thermalbad Wiesenbad"). Bei neuen sonstigen Bezeichnungen ist eine **staatliche Verleihung** durch das SMI erforderlich (§ 5 Abs. 3 S. 2 SächsGemO). Eine Verleihung ist auf Antrag möglich, wenn die Bezeichnung auf der Geschichte oder der heutigen Eigenart oder Bedeutung der Gemeinden oder Gemeindeteile beruht. Die Verleihung steht im Ermessen des SMI und ergeht als Verwaltungsakt. Die betreffende Gemeinde hat dabei nur einen Anspruch auf ermessensfehlerfreie Entscheidung, aber keinen Anspruch auf Verleihung. Die Verleihung sonstiger Bezeichnungen wird vom SMI im Sächsischen Amtsblatt bekannt gegeben (§ 2 Abs. 5 SächsKomVerfRDVO).

87 **Beispiele:**

Auf ihren Antrag wurde der Großen Kreisstadt Freiberg am 10.1.2015 vom SMI die Bezeichnung „Universitätsstadt" verliehen (Bekanntmachung des SMI vom 16.12.2014 [SächsABl. 2015 S. 114]). Damit wurde die 250-jährige Geschichte der Technischen Universität Freiberg und ihre besondere Verbundenheit mit der Stadt gewürdigt. Auch die Stadt Mittweida darf sich „Hochschulstadt" nennen (Bekanntmachung des SMI vom 23.9.2015 [SächsABl. S. 1428]). Die Stadt Zschopau erhielt im Juli 2021 den Namenszusatz „Motorradstadt" und Frankenberg darf sich ebenfalls seit Juli 2021 „Garnisonsstadt" nennen.

Die Bezeichnung „Landeshauptstadt Dresden" ergibt sich hingegen bereits aus Art. 2 Abs. 1 SächsVerf.

Mit der jeweiligen Verleihung wird die Bezeichnung **amtliche Zusatzbezeichnung** der Gemeinde. Die Zusatzbezeichnung ist von der Gemeinde im Briefkopf und auf Behördenschildern zu führen und wird i. d. R. in der Hauptsatzung vermerkt. Ein rechtlicher Schutz besteht zumindest in Verbindung mit dem Gemeindenamen (Schutz gegen unbefugten Gebrauch gemäß § 12 BGB analog).

88 Große Bedeutung haben die Bezeichnungen **„Bad"**, **„Kurort"** oder **„Erholungsort"** für eine Gemeinde aus touristisch-kommerziellen Gründen. Darüber hinaus war auch das Recht, eine Kurtaxe und (sonstige) Fremdenverkehrsabgaben zu erheben, daran gekoppelt (vgl. §§ 34, 35 SächsKAG a. F.: „Kurorte", „Erholungsorte" und „sonstige Fremdenverkehrsgemeinden"). Da aber zum einen unklar war, was unter „sonstigen Fremdenverkehrsgemeinden" zu verstehen war, und zum anderen einige Gemeinden eine sog. kommunale „Bettensteuer" eingeführt hatten[236], haben seit Ende 2016 alle Gemeinden die Möglichkeit, eine „Gästetaxe" und eine „Tourismusabgabe" zu erheben (vgl. §§ 34, 35 SächsKAG n. F.).

Beispiele:

„Stadt Bad Düben" (Moorheilbad), „Stadt Bad Elster" (Mineral- und Moorheilbad), „Kurort Rathen" (Luftkurort) sowie die Stadt Bad Schandau („Kneippheilbad").

236 Siehe näher dazu unten im 8. Kapitel unter B.I.1d).

89 **Zur Vertiefung:**

Für die Verleihung dieser Bezeichnungen müssen bestimmte Voraussetzungen gegeben sein, die sondergesetzlich geregelt sind.[237] *Gegenwärtig gibt es im Freistaat Sachsen 14 staatlich anerkannte Kurorte und 27 staatlich anerkannte Erholungsorte.*[238] *Für die Verleihung der bedeutsamen Bezeichnung „Bad" findet gemäß § 4 Abs. 2 SächsKurG der § 5 Abs. 3 S. 2 SächsGemO entsprechende Anwendung.*

90 Die Begriffe „Kreisfreie Stadt" und „Große Kreisstadt" dienen demgegenüber lediglich der Umschreibung einer bestimmten Gemeindeart; sie stellen daher keine sonstigen Bezeichnungen i. S. d. § 5 Abs. 3 SächsGemO dar.

V. Benennung von Gemeindeteilen und Straßen

91 Die Benennung der Gemeindeteile sowie der innerhalb der bebauten Gemeindeteile dem öffentlichen Verkehr dienenden Straßen, Wege, Plätze und Brücken einschließlich deren Umbenennung ist gemäß § 5 Abs. 4 S. 1 SächsGemO eine (weisungsfreie) Angelegenheit der Gemeinden und steht in ihrem Ermessen. Es besteht ein weiter Gestaltungsspielraum, der seine Grenzen in der **Ordnungsfunktion der Bezeichnungen** (hier geht es v. a. um die schnelle Auffindbarkeit in Notfällen) und im Willkürverbot findet. Für das sorbische Siedlungsgebiet verweist § 5 Abs. 4 S. 3 SächsGemO ausdrücklich auf § 10 Abs. 1 des Sächsischen Sorbengesetzes in der jeweils geltenden Fassung.

1. Benennung von Gemeindeteilen

92 Gleichlautende Benennungen innerhalb desselben Gemeindeteils sind unzulässig (vgl. § 5 Abs. 4 S. 2 SächsGemO). Eine gesetzliche Definition des „Gemeindeteils" gibt es nicht. Nach dem Sinn und Zweck handelt es sich dabei um eine abgrenzbare, äußerlich erkennbare Gliederung der Gemeinde. Hier besteht ein erheblicher Gestaltungsspielraum der Gemeinde. Näheres zu Benennung von Gemeindeteilen ist in § 3 SächsKomVerfRDVO geregelt.

2. Benennung von Gemeindestraßen

93 Die Entscheidung des Gemeinderates über die (Um-)Benennung einer Gemeindestraße ist ein (dinglicher) Verwaltungsakt in Form einer Allgemeinverfügung (§ 35 S. 2, 2. Alt. VwVfG); eines gesonderten Vollzugsaktes des Bürgermeisters bedarf es nicht. Die betroffenen **Anwohner** haben einen **Anspruch auf Berücksichtigung ihrer** für die Gemeinde erkennbaren **Interessen** am Straßennamen (Anspruch auf ermessensfehlerfreie Entscheidung; Abwägung der öffentlichen und privaten Interessen) und können aus diesem Grund

237 Vgl. dazu das SächsKurG vom 9.6.1994 (SächsGVBl. S. 1022) mit späteren Änderungen, die VO der Sächsischen Staatsregierung vom 19.9.2013 (SächsGVBl. S. 781) sowie die Bekanntmachung des Sächsischen Staatsministeriums für Wissenschaft, Kultur und Tourismus (SMWKT) vom 13.12.2022 (SächsABl. 2023, S. 4).

238 Bekanntmachung des SMWKT über die Liste der Kur- und Erholungsorte im Freistaat Sachsen vom 13.12.2022 (SächsABl. 2023 S. 4).

gegen eine Namensgebung klagen. Dies geht jedoch nicht so weit, dass Angehörige einen Anspruch auf Beibehaltung eines Namens haben, mit dem einer ihrer Vorfahren geehrt werden sollte.[239] Dabei verdrängt § 5 Abs. 4 S. 1 SächsGemO als Spezialregelung die allgemeinen Regelungen des VwVfG, sodass namentlich die einschränkenden Voraussetzungen des § 49 Abs. 2 VwVfG bei der Umbenennung einer Gemeindestraße nicht zu beachten sind.[240]

3. Vergabe von Hausnummern (Hausnummerierung)

94 Die Vergabe von Hausnummern schließlich ist ebenfalls eine Selbstverwaltungsangelegenheit der Gemeinde, die von § 5 Abs. 4 SächsGemO als Annex zur Straßenbenennung mit umfasst (Zuordnung als Annex ist allerdings streitig[241]) und ebenfalls ein Verwaltungsakt ist, der im Ermessen der Gemeinde steht. Sie löst die Pflicht des betroffenen Einwohners aus, sein Grundstück mit der festgesetzten Hausnummer zu versehen (§ 126 Abs. 3 S. 1 BauGB). Zuständig ist der Bürgermeister gemäß § 53 Abs. 2 S. 1 SächsGemO, da es sich hierbei – im Unterschied zur (Um-)Benennung einer Straße – um ein Geschäft der laufenden Verwaltung handelt. Im Falle einer (auch hier grds. möglichen) gerichtlichen Auseinandersetzung steht erneut die Ordnungsfunktion der entsprechenden Bezeichnungen im Vordergrund.

G. Wappen, Flaggen, Dienstsiegel

95 Für Wappen, Flaggen und Dienstsiegel gelten gemäß § 6 SächsGemO im Wesentlichen die gleichen Bestimmungen wie für das Namensrecht.[242] Allerdings ist das Schutzbedürfnis des Gemeindewappens gegen Missbrauch enger auszulegen als das Schutzbedürfnis des Namens. Dabei handelt es sich um **Hoheitszeichen**, mit denen die Staatshoheit symbolisiert wird.

I. Wappen, Flaggen

96 Wappen und Flaggen gelten auch heute noch als äußerer Ausdruck kommunaler Selbstständigkeit, als äußeres Symbol kommunaler Selbstverwaltung. Die Außendarstellung hat heutzutage eine ganz wichtige Bedeutung für eine Stadt: Wappen und Flaggen sind daher Statussymbol und Imageträger einer Stadt. In der heutigen Zeit müssen sich die Gemeinden – ebenso wie der Staat und andere Hoheitsträger – mehr denn je nach außen darstellen. Sie müssen kommunale Imagepflege, Öffentlichkeitsarbeit, Werbung und Marketing be-

239 Vgl. etwa die Auseinandersetzung um die (Bischof) Meiser-Straße in München BayVGH, NVwZ-RR 2010, S. 630 = DVBl 2010, S. 1253 (didaktisch aufbereitet von *Durner*, JA 2010, S. 677); BayVerfGH, NVwZ-RR 2013, S. 1. Näher zum Ganzen *Barczak*, DÖV 2014, S. 643 ff.; vgl. auch den thematisch einschlägigen Klausurfall von *Brandmeier/Wolff*, JuS 2015, S. 530 ff.

240 Ebenso mit Blick auf das bayerische Landesrecht BayVGH, NVwZ-RR 2010, S. 630 = DVBl. 2010, S. 1253 (didaktisch aufbereitet von *Durner*, JA 2010, S. 677).

241 Annex bejaht das SächsOVG, Beschluss vom 13. März 2012 – 4 A 687/11 –, juris; a. A. ThürOVG, Beschluss vom 9. Februar 2021 – 3 EO 195/20 –, juris.

242 Ausführlich dazu *Quecke/Schaffarzik/Rehak*, in: Quecke/Schmid, Gemeindeordnung für den Freistaat Sachsen, § 6 Rn. 1 ff.

treiben, insb. um die Vorzüge der einzelnen Gemeinde im Standortwettbewerb aufzuzeigen, aber auch, um Loyalität der Einwohner zu erzeugen.[243]

Nach § 6 Abs. 1 S. 1 SächsGemO haben die Gemeinden das Recht, ihre bishe- **97**
rigen Wappen und Flaggen zu führen. Wappen und Flaggen gehören zwar zur kommunalen Selbstverwaltung, vom Staat ist aber im übergeordneten öffentlichen Interesse an dessen Führung ein Mitwirkungsrecht vorgesehen. Das drückt sich darin aus, dass das erstmalige Führen und die Änderung von Wappen und Flaggen grds. einer **Genehmigung der Rechtsaufsichtsbehörde** im Einvernehmen mit der obersten Rechtsaufsichtsbehörde bedürfen (§ 6 Abs. 1 S. 2 SächsGemO). Dabei handelt es sich um einen staatlichen Hoheitsakt im Sinne eines Verwaltungsaktes. Es besteht auch hier ein Anspruch auf ermessensfehlerfreie Entscheidung. Für den Antrag einer Gemeinde auf Genehmigung eines Wappens oder einer Flagge nach § 6 Abs. 1 S. 2 SächsGemO gilt das in § 4 SächsKomVerfRDVO festgelegte Verfahren.

Der durch das Zweite Gesetz zur Fortentwicklung des Kommunalrechts[244] neu **98**
eingefügte § 6 Abs. 2 S. 1 SächsGemO bestimmt als Ausnahme vom Genehmigungserfordernis, dass die Abbildung kommunaler Wappen und Flaggen zu künstlerischen und wissenschaftlichen Zwecken sowie zu Unterrichtszwecken jedermann erlaubt ist. Jede weitere Verwendung bedarf allerdings der **Genehmigung** der wappenführenden Gemeinde (§ 6 Abs. 2 S. 2 SächsGemO).

Wappen und Flaggen sind ebenso wie der Gemeindename **rechtlich geschützt**, **99**
d.h. eine nicht erlaubte Verwendung solcher Hoheitszeichen durch Dritte kann zivilrechtlich mittels Unterlassungsklage analog §§ 12, 1004 BGB durchgesetzt werden.

Wappen und Flaggen sind darüber hinaus auch ordnungsrechtlich geschützt **100**
durch § 10 SächsOWiG. Die unbefugte Benutzung des Wappens oder der Dienstflagge einer Gemeinde (Landkreis) stellt eine **Ordnungswidrigkeit** dar und kann daher zu einen Bußgeld führen.

Die Gemeinden dürfen – auch auf dem Dienstsiegel – nur einheitliche Wappen **101**
verwenden. Besondere Wappen für Stadtteile, Ortschaften oder Stadtbezirke sind verboten.

Zur Vertiefung:[245] **102**

Es wird von der Rechtsprechung nicht als Verstoß gegen das Recht des Wappenberechtigten und damit auch nicht als Verstoß gegen § 12 BGB angesehen, wenn das Wappen eindeutig nur im Sinne einer Herkunftsbezeichnung verwendet wird, also lediglich einen Hinweis auf den örtlichen Sitz oder Wirkungsbereich des Wappennutzers geben soll, sodass eine Verwechslungsgefahr ausgeschlossen werden kann, d. h., es wird damit keine inhaltliche oder sachliche Zurechnung des Wappens auf

243 *Quecke/Schaffarzik/Rehak*, in: Quecke/Schmid, Gemeindeordnung für den Freistaat Sachsen, § 6 Rn. 1.
244 SächsGVBl. 2017, S. 626.
245 Vgl. auch *Vahle*, DVP 2009, S. 315 f.

*den Wappenberechtigten ausgedrückt. Entscheidend ist also, ob der **Anschein einer amtlichen Nutzung** entstehen kann.[246] Von daher ist es unbedenklich, wenn Vereine im Sport, kulturelle oder soziale Gruppen, Wohnungsbaugenossenschaften und ähnliche Vereinigungen das Stadtwappen in ihrem Vereins- oder Firmennamen führen (z. B. der Chemnitzer FC trägt in seinem Emblem das „kleine Wappen" der Stadt Chemnitz). Dass das jeweilige Stadt- oder Gemeindewappen lediglich eine Herkunftsangabe verdeutlicht und erkennbar keine inhaltliche oder sachliche Zurechnung des Wappennutzers auf den Wappenberechtigten ausdrückt, wird jedem Zweifler am Beispiel einer Tages- oder Wochenzeitung klar.*

103 ***Hinweis für die Praxis:***

Aus kommunaler Sicht kann – auch zur Stärkung der Identifikation der Bürger mit ihrer Gemeinde – nur die Empfehlung gegeben werden, im Rahmen eines Prüfungsverfahrens großzügig zu handeln und sich der Verwendung des Stadtwappens durch Dritte nur dann zu verschließen, wenn zweifellos eine unzulässige Verknüpfung mit den kommunalen Interessen erkennbar ist. Niemand sollte daher jetzt beginnen, seinen ortsansässigen Vereinen die Verwendung des kommunalen Wappens zu untersagen.

104 Unabhängig davon ist es einer Gemeinde oder Stadt möglich, dass sie sich z. B. ein „Stadt-LOGO" im Rahmen der Stadtwerbung selber gibt und sich dieses auch beim Deutschen Patent- und Markenamt schützen lässt.

II. Dienstsiegel

105 Zur Führung eines Dienstsiegels sind die Gemeinden nach § 6 Abs. 3 S. 1 SächsGemO (und Landkreise nach § 5 Abs. 3 SächsLKrO) berechtigt und in bestimmten, besonders geregelten Fällen auch verpflichtet. Das Dienstsiegel ist für den **urkundlichen Verkehr** in allen Angelegenheiten der Gemeinde bestimmt, d. h. im gesamten gemeindlichen Geschäftsbereich. Falls die Kommunen ein Wappen haben, führen sie dieses im Dienstsiegel, andernfalls führen sie das Wappen des Freistaates mit dem Namen der Gemeinde (§ 6 Abs. 3 S. 2 SächsGemO).

106 Das Dienstsiegel hat eine **Beurkundungs- und Beglaubigungsfunktion** und dient der Rechtssicherheit. Dabei handelt es sich um eine amtliche Bescheinigung der Richtigkeit der Unterschrift oder des amtlichen/behördlichen Schriftstücks bzw. Dokuments durch eine hierzu ermächtigte Behörde, vorliegend durch die Gemeinden und auch durch die Landkreise. Die amtliche Beglaubigung ist dabei abzugrenzen von der öffentlichen Beglaubigung und der notariellen Beurkundung, welche in der Regel durch einen Notar durchgeführt werden (z. B. die notarielle Beurkundung von Verträgen).

246 Vgl. etwa SächsOVG, NVwZ-RR 2010, S. 779 = SächsVBl. 2010, S. 193.

Das Recht, ein Dienstsiegel zu führen, ist nicht allein Ausfluss des kommunalen Selbstverwaltungsrechts der Gemeinden, sondern beruht auf **staatlicher Mitwirkung**. Dies ergibt sich schon daraus, dass nur ein staatlich genehmigtes (oder das ihm gleichgestellte herkömmliche) Wappen gemäß § 6 Abs. 1 S. 2 i. V. m. Abs. 2 S. 2 SächsGemO als Siegel geführt werden kann.[247] Die Dienstsiegeländerung selbst bedarf demnach zumindest unmittelbar selbst keiner Genehmigung der Rechtsaufsichtsbehörde. Auch hier besteht ein Anspruch auf ermessensfehlerfreie Entscheidung. Deshalb hat das SMI zur weiteren Gestaltung, Form und Herstellung sowie zur Verwendung kommunaler Dienstsiegel die **Verwaltungsvorschrift Kommunale Dienstsiegel**[248] erlassen, wonach nur eine sehr eingeschränkte Verwendung des Siegels möglich ist. 107

Weitere Regelungen über die Verwendung sind in der jeweiligen **Dienstsiegelordnung der Kommunen** zu treffen. In der Siegelordnung der Kommunen ist genau festzulegen, wer welches Dienstsiegel verwenden darf und wie die Aufbewahrung zu erfolgen hat. Es ist also größte Sorgfalt gegen Missbrauch angesagt. 108

Zur Vertiefung: 109

Zum Teil ist die Siegelung ausdrücklich gesetzlich geregelt (für bestimmte Wahlunterlagen, Kfz-Kennzeichnung/Zulassungsplakette, bestimmte standesamtliche Siegelungen usw.). Siegel werden z. B. auch für Schriftstücke verwendet, um deren Bedeutung und Authentizität zu unterstreichen (z. B. Städtepartnerschaftsverträge). Auch bei der Herstellung von Abschriften und beglaubigten Kopien, also Dokumenten, die das Original im Rechtsverkehr vertreten, sowie allgemein zur amtlichen Beglaubigung von Schriftstücken und Unterschriften werden Siegelungen vorgenommen (vgl. § 33 Abs. 3 S. 2 Nr. 4 und § 34 Abs. 3 S. 2 Nr. 4 VwVfG).

Eine nicht hoheitliche Verwendung des Dienstsiegels durch Stellen außerhalb der Kommunalverwaltung – etwa zu Werbezwecken – ist rechtswidrig.[249]

247 Vgl. näher dazu *Quecke/Schaffarzik/Rehak*, in: Quecke/Schmid, Gemeindeordnung für den Freistaat Sachsen, § 6 Rn. 9 ff.

248 VwV KomDienstsiegel vom 29.11.1999 (SächsABl. S. 1072), die durch Verwaltungsvorschrift vom 26.1.2005 (SächsABl. S. 126) geändert worden ist, zuletzt enthalten in der Verwaltungsvorschrift vom 24.11.2023 (SächsABl. SDr. S. 243).
Auszug aus der VwV KomDienstsiegel:
4.1 Die Dienstsiegel dürfen nur für dienstliche Zwecke verwendet werden. Für die Verwendung ist ein strenger Maßstab anzulegen. Insb. sollen Dienstsiegel nur bei Beurkundungen, Beglaubigungen und rechtsverbindlichen Schriftstücken verwendet werden. Im sonstigen Verwaltungsschriftverkehr wird grds. kein Dienstsiegel verwendet. Eine Verwendung aufgrund besonderer Vorschriften bleibt unberührt.
4.2 Die Zahl der Dienstsiegel, sowie die Zahl der Beschäftigten, die ein Dienstsiegel führen, sind auf das Notwendige zu beschränken. Die Dienstsiegel sind in Listen zu erfassen. Sie dürfen nur gegen Empfangsbescheinigung ausgehändigt werden. Der zur Dienstsiegelführung berechtigte Personenkreis ist im Einzelnen festzulegen. Dienstsiegel sind unter Verschluss zu halten.
4.3 Bei der Änderung von Dienstsiegeln soll ein Exemplar der nicht mehr verwendeten Dienstsiegel dem zuständigen kommunalen Archiv zur Aufbewahrung übergeben werden. Im Übrigen sind nicht mehr verwendete Dienstsiegel zu vernichten. Über die Vernichtung und Übergabe der Dienstsiegel sind Niederschriften zu fertigen.

249 VG Düsseldorf, Beschluss vom 6.7.2009 – 1 L 985/09, juris.

H. Aufgaben der Gemeinde

110 Die Gemeinden sind, soweit nicht gesetzlich etwas anderes bestimmt ist, in ihrem Gebiet die Träger der **öffentlichen Aufgaben**; Gemeindeverbänden wird innerhalb ihrer Zuständigkeit die gleiche Stellung zuerkannt (Art. 84 Abs. 1 SächsVerf).[250]

111 Gemäß § 2 Abs. 1 SächsGemO erfüllen die Gemeinden in ihrem Gebiet im Rahmen ihrer Leistungsfähigkeit alle (örtlichen) **öffentlichen Aufgaben** in eigener Verantwortung. Weder die SächsVerf noch die SächsGemO geben dabei die Abgrenzung der öffentlichen Aufgaben gegenüber den privaten Aufgaben vor, sondern lassen dem Landesgesetzgeber und den Gemeinden als Träger der kommunalen Selbstverwaltung (ebenso wie den Landkreisen) einen Spielraum, damit sie dem ständigen Aufgabenwandel Rechnung tragen können.

112 Die öffentlichen Aufgaben sind dabei nicht alle auf die Selbstverwaltungskompetenz der Gemeinden zurückzuführen, sondern teilweise auch Aufgaben, die den Gemeinden durch Gesetz zugewiesen oder übertragen worden sind (**Einheit der Verwaltung**).

I. Wirkungskreis der Gemeinde

113 Von der **historischen Entwicklung** her lässt sich die Tätigkeit der Gemeinden in zwei Aufgabenbereiche einteilen: den kommunalen und den staatlichen Aufgabenkreis. Dieser **Aufgabendualismus** hat seinen Ursprung im 19. Jahrhundert.[251] Damals entstand die Lehre von folgenden Wirkungskreisen auf Gemeindeebene: einem vom Staat übertragenen und einem aus der kommunalen Selbstverwaltung abgeleiteten eigenen Wirkungskreis.

114 Zum **übertragenen Wirkungskreis** gehören danach die gemeindefremden, aus verwaltungstechnischen Gründen aber den Gemeinden zugeordneten staatlichen Aufgaben. Diese Aufgaben wurden im Auftrag und unter Überwachung des Staates durchgeführt. Der ausführende Gemeindebedienstete hatte sich nur der vorgesetzten Staatsbehörde, nicht aber der Gemeindevertretung gegenüber zu verantworten (sog. Auftragsangelegenheiten).

115 Zum **eigenen Wirkungskreis** gehören nach dieser Unterscheidung zum einen die Aufgaben, welche die Gemeinden nach freier Entscheidung ausführen oder nicht ausführen konnten. Dazu kamen zum anderen noch die Aufgaben, deren Erfüllung Pflicht war. Bei der letzten Gruppe besaß die Gemeinde nur in der Art und Weise der Erledigung einen Ermessensspielraum, die Entscheidung über das „Ob" der Durchführung lag dagegen beim Gesetzgeber. Dieses sog. **dualistische Aufgabenmodell** (traditionelle Zweiteilung der kommunalen Aufgaben in Selbstverwaltungs- und Auftragsangelegenheiten) existiert

250 Siehe hierzu und zum Folgenden bereits oben im 2. Kapitel unter C.II.2.
251 Vgl. etwa die Darstellung bei *Stober*, Kommunalrecht in der Bundesrepublik Deutschland, S. 33 f.

heute in Bayern, Niedersachsen, Rheinland-Pfalz, Saarland, Sachsen-Anhalt und Thüringen.[252]

Der 1948 entstandene „Weinheimer Entwurf“ (Musterentwurf) einer Deutschen Gemeindeordnung verließ diesen **Aufgabendualismus** und führte stattdessen eine **monistische Aufgabenstruktur** ein. Hierbei wurde von dem Grundgedanken der **Einheit der Verwaltung auf Gemeindeebene** ausgegangen, d.h., die Gemeinden sind in ihrem Gebiet die ausschließlichen und eigenverantwortlichen Träger der öffentlichen Verwaltung. Damit entfällt die Unterscheidung in staatlich kommunale und staatliche Aufgaben bzw. die Unterscheidung in Selbstverwaltungs- und Auftragsangelegenheiten. Es gibt vielmehr nur noch eine Untergliederung in **weisungsfreie** und **weisungsgebundene** Gemeindeaufgaben.[253] Danach sind **alle** von der Gemeinde wahrgenommenen Aufgaben **kommunale Aufgaben**, die sich gleichwohl weiter gruppieren lassen in 116

- freiwillige Aufgaben,
- Pflichtaufgaben (ohne Weisung) sowie
- Weisungsaufgaben (Pflichtaufgaben nach Weisung).[254]

Zur Vertiefung:

Die freiwilligen Aufgaben und Pflichtaufgaben ohne Weisung sind inhaltlich und terminologisch identisch mit den Aufgaben des eigenen Wirkungskreises im dualistischen System. In diesen beiden Systemen gehören diese Aufgaben zu den Selbstverwaltungsaufgaben i. S. d. Art. 28 Abs. 2 GG.[255] Die Zuordnung der Pflichtaufgaben zur Erfüllung nach Weisung ist streitig. Während die einen von umetikettierten Auftragsangelegenheiten sprechen, betrachten die anderen sie als „(unechte) Selbstverwaltungsangelegenheiten“ oder als „Selbstverwaltung in abgeschwächter Form“.[256]

Der praktische Unterschied zwischen dem monistischen und dem dualistischen Aufgabenmodell ist allerdings eher gering. Unterschiede ergeben sich v.a. bei der Einordnung von Maßnahmen der Aufsichtsbehörden im Rahmen der Fachaufsicht und – daraus folgend – beim Rechtsschutz gegen Maßnahmen der Fachaufsicht.[257] 118

Wie sich aus § 2 Abs. 1 und 3 SächsGemO ergibt, hat die Gemeindeordnung für den Freistaat Sachsen – im Gegensatz zu verschiedenen anderen Bundes- 119

252 Vgl. etwa *Burgi*, Kommunalrecht, § 8 Rn. 12 m. w. N.

253 Vgl. *Menke/Arens*, Gemeindeordnung für den Freistaat Sachsen, § 2 Rn. 1; *Belz*, SächsVBl. 1993, S. 226 (227); *ders.*, SächsVBl. 1994, S. 1 (3).

254 Grundlegend dazu: *Lohse*, Kommunale Aufgaben, kommunaler Finanzausgleich und Konnexitätsprinzip, 2006, S. 46ff.

255 Vgl. *Burgi*, Kommunalrecht, § 8 Rn. 20.

256 *Erbguth/Mann/Schubert*, Besonderes Verwaltungsrecht, § 5 Rn. 208 m. w. N.; *Burgi*, Kommunalrecht, § 8 Rn. 23.

257 Siehe näher dazu im 9. Kapitel unter D II.

ländern – das **monistische Aufgabensystem** übernommen.[258] Dieses monistische Aufgabenmodell liegt auch den Kommunalverfassungen in Baden-Württemberg, Brandenburg, Hessen, Mecklenburg-Vorpommern (strittig), Nordrhein-Westfalen und Schleswig-Holstein zugrunde.[259]

120 Im Freistaat Sachsen handelt es sich demnach bei allen von den Gemeinden wahrgenommenen Aufgaben, ob eigene oder vom Freistaat Sachsen (bzw. nach alter Rechtslage vom Bund) zugewiesene, um eigene Aufgaben der Gemeinden **(Einheitlichkeit der Verwaltung)**. Damit wurde zugleich einem Auftrag der Landesverfassung entsprochen, nach dem die Selbstverwaltungsbehörden **gleichberechtigte** Verwaltungsträger neben der Regierung und den ihr unterstellten Behörden sein sollen. Die Gemeinden sind daher gemäß Art. 82 Abs. 2 SächsVerf in ihrem Gebiet die Träger **aller** öffentlichen Aufgaben. Aufgrund dieser Auffassung werden die Gemeinden in Sachsen nicht mehr als Staatsbehörden, sondern nur noch als **Gemeindebehörden** tätig. Dies hat zur Folge, dass das Weisungsrecht des Staates nicht unbeschränkt ist, sondern durch Gesetz bestimmt werden muss (vgl. § 2 Abs. 3 SächsGemO). Außerdem ergibt sich daraus das Recht der Gemeinden, bei fehlenden Weisungen die Aufgaben nach eigenem Ermessen erledigen zu dürfen.

II. Struktur der gemeindlichen Aufgaben

121 Entsprechend der monistischen Aufgabenstruktur genügt es, die gemeindlichen Aufgaben in **weisungsfreie** und **weisungsgebundene Aufgaben** einzuteilen. Die weisungsfreien Aufgaben werden weitergehend noch **in freiwillige Aufgaben** und in **Pflichtaufgaben** untergliedert. Auch die Aufgaben der Großen Kreisstädte und Kreisfreien Städte bzw. der Landkreise als sog. untere Verwaltungsbehörde gehören zu diesem Katalog. Hier handelt es sich um Weisungsaufgaben, für die ein gesetzlich bestimmtes unbeschränktes Weisungsrecht besteht.

258 So auch *Burgi*, Kommunalrecht, § 8 Rn. 19; *Erbguth/Mann/Schubert*, Besonderes Verwaltungsrecht, § 5 Rn. 207; a. A. *Schaffarzik*, in: Quecke/Schmid, Gemeindeordnung für den Freistaat Sachsen, § 2 Rn. 16ff.; ähnlich *Sponer*, in: Binus/Sponer/Koolman, Sächsische Gemeindeordnung, § 2 Rn. 11.

259 Vgl. *Burgi*, Kommunalrecht, § 8 Rn. 19 m. w. N.

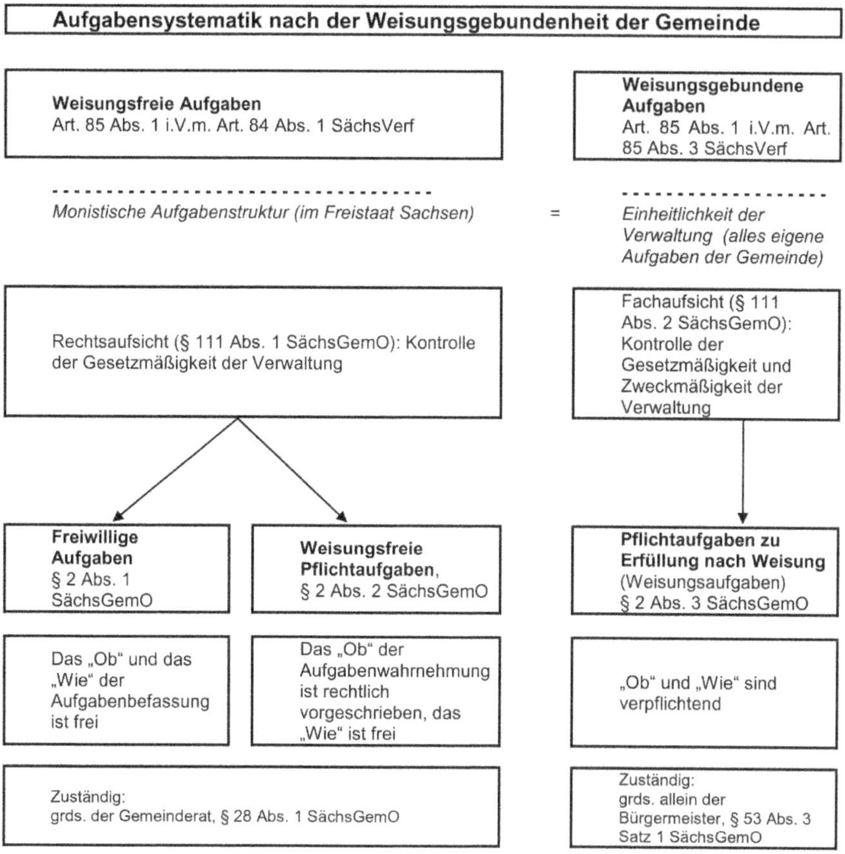

1. Freiwillige Aufgaben

Die **Rechtsgrundlagen** für die freiwilligen Aufgaben ergeben sich aus Art. 28 Abs. 2 GG, Art. 82 Abs. 2, Art. 85 Abs. 1, Art. 84 Abs. 1 SächsVerf und § 2 Abs. 1 SächsGemO. Die freiwilligen Aufgaben nach § 2 Abs. 1 SächsGemO orientieren sich an der Eigenverantwortung der Gemeinden: Sie entscheiden hier, **ob** sie überhaupt tätig werden und **wie** sie ggf. die Aufgaben erfüllen wollen.[260] Die Bestimmung der freiwilligen Aufgaben erfolgt vollkommen eigenständig durch die Gemeinden selbst (klassische gemeindliche Selbstverwaltung). Die Gemeinden dürfen dabei nicht auf die Erfüllung enumerativ zugewiesener Aufgaben beschränkt werden. 122

260 SächsOVG, SächsVBl. 2003, S. 239f.

123 Darin kommen der **Grundsatz der Allzuständigkeit** der Gemeinde[261] und das **Aufgabenfindungsrecht** der Gemeinde, aber auch das **Recht, Aufgaben** jederzeit wieder **aufzugeben**, zum Ausdruck.[262] Daher steht es einer Gemeinde auch frei, die bisher von ihr betriebenen freiwilligen öffentlichen Einrichtungen zu privatisieren. Angesichts dessen ist es verfehlt, wenn das BVerwG aus Art. 28 Abs. 2 S. 1 GG ein Verbot herleitet, die Durchführung einer traditionell von der Gemeinde selbst durchgeführten Veranstaltung (im konkreten Fall ging es um den Offenbacher Weihnachtsmarkt) vollständig und ohne verbleibende Einwirkungsbefugnisse auf eine GmbH zu übertragen (sog. **materielle Privatisierung**).[263] Denn dies führt dazu, dass das Selbstverwaltungsrecht der Gemeinden ausgerechnet bei den freiwilligen Aufgaben zu einer Selbstverwaltungspflicht mutiert. Etwas anderes kann hier allenfalls dann gelten, wenn das Ermessen der Gemeinde aus (sonstigen) verfassungsrechtlichen Gründen wie z.B. den Grundrechten der Bürger oder dem Sozialstaatsprinzip ausnahmsweise auf null reduziert ist.[264] Angesichts dessen ist es sehr zu begrüßen, dass das BVerwG die zuvor genannte Rechtsprechung am 24.4.2024 explizit aufgegeben hat, nachdem das OVG Münster die restriktive Linie des Gerichts zuvor einschränkend „interpretiert" und die Revision wegen grundsätzlicher Bedeutung der Rechtssache zugelassen hat.[265] Dabei hat das BVerwG in der Sache nunmehr anerkannt, dass Art. 28 Abs. 2 S. 1 GG im Bereich der freiwilligen Selbstverwaltung zugleich das Recht umfasst, eine Aufgabe nicht zu übernehmen oder eine einmal übernommene Aufgabe wieder aufzugeben.[266]

124 Eine abschließende Aufzählung der freiwilligen Aufgaben ist zwar schon wegen des Aufgabenfindungsrechts nicht möglich. Es gibt aber **typische freiwillige gemeindliche Aufgaben**, die insb. den Bereich der **kommunalen Daseinsvorsorge**, d.h. die Sicherstellung der Grundversorgung der Bürger mit wirtschaftlichen, sozialen und kulturellen Leistungen als Wesen der kommunalen Selbstverwaltung, betreffen.[267] Dabei geht es namentlich um

- die Errichtung und den Betrieb sozialer Einrichtungen (z.B. Jugendhäuser, Altenheime, Krankenhäuser, Sozialstationen),

261 Vgl. BVerfGE 79, S. 127 (146); *Quecke*, Grundzüge der sächsischen Kommunalverfassung, in: Gerlach, Sachsen – Eine politische Landeskunde, S. 259 (278). Siehe hierzu und zum Folgenden bereits oben im 2. Kapitel unter C.

262 *Hardraht*, SächsVBl. 2003, S. 53.

263 Vgl. BVerwG, NVwZ 2009, S. 1305 zum Offenbacher Weihnachtsmarkt; wie hier etwa *Erbguth/ Mann/Schubert*, Besonderes Verwaltungsrecht, § 5 Rn. 197; vgl. auch die Kritik bei *Schoch*, DVBl. 2009, S. 1533 ff.; *Winkler*, JZ 2009, S. 1169 ff.; differenzierend *Engels*, Die Verfassungsgarantie kommunaler Selbstverwaltung, S. 480 ff.

264 So etwa *Gern*, Sächsisches Kommunalrecht, Rn. 235. Von daher hat der HessVGH, DÖV 2008, S. 607 als Vorinstanz zu BVerwG, NVwZ 2009, S. 1305 zu Recht mit Blick auf den Offenbacher Weihnachtsmarkt ein Privatisierungsverbot verneint.

265 Vgl. OVG Münster, BeckRS 2023, 15525.

266 Vgl. die Pressemitteilung des BVerwG Nr. 20/2024 vom 24.4.2024. Die Entscheidungsgründe lagen zur Zeit des Redaktionsschlusses für die 3. Auflage noch nicht vor.

267 Vgl. hierzu grundlegend *Hellermann*, Örtliche Daseinsvorsorge und gemeindliche Selbstverwaltung, S. 1 ff.; ferner *Knauff*, WiVerw 2011, S. 79 (80); *Leisner*, WiVerw 2011, S. 55 (57 f.). Kritisch *Engels*, Die Verfassungsgarantie kommunaler Selbstverwaltung, S. 473 ff., der sich an der (vermeintlich) fehlenden begrifflichen Präzisierung reibt.

- die Errichtung und den Betrieb sportlicher Einrichtungen (z. B. Schwimmbäder, Sportplätze, Sporthallen),
- die Schaffung von Erholungseinrichtungen (z. B. Grün- und Parkanlagen, Wanderwege, Lehrpfade),
- die Unterhaltung von Versorgungseinrichtungen (z. B. Fernwärme, Strom, Gas),
- den Betrieb von Verkehrseinrichtungen und des ÖPNV (soweit nicht die Landkreise dafür zuständig sind),
- die örtliche Wirtschaftsförderung (z. B. Fremdenverkehr, Industrieansiedlung, Infrastrukturbereitstellung, Ausweisung von Gewerbegebieten, Förderung von Existenzgründern),
- die Förderung von Vereinen und Verbänden,
- die sog. „kommunale Außenpolitik", insb. durch Städtepartnerschaften[268],
- die gemeindliche Öffentlichkeitsarbeit[269],
- die Wohnungsbauförderung (z. B. durch kommunale Wohnungsbauunternehmen oder Förderung des Eigenheimbaus),
- die Unterhaltung von Kultureinrichtungen (z. B. Büchereien, Theater, Oper, Orchester und Museen, VHS, Musikschulen) sowie
- die Durchführung von kulturellen Veranstaltungen (z. B. Musikwochen, Literaturwochen, künstlerische Wettbewerbe usw.).

Lediglich in wenigen Bereichen sind die Gemeinden bei der Realisierung **125**
einer freiwilligen Aufgabe an umfassende Durchführungsbestimmungen gebunden (z. B. im Sparkassenwesen: §§ 1 f. des Gesetzes über die öffentlich-rechtlichen Kreditinstitute im Freistaat Sachsen).[270]

Ferner sind im Freistaat Sachsen einige **Besonderheiten** zu beachten: **126**

- **Im Öffentlichen Personennahverkehr (ÖPNV)**
  Gemäß dem im Jahr 1995 durch den Sächsischen Landtag verabschiedeten Sächsischen ÖPNV-Gesetz (ÖPNVG) ist der **ÖPNV** eine Aufgabe der Daseinsvorsorge (§ 2 Abs. 1 ÖPNVG). Die Planung, Organisation und Ausgestaltung des ÖPNV ist vorbehaltlich der §§ 4 und 5 ÖPNVG (Zusammenarbeit der kommunalen Träger) eine freiwillige **Aufgabe der Landkreise und Kreisfreien Städte** (§ 3 Abs. 1 S. 3 ÖPNVG). Diese (einschließlich auch der Gemeinden) arbeiten innerhalb der gemäß § 4 Abs. 1 ÖPNVG festgelegten Nahverkehrsräume in fünf **kommunalen Zweckverbänden** zur Verbesserung des ÖPNV flächendeckend zusammen. Dies sind die Nahverkehrsräume Vogtland, Chemnitz/Zwickau, Leipzig, Oberelbe und Oberlausitz/Niederschlesien. Diese Zweckverbände sind nach § 4 Abs. 1 ÖPNVG seit dem 1.6.2002 Aufgabenträger des Schienenpersonennahverkehrs. Sie haben nach § 3 Abs. 1

268 Siehe hierzu und zum Folgenden bereits oben im 2. Kapitel unter C.II.2.b).
269 Siehe hierzu zuletzt unter Hinweis auf die lange Tradition der von den Kommunen herausgegebenen Amtsblätter *Gersdorf*, AfP 2016, S. 293 (296).
270 *Sponer*, in: Binus/Sponer/Koolman, Sächsische Gemeindeordnung, § 2 Rn. 12.

ÖPNVG einen Nahverkehrsplan zu erstellen (§ 5 ÖPNVG). Zur Verkehrsgestaltung gehören auch ländergrenzenüberschreitende Verkehrskooperationen, die nach § 2 Abs. 5 ÖPNVG anzustreben sind.

- **Im Bereich der Kultur**
  Kulturelle Aufgaben gelten zwar als klassische freiwillige Aufgaben. Im Freistaat Sachsen gibt es allerdings eine Besonderheit. Sachsen ist das einzige Bundesland, in dem die Förderung von Kunst und Kultur als Staatsziel in der Verfassung verankert ist (vgl. Art. 11 SächsVerf). Das seit 1994 geltende, bundesweit einmalige **Kulturraumgesetz (SächsKRG)** gibt diesem Verfassungsziel zusätzlich einen gesetzlichen Rahmen, um die Kultur zur Pflichtaufgabe der Kommunen zu machen und dabei den Freistaat aufgrund des Solidarprinzips mit in die Pflicht zu nehmen. In § 2 SächsKRG wird die **Kulturpflege als eine „Pflichtaufgabe der Gemeinden und Landkreise"** bestimmt. Nach dem SächsKRG erfolgt eine Aufteilung in fünf ländliche (Vogtland-Zwickau, Erzgebirge-Mittelsachsen, Leipziger Raum, Meißen-Sächsische Schweiz-Osterzgebirge und Oberlausitz-Niederschlesien) und drei urbane Kulturräume (Dresden, Chemnitz und Leipzig). Die ländlichen Kulturräume sind dabei als Zweckverbände nach dem SächsKomZG organisiert. Die jeweiligen Kulturräume unterstützen die kommunalen Träger von kulturellen Einrichtungen und Maßnahmen bei ihren Aufgaben, insb. bei deren Finanzierung und Koordinierung. Dazu erfolgt über ein Umlageverfahren eine solidarische Finanzierung der Kulturangebote zwischen den kommunalen Gebietskörperschaften und dem Freistaat Sachsen.

127 **Zur Vertiefung:**

Die zuletzt genannte gesetzliche Bestimmung ist rechtlich umstritten und erweist sich in der praktischen Umsetzung auch als problematisch. Denn die Kultur wird nur in ihrer Gesamtheit ganz allgemein zur Pflichtaufgabe erklärt. Es folgen weder weitere spezialgesetzliche Konkretisierungen noch wird der Umfang dessen näher bestimmt, was nun von den Gemeinden pflichtig an Kultur zu realisieren sei.

128 Der **tatsächliche Aufgabenkatalog** einer Gemeinde richtet sich aber nach deren Größe und Leistungsfähigkeit sowie dem Charakter der Gemeinde. Welche der zuvor genannten Einrichtungen und Aufgaben im Einzelfall den örtlichen Bedürfnissen entsprechen und dem Wohl der Einwohner dienen, bestimmt die Gemeinde nach eigenem Ermessen.

129 Die Allzuständigkeit unterliegt aber auch rechtlichen und tatsächlichen **Schranken**:

- Erstens schränkt der **Örtlichkeitsgrundsatz** das Handeln der Gemeinden ein.[271]
- Zweitens gilt der **allgemeine Vorbehalt des Gesetzes** („im Rahmen der Gesetze"). Gesetzliche Vorschriften können bestimmte Aufgaben den Land-

271 Siehe näher hierzu oben im 2. Kapitel, insb. unter C.II.2 a) und b).

kreisen oder den Behörden des Freistaats zuweisen (dann unterfallen sie nicht mehr der Allzuständigkeit). Der Freistaat kann den Gemeinden aber auch Aufgaben übertragen und sich dabei ein Weisungsrecht vorbehalten. Die Gemeinden haben also Zugriff auf alle Aufgaben, solange sich der Staat bestimmte Aufgaben nicht selbst vorbehält oder anderen Aufgabenträgern ausdrücklich zuweist.[272]

- Eine tatsächliche Grenze bildet drittens das Vorhandensein bzw. Nichtvorhandensein finanzieller und personeller Mittel **(Grenze der Leistungsfähigkeit der Gemeinde)**. Namentlich die Kommunalfinanzen und deren prognostizierte Entwicklung lassen oftmals die Erledigung von freiwilligen Aufgaben oder deren Ausweitung kaum zu. Nach § 2 Abs. 1 SächsGemO erfüllen die Gemeinden „im Rahmen ihrer Leistungsfähigkeit" alle öffentlichen Aufgaben. Darin liegt die Vorgabe, sich insb. finanziell nicht zu übernehmen, zumal die vom Land übertragenen Pflichtaufgaben Vorrang vor den freiwilligen Aufgaben haben.
- Angesichts dessen muss viertens die **dauernde Erfüllung der Pflichtaufgaben** gesichert sein, ehe die Gemeinde sich freiwilligen Aufgaben zuwenden darf.
- Fünftens müssen auch die gesetzlichen **Schranken der wirtschaftlichen Betätigung** (§§ 94a ff. SächsGemO) beachtet werden.[273]

Zuständiges Organ im Rahmen der Erfüllung der freiwilligen Aufgaben ist **130**
grds. der **Gemeinderat** (§ 28 Abs. 1 SächsGemO), es sei denn es handelt sich um ein Geschäft der laufenden Verwaltung (Zuständigkeit des Bürgermeisters) oder um eine vom Gemeinderat auf einen Ausschuss oder den Bürgermeister übertragenen Aufgabe.

Die staatliche Aufsicht beschränkt sich in diesem Aufgabenbereich der Ge- **131**
meinden auf die Überprüfung der Gesetzmäßigkeit der Verwaltung (Rechtmäßigkeitskontrolle), die sog. **Rechtsaufsicht** nach §§ 111 Abs. 1, 112 bis 118 SächsGemO.[274]

2. Weisungsfreie Pflichtaufgaben

Die **Rechtsgrundlagen** ergeben sich aus Art. 85 Abs. 1 SächsVerf (Übertragung **132**
öffentlicher Aufgaben) i. V. m. Art. 84 Abs. 1 SächsVerf (kommunale Selbstverwaltung) und Art. 28 Abs. 2 GG sowie § 2 Abs. 2 SächsGemO. Die weisungsfreien Pflichtaufgaben gehören danach auch bundesverfassungsrechtlich zum Selbstverwaltungsbereich, jedoch ist ihre Wahrnehmung nicht in das Ermessen der Gemeinde gestellt. Dies wird am deutlichsten bei der Aufstellung der Bauleitpläne, die zwar gemäß §§ 1 Abs. 3, 2 Abs. 1 BauGB zu den Pflichtaufgaben der Gemeinden gehört, zugleich aber Ausfluss der kommunalen Planungshoheit und als solche verfassungsrechtlich geschützt ist.[275]

272 Siehe näher hierzu oben im 2. Kapitel, insb. unter C.IV.
273 Siehe näher hierzu unten im 8. Kapitel, insb. unter C.IV.
274 Siehe näher hierzu unten im 9. Kapitel, insb. unter A.
275 Siehe näher dazu im 2. Kapitel unter C.III.4.

133 Die Gemeinden müssen die gesetzlich übertragenen Aufgaben entweder in jedem Fall oder nur im Bedarfsfall erfüllen. Die Erfüllung als solche (das **„Ob"** der Aufgabenwahrnehmung) hat also hier der Gesetzgeber geregelt bzw. vorgeschrieben, die Gemeinden entscheiden lediglich eigenverantwortlich über das **„Wie"** der Erfüllung dieser Aufgaben.[276]

134 Anders als bei den freiwilligen Aufgaben sind die Gemeinden zur Erledigung dieser Aufgaben damit bindend verpflichtet. Die Eigenverantwortlichkeit (gemeindliche Selbstverwaltung) beschränkt sich bei diesen Aufgaben demnach nur noch auf die Art und Weise der Durchführung und in gewissem Maße auf den Umfang der Realisierung (Standard oder höhere Qualität). Ist die Regelungstiefe bei den Pflichtaufgaben allerdings so intensiv, dass den Kommunen hinsichtlich der Art und Weise der Erledigung der Aufgaben keinerlei Spielraum mehr verbleibt, gleichen sie sich qualitativ den Weisungsaufgaben an.

135 Vom **Sinn und Zweck** her geht es darum, dass die Erfüllung zur Pflicht gemacht werden kann, um die Erfüllung bestimmter wichtiger Aufgaben in allen Gemeinden sicherzustellen. Dabei ist aber zu beachten, dass jeder Ausschluss der eigenverantwortlichen freiwilligen Verwaltung der öffentlichen Aufgaben eines Gesetzes bedarf, denn es handelt sich dabei um einen Eingriff in das Selbstverwaltungsrecht der Gemeinden. Pflichtaufgaben können daher nur durch **ein formelles Gesetz** (nicht durch Rechtsverordnungen oder durch eine Verwaltungsvorschrift) auferlegt werden.

136 Die Pflichtaufgaben (ohne Weisung) ergeben sich aus den entsprechenden Fachgesetzen (vgl. § 2 Abs. 2 SächsGemO). Die Festlegung als Pflichtaufgabe kann nur noch durch den **Landesgesetzgeber** erfolgen, nachdem die sog. Föderalismusreform I dem Bundesgesetzgeber die Möglichkeit einer Aufgabenübertragung genommen hat.[277] Dadurch entstehende finanzielle Mehrbelastungen sind gemäß Art. 85 Abs. 2 SächsVerf und § 2 Abs. 2 SächsGemO auszugleichen.[278] Es sind dann durch den Gesetzgeber entsprechende Bestimmungen über die Deckung der Kosten zu treffen **(sog. striktes Konnexitätsprinzip)**.[279] Dabei kommt es nicht darauf an, ob es sich um weisungsfreie Pflichtaufgaben nach § 2 Abs. 2 SächsGemO oder um Weisungsaufgaben nach § 2 Abs. 3 SächsGemO handelt.[280] Bei **Mehrbelastungen** ist gemäß Art. 85 Abs. 2 S. 1 SächsVerf durch den Freistaat Sachsen ein **finanzieller Ausgleich** zu schaffen („Wer bestellt, bezahlt"). Dies gilt auch dann, wenn freiwillige Aufgaben in Pflichtaufgaben umgewandelt werden oder wenn der Freistaat Sachsen durch ein Gesetz oder aufgrund eines Gesetzes nachträglich eine finanzielle Mehrbelastung bei der Erledigung übertragener oder bestehender Aufgaben unmittelbar verursacht (vgl. Art. 85 Abs. 2 S. 2 SächsVerf). Wenn sich aber vorhandene Aufgaben lediglich (auch erheblich) verteu-

276 Vgl. etwa *Erbguth/Mann/Schubert*, Besonderes Verwaltungsrecht, § 5 Rn. 200; *Haack*, Kommunalrecht, in: Steiner/Brinktrine, Besonderes Verwaltungsrecht, § 1 Rn. 26.
277 Siehe näher hierzu oben im 1. Kapitel unter B.
278 Vgl. *Quecke/Schaffarzik*, in: Quecke/Schmid, Gemeindeordnung für den Freistaat Sachsen, § 2 Rn. 88.
279 Siehe näher hierzu oben im 2. Kapitel unter C.III.5.
280 *Menke/Arens*, Gemeindeordnung für den Freistaat Sachsen, § 2 Rn. 16 ff.

ern, führt dies zu keinem Mehrbelastungsausgleich. Das Landesgesetz muss nicht zwingend die entsprechende Kostenregelung enthalten. Art. 85 Abs. 1 S. 3 SächsVerf fordert mit dem Wort „dabei" jedoch, dass eine Kostendeckungsregelung entweder bereits im Zeitpunkt der gesetzlichen Aufgabenübertragung vorhanden ist oder aber in einem sachlichen und zeitlichen Zusammenhang mit dieser ergeht.[281] Der Mehrbelastungsausgleich erfolgt i. d. R. im Finanzausgleichsgesetz (FAG).

Zur Vertiefung: 137

Während freiwillige Aufgaben unter Umständen vollständig privatisiert werden können, ist bei Pflichtaufgaben ***eine materielle Privatisierung unzulässig****, weil hierdurch die Aufgabenwahrnehmung als solche infrage gestellt werden könnte. Materielle Privatisierung bedeutet die vollständige Aufgabenübertragung auf einen privaten Dritten und damit die vollständige Entlassung aus der kommunalen Verantwortung. Zulässig ist hingegen eine* ***formelle Privatisierung****, bei der die Kommune Allein- oder Mehrheitsgesellschafter des Unternehmens ist.*[282]

Der **Katalog der gemeindlichen Pflichtaufgaben** (z. T. sind aber nur Kreisfreie Städte zuständig) nimmt an Zahl und Bedeutung zu und betrifft insb. die Aufgaben der Daseinsvorsorge. Als Beispiele können angeführt werden: 138

- Wasserversorgung (§ 43 Abs. 1 SächsWG i. V. m. § 50 WHG),
- Abwasserbeseitigung (§ 50 Abs. 1 SächsWG i. V. m. § 56 WHG),
- Abfallentsorgung (§§ 17, 20 KrWG i. V. m. § 2 Abs. 1 SächsKrWBodSchG),
- Straßenreinigung, Winterdienst und Beleuchtung (§ 51 Abs. 1 und Abs. 3 SächsStrG),
- Bau und Unterhaltung von Gemeindestraßen/Träger der Straßenbaulast (§§ 9, 44 Abs. 1 S. 3 SächsStrG), bei Gemeinden mit mehr als 30.000 Einwohnern auch für die Ortsdurchfahrten im Zuge von Staats- und Kreisstraßen (§ 44 Abs. 2 S. 1 SächsStrG)
- Aufgaben des örtlichen Brandschutzes (§§ 2 Abs. 1, 3 Nr. 1, 4 Abs. 2, 5 Abs. 1, 6 Abs. 1 SächsBRKG),
- Aufgaben als Schulträger der allgemeinbildenden Schulen und der Schulen des zweiten Bildungsweges (§§ 21, 22 Abs. 1 S. 1, 23 Abs. 1 SächsSchulG),
- Bauleitplanung (§§ 1 Abs. 3, 2 Abs. 1 BauGB),
- Baulanderschließung/Erschließungslast (§ 123 Abs. 1 BauGB),
- Krankenhauswesen (§ 1 Abs. 2 SächsKHG),
- Friedhofswesen (§ 2 Abs. 1 SächsBestattG),

281 Vgl. *Quecke/Schaffarzik*, in: Quecke/Schmid, Gemeindeordnung für den Freistaat Sachsen, § 2 Rn. 88, § 2 Rn. 92.
282 Siehe hierzu auch oben in diesem 3. Kapitel unter H.II.1.

- Aufgaben aus dem Bereich der Kinder- und Jugendhilfe (§ 3 Abs. 2 SGB VIII) wie z.B. die Gewährleistung eines bedarfsgerechten Angebotes an Kindertagesstätten durch die örtlichen Träger der öffentlichen Jugendhilfe (§ 8 Abs. 1 SächsKitaG i.V.m. § 1 Abs. 1 LJHG) sowie
- Aufgaben der Kulturpflege (§ 2 SächsKRG).

139 Die Pflicht kann dabei auch unter einer Bedingung stehen, d.h., die Verpflichtung tritt erst dann ein, wenn die Bedingung eintritt. Diese **bedingten Pflichtaufgaben** haben so lange keinen zeitlichen Vorrang vor den freiwilligen Aufgaben, bis die jeweilige Bedingung erfüllt ist; erst dann werden sie zur „echten" Pflichtaufgabe. Hierzu folgende Beispiele:

- Die Bauleitpläne sind nach § 1 Abs. 3 S. 1 BauGB nur aufzustellen, „sobald und soweit es für die städtebauliche Entwicklung und Ordnung erforderlich ist".
- Einer Anlegung und Erweiterung von Friedhöfen bedarf es nach § 2 Abs. 1 SächsBestG nur, „soweit hierfür ein öffentliches Bedürfnis besteht".
- Für die Einrichtung und den Betrieb einer Kindertageseinrichtung gilt nach § 9 Abs. 3 SächsKitaG: „Ist kein Träger der freien Jugendhilfe vorhanden oder bereit, die Einrichtung oder den Betrieb einer im Bedarfsplan als erforderlich ausgewiesenen Kindertageseinrichtung zu übernehmen, ist die Gemeinde zur Übernahme der Trägerschaft verpflichtet; die Trägerschaft kann in diesem Fall auch von einem kommunalen Zweckverband übernommen werden."

Zuständiges Organ zur Erfüllung der Pflichtaufgaben ist auch hier grds. der **Gemeinderat** (§ 28 Abs. 1 SächsGemO).

140 Im Bereich der Pflichtaufgaben (ohne Weisung) – ebenso wie bei den freiwilligen Aufgaben – unterliegen die Gemeinden allein der **Rechtsaufsicht** nach §§ 111 Abs. 1, 112 bis 118 SächsGemO.[283]

141 Gemäß § 73 Abs. 1 S. 2 Nr. 3 VwGO erlässt in Selbstverwaltungsangelegenheiten (freiwillige Aufgaben und weisungsfreie Pflichtaufgaben) im Rahmen eines Widerspruchsverfahrens nach §§ 68ff. VwGO die Gemeinde selbst den Widerspruchsbescheid, soweit nicht durch Gesetz etwas anderes bestimmt ist (so etwa die Sonderregelung des § 27 Abs. 1 S. 1 SächsJG für Gemeinden unter 5.000 Einwohnern: In diesem Fall ist das jeweilige Landratsamt als Widerspruchsbehörde zuständig).

3. Weisungsaufgaben

142 Die **Rechtsgrundlagen** ergeben sich aus Art. 85 Abs. 1 i.V.m. Art. 85 Abs. 3 SächsVerf und § 2 Abs. 3 SächsGemO. Die Weisungsaufgaben sind danach ein **Bestandteil des gemeindlichen Wirkungskreises** (monistisches Aufgabenmodell). Dabei handelt es sich aber nicht mehr um Selbstverwaltungsaufgaben herkömmlicher Art. Diese Aufgaben gehören vielmehr zu dem **Tätigkeitskatalog**, der außerhalb der institutionell geschützten Selbstverwaltungsgarantie

283 Siehe näher hierzu unten im 9. Kapitel unter B.

liegt, jedoch von den Gemeinden in ihrer Eigenschaft als **Träger der kommunalen Selbstverwaltung** wahrgenommen wird. Aus diesen Gründen erscheint es konsequent, einen landesverfassungsrechtlichen Schutz der Gemeinden auch für solche Aufgaben zu bejahen.[284]

Die Weisungsaufgaben ergeben sich ebenso wie die (weisungsfreien) Pflichtauf- **143**
gaben aus entsprechenden Fachgesetzen (vgl. § 2 Abs. 3 SächsGemO), in denen das Weisungsrecht **ausdrücklich geregelt** sein muss. Es handelt sich dabei um Bereiche, bei denen das Interesse des Staates an einer korrekten Durchführung einer Aufgabe erfordert, diese Durchführung durch staatliche Weisungen auch zu Art und Umfang der Aufgabenwahrnehmung sicherzustellen. Die Gemeinden verlieren damit die Möglichkeit, sowohl über das „Ob" als auch über das „Wie" selbst zu entscheiden. Dabei handelt es sich **in erster Linie** um **Aufgaben** der Gemeinden im Rahmen der öffentlichen Sicherheit und Ordnung bzw. **der Gefahrenabwehr** (Polizeirecht, Melderecht, Bauordnungsrecht, Denkmalschutz usw.).

Bei diesen Aufgaben unterliegen die Gemeinden sowohl hinsichtlich der Fra- **144**
ge der **Übernahme** als auch der **Durchführung** der Weisung des Staates (Gesetz- und Zweckmäßigkeitskontrolle). Da aber nach der monistischen Wirkungskreislehre die Gemeinden auch in diesem Bereich **eigene Aufgaben** erledigen, besitzt der Staat grds. kein generelles, sondern nur ein punktuelles Weisungsrecht. Der Umfang dieses Weisungsrechts muss gemäß § 2 Abs. 3 S. 2 SächsGemO durch Gesetz bestimmt werden. Übt der Staat das Weisungsrecht nicht aus, dürfen die Gemeinden nach eigenem Ermessen handeln.

Zur Vertiefung: **145**

Die 2008 eingefügte Vorschrift des § 2 Abs. 3 S. 3 SächsGemO grenzt die Eingriffsermächtigung bei der Ausübung – auch bereits bestehender – unbeschränkter Weisungsrechte ein. Denn nach § 2 Abs. 3 S. 3 SächsGemO sollen sich Weisungen nur (noch) auf allgemeine Anordnungen beschränken und i. d. R. nicht (mehr) in die Einzelausführung eingreifen.[285]

Damit stellt der Freistaat nicht nur sicher, dass die Aufgaben von den Gemein- **146**
den erfüllt werden, sondern im Regelfall auch wie. Die Bereitstellung des für die Erfüllung der Weisungsaufgaben notwendigen Personals, der Verwaltungseinrichtungen sowie der Haushaltsplanmittel durch die Gemeinden bleibt aber eine weisungsfreie Pflichtaufgabe.

Auch wenn den Gemeinden neue weisungsgebundene Aufgaben auferlegt wer- **147**
den, sind durch den Gesetzgeber Bestimmungen über die Deckung der Kosten zu treffen (vgl. Art. 85 Abs. 2, Abs. 1 S. 3 SächsVerf, sog. **Konnexitätsprinzip**). Bezifferbare Ansprüche hat die Rechtsprechung den Gemeinden aber bisher nicht zugebilligt.[286]

284 Vgl. hier nur *Burgi*, Kommunalrecht, § 8 Rn. 24. Siehe näher hierzu und zu den Konsequenzen für den Rechtsschutz gegen Maßnahmen der staatlichen Aufsicht unten im 9. Kapitel unter D.II.
285 *Sponer*, in: Binus/Sponer/Koolman, Sächsische Gemeindeordnung, § 2 Rn. 14.
286 Siehe näher hierzu m. w. N. aus der Rechtsprechung oben im 2. Kapitel unter C.III.5.

148 Für die **Erledigung der Weisungsaufgaben** ist gemäß § 53 Abs. 3 SächsGemO grds. **der Bürgermeister** zuständig. Durch Gesetz können andere Bestimmungen getroffen werden **(Sonderregelungen)**. So ist die Bildung von Wahlausschüssen z. B. bei Bundes- und Landtagswahlen Aufgabe des Gemeinderats. Dies gilt ebenso auch beim Erlass von Rechtsverordnungen (so z. B. § 35 Abs. 1 S. 1 SächsPBG mit Blick auf Polizeiverordnungen, die länger als einen Monat gelten sollen) oder von Satzungen (vgl. § 28 Abs. 2 Nr. 4 SächsGemO). Der Gemeinderat besitzt darüber hinaus über das **Budgetrecht** und das allgemeine **Kontrollrecht** ein gewisses Mitwirkungsrecht auch bei der Erledigung der Weisungsaufgaben.

149 Bei folgenden Tätigkeitsbereichen der Gemeinden (z. T. sind nur Kreisfreie Städte betroffen) handelt es sich bspw. um Weisungsaufgaben:

- Aufgaben als untere Abfall- und Bodenschutzbehörden (§§ 19 Abs. 1 Nr. 3; 20 Abs. 1 und Abs. 3 S. 1 SächsKrWBodSchG),
- Aufgaben im Rahmen des Naturschutzes (§§ 46 Abs. 1 Nr. 3, 47 Abs. 1 und 4 SächsNatSchG),
- Denkmalschutzaufgaben (§ 3 Abs. 1 Nr. 3, Abs. 3 SächsDSchG),
- Aufgaben der unteren Bauaufsichtsbehörden (§§ 57 Abs. 1 Nr. 1, 58 Abs. 1 SächsBauO),
- Aufgaben der Kreis- und Ortspolizeibehörden (§ 1 SächsPBG),
- Aufgaben als Straßenverkehrsbehörden (§§ 1 Nr. 1 und 2; 2 und 3 SächsStrVRG i. V. m. § 44 StVO),
- Aufgaben der unteren Ausländerbehörde (§ 2 Abs. 1 Nr. 3, Abs. 3 SächsAuslZuG),
- Aufgaben im Personenstandswesen (§ 1 SächsAGPStG),
- Aufgaben im Meldewesen (§§ 1, 2 BMG[287] i. V. m. § 1 Abs. 1 SächsAGBMG[288]),
- Ausstellen von Pässen und Personalausweisen (§ 1 Abs. 1SächsAGPass-PAuswG),
- gewerbliche Angelegenheiten (§§ 2, 4, 7, 10 SächsGewODVO; § 2 Abs. 5, §§ 4, 5 und § 11 Abs. 1 SächsGastStG),
- Aufgaben des Katastrophenschutzes (§ 3 Abs. 1 Nr. 4, 5 Abs. 1 S. 3 SächsBRKG),
- Aufgaben aus dem Jagdrecht (§ 32 Abs. 1 Nr. 3, Abs. 2 SächsJagdG) sowie
- Aufgaben aus dem Vermessungswesen (§ 2 Abs. 1 Nr. 3 SächsVermKatG).

150 Für Schadensersatzansprüche aus der Erfüllung von Weisungsaufgaben haftet nach allgemeinen Grundsätzen die Gemeinde oder der Landkreis als Rechtsträger der handelnden Behörde. Ein Ausgleichsanspruch steht ihr nur dann zu, wenn der Schaden aufgrund einer fehlerhaft erteilten Weisung entstand.[289]

---

287 Bundesmeldegesetz (BMG) vom 3.5.2013 (BGBl. I S. 1084) mit späteren Änderungen.

288 Sächsisches Gesetz zur Ausführung des Bundesmeldegesetzes (SächsAGBMG) vom 9.7.2014 (SächsGVBl. 2014 S. 376) mit späteren Änderungen.

289 Dies soll nach der – freilich umstrittenen – Entscheidung BGH, NJW 2003, S. 1318 auch für fehlerhafte kommunalaufsichtsrechtliche Genehmigungen gelten; vgl. dazu die Kritik bei *Burgi*, Kommunalrecht, § 9 Rn. 29 und bei *von Mutius/Groth*, NJW 2003, S. 1278 ff.

Die „Kehrseite“ der großen Zahl der Erledigung „eigentlich“ staatlicher Aufgaben durch die Gemeinden ist eine weitreichende staatliche Aufsicht. Die Staatsaufsicht über die Gemeinden (als Teil des Staates) ist gemäß Art. 20 Abs. 2 und 3 GG notwendig. Die Aufsicht über die Gemeinden umfasst in dem Bereich der Weisungsaufgaben sowohl die **Rechtsaufsicht** (§ 111 Abs. 1 SächsGemO) als auch die **Fachaufsicht** (§ 111 Abs. 2 SächsGemO). Über Widersprüche gegen Verwaltungsakte entscheiden bei den Weisungsaufgaben (auch bezüglich der Zweckmäßigkeit) – nach Durchführung eines Abhilfeverfahren – daher die Aufsichtsbehörden als **Widerspruchsbehörden** (§§ 72, 73 Abs. 1 S. 2 Nr. 1 VwGO). 151

4. (Bisherige) Bundesauftragsangelegenheiten

Die **Rechtsgrundlage** ergab sich aus Art. 85 Abs. 1 S. 1 GG. Danach hatte der Bund das Recht, unmittelbar auf die Gemeinden sog. Auftragsangelegenheiten zu übertragen. Mit der Föderalismusreform I im Jahr 2006 ist in Art. 85 Abs. 1 S. 2 GG festgelegt worden, dass durch Bundesgesetz Gemeinden und Gemeindeverbänden Aufgaben nicht (mehr) übertragen werden dürfen. Allerdings gilt widerstreitendes bisheriges Recht so lange weiter, bis es durch Landesrecht ersetzt wird (vgl. § 125a Abs. 1 GG).[290] Für die bisherigen Bundesauftragsangelegenheiten bedeutet diese Überleitungsvorschrift zunächst Bestandsschutz (z. B. Vorbereitung der Bundestagswahl, Wehrerfassung nach § 15 Abs. 3, 4 WPflG, Ziviler Bevölkerungsschutz, Personenstandsangelegenheiten nach § 51 PersonenstandsG usw.). Nunmehr regelt § 123 Abs. 5 S. 1 SächsGemO, dass dann, wenn die zu beaufsichtigenden Gebietskörperschaften in Angelegenheiten zuständig sind, die der Freistaat Sachsen im Auftrag des Bundes (Art. 85 GG) ausführt, ihnen die Erfüllung der Aufgabe als Weisungsaufgabe (§ 2 Abs. 3 SächsGemO) obliegt. Auf diese Weise stellt der Landesgesetzgeber sicher, dass das in Art. 85 Abs. 3 GG geregelte Weisungsrecht des Bundes auf der kommunalen Ebene durchgesetzt werden kann.[291] 152

III. Abgrenzung zu den Kreisaufgaben

Auch bei den Aufgaben der Landkreise ist gemäß § 2 LKrO zwischen eigenen und übertragenen Aufgaben zu unterscheiden, die wiederum als Weisungsaufgaben ausgestaltet sein können. Folgende Aufgabenbereiche kommen dabei im Verhältnis zwischen Gemeinde und „ihrem“ Landkreis für die gesetzliche Zuweisung „als Kreisaufgabe“ in Betracht:[292] 153

- kommunale (ursprünglich örtliche) Aufgaben, die aus Gründen des Gemeinwohls zulässigerweise zum Kreis hochgezont wurden (z. B. Jugendamt, Sozialamt, Wohngeld, SchülerBAföG, Abfallbeseitigung, untere Katastrophenschutzbehörde, Schulnetzplanung[293]);

290 Siehe hierzu auch oben im 1. Kapitel unter B.

291 Vgl. etwa *Engels/Krausnick*, Kommunalrecht, Teil 2, § 2 Rn. 14.

292 Siehe hierzu auch unten im 10. Kapitel unter A.IV.

293 Zur Hochzonung der Schulnetzplanung auf die Kreisebene vgl. BVerfGE 138, S. 1 = NVwZ 2015, S. 728 = LKV 2015, S. 23.

- überörtliche, kreisgebietsbezogene Aufgaben, die durch die Landkreise eigenverantwortlich, sachgerecht erfüllt werden können und die nicht anderen Verwaltungsträgern zur Entscheidung zugewiesen sind (vgl. auch § 2 Abs. 1 S. 1, 1. Alt. SächsLKrO);
- sekundäre Unterstützungs-(Ergänzungs-) und Ausgleichsaufgaben für alle die Leistungskraft einer einzelnen oder mehrerer kreisangehöriger Gemeinden übersteigenden Aufgaben (vgl. auch § 2 Abs. 1 S. 1 2. Alt. und § 1 Abs. 1 S. 2 SächsLKrO), wobei die primäre Aufgabenzuständigkeit der Gemeinde erhalten bleibt;
- Kommunalisierung von Aufsichtsfunktionen in der Rechts- und Fachaufsicht gegenüber kreisangehörigen Gemeinden.

4. Kapitel
Gemeindliche Rechtsetzung

1 Dieses Kapitel behandelt die Rechtsetzungshoheit der Gemeinden und die besonderen Anforderungen, welche sich hierfür aus Gesetz und Verfassung ergeben.

Unter Rechtsetzungshoheit (Satzungshoheit) versteht man die Befugnis der Gemeinden, ihre eigenen Angelegenheiten durch den eigenverantwortlichen Erlass von Rechtsvorschriften in Form von Ortsrecht zu regeln. Diese Rechtsetzungsbefugnis können die Gemeinden in Form des Erlasses von Satzungen (unter A.) oder Verordnungen (unter B.) ausüben.

A. Kommunale Satzungen

2 Die Gemeinden haben gemäß § 4 Abs. 1 S. 1 SächsGemO die Möglichkeit, alle weisungsfreien Angelegenheiten für ihr Gebiet in Form von Satzungen zu regeln, soweit Gesetze oder Rechtsverordnungen keine Vorschriften enthalten. § 4 Abs. 1 S. 3 SächsGemO lässt Satzungen aber auch bei Weisungsaufgaben zu, wenn ein Gesetz hierzu ermächtigt. Typisch für Weisungsaufgaben ist das aber nicht. Diese Satzungsautonomie bzw. Satzungshoheit ist **Ausdruck der kommunalen Selbstverwaltungsgarantie**[294] und damit auch einer dezentralisierten Rechtsetzung. Das gemeindliche Verordnungsrecht zielt demgegenüber auf eine Entlastung des Parlaments in seinen Rechtsetzungsaufgaben. Es unterliegt daher auch – im Unterschied zum Satzungsrecht[295] – den Anforderungen des Art. 80 Abs. 1 GG.

3 **Sinn und Zweck** dieser kommunalen Satzungsautonomie ist es, eine Rechtsetzung zu ermöglichen, die örtliche Gegebenheiten besser berücksichtigt und so gleichsam näher bei den Betroffenen ist. Ebenso kann auf kommunaler Ebene meist schneller und flexibler durch Normsetzung auf aktuelle Entwicklungen reagiert werden, als dies auf staatlicher Ebene möglich ist.[296]

I. Begriff der Satzung

4 Mit Satzung bezeichnet man eine

- öffentlich-rechtliche Regelung,
- mit abstrakt-generellem Inhalt,
- die von einem Verwaltungsträger
- im Rahmen der eingeräumten Befugnisse erlassen wurde und
- für die ihm angehörigen und unterworfenen Personen wirkt.

294 Siehe näher hierzu oben im 2. Kapitel unter C.III.6.
295 Vgl. etwa BVerwG, NVwZ 2014, S. 527 (529) mit Besprechung von *Waldhoff*, JuS 2014, S. 958.
296 *Engels/Krausnick*, Kommunalrecht, Teil 2, § 3 Rn. 4.

5 Den Gemeinden ist es grds. freigestellt, ob sie eine Satzung erlassen wollen. Andererseits dürfen aber Satzungen nur erlassen werden, wenn es sich um Angelegenheiten der Allgemeinheit handelt. Satzungen dürfen also keine Einzelfälle betreffen (Ausnahme: Änderung eines Bebauungsplanes zugunsten eines Baugrundstücks), sondern schaffen allgemein gültige Rechtssätze. Sie werden deshalb im Unterschied zum Verwaltungsakt (bei dem es sich gemäß § 35 S. 1 VwVfG i. V. m. § 1 S. 1 SächsVwVfZG grds. um eine konkret-individuelle Anordnung handelt) auch als **„abstrakt-generelle Rechtsvorschriften“** bezeichnet.[297]

6 Satzungen sind **Gesetze im materiellen Sinne**, nicht aber im formellen Sinne (keine Parlamentsgesetze) und stehen in der Rangfolge unterhalb des vom Staat gesetzten Rechts, d. h. unterhalb der Landesgesetze. Sie schaffen objektives Recht, wirken auf dem Gemeindegebiet als „Ortsgesetze“ und werden ausschließlich vom Gemeinderat als Verwaltungsorgan erlassen.

7 **Zur Vertiefung:**

Der Gemeinderat ist ***kein*** *„echtes“ Parlament, sondern ein Willensbildungs- und Beschlussorgan einer Selbstverwaltungskörperschaft, welches nach parlamentarisch-demokratischen Grundsätzen arbeitet bzw. arbeiten muss. Der Gemeinderat ist damit* ***Teil der Verwaltung****. Bei der gemeindlichen Rechtsetzung handelt es sich daher um keine parlamentarische Gesetzgebungstätigkeit, sondern um Rechtsetzung durch die Verwaltung nach demokratisch-parlamentarischen und rechtsstaatlichen Grundsätzen.*[298]

8 Satzungen entfalten als Ortsgesetze **Bindungswirkung** für die Einwohner und die diesen Gleichgestellten im Rahmen ihres Anwendungsbereichs, aber auch für die Aufsichtsbehörden und anderen Behörden, die Gerichte[299] und die Gemeinde (einschließlich des Gemeinderats) selbst. Folglich bedarf es einer **Satzungsänderung**, wenn die Gemeinde von dem von ihr selbst gesetzten Satzungsrecht abweichen will.

9 ***Hinweis:***

Wird gegen eine Satzung etwa durch eine Beschlussfassung des Gemeinderats verstoßen bzw. diese nicht beachtet, hat der Bürgermeister gemäß § 52 Abs. 2 SächsGemO die Pflicht, dem Beschluss zu widersprechen; ebenso kann die Rechtsaufsichtsbehörde von ihrem Beanstandungsrecht nach § 114 SächsGemO Gebrauch machen.

297 Vgl. *Stober*, Gemeindeordnung für den Freistaat Sachsen, S. 175; gewisse Ausnahme: Haushaltssatzung (konkreter Haushaltsplan) mit Klarstellung in § 74 SächsGemO und Bebauungsplan (konkrete bauplanungsrechtliche Vorgaben) mit Klarstellung in § 10 Abs. 1 BauGB.

298 Vgl. etwa BVerwGE 90, S. 359 (362).

299 Das schließt nicht aus, dass Satzungen auch Gegenstand der gerichtlichen Kontrolle sein können, wie im Folgenden in diesem 4. Kapitel unter C. noch näher dargelegt wird.

Eine Satzung kann (mit Außenwirkung als Regelfall) 10

- die Benutzung einer gemeindlichen Einrichtung regeln, § 10 Abs. 2 SächsGemO (z. B. Satzung über die Benutzung eines Schwimmbades, einer Stadthalle, eines Kindergartens oder einer Sporthalle usw.),
- sie kann Abgabenpflichten begründen, § 2 Abs. 1 SächsKAG (z. B. Gebührensatzung),
- Anschluss- und Benutzungszwang anordnen, § 14 Abs. 1 SächsGemO,
- aber auch die Organisation der gemeindeinternen Abläufe regeln (Hauptsatzung, Haushaltssatzung, Bekanntmachungssatzung, Betriebssatzung usw., die i. d. R. nur Innenwirkung haben).

Unter den Voraussetzungen des § 124 Abs. 1 SächsGemO (Ermächtigungsgrundlage) kann die Gemeinde zudem auch **Bußgelder** für vorsätzliche und fahrlässige Zuwiderhandlungen gegen Ge- und Verbote in der Satzung vorsehen (sog. Bewehrung). 11

Satzungen sind in dem System unterschiedlicher Handlungsformen der Verwaltung dem öffentlich-rechtlichen Handeln (im Gegensatz zum privatrechtlichen Handeln) zuzuordnen und von den sonstigen öffentlich-rechtlichen Handlungsformen (Verwaltungsakt, öffentlich-rechtlicher Vertrag, Verwaltungsvorschrift und Verordnung) abzugrenzen. 12

II. Satzungsermächtigung und Grenzen

Aus dem Recht der kommunalen Selbstverwaltung (Art. 28 Abs. 2 GG, Art. 82 Abs. 2 SächsVerf: „... zu regeln.") ergibt sich die Befugnis, alle Angelegenheiten der örtlichen Gemeinschaft durch Satzung selbst regeln zu dürfen. Der Begriff „Regeln" umfasst auch den Erlass allgemein verbindlicher Rechtsnormen (Satzungsautonomie).[300] Die gemeindliche Rechtsetzungshoheit ist aber, wie die gesamte gemeindliche Selbstverwaltung, nur im Rahmen der Gesetze gewährleistet (Art. 28 Abs. 2 GG). 13

Diese Rechtsetzungshoheit wird also **begrenzt** durch das staatlich gesetzte Bundesrecht (GG, Bundesgesetze, Bundes-VO), insb. aber auch durch die Gesetze und Rechtsverordnungen des Freistaates Sachsen. Dieses höherrangige Recht hat stets Vorrang **(Vorrang des Gesetzes)**. Satzungen sind rechtswidrig, wenn sie staatlicher Rechtsetzung oder auch dem Gewohnheitsrecht widersprechen. Bei Kollisionen innerhalb der Gemeindesatzungen oder gegenüber den Gemeindeverordnungen gelten die allgemeinen Grundsätze über die Rangordnung der Rechtsquellen derselben Stufe: Vorrang der speziellen vor der allgemeinen und der neueren vor der älteren Regelung. 14

Schreibt das Gesetzesrecht den Erlass einer Satzung vor (z. B. §§ 4 Abs. 2, 74 Abs. 1, 77 Abs. 2 SächsGemO), ist die gemeindliche Entscheidungsfreiheit daher entsprechend eingeschränkt (spezielle gesetzliche Regelungen für einzelne Satzungen). Zudem haben Satzungen, wie die anderen generellen Regelungen, 15

300 Siehe näher hierzu oben im 2. Kapitel unter C.III.6.

die allgemeinen verfassungsrechtlichen Vorgaben, und zwar die **grundrechtlichen Bindungen** und die **rechtsstaatlichen Anforderungen** (v.a. Bestimmtheitsgrundsatz, Übermaßverbot) sowie das **Recht der EU** zu beachten.[301]

16 **Beispiel:**

Eine satzungsrechtliche Verpflichtung, auf einem kommunalen Friedhof nur Grabmale aufzustellen, die „nachweislich in der gesamten Wertschöpfungskette ohne ausbeuterische Kinderarbeit … hergestellt werden", verstößt gegen das rechtsstaatliche Bestimmtheitsgebot und (damit) auch gegen die Grundrechte der Betroffenen.[302]

17 **Zur Vertiefung:**

Satzungen, die in Grundrechte der Einwohner eingreifen, müssen den ***Grundsatz der Verhältnismäßigkeit*** *beachten. Fraglich ist, ob sich daraus eine Verpflichtung ableiten lässt, dass derartige Satzungen* ***zwingend*** *Ausnahme- oder Befreiungsbestimmungen enthalten müssen.*

Muss etwa eine Satzung gemäß § 51 Abs. 5 S. 1 SächsStrG, wonach die Gemeinde die Verpflichtung zur Reinigung aller öffentlichen Straßen innerhalb der geschlossenen Ortslage den Eigentümern der durch öffentliche Straßen erschlossenen Grundstücke auferlegt, eine Ausnahme- oder Befreiungsregelung enthalten? Dagegen spricht, dass den Gemeinden im Rahmen ihrer Satzungshoheit ein weiter Gestaltungsspielraum zusteht. Dies wird bspw. in § 14 Abs. 2 S. 1 SächsGemO deutlich. Danach ***kann*** *eine Satzung, die einen Anschluss- und Benutzungszwang vorschreibt, Ausnahmen zulassen (ähnlich § 18 Abs. 1 S. 4 SächsStrG: Die Gemeinde kann durch Satzung bestimmte Sondernutzungen von der Erlaubnispflicht befreien). Hinzu kommt, dass bei atypischen Fallgestaltungen ein Anspruch auf Befreiung von einer zwangsweisen Verpflichtung auch ohne entsprechende Satzungsregelung auf Grundrechte gestützt werden kann (z. B. kein Anschluss- und Benutzungszwang für Wasserleitungsanschlüsse bei großen Entfernungen oder bei speziellen Anforderungen an die Wasserqualität [etwa Brauereien][303]).*

18 Die Satzungsgebung unterliegt auch dem **Vorbehalt des Gesetzes**. Satzungen bedürfen daher einer speziellen gesetzlichen Ermächtigung, sofern sie in Grundrechte eingreifen wie z.B. die Anordnung eines Anschluss- und Benutzungszwangs oder der Erlass eines Bebauungsplanes, die jeweils zu einem Eingriff in Art. 14 Abs. 1 GG führen. Für die weisungsfreien Angelegenheiten wird diese Ermächtigung durch § 4 Abs. 1 S. 1 SächsGemO nur in allgemeiner Form erteilt (Generalermächtigung). Danach können die Gemeinden alle weisungsfreien Angelegenheiten durch Satzung regeln, soweit Gesetze oder Rechtsverordnungen keine Vorschriften enthalten. Hierbei handelt es sich allerdings lediglich um

301 Vgl. näher dazu *Burgi*, Kommunalrecht, § 15 Rn. 31 ff.; ferner *Erbguth/Mann/Schubert*, Besonderes Verwaltungsrecht, § 6 Rn. 231 m. w. N.

302 Vgl. BVerwG, NVwZ 2014, S. 527 (528) mit Besprechung von *Waldhoff*, JuS 2014, S. 958.

303 Vgl. dazu *Sponer*, in: Sponer/Jacob/Musall, Kommunalverfassungsrecht Sachsen, § 14 SächsGemO Erl. 7; BayVGH, Urteil vom 26.10.2016 – 4 B 16.506, juris.

eine den Inhalt der Selbstverwaltungsgarantie wiederholende Bestimmung. Diese weite Fassung ist Ausdruck der Satzungsautonomie; die Gemeinde soll (und darf) selbst über Inhalt, Zweck und Ausmaß des zu Regelnden entscheiden. Zum Teil wird diese allgemeine Ermächtigung des § 4 Abs. 1 S. 1 SächsGemO jedoch durch zwingend zu beachtende fachgesetzliche Regelungen ergänzt bzw. präzisiert, die dann dem § 4 Abs. 1 S. 1 SächsGemO vorgehen (z. B. §§ 4 Abs. 2, 76 SächsGemO, § 6 KomBekVO, § 51 Abs. 2 SächsStrG).

Eine allgemeine landesrechtliche Ermächtigung wie § 4 Abs. 1 S. 1 SächsGemO genügt aber mangels hinreichender Bestimmtheit nicht dem Vorbehalt des Gesetzes und taugt daher nicht als Grundlage für Grundrechtseingriffe.[304] Das kommunale Selbstverwaltungsrecht für sich berechtigt ebenfalls nicht zu Grundrechtseingriffen.[305] Demnach können auf die Generalklausel nur **Satzungen ohne Grundrechtsrelevanz bzw. Außenwirkung** gestützt werden wie z. B. eine Bekanntmachungssatzung.[306] Besonderheiten gelten ferner, wenn und soweit die **Benutzung einer öffentlichen Einrichtung der Gemeinde**, z. B. einer Stadthalle, Bibliothek oder eines Schwimmbades, durch Satzung geregelt wird. Hier kann die Befugnis für belastende Satzungsregelungen (v. a. durch Anordnung bestimmter Verhaltensregeln) nach ganz h. M. entweder unmittelbar aus der (impliziten) gesetzlichen Ermächtigung zur Schaffung von öffentlichen Einrichtungen und damit aus § 10 Abs. 2 SächsGemO oder aber aus einer gewohnheitsrechtlich begründeten Anstaltsgewalt hergeleitet werden.[307] 19

Jenseits dessen bedarf es demgegenüber für **Grundrechtseingriffe** zwingend **spezieller gesetzlicher Regelungen**, die sich wiederum in der SächsGemO, den Bundes- oder Landesgesetzen finden (z. B. § 14 SächsGemO, § 10 Abs. 1 BauGB, § 25 BauGB, § 2 SächsKAG, § 132 BauGB, § 51 Abs. 5 SächsStrG, § 25 SächsVwKG). Soweit solche Spezialregelungen zum Erlass von Satzungen ermächtigen, gehen diese der allgemeinen Regelung in § 4 Abs. 1 S. 1 SächsGemO vor. 20

Zusammenfassend lässt sich feststellen, dass die Gemeinden damit im Bereich der weisungsfreien Angelegenheiten, d. h. sowohl bei den freiwilligen Aufgaben (§ 2 Abs. 1 SächsGemO) als auch im Bereich der Pflichtaufgaben (§ 2 Abs. 2 SächsGemO) Satzungen bereits auf der Grundlage des § 4 Abs. 1 S. 1 SächsGemO (Generalklausel) erlassen können (ggf. mit Fachgesetz); bei Grundrechtseingriffen allerdings nur mit ausdrücklicher Ermächtigung. In Weisungsangelegenheiten dürfen Gemeinden, wie bereits erwähnt, gemäß § 4 Abs. 1 S. 3 SächsGemO nur dann Satzungen (ebenso Verordnungen) erlassen, wenn sie durch Gesetz dazu ausdrücklich ermächtigt sind (z. B. Ausweisung eines Landschaftsschutzgebietes: § 29 BNatSchG i. V. m. §§ 46 Abs. 1 Nr. 3, 47 Abs. 1, 19 Abs. 1 21

304 Vgl. etwa BVerwG, NVwZ 2014, S. 527 (529 f.) mit Besprechung von *Waldhoff*, JuS 2014, S. 958; ferner *Jaeckel/Jaeckel*, Kommunalrecht in Sachsen, Rn. 189.

305 *Geis*, Kommunalrecht, § 8 Rn. 4.

306 Vgl. *Belz*, SächsVBl. 1994, S. 1 (3); *Widmann/Grasser*, Bayerische Gemeindeordnung, Art. 24 Rn. 2; *Böhm*, Autonomes kommunales Satzungsrecht, in: Lübbe-Wolff, Umweltschutz durch kommunales Satzungsrecht, S. 278 ff.

307 Vgl. dazu hier nur *Gern/Brüning*, Deutsches Kommunalrecht, Rn. 830 f. m. w. N., wo freilich in Rn. 832 Bedenken gegenüber beiden Ansichten geäußert werden, die hier nicht geteilt werden.

SächsNatSchG). Die Satzungsbefugnis folgt insoweit nicht aus dem Selbstverwaltungsrecht, sondern aus dem speziellen Gesetz. Bei Weisungsaufgaben besteht ein Satzungsgebungsrecht auch nur im Rahmen der speziellen Ermächtigung. Besonderheiten gelten bei der Regelung der Benutzung öffentlicher Einrichtungen der Gemeinde.

III. Satzungsarten

1. Allgemeines

22 Es steht grds. im Ermessen der Gemeinden, ob und welche Satzungen sie erlassen will (sog. Ermessenssatzungen wie z. B. eine Benutzungssatzung für Bäder, Sporthallen oder eine Stadthalle).

23 ***Hinweise:***

Im Rahmen des pflichtgemäßen Ermessens der Gemeinden beim Satzungserlass sind in der Praxis grds. die Notwendigkeit des Erlasses überhaupt, Vor- und Nachteile, insb. Auswirkungen auf die gemeindliche Aufgabenerfüllung und auf die Bürger, Kostenvor- und -nachteile für den Gemeindehaushalt sowie das Verhältnis Aufwand – Nutzen insgesamt vollständig zu prüfen. Dabei kann man sich an bereits vor Ort oder in Nachbargemeinden ***vorhandenen Satzungen*** *orientieren und sollte sich – schon aus Gründen der geringeren Fehleranfälligkeit*[308] *– v. a. auch an* ***Mustersatzungen*** *der kommunalen Spitzenverbände (z. B. des SSG) anlehnen.*

24 Im Hinblick auf den Satzungserlass gibt es für die Gemeinden eine unterschiedliche Verpflichtungsintensität.[309] Einige Satzungen sind, wie bereits erwähnt, gesetzlich vorgeschrieben (**Pflichtsatzungen:** z. B. Hauptsatzung, Haushaltssatzung, Bekanntmachungssatzung). Andere Satzungen müssen erlassen werden, wenn bestimmte Bedingungen dafür eintreten (sog. **bedingte Pflichtsatzungen:** z. B. Bebauungspläne, Errichtung eines Eigenbetriebes). **Kann-Satzungen** (freiwillige Satzungen) stehen demgegenüber im kommunalpolitischen Ermessen und sind Ausdruck der Satzungsautonomie (z. B. Benutzungssatzungen, Baumschutzsatzung oder die Straßenreinigungssatzung).

25 Typische in den meisten Gemeinden (mit Unterschieden zwischen kreisangehörigen Gemeinden und Kreisfreien Städten) und teilweise auch in den Landkreisen bestehende und anzuwendende Satzungen sind:

- Hauptsatzung nach § 4 Abs. 2 S. 1 SächsGemO,
- Bekanntmachungssatzung gemäß § 6 KomBekVO,
- Haushaltssatzung gemäß § 74 Abs. 1 S. 1 SächsGemO,
- Entschädigungssatzung nach § 21 SächsGemO,
- Verwaltungskostensatzung nach § 8a SächsKAG,

308 So auch *Burgi*, Kommunalrecht, § 15 Rn. 17.

309 Vgl. zur Rechtslage in den anderen Bundesländern die Nachweise bei *Burgi*, Kommunalrecht, § 15 Rn. 19; *Erbguth/Mann/Schubert*, Besonderes Verwaltungsrecht, § 6 Rn. 225 ff.

- Satzungen über die Benutzung gemeindlicher öffentlicher Einrichtungen nach § 4 Abs. 1 S. 1 SächsGemO (z. B. Bäder, Sporthallen, Bibliothek, Musikschule, Grünanlagen, Märkte usw.),
- Satzung zur Einführung des Anschluss- und Benutzungszwanges nach § 14 SächsGemO,
- Abgabensatzungen (Steuern, Gebühren, Beiträge) nach § 2 Abs. 1 SächsKAG i. V. m. fachgesetzlicher Ermächtigung (z. B. § 9 SächsKAG),
- bauplanungsrechtliche Satzungen gemäß § 10 BauGB (Bebauungsplan) und § 25 BauGB (besonderes Vorkaufsrecht),
- Betriebssatzungen bei Eigenbetrieben nach § 95a Abs. 3 SächsGemO sowie
- Satzungen aufgrund weiterer fachgesetzlicher Ermächtigungen (z. B. Feuerwehrsatzung nach § 15 Abs. 5 SächsBRKG; Schülerbeförderungskostensatzung nach § 23 Abs. 3 SächsSchulG; Satzung des Amtes für Jugend und Familie nach § 2 Abs. 1 LJHG sowie Baumschutzsatzung nach §§ 19 Abs. 1, 48 Abs. 1 Nr. 3 SächsNatSchG).

Wegen der kommunalen Satzungshoheit gibt es weitere Satzungen auf der Grundlage des § 4 Abs. 1 S. 1 SächsGemO (z. B. Satzung über Ehrungen und Auszeichnungen, die Verleihung eines Preises usw.) 26

Hinweise: 27

Aufgrund der Spezialermächtigung des § 124 Abs. 1 SächsGemO können bei fahrlässigen oder vorsätzlichen Verstößen gegen Satzungsbestimmungen in der Satzung Bußgelder nach dem OWiG festgelegt werden. Die Satzung muss den einzelnen Tatbestand aufgrund des strafrechtlichen Bestimmtheitsgebotes in Art. 103 Abs. 2 GG hinreichend klar und eindeutig regeln. Eine allgemeine Formulierung etwa in der Weise, dass „Verstöße gegen die Satzung als Ordnungswidrigkeiten geahndet werden", genügt nicht.[310] *Auch ein reiner Verweis auf den jeweiligen Paragrafen ist nicht ausreichend. Vielmehr muss der entsprechende Tatbestand unter Einbeziehung des jeweiligen Paragrafen ausdrücklich formuliert werden.*[311]

Als weitere Ermächtigungsgrundlage für eine Bußgeldbewehrung, die insoweit § 124 Abs. 1 SächsGemO als lex specialis vorgeht, ist bspw. § 6 Abs. 2 Nr. 2 SächsKAG zu nennen. 28

Die **Änderung oder Aufhebung einer Satzung** kann nur über eine Satzung selbst erfolgen. Für eine solche Satzung gelten dieselben Verfahrens- und Formvorschriften sowie dieselben materiellen Anforderungen wie für den erstmaligen Erlass der Satzung selbst. Für die Änderung oder Aufhebung einer Satzung ist also wiederum eine Satzung erforderlich, eine sog. Änderungssatzung oder Aufhebungssatzung. Unter bestimmten Voraussetzungen kann sogar eine Pflicht zum Erlass einer Änderungssatzung bestehen. So schreibt § 77 Abs. 2 Säch- 29

310 *Rehak*, in: Quecke/Schmid, Sächsische Gemeindeordnung, § 124 Rn. 3.

311 Differenzierend: *Koolman*, in: Binus/Sponer/Koolman, Sächsische Gemeindeordnung, § 124 Rn. 2.

GemO vor, dass unter den besonderen Fällen der Nr. 1–5 eine Abänderung der Haushaltssatzung unverzüglich durch eine „Nachtragssatzung“ zu erfolgen hat.

30 Zusammenfassend lassen sich daher drei Arten von Satzungen unterscheiden:

- Grundsatzungen (diese begründen erstmalig materielles Recht und damit Rechte und Pflichten);
- Änderungssatzungen (diese modifizieren das geschaffene materielle Recht) und
- Aufhebungssatzungen (diese beseitigen das geschaffene materielle Recht).

2. Die wichtigsten gemeindlichen Satzungen im Einzelnen

a) Hauptsatzung

31 Rechtsgrundlage für die Hauptsatzung ist der § 4 Abs. 2 SächsGemO. Die Hauptsatzung ist das „Verfassungsstatut“ der Gemeinden (und Landkreise).[312] Es handelt sich also um eine Satzung mit formellem Inhalt in Ergänzung der Regelung der SächsGemO (und der SächsLKrO).

32 Gemäß § 4 Abs. 2 S. 1 SächsGemO handelt es sich bei der gemeindlichen Hauptsatzung um eine **Pflichtsatzung**; im Landkreis gilt gemäß § 3 Abs. 2 SächsLKrO das Gleiche. Die Pflicht zum Erlass einer Hauptsatzung dient der einheitlichen Gestaltung des Ortsrechts und der verbindlichen Schaffung eines zentralen Regelwerks i. S. eines gemeindlichen Verfassungsstatuts.[313]

33 Darüber hinaus überlässt es die SächsGemO (bzw. die SächsLKrO) in mehrfacher Hinsicht den Gemeinden (bzw. den Landkreisen), gesetzliche Vorschriften durch die Hauptsatzung auszugestalten, wobei eine Vielzahl von kommunalverfassungsrechtlich grundlegenden Ergänzungsregelungen möglich ist, die gemäß der SächsGemO verbindlich **nur** durch Hauptsatzungsregelung erfolgen können.

34 Dies betrifft Folgendes:

- Geringeres Quorum in Kreisfreien Städten beim Bürgerentscheid (§ 24 Abs. 3 S. 2 SächsGemO),
- Bestimmung der Zahl der Gemeinderäte (§ 29 Abs. 3 SächsGemO),
- Bildung von beschließenden Ausschüssen und deren Geschäftsgang (§ 41 Abs. 1, 4 S. 2 SächsGemO),
- Bildung von beratenden Ausschüssen (§ 43 Abs. 1 und 3 SächsGemO),
- Bildung eines Ältestenrates (§ 45 S. 1 SächsGemO),
- Bildung eines Beirates für geheim zu haltende Angelegenheiten und von sonstigen Beiräten (§§ 46 Abs. 1, 47 Abs. 1 S. 1 SächsGemO),
- Bestimmung der Ehrenamtlichkeit des Bürgermeisteramtes (§ 51 Abs. 2 S. 2 SächsGemO),

312 *Günter/Hassel*, Kommunal-Lexikon, S. 88.
313 *Sponer*, in: Binus/Sponer/Koolman, Sächsische Gemeindeordnung, § 4 Rn. 5.

- Absenkung des Quorums für Bürgerbegehren zur Einleitung eines Abwahlverfahrens des Bürgermeisters in Gemeinden mit mehr als 100.000 Einwohnern (§ 51 Abs. 8 S. 2 SächsGemO),
- Übertragung von Aufgaben auf den Bürgermeister (§ 53 Abs. 2 S. 2 SächsGemO),
- Vertretung des Bürgermeisters durch Bedienstete in Gemeinden ohne Beigeordnete (§ 54 Abs. 2 S. 1 SächsGemO),
- Bestimmung der Zahl der Beigeordneten (§ 55 Abs. 1 S. 2 SächsGemO),
- Bestellung von Kommunalen Gleichstellungsbeauftragten (§ 64 Abs. 2 S. 3 SächsGemO),
- Einführung der Ortschaftsverfassung (§ 65 Abs. 1 SächsGemO) sowie deren Aufhebung (§ 69a Abs. 1 SächsGemO),
- Bestimmung der Zahl der Ortschaftsräte (§ 66 Abs. 2 SächsGemO),
- Übertragung von Aufgaben auf den Ortschaftsrat (§ 67 Abs. 3 S. 1 SächsGemO),
- Durchführung von Bürgerentscheiden und Bürgerbegehren in den Ortschaften (§ 69 Abs. 2 S. 3 SächsGemO),
- Einführung der Stadtbezirksverfassung in den Kreisfreien Städten (§ 70 Abs. 1 S. 1 SächsGemO) sowie deren Aufhebung (§ 71 Abs. 9 SächsGemO),
- Festlegung, dass die Stadtbezirksbeiräte nicht bestellt, sondern direkt gewählt werden (§ 71 Abs. 1 S. 2 SächsGemO),
- Bestimmung der Zahl der Mitglieder des Stadtbezirksbeirates (§ 71 Abs. 1 S. 4 SächsGemO),
- Übertragung von Aufgaben auf den Stadtbezirksbeirat (§ 71 Abs. 2 S. 3 SächsGemO),
- ergänzende Bestimmungen zu den §§ 35 und 36 bis 40 SächsGemO bezüglich der Stadtbezirksbeiräte (§ 71a Abs. 1 SächsGemO) sowie
- abweichende Regelungen von der Zuständigkeit des Stadtrates für die Annahme oder Vermittlung von Kleinspenden, Schenkungen und ähnlichen Zuwendungen (§ 73 Abs. 5 S. 4 SächsGemO).

Das Muster einer Hauptsatzung des SSG gibt Empfehlungen zu diesem Regelungsbedarf, geht jedoch auch darüber hinaus.[314] Neben rechtsbegründenden Bestimmungen wurden aus Gründen der Vollständigkeit und Übersichtlichkeit dort auch solche Bestimmungen aufgenommen, die Vorschriften der SächsGemO wiedergeben. Damit werden das Verständnis und die Anwendung der Hauptsatzung erleichtert. Es ist den Städten und Gemeinden jedoch unbenommen, ihre Hauptsatzung entweder auf das zwingend notwendige Maß zu beschränken oder über das Hauptsatzungsmuster hinaus weitere Bestimmungen aufzunehmen. Weitere Regelungen sind also ohne Zweifel zu- 35

314 Vgl. im Einzelnen die Muster-Hauptsatzung des Sächsischen Städte- und Gemeindetags e. V., die mit weiteren Erläuterungen im Sachsenlandkurier, Heft 04/2022, veröffentlicht wurde.

lässig, sollten aber nicht zu einer Überfrachtung der Hauptsatzung und damit zu einer Unübersichtlichkeit dieser bedeutenden Satzung führen.

36 Aufgrund der genannten Inhalte der Hauptsatzung handelt es sich im Regelfall um eine **Innensatzung**. Insoweit stellt sie eine Ergänzung des bereits in der SächsGemO geregelten Kommunalverfassungsrechts durch spezielle örtliche Bestimmungen dar.

37 Die Hauptsatzung und deren Änderungen müssen gemäß § 4 Abs. 2 S. 2 SächsGemO mit der Mehrheit aller Mitglieder des Gemeinderats beschlossen werden (sog. **absolute Mehrheit**). Das bedeutet, der Beschluss muss gefasst werden mit der Mehrheit der tatsächlichen (nicht der gesetzlichen) Zahl aller Mitglieder gemäß § 29 Abs. 1 SächsGemO, d.h. mehr als der Hälfte der Stimmen aus der festgelegten Höchstzahl der Gemeinderäte, abzüglich der ggf. unbesetzten Sitze, aber einschließlich des Bürgermeisters.

b) Haushaltssatzung

38 Die Haushaltssatzung ist eine zentrale Satzung der Gemeinde. Sie bildet die Rechtsgrundlage der Gemeinden für ihre Haushaltswirtschaft und muss deshalb als **Pflichtsatzung** erlassen werden. Die Haushaltssatzung ist grds. für jedes Haushaltsjahr zu erlassen, kann aber auch für zwei Haushaltsjahre (nach Jahren getrennt) erlassen werden und ist spezialgesetzlich in §§ 74 ff. SächsGemO geregelt. Sie enthält die **Festsetzung des Haushaltsplanes**, dessen Gestaltung sich im Freistaat Sachsen nicht mehr nach der sog. Kameralistik, sondern nach der sog. Doppik richtet (vgl. § 72 Abs. 2 S. 3 SächsGemO und die SächsKomHVO[315]). Neben dem Haushaltsplan (Ergebnishaushalt und Finanzhaushalt) sind des Weiteren der **Höchstbetrag der Kassenkredite** sowie die **Hebesätze für die Realsteuern** Bestandteile der Haushaltssatzung (vgl. § 74 Abs. 2 Nr. 1 bis 3 SächsGemO).

39 Die Haushaltssatzung ist für die Haushaltsführung grds. verbindlich (§ 75 Abs. 4 SächsGemO). Sie kann jedoch im Rahmen einer **Nachtragssatzung** nach § 77 SächsGemO geändert werden, allerdings nur bis zum Ablauf des Haushaltsjahres, wobei die Vorschriften über die Haushaltssatzung entsprechend gelten. Ansonsten sind Abweichungen nur ausnahmsweise bei einem dringenden Bedürfnis oder bei Unabweisbarkeit als überplanmäßige und außerplanmäßige Aufwendungen und Auszahlungen (§ 79 SächsGemO) möglich.

40 Bei der Haushaltssatzung handelt es sich auch insoweit um eine besondere Satzung, als deren Geltungsdauer grds. auf das Haushaltsjahr begrenzt ist (§ 74 Abs. 1 Satz 1 SächsGemO) und diese damit zum Jahresende jeweils ausläuft bzw. gesetzlich außer Kraft tritt. Allerdings kann sie auch für zwei Haushaltsjahre, nach Jahren getrennt, erlassen werden (sog. „Doppelhaushalt"). Auch das Verfahren zum Erlass einer Haushaltssatzung einschließlich des Zeitpunktes ihres Inkrafttretens unterliegt im § 76 SächsGemO besonderen Regelungen.[316]

---

315 Sächsische Kommunalhaushaltsverordnung vom 10.12.2013 (SächsGVBl. S. 910) mit späteren Änderungen.

316 Vgl. zum Verfahrensgang zum Erlass einer Haushaltssatzung die Übersicht bei *G. Brüggen*, in: Brüggen/Geiert/Nolden, Gemeindeordnung für den Freistaat Sachsen, § 76 Rn. 2.

So ist diese gemäß § 76 Abs. 2 S. 2 SächsGemO insb. mit allen erforderlichen Unterlagen (d. h. mit Haushaltsplan und Anlagen) – nach der Beschlussfassung im Gemeinderat – der Rechtsaufsichtsbehörde vorzulegen.

Ist die Haushaltssatzung zu Beginn des Haushaltsjahres noch nicht erlassen, treten die Gemeinden automatisch in eine **vorläufige Haushaltsführung** nach § 78 SächsGemO ein.

c) Bekanntmachungssatzung

Die Bekanntmachungssatzung ist ebenfalls eine **Pflichtsatzung** nach § 6 Kom- **41**
BekVO. Ihre wesentliche Bedeutung besteht in der Festlegung einer **verbindlichen Form der öffentlichen Bekanntmachung** im gesetzlichen Rahmen von §§ 2, 4 KomBekVO für die Gemeinden und Landkreise.[317]

Zur Vertiefung: **42**

Ohne die Bekanntmachungsregelungen in der Bekanntmachungssatzung ist kein wirksamer gemeindlicher Normerlass möglich. Wenn bisher in einer Gemeinde keine wirksame Bekanntmachungssatzung vorhanden ist, erfolgt die erstmalige Bekanntmachung einer Bekanntmachungssatzung nach allgemeiner Ansicht in der Form, die sie selbst vorsieht.

IV. Verfahren und Satzungsinhalt

Für das Satzungsverfahren als Normsetzungsverfahren fehlt es an einer ge- **43**
schlossenen gesetzlichen Regelung. Satzungen sind unter Beachtung der Form- und Verfahrensvorschriften der Spezialgesetze und der SächsGemO vom Gemeinderat zu beschließen. Die wichtigsten Verfahrensvorschriften ergeben sich aus den allgemeinen Regeln der SächsGemO über die innergemeindliche Willensbildung.[318]

Überblick über das Verfahren zum Satzungserlass: **44**

- Satzungsinitiative (d. h. Erstellung eines Satzungsentwurfes; dieser stammt i. d. R. vom Gemeinderat oder aus der Verwaltung, u. U. aber auch von den Einwohnern/Bürgern),
- ggf. Beteiligungsverfahren (z. B. § 76 Abs. 1 SächsGemO),
- ordnungsgemäßer Satzungsbeschluss im Gemeinderat (Verbandskompetenz der Gemeinde; Organkompetenz des Gemeinderats: § 4 Abs. 1 S. 2 und § 28 Abs. 2 Nr. 4 SächsGemO; ordnungsgemäße Ladung; grds. öffentlich; notwendige Beschlussfähigkeit und Abstimmungsmehrheit; keine Befangenheit usw.),

317 Vgl. näher dazu unten in diesem 4. Kapitel unter A.IV.6.

318 Vgl. die ausführliche Kommentierung des Satzungsverfahrens bei *Rehak*, in: Quecke/Schmid, Gemeindeordnung für den Freistaat Sachsen, § 4 Rn. 23 ff.; ferner *Sponer*, in: Binus/Sponer/Koolman, Sächsische Gemeindeordnung, § 4 Rn. 9 ff.

- ggf. Vorlage-/Genehmigungspflicht (z.B. § 76 Abs. 2 S. 2 SächsGemO, § 10 Abs. 2 BauGB),
- Ausfertigung der Satzung (im Original),
- öffentliche Bekanntmachung der Satzung sowie
- Anzeigepflicht (im vollen Wortlaut).

45 **Besondere Verfahrensvorschriften** gibt es im BauGB für den Erlass, die Änderung und die Aufhebung eines **Bebauungsplans** und in § 76 SächsGemO bei der **Haushaltssatzung**.

1. Satzungsinitiative

46 Das Initiativrecht besitzen sowohl der Gemeinderat als auch der Bürgermeister, aber etwa auch Einwohner oder Bürger (§§ 23, 24, 25 SächsGemO). Der Rechtsaufsichtsbehörde steht zwar kein Initiativrecht zu; sie kann aber im Falle notwendiger Satzungen den Erlass einer Satzung anordnen und ggf. auch selbst erlassen (§§ 115, 116 SächsGemO). In der Mehrzahl der Fälle bringt der Bürgermeister den von seiner Verwaltung erarbeiteten Satzungsentwurf als Beschlussvorlage in den Gemeinderat ein.

47 Der Bürgermeister bereitet die Beschlussfassung des Gemeinderates vor (§ 36 Abs. 3 SächsGemO). Bei der Erstellung der Entwürfe von Satzungstexten kann häufig auf Satzungsmuster zurückgegriffen werden.[319]

2. Satzungsaufbau

48 Für den Satzungsaufbau gibt es im Allgemeinen keine Formvorschriften (Ausnahmen gelten für Abgabensatzungen gemäß § 2 Abs. 1 SächsKAG und für die Haushaltssatzungen gemäß § 74 Abs. 2 SächsGemO). Dennoch ist der Aufbau in der Praxis relativ stark typisiert.[320]

49 Im Einzelnen empfiehlt sich daher folgender formeller Aufbau einer Satzung:

Überschrift:

- Bezeichnung als Satzung, Bezeichnung des Inhalts,
- Name der Gemeinde (bzw.: Landkreis, Zweckverband, Verwaltungsverband) als Satzungsgeber.

Einleitung: (Präambel)

- Beschlussdatum und Satzungsermächtigung,
- Hinweis auf den Träger des Satzungsrechts.

Ggf. Inhaltsverzeichnis: (zur besseren Lesbarkeit)

- Gliederung der Satzung nach thematischen Überschriften und einzelnen Paragrafen.

---

319 Siehe oben Rn. 23.

320 *Burgi*, Kommunalrecht, § 15 Rn. 20 meint, dies sei bei Satzungen sogar deutlich stärker ausgeprägt als bei Gesetzen und Rechtsverordnungen.

Inhalt: (Normenteil) – Hauptteil –

- klare und hinreichend bestimmte Regelungen,
- übersichtliche Gliederung möglichst nach Paragrafen,
- Beachtung spezieller gesetzlicher Anforderungen (z. B. § 2 Abs. 1 SächsKAG: Mindestinhalt einer Abgabensatzung; § 74 Abs. 2 SächsGemO: Mindestfestsetzungen in der Haushaltssatzung),
- ggf. Bußgeldandrohungen für den Fall des Fehlverhaltens, die in der Satzung konkret zu benennen sind (z. B. Aufnahme von Ordungswidrigkeitenregelungen gemäß § 124 SächsGemO),
- eine Wiederholung von gesetzlichen Regelungen ist möglich, soweit dies der Klarstellung dient.

Übergangs-/Schlussbestimmungen:

- Übergangsbestimmungen, Inkrafttreten, ggf. Außerkrafttreten der bisherigen Satzung.

Ausfertigung:

- Ort, Datum, Unterschrift des Bürgermeisters (bzw. des Landrats, Zweckverbands- oder Verwaltungsverbandsvorsitzenden) und Dienstsiegel.

Ggf. mit Anlagen:

- Diese werden Bestandteil der Satzung, soweit sie in den Satzungstext mit einbezogen bzw. auf sie Bezug genommen wird (und auch vom Gemeinderat mit beschlossen worden sind).

3. Ggf. Beteiligungsverfahren

Für bestimmte Satzungen ist spezialgesetzlich ein förmliches Beteiligungsverfahren vorgeschrieben. Solche Vorschriften können eine **öffentliche Auslegung des Entwurfs** vorsehen (z. B. Haushaltssatzung nach § 76 Abs. 1 S. 3 SächsGemO; Bebauungspläne nach § 3 Abs. 2 BauGB), eine Beteiligung von Einwohnern und Abgabenpflichtigen (§ 76 Abs. 1 S. 4 SächsGemO) oder eine **Anhörung der Beteiligten** vorschreiben (z. B. Bebauungspläne nach § 2 Abs. 2 und § 4 Abs. 2 S. 2 BauGB, Anhörung der Träger öffentlicher Belange nach § 4 Abs. 1 BauGB). Über die in diesem Verfahren eingegangenen Einwendungen, Anregungen und Bedenken entscheidet der Gemeinderat im Rahmen seines Abwägungsprozesses endgültig; es handelt sich hier nicht um förmliche Rechtsbehelfe. Der Gemeinderat kann die Stellungnahmen also berücksichtigen oder auch zurückweisen. 50

4. Beschlussfassung im Gemeinderat

Zur Beschlussfassung über eine Satzung ist der **Gemeinderat** zuständig (§ 4 Abs. 1 S. 2 SächsGemO). Dieses Recht kann gemäß § 28 Abs. 2 Nr. 4 SächsGemO weder auf Ausschüsse noch gemäß § 53 Abs. 2 SächsGemO auf den Bürgermeister übertragen werden, da es sich dabei um eine der wichtigsten Aufgaben des Gemeinderats handelt. 51

52 Die Beschlussfassung hat gemäß § 37 Abs. 1 SächsGemO grds. **öffentlich** zu erfolgen. Eine nicht öffentliche Vorberatung in Ausschüssen ist aber möglich und findet regelmäßig auch statt. Bei der Abstimmung selbst genügt gemäß § 39 Abs. 6 S. 2 SächsGemO eine **einfache Mehrheit**, d.h. die Mehrheit der Stimmen der anwesenden Stimmberechtigten. Eine qualifizierte Mehrheit ist nur bei der Hauptsatzung erforderlich.[321]

53 Bei Satzungsbeschlüssen sind darüber hinaus noch die **Befangenheitsvorschriften** des § 20 Abs. 1 SächsGemO zu beachten. Auf den Ausnahmetatbestand des § 20 Abs. 2 Nr. 2 SächsGemO („Gruppeninteresse") ist allerdings schon an dieser Stelle hinzuweisen, der im Regelfall bei Satzungsbeschlüssen einschlägig sein dürfte.[322]

54 Beachtet werden muss ggf. auch die **Beteiligung der Ortschaftsräte** gemäß § 67 Abs. 6 S. 1 SächsGemO sowie der **Stadtbezirksbeiräte** (§ 71 Abs. 2 S. 1 SächsGemO). In Ausnahmefällen besteht auch eine Vorlage- oder Genehmigungspflicht (z.B. § 76 Abs. 2 S. 2 SächsGemO, § 10 Abs. 2 BauGB).

5. Ausfertigung

55 Mit der Beschlussfassung des Gemeinderats über die Satzung ist die gemeindliche Rechtsetzung noch nicht abgeschlossen. Satzungen sind nach der Beschlussfassung, aber noch vor der öffentlichen Bekanntmachung vom Bürgermeister auszufertigen (§ 4 Abs. 3 S. 1 SächsGemO). Dies gilt auch für die Ersatzbekanntmachung von Bebauungsplänen (§ 10 Abs. 3 S. 1 BauGB) im Amtsblatt einer Gemeinde.[323]

56 Die Ausfertigung von Satzungen stellt ein rechtsstaatliches Gültigkeitserfordernis für die Satzung dar. Deshalb ist die Ausfertigung einer Norm auch für den Fall erforderlich, dass sie nicht ausdrücklich einfachgesetzlich vorgeschrieben ist.[324]

57 **Sinn und Zweck** (Funktionen) der Ausfertigung sind:

- Dokumentation der Übereinstimmung zwischen dem (politisch) beschlossenen und dem öffentlich bekannt zu machenden Satzungstext (textlicher Inhalt) sowie
- Bestätigung der Rechtmäßigkeit der erlassenen Satzung; Dokumentation der Einhaltung der Verfahrensanforderungen.[325]

58 Die Ausfertigung der Satzung besteht aus der Herstellung der Originalurkunde durch handschriftliche Unterzeichnung des Satzungstextes durch den Bürgermeister in der Form, wie ihn der Gemeinderat beschlossen hat, sowie dem Dienstsiegel.[326]

321 Vgl. näher dazu in diesem 4. Kapitel unter A.III.2 a).
322 Vgl. näher dazu unten im 6. Kapitel unter B.IV.4.
323 SächsOVG, SächsVBl. 2019, S. 221 ff.
324 Vgl. SächsOVG, SächsVBl. 2011, S. 261 = BeckRS 2011, 53992 (Rn. 32) m.w.N.
325 Vgl. *Burgi*, Kommunalrecht, § 15 Rn. 24 und SächsOVG, SächsVBl. 2011, S. 261 = BeckRS 2011, 53992 (Rn. 33).
326 *G. Brüggen*, in: Brüggen/Geiert/Nolden, Gemeindeordnung für den Freistaat Sachsen, § 4 Rn. 13.

Die Ausfertigung besteht demnach aus: 59

- der textlichen Erstellung des beschlossenen Satzungsentwurfes (Normtextes) ohne inhaltliche Veränderungen und
- dem Datum nebst Unterschrift des Bürgermeisters nebst Dienstsiegel.

Das sind die zwingenden Mindestanforderungen an eine korrekte Ausfertigung. Denn nur so kann nachvollzogen werden, dass die Ausfertigung **nach** dem Satzungsbeschluss, aber noch **vor** der Veröffentlichung vorgenommen worden ist. Eine Heilung von Ausfertigungsmängeln scheidet daher aus (vgl. § 4 Abs. 4 S. 2 Nr. 1 SächsGemO). 60

Zur Vertiefung: 61

Für die Ausfertigung von Satzungen, die aus mehreren Teilen bestehen, gibt es Besonderheiten. Es stellt sich z. B. beim Bebauungsplan als Satzung (vgl. § 10 BauGB) die Frage, ob die Ausfertigung außer auf dem Satzungstext auch noch separat auf dem Lageplan vorgenommen werden muss. Es ist für Bebauungspläne wie ganz allgemein für mehrteilige Satzungen davon auszugehen, dass die Ausfertigung des Satzungstextes sich auch auf eine Beilage (Anlage) erstreckt, sofern diese inhaltlich mit dem Satzungstext verknüpft ist.[327]

6. Öffentliche Bekanntmachung

Wie alle Rechtsnormen bedürfen auch die Satzungen zum Wirksamwerden gemäß § 4 Abs. 3 S. 1 und 2 SächsGemO der öffentlichen Bekanntmachung (Verkündung), um das Inkrafttreten der Satzung auch gegenüber Dritten (insb. Einwohnern und Bürgern) zu dokumentieren. Zuständig dafür ist in der Gemeinde der Bürgermeister (beim Landkreis der Landrat). 62

Allgemein gibt es gemäß § 2 Nr. 1 bis 3 KomBekVO **drei Formen** der öffentlichen Bekanntmachung für die Gemeinden: 63

- **Nr. 1:** Abdruck in dem von der Gemeinde herausgegebenen **Amtsblatt**. Voraussetzung ist, dass jeder Einwohner und Gleichgestellte die **Möglichkeit** haben muss, das Blatt abonnieren zu können. Demgegenüber ist die tatsächliche Verbreitungszahl nicht entscheidend.
- **Nr. 2:** Abdruck in einer oder mehreren bestimmten, mindestens **einmal wöchentlich** erscheinenden **Zeitungen**, deren Verbreitung sich mindestens auf das Gemeindegebiet erstreckt. Voraussetzung ist, dass sich die Bekanntmachung vom redaktionellen Teil unterscheidet. Es empfiehlt sich deshalb, eine eigene Spalte „Amtliche **Nachrichten**" in die Zeitung aufzunehmen.
- **Nr. 3:** Aushang an der **Bekanntmachungstafel** und bei räumlich getrennten Ortsteilen an weiteren hierfür bestimmten Stellen während der Dauer von mindestens einer Woche. Diese Bekanntmachungsform ist nur noch für Gemeinden mit **unter** 3.000 Einwohnern zulässig. Die Fristberechnung erfolgt nach § 187 BGB.

327 *Rehak*, in: Quecke/Schmid, Gemeindeordnung für den Freistaat Sachsen, § 4 Rn. 60 m. w. N.

64 **Zur Vertiefung:**

*Bei **kommunalen Amtsblättern**, die häufig auch **redaktionelle Inhalte** wie Berichte, Veranstaltungsankündigungen oder die Bekanntgabe sonstiger Termine enthalten, entsteht in diesem Fall ein Spannungsverhältnis der gemeindlichen Informationskompetenz zum Informationsrecht der Presse. Kommunale Publikationen sind dabei in gewissen Grenzen durch die kommunale Selbstverwaltung gedeckt. Allerdings ist dabei nach der zivilgerichtlichen Rechtsprechung das aus Art. 5 Abs. 1 S. 2 GG ableitbare Gebot der Staatsferne der Presse zu beachten.*[328]

65 Welche der drei gesetzlich vorgegebenen Formen der Bekanntmachung von der Gemeinde vorgesehen wird, entscheidet der Gemeinderat.[329] Zur Auswahl zwischen den o. g. möglichen Formen der öffentlichen Bekanntmachung und deren verbindlicher Festlegung hat die Gemeinde eine **Bekanntmachungssatzung** nach § 6 KomBekVO zu erlassen. In dieser Satzung regelt die Gemeinde konkret, in welchem Fall von welcher Bekanntmachungsform Gebrauch gemacht wird. Hieran ist sie anschließend aus Gründen der Rechtssicherheit gebunden.

66 **Zur Vertiefung:**

Wird für die Verkündung einer Satzung eine andere als die in der Bekanntmachungssatzung vorgesehene Form gewählt, ist die Satzung nicht wirksam bekannt gemacht und damit nicht rechtswirksam erlassen. Die Gemeinde ist aus Gründen der Rechtssicherheit an die von ihr selbst ausgewählte Form gebunden. Etwaige bereits auf der Grundlage der Satzung erlassene Bescheide sind allesamt rechtswidrig, aber grds. nicht nichtig.

67 Bekannt gemacht werden muss der **gesamte Satzungswortlaut** einschließlich eines Hinweises auf eventuelle Genehmigungsvermerke. Enthalten sein muss auch der Ausfertigungsvermerk (Ort, Datum, Unterschrift und Amtsbezeichnung des ausfertigenden Amtsträgers). Zu veröffentlichen ist also ein „Abdruck“ der Originalurkunde.[330]

68 Die Bekanntmachung darf erst erfolgen, wenn das Beschlussverfahren einschließlich der Erteilung notwendiger **Genehmigungen** und die **Ausfertigung** (in der genannten Reihenfolge) abgeschlossen sind.[331] Bei nachträglicher Genehmigung tritt hier keine Heilung ein; die Bekanntmachung muss also in diesen Fällen wiederholt werden. Dass die öffentliche Bekanntmachung des ausgefertigten Satzungstextes im vollständigen Wortlaut erfolgen muss, bestimmt § 7 KomBekVO („mit vollem Wortlaut“) und ist auch ein Grunderfor-

328 Vgl. dazu näher BGH, Urteil vom 20.12.2018 – I ZR 112/17, juris (Wettbewerbsverstoß); *Papier/Schröder*, DVBl. 2017, S. 1 ff. „Verfassungsrechtliche Grenzen kommunaler Publikationen“; *Rehak* in: Quecke/Schmid, Gemeindeordnung für den Freistaat Sachsen, § 4 Rn. 72.

329 *Rehak*, in: Quecke/Schmid, Gemeindeordnung für den Freistaat Sachsen, § 4 Rn. 81.

330 *Rehak*, in: Quecke/Schmid, Gemeindeordnung für den Freistaat Sachsen, § 4 Rn. 86.

331 Vgl. SächsOVG, SächsVBl. 2011, S. 261 ff.; Urteil vom 29.2.2024 – 1 C 9/22.

dernis eines rechtsstaatlich-demokratischen Normerlasses. Sie erfolgt durch den Bürgermeister (§ 4 Abs. 3 S. 1 SächsGemO).

Außerhalb der KomBekVO können spezialgesetzlich besondere Formen und Verfahren der öffentlichen Bekanntmachung vorgeschrieben sein, z.B. für Verordnungen im § 121 SächsWG oder §§ 13, 48 Abs. 4 SächsNatSchG. Für die **Haushaltssatzung** und deren Entwurf gelten ferner die Sonderregelungen im § 76 Abs. 1 SächsGemO (Vorverfahren) und im § 76 Abs. 3 S. 2 SächsGemO (Auslegung); für den **Bebauungsplan** gibt es spezielle Regelungen in § 10 Abs. 3 BauGB (besonderer Fall der Ersatzverkündung). 69

Je nach Art und Grad der Abweichung von der Originalurkunde sind auch die Rechtsfolgen und die Fehlerbereinigung verschieden. Gänzlich ohne Folgen sind „augenfällige" Fehler, etwa Schreibfehler ohne Einfluss auf den Sinn des Textes. Im Falle sonstiger Mängel ist entweder die Verkündung als gänzlich unwirksam zu betrachten oder es wurde zwar wirksam verkündet, jedoch mit teilweise unrichtigem Inhalt.[332] 70

Für die öffentlichen Bekanntmachungen gilt bei den **Landkreisen** der § 4 KomBekVO, bei den **Zweckverbänden** der § 5 KomBekVO und bei den **Verwaltungsverbänden** der § 3 KomBekVO. Weitere Regelungen gibt es in Bezug auf eine **Ersatzbekanntmachung** (§ 8 KomBekVO) und in Bezug auf eine **Notbekanntmachung** (§ 9 KomBekVO). 71

Zur Vertiefung: 72

Mit der Neufassung der KomBekVO vom 17.12.2015 (SächsGVBl. S. 693) wurde die elektronische Ausgabe als eine weitere Form der öffentlichen Bekanntmachung aufgenommen. In den §§ 2 bis 5 KomBekVO wird (im Wege der dynamischen Verweisung) auf § 4 des ***Gesetzes zur Förderung der elektronischen Verwaltung im Freistaat Sachsen (Sächsisches E-Government-Gesetz – SächsEGovG)*** *vom 9.7.2014*[333] *verwiesen. Danach besteht nunmehr nicht nur für die Gemeinden (für die § 4 SächsEGovG unmittelbar galt), sondern auch für die Landkreise, Zweckverbände und Verwaltungsverbände die Möglichkeit, Bekanntmachungen und Bekanntgaben in elektronischer Form vorzunehmen, d.h. sie können ihre Amtsblätter zukünftig elektronisch veröffentlichen. Es muss aber gesichert werden, dass man die amtlichen Informationen auch in gedruckter Form erhalten kann, insb. für die ältere Bevölkerung, die über keinen Internetzugang verfügt (§ 4 Abs. 2. S. 1 und S. 2 SächsEGovG). Gibt es nur eine elektronische Ausgabe oder ist die elektronische Form die authentische, muss die Möglichkeit bestehen, Ausdrucke zu bestellen oder in öffentlichen Einrichtungen auf die Publikation zuzugreifen (§ 4 Abs. 2 S. 4 SächsEGovG). Durch die elektronische Veröffentlichung könnten künftig Notbekanntmachungen entfallen, da alle amtlichen Veröffentlichungen sofort durch das Einstellen auf der Internetseite der Gemeinde als bekannt gemacht gelten. Im Amtsblatt werden diese in gedruckter Form nachgereicht.*

332 *Rehak*, in: Quecke/Schmid, Gemeindeordnung für den Freistaat Sachsen, § 4 Rn. 87.
333 SächsGVBl. 2014 S. 398, mit späteren Änderungen.

7. Inkrafttreten der Satzung

73 Satzungen treten **am Tage nach der öffentlichen Bekanntmachung** in Kraft, wenn sie keinen anderen Zeitpunkt bestimmen (§ 4 Abs. 3 S. 2 SächsGemO). Es steht daher im Ermessen des Satzungsgebers zu bestimmen, ab welchem Zeitpunkt die jeweilige Satzung in Kraft treten soll. Dies gilt allerdings nicht, soweit das Gesetz einen Zeitpunkt bestimmt (z. B. § 76 Abs. 3 S. 1 SächsGemO bei der Haushaltssatzung).

74 Satzungen können daher grds. auch mit rückwirkender Kraft erlassen werden, d.h. einen Zeitraum erfassen, der vor ihrem Inkrafttreten liegt. Der Erlass rechtlich in die Vergangenheit wirkender gesetzlicher Regelungen wird als sog. **Rückwirkung** bezeichnet. Der Rückwirkung kommt in der Praxis eine große Bedeutung zu. Ist eine Satzung etwa wegen eines formellen Fehlers nichtig, wird häufig eine neue Satzung desselben Inhalts mit rückwirkender Kraft erlassen.

75 Satzungen können, soweit sie **keine Belastungen** für den Einzelnen enthalten, grds. mit rückwirkender Kraft erlassen werden, d.h. soweit Satzungen keine Belastungen des Bürgers enthalten, ist die Rückwirkung stets zulässig. Ein absolutes Rückwirkungsverbot gilt nur für Strafgesetze (Art. 103 Abs. 2 GG).

76 Problematisch ist die Zulässigkeit der Rückwirkung **bei belastenden Satzungsregelungen**. Hier ist das verfassungsrechtliche Verbot rückwirkend belastender Gesetzesregelungen (sog. **Rückwirkungsverbot**) zu berücksichtigen, das jedoch nicht absolut gilt. Nach der Rechtsprechung des BVerfG ist vielmehr zwischen echter und unechter Rückwirkung (bzw. – nach anderer Terminologie – zwischen Rückbewirkung von Rechtsfolgen und tatbestandlicher Rückanknüpfung) zu unterscheiden. Während unechte Rückwirkungen unter Beachtung der Grundsätze des Vertrauensschutzes und der Verhältnismäßigkeit grds. zulässig sind, sind echte Rückwirkungen nur unter besonderen Voraussetzungen zulässig.[334]

77 Bei **belastenden Satzungen** ist eine Rückwirkung bspw. in folgenden Fällen möglich[335]:

- Zulassung der Rückwirkung aufgrund Gesetzes (z. B. § 16 Abs. 3 GewStG, § 25 Abs. 3 GrStG, § 76 Abs. 3 SächsGemO).
- Die Rückwirkung dient der Bereinigung einer unklaren oder lückenhaften Rechtslage.
- Mit der Regelung musste gerechnet werden; sie war vorhersehbar. Das ist immer dann der Fall, wenn eine frühere ungültige oder potenziell unwirksame Satzung durch eine neue Satzung ersetzt wird, wobei ernsthafte Zweifel an der Gültigkeit der Satzung genügen.
- Die Rückwirkungsanordnung ist durch sonstige zwingende Gründe des Gemeinwohls gerechtfertigt, die dem Gebot der Rechtssicherheit übergeordnet sind (z. B. rückwirkende Einführung von Beitragspflichten, um die finanzielle Handlungsfähigkeit der Gemeinden aufrechtzuerhalten).

334 Vgl. etwa BVerfG, NJW 2013, S. 145; *Geis*, Kommunalrecht, § 8 Rn. 24 ff. m. w. N.
335 Vgl. *Müller*, Kommunalrecht Baden-Württemberg, Rn. 300; sowie *Sponer*, in: Binus/Sponer/Koolman, Sächsische Gemeindeordnung, § 4 Rn. 20.

- Die belastende Wirkung verursacht keinen Schaden oder ist nur geringfügig belastend (sog. Bagatellfälle, z.B. geringfügige Erhöhung der Hundesteuer).

Wenn Ausnahmetatbestände bzw. gewichtige Gemeinwohlgründe nicht vorliegen, ist die Satzung nichtig, allerdings nur für den zurückliegenden Zeitraum, nicht aber für die Zukunft (Ex-nunc-Wirkung). 78

8. Mitwirkung der Kommunalaufsicht beim Satzungserlass

Im Rahmen der Mitwirkung der Aufsichtsbehörden unterteilen sich die Satzungen in 79

- anzeigepflichtige Satzungen,
- vorlagepflichtige Satzungen sowie
- genehmigungspflichtige Satzungen.

Nach § 4 Abs. 3 S. 3 SächsGemO sind alle Satzungen unverzüglich nach ihrem Erlass und damit nach der öffentlichen Bekanntmachung der Rechtsaufsichtsbehörde in vollem Wortlaut **anzuzeigen**. Die Rechtsaufsichtsbehörden haben so die Möglichkeit, die Satzungen frühzeitig auf ihre Gesetzmäßigkeit inhaltlich zu prüfen (**vorbeugende** Rechtskontrolle) und erforderlichenfalls zu beanstanden, soweit sie fehlerhaft sind. Wird eine Satzung nicht angezeigt, hat dies für die Wirksamkeit keine Auswirkungen.[336] Die Aufsicht hat aber die Möglichkeit, die Nichtvorlage zu beanstanden und sich entsprechend unterrichten zu lassen (§§ 113 f. SächsGemO).

Zur Vertiefung: 80

In der Praxis empfiehlt es sich, die Aufsichtsbehörde auch jenseits der sogleich behandelten Vorlage- und Genehmigungspflichten bereits im Vorfeld des Satzungserlasses einzubeziehen. Es entspricht weitverbreiteter Praxis, Satzungsentwürfe oder -konzepte mit der Aufsichtsbehörde zu beraten, um mögliche Fehler und Probleme rechtzeitig auszuräumen oder sonstige Ratschläge und Ideen einzuholen. Das gilt insb. für die Entwürfe von Haushaltssatzungen und Nachtragssatzungen.

Von der Anzeigepflicht ist die **Pflicht zur Vorlage** nach § 119 Abs. 1 SächsGemO zu unterscheiden. Denn im Unterschied zur Anzeige hat die Vorlage **vor** der öffentlichen Bekanntmachung und damit vor dem Inkrafttreten der Satzung zu erfolgen. Ein Vollzug der Satzung setzt voraus, dass die Rechtsaufsichtsbehörde entweder die Rechtmäßigkeit der Satzung bestätigt oder nicht innerhalb eines Monats beanstandet hat. Um eine vorlagepflichtige Satzung handelt es sich etwa bei der Haushalts- und Nachtragssatzung (§§ 76 Abs. 2 S. 2, 77 Abs. 1 S. 2 SächsGemO). Ein Verstoß gegen die Vorlagepflicht führt zur **Nichtigkeit** der Satzung.[337] 81

---

336 So etwa *Sponer*, in: Sponer/Jacob/Musall, Kommunalverfassungsrecht Sachsen, § 4 SächsGemO Erl. 20; ebenso *Gern/Brüning*, Deutsches Kommunalrecht, Rn. 886.

337 An der in der Vorauflage vertretenen Ansicht, wonach die Verletzung der Vorlagepflicht auf die Wirksamkeit der Satzung und der Vollzugsakte keinen Einfluss habe, wird nicht länger festgehalten.

Zur Vertiefung:

Die Frage, welche rechtliche Konsequenzen sich aus einem Unterlassen der Vorlagepflicht ergeben, ist sehr umstritten. Teilweise wird im Schrifttum die Ansicht vertreten, das Unterlassen der Vorlage habe auf die Wirksamkeit der Satzung und der Vollzugsakte keinen Einfluss[338]; es komme lediglich ggf. eine interne Haftung in Betracht. Maßgebend für diese Auslegung ist die Erwägung, dass der Gesetzgeber in § 119 Abs. 1 SächsGemO anders als in § 120 SächsGemO nicht explizit die Unwirksamkeit als Rechtsfolge angeordnet hat.

Demgegenüber ist indes auf den Sinn und Zweck der Vorlagepflicht abzustellen. Der Gesetzgeber will mit der Regelung in § 119 Abs. 1 SächsGemO gerade verhindern, dass eine vorlagepflichtige Satzung ohne vorherige Kontrolle durch die Rechtsaufsichtsbehörde wirksam werden kann. Lediglich für den Fall, dass die Rechtsaufsichtsbehörde den Satzungsbeschluss des Gemeinderates nicht innerhalb eines Monats beanstandet, wird die Rechtmäßigkeit der Satzung fingiert. Demnach handelt es sich nicht um eine bloße Ordnungsvorschrift im Sinne der allgemeinen Fehlerfolgenlehre.[339] Aus alledem ergibt sich eine Parallele zur früheren Rechtslage in Rheinland-Pfalz, zu der das OVG Koblenz ebenfalls entschieden hat, dass eine Satzung, die vor ihrer öffentlichen Bekanntmachung nicht der Aufsichtsbehörde vorgelegt wird, nichtig sei.[340]

82 Die **Genehmigungspflicht** ist in § 119 Abs. 2 SächsGemO geregelt. Trotz der Anzeige- und Vorlagepflicht bleibt es in der SächsGemO dabei, dass Satzungen grds. keiner Genehmigung durch die Aufsichtsbehörde bedürfen.[341] Die Genehmigungspflicht von Satzungen bedarf einer ausdrücklichen gesetzlichen Ermächtigung. Solche **Genehmigungsvorbehalte** gibt es z.B. in Bezug auf die **Haushaltssatzung** in den §§ 81 Abs. 4, 82 Abs. 2 und 84 Abs. 3 SächsGemO und in Bezug auf **Bebauungspläne** in § 10 Abs. 2 BauGB (nur Ausnahmefälle des § 8 Abs. 2 S. 2; Abs. 3 S. 2 und Abs. 4 BauGB). Die Genehmigung ist dann ein wesentlicher Bestandteil des Satzungsverfahrens. Die Satzung darf erst vollzogen und damit angewendet werden, wenn die Rechtsaufsichtsbehörde die Genehmigung erteilt hat (§ 119 Abs. 2 SächsGemO). Die Genehmigung ist damit **Wirksamkeitsvoraussetzung** für die Satzung. Wird die Genehmigungspflicht nicht eingehalten oder die Genehmigung nicht erteilt, sind die Satzungen daher rechtsunwirksam.[342] Dies folgt nach der Erkenntnis des SächsOVG bereits aus der vom kommunalen Satzungsgeber zur wahrenden Abfolge von Genehmigung, Ausfertigung und Bekanntgabe, die zur Vermei-

338 So etwa *Gern/Brüning*, Deutsches Kommunalrecht, Rn. 886; *Human*, in: Sponer/Jacob/Musall, Kommunalverfassungsrecht Sachsen, § 119 SächsGemO Erl. 2.2; *Koolman*, in: Binus/Sponer/Koolman, Sächsische Gemeindeordnung, § 119 Rn. 6; *Rehak*, in: Quecke/Schmid, Gemeindeordnung für den Freistaat Sachsen, § 4 Rn. 107 m. w. N.

339 Siehe näher dazu unten in diesem 4. Kapitel unter A. VII.

340 Siehe OVG Koblenz, DÖV 1988, S. 518.

341 Vgl. *Stober*, Gemeindeordnung für den Freistaat Sachsen, S. 180.

342 So auch *Gern/Brüning*, Deutsches Kommunalrecht, Rn. 892; *Lange*, Kommunalrecht, Kap. 12 Rn. 59 mit Fn. 140; *Sponer*, in: Sponer/Jacob/Musall, Kommunalverfassungsrecht Sachsen, § 4 SächsGemO Erl. 22.4.

dung von Unklarheiten beitragen soll.[343] Die Genehmigung selbst stellt einen Verwaltungsakt gegenüber der Gemeinde (nicht gegenüber dem Bürger) dar und muss **ausdrücklich** erklärt werden. Die Rechtsaufsichtsbehörden haben bei der Genehmigung von Satzungen im weisungsfreien Angelegenheiten keinen Ermessensspielraum. Die Genehmigung hängt damit nicht von Zweckmäßigkeits-, sondern nur von **Gesetzmäßigkeitsüberlegungen** ab. Abweichungen von diesem Grundsatz bedürfen daher einer einzelgesetzlichen Ermächtigung. Bei Weisungsaufgaben stellt die Genehmigung demgegenüber ein Verwaltungsinternum und keinen Verwaltungsakt dar.

Zur Vertiefung: 83

Es erfolgt daneben aber auch eine ***Kontrolle durch den Bürgermeister.*** *Ihm steht dazu speziell das Widerspruchsrecht zu, das er bei gesetzwidrigen Satzungsbeschlüssen sogar nach § 52 Abs. 2 S. 1 SächsGemO ausüben muss. Aufgrund der Bindung an Recht und Gesetz (Art. 20 Abs. 3 GG) besteht für den Bürgermeister auch ein Normprüfungsrecht während der Geltung der Satzung und bei Zweifeln auch eine Prüfungspflicht, was zu einer Aufhebung der Satzung führen kann und ggf. auch führen muss.*

V. Geltungsbereich

Der Geltungsbereich gemeindlicher Satzungen ist in sachlicher, räumlicher und zeitlicher Hinsicht beschränkt. 84

1. Sachlicher Geltungsbereich

Sachlich ist die Befugnis zum Erlass von Satzungen gemäß § 4 Abs. 1 S. 1 SächsGemO auf die **weisungsfreien** Gemeindeangelegenheiten begrenzt, die die freiwilligen und die weisungsfreien Pflichtaufgaben umfassen. Der weisungsfreie Bereich bestimmt sich nach dem Umfang der Weisungsaufgaben, nicht aber nach dem Umfang des jeweils vorbehaltenen Weisungsrechts.[344] 85

2. Räumlicher Geltungsbereich

Räumlicher Geltungsbereich für gemeindliche Satzungen ist grds. das ganze Gemeindegebiet. Sachlich gerechtfertigte Beschränkungen auf Gebietsteile sind zulässig (z. B. der Bebauungsplan als Regelfall). Die Beschränkung muss aber in der Satzung selbst geregelt sein und darf nicht gegen das Willkürverbot verstoßen. Unterschiedliche Abgabensätze innerhalb einer Gemeinde würden den Grundsatz der gleichmäßigen Belastung aller Einwohner verletzen und wären damit rechtswidrig. 86

Die Satzungen selbst richten sich nicht nur an die Gemeindeeinwohner und den gleichgestellten Personenkreis,[345] sondern an jeden, der sich im Gebiet der 87

343 Vgl. SächsOVG, SächsVBl. 2011, S. 261 = BeckRS 2011, 53992 (Rn. 34–36).
344 *Rehak*, in: Quecke/Schmid, Gemeindeordnung für den Freistaat Sachsen, § 4 Rn. 20.
345 Zum Begriff vgl. *Boden*, Zum Entwurf einer Gemeindeordnung für den Freistaat Sachsen, S. 34.

Gemeinde aufhält. Aber auch hier kann der Geltungsbereich auf bestimmte Personengruppen beschränkt werden, sofern ein ausreichender sachlicher Grund vorliegt und nicht gegen das Gleichbehandlungsgebot verstoßen wird.

88 **Zur Vertiefung:**

Die Eingliederung von Gemeinden oder Gemeindeteilen in eine andere Gemeinde führt nicht automatisch dazu, dass sich auch das Ortsrecht der aufnehmenden Gemeinde ohne Weiteres auf das Gebiet der eingegliederten Gemeinde erstreckt, da sich der Wille des örtlichen Rechtsetzungsorgans (Gemeinderat) in aller Regel nur auf das Gebiet bezieht, das zur Zeit der Schaffung des Ortsrechts bestand. Unterschiedliches Ortsrecht ist für eine Übergangszeit zulässig, die i. d. R. fünf Jahre nicht überschreiten sollte. Soll bei Eingemeindungen das in der aufnehmenden Gemeinde geltende Ortsrecht auch in den eingegliederten Gemeinden gelten, ist hierfür eine sog. ***Erstreckungssatzung*** *oder* ***-verordnung*** *erforderlich, die im Eingliederungsgebiet bekannt zu machen ist. Dies gilt nicht für die Satzungen, die mit Wirksamkeit der Eingliederung automatisch im gesamten Gemeindegebiet gelten (Hauptsatzung, Entschädigungssatzung, Geschäftsordnung des Gemeinderates u. a.).*[346]

3. Zeitlicher Geltungsbereich

89 Satzungen treten aus rechtsstaatlichen Gründen erst mit der öffentlichen Bekanntmachung in Kraft. Als Zeitpunkt für das Inkrafttreten gibt es folgende drei Möglichkeiten in der angegebenen Reihenfolge:

- den gesetzlich bestimmten Zeitpunkt (z. B. bei der Haushaltssatzung),
- den Zeitpunkt, den die Satzung selbst bestimmt, und
- den Tag nach der öffentlichen Bekanntmachung (vgl. § 4 Abs. 3 S. 2 SächsGemO).

90 **Zur Rückwirkung** kann auf die vorstehenden Ausführungen zum Inkrafttreten der Satzung verwiesen werden.[347]

91 Satzungen treten außer Kraft

- durch Zeitablauf (in der Satzung selbst geregelt oder durch Gesetz vorgegeben [z. B. Haushaltssatzung nach § 74 Abs. 1 SächsGemO]),
- durch Aufhebung,
- durch nachträgliche Nichtigkeit,
- bei Gegenstandslosigkeit oder
- durch den Erlass einer neuen Satzung (neues Recht ersetzt altes Recht).

346 Vgl. Staatsministerium des Inneren (Hrsg.), Freiwillige Zusammenschlüsse von Gemeinden im Freistaat Sachsen – Leitfaden, 3. Auflage 2016; der Leitfaden ist abgedruckt im Sachsenlandkurier 1/2016 und im Internet abrufbar unter https://publikationen.sachsen.de/bdb/artikel/26447.

347 Vgl. oben in diesem 4. Kapitel unter A.IV.7.

4. Persönlicher Geltungsbereich

Der persönliche Geltungsbereich erstreckt sich auf alle in der Satzung geregelten Personen (Außenverhältnis), z.B. die Benutzer einer kommunalen Einrichtung oder die Hundehalter bei der Hundesteuer usw. 92

VI. Ordnungswidrigkeiten und Vollstreckung

Sofern eine Spezialermächtigung vorliegt, können bei fahrlässigen oder vorsätzlichen Verstößen gegen Satzungsbestimmungen (z.B. Einleiten von ölhaltigem Abwasser in die Kanalisation) **Bußgelder** nach dem OWiG verhängt werden. Eine solche Spezialermächtigung enthält § 124 Abs. 1 SächsGemO für Satzungen über die Benutzung einer öffentlichen Einrichtung, über die Leistung von Gemeindediensten und über den Anschluss- und Benutzungszwang. 93

Bei § 124 Abs. 1 SächsGemO handelt es sich allerdings um eine sog. „Blankettbußgeldvorschrift". Die entsprechenden Satzungen müssen daher ausdrücklich einen **bestimmten Tatbestand** ausformulieren und dürfen nicht lediglich auf die Bußgeldvorschriften verweisen (z.B.: „Ordnungswidrig im Sinne von § 124 Abs. 1 Nr. 1 SächsGemO handelt, wer gegen §... dieser Satzung verstößt, indem er ..."). 94

Bei Satzungen, die aufgrund **besonderer Ermächtigungen außerhalb der SächsGemO** erlassen worden sind, muss die Frage, ob Zuwiderhandlungen gegen Satzungsbestimmungen ebenfalls als Ordnungswidrigkeiten geahndet werden können, in den ermächtigenden Gesetzen geregelt werden. Diese Spezialermächtigungen können allerdings auf die untere Verwaltungsbehörde als zuständige Behörde für die Verhängung der Geldbuße verweisen. 95

Aufgrund einer Satzung erlassene bestandskräftige oder sofort vollziehbare Verwaltungsakte können wie sonstige Verwaltungsakte auch nach den Verwaltungsvollstreckungsgesetzen (v.a. nach dem SächsVwVG) mit Zwangsmitteln **vollstreckt** werden. Dies geschieht bei Leistungsbescheiden durch Beitreibung (§ 12 Abs. 1 SächsVwVG) und bei Verwaltungsakten, die zu einer sonstigen Handlung, einer Duldung oder einer Unterlassung verpflichten, mit Zwangsgeld, Ersatzvornahme und unmittelbarem Zwang (§ 19 Abs. 2 SächsVwVG). 96

VII. Satzungsmängel und Fehlerfolgen

Mängel der Satzung führen nach allgemeinen Grundsätzen nicht nur zu ihrer Rechtswidrigkeit, sondern grds. zur Nichtigkeit der Satzung. Eine allgemeine Abstufung wie beim rechtswidrigen Verwaltungsakt, der je nach Art und Schwere des Rechtsverstoßes rechtswirksam, aber anfechtbar und aufhebbar (und damit rechtswidrig) oder von Anfang an rechtsunwirksam, also nach § 44 VwVfG nichtig sein kann, gibt es bei Rechtsnormen nicht. Wenn nur einzelne Satzungsvorschriften nichtig sind, stellt sich die Frage nach der Teilnichtigkeit der Satzung.[348] Es gibt allerdings sowohl in der SächsGemO als 97

348 *G. Brüggen*, in: Brüggen/Geiert/Nolden, Gemeindeordnung für den Freistaat Sachsen, § 4 Rn. 4.

auch im Fachrecht besondere Fehlerfolgenregelungen, die dazu führen können, dass ein Rechtsverstoß ausnahmsweise unbeachtlich ist oder geheilt werden kann.

98 Eine Satzung muss zum einen, wie bereits dargelegt, auf einer ausreichenden Ermächtigung beruhen[349] und zum anderen formell und materiell rechtmäßig sein, um Wirksamkeit zu erlangen. Der Fehler kann demnach auf formellen oder materiellen Mängeln beruhen.

1. Formelle Mängel

99 Beim Erlass von Satzungen kann – wie bei anderen Gemeinderatsbeschlüssen auch – eine Reihe von formellen Mängeln auftreten. Formelles Recht betrifft die **Zuständigkeiten**[350] und die Anforderungen an das **Verfahren** und die **Form** beim Erlass der jeweiligen Satzung. Als formelle Mängel kommen z.B. nach der SächsGemO eine fehlerhafte Einberufung, eine falsche Beschlussfassung oder Bekanntmachung, eine fehlende Anhörung des Ortschaftsrates, aber auch z.B. Verfahrens- und Formfehler nach dem BauGB beim Bebauungsplanverfahren in Betracht.

Mit Blick auf die **Zuständigkeit** gilt Folgendes: Wenn und soweit der Gemeinde, insb. wegen Verstoßes gegen die Kompetenzordnung, bereits die Verbandskompetenz fehlt, ist die Satzung nichtig.[351] Das Gleiche gilt im Falle der Nichtbeachtung der Organkompetenz. Denn dieses Recht kann gemäß § 28 Abs. 2 Nr. 4 SächsGemO weder auf Ausschüsse noch gemäß § 53 Abs. 2 SächsGemO auf den Bürgermeister übertragen werden; es handelt sich vielmehr um eine der wichtigsten Aufgaben des Gemeinderats.

100 Nach einer im Vordringen befindlichen Meinung ist allerdings beim Verfahren und der Form der **Verstoß gegen bloße Ordnungsvorschriften** (z.B. Verletzung von Vorschriften über die Verhandlungsniederschrift nach § 40 SächsGemO, Fehler bei der Vorberatung durch Ausschüsse, ein Rauchverbot bei der betreffenden Ratssitzung usw.) von vornherein unbeachtlich, falls der Verstoß für den Satzungsinhalt bzw. das Ergebnis nicht von Bedeutung ist oder wenn bei der Beachtung der Ordnungsvorschrift offensichtlich kein anderes Ergebnis erzielt worden wäre.[352]

101 Ansonsten gilt der **Grundsatz**: Satzungen, die unter Missachtung formeller Anforderungen erlassen worden sind, sind fehlerhaft und damit grds. nichtig.

102 Bei Verstößen gegen Form- oder Verfahrensvorschriften sieht § 4 Abs. 4 S. 1 SächsGemO allerdings eine **Unbeachtlichkeitsregelung** („Heilung“) vor, um spätestens **nach einem Jahr** Rechtssicherheit über die Wirksamkeit der Satzung und der darauf gestützten Vollzugsakte zu erlangen. Die Satzung gilt **ein**

349 Vgl. oben in diesem 4. Kapitel unter A.II.

350 Dabei gilt auch hier die bekannte Unterscheidung zwischen Verbands- und Organkompetenz; vgl. etwa *Jaeckel/Jaeckel*, Kommunalrecht in Sachsen, Rn. 193 f.

351 Vgl. dazu bereits oben im 2. Kapitel unter C.II. 2. b) mit Rn. 44.

352 Vgl. etwa *Gern*, Sächsisches Kommunalrecht, Rn. 316; *Gern/Brüning*, Deutsches Kommunalrecht, Rn. 897; *Rehak*, in: Quecke/Schmid, Gemeindeordnung für den Freistaat Sachsen, § 4 Rn. 29; *Sponer*, in: Binus/Sponer/Koolman, Sächsische Gemeindeordnung, § 4 Rn. 24.

Jahr nach ihrer Bekanntmachung als von Anfang an gültig zustande gekommen **(Wirksamkeitsfiktion)**. Bei den Unbeachtlichkeitsregelungen bleibt die unter Verstoß gegen Verfahrens- und Formvorschriften zustande gekommene Satzung rechtswidrig, aber sie ist so zu behandeln, als ob sie gültig zustande gekommen sei.

Eine Unbeachtlichkeit von Form- und Verfahrensfehlern ist nach der besonderen Bestimmung des § 4 Abs. 4 S. 4 SächsGemO aber nur dann möglich, sofern bei Bekanntmachung der Satzung auf die Voraussetzungen für die Geltendmachung der Verletzung von Verfahrens- oder Formvorschriften und die Rechtsfolgen **hingewiesen** worden ist. **103**

Zur Vertiefung: **104**

Der Hinweis kann ***nicht nachträglich*** *erfolgen, und zwar auch dann nicht, wenn die Satzung erneut mit Hinweis nach § 4 Abs. 4 S. 4 SächsGemO veröffentlicht wird.*[353] *In einem solchen Fall wird die Jahresfrist erst mit der erneuten Veröffentlichung in Gang gesetzt.*

Bestimmte Rechtsverstöße fallen jedoch nicht unter die Wirksamkeitsfiktion und stellen damit **Ausnahmen** dar (vgl. § 4 Abs. 4 S. 2 SächsGemO: „Dies gilt nicht, wenn ...“). Die Wirksamkeitsfiktion gilt danach zum einen nicht **105**

- für unterbliebene oder fehlerhafte Ausfertigungen (§ 4 Abs. 4 S. 2 Nr. 1 SächsGemO) und
- bei Verletzung der Vorschriften über die Öffentlichkeit der Gemeinderatssitzungen, die Genehmigung oder die öffentliche Bekanntmachung der Satzung (§ 4 Abs. 4 S. 2 Nr. 2 SächsGemO).

Hier ist die Nichtigkeit zwangsläufig Folge wegen Verstoßes gegen zwingende Anforderungen eines demokratisch rechtsstaatlichen Normerlasses. Dabei können Fehler bei der Ausfertigung auch auf einer unzureichenden Beteiligung der Kommunalaufsicht beruhen.[354]

Die Wirksamkeitsfiktion tritt zum anderen auch dann nicht ein, **106**

- wenn der Bürgermeister dem Satzungsbeschluss wegen Gesetzeswidrigkeit widersprochen hat (§ 4 Abs. 4 S. 2 Nr. 3 SächsGemO) oder
- wenn innerhalb der Frist von einem Jahr seit Bekanntmachung die Rechtsaufsichtsbehörde den Beschluss beanstandet hat (§ 4 Abs. 4 S. 2 Nr. 4a SächsGemO) oder ein Bürger, Einwohner oder sonstiger Dritter den Verfahrens- oder Formfehler substanziiert gerügt hat (§ 4 Abs. 4 S. 2 Nr. 4b SächsGemO).

Wird eine Verletzung nach § 4 Abs. 4 S. 2 Nr. 3 oder 4 SächsGemO geltend gemacht, so kann auch nach Ablauf der in Satz 1 genannten Frist jedermann diese Verletzung geltend machen (§ 4 Abs. 4 S. 3 SächsGemO). **107**

353 So *Rehak*, in: Quecke/Schmid, Gemeindeordnung für den Freistaat Sachsen, § 4 Rn. 132.
354 Vgl. oben in diesem 4. Kapitel unter A.IV. 8.

108 Als derart mögliche Rechtsverletzungen kommen insb. in Betracht: Verstöße gegen Vorschriften betreffend den Ausschluss wegen Befangenheit (§ 20 SächsGemO), die Einberufung der Sitzungen (§ 36 Abs. 3 bis 5 SächsGemO), die Beschlussfähigkeit und die Beschlussfassung (§ 39 SächsGemO), das Zusammenwirken der Ausschüsse mit dem Gemeinderat (§ 41 Abs. 3 und 4 SächsGemO), die Anhörung des Ortschaftsrates (§ 67 Abs. 3 SächsGemO) und die öffentliche Auslegung der Haushaltssatzung (§ 76 Abs. 1 SächsGemO).

109 **Materielle Verstöße** (inhaltliche Mängel) werden von § 4 Abs. 4 SächsGemO allerdings nicht erfasst. Ebenso gilt diese Fiktion nicht bei Verstößen gegen **Zuständigkeitsvorschriften**. Dies führen also, wie bereits erwähnt, stets zur Nichtigkeit.

110 Der Anwendungsbereich dieser Unbeachtlichkeitsregelung umfasst nicht nur die Satzungen der Gemeinde, sondern gemäß § 4 Abs. 5 SächsGemO auch alle **sonstigen ortsrechtlichen Bestimmungen**, z. B. Polizeiverordnungen gemäß §§ 32 ff. SächsPBG sowie Flächennutzungspläne. Eine analoge Anwendung von § 4 Abs. 4 SächsGemO auf andere Beschlüsse des Gemeinderates ist hingegen ausgeschlossen.[355]

111 Die SächsGemO enthält außer in § 4 Abs. 4 und 5 noch eine weitere Regelung über die Unbeachtlichkeit von Verfahrensfehlern in § 20 Abs. 5 S. 2 und 3 SächsGemO (Verletzung des Mitwirkungsverbotes bei Befangenheit); § 4 Abs. 4 und 5 SächsGemO gehen diesen Vorschriften als die speziellere Regelung für Ortsrecht und Flächennutzungspläne vor.[356]

112 **Spezielle Vorschriften des Bundes** – insb. bei Satzungen im Planungsrecht (§§ 214 ff. BauGB: „Grundsatz der Planerhaltung") – gehen wiederum nach dem sog. Lex-specialis-Grundsatz den Unbeachtlichkeitsregelungen der SächsGemO vor.

113 **Zur Vertiefung:**

Die §§ 214 bis 216 BauGB sind umgekehrt nur anwendbar bei einer Verletzung von Normen des BauGB. Hat z. B. ein Gemeinderat trotz Vorliegens seiner Befangenheit an einem Beschluss über einen ***Bebauungsplan*** *teilgenommen, kommt eine Unbeachtlichkeit bzw. „Heilung" dieses formellen Fehlers nur nach § 4 Abs. 4 SächsGemO und nicht nach § 214 Abs. 1 BauGB in Betracht.*

2. Materielle Mängel

114 Materielles Recht betrifft die **inhaltlichen** Anforderungen an die Satzung (z. B. Kollision mit höherrangigen Normen, unklarer Inhalt, Sittenwidrigkeit). Materielle (inhaltliche) Mängel führen bei Satzungen und Verordnungen grds. zur vollständigen Nichtigkeit des gesamten Normwerkes **ohne** Heilungsmöglichkeiten. Eine Ausnahme gilt auch hier teilweise nach §§ 214 bis 216 BauGB für

355 *Rehak*, in: Quecke/Schmid, Gemeindeordnung für den Freistaat Sachsen, § 4 Rn. 117.
356 *Rehak*, in: Quecke/Schmid, Gemeindeordnung für den Freistaat Sachsen, § 4 Rn. 117.

Bauleitpläne (Grundsatz der Planerhaltung) und nach § 2 Abs. 2 S. 1 SächsKAG bei der Gebühren- und Beitragserhebung (sog. „Ergebniskontrolle").

Allerdings kann ggf. eine **Teilnichtigkeit** nur der einzelnen fehlerhaften Be- 115
stimmungen angenommen werden. Teilnichtigkeit wird – analog § 139 BGB – i.d.R. dann angenommen, wenn der Satzungsgeber die sonstigen Regelungen auch ohne den nichtigen Teil erlassen hätte und diese noch eine sinnvolle Regelung ergeben.[357] Eine Teilnichtigkeit kommt daher nicht in Betracht, wenn die betreffende Teilregelung mit den übrigen Satzungsbestimmungen in einem so engen Zusammenhang steht, dass sich wegen dieser Verflechtung eine Aufteilung in gültiges und ungültiges Recht verbietet.[358]

Zur Vertiefung: 116

Stellt sich – z.B. im Rahmen eines Rechtsstreits – heraus, dass eine Satzung nichtig ist, bleibt es der Gemeinde grds. unbenommen, eine neue, rechtlich unbedenkliche Satzung mit ***rückwirkender Kraft*** *zu erlassen.*[359] *Ist eine Satzung teilnichtig, kann der nichtige Teil durch eine neue rechtmäßige Regelung ersetzt werden. Ist die Satzung insgesamt nichtig, kann sie nicht mehr geändert, sondern nur durch eine neue Satzung (ggf. rückwirkend) ersetzt werden.*

Führen Mängel einzelner Satzungsregelungen zur Gesamtnichtigkeit der Satzung, kann die Satzung, solange sie nicht in einem Normenkontrollverfahren für unwirksam erklärt wurde, (auch) durch Änderungssatzung mit Heilungswirkung geändert werden.[360]

B. Kommunale Rechtsverordnungen

Wie sich aus dem bereits erwähnten § 4 Abs. 5 SächsGemO ergibt, können die 117
Gemeinden nicht nur Satzungen, sondern auch „anderes Ortsrecht" erlassen. Damit sind insb. die kommunalen Rechtsverordnungen gemeint. Demgegenüber ist der ebenfalls in § 4 Abs. 5 SächsGemO genannte Flächennutzungsplan nach herrschender Meinung keine Rechtsnorm.[361]

Der Erlass von Rechtsverordnungen durch Gemeinden bedarf stets einer aus- 118
drücklichen gesetzlichen Ermächtigung, die den Anforderungen des Art. 80 GG bzw. des Art. 75 Abs. 1 SächsVerf entsprechen muss. Der Erlass von Rechtsverordnungen durch Gemeinden ist nicht Ausfluss des verfassungsrechtlich geschützten Selbstverwaltungsrechts. Der wichtigste Anwendungsbereich gemeindlicher Rechtsverordnungen ist das Polizeirecht.[362]

357 BVerwG, NVwZ 1994, S. 272; SächsOVG, SächsVBl. 2001, S. 34 (35).
358 BVerwGE 8, S. 274; VG Chemnitz, SächsVBl. 1996, S. 312.
359 BVerwGE 67, S. 129; 50, S. 2.
360 SächsOVG, Urteil vom 08.07.2019 – 5 A 101/16, juris.
361 Vgl. hier nur *Erbguth/Schubert*, Öffentliches Baurecht, § 15 Rn. 15 m.w.N. und Hinweisen zu den Rechtsschutzmöglichkeiten.
362 *Burgi*, Kommunalrecht, § 15 Rn. 14.

I. Begriff und Unterschiede zu den Satzungen

119 Rechtsverordnungen sind in bestimmter Form hoheitlich einseitig erlassene, abstrakte und i.d.R. generelle Anordnungen von Regierungs- oder Verwaltungsorganen zur Regelung menschlichen Verhaltens[363] und damit **materielle Gesetze**. Sie werden nur bei Weisungsaufgaben, also im übertragenen Wirkungskreis, erlassen. Polizeiverordnungen enthalten Ge- und Verbote zur Aufrechterhaltung der öffentlichen Sicherheit und Ordnung. Weitergehende Regelungen sind nicht möglich.

120 Satzungen sind gegenüber Verordnungen vielseitiger. Dies zeigen etwa die Benutzungssatzungen (Bäder, Sporthallen usw.), die Abgabensatzungen (Gebührenerhebung), die Haushaltssatzung (Haushaltsregelungen) und die Hauptsatzung (Organisation).

II. Erfordernis einer gesetzlichen Ermächtigung

121 Verordnungen können von den Gemeinden gemäß Art. 80 Abs. 1 S. 1 GG bzw. Art. 75 Abs. 1 S. 1 SächsVerf immer nur aufgrund einer **speziellen gesetzlichen Ermächtigung** erlassen werden. Das Vorliegen einer solchen Ermächtigung ist daher stets[364] zu klären. Solche Ermächtigungen finden sich insb. in §§ 32 ff. SächsPBG, § 9 Abs. 2 S. 1 Nr. 1 SächsGastG und § 8 SächsLadÖffG.

Typische Verordnungen der Gemeinden und Landkreise sind bspw.:

- Verordnungen der Landkreise bzw. Kreisfreien Städte zur Festsetzung von Landschaftsschutzgebieten (§§ 48 Abs. 1 Nr. 2, 13 Abs. 1 SächsNatSchG),
- Parkgebührenverordnungen (§§ 6a Abs. 6, 7 StVG i. V. m. § 25 SächsStrVRG),
- Polizeiverordnungen (§§ 32 ff. SächsPBG) sowie
- Verordnungen über „verkaufsoffene Sonntage“ (§ 8 SächsLadÖffG).

III. Formelle Anforderungen

122 **Zuständig** zum Erlass von Verordnungen ist ebenso wie bei Satzungen grds. der Gemeinderat (§ 28 Abs. 2 Nr. 4 SächsGemO: „anderes Ortsrecht“). Über die Verweisvorschrift des § 4 Abs. 5 SächsGemO gelten die dort genannten **Verfahrensvoraussetzungen** auch für Verordnungen der Gemeinde.

123 Im Einzelnen richtet sich die öffentliche **Bekanntmachung** von Verordnungen der Gemeinde ebenfalls nach der KomBekVO i. V. m. der Bekanntmachungssatzung (§ 6 KomBekVO). Die Verordnung wird als solche bezeichnet und veröffentlicht; zwingend ist für sie überdies, dass sie das zu ihrem Erlass ermächtigende Gesetz zitiert (Zitiergebot des Art 80 Abs. 1 S. 3 GG bzw. Art. 75 Abs. 1 S. 3 SächsVerf).[365]

363 *Gern*, Sächsisches Kommunalrecht, Rn. 268.

364 Das gilt auch in entsprechenden Klausuren. Dabei ist zu beachten, dass es dem Landesgesetzgeber verwehrt ist, eine bundesgesetzliche Ermächtigung zum Erlass von Gebührenordnungen, wie sie etwa § 6a Abs. 5a StVG für das Bewohnerparken enthält, in eine kommunale Satzungsermächtigung „umzuwandeln“; vgl. dazu BVerwG, NVwZ 2023, S. 1813.

365 *Gern*, Sächsisches Kommunalrecht, Rn. 268. Eine Missachtung des Zitiergebots führt zur Nichtigkeit der Verordnung (vgl. BVerfG, Urteil vom 6.7.1999 – 2 BvF 3/90).

Es können aber auch in formeller Hinsicht **spezialgesetzliche Besonderheiten** gelten. So ist z. B. für den Erlass von Polizeiverordnungen der Ortspolizeibehörden bis zu einem Monat Geltungsdauer ausnahmsweise der Bürgermeister zuständig, im Übrigen der Gemeinderat (§ 35 Abs. 1 SächsPBG). 124

IV. Materiell-rechtliche Anforderungen

In materiell-rechtlicher Hinsicht ist v. a. zu prüfen, ob die Verordnung die tatbestandlichen Voraussetzungen der Ermächtigungsgrundlage erfüllt. So ist bei den Polizeiverordnungen der Ortspolizeibehörden nach § 32 SächsPBG zu klären, ob sie der Wahrnehmung der in § 2 Abs. 1 und 3 SächsPBG genannten Polizeibehördenaufgaben dienen. Und der Erlass von Alkoholkonsumverboten ist nur unter den zahlreichen in § 33 Abs. 2 SächsPBG genannten Voraussetzungen zulässig. Schließlich muss die Verordnung mit dem (sonstigen) höherrangigen Recht und hier insb. mit den Grundrechten der Betroffenen vereinbar sein. 125

Zur Vertiefung: 126

Das SächsOVG hat mit Urteil vom 30.3.2017 eine auf § 9a SächsPolG a. F. (jetzt: § 33 Abs. 2 SächsPBG) gestützte Polizeiverordnung der Stadt Görlitz nach § 47 Abs. 1 Nr. 2 und Abs. 5 Satz 2 VwGO i. V. m. § 24 SächsJG für unwirksam erklärt. Gemäß § 9a SächsPolG a. F. hätte nach Auffassung des SächsOVG der Stadtrat zunächst positiv feststellen müssen, dass sich im Geltungsbereich der Polizeiverordnung in der Vergangenheit Personen aufgehalten haben, die ***alkoholbedingte Straftaten*** *gegen das Leben, die körperliche Unversehrtheit oder das Eigentum begangen haben. Allein der Hinweis auf eine allgemeine Kriminalstatistik, aus der sich eine Zunahme von Straftaten ableiten lässt, genüge insoweit nicht, da die Statistik offenlasse, ob die Straftaten im Zusammenhang mit Alkoholgenuss stünden.*[366]

Hinweis:

Der sächsische Landtag hat am 10.04.2019 das Artikelgesetz zur Neustrukturierung des Polizeirechts des Freistaates Sachsen[367] *beschlossen, das am 1.1.2020 in Kraft getreten ist. In diesem Gesetz wurde insb. das* ***SächsPolG aufgehoben*** *und als Ersatz dafür das Gesetz über die Aufgaben, Organisation, Befugnisse und Datenverarbeitung der Polizeibehörden im Freistaat Sachsen (SächsPBG) und das Gesetz über die Aufgaben, Organisation, Befugnisse und Datenverarbeitung des Polizeivollzugsdienstes im Freistaat Sachsen (SächsPVDG) in Kraft gesetzt. Damit gelten* ***seit dem 1.1.2020 zwei Gesetze****, eines für die* ***Polizeibehörden (SächsPBG)****, wozu u. a. die Landratsämter und Kreisfreien Städte als Kreispolizeibehörden sowie die Gemeinden als Ortspolizeibehörden gehören (§ 1*

366 Vgl. zum Ganzen SächsOVG, Urteil vom 30.3.2017 – 3 C 19/16, SächsVBl. 2017, 278 und BeckRS 2017, 112990. Ähnlich bereits mit Blick auf die allgemeinen Anforderungen an den Erlass solcher Alkoholverbotsverordnungen *Faßbender*, NVwZ 2009, S. 563 (565 f.).
367 Gesetz vom 11.5.2019 (SächsGVBl. S. 358).

*Abs. 1 Nr. 3 und 4 SächsPBG), und eines für den **Polizeivollzugsdienst (SächsPVDG)**. Gemäß § 97 SächsPVDG unterhält der Freistaat Sachsen die entsprechenden Polizeidienststellen für den Polizeivollzugsdienst. Für den Vollzug bestimmter auf den Gemeindebereich beschränkter polizeibehördlicher Aufgaben können die Ortspolizeibehörden nach § 9 Abs. 1 S. 1 SächsPBG gemeindliche Vollzugsbedienstete bestellen, die bei der Erfüllung ihrer polizeibehördlichen Aufgaben grds. die Stellung von Polizeibediensteten i.S.d. SächsPVDG haben (§ 9 Abs. 1 S. 2 SächsPBG).*

127 Konfliktträchtig sind in der kommunalen Praxis häufig Rechtsverordnungen über die Festlegung **verkaufsoffener Sonntage** gemäß § 8 SächsLadÖffG. Die Gemeinden werden gemäß § 8 Abs. 1 S. 1 SächsLadÖffG ermächtigt, abweichend von dem Öffnungsverbot gemäß § 3 Abs. 2 SächsLadÖffG **aus besonderem Anlass** an jährlich bis zu vier Sonntagen zwischen zwölf und achtzehn Uhr die Öffnung von Verkaufsstellen im Gemeindegebiet zu gestatten. Nach der Rechtsprechung des SächsOVG[368] muss die Gemeinde eine schlüssige und vertretbare Prognose dahin gehend anstellen, dass der besondere Anlass einen Besucherstrom auslöst, der die Zahl der Besucher übersteigt, die allein wegen der Sonntagsöffnung der Verkaufsstellen kämen.

C. Rechtsschutz

128 Da kommunale Satzungen und Rechtsverordnungen Akte der Rechtsetzung sind, kann über ihre Rechtsgültigkeit nur im Verfahren der **prinzipalen** oder **inzidenten Normenkontrolle** entschieden werden; im begrenzten Umfang auch mittels einer **Verfassungsbeschwerde**, wobei dann allerdings die Annahme eines gegenwärtigen und unmittelbaren Betroffenseins durch die Satzung sowie die Subsidiarität der Verfassungsbeschwerde problematisch sein können. Die abstrakte und die inzidente Normenkontrolle sind unabhängig voneinander und können wegen der unterschiedlichen Rechtsschutzziele sogar parallel eingeleitet werden.

I. Prinzipale Normenkontrolle[369]

129 Eine **prinzipale Normenkontrolle** ist gemäß § 47 Abs. 1 Nr. 1 VwGO für Satzungen nach den Vorschriften des BauGB und damit v.a. für Bebauungspläne zulässig. Darüber hinaus können im Freistaat Sachsen gemäß § 47 Abs. 1 Nr. 2 VwGO i.V.m. § 24 SächsJG alle anderen untergesetzlichen Regelungen und damit sowohl die sonstigen Satzungen der Gemeinden als auch Rechtsverordnungen unmittelbar im Wege der prinzipalen Normenkontrolle angegriffen werden.

130 Antragsberechtigt ist gemäß § 47 Abs. 2 S. 1 VwGO jede natürliche oder juristische Person, die geltend macht, durch die Rechtsvorschriften oder deren

368 Urteil vom 31.8.2017 – 3 C 9/17, juris; Urteil vom 13.11.2019 – 6 C 7/19, juris.
369 Die prinzipale Normenkontrolle wird teilweise auch als abstrakte Normenkontrolle bezeichnet.

Anwendung in ihren Rechten verletzt zu sein oder in absehbarer Zeit verletzt zu werden, sowie jede Behörde innerhalb von einem Jahr nach Bekanntmachung der Satzung. Nach dem Wortlaut des § 47 Abs. 2 S. 1 VwGO könnten Behörden ohne jedwede Betroffenheit einen Normenkontrollantrag stellen. Unstreitig ist indes, dass die jeweilige Behörde ein allgemeines Vollzugsinteresse darlegen muss.

Sind die entsprechenden Zulässigkeitsvoraussetzungen gegeben (Statthaftigkeit, Antragsberechtigung, Antragsbefugnis, richtiger Antragsgegner, Antragsfrist und Form), so erfolgt eine vollständige Prüfung der Gültigkeit der Satzung oder Rechtsverordnung unabhängig von einer subjektiven Rechtsverletzung **(objektives Kontrollverfahren)** mit Normverwerfungskompetenz nach § 47 Abs. 5 VwGO, d.h., nur das SächsOVG hat die Befugnis, eine Satzung mit Wirkung für die Allgemeinheit für nichtig oder (einzelne Regelungen) für teilnichtig zu erklären. Dessen Prüfung umfasst zum einen die formelle Rechtmäßigkeit der Satzung (Zuständigkeit, Verfahren, Form) und zum anderen die (inhaltliche) materielle Rechtmäßigkeit der Satzung. Im Rahmen dessen ist zu prüfen, ob die Tatbestandsvoraussetzungen der jeweiligen Satzung oder Verordnung als Ermächtigungsgrundlage erfüllt sind, kein Verstoß gegen höherrangiges Recht vorliegt und ggf. das Satzungsermessen ordnungsgemäß ausgeübt worden ist. 131

Bei Rechtsverstößen ist die Satzung grds. von Anfang an nichtig. Sie ist damit unwirksam und kann insb. für belastende Verwaltungsakte keine wirksame Ermächtigungsgrundlage sein. Bei Nichtigkeit einzelner Satzungsbestandteile können die übrigen Teile weiterhin Wirksamkeit entfalten, wenn sie für sich allein existenzfähig sind und eine – aus Sicht des Satzungsgebers – analog § 139 BGB sinnvolle Regelung ergeben.[370]

Zur Vertiefung: 132

Organisationsnormen (wie die Hauptsatzung und die Haushaltssatzung) können – mangels des Vorliegens einer Antragsbefugnis – jedenfalls grds. nicht mit der prinzipalen Normenkontrolle überprüft werden. Eine Rechtskontrolle durch die Rechtsaufsichtsbehörde ist aber selbstverständlich möglich.

Hinweis: 133

Gegen das Urteil des SächsOVG steht den Beteiligten die Revision an das BVerwG zu, wenn das SächsOVG sie zugelassen hat (§ 132 Abs. 1 und Abs. 2 VwGO). Anderenfalls besteht nur die Möglichkeit der Nichtzulassungsbeschwerde nach § 133 VwGO.

370 Siehe dazu oben Rn. 114 f.

II. Inzidente Normenkontrolle

134 Bei der **inzidenten Normenkontrolle** (mit Wirkung nur für den zu entscheidenden Fall und nur für die Prozessbeteiligten) geht der Kläger nicht unmittelbar gegen die Satzung oder Rechtsverordnung selbst vor, sondern wendet sich auf dem Verwaltungsrechtsweg (§§ 40 Abs. 1, 42, 113 VwGO) i. d. R. gegen einen Verwaltungsakt (z. B. einen Abgabenbescheid oder die Ablehnung einer Baugenehmigung), der aufgrund der Satzung erlassen wurde.

135 Im Rahmen der Rechtmäßigkeitsprüfung der Anfechtungs- oder Verpflichtungsklage (je nach dem Klagebegehren) prüft das Verwaltungsgericht – neben der (formellen und materiellen) Rechtmäßigkeit des Verwaltungsaktes selbst – aufgrund seiner Bindung an Recht und Gesetz gemäß Art. 20 Abs. 2 und 3 GG auch, ob die Satzung oder Rechtsverordnung als Ermächtigungsgrundlage des Verwaltungsakts das materielle und formelle Recht verletzt. Die Satzung bzw. die Rechtsverordnung wird in diesem Fall wegen Nichtigkeit vom Verwaltungsgericht nicht angewandt[371] und der darauf beruhende Verwaltungsakt aufgehoben.[372] Eine darüber hinausgehende Normverwerfungskompetenz steht dem Verwaltungsgericht nicht zu.

136 **Zur Vertiefung:**

Widerspruch und Anfechtungsklage eines Dritten gegen die bauaufsichtliche Zulassung eines Vorhabens haben nach § 212a BauGB keine aufschiebende Wirkung mit der Folge, dass in einem solchen Fall stets an die Möglichkeit gedacht werden muss, im Wege des einstweiligen Rechtsschutzes nach §§ 80, 80a VwGO gegen die bauaufsichtliche Zulassung vorzugehen.

137 ***Hinweis:***

Gegen Urteile steht den Beteiligten die Berufung zu, wenn sie von dem Verwaltungsgericht oder dem SächsOVG zugelassen wird (§ 124 Abs. 1 und Abs. 2 VwGO). Anderenfalls besteht auch hier noch die Möglichkeit, gegen die Nichtzulassung nach § 124a Abs. 4 VwGO vorzugehen. Nachfolgend besteht dann grds. die Möglichkeit, Revision zum BVerwG einzulegen (§ 132 Abs. 1 und Abs. 2 VwGO).

371 Vgl. BVerwGE 45, S. 309 (329); SächsOVG, SächsVBl. 1996, S. 305 ff.
372 Vgl. *Stober*, Gemeindeordnung für den Freistaat Sachsen, S. 189.

5. Kapitel
Einwohner und Bürger der Gemeinde

A. Einführung

1 In diesem Kapitel geht es um die Stellung von **Einwohnern** und **Bürgern** als Mitglieder der Gebietskörperschaft Gemeinde, zu der auch die **bürgerschaftliche Aktivierung** und **Mitwirkung** in der Gemeinde gehört.[373]

2 Die durch Art. 28 Abs. 2 S. 1 GG garantierte kommunale Selbstverwaltung ist Ausdruck der **demokratischen Mitwirkungsmöglichkeit der Bürger**.[374] Selbstverwaltung bedeutet im politischen Sinne ehrenamtliche Mitwirkung der Bürgerinnen und Bürger an der Wahrnehmung öffentlicher Aufgaben. Sie schafft Bürgernähe, Überschaubarkeit, Flexibilität und Spontanität der Entscheidungen und garantiert damit eine höhere Akzeptanz der Aufgabenerfüllung. Dies gilt mit gewissen Einschränkungen auch für **Einwohner**.

3 Art. 28 Abs. 1 S. 2 GG schreibt vor, dass das „Volk" auch in den Gemeinden und Kreisen eine Vertretung haben muss, die aus „allgemeinen, unmittelbaren, freien, gleichen und geheimen Wahlen hervorgegangen ist". Überdies muss die verfassungsmäßige Ordnung in den Ländern (und damit auch in den Gemeinden) gemäß Art. 28 Abs. 1 S. 1 GG den „Grundsätzen des republikanischen, demokratischen und sozialen Rechtsstaates im Sinne dieses Grundgesetzes entsprechen". Daraus ergibt sich, dass es eine vom Gemeindevolk gewählte Vertretung geben muss, die als **Repräsentativorgan** die wichtigsten Beschlüsse zu fassen hat. Die in Art. 28 Abs. 1 S. 4 GG vorgesehene Möglichkeit des Ersetzens der gewählten Körperschaft durch eine „Gemeindeversammlung" ist ohne praktische Bedeutung. Danach steht fest, dass es in allen Ländern ein unmittelbar gewähltes, kollegial organisiertes Vertretungsorgan geben muss, und zwar den Gemeinderat.[375]

4 Das Repräsentativorgan „Gemeinderat" wird durch die Bevölkerung aber mitunter infrage gestellt. Die Mitwirkung von Einwohnern und Bürgern an der Entscheidungsfindung bis hin zur unmittelbaren politischen Entscheidungsfindung durch die Bürger selbst bekommt eine immer stärkere Bedeutung. Die **unmittelbare Demokratie** (auch: plebiszitäre bzw. direkte Demokratie) bezeichnet dabei eine demokratische Herrschaftsform, bei der die politischen Entscheidungen unmittelbar vom Volk getroffen werden und lediglich Ausführung und Umsetzung der Entscheidung einer Behörde überlassen werden.

5 Die SächsGemO sieht zur Verstärkung der Elemente der unmittelbaren Demokratie und der Mitwirkungsmöglichkeiten von Einwohnern und Bürgern eine Vielzahl besonderer **Anhörungs-, Mitwirkungs- und Entscheidungsrechte**

373 Vgl. *Gern*, Sächsisches Kommunalrecht, Rn. 648.

374 Vgl. zu diesem Zusammenhang zuletzt BVerfG, NVwZ 2015, S. 728 (730) sowie *Engels*, Die Verfassungsgarantie kommunaler Selbstverwaltung, S. 163 ff.

375 *Burgi*, Kommunalrecht, § 10 Rn. 2 f.

vor. Die breit gefächerten Formen reichen vom Petitionsrecht über den Einwohnerantrag und die Einwohnerversammlung, die Anhörung in der Gemeinderatssitzung, beratende Mitgliedschaft in Ausschüssen bis hin zu Bürgerbegehren und Bürgerentscheiden.

6 Insgesamt liegt hier ein Bereich, in dem sich die Gemeinde als **moderner** und **am Gemeinwohl orientierter Dienstleister** beweisen kann. Dieser Aspekt erlangt daher zu Recht eine immer stärkere Bedeutung für die Verwaltung, insb. forciert durch die von den Bürgern unmittelbar gewählten Bürgermeister und Landräte. Eine aktuell verbesserte Möglichkeit der Bürgerbeteiligung erfolgt z.B. durch **„Onlinepetitionen“** oder durch **„Social-Media-Angebote“**, die in vielen Kommunen bereits angeboten werden. Zur Bürgerbeteiligung gehört auch eine regelmäßige Durchführung von **Einwohnerversammlungen**, die Erleichterung der Durchführung von **Bürgerbegehren** und **Bürgerentscheiden** durch eine Verringerung der Quoren sowie die Aufstellung eines sog. **Bürgerhaushaltes**.[376] Der Dialog mit den Bürgerinnen und Bürgern ist enorm wichtig; die negativen Konsequenzen einer fehlenden Einbeziehung der Bürgerinnen und Bürger sind nicht selten Frustration, Politikverdrossenheit und Unverständnis; Intoleranz und Hass können weitere Folgen sein.

7 Es besteht zwar mittlerweile ein immer stärkerer **Trend zu mehr unmittelbarer Demokratie** und direkter Einflussnahme auf die politische Willensbildung, insb. auch auf der kommunalen Ebene. Die Bürgerinnen und Bürger dürfen aber nicht überfordert werden.[377] Ihnen dürfen nicht Themen zur Entscheidung auferlegt werden, die sie schwerlich überschauen können. Nicht alle Themen sind daher für ein Bürgerbegehren bzw. einen Bürgerentscheid geeignet. Dies betrifft etwa die Frage nach einer Fusion der Stadtwerke, der Privatisierung eines Krankenhauses oder der Ansiedlung von Unternehmen in der Gemeinde. Es besteht des Weiteren die Gefahr, dass der Gemeinderat gerade bei brisanten Themen dazu neigen könnte, Entscheidungen den Bürgerinnen und Bürgern zu überlassen. Der Gemeinderat muss aber seine kommunalpolitische Führungsfunktion konsequent wahrnehmen und dafür bereits im Vorfeld von wichtigen kommunalpolitischen Entscheidungen die Bürgerinnen und Bürger stärker einbeziehen, denn der Gemeinderat bestimmt die Richtlinien der Politik innerhalb des Gemeindegebietes. Es darf daher **keine pauschale Übertragung von Verantwortung** vom Gemeinderat auf die Bürgerinnen und Bürger geben.

376 Ein Bürgerhaushalt (Beteiligungshaushalt) ist ein Verfahren zur Entwicklung eines kommunalen Haushalts unter Beteiligung von Bürgerinnen und Bürgern, weitergehend: *Nanz/Fritsche*, Handbuch Bürgerbeteiligung, S. 45.

377 Vgl. näher hierzu und zum Folgenden *Ante*, Chancen und Risiken direkter Demokratie: Direktdemokratische Partizipation auf kommunaler Ebene in Deutschland und der Schweiz, passim.

B. Rechtsstellung der Einwohner und Bürger im Überblick

Die SächsGemO differenziert zwischen Einwohnern und Bürgern. An die Eigenschaft, Einwohner oder Bürger zu sein, sind verschiedene Rechtsfolgen geknüpft, v.a. das Wahlrecht, der Zulassungsanspruch zu öffentlichen Einrichtungen, aber z.B. auch Einwohnerversammlungen, Bürgerbegehren und Bürgerentscheide. Danach haben Bürger weitergehende Rechte als Einwohner. 8

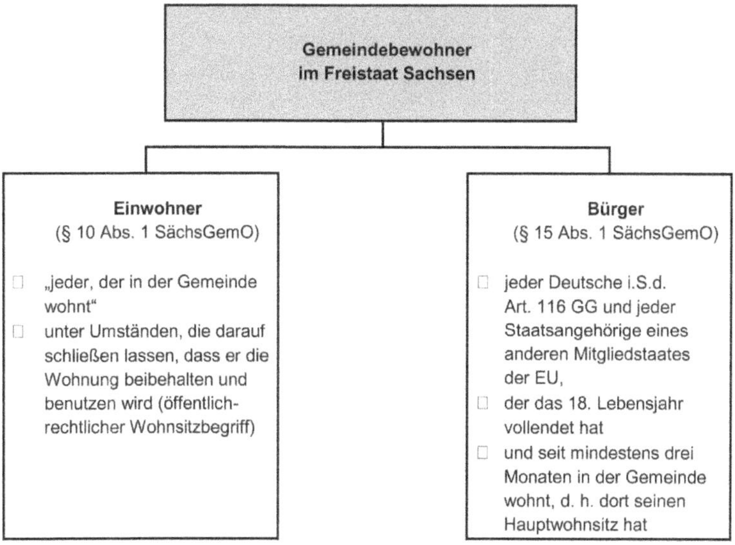

I. Einwohner

1. Begriff des Einwohners

Im Einklang mit Art. 86 Abs. 2 und 3 SächsVerf hat der Landesgesetzgeber in der SächsGemO die Mitwirkung der Einwohner an der kommunalen Selbstverwaltung geregelt.[378] Die SächsGemO geht, ebenso wie andere Gemeindeordnungen der Länder, nicht vom Grundsatz der Bürgergemeinde, sondern vom Grundsatz der **Einwohnergemeinde** aus, in der **deutschen** und **ausländischen Einwohnern grds. dieselben Rechte** zustehen.[379] Ausländische Einwohner können ohne Einschränkungen alle Einwohnerrechte wahrnehmen.[380] Zu ihrem gemeinsamen Wohl erfolgt die Erfüllung der gemeindlichen Aufgaben (vgl. § 1 Abs. 2 SächsGemO). Es kommt daher nicht auf die Staatsangehörigkeit, aber auch nicht auf die Geschäftsfähigkeit, das Geschlecht oder das Alter (z.B. Volljährigkeit) an. 9

378 Vgl. näher dazu *Wettling*, Kommunalrecht, S. 54ff.
379 Vgl. zu diesem Grundsatz *Stober*, Kommunalrecht in der Bundesrepublik Deutschland, S. 81.
380 Vgl. *Belz*, SächsVBl. 1994, S. 1 (4).

10 **Zur Vertiefung:**

Infolgedessen können Einwohner der Gemeinde auch Ausländer sein. Der Aufenthalt muss jedoch legaler Natur sein (z. B. Vorliegen einer Aufenthaltsgenehmigung), denn ein illegaler und somit strafbarer Aufenthalt darf keine Rechte auf Teilhabe oder gar Mitwirkung bei kommunalen Entscheidungen begründen.[381]

11 Neben der **Voraussetzung für das Bürgerrecht** kommt der Einwohnereigenschaft v. a. auch Bedeutung im Hinblick auf eine **Vielzahl von Teilhabe- und Mitwirkungsrechten** zu.

12 Die Einwohnerzahl wiederum (maßgeblich dafür ist § 125 SächsGemO) ist insb. bedeutend für die Gemeindeart nach § 3 SächsGemO, die Zahl der Gemeinderäte (§ 29 Abs. 2 SächsGemO) und die Zahl der Beigeordneten (§ 55 Abs. 1 SächsGemO), aber auch für die Stellung der Gemeinde im kommunalen Finanzausgleich (§§ 4 ff., 30 f. SächsFAG).

13 Einwohner i. S. d. § 10 Abs. 1 SächsGemO ist **„jeder, der in der Gemeinde wohnt"**. Die Gemeindezugehörigkeit wird demnach nicht von besonderen Voraussetzungen abhängig gemacht. Alleiniges Tatbestandsmerkmal für das Vorliegen eines Einwohners ist das **„Wohnen"**.

2. Begriff des Wohnens

14 Der Begriff des „Wohnens" ist in der SächsGemO nicht näher definiert. Es ist hier nicht vom (engeren) privatrechtlichen Wohnungsbegriff des § 7 BGB auszugehen. Vielmehr gilt der (weiter gefasste) **öffentlich-rechtliche Begriff des Wohnens.**[382] Danach wohnt in der Gemeinde, wer dort nach objektiver Betrachtungsweise eine Wohnung unter Umständen innehat, die darauf schließen lassen, dass er die Wohnung beibehalten und regelmäßig benutzen wird.[383] Es ist also nur auf den **äußeren Tatbestand** des Innehabens einer Wohnung abzustellen, im Gegensatz zum Wohnbegriff des § 7 BGB, der auf den subjektiven Willen abstellt (rechtsgeschäftlicher Wille).

15 Als Wohnung i. S. d. SächsGemO ist folglich jede Unterkunftsmöglichkeit anzusehen, die zumindest für **eine gewisse Dauer** zur Unterbringung von Menschen geeignet ist. Diese Voraussetzung ist bei bloßen Besuchern, Reisenden, Tagespendlern oder einem rein dienstlichen Wohnsitz eines Beamten nicht erfüllt, liegt aber bei Hausangestellten, Wochenendpendlern oder Studierenden vor.[384] Bei einem Krankenhausaufenthalt kommt ein „Wohnen" nicht in Betracht.

381 *Sponer/Tostmann*, Kommunalrecht, S. 40.

382 VGH BW, Urteil vom 26.5.2006 – 1 S 78/06, BeckRS 2006, 23997; *G. Brüggen*, in: Brüggen/Geiert/Nolden, Gemeindeordnung für den Freistaat Sachsen, § 10 Rn. 2.

383 VGH BW, Urteil vom 26.5.2006 – 1 S 78/06, BeckRS 2006, 23997.

384 *Sponer*, in: Sponer/Jacob/Musall, Kommunalverfassungsrecht Sachsen, § 10 Erl. 1.

Unter Zugrundelegung des melderechtlichen Wohnungsbegriffs ist gemäß § 20 des Bundesmeldegesetzes (BMG)[385] als Wohnung anzusehen „jeder umschlossene Raum, der zum Wohnen oder Schlafen benutzt wird". Es kommt dabei nicht darauf an, ob es sich bei der Wohnung um die Haupt- oder Nebenwohnung i. S. d. § 21 BMG handelt. Unter den Wohnungsbegriff fallen danach auch möblierte Zimmer, Studentenwohnheime, Untermiete, Wochenend- und Ferienwohnungen, Gartenhäuser, sogar Baracken oder andere leicht gebaute Räumlichkeiten, wenn sie tatsächlich genutzt werden; auch überwiegend ortsfeste Wohnwagen (Dauercamper) und Wohnschiffe fallen darunter. 16

Um **keine Wohnung** handelt es sich bei Arbeits- oder Geschäftsräumen (auch nicht mit Campingliege), bei notdürftigen Unterkünften nur für einen kurzen Aufenthalt (z.B. Zelte), bei Personen, die bundes- oder landesgesetzliche Pflichten vor Ort erfüllen (z.B. Unterbringung in einer dienstlichen Unterkunft bzw. Kaserne bei der Bundeswehr); auch Obdachlosenunterkünfte oder Flüchtlingsunterkünfte werden nicht erfasst. Flüchtlinge im Übergangswohnheim sind erst Einwohner, wenn sich ihr Aufenthalt verfestigt. Es muss die rechtliche und tatsächliche Möglichkeit bestehen, über die Räume zu verfügen, ein sog. **Innehaben der Wohnung** muss vorliegen. Voraussetzung ist eine gewisse Stetigkeit, d.h. eine regelmäßige Nutzung. Ist die Wohnung an einen Dritten vermietet, ist die Möglichkeit ihrer Benutzung nicht gegeben. Auch bei einer zwangsweisen Einweisung oder Unterbringung (Gefängnis, psychiatrische Klinik) hat man die Wohnung nicht inne. 17

Bei der Beurteilung des Wohnens wird in der Praxis regelmäßig von den **Unterlagen der Meldebehörde** ausgegangen (Melderegister). Es kann jedoch jemand, auch ohne bei der Meldebehörde angemeldet zu sein, Einwohner der Gemeinde nach § 10 Abs. 1 SächsGemO sein, und ein bei der Meldebehörde noch Angemeldeter als nicht mehr in der Gemeinde wohnhaft zu betrachten sein, wenn er die Wohnung tatsächlich aufgegeben hat. Es müssen letztendlich objektive Umstände vorliegen, die darauf schließen lassen, dass der Wohnungsinhaber die Wohnung auch in Zukunft noch nutzen werde. Im Zweifel ist die Anmeldung bei der Meldebehörde als Umstand zu werten, dass jemand eine Wohnung nutzt und damit innehat. 18

Wer **mehrere Wohnungen** hat, ist Einwohner **aller** Gemeinden, in denen sich die Wohnungen befinden. Auf die Frage, ob es sich dabei um die Hauptwohnung oder die Nebenwohnung i.S.d. § 21 BMG handelt, kommt es für die Rechtsstellung als Einwohner i. S. d. § 10 Abs. 1 SächsGemO nicht an.[386] Allerdings ist das Bürgerrecht in diesem Fall von der Hauptwohnung abhängig (vgl. § 15 Abs. 1 S. 2 SächsGemO).[387] 19

385 Bundesmeldegesetz (BMG) vom 3.5.2013 (BGBl. I S. 1084) mit späteren Änderungen. Hinweis: Das BMG hat zum 1.11.2015 das bisherige Melderechtsrahmengesetz (MRRG) sowie das Sächsische Meldegesetz (SächsMG) ersetzt. Das Sächsische Gesetz zur Ausführung des Bundesmeldegesetzes (SächsAGBMG) trat ebenfalls zum 1.11.2015 in Kraft (Sächsisches Gesetz zur Ausführung des Bundesmeldegesetzes [SächsAGBMG] vom 9.7.2014 [SächsGVBl. S. 376] mit späteren Änderungen).

386 So auch *Belz*, SächsVBl. 1994, S. 1 (3).

387 Siehe auch unten in diesem 5. Kapitel unter B.II.1.

20 **Zur Vertiefung:**

Hat ein Einwohner mehrere Wohnungen im Inland, so ist eine dieser Wohnungen seine ***Hauptwohnung*** *(§ 21 Abs. 1 BMG), die andere ist dann die* ***Nebenwohnung****. Hauptwohnung ist die* ***vorwiegend*** *benutzte Wohnung des Einwohners (siehe § 21 Abs. 2 BMG mit weiteren Differenzierungen in Abs. 3 und 4).*

21 Die Einwohnereigenschaft geht verloren bei **tatsächlicher Aufgabe der Wohnung** unter Umständen, die den Rückschluss erlauben, dass der bisherige Inhaber diese nicht mehr beibehalten oder benutzen wird.

3. Einwohnern (teilweise) Gleichgestellte

22 Nicht in der Gemeinde wohnende **Grundstücksbesitzer** oder **Gewerbetreibende** haben hinsichtlich des Benutzungsrechts für die öffentlichen Einrichtungen der Gemeinde die gleichen Rechte und Pflichten wie die Einwohner (vgl. § 10 Abs. 3 SächsGemO). Dies gilt aber nicht hinsichtlich ihrer persönlichen Stellung.[388] Auch **juristische Personen des privaten Rechts** (eingetragene Vereine, GmbH, AG) und **des öffentlichen Rechts** (Handwerkskammer, Universitäten) sowie **nicht rechtsfähige Personenvereinigungen** (nicht eingetragene Vereine, Parteien) werden insoweit den Einwohnern gleichgestellt (vgl. § 10 Abs. 5 SächsGemO).

4. Rechte und Pflichten der Einwohner

23 Die Einwohner haben nach der SächsGemO – ebenso wie nach den Gemeindeordnungen anderer Bundesländer – eine Reihe von Rechten und Pflichten, die im Folgenden in einem ersten Überblick benannt werden.

a) Rechte der Einwohner der Gemeinden

24
- Anspruch auf gleichberechtigte Benutzung der öffentlichen Einrichtungen (§ 10 Abs. 2 SächsGemO),
- Anhörung bei Gebietsänderungen (§ 8a SächsGemO),
- Petitionsrecht als „Jedermannsrecht“ – nicht nur für Einwohner (§ 12 Abs. 1 SächsGemO),
- Einwohnerversammlung (§ 22 SächsGemO),
- Einwohnerantrag (§ 23 SächsGemO),
- Anspruch auf Unterrichtung und Beratung sowie Hilfe in Verwaltungsverfahren (§§ 11, 13 SächsGemO),
- Einwohnerfragestunde (§ 44 Abs. 3 SächsGemO),
- Mitwirkung im Gemeinderat und in seinen Ausschüssen sowie in Beiräten (§§ 44, 47 SächsGemO als sachkundiger Einwohner),
- Recht zur Übernahme ehrenamtlicher Tätigkeit (§ 17 Abs. 1 S. 2 SächsGemO),

388 *Quecke/Schaffarzik*, in: Quecke/Schmid, Gemeindeordnung für den Freistaat Sachsen, § 10 Rn. 68.

- Einwendungen gegen die Haushaltssatzung (§ 76 Abs. 1 S. 4 SächsGemO) sowie
- Recht auf Einsichtnahme in die Niederschrift der öffentlichen Sitzungen des Gemeinderates und seiner Ausschüsse (§§ 40 Abs. 2 S. 5, 41 Abs. 5 S. 1, 43 Abs. 3 S. 1 SächsGemO).

b) Pflichten der Einwohner

Die Einwohner sind zwar im Rahmen der bestehenden Vorschriften berechtigt, die öffentlichen Einrichtungen der Gemeinde zu benutzen, sind aber auch dazu verpflichtet, die **Gemeindelasten** mitzutragen (§ 10 Abs. 2 SächsGemO). 25

- Dies betrifft zum einen **Geldlasten**, also die Pflicht zur Zahlung von Kommunalabgaben und Entgelten, insb. Grund- und Gewerbesteuern nach den Realsteuergesetzen und weitere Kommunalabgaben (Gebühren und Beiträge) nach dem SächsKAG und anderen Fachgesetzen sowie auch privatrechtliche Entgelte;
- zum anderen **Sachlasten**, insb. die Pflicht zur Mitwirkung in Notfällen (vgl. § 10 Abs. 4 SächsGemO).

Der Gemeinde ist es gemäß § 10 Abs. 4 SächsGemO ausnahmsweise erlaubt, Einwohner und ihnen gleichgestellte Personen für eine bestimmte Zeit zur Mitwirkung bei der Erfüllung vordringlicher Aufgaben in **Notfällen** zu verpflichten, wenn die eigenen Mittel der Gemeinde hierfür nicht ausreichen. Die Festlegung muss durch Satzung erfolgen und den verfassungsrechtlichen Anforderungen genügen. 26

Zwar können solche Verpflichtungen gemäß Art. 12 Abs. 2 GG grds. gerechtfertigt werden. Allerdings ist bspw. die **Beschränkung** einer solchen Verpflichtung **auf Männer** nur dann mit Art. 3 Abs. 3 GG vereinbar, wenn dies durch zwingende Gründe gerechtfertigt ist. Dies hat das BVerfG etwa im Falle der Beschränkung einer Feuerwehrdienstpflicht auf Männer verneint.[389] 27

II. Bürger

Die SächsGemO geht zwar, wie bereits erwähnt, vom Grundsatz der Einwohnergemeinde aus.[390] Aus dem Kreis der Gemeindeeinwohner werden jedoch die **Gemeindebürger** als diejenigen Einwohner besonders hervorgehoben, die in der Gemeinde **wahl- und stimmberechtigt** und damit umfassender dazu berufen sind, an der Verwaltungstätigkeit der Gemeinde teilzunehmen. In § 15 Abs. 2 SächsGemO wird mit dem Begriff der „bürgerschaftlichen Selbstverwaltung“ ein besonderes Merkmal der Gemeinde hervorgehoben, die durch ihre Organe eine mit den Bürgern eng verbundene Wahrnehmung ihrer Selbstverwaltungsaufgaben zu betreiben hat.[391] 28

389 Siehe BVerfGE 92, S. 91 = NJW 1995, S. 1733.
390 Vgl. etwa *Gern*, Sächsisches Kommunalrecht, Rn. 578.
391 *Bretzinger/Büchner-Uhder*, Kommunalverfassung, § 17 Rn. 2.

1. Begriff des Bürgers

29 Das **Bürgerrecht wird** nicht verliehen, sondern **automatisch erworben**, wenn die gesetzlichen Voraussetzungen erfüllt sind. Denn Bürger der Gemeinden in Sachsen ist nach § 15 Abs. 1 SächsGemO:

- Jeder Deutsche i. S. d. Art. 116 GG sowie jeder Staatsangehörige eines anderen Mitgliedstaates der Europäischen Union,[392]
- der das 18. Lebensjahr vollendet hat und
- seit mindestens drei Monaten in der Gemeinde wohnt.

30 Wer in mehreren Gemeinden wohnt, ist gemäß § 15 Abs. 1 S. 2 SächsGemO Bürger nur in der Gemeinde, in der er seine **Hauptwohnung** i. S. d. § 21 Abs. 2 BMG hat. Damit soll verhindert werden, dass ein Einwohner in mehreren Gemeinden gleichzeitig die besondere Rechtsstellung als Bürger und damit das Wahlrecht und die Wählbarkeit erlangen kann. Ein doppeltes Bürgerrecht in einer sächsischen und einer außersächsischen Gemeinde kann es gemäß § 15 Abs. 1 S. 2 SächsGemO nicht geben.[393] Die Entscheidung der Meldebehörde, welche von mehreren Wohnungen die Hauptwohnung ist, richtet sich gemäß § 21 Abs. 2 BMG danach, welche Wohnung **vorwiegend benutzt** wird. Es wird zwischen Haupt- und Nebenwohnung allein nach **objektiven** Kriterien unterschieden; eine Wahlmöglichkeit besteht nicht.[394]

31 ***Hinweis:***

Im Rahmen des Bürgerstatus werden die Rechte der ***Bürger sorbischer Nationalität*** *aufgrund des Art. 5 und 6 SächsVerf besonders geschützt. Gemäß § 15 Abs. 4 SächsGemO regeln die Gemeinden des sorbischen Siedlungsgebietes die Förderung der sorbischen Kultur und Sprache, die zweisprachige Benennung der Gemeinden und Gemeindeteile sowie der öffentlichen Gebäude, Einrichtungen, Straßen, Wege, Plätze und Brücken durch Satzung.*

32 Die Bürgereigenschaft geht (automatisch) **verloren** durch

- Aufgabe der Wohnung in der Gemeinde,
- Verlegung der Hauptwohnung in eine andere Gemeinde oder
- Verlust der deutschen Staatsangehörigkeit oder der Staatsangehörigkeit des betreffenden EU-Mitgliedstaates.

33 Die Voraussetzungen der Bürgereigenschaft gelten nach § 13 LKrO ebenso für Bürger des Landkreises.

2. Rechte und Pflichten der Bürger

34 Da jeder Bürger einer Gemeinde zugleich auch ihr Einwohner ist, hat er zunächst **alle Rechte und Pflichten eines Einwohners**. Darüber hinaus begründet die Rechtsstellung als Bürger besondere Rechte und Pflichten, die in der SächsGemO festgelegt sind.

392 Siehe näher zu den unions- und verfassungsrechtlichen Hintergründen im 2. Kapitel unter D.
393 Vgl. *Belz*, SächsVBl. 1994, S. 1 (4).
394 *G. Brüggen*, in: Brüggen/Geiert/Nolden, Gemeindeordnung für den Freistaat Sachsen, § 15 Rn. 6.

a) Besondere Rechte der Bürger

Zu den besonderen Rechten der Bürger zählt gemäß § 15 Abs. 2 SächsGemO bzw. § 13 SächsLKrO die „verantwortliche Teilnahme an der bürgerschaftlichen Selbstverwaltung“ der Gemeinde bzw. des Landkreises. 35

aa) Wahlrecht

Als bedeutendste Form der Teilnahme an der bürgerschaftlichen Selbstverwaltung und als wichtigstes Bürgerrecht ist das **Wahlrecht bei den Kommunalwahlen**, d.h. bei den Gemeinde- und Kreiswahlen, zu nennen. Es ist ein wesentliches Merkmal unserer Demokratie. Die maßgeblichen Organe der Gemeinden und Landkreise werden unmittelbar von den Bürgern der jeweiligen Kommune gewählt. Die verfassungsrechtliche Grundlage dafür ergibt sich aus Art. 28 Abs. 1 S. 2 GG. Danach muss „das Volk“ auch in den Kreisen und Gemeinden „eine Vertretung haben“. Mit „Vertretung“ ist der **Gemeinderat** bzw. der **Kreisrat** gemeint. Hinzu kommt die Direktwahl des **Bürgermeisters** bzw. des **Landrates**. Auch die Wahl des **Ortschaftsrates** gehört dazu; nur die Wahl des Ortsvorstehers erfolgt nicht durch die Bürger, sondern durch den Ortschaftsrat (§ 68 Abs. 1 S. 1 SächsGemO). Sofern in den Kreisfreien Städten die Stadtbezirksverfassung eingeführt und durch Hauptsatzung gemäß § 71 Abs. 1 S. 2 SächsGemO die Wahl der Stadtbezirksbeiräte festgelegt wurde, zählen auch die **Stadtbezirksbeiräte** zum „Volk“ in diesem Sinne. 36

Das **aktive** Wahlrecht (§ 16 SächsGemO; § 14 SächsLKrO) betrifft die Wahlberechtigung, das **passive** Wahlrecht (§ 31 SächsGemO; § 27 SächsLKrO) die Wählbarkeit. 37

Aktiv wahlberechtigt sind gemäß § 16 S. 1 SächsGemO die Bürger der Gemeinde bzw. die Bürger des Landkreises gemäß § 14 S. 1 SächsLKrO.[395] 38

Im Einzelnen:

- §§ 30 Abs. 1 i.V.m. 15 Abs. 1, 16 S. 1 SächsGemO (§§ 26 Abs. 1, 13 S. 1, 14 S. 2 SächsLKrO) berechtigt die Bürger zur unmittelbaren **Wahl ihrer Repräsentanten (Räte)** für die Gemeinde (bzw. für den Landkreis).
- Die Bürger sind auch zur **Wahl des Bürgermeisters bzw. des Landrates** berechtigt (vgl. §§ 48 Abs. 1 i.V.m. 15 Abs. 1, 16 S. 1 SächsGemO bzw. §§ 44, 13 S. 1, 14 S. 1 SächsLKrO).
- Schließlich sind alle Bürger der Gemeinde, die am Tag der Wahl seit mindestens drei Monaten in der Ortschaft wohnen, zur **Wahl des Ortschaftsrates** (vgl. § 66 i.V.m. § 30 SächsGemO und § 33ff. KomWG, insb. § 35 Abs. 3 KomWG) bzw. des **Stadtbezirksbeirates** (vgl. § 71 Abs. 1 S. 2 SächsGemO i.V.m. § 37a KomWG) berechtigt.

395 Dementsprechend sind nach geltendem sächsischem Recht nur Volljährige wahlberechtigt. Eine Absenkung des Wahlalters wäre indessen verfassungsrechtlich zulässig; so zu Recht mit Blick auf eine entsprechende Regelung in der GemO BW der VGH BW, Urteil vom 21.7.2017 – 1 S 1240/16, juris. Diese Entscheidung wurde bestätigt durch BVerwG, Urteil vom 13.6.2018 – 10 C 8.17.

39 **Passiv wahlberechtigt** sind ebenfalls die Bürger der Gemeinde bzw. des Landkreises:

- Sie können sich in den **Gemeinderat** oder **Kreistag** wählen lassen (vgl. §§ 31 Abs. 1 i.V.m. 15 S. 1 SächsGemO; §§ 27 i.V.m. 14 S. 1 SächsLKrO).
- Der Bürger, der in der Ortschaft wohnt, kann sich gemäß § 66 SächsGemO i.V.m. § 35 Abs. 3 KomWG auch in den **Ortschaftsrat** wählen lassen.
- Der Bürger, der in einem Stadtbezirk einer Kreisfreien Stadt wohnt, kann sich für den Fall, dass die Stadtbezirksverfassung sowie die Wählbarkeit der Stadtbezirksbeiräte durch Hauptsatzung eingeführt wurde (§§ 70 Abs. 1 S. 1 und 71 Abs. 1 S. 2 SächsGemO), auch gemäß §§ 37a und 35 Abs. 3 KomWG in den **Stadtbezirksbeirat** wählen lassen.

40 Demgegenüber sind für das **Amt des Bürgermeisters** (ebenso: **des Landrates**) weder eine Einwohner- noch eine Bürgereigenschaft in der Gemeinde (des Landkreises) erforderlich.[396] Daher kandidieren in der Praxis mitunter auch „externe" Bewerber bei den Wahlen zu diesen Ämtern.

40a Aufgrund der großen Bedeutung des Wahlrechts für unsere Demokratie kann ein Bürger nur unter engen Voraussetzungen vom **Wahl-** und **Stimmrecht ausgeschlossen** werden. Hinsichtlich des Wahlrechts ist zwischen dem aktiven und passiven Wahlrecht zu unterscheiden.

40b Nach § 16 S. 2 SächsGemO bzw. § 14 S. 2 SächsLKrO ist vom **aktiven** Wahlrecht ausgeschlossen, wer infolge Richterspruchs das Wahl- und Stimmrecht nicht besitzt. Als Nebenfolge einer strafrechtlichen Verurteilung kann das Gericht gemäß § 45 Abs. 5 StGB dem Verurteilten für die Dauer von zwei bis fünf Jahren das Recht aberkennen, in öffentlichen Angelegenheiten zu wählen oder zu stimmen, soweit das Gesetz es besonders vorsieht (z.B. gemäß § 108c StGB als Nebenfolge einer Verurteilung nach § 108b StGB wegen Wählerbestechung).

40c **Zur Vertiefung:**

Durch Art. 5 des Gesetzes zur Unterstützung der selbstbestimmten Teilhabe von Menschen mit Behinderungen im Freistaat Sachsen[397] wurde § 16 Abs. 2 SächsGemO a.F. aufgehoben. Gemäß § 16 Abs. 2 Nr. 2 SächsGemO a.F. waren Bürger, die unter Betreuung standen, vom Wahl- und Stimmrecht ausgeschlossen. Eine entsprechende Regelung im Bundeswahlgesetz wurde vom BVerfG als unvereinbar mit Art. 38 Abs. 1 S. 1 und Art. 3 Abs. 3 S. 2 GG erklärt.[398] Der sächsische Gesetzgeber passte das Wahlrecht auf Landesebene entsprechend an. Für das Kommunalwahlrecht bestimmt nunmehr § 3 Abs. 5 KomWG, dass ein Wahlberechtigter, der des Lesens unkundig oder wegen einer körperlichen Beeinträchtigung oder einer Behinderung an der Abgabe seiner Stimme gehindert ist, sich hierzu der Hilfe anderer Personen bedienen kann.

396 Vgl. die gesonderten Regelungen zur Wählbarkeit in § 49 SächsGemO und § 45 SächsLKrO.
397 Gesetz vom 2.7.2019 (SächsGVBl. S. 542, 548).
398 Vgl. BVerfGE 151, S. 1 = NJW 2019, 1201.

Unter welchen Voraussetzungen der Bürger sein **passives** Wahlrecht verliert, ergibt sich aus § 31 Abs. 2 SächsGemO bzw. § 27 Abs. 2 SächsLKrO. Zunächst wird in § 31 Abs. 2 Nr. 1 SächsGemO auf den Ausschluss vom Wahlrecht gemäß § 16 S. 2 SächsGemO verwiesen (entsprechend verweist § 27 Abs. 2 Nr. 1 SächsLKrO auf § 14 S. 2 SächsLKrO). Insoweit besteht kein Unterschied zum Verlust des aktiven Wahlrechts. Ein weiterer Ausschlussgrund ergibt sich indes aus § 31 Abs. 2 Nr. 2 SächsGemO (entsprechend § 27 Abs. 2 Nr. 2 SächsLKrO): Nicht wählbar ist auch derjenige, der infolge deutschen Richterspruchs die Wählbarkeit oder die Fähigkeit zur Bekleidung öffentlicher Ämter nicht besitzt. Dies ist dann der Fall, wenn der betreffende Bürger gemäß § 45 Abs. 1 StGB wegen eines Verbrechens zu einer Freiheitsstrafe von mindestens einem Jahr verurteilt wurde. Insoweit bedarf es im Gegensatz zu § 45 Abs. 5 StGB keiner konstitutiven gerichtlichen Ermessensentscheidung. Die Nebenfolge gemäß § 45 Abs. 1 StGB ergibt sich bereits unmittelbar aus dem Gesetz und betrifft sämtliche als Verbrechen definierte Straftaten. Zudem kann ein Staatsangehöriger eines anderen EU-Mitgliedstaates gemäß § 31 Abs. 2 Nr. 3 SächsGemO (bzw. § 27 Abs. 2 Nr. 3 SächsLKrO) infolge einer zivilrechtlichen Einzelfallentscheidung oder einer strafrechtlichen Entscheidung seine Wählbarkeit verlieren. **40d**

bb) Stimmrecht

Die Bürger haben des Weiteren Stimmrecht bei **Bürgerbegehren** und **Bürgerentscheiden** nach §§ 24, 25 SächsGemO (ebenso: §§ 21, 22 SächsLKrO).[399] **41**

cc) Ehrenamtliche Tätigkeit

Die Bürger sind berechtigt, eine **ehrenamtliche Tätigkeit** zu übernehmen (Art. 86 Abs. 2 SächsVerf i. V. m. § 17 SächsGemO). Dazu gehört z. B. die Mitgliedschaft im Gemeinderat, im Ortschaftsrat, im Stadtbezirksbeirat, die Tätigkeit als ehrenamtlicher Bürgermeister oder Ortsvorsteher, die Mitwirkung als Wahlhelfer oder als ehrenamtlicher Naturschutzhelfer.[400] **42**

b) Besondere Pflichten der Bürger

Die „verantwortliche Teilnahme an der bürgerschaftlichen Selbstverwaltung" zählt gemäß § 15 Abs. 2 SächsGemO bzw. § 13 Abs. 2 SächsLKrO nicht nur zu den besonderen Rechten der Bürger; es besteht auch eine entsprechende Pflicht. **43**

Dementsprechend sind die Bürger der Gemeinde nach Art. 86 Abs. 2 SächsVerf i. V. m. § 17 Abs. 1 SächsGemO (§ 15 SächsLKrO) nicht nur berechtigt, sondern auch verpflichtet, eine **ehrenamtliche Tätigkeit für die Gemeinde** zu übernehmen und auszuüben (ebenso die Bürger des Landkreises); hierbei handelt es sich um eine typische Bürgerpflicht. Diese gesetzliche Verpflichtung ist für den Fall bedeutsam, dass die erforderliche Zahl bürgerschaftlicher Kräfte für eine ehrenamtliche Tätigkeit nicht freiwillig erreicht werden kann. Die Übernahme muss aber zumutbar und die Tätigkeit geeignet sein.[401] **44**

399 Siehe näher dazu unten in diesem 5. Kapitel unter E.
400 Siehe näher dazu unten in diesem 5. Kapitel unter D.
401 Siehe näher dazu unten in diesem 5. Kapitel unter D.

45 **Zur Vertiefung:**

Die Einwohner sind nach § 17 Abs. 1 S. 2 SächsGemO – anders als die Bürger – nicht zur Übernahme ehrenamtlicher Tätigkeiten verpflichtet (Ausnahme: § 10 Abs. 4 SächsGemO). Eine ehrenamtliche Tätigkeit ist auf freiwilliger Basis jedoch möglich (vgl. auch Art. 86 Abs. 2 SächsVerf). Durch die ehrenamtliche Tätigkeit wird damit auch den ***Einwohnern*** *die Möglichkeit gegeben, sich freiwillig für bestimmte Gemeindeangelegenheiten aktiv zu engagieren. Dies erfolgt klarstellend in § 17 Abs. 1 S. 2 SächsGemO.*

C. Näheres zu einzelnen Teilhabe- und Mitwirkungsrechten

46 Auch wenn die SächsGemO die Differenzierung zwischen Bürgern und Einwohnern obenan stellt, gilt gleichwohl eine ganze Reihe von Vorschriften für Einwohner und Bürger gleichermaßen. Hierdurch werden zahlreiche Teilhabe- und Mitwirkungsrechte begründet. Obwohl in der kommunalen Praxis teilweise bereits praktiziert, wurde im Rahmen des Dritten Gesetzes zu Fortentwicklung des Kommunalrechts vom 9.2.2022[402] in § 4 Abs. 2 S. 2 SächsGemO eine allgemeine Regelung aufgenommen, wonach die Gemeinden insb. zur Einräumung und Ausgestaltung von Informations- und Beteiligungsrechten **Bürgerbeteiligungssatzungen** erlassen können. Diese Ermächtigung findet allerdings ihre Grenze in der verfassungsmäßigen Ordnung und den allgemeinen Gesetzen (Art. 28 Abs. 1, Abs. 2 S. 1 GG), konkret dort, wo Entscheidungsspielräume der demokratisch legitimierten Organe oder Organwalter der Gemeinde eingeschränkt werden.[403]

I. Unterrichtung und Beratung, Hilfe in Verwaltungsverfahren

47 Die Gemeinde soll ihre Einwohner gemäß § 11 Abs. 1 SächsGemO laufend über **allgemein bedeutsame Angelegenheiten** ihres Aufgabenbereiches informieren. Das sind Angelegenheiten, die nicht zu den Tagesgeschäften bzw. zur täglichen Routine der Gemeindeverwaltung gehören. Über **Planungen und Vorhaben der Gemeinde**, die für ihre Entwicklung bedeutsam sind oder die die sozialen, kulturellen, ökologischen oder wirtschaftlichen Belange ihrer Einwohner berühren, sind die Einwohner frühzeitig und umfassend zu informieren (§ 11 Abs. 2 SächsGemO). Die **Unterrichtung** kann durch Einwohnerversammlungen, durch Informationsbroschüren der Gemeinde (Bürgerbriefe), im Amtsblatt, aber auch durch die Tagespresse erfolgen. Ein entsprechender **Informationsanspruch** der Bürger lässt sich aus der SächsGemO indes nach h.M. nicht ableiten.[404] Informationsansprüche gegen die Kommunen können sich jedoch aus dem Sächsi-

402 SächsGVBl. 2022, S. 134.
403 Vgl. näher dazu VGH Kassel, NVwZ 2022, S. 573 mit Anmerkung *Roth*.
404 Vgl. etwa *Gern*, Sächsisches Kommunalrecht, Rn. 621.

schen Umweltinformationsgesetz (SächsUIG)[405] und aus dem Verbraucherinformationsgesetz (VIG)[406] ergeben. Ein allgemeines Informationsfreiheitsgesetz gab es bisher im Freistaat Sachsen – anders als auf Bundesebene und in den meisten anderen Bundesländern – lange Zeit nicht.[407]

Hinweis: 47a

Diese vorhandene Lücke wurde mit dem Gesetz über die Transparenz von Informationen im Freistaat Sachsen vom 19.8.2022 ***(SächsTranspG)*** *geschlossen.*[408] *Das SächsTranspG sieht in § 1 Abs. 1 vor, dass jede Person gegen die transparenzpflichtigen Stellen einen Anspruch auf Veröffentlichung der in § 8 Abs. 1 Nr. 1 bis 18 SächsTranspG aufgelisteten Informationen und Zugang zu Informationen hat, soweit keine Ausnahme gilt* ***(Transparenzanspruch)****. Die sächsischen Gemeinden und Landkreise sind zwar nicht unmittelbar vom SächsTranspG erfasst. Die Kommunen haben aber gemäß § 4 Abs. 2 SächsTranspG im Rahmen ihres Ermessens die Möglichkeit, das SächsTranspG freiwillig anzuwenden, indem sie sich durch Satzung zu transparenzpflichtigen Stellen i. S. dieses Gesetzes erklären. Die Kreisfreien Städte Chemnitz, Dresden und Leipzig verfügen allerdings bereits über* ***Informationsfreiheitssatzungen****, die schon zeitlich weit vor dem Inkrafttreten des SächsTranspG galten. Insoweit stellt sich für diese Städte die Frage, ob und inwieweit es sinnvoll ist, durch den Erlass einer Transparenzsatzung den weiterreichenden Informationszugang mit entsprechender Mehrbelastung hinsichtlich des Verwaltungsaufwandes und der Kosten zu öffnen.*

Die Gemeinde soll im Rahmen ihrer rechtlichen und tatsächlichen Möglich- 48
keiten die Einwohner in Angelegenheiten ihres Aufgabenbereiches **beraten** sowie über Zuständigkeiten in Verwaltungsangelegenheiten **Auskünfte erteilen** (§ 11 Abs. 3 SächsGemO). Die Gemeinde kann hierzu bspw. Bürgerberatungsstellen einrichten. Die Vorschrift verpflichtet die Gemeinde jedoch nicht, für die Beratung zusätzliche Haushaltsmittel bereitzustellen oder weiteres Personal einzustellen. Zudem sind die Gemeinden gemäß § 13 Abs. 1 S. 2 SächsGemO nicht zur Rechtsberatung berechtigt.

Die Gemeinden sind gemäß § 13 Abs. 1 SächsGemO im Rahmen ihrer Verwal- 49
tungskraft ihren Einwohnern bei der **Einleitung von Verwaltungsverfahren** (nicht beim weiteren Betreiben) behilflich. Diese Regelung bezieht sich lediglich auf geringfügige unterstützende verwaltungstechnische Maßnahmen, nicht aber auf eine inhaltliche Beratung. Diese Hilfe hat die Gemeinde den Einwohnern auch zu gewähren, wenn für die Durchführung der Verfahren das Landratsamt oder die Landesdirektion zuständig ist (§ 13 Abs. 1 S. 1 SächsGemO). Insb. soll die Gemeinde Anträge und Erklärungen, die beim Landratsamt oder bei der Landesdirektion einzureichen sind, entgegenneh-

405 SächsUIG vom 1.6.2006 (SächsGVBl. S. 146) mit späteren Änderungen.
406 VIG i. d. F. der Bek. vom 17.10.2012 (BGBl I S. 2166), geändert durch Gesetz vom 7.8.2013 (BGBl. S. 3154).
407 Siehe näher zur Informationszugangsfreiheit etwa *Gusy*, JZ 2014, S. 171 ff.
408 SächsGVBl. 2022, S. 486.

men und unverzüglich weiterleiten (§ 13 Abs. 2 SächsGemO). Der bei der Gemeinde fristgerecht eingereichte Antrag wird so behandelt, als wenn er bei der zuständigen Behörde vorgenommen worden wäre. Die Gemeinden haben häufig benötigte Formulare, die ihnen von anderen Behörden überlassen werden, für ihre Einwohner bereitzuhalten, soweit möglich auch in elektronischer Form (§ 13 Abs. 3 SächsGemO).

II. Petitionsrecht

50 Jeder Einwohner in Sachsen kann sich seit der Geltung des Grundgesetzes im Freistaat Sachsen auch gegenüber den Gemeinderäten und Kreistagen als „Volksvertretungen" unmittelbar auf Art. 17 GG berufen.[409] Entsprechendes gilt seit dem 6.6.1992 für Art. 35 SächsVerf. § 12 SächsGemO konkretisiert dieses allgemeine Petitionsrecht und bekräftigt für jede Person das Recht, sich einzeln oder in Gemeinschaft mit anderen in **Gemeindeangelegenheiten** mit Vorschlägen, Bitten und Beschwerden an die Gemeinde zu wenden. Das Petitionsrecht gilt nicht nur im Bereich gemeindlicher Selbstverwaltungsangelegenheiten, sondern auch bei Pflichtaufgaben zur Erfüllung nach Weisung.[410]

51 Petitionen sind Anliegen, die Vorschläge, Bitten oder Beschwerden in eigener Sache, für andere oder im allgemeinen Interesse zum Inhalt haben. Bitten und Beschwerden sind dabei als Verlangen, Fordern und Beantragen zu vestehen. Keine Petitionen sind daher Meinungsäußerungen, Belehrungen, Auskunftsersuchen und förmliche Rechtsbehelfe. Petitionen sind insofern **formlose Rechtsbehelfe**, als der Petent nach Maßgabe des § 12 Abs. 1 S. 2 und 3 SächsGemO einen Anspruch auf einen begründeten Bescheid (sog. Bescheidungsanspruch) hat. Bei diesem Bescheid handelt es sich indessen nicht um einen Verwaltungsakt, weil keine Regelung i. S. d. § 35 S. 1 VwVfG getroffen wird.[411] Es geht also lediglich um eine Auskunft, einen „informativen" Bescheid der Behörde bzw. der kommunalen Verwaltung.

52 Als **Adressat einer Petition** kommt der Gemeinderat (bzw. ein Ausschuss) oder der Bürgermeister in Betracht.

53 Nach § 12 Abs. 1 SächsGemO steht das Petitionsrecht allen natürlichen und inländischen Personen des Privatrechts unabhängig von ihrer Eigenschaft als Einwohner der Gemeinde zu („Jedermannsrecht"). Es gibt also keine Beschränkung auf Einwohner und auch nicht auf inländische Personen; entscheidend ist allein, ob es sich um eine Gemeindeangelegenheit handelt.

54 Nicht (erneut) beschieden werden müssen Petitionen mit beleidigendem oder bedrohendem Inhalt sowie eine auf Unmöglichkeit gerichtete Petition.[412] Das Gleiche gilt für sog. querulatorische Petitionen, mit denen immer wieder die gleichen Eingaben gemacht werden.[413]

409 Vgl. hier nur *Jarass*, in: Jarass/Pieroth, GG, Art. 17 Rn. 6.
410 Vgl. zur damaligen Rechtslage in NRW BVerwG, NJW 1981, S. 700.
411 So zutreffend VG Leipzig, LKV 2004, S. 39.
412 *Sponer/Tostmann*, Kommunalrecht, S. 41.
413 So richtig OVG NRW, NWVBl. 1993, S. 296 (297); HessVGH, LKRZ 2013, S. 284 f.

Zur Vertiefung: 55

Die Gemeinden erlassen i. d. R. ***Dienstanweisungen (ggf. Regelung in der Hauptsatzung)****, in denen die Zuständigkeit und die Behandlung von eingehenden Petitionen geregelt werden. Petitionen können dabei in die Zuständigkeit des Bürgermeisters, der Ausschüsse oder des Gemeinderats fallen.*

Es sind auch ***„Online-Petitionen"*** *über die Internetseite der jeweiligen Gemeinde möglich, was bereits in einigen sächsischen Städten praktiziert wird. Des Weiteren steht dann häufig auch ein öffentliches Diskussionsforum (Online-Plattform) über eingereichte Anliegen zur Verfügung.*

Das Petitionsverfahren besteht aus der Entgegennahme, Prüfung und Bescheidung der Petition durch die Gemeinde. Diese muss innerhalb einer angemessenen Frist, spätestens aber nach sechs Wochen beantwortet werden. Sollte dies längere Zeit in Anspruch nehmen, ist gemäß § 12 Abs. 1 S. 3 SächsGemO ein Zwischenbescheid erforderlich mit einer nachfolgenden – je nach Schwierigkeitsgrad der Sache – angemessenen Bearbeitungszeit. Dabei sollten insgesamt drei Monate i. d. R. ausreichen. Schließlich ist mit Blick auf die in § 12 Abs. 1 S. 2 SächsGemO geforderte Begründung zu beachten, dass diese eine **inhaltliche** Befassung mit der Petition erkennen lassen muss[414], eine rein formelhafte Bescheidung genügt demnach i. d. R. nicht. 56

Bei Nichtbeachtung des Petitionsrechts – trotz Bescheidungspflicht – bzw. bei einer nicht ordnungsgemäßen Behandlung einer Petition ist unmittelbar, d. h. ohne Vorverfahren, der **Verwaltungsrechtsweg** im Weg einer allgemeinen Leistungsklage nach der VwGO eröffnet, da es sich bei sog. „Petitionsbescheiden", wie bereits erwähnt, nicht um Verwaltungsakte i. S. d. § 35 VwVfG handelt. Die auch in diesem Fall gemäß § 42 Abs. 2 VwGO analog zu fordernde Klagebefugnis folgt dabei unmittelbar aus § 12 Abs. 1 SächsGemO.[415] 57

Ist die Gemeinde als Empfängerin einer Petition für den Petitionsgegenstand nicht zuständig, muss sie diesen aufgrund von Art. 35 S. 2 SächsVerf an die zuständige Stelle weiterleiten und dem Petenten eine Abgabenachricht zukommen lassen. 58

Nach § 12 Abs. 2 SächsGemO kann auch ein **Petitionsausschuss** als vorberatender oder beschließender Ausschuss eingerichtet werden. 59

414 VG Leipzig, LKV 2004, S. 39 (40).
415 VG Leipzig, LKV 2004, S. 39.

60 **Zur Vertiefung:**

Richtiger Klagegegner *bei einer gerichtlichen Geltendmachung eines* ***Petitionsanspruchs*** *ist diejenige Stelle, an die sich die Petition richtet; ist dies der Gemeinderat, bleibt er der richtige Beklagte auch in dem Fall, dass er nach § 12 Abs. 2 SächsGemO von der Möglichkeit Gebrauch gemacht hat, einen Petitionsausschuss einzurichten.*[416]

III. Einwohnerversammlung

61 **Allgemein bedeutsame Gemeindeangelegenheiten**, d.h. Angelegenheiten, die nicht zu den Tagesgeschäften bzw. zur täglichen Routine der Gemeindeverwaltung einschließlich des Gemeinderates gehören, sollen nach § 22 Abs. 1 S. 1 SächsGemO mit den Einwohnern erörtert werden. Zu diesem Zweck soll der Gemeinderat i.d.R. zweimal im Jahr, im Übrigen nach Bedarf, eine Einwohnerversammlung anberaumen (§ 22 Abs. 1 S. 2 SächsGemO).[417] Der Bürgermeister beruft diese dann gemäß § 22 Abs. 1 S. 4 SächsGemO spätestens eine Woche vor ihrer Durchführung unter ortsüblicher Bekanntgabe von Ort, Zeit und Tagesordnung ein. Zudem obliegt dem Bürgermeister die Führung des Vorsitzes, sofern der Gemeinderat nicht eines seiner Mitglieder damit beauftragt (§ 22 Abs. 1 S. 5 SächsGemO).[418]

62 **Zur Vertiefung:**

Die Regelung des § 22 Abs. 1 S. 5 SächsGemO eröffnet dem Bürgermeister die Möglichkeit, einen leitenden (fachlich zuständigen) Bediensteten zu beauftragen, für ihn Einwohnerversammlungen als Vorsitzender zu leiten. Die Einberufungspflicht verbleibt aber gemäß § 22 Abs. 1 S. 4 SächsGemO beim Bürgermeister. Ob diese Möglichkeit der Delegierung der kommunalpolitischen Bedeutung von Einwohnerversammlungen gerecht wird, ist zumindest fraglich. Die Rechte des Bürgermeisters werden aber durch diese Neuregelung nicht beschnitten. Es dürfte in einer ordnungsgemäßen Verwaltung auch üblich sein, dass bei den Einwohnerversammlungen die für die jeweiligen Themen zuständigen Vertreter der Verwaltung (i.d.R. die Amtsleiter) – neben dem Bürgermeister – teilnehmen. Dies wird in § 22 Abs. 1 S. 6 SächsGemO („Vertreter der Gemeindeverwaltung") gesetzlich verpflichtend vorgegeben.

63 Die Einwohner können gemäß § 22 Abs. 2 S. 1 SächsGemO eine Einwohnerversammlung **beantragen.**[419] Näheres hierzu regelt § 20 SächsKomVerfRDVO. Die Einwohnerversammlung **muss** anberaumt werden, wenn dies von mindestens fünf Prozent der Einwohner, die das 16. Lebensjahr vollendet haben,

416 *Koolman*, in: Binus/Sponer/Koolman, Sächsische Gemeindeordnung, § 12 Rn. 3; VG Leipzig, LKV 2004, S. 39.

417 Vgl. dazu allgemein *Püttner*, Handbuch der kommunalen Wissenschaft und Praxis, Band 2, S. 29.

418 Vgl. näher dazu *Köppler*, Die erfolgreiche Bürgerversammlung, S. 40ff.

419 Zum vorläufigen Rechtsschutz für die Unterzeichner eines Antrages auf eine Bürgermeisterversammlung, vgl. VGH BW, VBlBW. 1984, S. 149.

beantragt wird. Für die Durchführung der Einwohnerversammlung wird dem Bürgermeister und dem Gemeinderat eine relativ lange Frist von drei Monaten gewährt (§ 22 Abs. 3 S. 1 SächsGemO).

Einwohnerversammlungen sind allerdings anders als Gemeinderatssitzungen nicht generell öffentlich, sondern nur beschränkt auf die Einwohner „öffentlich", nicht aber „presseöffentlich".[420] Einwohner, nicht auch Ortsfremde haben einen **Rechtsanspruch auf Teilnahme** an einer Einwohnerversammlung.[421] Vorschläge und Anregungen der Einwohnerversammlung sind in derselben Frist von **drei Monaten** von dem zuständigen Organ der Gemeinde zu behandeln; das Ergebnis ist bekannt zu geben (§ 22 Abs. 4 SächsGemO).

Beispiel: 64

Die Gemeinde plant, eine Ortsumgehungsstraße zu bauen. Sie erörtert im Vorfeld die geplante Trassenführung, den zeitlichen Ablauf der Baumaßnahme usw. mit den Einwohnern. Die Entscheidung, ob und ggf. wie die Umgehungsstraße gebaut wird, trifft der Gemeinderat.

Die Gemeinde muss im Falle eines Antrags die Unterschriftenlisten prüfen. 65
Wenn alle Voraussetzungen des § 22 Abs. 2 SächsGemO erfüllt sind, hat der Gemeinderat kein Ermessen hinsichtlich der Frage, ob er eine Einwohnerversammlung anberaumt.

Die bei der Einwohnerversammlung gemachten **Vorschläge und Anregungen** 66
sind für die Gemeinde zwar **nicht bindend**, sie können aber sehr wohl Einfluss auf die Entscheidung des Gemeinderates haben. Die Einwohnerversammlung hat als beratende Versammlung keine Entscheidungskompetenz; die Anregungen und Vorschläge müssen jedoch innerhalb von drei Monaten behandelt werden. Hinzu kommt eine Sperrfrist für einen erneuten Antrag in derselben Sache (§ 22 Abs. 3 S. 2 SächsGemO).

Zur Vertiefung: 67

Einwohnerversammlungen sollten durch entsprechende Regelung in der jeweiligen Hauptsatzung in regelmäßigen Abständen und bei größeren Städten gegliedert nach Stadtteilgebieten durchgeführt werden. Eine Übertragung der Aufgabe der Anberaumung der Einwohnerversammlung vom Gemeinderat auf den Bürgermeister gemäß § 53 Abs. 2 S. 1 2. Alt. i. V. m. S. 3 SächsGemO ist zwar grds. möglich; der Gemeinderat würde sich dadurch aber selbst schwächen, indem er dies dem Bürgermeister überlässt.

Die Praxis zeigt, dass in Einwohnerversammlungen zumindest teilweise weitergehende und vertiefte Fragen und Probleme nicht beantwortet bzw. nicht vor Ort gelöst werden können und diese dann im Nachgang zu einem erheblichen Mehraufwand führen können. Dennoch sind diese Versammlungen sehr wertvoll und führen zu einem besseren Verständnis zwischen der Verwaltung und den Einwohnern.

420 SächsOVG, SächsVBl. 2019, S. 356ff.; krit. hierzu *Goerlich*, SächsVBl. 2020, S. 92.
421 So zur parallelen Rechtslage in Bayern der BayVGH, BayVBl. 1990, S. 178.

IV. Einwohnerantrag

68 Der Einwohnerantrag ist ein in § 23 SächsGemO geregeltes demokratisches Mitwirkungsrecht der Einwohner. Danach können alle Einwohner über 16 Jahren einen Einwohnerantrag bezüglich **aller Gemeindeangelegenheiten** stellen, für die der Gemeinderat zuständig ist (§§ 23 S. 1 und 2, 22 Abs. 2 SächsGemO). Entsprechendes gilt für die Landkreise hinsichtlich Kreisangelegenheiten gemäß § 20 Abs. 1 SächsLKrO.

69 Der Einwohnerantrag ist ein **Anregungsrecht**. Er verpflichtet den Gemeinderat bzw. den Kreistag, innerhalb der auch insoweit geltenden dreimonatigen Fristen eine **bestimmte** Angelegenheit zu behandeln, d. h. diese auf die Tagesordnung zu setzen, zu erörtern und zu entscheiden. Das Initiativrecht liegt demnach bei den Einwohnern, die Entscheidungskompetenz verbleibt aber beim Gemeinderat bzw. beim Kreistag.

70 Es muss sich dabei um eine Angelegenheit handeln, die zum Aufgabenkreis der Gemeinde (§ 2 SächsGemO) bzw. des Landkreises (§ 2 SächsLKrO) gehört (Verbandskompetenz) und in die Organkompetenz des Gemeinderats (§ 28 SächsGemO) bzw. des Kreistags (§ 24 SächsLKrO) i. S. seiner generellen Befassungskompetenz fällt; dies gilt selbst dann, wenn die Angelegenheit auf einen Ausschuss oder den Bürgermeister bzw. den Landrat übertragen sein sollte. Soweit die Formulierung eines Einwohnerantrages nicht eindeutig ist, hat eine Auslegung zu erfolgen.

71 **Beispiele:**

Die Einwohner wollen, dass im Stadtrat über die Sanierung des städtischen Schwimmbades oder über die Begrünung der Fußgängerzone beraten und entschieden wird.

Der Stadtrat hat entschieden, dass die städtische Sporthalle geschlossen wird. Die Einwohner wollen den Stadtrat mittels Einwohnerantrag zwingen, über die Angelegenheit nochmals zu beraten und erneut Beschluss zu fassen.

72 Im Einwohnerantrag sollen gemäß §§ 23 S. 2, 22 Abs. 2 S. 5 SächsGemO eine Vertrauensperson und eine stellvertretende Vertrauensperson bezeichnet werden.

73 ***Hinweis:***

Durch das (erste) Gesetz zur Fortentwicklung des Kommunalrechts[422] *wurde zusätzlich zum bisherigen Verweis auf das Verfahren bei Einwohnerversammlungen (Form, Frist, Behandlung, Quorum) die* ***Benennung von Vertrauenspersonen*** *gleichlautend eingeführt. Die Regelung des § 23 S. 3 SächsGemO dient einer verbesserten Einwohnerbeteiligung, indem die Vertrauenspersonen bei Einwohneranträgen vor der Beratung der Angelegenheit im Gemeinderat Gelegenheit erhalten, ihre Auffassung vorzutragen.*

422 Gesetz vom 28.11.2013 (SächsGVBl. S. 822).

Auch für den Einwohnerantrag gilt, dass er rechtswirksam nur gestellt werden kann, wenn er von fünf Prozent der Einwohner i. S. d. § 10 SächsGemO unterzeichnet worden ist und die Sperrfrist beachtet ist (§ 23 S. 2 i. V. m. § 22 Abs. 2 und 3 SächsGemO). Näheres ist in § 21 SächsKomVerfRDVO geregelt. 74

Zur Vertiefung:

Die Anhörung der Vertrauenspersonen nach § 23 S. 3 SächsGemO muss im Gemeinderat oder im zuständigen beschließenden Ausschuss vor der Beratung der Angelegenheit erfolgen. Über die Zulässigkeit des Einwohnerantrages entscheidet der Gemeinderat. Er hat dem Antrag stattzugeben, wenn die Zulässigkeitsvoraussetzungen gegeben sind, und er muss dann den Antrag innerhalb der Dreimonatsfrist im Gemeinderat behandeln, wobei beim Fristbeginn auf den Eingang des Antrages bei der Gemeinde abzustellen ist. Hält der Gemeinderat den Antrag nicht für zulässig, lehnt er diesen ab. Das Ergebnis der Behandlung im Gemeinderat ist ortsüblich bekannt zu machen. Die Entscheidung ist der Vertrauensperson des Einwohnerantrages in Form eines Verwaltungsaktes mitzuteilen. Nach Durchführung eines ordnungsgemäßen Vorverfahrens steht der Verwaltungsrechtsweg offen. Die Klage ist gegen die Gemeinde zu richten, der Gemeinderat ist in diesem Verfahren nicht beteiligungsfähig.[423]

V. Einwohnerfragestunde

§ 44 Abs. 3 SächsGemO ermöglicht dem Gemeinderat und seinen Ausschüssen, eine **Fragestunde** durchzuführen, ordnet diese aber nicht an. Berechtigt sind Einwohner und die ihnen gleichgestellten Personen und Personenvereinigungen sowie Vertreter von Bürgerinitiativen, wobei im Einzelfall auch Fragen oder Äußerungen sonstiger Fragesteller – entgegen dem Wortlaut – zugelassen werden können.[424] Ratsmitglieder können sich nur dann mit Fragen beteiligen, wenn und soweit es um ihre persönlichen Angelegenheiten geht.[425] 75

Die Fragestunde kann nur stattfinden, wenn sie als eigenständiger Tagesordnungspunkt im öffentlichen Teil der Gemeinderatssitzung (oder einer Ausschusssitzung) vorgesehen wird. Es können dann **Fragen zu Gemeindeangelegenheiten** (Wirkungskreis nach § 2 SächsGemO) gestellt werden, aber auch **Anregungen** (Denkanstöße) und **Vorschläge** (Empfehlungen) unterbreitet werden. Ratsmitglieder selbst können an der Fragestunde nur zur Beantwortung von Fragen über ihre persönlichen Angelegenheiten teilnehmen. Zu den Fragen nimmt **der Vorsitzende** oder ein von ihm Beauftragter unter Beachtung datenschutzrechtlicher Erfordernisse Stellung. Das Nähere regelt die Geschäftsordnung.[426] 76

423 *Koolman*, in: Binus/Sponer/Koolman, Sächsische Gemeindeordnung, § 23 Rn. 4.

424 Zutreffend *G. Brüggen*, in: Brüggen/Geiert/Nolden, Gemeindeordnung für den Freistaat Sachsen, § 44 Rn. 11 unter Hinweis auf *Schaffarzik*, in: Quecke/Schmid, Gemeindeordnung für den Freistaat Sachsen, § 44 Rn. 41.

425 OVG NRW, NVwZ 1990, S. 185 f.; *Gern*, Sächsisches Kommunalrecht, Rn. 576.

426 *Gern*, Sächsisches Kommunalrecht, Rn. 576.

77 Die Gemeinderäte (auch Ausschussmitglieder) trifft wegen der klaren Zuständigkeitsregelung in § 44 Abs. 3 SächsGemO weder eine Pflicht noch ein Recht zur Stellungnahme. Über den Inhalt der Antwort wird nicht beraten. Zudem können die Gemeinderäte keine vom Bürgermeister abweichende Antwort geben.[427]

78 **Zur Vertiefung:**

Kann eine Stellungnahme spontan nicht erfolgen, stellt sich die Frage nach der weiteren Verfahrensweise. Es besteht die Möglichkeit der Vertagung auf die nächste Fragestunde. Ob ein weitergehendes Verweisungsrecht auf eine schriftliche oder spätere Beantwortung möglich ist, ist streitig. Die Mustergeschäftsordnung des Sächsischen Städte- und Gemeindetags (SSG) sieht praxisgerecht vor, dass der Fragesteller in diesem Fall auf die schriftliche Beantwortung verwiesen werden kann.[428] Dagegen wird eingewandt, dass dies mit dem Sinn und Zweck der Fragestunde nicht zu vereinbaren sei und auch nicht durch Geschäftsordnung geregelt werden könne.[429]

VI. Mitwirkung im Gemeinderat, in den Ausschüssen und Beiräten

79 § 44 Abs. 1 und 2 SächsGemO regelt die Mitwirkung sachkundiger Einwohner und Sachverständiger im Gemeinderat und in dessen Ausschüssen.

80 Die Mitwirkung als **sachkundige Einwohner** soll möglichst viele bürgerschaftliche Kräfte in die Arbeit des Gemeinderats und seiner Gremien einbeziehen. Sie erfolgt im Wege eines Beschlusses des Gemeinderats durch **Hinzuziehung für einzelne Angelegenheiten** im Gemeinderat und in dessen Ausschüssen (§ 44 Abs. 1 SächsGemO) oder im Wege der **Berufung als beratende Mitglieder** in den Ausschüssen (§ 44 Abs. 2 SächsGemO), die allerdings regelmäßig durch eine Wahl im Gemeinderat nach § 39 Abs. 7 SächsGemO erfolgt.[430] Damit ist aber kein Stimmrecht verbunden. Die Beratung ist bei der Hinzuziehung nach § 44 Abs. 1 SächsGemO auf eine Berichterstattung und Fragestellung **begrenzt** (ohne eigenes Rederecht); bei der Berufung als beratende Mitglieder nach § 44 Abs. 2 SächsGemO auf eine beratende Funktion. Dabei handelt es sich – im Gegensatz zur Hinzuziehung nach § 44 Abs. 1 SächsGemO – um eine Mitgliedschaft, sodass diese Personen ständig und damit auch bei nichtöffentlichen Sitzungen anwesend sind.

81 Die Beteiligung eines sachkundigen Einwohners setzt voraus, dass es sich um einen Einwohner i. S. d. § 10 Abs. 1 SächsGemO handelt. Auf den Status eines Bürgers kommt es dabei nicht an. Zudem muss der Einwohner auf einem bestimmten von der Gemeinde zu betreuenden Aufgabengebiet oder hinsicht-

427 *G. Brüggen*, in: Brüggen/Geiert/Nolden, Gemeindeordnung für den Freistaat Sachsen, § 44 Rn. 13.

428 So etwa § 16 Abs. 3 der MusterGeschO des Sächsischen Städte- und Gemeindetags.

429 *G. Brüggen*, in: Brüggen/Geiert/Nolden, Gemeindeordnung für den Freistaat Sachsen, § 44 Rn. 13.

430 Vgl. näher *Schaffarzik*, in: Quecke/Schmid, Gemeindeordnung für den Freistaat Sachsen, § 44 Rn. 27.

lich einer von ihr zu entscheidenden Frage kraft Berufsausbildung oder spezieller Erfahrungen[431] über Fachwissen und Sachverstand verfügen.[432]

Zur Vertiefung: 82

Mitglieder des Gemeinderats und Bedienstete der Gemeinde können gemäß § 44 Abs. 2 S. 4 SächsGemO nicht gleichzeitig auch sachkundige Einwohner sein, da bürgerschaftliche Kräfte bzw. Einwohner (Externe) möglichst stark in die Arbeit des Gemeinderats und seiner Gremien einzubeziehen sind und eine beratende Funktion gegenüber den Gemeinderäten haben.

Eine Mitwirkung in Beiräten der Gemeinde ist nach § 47 SächsGemO durch Regelung in der Hauptsatzung ebenfalls als sachkundiger Einwohner möglich. 83

Gemäß § 47a Abs. 1 S. 1 SächsGemO soll die Gemeinde bei Planungen und Vorhaben, die die Interessen von **Kindern und Jugendlichen** berühren, diese in angemessener Weise beteiligen. Die von manchen Gemeinden dazu eingerichteten „Jugendparlamente" wirken insofern ebenfalls in der Gemeinde mit.[433] 84

D. Ehrenamtliche Tätigkeit für die Gemeinde

I. Überblick

Das Recht und die Pflicht zur ehrenamtlichen Mitwirkung an der politischen Willensbildung und Aufgabenerfüllung der Gemeinde sind eng mit der kommunalen Selbstverwaltung in Art. 28 Abs. 2 GG, 82 Abs. 2 SächsVerf verbunden.[434] Gemäß Art. 86 Abs. 2 SächsVerf wirken die Einwohner insb. durch Übernahme von Ehrenämtern an der Selbstverwaltung mit. 85

Ehrenamtliche Tätigkeit für die Gemeinde bedeutet die **unentgeltliche Mitwirkung** von Einwohnern und Bürgern **bei der Erfüllung öffentlicher Aufgaben** der Gemeinde (freiwillige Aufgaben, Pflichtaufgaben ohne Weisung, Weisungsaufgaben) **außerhalb eines Dienstverhältnisses** und damit in einem öffentlich-rechtlichen Treueverhältnis eigener Art. Die Vorschriften des BGB, des Arbeitsrechts und des Beamtenrechts sind – außer bei Ehrenbeamten – nicht anwendbar.[435] Es wird also ein öffentliches „Amt" wahrgenommen. Der ehrenamtlich Tätige muss dabei eine Aufgabe einer öffentlich-rechtlichen Institution erfüllen, hier der Gemeinden (ebenso: der Landkreise). 86

Das Ehrenamt wird auf kommunaler Ebene in **drei Arten** unterteilt bzw. wahrgenommen: entweder in **Gestalt einer Mandatsträgerschaft** (Gemeinderäte, Ortschaftsräte oder Stadtbezirksbeiräte), als Ehrenbeamte (ehrenamtliche Bürgermeister nach § 51 Abs. 2 S. 2 SächsGemO, Ortsvorsteher nach § 68 87

431 *Sponer*, in: Sponer/Jacob/Musall, Kommunalverfassungsrecht Sachsen, § 44 SächsGemO Erl. 1.
432 *Schaffarzik*, in: Quecke/Schmid, Gemeindeordnung für den Freistaat Sachsen, § 44 Rn. 8.
433 Vgl. dazu näher im 6. Kapitel unter E.
434 Vgl. *Petzold/von der Heide*, Handbuch zur kommunalen Selbstverwaltung, S. 44.
435 *Menke/Arens*, Gemeindeordnung für den Freistaat Sachsen, § 17 Rn. 7; *Koolman*, in: Binus/Sponer/Koolman, Sächsische Gemeindeordnung, § 17 Rn. 1 f.

Abs. 1 S. 3 SächsGemO oder Amtsverweser nach § 54 Abs. 4 S. 3 2. Alt SächsGemO) oder als **ehrenamtliche Mitwirkung/Tätigkeit i.e.S.** bei einzelnen Aufgaben (z.B. Wahlhelfer).

88 **Zur Vertiefung:**

*Dem **Ehrenbeamten** liegt ein Ehrenbeamtenverhältnis zugrunde; es gilt § 6 SächsBG i.V.m. dem Beamtenstatusgesetz. Gemeindebedienstete können nicht gleichzeitig Ehrenbeamte derselben Gemeinde sein.*

89 Neben der ehrenamtlichen Tätigkeit als

- Ratsmitglied und
- ehrenamtlicher Bürgermeister

kommen ehrenamtliche Tätigkeiten als

- Ausschussmitglied,
- sachkundiger Einwohner,
- Ortschaftsrat und -vorsteher,
- Mitglied eines Stadtbezirksbeirates,
- Wahlhelfer,
- Angehöriger der freiwilligen Feuerwehr,
- Helfer im Katastrophenschutz,
- Denkmalpfleger,
- Umweltschutz- oder Naturschutzbeauftragte und Helfer,
- Beauftragte für Migration und Integration (ehemals Ausländerbeauftragte),
- Büchereihelfer,
- Museumsleiter sowie
- Leiter kommunaler Einrichtungen (z.B. Heime, Sportplätze)

in Betracht, um bürokratische Verwaltungsstrukturen zurückzudrängen sowie Kosten für Verwaltungspersonal einzusparen. Viele der genannten Aufgaben können angesichts der Finanzknappheit v.a. von kleineren Gemeinden ohne den Einsatz Ehrenamtlicher nicht wahrgenommen werden.

90 Ist dieses Amt nicht gesetz- oder satzungsmäßig festgelegt, bedarf es einer gesonderten Übertragung und Beschreibung, z.B. in Form eines Auftrages.

91 **Zur Vertiefung:**

*Folge der **Übernahme einer ehrenamtlichen Tätigkeit** ist, dass die berufliche Tätigkeit bzw. Arbeitszeit – im Rahmen des Dienst- oder Arbeitsverhältnisses – tangiert wird. Für Gemeinderäte gilt insoweit § 35 Abs. 2 SächsGemO. Für Beamte gilt das SächsBG und für die übrigen Beschäftigten im öffentlichen Dienst der TVöD/VKA bzw. der TVL. Außerhalb des öffentlichen Dienstes ist die Freistellung ungeregelt, sodass die Übernahme einer ehrenamtlichen Tätigkeit insb. für Freiberufler erschwert sein kann.*

Hinweise: 92

Bürgerschaftliches Engagement *als Mitarbeiter in Kirchen, Sozialarbeit, Jugendarbeit, Vereinen, DRK oder Malteserhilfswerk fällt nicht unter die Regelung der §§ 17ff. SächsGemO.*

Auch eine Tätigkeit für die Gemeinde aufgrund eines ***Dienst- oder Werkvertrages*** *oder* ***Auftrages*** *ist keine ehrenamtliche Mitwirkung. Dabei handelt es sich um bezahlte Arbeiten für eine Gemeinde ohne ein besonderes Treueverhältnis. Daher ist es unzutreffend, wenn diese Tätigkeiten in der Öffentlichkeit ebenfalls als ehrenamtlich bezeichnet werden.*

Um keine ehrenamtliche Tätigkeit i.S.d. §§ 17ff. SächsGemO handelt es sich ferner bei ***Tätigkeiten für die Justiz****, so z.B. bei einer Berufung als ehrenamtlicher Richter (§§ 44, 45 DRiG), wenngleich bei einer Berufung als Schöffe die Bestellung gemäß den §§ 36ff. GVG auf Vorschlag der Gemeinden erfolgt; auch eine Tätigkeit als Betreuer (§ 1896 BGB) im sozialen Bereich gehört nicht dazu.*

Für den Begriff „ehrenamtliche Tätigkeit" ist wesentlich, dass es sich grds. um eine Tätigkeit **außerhalb** einer hauptberuflichen Tätigkeit handelt, die – von der Entschädigung nach § 21 SächsGemO abgesehen – **unentgeltlich** ohne Lohn (Vergütung, Besoldung) ausgeübt wird. 93

Zur Vertiefung: 94

Der Unterschied zwischen ehrenamtlich Tätigen (insb. Gemeinderäten) und Berufspolitikern (Abgeordnete im Landtag, Bundestag oder im Europaparlament) zeigt sich darin, dass die ehrenamtlich Tätigen nicht für die Ausübung des Amtes bezahlt werden. Diese erhalten lediglich eine ***Aufwandsentschädigung*** *und nicht Diäten wie Parlamentarier. Gemeinderäte besitzen auch weder Immunität (Freistellung von straf- und zivilrechtlicher Verfolgung über die Zeit der Mandatsausübung hinaus) noch Indemnität (Hemmung der Strafverfolgung für die Zeit des Mandats) wie ein Abgeordneter in einem Parlament; denn der Gemeinderat bzw. der Kreistag ist* ***kein Parlament****, sondern – trotz seiner Rechtsetzungshoheit – Bestandteil der Verwaltung.*[436]

Die Ausgestaltung der ehrenamtlichen Tätigkeit ist im Wesentlichen in den §§ 17 bis 21 SächsGemO erfolgt. 95

Die für ehrenamtlich Tätige geltenden Rechte und Pflichten sind für die Gemeinderäte in § 35 SächsGemO (ebenso: § 31 SächsLKrO), in § 69 SächsGemO für die Ortschaftsräte sowie für die Stadtbezirksbeiräte (§ 71 Abs. 1 S. 1 SächsGemO) teilweise besonders ausgeformt und gehen in diesen Fällen den (allgemeinen) §§ 17ff. SächsGemO (bzw. § 15ff. SächsLKrO) als speziellere Regelung vor. 96

II. Pflicht zur Übernahme ehrenamtlicher Tätigkeit

Gemäß § 17 Abs. 1 S. 1 SächsGemO kann der Gemeinderat **nur die Bürger** verpflichten, eine ehrenamtliche Tätigkeit zu übernehmen und auszuüben. Die 97

436 Siehe näher dazu unten im 6. Kapitel unter A.

Verpflichtung zu ehrenamtlicher Tätigkeit soll die Arbeitsfähigkeit des Organs, in dem der Bürger mitwirkt, sichern und eine ordnungsgemäße Verwaltung gewährleisten.[437] Der Gemeinderat kann die Bestellung jederzeit widerrufen (§ 17 Abs. 2 SächsGemO).

98 Die Verfassung des Freistaates Sachsen geht in Art. 86 Abs. 2 SächsVerf davon aus, dass die Einwohner freiwillig an der kommunalen Selbstverwaltung mitwirken. Grds. sind die Einwohner nicht zur Übernahme ehrenamtlicher Tätigkeit verpflichtet. Gemäß § 17 Abs. 1 S. 2 SächsGemO kann anderen (als Bürgern) eine ehrenamtliche Tätigkeit mit deren Einverständnis übertragen werden. Nur ausnahmsweise können die Gemeinden gemäß § 10 Abs. 4 SächsGemO die Einwohner für eine bestimmte Zeit zur Mitwirkung bei der Erfüllung vordringlicher Aufgaben in Notfällen verpflichten, wenn die eigenen Mittel der Gemeinde hierfür nicht ausreichen.

99 **Zur Vertiefung:**

Bei den sog. ***„Hand- und Spanndiensten"*** *nach § 10 Abs. 4 SächsGemO (Notfälle) handelt es sich um keine ehrenamtliche Tätigkeit; §§ 17 ff. SächsGemO finden keine Anwendung. Es handelt sich dabei um öffentliche Dienstleistungspflichten i. S. v. Art. 28 Abs. 3 SächsVerf und Art. 12 Abs. 2 GG. Der Kreis der Verpflichteten, die Art, der Umfang und die Dauer der Mitwirkung sind durch Satzung zu bestimmen.*

100 Eine **Bestellung zu ehrenamtlicher Tätigkeit** kann also sowohl bei Bürgern als auch bei Einwohnern erfolgen. Bürger sind allerdings im Unterschied zu Einwohnern zur Übernahme (Annahme) und Ausübung für eine bestimmte Zeit verpflichtet (vgl. § 17 Abs. 1 S. 1 und 2 SächsGemO).

101 **Zur Vertiefung:**

Voraussetzung für die Ausübung einer ehrenamtlichen Tätigkeit ist stets die Fähigkeit zur Bekleidung öffentlicher Ämter (z. B. keine Verurteilung wegen eines Verbrechens; Verlust der Fähigkeit, öffentliche Ämter zu bekleiden nach § 45 Abs. 1 StGB). Ehrenbeamte müssen auch die persönlichen Voraussetzungen des § 6 SächsBG i. V. m. dem BeamtStG erfüllen.

102 Zuständig für die Bestellung ist grds. der **Gemeinderat** (§ 17 Abs. 2 S. 1 SächsGemO) bzw. der Kreistag (§ 15 Abs. 2 S. 1 SächsLKrO), soweit nichts anderes bestimmt ist, und erfolgt **in der Form eines Verwaltungsakts**. Der Gemeinderat bzw. der Kreistag kann die Bestellung jederzeit widerrufen. Seine Zuständigkeit kann der Gemeinderat (Kreistag) grds. durch Hauptsatzung oder auch im Einzelfall auf einen Ausschuss oder aber auf den Bürgermeister übertragen; ausgenommen davon ist der Ortsvorsteher (vgl. § 68 SächsGemO).

437 Vgl. *Gern/Brüning*, Deutsches Kommunalrecht, Rn. 743.

Ausnahmen gelten bei 103

- Ehrenbeamten (Einvernehmen mit dem **Bürgermeister** nach § 28 Abs. 4 SächsGemO),
- der Wahl zum Gemeinderat (§§ 30 Abs. 1, 31 SächsGemO), Ortschaftsrat (§§ 66 Abs. 1 S. 1 i.V.m. 30, 31 SächsGemO) oder Stadtbezirksbeirat (§§ 71 Abs. 1 S. 2 i.V.m. 66 Abs. 1 S. 1 i.V.m. 30, 31 SächsGemO i.V.m. der jeweiligen Hauptsatzung) **durch die Bürger** (der Gemeinde/der Ortschaft/des Stadtbezirks),
- der Wahl zum ehrenamtlichen Bürgermeister **durch die Bürger** (§§ 48, 51 Abs. 2 S. 2 SächsGemO),
- der Wahl zum Ortsvorsteher **durch den Ortschaftsrat** (§ 68 SächsGemO),
- Bestellung der Mitglieder der Wahlvorstände **durch den Bürgermeister** (§§ 10 Abs. 1 S. 3 i.V.m. 12 KomWG).

Die Bestellung erfolgt 104

- bei Mitgliedschaft im Gemeinderat und Ortschaftsrat **durch „Volkswahl"** (mit Gültigkeit der Wahl), ebenso beim Stadtbezirksbeirat (sofern die Hauptsatzung dies vorsieht), bei Ehrenbeamten durch **Ernennung** (Ernennungsurkunde, Amtsantritt) und
- bei ehrenamtlicher Mitwirkung **durch formlosen Verwaltungsakt** (Wirksamkeit: mit Bekanntgabe).

Zur Vertiefung: 105

*Ehrenamtlich Tätige haben die **Amtsträgereigenschaft** im haftungsrechtlichen Sinne. Für sie gilt § 839 BGB i. V. m. Art. 34 GG. Verletzt also der ehrenamtlich Tätige in Ausübung des gemeindlichen Ehrenamts die ihm einem Dritten gegenüber obliegende Amtspflicht, so trifft die Verantwortlichkeit grds. die Gemeinde und nicht den ehrenamtlich Tätigen. Handelt der ehrenamtlich Tätige vorsätzlich oder grob fahrlässig, besteht allerdings die Möglichkeit des Rückgriffs durch die Gemeinde (Innenregress).*

Die Heranziehung zu ehrenamtlicher Tätigkeit liegt – von den Ausnahmen 106 der Mitgliedschaft im Gemeinderat und im Ortschaftsrat abgesehen – **im Ermessen der Gemeinde.** Ein Rechtsanspruch der Bürger darauf besteht nicht. Sofern eine Bestellungsurkunde ausgestellt wird, obliegt dies dem Bürgermeister der Gemeinde als Organ der Gemeinde.

Betroffene Personen können die ehrenamtliche Tätigkeit gemäß § 18 Abs. 1 107 S. 1 SächsGemO **aus wichtigem Grund ablehnen** oder deren **Beendigung verlangen**. Ein **wichtiger Grund** liegt gemäß § 18 Abs. 1 S. 2 Nr. 1 bis 5 SächsGemO insb. vor, wenn die Person älter als 65 Jahre (Nr. 1) oder anhaltend krank (Nr. 2) ist, zehn Jahre dem Gemeinderat oder Ortschaftsrat angehört oder ein anderes Ehrenamt bekleidet hat (Nr. 3), durch die Ausübung der ehrenamtlichen Tätigkeit in seiner Berufs- oder Erwerbstätigkeit oder in der Fürsorge für seine Familie erheblich behindert wird (Nr. 4), ein öffentliches

Amt ausübt und die oberste Dienstbehörde feststellt, dass die ehrenamtliche Tätigkeit hiermit nicht vereinbar ist (Nr. 5).

108 Bei den in § 18 Abs. 1 S. 2 SächsGemO aufgeführten Tatbeständen handelt es sich um **Regelbeispiele**, die nicht abschließend sind. Es sind damit auch wichtige Gründe denkbar, die darüber hinausgehen. Gemeinsam ist diesen Fällen, dass die Übernahme oder Weiterführung der ehrenamtlichen Tätigkeit dem betroffenen Bürger im Rahmen einer Abwägung zwischen dem öffentlichen Interesse einerseits und dem Interesse des Betroffenen anderseits nicht (mehr) **zugemutet** werden kann. Ob ein wichtiger Grund vorliegt, entscheidet gemäß § 18 Abs. 2 SächsGemO grds. der **Gemeinderat**, soweit er die Bestellung zur ehrenamtlichen Tätigkeit nicht auf eine andere Instanz übertragen hatte.

109 **Zur Vertiefung:**

Die bloße Unlust, politische Gründe (wie z. B. Differenzen zwischen dem Gemeinderat und dem Bürgermeister), der hohe Aufwand oder der Verdienstausfall reichen als Gründe nicht aus. Der Austritt aus der Partei, für deren Wahlvorschlag er gewählt wurde, stellt allerdings einen wichtigen Grund dar.[438]

110 Gemäß § 19 Abs. 4 SächsGemO kann der Gemeinderat einem ehrenamtlich Tätigen, der ohne wichtigen Grund eine ehrenamtliche Tätigkeit ablehnt oder aufgibt, oder der gegen seine Pflichten bei der Ausübung der ehrenamtlichen Tätigkeit verstößt, ein **Ordnungsgeld** bis zu 500 Euro auferlegen. Verhängt der Rat einer Gemeinde ein solches Ordnungsgeld, so steht dem Betroffenen der Verwaltungsrechtsweg offen. Die Auferlegung des Ordnungsgeldes ist ein Verwaltungsakt des Gemeinderats.[439] Der wichtige Grund zur Verweigerung ehrenamtlicher Tätigkeit ist aber ein unbestimmter Rechtsbegriff und in vollem Umfang der verwaltungsgerichtlichen Nachprüfung unterworfen.[440]

111 **Zur Vertiefung:**

Ein ***kollektiver Rücktritt*** *oder ein kollektives Fernbleiben des Gemeinderats – etwa bei Meinungsverschiedenheiten mit dem Bürgermeister – ist nicht möglich. Zurücktreten oder Fernbleiben kann nur der einzelne Gemeinderat und dann auch nur bei der Anerkennung eines wichtigen Grundes.*[441] *Es ist ein Grundsatz der SächsGemO, dass die Beendigung der ehrenamtlichen Tätigkeit nicht in das Belieben derer gestellt werden kann, die zu dieser Tätigkeit bestellt werden. Vielmehr muss immer ein objektiver Grund vorliegen, der entweder unmittelbar oder aufgrund einer Entscheidung der Gemeinde zum Entfallen der ehrenamtlichen Pflichten führt.*

438 *Menke/Arens*, Gemeindeordnung für den Freistaat Sachsen, § 18 Rn. 3.
439 So auch *Gern/Brüning*, Deutsches Kommunalrecht, Rn. 578.
440 So bereits OVG NRW, DVBl. 1960, S. 942.
441 Vgl. hierzu VGH BW, NVwZ-RR 1997, S. 181 f.

Die ehrenamtliche Tätigkeit **endet** außer durch Tod 112

- mit dem Ablauf der Bestellungszeit,
- durch Widerruf (§ 17 Abs. 2 S. 2 SächsGemO), aber nicht bei einer Wahl durch das Volk,
- durch Aberkennung der Fähigkeit, der Übernahme und Ausübung öffentlicher Ämter (§ 45 StGB),
- durch abschließende Erledigung der übertragenen Aufgaben sowie
- durch Ausscheiden infolge Geltendmachung/Anerkennung eines wichtigen Grundes für das Ausscheiden (§ 18 SächsGemO).

Zur Vertiefung: 113

*Die **gesetzlichen Ausscheidensgründe** für den einzelnen Gemeinde- oder Ortschaftsrat bzw. ein Mitglied des Stadtbezirksbeirats sind besonders geregelt: Sie ergeben sich speziell aus §§ 33, 34 SächsGemO (§ 69 Abs. 1 S. 1 SächsGemO), aber auch aus § 18 SächsGemO.*

*Bei den Mitgliedern der Kollegialorgane bilden der **Verlust der Wählbarkeit** (§ 31 SächsGemO) und das **Entstehen eines Hinderungsgrundes** (§ 32 SächsGemO) die Beendigungsgründe.*

III. Pflichten ehrenamtlich Tätiger

1. Pflicht zur Erfüllung der ehrenamtlichen Tätigkeit

Gemäß § 19 Abs. 1 SächsGemO haben die ehrenamtlich Tätigen die ihnen übertragenen Geschäfte uneigennützig und verantwortungsbewusst zu erledigen. 114

Uneigennützig handelt, wer seine Eigeninteressen (persönlicher, finanzieller oder ideeller Art) zurückstellt und nicht auf eigene Vorteile bedacht ist (auch nicht auf die Vermeidung von Nachteilen) und sich im Rahmen seiner ehrenamtlichen Tätigkeit ausschließlich vom Wohl der Allgemeinheit leiten lässt. Er darf also für sich (und Dritte) keine Vorteile aus seiner Tätigkeit ziehen. 115

Verantwortungsbewusste Aufgabenerfüllung bedeutet, dass er die Aufgaben gewissenhaft, gerecht und pflichtbewusst erfüllt. Diese Verpflichtung zur uneigennützigen und verantwortungsbewussten Aufgabenerfüllung schränkt das Recht eines Gemeinderats nicht ein, in Angelegenheiten der Gemeinde bei einer öffentlichen Veranstaltung seine Meinung frei zu äußern (das gilt auch dann, wenn er als Gemeinderat eingeladen worden ist). 116

2. Verschwiegenheitspflicht

Das in Art. 5 Abs. 1 S. 1 GG gewährleistete Recht, eine Meinung frei äußern und verbreiten zu dürfen, findet nach Art. 5 Abs. 2 GG seine Schranke in den Vorschriften der allgemeinen Gesetze. Darunter sind Gesetze zu verstehen, die sich nicht gegen eine bestimmte Meinung richten, sondern dem Schutz 117 eines ohne Rücksicht auf eine bestimmte Meinung zu schützenden Rechtsguts dienen.[442]

118 Die gemeinderechtliche Verschwiegenheitspflicht gemäß § 19 Abs. 2 S. 1 SächsGemO betrifft alle Angelegenheiten, deren Geheimhaltung **gesetzlich vorgeschrieben, besonders angeordnet** oder **ihrer Natur nach erforderlich** ist und begrenzt insoweit die Meinungsfreiheit. Er darf die Kenntnis von geheimzuhaltenden Angelegenheiten nicht unbefugt verwerten.

119 Die Geheimhaltung kann gemäß § 19 Abs. 2 S. 4 SächsGemO nur aus Gründen des allgemeinen Wohls oder zum Schutz berechtigter Interessen Einzelner angeordnet werden. Der Verschwiegenheit unterfallen nicht nur die Angelegenheiten, deren Geheimhaltung ein Gesetz vorschreibt oder vom Gemeinderat ausdrücklich beschlossen wurde.[443] Die Verschwiegenheitspflicht bezieht sich auf alle geheimhaltungsbedürftigen Umstände ohne Rücksicht darauf, wie der ehrenamtlich Tätige hiervon Kenntnis erlangt hat. Die Behandlung in nicht öffentlicher Sitzung ist ein starkes Indiz für die Vertraulichkeit.

120 Eine Berechtigung zur Veröffentlichung des geheimhaltungsbedürftigen Umstandes ergibt sich nicht daraus, dass diese Angelegenheit in öffentlicher Sitzung hätte behandelt werden müssen. Die SächsGemO räumt dem ehrenamtlich Tätigen nicht das Recht ein, darüber zu befinden, ob die Angelegenheit geheimhaltungsbedürftig ist. Dem Gemeinderatsmitglied ist es i. d. R. zumutbar, die Aufsichtsbehörde einzuschalten. Die Vorschrift enthält darüber hinaus ein ausdrückliches Verwertungsverbot (§ 19 Abs. 2 S. 2 SächsGemO).

121 **Gesetzlich vorgeschrieben** ist bspw. die Verschwiegenheit für Gemeinderäte für in nicht öffentlicher Sitzung des Gemeinderates oder seiner Ausschüsse behandelte Angelegenheiten (§ 37 Abs. 2 SächsGemO) oder Steuerangelegenheiten (§ 30 AO).

122 **Besonders angeordnet** ist z. B. die dienstliche Anordnung, die der Gemeinde- oder Ortschaftsrat ausdrücklich beschließt sowie der Bürgermeister speziell verfügt. Sie kann dabei auch durch den Aufdruck „Geheim" oder „Vertraulich" zum Ausdruck gebracht werden.

123 Ihrer **Natur nach erforderlich** ist die Verschwiegenheit z. B. bei der Behandlung von Personalangelegenheiten, bei bestimmten Grundstücksangelegenheiten, Kreditverhandlungen oder der Beurteilung der Leistungsfähigkeit eines Anbieters, also bei Angelegenheiten, deren Mitteilung an andere dem Gemeinwohl oder den schutzwürdigen Interessen einzelner Personen zuwiderlaufen würde und die auch ohne Anordnung nach pflichtgemäßem Ermessen eines treuen Sachwalters der Gemeinde nicht bekannt gegeben werden dürfen.[444]

---

442 BVerfGE 71, S. 206 (214).

443 Qualifikation, Rechte und Pflichten der Aufsichtsratsmitglieder in kommunalen Unternehmen, Leitfaden des SMI vom 8.8.2003 (SächsABl. 2003 S. 809).

444 *G. Brüggen*, in: Brüggen/Geiert/Nolden, Gemeindeordnung für den Freistaat Sachsen, § 19 Rn. 5 m. w. N.

Die Verschwiegenheitspflicht besteht auch noch nach Beendigung der ehrenamtlichen Tätigkeit fort (§ 19 Abs. 2 S. 3 SächsGemO). 124

Die Verschwiegenheitspflicht dauert so lange an, bis 125

- die Geheimhaltung aus tatsächlichen Gründen entbehrlich wird,
- sie durch das zuständige Organ wieder aufgehoben wird oder
- sie durch konkludentes Handeln (offizielle Presseveröffentlichung) aufgehoben wird.

Zur Vertiefung:

Eine Verletzung der Verschwiegenheitspflicht kann Schadensersatzansprüche auslösen, da § 19 Abs. 2 SächsGemO ein Schutzgesetz i. S. d. § 823 Abs. 2 BGB ist. Die Vorschrift soll, neben den Interessen der Allgemeinheit, auch die Interessen Einzelner schützen, die betroffen sind. Soweit dem ehrenamtlich Tätigen bei der Verletzung der Verschwiegenheitspflicht Verschulden zur Last fällt, haftet die Gemeinde nach § 839 BGB i. V. m. mit Art. 34 GG.

3. Kommunales Vertretungsverbot

Die Regelung des § 19 Abs. 3 SächsGemO verbietet dem **Ehrenbeamten** (z. B. 126
ehrenamtliche Bürgermeister, Ortsvorsteher, Amtsverweser), Ansprüche und Interessen Dritter gegen die Gemeinde geltend zu machen, soweit er nicht als gesetzlicher Vertreter handelt. Das Gleiche gilt für **andere** ehrenamtlich Tätige (insb. für Gemeinde- und Ortschaftsräte sowie Mitglieder von Stadtbezirksbeiräten), wenn diese Ansprüche mit ihrer ehrenamtlichen Tätigkeit im Zusammenhang stehen (§ 19 Abs. 3 S. 2 SächsGemO).

Das kommunale Vertretungsverbot ist Ausfluss des zwischen dem Ehrenbe- 127
amten bzw. dem ehrenamtlich Tätigen und der Gemeinde bestehenden **Treueverhältnisses**. Die Gemeindeverwaltung soll von allen Einflüssen freigehalten werden, die eine objektive, unparteiische und einwandfreie Führung der Gemeindegeschäfte gefährden könnten. Das kommunalrechtliche Vertretungsverbot soll verhindern, dass insb. die Mitglieder von Gemeindevertretungen ihren politischen Einfluss in der Gemeindeverwaltung zugunsten der von ihnen vertretenen Personen ausnutzen und ihre berufliche Tätigkeit in Widerstreit mit den von ihnen wahrzunehmenden öffentlichen Interessen gerät (keine Durchsetzung privater oder beruflicher Interessen mittels des Mandats).[445] Es kommt daher für das Vertretungsverbot nicht auf die konkrete Möglichkeit eines Interessenwiderstreits mit eigenen Interessen der Gemeinde als Rechtssubjekt an, sondern auf die Gefahr einer Beeinflussung der Gemeindeverwaltung im genannten Sinne in einer Angelegenheit, für die die Gemeinde zuständig ist **(Vermeidung des bösen Scheins)**.

445 BVerwG, NJW 1984, S. 377.

128 Ein Beispiel für eine verbotene Vertretung ist v.a. der Fall eines Rechtsanwalts, der ein Mandat für einen Prozess (Klage) gegen die Gemeinde übernimmt, in der er Mitglied des Gemeinderates ist. Neben dem Rechtsanwalt kommen als **Adressaten des Vertretungsverbots** auch Steuerberater, Wirtschaftsprüfer, Architekten, Makler, Grundstücksverwalter, Bauunternehmer und Gewerkschaftsfunktionäre in Betracht[446], wenn sie Interessen ihrer Mandanten gegenüber der Gemeinde geltend machen sollen.

129 Die unter Verstoß gegen das Vertretungsverbot vorgenommenen Handlungen des Bevollmächtigten bleiben indes wirksam.[447] Dies folgt daraus, dass in § 19 Abs. 3 SächsGemO nur von „nicht dürfen“ die Rede ist, nicht von „nicht können“.

130 Das Vertretungsverbot für Ehrenbeamte umfasst **sämtliche Ansprüche oder Interessen Dritter** gegen die Gemeinde, gleichgültig ob die Vertretung entgeltlich, unentgeltlich, privatrechtlich oder öffentlich-rechtlich, außergerichtlich, gerichtlich oder im Verwaltungsverfahren erfolgt.[448] Interessenskollisionen treten z.B. bei Grundstücksgeschäften, im Zusammenhang mit Bebauungsplänen oder bei der Vergabe öffentlicher Aufträge auf. Bei anderen ehrenamtlich Tätigen muss dieser Anspruch mit der Tätigkeit im Zusammenhang stehen.

131 **Zur Vertiefung:**

Das kommunalrechtliche Vertretungsverbot ist verfassungsgemäß. Es bezweckt, die Gemeindeverwaltung von allen Einflüssen freizuhalten, die eine objektive, unparteiische und einwandfreie Führung der Gemeindegeschäfte gefährden können. Demgegenüber bezweckt es ***keine Beschränkung der Berufsausübung*** *und greift daher nicht in den Schutzbereich des Art. 12 GG ein, was allerdings streitig beurteilt wird.*[449] *Jedenfalls ließe sich ein Eingriff in die Freiheit der Berufsausübung durch hinreichende Gemeinwohlgründe rechtfertigen.*[450]

132 Das Vertretungsverbot gilt nicht

- wenn ein Gemeinde- oder Ortschaftsrat bzw. ein Mitglied eines Stadtbezirksbeirats als gesetzlicher Vertreter handelt (jedoch ist dann Befangenheit nach § 20 Abs. 1 Nr. 4 SächsGemO möglich),
- bei kommunalverfassungsrechtlichen Organstreitigkeiten[451] sowie
- bei der Geltendmachung eigener Ansprüche (auch hier liegt Befangenheit nach § 20 Abs. 1 SächsGemO vor).

133 Nicht erfasst ist auch die **anwaltliche Vertretung** in Ordnungswidrigkeiten- und Strafverfahren. Hierbei geht es nicht um die Abwehr oder Geltendmachung von Ansprüchen im eigentlichen Sinne, sondern um die Abwehr einer staatlichen Sanktion.

446 Vgl. *Schoch*, Das kommunale Vertretungsverbot, S. 47 ff.
447 *Gern/Brüning*, Deutsches Kommunalrecht, Rn. 756.
448 *Menke/Arens*, Gemeindeordnung für den Freistaat Sachsen, § 19 Rn. 8.
449 Vgl. dazu BVerfGE 41, S. 241; 52, S. 54; BVerwG, NJW 1984, S. 377.
450 BVerfG, NJW 1988, S. 694; VGH BW, BB 1993, S. 1690.
451 *Menke/Arens*, Gemeindeordnung für den Freistaat Sachsen, § 19 Rn. 8.

Zur Vertiefung: 134

Die Gemeinderäte sind nicht gehindert, als ***Vertreter eines Bürgerbegehrens*** *aufzutreten und ggf. in dieser Funktion gegen die Gemeinde auch zu klagen. Hierbei geht es um eine Vertretungsberechtigung, die nach § 25 Abs. 1 S. 1 SächsGemO allen Bürgern zustehen kann, gleichgültig, ob sie in der Gemeinde Ämter oder Mandate innehaben.*

Für den Fall einer ***Bürogemeinschaft*** *oder einer Anwaltssozietät ist nur derjenige Anwalt ausgeschlossen, der selbst Mitglied im Gemeinderat ist. Für alle anderen Anwälte der Sozietät gilt das Vertretungsverbot nicht. Dies folgt aus dem bei Art. 12 Abs. 1 GG zu beachtenden Verhältnismäßigkeitsgrundsatz.*

Das Vertretungsverbot kann zur ***Ausschließung des Rechtsanwalts im gerichtlichen Verfahren*** *führen.*[452] *Prozessuale Handlungen des Rechtsanwalts, die entgegen des Vertretungsverbots vorgenommen werden, bleiben jedoch so lange rechtswirksam, bis der Bevollmächtigte durch das Gericht ausdrücklich zurückgewiesen wird.*

135 Ob die Voraussetzungen des Verbots vorliegen, entscheidet gemäß § 19 Abs. 3 S. 3 SächsGemO im Zweifelsfall der **Gemeinderat**, und zwar auch dann, wenn im Ortschaftsrat das Vertretungsverbot relevant wird. Die Entscheidung über das Vorliegen des Vertretungsverbots ist ein Verwaltungsakt, der mit Widerspruch und Anfechtungsklage angegriffen werden kann. Es handelt sich dabei um keine Ermessensentscheidung des Gemeinderats, sondern um eine gebundene Entscheidung.[453] Durchgesetzt werden kann ein derartiger Gemeinderatsbeschluss durch eine nachfolgende **Festsetzung eines Ordnungsgeldes** nach § 19 Abs. 4 SächsGemO in Höhe von bis zu 500 Euro.

IV. Ausschluss wegen Befangenheit

136 Der ehrenamtlich Tätige darf gemäß § 20 Abs. 1 SächsGemO **weder beratend noch entscheidend mitwirken**, wenn er befangen ist. Die Regelung des § 20 SächsGemO gilt abschließend. § 20 SächsGemO gilt nach § 58 SächsGemO auch für den Bürgermeister und die Beigeordneten.

137 Sinn und Zweck der Regelungen zur Befangenheit ist, zu verhindern, dass politische Mandatsträger in Angelegenheiten mitwirken, die durch Interessenkonflikte belastet sein könnten (Mitwirkungsverbot). Es soll eine Interessenkollision im Einzelfall, und zwar zwischen Amt und Person, vermieden werden.

138 Da der Hauptanwendungsbereich der Regelungen zur Befangenheit bei den Gemeinderäten liegt, werden die Einzelheiten im Zusammenhang mit der Gemeinderatssitzung bzw. den Gemeinderäten erläutert.[454]

452 BVerfGE 52, S. 42.
453 *G. Brüggen*, in: Brüggen/Geiert/Nolden, Gemeindeordnung für den Freistaat Sachsen, § 19 Rn. 17.
454 Siehe näher dazu unten im 6. Kapitel unter B.V.5.

V. Entschädigung für ehrenamtliche Tätigkeit

139 Bei der ehrenamtlichen Tätigkeit handelt es sich um einen Dienst für die kommunale Gemeinschaft, die **nicht berufsmäßig** geleistet wird. Sie ist deshalb unentgeltlich. Durch die Bereitschaft, sich ehrenamtlich zu engagieren, sollen dem ehrenamtlich Tätigen aber keine finanziellen Nachteile entstehen. Deshalb haben gemäß § 21 Abs. 1 S. 1 SächsGemO ehrenamtlich Tätige, die nicht zwingend Bürger sein müssen, **Anspruch auf Ersatz ihrer notwendigen Auslagen** (z.B. Fahrtkosten, Übernachtungskosten, Telefonkosten) und ihres **Verdienstausfalls** (Lohnausfall, Einkommenseinbuße bei beruflich Selbstständigen).

140 Die notwendigen Auslagen und der Verdienstausfall sind grds. in der tatsächlichen Höhe zu erstatten. Durch Satzung können gemäß § 21 Abs. 1 S. 2 SächsGemO jedoch aus Gründen der Vereinfachung **Höchstbeträge** oder **Durchschnittssätze** (für alle gleich) festgelegt werden. Der Anspruch auf Ersatz des Verdienstausfalls ist nur gegeben, wenn tatsächlich finanzielle Einbußen entstehen, nicht aber, wenn jemand aufgrund eines festen Einkommens keine finanziellen Nachteile erleidet. Andere Nachteile, wie z.B. Minderung der Freizeit, werden vom Ersatz des Verdienstausfalls nicht erfasst.

141 Durch Satzung kann darüber hinaus bestimmt werden, dass, soweit kein Verdienstausfall entsteht, für den **Zeitaufwand** eine Entschädigung gewährt wird (§ 21 Abs. 1 S. 3 SächsGemO). Dies sollte mit Blick auf Art. 6 und Art. 3 GG jedenfalls für ehrenamtlich tätige Hausmänner und -frauen in den Satzungen vorgesehen werden.

142 Gemäß § 21 Abs. 2 SächsGemO kann ebenfalls durch Satzung bestimmt werden, dass Gemeinderäten, Ortschaftsräten und auch sonstigen Mitgliedern der Ausschüsse und Beiräte des Gemeinderates und Ortschaftsrats eine **Aufwandsentschädigung** gewährt wird.

143 Aufwandsentschädigung ist der Ausgleich für die mit der Wahrnehmung eines Mandats oder einer Funktion im Zusammenhang stehende Tätigkeit. Die Aufwandsentschädigung ist eine besondere Form der pauschalierten Entschädigung nach § 21 Abs. 1 S. 2 SächsGemO. Wird eine Regelung nach § 21 Abs. 2 SächsGemO erlassen, kommen folglich andere Ersatzansprüche grds. nicht in Betracht.

144 Die Aufwandsentschädigung nach § 21 Abs. 2 SächsGemO muss angemessen sein und kann entweder in einem monatlichen Pauschalbetrag oder zum Teil als **Pauschale** und zum Teil als **Sitzungsgeld** für die Teilnahme an Rats-, Ausschuss- und Beiratssitzungen gezahlt werden.[455] Sie darf allerdings die in der Entschädigungssatzung bestimmten Höchstsätze nicht überschreiten.[456]

145 Anspruch auf Aufwandsentschädigung haben die genannten Personen nur im Rahmen der **Gemeindesatzung**, insb. der Entschädigungssatzung. Eine Vermischung von § 21 Abs. 1 und Abs. 2 SächsGemO ist grds. unzulässig. Die Entschädigungssatzung darf nicht eine Auswahl zwischen den verschiedenen Alternativen einräumen.

455 *Günter/Hassel*, Kommunal-Lexikon, S. 14.
456 *Gern*, Sächsisches Kommunalrecht, Rn. 647.

Zur Vertiefung: 146

Die den Gemeinderäten gewährte Aufwandsentschädigung unterliegt grds. als Einkommen aus „sonstiger selbstständiger Arbeit" i. S. d. § 18 Abs. 1 Nr. 3 EStG der Einkommensteuer; pauschale Entschädigungen sind aber steuerfrei, soweit sie – abhängig von der Größe der Gemeinde – bestimmte Monats-/Jahresbeträge nicht übersteigen.

Jenseits von § 21 SächsGemO ist anerkannt, dass kommunale Funktionsträger von der Gemeinde grds. die Erstattung solcher Kosten verlangen können, die ihnen gerichtlich oder außergerichtlich im Rahmen eines Streits um die ihnen nach dem Kommunalverfassungsrecht zugewiesenen Rechte entstanden sind.[457]

Während ihrer Tätigkeit sind alle ehrenamtlich Tätigen nach dem SGB VIII gegen Unfall versichert. Gemäß § 21 Abs. 3 SächsGemO wird ihnen für Sachschäden Ersatz in entsprechender Anwendung der für Beamte geltenden Bestimmungen gewährt. Insoweit ist auf die Regelung des § 81 SächsBG zu verweisen. 147

§ 21 Abs. 4 SächsGemO bestimmt, dass Ansprüche nach den Absätzen 1 bis 3 nicht übertragbar sind. Diese sind damit gemäß § 851 Abs. 1 ZPO auch nicht pfändbar.[458] 148

Sondergesetzliche Bestimmungen haben Vorrang vor satzungsrechtlichen Regelungen nach § 21 SächsGemO. So erhalten ehrenamtliche Bürgermeister und ehrenamtliche Ortsvorsteher (Ehrenbeamte) gemäß § 155a SächsBG eine Aufwandsentschädigung für den durch das Amt allgemein verursachten erhöhten persönlichen Aufwand und gemäß § 155b SächsBG nach ihrem Ausscheiden unter bestimmten Voraussetzungen einen monatlichen Ehrensold. 149

Ehrenamtlich Tätige der freiwilligen Feuerwehr erhalten eine Entschädigung nach § 63 Abs. 1 SächsBRKG.[459] 150

E. Bürgerbegehren und Bürgerentscheid als Kernelemente direkter Demokratie

I. Überblick

Während die Einwohner nur Anhörungs- und Mitwirkungsrechte haben und die Entscheidungen den Gemeindeorganen vorbehalten bleiben, haben die Bürger ein Stimmrecht in allen Gemeindeangelegenheiten bei **Bürgerbegehren** und **Bürgerentscheiden.**[460] 151

Bürgerbegehren und Bürgerentscheid nach §§ 24, 25 SächsGemO (ebenso: §§ 21, 22 SächsLKrO) sind die rechtlich und politisch intensivste Form bür- 152

457 Siehe näher dazu SächsOVG, NVwZ-RR 2020, S. 840 ff. = LKV 2020, S. 32 ff. sowie unten im 6. Kapitel unter H.IV.

458 *Vodova*, in: Brüggen/Geiert/Nolden, Gemeindeordnung für den Freistaat Sachsen, § 21 Rn. 21.

459 *Vodova*, in: Brüggen/Geiert/Nolden, Gemeindeordnung für den Freistaat Sachsen, § 21 Rn. 18.

460 Siehe hierzu die Fallbearbeitungen von *Lohse*, JuS 2012, S. 1014 ff.; *Funke/Papp*, JuS 2009, S. 246 ff.; *Schliesky*, JA 1999, S. 399 ff.; *Groh*, JuS 2020, S. 161 ff.; *Gourdet/Heger*, JuS 2020, S. 37 ff.

gerschaftlicher Mitwirkung bei Angelegenheiten der Gemeinde (und Landkreise). Denn hierdurch wird den Bürgern **die Möglichkeit** gegeben, ihre Interessen unmittelbar in den Entscheidungsprozess der Gemeinde einfließen zu lassen und **über Sachfragen** sogar unmittelbar anstelle des Gemeinderats selbst entscheiden zu können. Sie bilden damit auf der kommunalen Ebene **Kernelemente direkter Demokratie** und haben eine erhebliche praktische Bedeutung erlangt.[461] Manche Fälle erregen dabei auch bundesweites Aufsehen, wie der Fall der Dresdner „Waldschlösschenbrücke“ zeigt.[462]

II. Bürgerbegehren

1. Verfahren

153 Beim Bürgerbegehren handelt es sich um ein **Antragsverfahren**, d.h., das Bürgerbegehren schafft zugunsten der Bürger die Möglichkeit, einen **Antrag auf Durchführung eines Bürgerentscheids** zu stellen, und zwar unter Einhaltung des in § 25 SächsGemO beschriebenen Verfahrens.

154 Voraussetzung für die Zulassung eines Bürgerbegehrens ist zunächst, dass ein entsprechender Antrag **schriftlich** gestellt wird (die elektronische Form ist weiterhin ausdrücklich ausgeschlossen) (vgl. § 25 Abs. 1 S. 1 SächsGemO).

155 Die Antragsschrift muss einen mit „Ja“ oder „Nein“ zu entscheidenden (hinreichend bestimmten) **Entscheidungsvorschlag** und eine **Begründung** enthalten (§ 25 Abs. 2 S. 1 SächsGemO).[463] Der Antrag ist wie eine Beschlussvorlage zu formulieren, da ein nachfolgender Bürgerentscheid gemäß § 24 Abs. 4 S. 1 SächsGemO einem Gemeinderatsbeschluss gleichsteht. Es dürfen aber hier keine zu strengen Anforderungen gestellt werden. Der Inhalt muss ggf. durch Auslegung ermittelt werden. Das Ziel des Begehrens muss aber für die Bürgerinnen und Bürger klar und eindeutig zum Ausdruck kommen. Die Begründung muss auf den konkreten Fall abstellen und darf nicht lediglich „formelhaft“ sein. An die Begründung dürfen aber keine zu hohen Anforderungen gestellt werden. Es ist zumindest ein konkreter Bezug zum Entscheidungsvorschlag erforderlich. Zudem darf die Begründung nicht in wesentlichen Punkten falsch, unvollständig oder irreführend sein.[464] Genügt die Begründung nicht diesen Anforderungen, so ist das Bürgerbegehren unzulässig und damit nicht zuzulassen.

156 **Zur Vertiefung:**

Die hinreichende Klarheit einer Frage ist insb. dann zweifelhaft, wenn es um ***zukünftige Lebenssachverhalte*** *geht, deren konkrete Umstände unbekannt sind, da*

461 Vgl. die Beispiele aus der Rechtsprechung bei *Schoch*, NVwZ 2014, S. 1473ff.; ferner grundlegend zu diesen Beteiligungsmöglichkeiten am Beispiel der GemO NRW *Ritgen*, Bürgerbegehren und Bürgerentscheid; ferner *Schliesky*, Bürgerbegehren und Bürgerentscheid in Schleswig-Holstein. Siehe zuletzt zu Chancen und Risiken von Bürgerbegehren und -entscheiden *Seybold*, DÖV 2018, S. 293 (296ff.).

462 Vgl. dazu SächsOVG, LKV 2007, S. 520ff.; BVerwG, NVwZ 2007, S. 1176ff.

463 Vgl. dazu OVG NRW, NVwZ-RR 2017, S. 1027 (1031).

464 Vgl. dazu VGH BW, KommJur 2013, S. 419ff., NZBau 2013, S. 724ff.

der Bürger i. d. R. nicht einschätzen kann, welche Folgen mit seiner Entscheidung verbunden sein werden. Angesichts dessen haben bspw. der Stadtrat der Stadt Leipzig sowie die Verwaltungsgerichte ein Bürgerbegehren als unzulässig eingestuft, mit dem die Frage zur Entscheidung gestellt wurde, ob die Bürger dafür seien, dass die Veräußerung von Immobilien, Kulturgütern, öffentlichen Einrichtungen, Eigenbetrieben oder Unternehmen, an denen die Stadt Leipzig beteiligt sei, zu unterbleiben habe, es sei denn der Stadtrat beschließe mit einer Mehrheit von zwei Dritteln seiner Mitglieder eine Veräußerung.[465]

Das Bürgerbegehren muss gemäß § 25 Abs. 1 S. 2 SächsGemO **mindestens von fünf Prozent** der Bürger der Gemeinde unterzeichnet sein.[466] Die Unterzeichner müssen zum Zeitpunkt der Einreichung des Bürgerbegehrens Bürger der Gemeinde sein. § 6 Abs. 1 S. 3 SächsKomVerfRDVO fordert für die Unterschriftsliste neben der eigenhändigen Unterschrift die lesbare Angabe des Familiennamens, des Vornamens, des Geburtstages, der Wohnung und das Datum der Unterzeichnung. Hierbei handelt es sich aber nur um eine Soll-Vorschrift. Es ist daher unschädlich, wenn einzelne Angaben fehlen, soweit sich die Person aus dem Eintrag unzweifelhaft identifizieren lässt.[467] 157

Zur Vertiefung: 158

Auf allen Unterschriftslisten, d. h. auf jedem Blatt der Listen, müssen sämtliche Angaben des Bürgerbegehrens enthalten sein, die in § 25 Abs. 1 und 2 SächsGemO vorgegeben werden. Hier müssen seitens der Verwaltung diese Anforderungen einschließlich der jeweiligen Feststellung der Bürgereigenschaft geprüft werden, was mit einem ***erheblichen Zeitaufwand*** *verbunden ist. Eine Person darf für jedes Bürgerbegehren nur einmal unterzeichnen. Doppel- und Mehrfachunterzeichnungen gelten als eine Unterzeichnung. Grundlage für die Überprüfung der Unterschriften ist das Einwohnermelderegister vom Stand des Tages des Einreichens des Bürgerbegehrens.*

Weiter muss das Bürgerbegehren gemäß § 25 Abs. 2 S. 2 SächsGemO einen nach den gesetzlichen Bestimmungen **durchführbaren Vorschlag zur Kostendeckung** oder zum **Ausgleich der Einnahmeausfälle** (Konsolidierungsvorschlag) der verlangten Maßnahme enthalten (einschließlich etwaiger laufender Folgekosten), wobei zumindest eine überschlägige Bezifferung der Höhe der Kosten verlangt werden muss. Dies gilt allerdings nur, soweit ein Deckungsvorschlag erforderlich ist. Zur Durchführbarkeit des Deckungsvorschlags gehört auch, dass er mit dem Grundsatz der Wirtschaftlichkeit und 159

465 Vgl. dazu SächsOVG, LKV 2016, S. 422 f.

466 In Deutschland schwankt das Unterstützungsquorum zwischen drei Prozent der Stimmberechtigten bei großen Städten und 17 Prozent bei kleineren Gemeinden; in vielen Ländern ist die Höhe des Quorums innerhalb des Bundeslandes außerdem noch abhängig von der Einwohnerzahl der Gemeinde; vgl. dazu: *Erbguth/Mann/Schubert*, Besonderes Verwaltungsrecht, § 3 Rn. 109, Fn. 28 m. w. N.

467 *Koolman*, in: Binus/Sponer/Koolman, Sächsische Gemeindeordnung, § 25 Rn. 3.

Sparsamkeit der Haushaltswirtschaft vereinbar ist.[468] Auch an einem unzureichenden Kostendeckungsvorschlag kann ein Bürgerbegehren scheitern, was in der Praxis nicht selten vorkommt.[469]

160 Es bedarf zudem der **Benennung einer Vertrauensperson** und einer **stellvertretenden Vertrauensperson** (mit Angabe von Namen und Anschrift), die jede für sich zur Entgegennahme von Mitteilungen und Entscheidungen der Gemeinde und zur Abgabe von Erklärungen ermächtigt ist (§ 25 Abs. 2 S. 1 SächsGemO). Dabei muss es sich um natürliche Personen handeln, die geschäfts- und prozessfähig sind. Sie müssen in Sachsen nicht Bürger der Gemeinde sein.[470]

161 Des Weiteren muss das Bürgerbegehren gemäß § 25 Abs. 3 SächsGemO **vor Beginn der Unterschriftensammlung** schriftlich bei der Gemeinde **angezeigt werden**.

162 Es ist spätestens **ein Jahr nach Zugang der Anzeige** mit den erforderlichen Unterschriften (Originallisten) bei der Gemeinde **einzureichen**. Damit soll ein Sammeln von Unterstützungsunterschriften auf Vorrat vermieden werden (ebenso: § 21 SächsLKrO). Zudem bestünde andernfalls die Gefahr, dass die Unterzeichner des Bürgerbegehrens zum Zeitpunkt eines Bürgerentscheids gar nicht mehr Bürger der Gemeinde sind.

163 **Zur Vertiefung:**

Sollten Unterschriftslisten nach der Beantragung, aber noch vor der Beschlussfassung im Gemeinderat nachgereicht werden, ist das zulässig; es gilt aber auch hier der Zeitpunkt des Antrages bzw. des Einreichens des Bürgerbegehrens bei der Gemeinde für die Bürgereigenschaft.

164 Richtet sich das Bürgerbegehren gegen einen Beschluss des Gemeinderats (sog. **kassatorisches Bürgerbegehren**), muss das Bürgerbegehren gemäß § 25 Abs. 3 S. 3 SächsGemO innerhalb von **drei Monaten nach Bekanntgabe des Beschlusses** in öffentlicher Sitzung bei der Gemeinde eingereicht werden. Mit dieser gegenüber der Jahresfrist erheblich kürzeren Frist soll verhindert werden, dass die Ausführung von Ratsbeschlüssen längere Zeit nicht in Angriff genommen werden kann oder vielleicht sogar rückgängig gemacht werden muss.[471] Wurde der Beschluss in **öffentlicher** Sitzung gefasst, ist dieser zu diesem Zeitpunkt bekannt gegeben, ohne dass es eines besonderen Bekanntmachungsaktes bedarf. Folglich beginnt die Dreimonatsfrist ab diesem Zeitpunkt zu laufen. Wird der Beschluss hingegen in **nichtöffentlicher** Sitzung gefasst, so ist nach § 37 Abs. 1 S. 3 SächsGemO der dort gefasste Beschluss, sofern

---

468 *Sponer/Tostmann*, Kommunalrecht, S. 48.

469 Vgl. etwa SächsOVG, LKV 2008, S. 560 = SächsVBl. 2009, S. 19; SächsOVG, Beschluss vom 2.10.2013 – 4 B 369/13, juris.

470 Anders z.B. nach § 26 Abs. 2 S. 2 GO NRW.

471 *Sponer*, in: Sponer/Jacob/Musall, Kommunalverfassungsrecht Sachsen, § 25 SächsGemO Erl. 9 m.w.N.

nicht Gründe des öffentlichen Wohls entgegenstehen, in öffentlicher Sitzung bekannt zu geben. Erst zu diesem Zeitpunkt läuft dann die Dreimonatsfrist.[472]

2. Zulässiger Gegenstand des Bürgerbegehrens

Das Bürgerbegehren muss sich auf ein Thema beziehen, das nach § 24 Abs. 2 S. 1 SächsGemO auch Gegenstand eines Bürgerentscheids sein kann, d.h., es muss sich um eine **Gemeindeangelegenheit** nach § 2 SächsGemO handeln (örtlicher Wirkungskreis der Gemeinde). Zudem muss die **Organkompetenz des Gemeinderats** vorliegen. 165

Ein Bürgerbegehren findet allerdings nicht statt **(Negativkatalog)** in den als Ausschlusstatbestände nach § 24 Abs. 2 S. 2 Nr. 1 bis 8 SächsGemO aufgeführten Angelegenheiten (vgl. dazu sogleich unter Punkt III. 2).[473] 166

Das Bürgerbegehren muss des Weiteren eine Angelegenheit betreffen, die nicht innerhalb der **letzten drei Jahre bereits Gegenstand eines Bürgerbegehrens** war (§ 25 Abs. 1 S. 3 SächsGemO). 167

3. Beschluss des Gemeinderats und Rechtsschutz

Der Gemeinderat entscheidet gemäß § 25 Abs. 4 S. 1 SächsGemO über die **Zulässigkeit des Bürgerbegehrens**. Der Gemeinderat hat sich darauf zu beschränken, die Einhaltung der gesetzlichen Vorschriften zu überprüfen. Ein Ermessen steht ihm bei der Entscheidung über die Zulässigkeit des Bürgerbegehrens nicht zu. Die Entscheidung ist gemäß § 25 Abs. 4 S. 2 SächsGemO **ortsüblich bekannt zu geben** und ergeht kostenfrei. 168

Über das Ergebnis der Entscheidung erhält die Vertrauensperson zusätzlich eine schriftliche Benachrichtigung. Bei der Entscheidung des Gemeinderats handelt es sich nach herrschender und zutreffender Meinung um einen **Verwaltungsakt**.[474] Es ist allerdings zu beachten, dass die Entscheidung nach den zuvor genannten Grundsätzen bereits mit der Bekanntgabe wirksam wird. 169

Über einen Widerspruch gegen die ablehnende Entscheidung des Gemeinderats entscheidet die Rechtsaufsichtsbehörde (§ 25 Abs. 4 S. 3 SächsGemO). Bei Erfolglosigkeit kann **Verpflichtungsklage** auf Erklärung der Zulässigkeit des Bürgerbegehrens gegen die Gemeinde erhoben werden. Darüber hinaus haben die Antragsteller einen im Wege einer **einstweiligen Anordnung** gemäß § 123 VwGO zu sichernden Anspruch darauf, dass einem zuständigen Organ untersagt wird, vor Durchführung des mit dem Bürgerbegehren beantragten Bürgerentscheids Maßnahmen zu ergreifen, die geeignet sind, die Durchführung 170

472 Vgl. zum Ganzen SächsOVG, LKV 2008, S. 562f.

473 Vgl. dazu ausführlich *Wessel*, Rechtliche Beurteilung der Ausnahmetatbestände und deren Umgehungsgefahr bei Bürgerbegehren und Bürgerentscheid.

474 Vgl. näher dazu *Burgi*, Kommunalrecht, § 11 Rn. 46; *Meyer*, NVwZ 2003, S. 183f. m.w.N. auch zur Gegenansicht (diese verneint die Außenwirkung, da die Unterzeichner des Bürgerbegehrens [quasi] als Organ der Gemeinde aufträten; vgl. dazu auch VG Leipzig, LKV 2000, S. 556) sowie SächsOVG, Urteil vom 11.5.2004 – 4 B 620/03, juris und SächsOVG, Beschluss vom 27.1.2010 – 4 B 300/09, juris.

des Bürgerentscheids von vornherein zu unterlaufen.[475] Jenseits dessen ist die Zulässigkeit einer einstweiligen Anordnung umstritten.[476]

171 **Zur Vertiefung:**

Die Zulässigkeit eines Bürgerbegehrens kann auch unter dem Gesichtspunkt der ***Beteiligtenfähigkeit*** *zweifelhaft sein, weil möglicherweise die notwendigen Unterstützerunterschriften fehlen. In einem solchen Fall müsste der Anspruch auf Zulassung des Bürgerbegehrens eigentlich scheitern. Hier findet aber der Grundsatz des Prozessrechts Anwendung, dass dann, wenn das Vorliegen der Beteiligtenfähigkeit von Aspekten der Begründetheit der Klage abhängig ist, der Kläger im Rahmen der Zulässigkeit als beteiligtenfähig angesehen wird.*

172 Als Kläger kommt zum einen „das Bürgerbegehren" als Vereinigung i. S. d. § 61 Nr. 2 VwGO in Betracht. Zum anderen können auch diejenigen, die das Bürgerbegehren unterzeichnet haben, als natürliche Personen i. S. d. § 61 Nr. 1 1. Alt. VwGO gegen eine ablehnende Entscheidung des Gemeinderats klagen.[477] Dabei erscheint es im zuerst genannten Fall naheliegend, die Vertrauenspersonen nach § 25 Abs. 2 S. 1 SächsGemO als gesetzliche Vertreter i. S. d. § 62 Abs. 3 VwGO anzusehen. Eine eindeutige gesetzliche Regelung gibt es dazu in der SächsGemO nicht. Daher wird neuerdings verstärkt die Auffassung vertreten, dass (nur) die Vertrauenspersonen Klage erheben können.[478] Es ist insoweit aber zweifelhaft, ob der sächsische Gesetzgeber tatsächlich ausschließlich den Vertrauenspersonen eine Klagebefugnis zuschreiben wollte, was schon eine sehr starke Rechtsposition eines Vertreters darstellen würde. Wünschenswert wäre hier eine Klarstellung durch den Gesetzgeber.

173 Nach der **Feststellung der Zulässigkeit** des Bürgerbegehrens darf eine diesem widersprechende Entscheidung des Gemeinderats nicht mehr getroffen werden; es gibt also eine **Sperrwirkung** für weitere Gemeinderatsentscheidungen (§ 25 Abs. 4 S. 5 SächsGemO); das gilt selbst dann, wenn sich die rechtlichen oder tatsächlichen Gegebenheiten ändern sollten.

4. Durchführung des Bürgerentscheids

174 Gemäß § 25 Abs. 4 S. 4 SächsGemO ist bei Zulässigkeit des Bürgerbegehrens der Bürgerentscheid **innerhalb von drei Monaten** durchzuführen.

475 Vgl. dazu *Rehak*, in: Quecke/Schmid, Gemeindeordnung für den Freistaat Sachsen, § 25 Rn. 30 f. m. w. N.

476 Siehe *Gern*, Sächsisches Kommunalrecht, Rn. 669; *Meyer*, NVwZ 2003, S. 183 (184) m. w. N.; das SächsOVG ist hier eher zurückhaltend; vgl. dazu etwa SächsOVG, LKV 2008, S. 560 = SächsVBl. 2009, S. 19; SächsOVG, Beschluss vom 2.10.2013 – 4 B 369/13, juris sowie SächsOVG, Beschluss vom 16.5.2023 – 4 B 63/23 und SächsVerfGH, Beschluss vom 6.7.2023 – Vf. 31-IV-23 (e. A.).

477 Ebenso: *Koolman*, in: Binus/Sponer/Koolmann, § 25 Rn. 18; vgl. dazu allgemein *Burgi*, Kommunalrecht, § 11 Rn. 47 m. w. N., auch zur Rechtslage in anderen Bundesländern.

478 So *Rehak*, in: Quecke/Schmid, Gemeindeordnung für den Freistaat Sachsen, § 25 Rn. 36 (Vertrauenspersonen als Kläger); zuvor bereits VG Leipzig, Urteil vom 10.11.2015, – 6 K 2084/14, juris.

III. Bürgerentscheid

1. Voraussetzungen

Der Bürgerentscheid setzt entweder ein (erfolgreiches) **Bürgerbegehren** nach § 25 SächsGemO voraus oder eine **Mehrheit von zwei Dritteln aller Mitglieder des Gemeinderats** beschließt die Durchführung eines Bürgerentscheids. 175

2. Zulässiger Gegenstand des Bürgerentscheids

Gegenstand des Bürgerentscheids muss gemäß § 24 Abs. 1 SächsGemO eine **Gemeindeangelegenheit** sein, d.h. eine Angelegenheit, die zum Aufgabenkreis der Gemeinde gehört[479] und die überdies in die **Zuständigkeit des Gemeinderats** fällt (Verbandskompetenz der Gemeinde und Organkompetenz des Gemeinderats). 176

Zur Vertiefung: 177

Es darf kein Eingriff in die Zuständigkeit des Bürgermeisters erfolgen.[480] *Allerdings verbleibt es auch bei einer Übertragung einer Angelegenheit durch Hauptsatzung oder einfachen Ratsbeschluss auf einen Ausschuss oder den Bürgermeister bei der insofern maßgeblichen Organkompetenz des Gemeinderats.*

Darüber hinaus enthält § 24 Abs. 2 S. 2 Nr. 1 bis 8 SächsGemO den bereits bei den Voraussetzungen für ein zulässiges Bürgerbegehren zu prüfenden **Negativkatalog von Angelegenheiten**, bei denen ein Bürgerentscheid ausgeschlossen ist. Diese Angelegenheiten können weder durch ein Bürgerbegehren noch durch einen Gemeinderatsbeschluss auf die Bürger zur Entscheidung übertragen werden.[481] 178

Ein Bürgerentscheid findet demnach nicht statt über 179

- Weisungsaufgaben (vgl. § 2 Abs. 3 SächsGemO),
- Fragen der inneren Organisation der Gemeindeverwaltung,
- Haushaltssatzungen und Wirtschaftspläne,
- Gemeindeabgaben (Steuern, Gebühren, Beiträge), Tarife (diese sind Gegenstand der Tarifverträge für den Öffentlichen Dienst [TVöD]) und Entgelte (vertraglich vereinbart),
- Jahresabschlüsse und Gesamtabschlüsse (vgl. §§ 88, 88b SächsGemO) sowie Jahresabschlüsse der Sondervermögen (vgl. § 91 SächsGemO) und Treuhandvermögen (vgl. § 92 SächsGemO),
- Rechtsverhältnisse der Gemeinderäte, des Bürgermeisters und der Gemeindebediensteten (z.B. Einstellung, Kündigung, Bestellung, Abberufung),

479 Vgl. ausführlich dazu oben im 2. Kapitel unter C.II.2a).

480 Siehe ausführlich zu den Zuständigkeiten des Bürgermeisters unten im 6. Kapitel unter F.VIII bis X.

481 Vgl. ausführlich zu den inhaltlichen und rechtlichen Grenzen der Negativkataloge aus einer länderübergreifenden Perspektive *Wessel*, Rechtliche Beurteilung der Ausnahmetatbestände und deren Umgehungsgefahr bei Bürgerbegehren und Bürgerentscheid, S. 225ff.

- Entscheidungen in Rechtsmittelverfahren (also Rechtsbehelfe und Rechtsmittel) sowie
- Anträge, die gesetzwidrige Ziele verfolgen (was sich bereits aus Art. 20 Abs. 3 GG ergibt).

180 Diese Ausnahmetatbestände sind nach herrschender und zutreffender Meinung eng auszulegen.[482] Dementsprechend beschränkt sich § 24 Abs. 2 S. 2 Nr. 3 SächsGemO auf Bürgerentscheide, die sich dergestalt unmittelbar auf die dort genannten Haushaltssatzungen und Wirtschaftspläne auswirken, dass diese nicht mehr in rechtmäßiger Weise erstellt werden können.[483] Es reicht also keinesfalls aus, dass ein Bürgerentscheid finanzielle Auswirkungen hat und sich somit **mittelbar** auf Haushaltssatzungen und Wirtschaftspläne auswirkt. Hiervon ist auch der sächsische Gesetzgeber ausgegangen, wie die Regelung zum Kostendeckungsvorschlag in § 25 Abs. 2 S. 2 SächsGemO belegt.

181 **Beispiele für zulässige Gegenstände:**

Schulschließungen (z. B. Grund- und Oberschulen), kommunale Privatisierungen (z. B. Krankenhäuser), Unternehmungsfusionen, Sonntagsöffnungszeiten, Straßenausbaumaßnahmen, Bau eines neuen Rathauses.[484]

3. Verfahren

182 Seiner Rechtsnatur nach ist der Bürgerentscheid **keine Wahl**, sondern eine **Abstimmung.**[485] Die Einzelheiten zur Durchführung eines Bürgerentscheids ergeben sich aus den §§ 6 bis 19 SächsKomVerfRDVO. Ergänzende Regelungen sind in der Hauptsatzung zu treffen. Im Übrigen gelten für die Durchführung des Bürgerentscheids nach § 18 SächsKomVerfRDVO die Vorschriften der Kommunalwahlordnung.[486] Entsprechendes regelt § 19 SächsKomVerfRDVO für Bürgerbegehren und Bürgerentscheide auf Landkreisebene.

183 Für die Organisation des Bürgerentscheids ist die Gemeinde verantwortlich; der Gemeinderat hat den Abstimmungstag zu bestimmen, der auf einen Sonntag gelegt werden muss (§ 7 SächsKomVerfRDVO). Der Bürgermeister hat die Abstimmung und den zur Abstimmung gestellten Entscheidungsvorschlag einschließlich Begründung spätestens am 27. Tag vor dem Abstimmungstag öffentlich bekannt zu machen (§ 8 SächsKomVerfRDVO). Für die Ausübung des Abstimmungsrechts ist die Eintragung in ein Wählerverzeichnis erforderlich (§ 10 SächsKomVerfRDVO). Das Abstimmungsergebnis ist vom Gemeindewahlausschuss unverzüglich festzustellen und vom Bürgermeister öffentlich bekannt zu machen (§ 16 Abs. 2 SächsKomVerfRDVO).

482 Vgl. hier nur *Schoch*, NVwZ 2014, S. 1473 (1475) m. w. N.
483 Ebenso SächsVerfGH, LKV 2003, S. 327 ff. zur parallelen Regelung in Art. 73 Abs. 1 SächsVerf.
484 Weitere Beispiele aus der Rechtsprechung finden sich bei *Schoch*, NVwZ 2014, S. 1473 ff.
485 *Gern/Brüning*, Deutsches Kommunalrecht, Rn. 775 m. w. N.
486 KomWO vom 24.7.2023 (SächsGVBl. S. 674).

Zur Vertiefung: 184

Auf der Grundlage der KomWO und SächsKomVerfRDVO gilt Folgendes: Wird der Bürgerentscheid aufgrund eines Bürgerbegehrens durchgeführt, ist der Abstimmungstag innerhalb von drei Monaten nach der Zulässigkeitsentscheidung des Gemeinderats festzusetzen. Alle Abstimmungsberechtigten erhalten bis zum 21. Tag vor der Abstimmung eine schriftliche Benachrichtigung mit Angabe des Abstimmungstags, der Abstimmungszeit, des Abstimmungsorts und der Regeln für die Teilnahme an der Abstimmung. Zugleich werden die Stimmberechtigten über die Auffassung der Vertrauensperson oder der stellvertretenden Vertrauensperson des Bürgerbegehrens und über die in der Verwaltung vertretene Auffassung unter Beachtung des Sachlichkeitsgebotes informiert.

Der zur Abstimmung gestellte Entscheidungsvorschlag ist angenommen und damit erfolgreich, wenn er gemäß § 24 Abs. 3 S. 1 SächsGemO die Mehrheit der gültigen Stimmen enthält **(einfache Mehrheit) und** diese Mehrheit **mindestens 25 Prozent der Stimmberechtigten** beträgt (sog. **doppelte Mehrheit**). In Kreisfreien Städten kann die Hauptsatzung ein geringeres Quorum, jedoch nicht weniger als 15 Prozent der Stimmberechtigten, festsetzen. Das mit Ausnahme für die drei Kreisfreien Städte geltende Mindestquorum von 25 Prozent der Bürgerschaft soll eine ausreichende demokratische Legitimation der Entscheidung garantieren. So wird vermieden, dass bei geringer Beteiligung am Bürgerentscheid eine aktive Minderheit in der Gemeinde ihre Partikularinteressen durchsetzt.[487] Wird diese Mehrheit nicht erreicht, geht die Entscheidungskompetenz auf den Gemeinderat über (§ 24 Abs. 3 S. 2 SächsGemO). Bei Stimmengleichheit ist der Antrag abgelehnt. Stimmberechtigt sind nur die wahlberechtigten Bürger der Gemeinde gemäß §§ 15 Abs. 1, 16 SächsGemO, d.h. der Bürger, der in einem Wählerverzeichnis eingetragen oder im Besitz eines Wahlscheins ist (§ 10 SächsKomVerfRDVO). Ansprüche auf (ordnungsgemäße) Durchführung eines Bürgerentscheids kommen allerdings nur zugunsten der Antragsteller eines zulässigen Bürgerbegehrens in Betracht, nicht jedoch zugunsten eines jeden abstimmungsberechtigten Gemeindebürgers. Das Instrument des Bürgerentscheids erschöpft sich für abstimmungsberechtigte Bürger in der unmittelbaren Mitwirkung und Abstimmung, während die Kontrolle des Vollzugs oder der Beachtung der Sperrwirkung eines Bürgerentscheids durch die Rechtsaufsicht erfolgt.[488] 185

Der Bürgerentscheid entfällt gemäß § 24 Abs. 5 SächsGemO allerdings, wenn der **Gemeinderat** die Durchführung der mit dem Bürgerbegehren verlangten Maßnahme **beschließt**. Für einen solchen Beschluss gilt § 24 Abs. 4 S. 2 SächsGemO, d.h., er kann auch in diesem Fall innerhalb von drei Jahren nur durch einen neuen Bürgerentscheid abgeändert werden. Hierdurch erfolgt 186

487 Für den in Sachsen nach Art. 72 SächsVerf möglichen Volksentscheid gibt es kein entsprechendes Mindestquorum. Vielmehr kommt es ausschließlich auf die Mehrheit der abgegebenen Stimmen an (Art. 72 Abs. 4 S. 2 SächsVerf).

488 Vgl. dazu SächsOVG, Beschluss vom 3.1.2022 – 4 B 340/21, juris Rn. 10ff.

eine Gleichstellung mit dem auf der Grundlage eines Bürgerbegehrens durchgeführten Bürgerentscheid.

4. Wirkung

187 Ein Bürgerentscheid steht gemäß § 24 Abs. 4 S. 1 SächsGemO einem Beschluss des Gemeinderats gleich bzw. er hat die gleiche Wirkung wie ein Ratsbeschluss. Er ist nicht in einem wahlrechtlichen Verfahren anfechtbar. Eine Wahlanfechtung nach § 25 SächsKomWG oder eine Wahlprüfung nach § 26 KomWG ist also **nicht** möglich.

188 Die Entscheidung gilt wie ein Gemeinderatsbeschluss als **Verwaltungsinternum**, sodass eine Kontrolle nur durch die Rechtsaufsicht erfolgt. Die Umsetzung des Bürgerentscheids erfolgt durch den Bürgermeister (Vollzugspflicht). Es besteht aber auch hier zumindest eine Kontrollpflicht des Bürgermeisters.

189 Der Bürgerentscheid kann gemäß § 24 Abs. 4 S. 2 SächsGemO innerhalb von drei Jahren nur durch einen neuen Bürgerentscheid geändert werden **(Sperrwirkung)**, d.h., dem Gemeinderat ist es drei Jahre verwehrt, den Bürgerentscheid durch einen anderen Gemeinderatsbeschluss zu ändern oder zu konterkarieren. Dies gilt auch dann, wenn sich die zugrunde liegende Sach- oder Rechtslage ändert.[489] Es ist allerdings zu beachten, dass der einzelne Bürger nach der Rechtsprechung der sächsischen Verwaltungsgerichte selbst dann **keinen Anspruch auf Durchsetzung** dieser Sperrwirkung hat, wenn er durch den Bürgerentscheid in der Sache begünstigt wird.[490] Das ist durchaus zweifelhaft, weil die vom Gesetzgeber intendierte Sperrwirkung nur auf diese Weise effektiv durchgesetzt werden kann.[491]

190 Ein Beschluss des Gemeinderats über die Durchführung der verlangten Maßnahme kann ebenfalls innerhalb von drei Jahren nur durch einen neuen Bürgerentscheid abgeändert werden (§ 24 Abs. 5 S. 2 SächsGemO). Damit kann die Sperrwirkung des § 24 Abs. 4 S. 2 SächsGemO nicht durch eine Abänderung des Beschlusses unterlaufen werden.

F. Anspruch auf Benutzung öffentlicher Einrichtungen der Gemeinden

191 Gemäß § 2 Abs. 1 SächsGemO schaffen die Gemeinden in den Grenzen ihrer Leistungsfähigkeit die für das soziale, kulturelle, sportliche und wirtschaftliche Wohl ihrer Einwohner und Gleichgestellten erforderlichen öffentlichen Einrichtungen. Ein **besonders wesentliches Recht der Einwohner** besteht in dem Anspruch, diese öffentlichen Einrichtungen der Gemeinde nach gleichen Grundsätzen zu benutzen (vgl. § 10 Abs. 2 SächsGemO).[492]

489 Vgl. SächsOVG, LKV 2007, S. 520 (521) zum Fall der Dresdner „Waldschlösschenbrücke".

490 Vgl. SächsOVG, Beschluss vom 12.2.2008 – 4 B 16/08, juris; die dagegen erhobene Verfassungsbeschwerde wurde nicht zur Entscheidung angenommen (vgl. BVerfG, NVwZ-RR 2011, S. 1 f.).

491 So auch VGH BW, NVwZ-RR 2015, S. 149 f.

492 Näher dazu *Becker/Meyer*, JURA 2021, S. 1450 ff.; *Ehlers*, JURA 2012, S. 692 ff. und S. 849 ff. Fallbearbeitung: *Muckel/Hauk*, JA 2017, S. 198 ff.; *Heckel*, JA 2012, S. 361 ff.; *Bader*, JURA 2009, S. 940 ff.

Öffentliche Einrichtungen sind das wesentliche organisatorische Mittel zur Erfüllung der Aufgaben der Daseinsvorsorge.[493] Sie sind das mit Abstand wichtigste und kommunaltypischste **Instrument der Leistungserbringung** in den Aufgabenfeldern der Infrastruktur (ohne Straßen), des Sozialen und der Kultur.[494] 192

I. Begriff der öffentlichen Einrichtung

Die SächsGemO enthält – wie auch andere Gemeindeverfassungen – keine Definition der öffentlichen Einrichtung. Der Begriff wird **weit** verstanden. Allgemein ausgedrückt, sind **öffentliche Einrichtungen** benutzbare Einrichtungen, die einem **öffentlichen Zweck** dienen (öffentliches Interesse) und durch Widmung den Einwohnern zur Verfügung gestellt werden. 193

So fallen unter den Begriff der öffentlichen Einrichtung typische Einrichtungen[495] wie 194

- Stadthallen,
- Schwimmbäder,
- Theater, Museen,
- Kindertagesstätten,
- Krankenhäuser,
- Bibliotheken,
- Sparkassen,
- die öffentliche Wasserversorgung, Abwasserbeseitigung, Stromversorgung, Gasversorgung,
- gemeindliche Anschlagtafeln,
- Festplätze, Kirmes, Zirkus,
- Weihnachtsmärkte,[496]
- Messehallen,
- Obdachlosenunterkünfte,
- Asylbewerberheime,
- Schulen,
- Musikschulen,
- Friedhöfe und Krematorien,
- Sport-, Spiel- und Bolzplätze,
- Mehrzweckhallen,
- Jugendhäuser, Frauenhäuser,

493 *Gern*, Sächsisches Kommunalrecht, Rn. 584; *Geis*, Kommunalrecht, § 10 Rn. 12.
494 *Burgi*, Kommunalrecht, § 16 Rn. 1.
495 Weitere Nachweise zur folgenden Aufzählung finden sich bei *Geis*, Kommunalrecht, § 10 Rn. 13.
496 Vgl. BVerwG, NVwZ 2009, S. 1305.

- Rathäuser (allerdings nur soweit sie für Einwohner für Veranstaltungen oder Ausstellungen nutzbar sind, z. B. Rathausbalkon, Eingangshalle, Rathausaal, einzelne Räume),
- gemeindliche Amtsblätter (allerdings nur der nicht amtliche Teil)[497] und
- der Thomanerchor der Stadt Leipzig.[498]

195 **Zur Vertiefung:**

Der amtliche Teil des Amtsblatts einer Gemeinde ist nicht als öffentliche Einrichtung der Gemeinde i. S. v. § 10 Abs. 2 SächsGemO anzusehen, der den Einwohnern zur Verfügung gestellt und gewidmet ist.[499]

196 **Drei wesentliche Merkmale** wurden durch die Rechtsprechung für die Annahme einer öffentlichen Einrichtung entwickelt:

1. Merkmal: „Zusammenfassung von Personen und Sachen"

197 Damit eine öffentliche Einrichtung angenommen werden kann, muss es sich bereits begrifflich um eine **Einrichtung** handeln, d.h. um eine (organisatorische) Zusammenfassung von personellen Kräften (Personal, Dienstleister) und sachlichen Mitteln (Gebäude, Strom, Wasser usw.), die allgemein nutzbar sind.

198 Allgemein nutzbar sind diese Einrichtungen, wenn sie nicht nur intern durch die Gemeindeverwaltung, sondern auch extern durch die Gemeindeeinwohner freiwillig oder unfreiwillig allgemein benutzt werden können.[500]

199 In Abgrenzung hierzu sind keine öffentlichen Einrichtungen:

- **Verwaltungseinrichtungen** i. e. S. (z. B. das gemeindliche Amtsblatt, soweit es lediglich Veröffentlichungsorgan der Gemeinde ist; der kommunale Bauhof; Dienstzimmer, Besprechungsräume, Sitzungssäle, Standesamt, Stadtarchiv, Kantine und Dienstwagen; das Rathaus [nur soweit es nicht öffentlich ist]) sowie
- **Privateinrichtungen** (z. B. kommunal vermietete Wohnungen, Ratskeller, Brauereien, Kiesgruben, Landgüter usw.).

200 Ebenfalls keine öffentlichen Einrichtungen sind **Sachen im Gemeingebrauch** (v. a. Straßen, Wege, Plätze), weil die Benutzung von Gesetzes wegen keiner Zulassung bedarf und zudem nicht nur durch die Einwohner, sondern durch jedermann erfolgen kann.[501]

---

497 So SächsOVG, SächsVBl. 2003, S. 48.

498 So VG Leipzig, LKV 2006, S. 142.

499 So SächsOVG, SächsVBl. 2003, S. 48; *Quecke/Rehak*, in: Quecke/Schmid, Gemeindeordnung für den Freistaat Sachsen, § 4 Rn. 71.

500 *Sponer/Tostmann*, Kommunalrecht, S. 44.

501 Vgl. *Burgi*, Kommunalrecht, § 16 Rn. 8; *v. Mutius*, Kommunalrecht, Rn. 637; OVG NRW, OVGE 24, 179.

2. Merkmal: „Unterhaltung im öffentlichen Interesse"

Öffentlich sind solche Einrichtungen, die von der Gemeinde (oder einem Landkreises) als Träger hoheitlicher Verwaltung den Einwohnern **in Erfüllung einer öffentlichen Aufgabe** zur Verfügung gestellt werden (öffentlicher Zweck).[502] Dabei kann grds. jede öffentliche Aufgabe in Betracht kommen. Meistens lässt sich diese Aufgabe aber aus der in § 2 Abs. 1 SächsGemO normierten Verpflichtung der Gemeinde ableiten. Bietet die Gemeinde dagegen eine Einrichtung wie ein Privater an, scheidet eine öffentliche Einrichtung demnach aus. 201

3. Merkmal: „Widmung"

Den öffentlichen Charakter bekommt eine Einrichtung durch die **Widmung**[503]. 202
Dabei handelt es sich – anders als im Straßenrecht – um einen **rechtlich nicht formalisierten Rechtsakt,** durch den die Zweckbestimmung der Einrichtung festgelegt und ihre Benutzung durch die Allgemeinheit geregelt wird. Dabei hat die Gemeinde einen weiten Gestaltungsspielraum.

Für das Vorhandensein einer öffentlichen Einrichtung ist stets ein **Widmungsakt** 203
erforderlich, mit dem die Gemeinde verdeutlicht, dass diese Einrichtung nicht nur internen Zwecken dienen, sondern der Öffentlichkeit zur Verfügung stehen soll.[504] Die Widmung kann auf verschiedenste Weise durch Satzung, Benutzungsordnung, Verwaltungsakt (in Form einer Allgemeinverfügung), durch einen schlichten Gemeinderatsbeschluss, Realakt (Einweihung), amtliche Verlautbarung, mithin auch formlos und sogar durch konkludentes Handeln erfolgen.[505]

Für den Fall, dass es an einer eindeutigen Erklärung fehlt, leitet die Rechtspre- 204
chung einen derartigen Erklärungswillen aus **Indizien** ab.[506] Fehlt es etwa an einem förmlichen Widmungsakt, kann sich die Widmung z.B. aus der **Vergabepraxis** der Gemeinde ergeben, an die diese gemäß Art. 3 GG gebunden ist. Eine konkludente Widmung ist auch durch eine **faktische Indienststellung** möglich; ein bloßes Dulden reicht demgegenüber aber nicht aus. Maßgebend ist die Erkennbarkeit des Behördenwillens, dass die Sache dem bestimmten öffentlichen Zweck dienen soll. Die Überlassungs- und Nutzungspraxis ist hier entscheidend.[507]

Beispiel: 205

So liegt bereits eine Widmung als öffentliche Einrichtung vor, wenn durch die Gemeinde an einem ihr gehörenden Baggersee Toiletten, Stege, ein Schwimmfloß oder Parkplätze für Badegäste eingerichtet werden.[508] Allein in dem Dulden eines Badens in einem gemeindeeigenen Baggersee ist allerdings noch keine konkludente Widmung zu sehen.

502 VGH BW, NVwZ-RR 1988/1989, S. 267.
503 OVG Bautzen, Urteil vom 30.8.2006 – 5 B 429/05 juris, Rn. 31.
504 *Sponer/Tostmann*, Kommunalrecht, S. 45; SächsOVG, SächsVBl. 2021, S. 131.
505 Vgl. SächsOVG, Beschluss vom 1.9.2017 – 4 B 265/17, juris; BayVGH, NJW 1990, S. 2014 (2016); *Erbguth/Mann/Schubert*, Besonderes Verwaltungsrecht, § 7 Rn. 237.
506 *G. Brüggen*, in: Brüggen/Geiert/Nolden, Gemeindeordnung für den Freistaat Sachsen, § 10 Rn. 5.
507 SächsOVG, SächsVBl. 2005, S. 14 (18).
508 *Sponer/Tostmann*, Kommunalrecht, S. 45.

II. Organisationsformen der öffentlichen Einrichtung

206 Für die **organisatorische Einordnung** der öffentlichen Einrichtungen in die Gemeindeverwaltung sind die Gemeinden nicht auf eine bestimmte Form festgelegt. Sie haben vielmehr in dem Bereich der Leistungsverwaltung kraft ihrer Organisationshoheit grds. die Gestaltungsfreiheit, die Organisations- und Rechtsform der von ihr betriebenen Einrichtungen zu bestimmen, soweit nicht spezialgesetzliche Regelungen entgegenstehen. Die **Wahlfreiheit** bezieht sich einmal auf die Organisationsform der öffentlichen Einrichtung (dazu hier unter Gliederungspunkt II.) und zum anderen auf die Benutzungsform, d.h. auf die Ausgestaltung des **Benutzungsverhältnisses** (dazu im Folgenden unter Gliederungspunkt V.).[509]

207 Eine eigene Rechtspersönlichkeit ist nicht erforderlich. Eine Vielzahl der öffentlichen Einrichtungen besitzt keine rechtliche Selbstständigkeit und ist Teil der unmittelbaren Gemeindeverwaltung. Es ist aber nicht notwendig, dass die Einrichtung der Gemeinde gehört oder von ihr betrieben wird. Die öffentliche Einrichtung kann also auch **von Dritten betrieben** werden. Grenzen ergeben sich aber aus den Vorschriften des kommunalen Wirtschaftsrechts (vgl. §§ 94a ff. SächsGemO). Insbesondere muss die Gemeinde nach § 96 SächsGemO stets die kommunale Beherrschung sicherstellen.

208 Auch **wirtschaftliche Unternehmen**[510] können öffentliche Einrichtungen i. S. d. Gemeinderechts betreiben. Beide Begriffe schließen sich nicht aus. Die Rechtsform, in der das wirtschaftliche Unternehmen betrieben wird, ist für die Qualifikation ohne Bedeutung. Auch wenn eine Einrichtung privatrechtlich betrieben wird, kann es sich also um eine öffentliche Einrichtung handeln.

Beispiele:

Betrieb eines Freibades durch eine GmbH oder Betrieb einer Stadthalle durch eine AG.

209 In den Fällen, in denen die Gemeinde nicht selbst Träger der Einrichtung ist, muss sie einen so starken Einfluss auf die Ausgestaltung des Benutzungsverhältnisses besitzen, dass sie den allgemeinen Benutzungsanspruch ihrer Einwohner sichern kann **(Verfügungsgewalt).** Dies ist unproblematisch der Fall, wenn die Gemeinde Alleingesellschafterin ist oder zumindest eine Mehrheitsbeteiligung von über 50 Prozent besitzt (z.B. Verkehrsbetriebe in der Rechtsform einer AG oder GmbH). Der Begriff „öffentliche Einrichtungen" kann damit auch privatrechtliche Organisationsformen und sogar kommunale Erfüllungsgehilfen (sog. Verwaltungshelfer) umfassen.

509 *Quecke/Schaffarzik*, in: Quecke/Schmid, Gemeindeordnung für den Freistaat Sachsen, § 10 Rn. 28.

510 Siehe dazu näher im 8. Kapitel unter D.II. und III.

Beispiele: 210

Die Gemeinde ist Allein- oder Mehrheitseigentümerin der Geschäftsanteile an einer Messehallen-GmbH. Die GmbH betreibt die Messehalle. Obwohl es sich bei der GmbH um eine juristische Person des Privatrechts handelt, ist die Messehalle eine öffentliche Einrichtung, da die Gemeinde aufgrund ihrer Anteilsmehrheit maßgebliche gesellschaftsrechtliche Einwirkungsmöglichkeiten auf die Gesellschaftsorgane und deren Entscheidungen hat.

Ist Träger des örtlichen Heimatmuseums ein Verein, und lässt sich die Gemeinde durch Vertrag eine Benutzungsmöglichkeit durch ihre Einwohner vom Verein zusichern, liegt eine öffentliche Einrichtung vor.

Zusammenfassend lässt sich festhalten, dass sich die Gemeinden (und ebenso 211
die Landkreise) im Rahmen ihrer pflichtgemäßen Ermessensausübung grds. verschiedenster Rechtsformen beim Betrieb ihrer öffentlichen Einrichtungen bedienen können. Dies können juristische Personen des öffentlichen Rechts (z.B. Zweckverband), Eigenbetriebe, private Eigen- oder Beteiligungsgesellschaften (insb. AG, GmbH) sein, aber auch eine Beauftragung Dritter als Erfüllungsgehilfe bzw. Verwaltungshelfer ist möglich.

Zur Vertiefung: 212

Bei der privatrechtlichen Organisationsform stellt sich die Frage, unter welchen Voraussetzungen es sich dann noch um eine öffentliche Einrichtung handelt. Bei den privaten Organisationsformen kommt es nach der Rechtsprechung entscheidend darauf an, ob sich die Gemeinde einen maßgeblichen Einfluss auf die Führung der öffentlichen Einrichtung vorbehalten hat. Dieser Einfluss muss sich in durchsetzbaren ***Mitwirkungs- und Bestimmungs- bzw. Weisungsrechten*** *gegenüber der privatrechtlichen Gesellschaft niederschlagen.*[511] *Der maßgebliche Einfluss muss sich auf die wesentlichen Fragen der Betriebsführung beziehen. Die Gemeinde muss die Zugangsansprüche des berechtigten Personenkreises gewährleisten sowie die Ausgestaltung des Benutzungsverhältnisses und die weitere betriebliche Entwicklung vorgeben können.*[512] *Fehlen derartige Durchsetzungsmöglichkeiten, handelt es sich nicht mehr um eine gemeindliche öffentliche, sondern um eine private Einrichtung, deren Benutzung sich ausschließlich nach privatrechtlichen Grundsätzen richtet, während die kommunalrechtlichen Vorschriften, insb. der kommunalrechtliche Zulassungsanspruch nach § 10 Abs. 2 SächsGemO, nicht greifen.*[513]

511 BVerwG, NJW 1990, S. 134 (135); SächsOVG, SächsVBl. 2005, S. 256ff.; BayVGH, NVwZ-RR 2019, S. 191ff. mit Besprechung von *Waldhoff*, JuS 2019, S. 604ff.
512 SächsOVG, SächsVBl. 2005, S. 256.
513 *Burgi*, Kommunalrecht, § 16 Rn. 14.

Fehlt es bei der Überführung in eine privatrechtliche Organisationsform an Mitwirkungs- und Weisungsbefugnissen gegenüber dem privaten Einrichtungsträger, liegt eine ***Aufgabenprivatisierung bzw. eine materielle Privatisierung***[514] *vor. In diesem Fall hat sich die Gemeinde von den Aufgaben des Baus und Betriebs der betreffenden öffentlichen Einrichtung vollständig zurückgezogen. Dabei ist in hohem Maße umstritten, ob und inwieweit sich aus Art. 28 Abs. 2 GG insb. bei freiwilligen Selbstverwaltungsaufgaben eine Privatisierungsschranke ergibt.*[515]

III. Errichtung, Änderung oder Aufhebung der öffentlichen Einrichtung

213 § 10 Abs. 2 SächsGemO verpflichtet die Gemeinden nur gegenüber der Allgemeinheit, die erforderlichen öffentlichen Einrichtungen zu schaffen. Der Gemeinderat entscheidet nach **pflichtgemäßem Ermessen**, welche öffentlichen Einrichtungen erforderlich sind. Die Entscheidung ist dabei nach den örtlichen Bedürfnissen sowie der Leistungsfähigkeit der Gemeinde unter Rücksichtnahme auf die wirtschaftlichen Kräfte der Abgabenpflichtigen (§ 73 Abs. 3 SächsGemO) auszurichten.[516] Der einzelne Einwohner besitzt daher nach h.M. **keinen einklagbaren Anspruch** darauf, dass die Gemeinde solche Einrichtungen schafft. Weiterhin kann aus der Tatsache, dass die Gemeinde eine öffentliche Einrichtung geschaffen hat, nicht der Anspruch abgeleitet werden, dass diese Einrichtung ständig beibehalten wird.[517] Die Benutzer haben deshalb grds. auch gegen die Schließung einer öffentlichen Einrichtung keine Klagemöglichkeit. Dies gilt i.d.R. auch bei Pflichtaufgaben.

214 Nur ausnahmsweise kann der Einwohner ein einklagbares Recht darauf haben, dass die Gemeinde ihre gesetzliche Pflicht erfüllt. Es muss sich um eine Pflicht handeln, deren Erfüllung offenkundig zumindest auch im Individualinteresse des einzelnen Einwohners liegt und das entsprechende Bedürfnis nicht schon von anderer Seite gedeckt wird.[518] Zudem können Betroffene nach der – freilich umstrittenen – Rechtsprechung des BVerwG u.U. im Wege einer Feststellungsklage nach § 43 Abs. 1 1. Alt. VwGO klären lassen, ob die Gemeinde nicht doch zum (Weiter-)Betrieb einer öffentlichen Einrichtung verpflichtet ist.[519]

215 Geht es um öffentliche Einrichtungen, die für die Durchführung von Pflichtaufgaben (vgl. § 2 Abs. 2 SächsGemO) erforderlich sind (z.B. Schulen, Fried-

514 Siehe dazu unten im 8. Kapitel unter D.III.3.

515 Siehe dazu oben im 3. Kapitel unter H.II.1 und zuletzt die Pressemitteilung Nr. 20/2024 des BVerwG vom 24.4.2024.

516 Vgl. hierzu und zum Folgenden *Gern*, Sächsisches Kommunalrecht, Rn. 589f. m.w.N.; ferner *Quecke/Schaffarzik*, in: Quecke/Schmid, Gemeindeordnung für den Freistaat Sachsen, § 10 Rn. 17.

517 Vgl. *Stober*, Gemeindeordnung für den Freistaat Sachsen, S. 8.

518 *Quecke/Schaffarzik*, in: Quecke/Schmid, Gemeindeordnung für den Freistaat Sachsen, § 10 Rn. 20 m.w.N.

519 So das BVerwG im Fall der Privatisierung des Offenbacher Weihnachtsmarktes; vgl. BVerwG, NVwZ 2009, S. 1305.

höfe, Obdachlosenunterkünfte usw.), ist die Entscheidung **nicht** in das pflichtgemäße Ermessen der Gemeinde gestellt. Diese Aufgaben müssen notfalls unter Zurückstellung anderer für wichtig befundener Projekte und unter äußerster Anspannung der Gemeindefinanzen erfüllt werden; dies kann im Wege der Rechtsaufsicht erzwungen werden.[520]

Für die **Aufhebung** einer öffentlichen Einrichtung (Entwidmung) ist genauso wenig ein förmliches Verfahren vorgeschrieben wie für die Errichtung.[521] Die **Entwidmung** ist der actus contrarius zur Widmung und folgt mithin den gleichen Rechtsregeln.[522] Es genügt, wenn die Gemeinde zu erkennen gibt, dass die betreffende Sache öffentlichen Zwecken nicht mehr dienen soll. Vorübergehende Aufhebungen mit dem Ziel, unliebsame Benutzer auszuschließen, sind allerdings nicht zulässig. Wie die Errichtung liegt auch die Feststellung der Zweckbestimmung grds. im pflichtgemäßen Ermessen der Gemeinde (z.B. Begrenzung auf bestimmte Nutzungsarten, auf bestimmte Gruppen von Benutzern); anders jedoch wiederum bei Pflichtaufgaben.[523] Dabei ist auch hier der Streit um die Frage zu beachten, ob und inwieweit sich aus Art. 28 Abs. 2 GG insb. bei freiwilligen Selbstverwaltungsaufgaben eine Privatisierungsschranke ergibt.[524] **216**

Es ist ferner eine **Widmungsänderung** möglich, indem z.B. die örtliche Sporthalle der Gemeinde, die bislang ausschließlich für Sportveranstaltungen gewidmet war, nunmehr durch eine geänderte Zulassungspraxis auch für die Durchführung kultureller Veranstaltungen genutzt werden kann; der Widmungszweck kann also dadurch (konkludent) entsprechend erweitert werden. **217**

IV. Inhalt und Berechtigte des Benutzungsanspruchs

Gemeindeeinwohner und Gleichgestellte i.S.d. § 10 Abs. 3 und Abs. 5 SächsGemO besitzen einen einklagbaren **Anspruch auf Benutzung** der öffentlichen Einrichtungen (§ 10 Abs. 2 SächsGemO), wobei die Benutzung i.d.R. in der Widmung (insb. der Satzung) konkret bestimmt bzw. beschrieben wird. Dieser Anspruch führt immer zu einem öffentlich-rechtlichen Zulassungsanspruch. Dies gilt auch dann, wenn das Benutzungsverhältnis privatrechtlich geregelt ist und die öffentliche Einrichtung von einer juristischen Person des Privatrechts betrieben wird. Im letzteren Fall (privatrechtliche Organisationsform) besitzen die Einwohner einen öffentlich-rechtlichen Anspruch gegenüber der Gemeinde, auf die juristische Person einzuwirken und so die Zulassung zu verschaffen **(Verschaffungsanspruch)**.[525] Daraus folgt aber kein Anspruch auf Schaffung einer bestimmten öffentlich-rechtlichen Einrichtung. **218**

520 *Quecke/Schaffarzik*, in: Quecke/Schmid, Gemeindeordnung für den Freistaat Sachsen, § 10 Rn. 18.
521 *Hardraht*, SächsVBl. 2003, S. 53 (59).
522 *Quecke/Schaffarzik*, in: Quecke/Schmid, Gemeindeordnung für den Freistaat Sachsen, § 10 Rn. 23.
523 *Quecke/Schaffarzik*, in: Quecke/Schmid, Gemeindeordnung für den Freistaat Sachsen, § 10 Rn. 19.
524 Siehe dazu oben im 3. Kapitel unter H.II.1.
525 Vgl. *Geis/Madeja*, JA 2013, S. 248 (253).

219 Anspruchsberechtigte sind

- Gemeindeeinwohner (als gesetzlicher Regelfall[526]), also alle natürlichen Personen, die in der Gemeinde wohnen (§ 10 Abs. 1 SächsGemO);
- Grundbesitzer und Gewerbetreibende („Forensen") in den Grenzen des § 10 Abs. 3 SächsGemO, was z. B. relevant wird bei der öffentlichen Wasserversorgung, Abwasserentsorgung und Straßenreinigung;
- juristische Personen (z. B. e. V., AG, GmbH) und nicht rechtsfähige Personenvereinigungen (z. B. GbR, Ortsverband einer politischen Partei) gemäß § 10 Abs. 5 SächsGemO. Voraussetzung für eine Gleichstellung von juristischen Personen und Personenvereinigungen ist aber, dass sie Sitz und räumlichen Schwerpunkt in der Gemeinde haben.

220 Bei **Veranstaltungen** können Probleme auftauchen, wenn der Veranstalter zwar Einwohner ist, die Veranstaltung sich aber nicht nur an die Einwohner richtet (z. B. Sportveranstaltung eines Sportvereins mit auswärtigen Teilnehmern, politische Veranstaltung). In diesen Konstellationen einer nicht ungehinderten Zugangsmöglichkeit besteht ein Anspruch auf Zulassung zur Benutzung nur dann, wenn und soweit dies vom Widmungszweck gedeckt ist.[527]

221 Soweit gesetzlich nichts anderes bestimmt ist, haben **Nichteinwohner** keinen Rechtsanspruch auf Benutzung einer öffentlichen Einrichtung. Dies wird damit begründet, dass dem Recht auf Benutzung bzw. **Zulassung zur Benutzung** die **Pflicht zum Tragen der Gemeindelasten** gegenübersteht. Eine derartige Verpflichtung besteht für Nichteinwohner nicht.

222 Ein Anspruch für Nichteinwohner auf Benutzung bzw. Zulassung zur Benutzung kann sich aber aus **sondergesetzlichen Regelungen** oder aus dem Widmungszweck selbst ergeben. Häufig werden öffentliche Einrichtungen (z. B. Krankenhäuser, Museen, Theater, Schulen) von vornherein auf einen über die jeweilige Standort-Gemeinde hinausreichenden „Einzugsbereich" hin geplant und angelegt.[528] In diesen Fällen sind die Nichteinwohner (Ortsfremde) den Einwohnern (auch bezüglich der Gebühren-/Entgelthöhe) gleichgestellt. In allen anderen Fällen besitzen Nichteinwohner, wenn sie öffentliche Einrichtungen ihrem Zweck entsprechend benutzen wollen, zumindest einen **Anspruch auf ermessensfehlerfreie Entscheidung** über den Zulassungsantrag.

223 Wenn und soweit es hierdurch zu einer **Privilegierung der Einheimischen** gegenüber anderen Bürgern kommt, zu denen auch Staatsangehörige aus anderen EU-Mitgliedstaaten (Unionsbürger) gehören, ist dies grds. mit den nationalen Grundrechten und mit dem Unionsrecht vereinbar, sofern die Gemeinde der öffentlichen Einrichtung kein überörtliches Gepräge gegeben hat.

526 In Brandenburg ist die Einschränkung auf „Einwohner" in § 12 Abs. 1 BbgKVerf („jedermann") entfallen.

527 Vgl. näher hierzu *Burgi*, Kommunalrecht, § 16 Rn. 21 m. w. N.; *Gern*, Sächsisches Kommunalrecht, Rn. 598.

528 *Quecke/Schaffarzik*, in: Quecke/Schmid, Gemeindeordnung für den Freistaat Sachsen, § 10 Rn. 52.

Dahinter stecken legitime Ziele wie die Berücksichtigung der begrenzten Leistungsfähigkeit und die Schaffung einer kommunalen Identität.[529]

Zur Vertiefung: 224

Zum „Sonderfall Parteien" gilt Folgendes:

Ein etwaiger (eigener) Zulassungsanspruch einer Partei etwa auf Nutzung einer Stadthalle aus § 5 PartG ist abzulehnen. Es handelt sich dabei nicht um einen Anspruch auf Nutzung als solche, sondern lediglich um einen ***Anspruch auf Gleichbehandlung im Vergleich zu anderen Parteien****. Ansonsten käme es zu einem unzulässigen Eingriff in das Recht der kommunalen Selbstverwaltung aus Art. 28 Abs. 2 GG im Hinblick auf die Freiheit der Gemeinden, ihre Einrichtungen für ihre Einwohner und für die von ihnen definierten Zwecke vorzubehalten. Ein solcher Anspruch ist verfassungsrechtlich auch im Hinblick auf Art. 21 GG nicht erforderlich.*[530] *Durch die staatliche Parteienfinanzierung steht den Parteien die Möglichkeit offen, für überregionale Veranstaltungen eine Halle eines privaten Dritten anzumieten und so ihre Bedürfnisse zu decken.*

Eine Differenzierung danach, ob die politische Partei über einen Ortsverband in der Gemeinde verfügt, ist nach der Rechtsprechung mit § 5 PartG allerdings nicht vereinbar. In diesem Fall besteht zumindest ein Anspruch aus Art. 21 GG i. V. m. § 5 PartG auf Gleichbehandlung im Rahmen des Ermessens. Für nicht ortsansässige Parteien führt die Anwendung des Art. 3 i. V. m. Art. 21 Abs. 1 S. 1 GG und § 5 Abs. 1 PartG daher zu einer ***Selbstbindung der Verwaltung*** *und begründet einen Zulassungsanspruch, der dem gemeinderechtlichen Anspruch entspricht.*[531]

Im Gegenzug für die Benutzung ihrer öffentlichen Einrichtungen **dürfen die** 225 **Gemeinden**, soweit dieses nicht gesetzlich ausgeschlossen ist (z. B. Schulgeldfreiheit), **ein Entgelt erheben**. Die Rechtsnatur des Entgelts richtet sich nach der rechtlichen Ausgestaltung des Benutzungsverhältnisses (Benutzungsgebühren oder privatrechtliches Nutzungsentgelt).

Zur Vertiefung: 226

*Von Auswärtigen ein höheres Benutzungsentgelt zu erheben, ist grds. abzulehnen (****„Auswärtigenzuschlag"****).*[532] *Dagegen blieb ein „Einheimischenabschlag" bei der gemeindlichen Gebührenerhebung für eine Musikschule letztendlich unbeanstandet, weil dadurch lediglich eine indirekte Subventionierung von Leistungen gegenüber den eigenen Einwohnern aus Mitteln des Gemeindehaushalts erfolgte und die von Auswärtigen erhobene (im Vergleich höhere) Gebühr als solche keine rechtlichen Angriffspunkte enthielt.*[533]

---

529 Vgl. näher hierzu *Burgi*, Kommunalrecht, § 16 Rn. 22 f. m. w. N.; *Gern*, Sächsisches Kommunalrecht, Rn. 598.

530 Vgl. SächsOVG, NVwZ 2002, S. 615 f.; dies ist aber i. E. streitig.

531 Vgl. OVG S-A, NVwZ-RR 2011, S. 150 f.; ebenso i. E. *Engels/Krausnick*, Kommunalrecht, § 7 Rn. 50; *Burgi*, Kommunalrecht, § 16 Rn. 47.

532 So die h. M.: Vgl. OVG NRW, NJW 1979, S. 565; NdsOVG, NVwZ-RR 1994, S. 49; EuGH, EuZW 2003, S. 186. Dazu auch: BVerfG, NJW 2016, S. 3153 ff.

533 Vgl. BVerwGE 104, S. 60 ff. = NJW 1998, S. 469 ff.

227 **Adressat des** kommunalrechtlichen **Benutzungs- bzw. Zulassungsanspruchs** ist ausschließlich die jeweilige Gemeinde. Hat sie ihre öffentlich-rechtliche Einrichtung einem selbstständigen Träger des öffentlichen oder des privaten Rechts anvertraut (mittelbare Einrichtungsverwaltung), dann kann gegen sie kein Zulassungsanspruch mehr geltend gemacht werden. In diesen Fällen wandelt sich der Zulassungsanspruch also um in einen Verschaffungsanspruch.[534]

228 Der Benutzungs- bzw. Zulassungsanspruch ist allerdings **nicht unbegrenzt**. Er ist nur im Rahmen der „bestehenden Vorschriften" gegeben. Er wird insb. begrenzt durch

- die Widmung, für die die Gemeinde grds. einen weiten Gestaltungsspielraum hat;
- die Pflicht, Gefahren für die öffentliche Sicherheit und Ordnung zu vermeiden;
- die Pflicht, einen zu erwartenden Verstoß der mit der Benutzung verbundenen Veranstaltung gegen höherrangiges Recht zu vermeiden;
- die Benutzungsordnung oder
- die tatsächlichen Möglichkeiten (v.a. die räumliche Kapazität) bei Wahrung sachgemäßer Auswahlkriterien und deren ermessensfehlerfreier Anwendung.

229 Zudem können aus **sachlichen Gründen** einschränkende Anordnungen getroffen werden.[535] Folgende **Einschränkungen** sind denkbar:

- Die Zulassung wird dem Einrichtungszweck angepasst (z.B. Turnhalle nur für Schul- und Vereinssport).
- Die Art der Leistung wird geregelt (z.B. Einleitungsverbote für bestimmte Abwässer).
- Bestimmte Zulassungsvoraussetzungen werden verlangt (z.B. Kindergartenzulassung ab drei Jahre, Bademützenzwang, Schwimmzeiten nur für Frauen, bevorzugte Zulassung von Schulklassen).[536]

230 Der Benutzungs- bzw. Zulassungsanspruch beschränkt sich dann auf die Nutzung im Rahmen des vorgegebenen Zwecks der öffentlichen Einrichtung, der durch die Widmung festgelegt wird.

231 Die Ablehnung einer gewünschten Zulassung mit der Begründung, die vorgesehene politische oder kulturelle Veranstaltung sei unerwünscht oder könne zu Beschädigungen der öffentlichen Einrichtung bzw. zu einem Verlust an Werbekraft und damit zu finanziellen Einbußen führen, verstößt allerdings gegen den Zulassungszwang. Dies gilt auch und gerade für Veranstaltungen

534 *Menke/Arens*, Gemeindeordnung für den Freistaat Sachsen, § 10 Rn. 6.
535 Vgl. dazu SächsOVG, SächsVBl. 2021, S. 131.
536 Zur Voraussetzung der „Plastikfreiheit" für die Zulassung zu einem Weihnachtsmarkt: *Ludwigs/Zentgraf*, JuS 2020, S. 1188ff.

sog. rechts- oder linksextremer Parteien, bei denen das aus Art. 21 Abs. 2 GG hergeleitete **Parteienprivileg** zu beachten ist.[537]

Zur Vertiefung: 232

Soweit eine Gemeinde eine ***schadensgeneigte Veranstaltung*** *hinnehmen muss, ist sie befugt, die Nutzung ihrer Einrichtung an die Bedingung zu knüpfen, dass ihre eine* ***Sicherheit geleistet*** *wird. Die Gemeinde hat daher das Recht, sich in angemessener Weise – unabhängig vom Verschulden des Veranstalters – gegen Risiken abzusichern, die nicht in ihren Verantwortungsbereich fallen. Die Sicherheit darf jedoch nicht in einer Höhe verlangt werden, die zu den zu erwartenden Schäden in keinem Verhältnis steht und letztlich dazu führt, dass dem Nutzer auf diesem Wege die Benutzung der Halle unmöglich gemacht wird. Die Nichterbringung einer vom Veranstalter verlangten angemessenen Sicherheitsleistung stellt dann aber einen Versagungsgrund dar.*[538]

Die Benutzung muss prinzipiell nach gleichen Grundsätzen erfolgen. Soweit 233
aber die **Kapazität** insb. von Standplätzen bei Märkten oder von Hallen und anderen Räumlichkeiten (v. a. aus Platzmangel) **erschöpft** ist, wandelt sich der grds. gebundene Zulassungsanspruch in einen Anspruch auf **ermessensfehlerfreie Auswahlentscheidung** um, wobei die Auswahlentscheidung nach sachgerechten Kriterien zu treffen ist. Ein Anspruch auf räumliche Erweiterung öffentlicher Einrichtungen besteht nicht.[539]

Zur Vertiefung: 234

Die durch die Gemeinde vorzunehmende Auswahl unter den Bewerbern steht bei ***Kapazitätsauslastung*** *in ihrem pflichtgemäßen Ermessen. Die Gemeinde darf im Hinblick auf den* ***Gleichbehandlungsgrundsatz*** *nach Art. 3 Abs. 1 GG dabei nicht willkürlich handeln, sondern hat ihre Auswahlentscheidung nach sachgerechten Kriterien zu treffen. Dafür muss sie sachgerechte* ***Auswahlkriterien*** *aufstellen (wie z. B. Prioritätsgrundsatz, Eignung, Prinzip „bekannt und bewährt", Grundsatz der Wirtschaftlichkeit, Losentscheid) und danach dann entscheiden.*

Geht es um die Zulassung zu einer **Messe**, einer **Ausstellung** oder einem **Markt**, 235
so sind die §§ 64 ff. GewO (soweit ein gewerblicher Betrieb vorliegt) zu beachten. Denn wenn es um eine nach § 69 GewO festgesetzte Veranstaltung geht, richtet sich das Recht zur Teilnahme nach der spezialgesetzlichen Regelung in § 70 GewO.[540] Darüber hinaus hängen auch die sog. **Hausverbotsfälle** meistens mit dem kommunalrechtlich fundierten Zulassungsanspruch zusammen.[541]

537 Vgl. etwa BayVGH, NJW 1989, S. 2491 ff. und dazu *Ennuschat*, NVwZ 1990, S. 333 sowie zuletzt BVerfG, NVwZ 2018, S. 819 zur Weigerung der Stadt Wetzlar, ihre Stadthalle an die NPD zu vermieten; siehe hierzu die Fortgeschrittenenklausur von *Heß/Kanalan*, JURA 2020, S. 859 ff.
538 Vgl. auch *Gern*, Sächsisches Kommunalrecht, Rn. 601 m. w. N.
539 Vgl. etwa BayVGH, NVwZ 1982, S. 121.
540 Vgl. die Falldarstellung bei *Jaeckel/Jaeckel*, Kommunalrecht in Sachsen, Rn. 103.
541 Vgl. *Peine*, Klausuren im Verwaltungsrecht, Fall 24.

236 **Zur Vertiefung:**

Bei der ***Zulassung zu Märkten*** *erfolgt die Auswahl der Bewerber häufig nach den Kriterien „Reihenfolge der Antragstellung", „bekannt und bewährt",*[542] *„Wirtschaftlichkeit", „Attraktivität" und ggf. auch durch Losentscheid, wenn keine (weiteren) sachlichen Unterscheidungskriterien vorhanden sind; so etwa, wenn zehn Waffelständebetreiber sich auf drei Standplätze bewerben. Nach der Rechtsprechung müssen aber v.a. beim Kriterium „bekannt und bewährt" auch Neubewerber eine Chance haben. Dies kann z.B. durch eine Kombination mit anderen Kriterien geschehen.*[543]

V. Ausgestaltung des Benutzungsverhältnisses

237 Bei der Benutzung gemeindlicher Einrichtungen muss zwischen dem Anspruch auf Zugang zur Einrichtung einerseits (Zulassungsanspruch; erste Stufe: **„Ob"** der Benutzung) und der Art und Weise der Benutzung bzw. die Modalitäten der Benutzung andererseits (zweite Stufe: **„Wie"** der Benutzung) unterschieden werden (sog. **Zwei-Stufen-Theorie**).

238 Während die Zulassung zu der öffentlichen Einrichtung in § 10 Abs. 2 SächsGemO als erste Stufe **stets öffentlich-rechtlich** geregelt ist, besteht bei der Ausgestaltung des Benutzungsverhältnisses auf der zweiten Stufe **Wahlfreiheit** zwischen öffentlich-rechtlicher oder privatrechtlicher Ausgestaltung.[544] Ob eine öffentlich-rechtliche oder eine privatrechtliche Nutzungsordnung vorliegt, lässt sich nicht immer einfach erkennen.

239 Die Art der Nutzung ist ggf. durch Auslegung zu ermitteln. Maßgebend für die Zuordnung ist der **Widmungswille** der Gemeinde. Soweit dieser nicht eindeutig erklärt oder feststellbar ist, gilt bei allen nicht selbstständigen öffentlichen Einrichtungen mit Ausnahme der Eigenbetriebe die Benutzung als öffentlich-rechtlich. **Kriterien** für das Vorliegen einer **öffentlich-rechtlichen Regelung** sind: öffentlich-rechtliche Benutzungsordnung (Satzung) und/oder öffentlich-rechtliche Entgeltregelung (Gebühren). Für eine **privatrechtliche Ausgestaltung** sprechen dagegen Vertragsregelungen durch allgemeine Geschäftsbedingungen (AGB) und/oder eine Verweisung auf die Zivilgerichtsbarkeit. Im Zweifel ist von einer öffentlich-rechtlichen Ausgestaltung des Benutzungsverhältnisses auszugehen.[545]

240 Ist eine gemeindliche öffentliche Einrichtung privatrechtlich organisiert, ist auf der zweiten Stufe des Benutzungsverhältnisses **keine Rückkehr zum öffentlichen Recht** mehr möglich. Denn privatrechtlich organisierte Einrichtungsträger können ihre Rechtsbeziehungen zu den Benutzern – mit Ausnahme des Beliehenen – nur privatrechtlich regeln (z.B. Stadthallen-GmbH); es

542 Vgl. BVerwG, NVwZ 1984, S. 585f.
543 Vgl. dazu etwa SächsOVG, LKV 2014, S. 133.
544 Vgl. hier nur BVerwG, NVwZ 1991, S. 59; SächsOVG, SächsVBl. 2003, S. 65f.; *Maurer/Waldhoff*, Allgemeines Verwaltungsrecht, § 3 Rn. 25ff. m.w.N.
545 Vgl. hier nur *Geis*, Kommunalrecht, § 10 Rn. 17 m.w.N.

ist ihnen verwehrt, die Handlungsformen des öffentlichen Rechts einzusetzen, da dies öffentlich-rechtlich organisierten Trägern vorbehalten bleibt.[546]

Zur Vertiefung: 241

Die Art der Benutzung der öffentlichen Einrichtung kann sich nach öffentlichem oder Privatrecht richten; wichtig ist lediglich, dass sie nach gleichen Grundsätzen geregelt wird. Diese Aussage ist jedoch nicht schematisch anzuwenden, sondern verlangt, dass gleiche Tatbestände gleichbehandelt werden. So haben Gehfähige und Behinderte im Rahmen des Widmungszwecks und der vorhandenen Kapazitäten in gleicher Weise Anspruch darauf, die Veranstaltungen in einer kommunalen Einrichtung zu besuchen. Andererseits ist es möglich, für verschiedene Gruppen unterschiedliche Entgelte festzusetzen (Ermäßigung für Studenten) oder sie bevorzugt zu behandeln (reservierte Plätze für Schwerbehinderte). Neben der Regelbenutzung können auch Sondernutzungsrechte zugelassen werden (z. B. Abgrenzung eines Teils des Hallenbads für Übungsstunden des Schwimmvereins, Kopieren von Archivakten, Wahlgräber). Auf die Einräumung von Sondernutzungsrechten besteht allerdings kein Rechtsanspruch.

1. Öffentlich-rechtliche Benutzungsregelung

Je stärker eine öffentliche Einrichtung im öffentlichen Interesse betrieben 242
wird, desto eher wird eine öffentlich-rechtliche Benutzung in Betracht zu ziehen sein. Dies trifft insb. auf Einrichtungen zu, für die ein Benutzungszwang eingeführt werden kann.

Bei **öffentlich-rechtlicher Ausgestaltung** der Benutzung wird mit der Zulas- 243
sung zugleich auch das Benutzungsverhältnis begründet („ob" und „wie"). Ist das Nutzungsverhältnis öffentlich-rechtlich ausgestaltet, regelt zumeist eine Benutzungssatzung den Zugang der Nutzer zur Einrichtung und deren Verhalten in der Einrichtung. Der Nutzer wird durch Verwaltungsakt (§ 35 VwVfG) oder durch öffentlich-rechtlichen Vertrag (§ 54 VwVfG) zur Einrichtung zugelassen. Dies kann aber auch konkludent durch eine automatische Einrichtung geschehen (z. B. Drehkreuz am Eingang eines Schwimmbades).

Als Gegenleistung für die öffentlich-rechtliche Benutzung wird i. d. R. eine 244
Benutzungsgebühr durch Verwaltungsakt nach dem SächsKAG erhoben, die den Erlass einer Benutzungsgebührensatzung voraussetzt (vgl. §§ 2, 9 SächsKAG). Die Gebühren können nach den Bestimmungen des SächsVwVG beigetrieben werden. Für die Beitreibung privatrechtlicher Entgelte muss dagegen ein Mahn- und Vollstreckungsverfahren eingeleitet werden.

2. Privatrechtliche Benutzungsregelung

Bei privatrechtlicher Benutzung wird – zumeist stillschweigend – ein **Vertrag** 245
geschlossen, dessen Abwicklung sich nach den Regelungen des Bürgerlichen Gesetzbuches richtet. Die Benutzung selbst wird in Form einer **Hausordnung/Benutzungsordnung** und **AGB** nach § 305 BGB geregelt.

546 Vgl. *Burgi*, Kommunalrecht, § 16 Rn. 56.

246 Die Benutzungsbedingungen sind so zu verkünden, dass die Betroffenen in zumutbarer Weise von dem Inhalt Kenntnis nehmen können (z. B. durch Aushang in der Einrichtung). Bei privatrechtlicher Benutzungsregelung kann nur ein privatrechtliches Benutzungsentgelt als Gegenleistung für die Nutzung verlangt werden.[547]

247 **Zur Vertiefung:**

*Die **öffentlich-rechtliche Benutzung** hat gegenüber der **privatrechtlichen Benutzung** den Nachteil, organisatorisch und rechtlich gesehen relativ unbeweglich zu sein. Andererseits bietet sie Vorteile hinsichtlich der zwangsweisen Durchsetzung durch Verwaltungsakt und der Eröffnung des Verwaltungsrechtsweges. Welche Regelung den Vorzug erhält, richtet sich nach der Praktikabilität: Privatrechtliche Entgelte bieten einen größeren Spielraum bei der Anwendung und sind einfacher zu handhaben, während öffentlich-rechtliche Entgelte wiederum durchsetzungsfähiger sind.*

VI. Rechtsschutz

248 Beim Rechtsschutz ist nach dem Klagebegehren zwischen dem „Ob" der Zulassung und dem „Wie" der Benutzung zu unterscheiden (Zwei-Stufen-Theorie).[548]

1. Streitigkeiten über den Zulassungsanspruch

249 Bei Streitigkeiten über die Frage der **Zulassung zur öffentlichen Einrichtung („ob")** ist wegen § 10 Abs. 2 SächsGemO und des Verbots einer „Flucht ins Privatrecht" stets der Verwaltungsrechtsweg gemäß § 40 Abs. 1 VwGO gegeben.

250 Bei Streitigkeiten über die Zulassung zur Einrichtung hat der Anspruchsberechtigte daher die Möglichkeit, (Verpflichtungs-)**Widerspruch** (§ 68 VwGO) gegen eine ablehnende Entscheidung der Gemeinde einzulegen, da es sich bei der begehrten Zulassung i. d. R. um einen Verwaltungsakt gemäß § 35 S. 1 VwVfG handelt. Nach einem erfolglosen Widerspruchsverfahren kann dann im Wege einer **Verpflichtungsklage** gemäß § 42 Abs. 1 2. Alt. VwGO gegen die Gemeinde vor dem zuständigen Verwaltungsgericht der Anspruch auf Zulassung zur Nutzung der öffentlichen Einrichtung auf dem Klageweg geltend gemacht werden.

251 Ist das Benutzungsverhältnis privatrechtlich, wandelt sich der Zulassungsanspruch in einen **öffentlich-rechtlichen Verschaffungsanspruch** um. Bei einer privatrechtlichen Organisationsform kann die Gemeinde den Nutzer selbst nicht zulassen, da die Betreiberin der Einrichtung (GmbH, AG) eine eigenständige juristische Person ist. In diesem Fall besteht ein Anspruch des Einwohners gegenüber der Gemeinde auf Einwirkung auf die von ihr dirigierte Gesellschaft aus § 10 Abs. 2 SächsGemO.[549]

547 Auf die Organisationsform stellt VG Leipzig, LKV 1995, S. 407 ab; kritisch dazu: *Sponer*, LKV 1995, S. 392.
548 Vgl. hier nur *Lange*, Kommunalrecht, Kap. 13 Rn. 27 m. w. N.
549 Vgl. BVerwG, NJW 1990, S. 134.

Bei einer Ablehnung der Nutzung der öffentlichen Einrichtung müsste dann der Verschaffungsanspruch gemäß § 10 Abs. 2 i. V. m. Abs. 5 SächsGemO vor dem Verwaltungsgericht mittels einer Klage gegen die Gemeinde durchgesetzt werden, um dadurch eine verpflichtende Einwirkung der Gemeinde auf den (privaten) Dritten als Betreiber der öffentlichen Einrichtung (Einwirkungspflicht) erreichen zu können. Dieses Begehren auf Einwirkung der Gemeinde ist mangels Außenwirkung nicht auf den Erlass eines Verwaltungsaktes i. S. d. § 35 S. 1 VwVfG gerichtet. Richtige Klageart ist daher die **allgemeine Leistungsklage**, denn das Begehren ist auf ein schlicht-hoheitliches Handeln in der Gestalt des Einwirkens auf die privatrechtliche Gesellschaft gerichtet (Ausübung der gesellschaftsrechtlichen Befugnisse). 252

Zur Vertiefung: 253

Wird die Zulassung mit dem Hinweis auf eine ***Kapazitätserschöpfung*** *abgelehnt, so ist umstritten, ob der abgelehnte Nutzer bzw. Bewerber die Verpflichtungsklage auf eigene Zulassung mit einer Anfechtungsklage gegen die Zulassung zumindest eines Konkurrenten (gemäß § 44 VwGO) kombinieren muss.*[550] *Dagegen spricht v. a., dass für ein solches Vorgehen keine Notwendigkeit besteht und dass ein solches Erfordernis den Übergangenen wegen der Vielzahl der Vergabeentscheidungen schlicht überfordert.*[551]

Schließlich ist darauf hinzuweisen, dass ein Verfahren im Klagewege, ggf. mit vorgeschaltetem Widerspruchsverfahren, mitunter schon aus zeitlichen Gründen wenig zielführend ist, weil bspw. die Veranstaltung kurz bevorsteht. Daher ist nicht selten an ***einstweiligen Rechtsschutz*** *zu denken, wobei in jedem Fall eine einstweilige Anordnung gemäß § 123 VwGO zu beantragen ist.*[552] *Zudem stellt sich im Falle einer Kapazitätserschöpfung die Frage, ob zusätzlich ein Antrag nach § 80a Abs. 3 i. V. m. § 80 Abs. 5 VwGO zu stellen ist.*[553]

2. Streitigkeiten aus dem Benutzungsverhältnis

Streitigkeiten über die **Art und Weise der Nutzung** („wie“) sind abhängig von der Ausgestaltung des Benutzungsverhältnisses. Ist es **privatrechtlich** ausgestaltet (z. B. durch einen Mietvertrag), so sind entsprechende Streitigkeiten aus dem Benutzungsverhältnis daher privatrechtlicher Natur. Die Zuständigkeit der ordentlichen Gerichte ist demnach bei privatrechtlicher Ausgestaltung des Benutzungsverhältnisses insoweit auf diese Modalitäten der Benutzung beschränkt.[554] 254

550 So etwa *Burgi*, Kommunalrecht, § 16 Rn. 36; *Martini*, Verwaltungsprozessrecht und Allgemeines Verwaltungsrecht, S. 61; offen gelassen von SächsOVG, LKV 2014, S. 133 (134).

551 So überzeugend *Schenke*, Verwaltungsprozessrecht, Rn. 298; ferner *Hufen*, Verwaltungsprozessrecht, § 15 Rn. 7, der von einem „überflüssigen Formalismus“ spricht.

552 Vgl. näher dazu *Burgi*, Kommunalrecht, § 16 Rn. 37 m. w. N.

553 Vgl. SächsOVG, LKV 2014, S. 133 (134), wo die Frage jedoch offengelassen wird.

554 Vgl. BayVGH, NVwZ-RR 2002, S. 465; *Engels/Krausnick*, Kommunalrecht, Teil 2, § 7 Rn. 53.

G. Anschluss- und Benutzungszwang

255 Unmittelbar im Zusammenhang mit der Erfüllung der Aufgaben der Gemeinden im Bereich der Daseinsvorsorge mithilfe der öffentlichen Einrichtungen ist den Gemeinden gemäß § 14 SächsGemO das Recht eingeräumt, bei Vorliegen eines öffentlichen Bedürfnisses **durch Satzung** den **Anschluss- und Benutzungszwang** für bestimmte gemeindliche Einrichtungen vorzuschreiben und die Durchsetzung mit den Mitteln des Verwaltungszwanges sicherzustellen.[555]

256 Zu diesen Einrichtungen zählen traditionell kommunale Netze wie die Wasserversorgung und die Abwasserbeseitigung, aber auch nicht leitungsgebundene Systeme wie die Abfallbeseitigung und ähnliche, dem öffentlichen Wohl dienende Einrichtungen, die **jedes Grundstück** in der Gemeinde berühren.

Somit lässt sich zunächst allgemein festhalten, dass der Anschluss- und Benutzungszwang eine Pflicht zum Anschluss an eine öffentlich-rechtliche Einrichtung sowie deren tatsächliche Benutzung enthält, die aus Gründen des öffentlichen Wohls erfolgt.

I. Zweck des Anschluss- und Benutzungszwangs

257 Die bisherigen Ausführungen haben sich mit der Frage beschäftigt, wer die Einrichtungen der Gemeinden **benutzen darf**. Dies ist gemäß § 10 Abs. 2 SächsGemO ein grundlegendes Recht der Einwohner. Davon zu trennen ist die Frage, wer sich **anzuschließen hat** und die Einrichtungen **nutzen muss**.

258 Die Gemeinden schaffen die für das Wohl ihrer Einwohner erforderlichen öffentlichen Einrichtungen, soweit die Gesetze nichts anderes bestimmen (vgl. § 2 Abs. 1 SächsGemO). Diese Verpflichtung ist jedoch mitunter nur erfolgreich durchführbar, wenn ein Anschluss und/oder Benutzungszwang besteht. Sinn und Zweck des Anschluss- und Benutzungszwangs ist die Gewährleistung des öffentlichen Wohls (Förderung der Lebensqualität der Einwohner). Gewisse Vorhaben können in einer Gemeinde auch nur dann erfolgreich durchgeführt werden, wenn möglichst alle Einwohner in einer **„Solidargemeinschaft“** die zu ihrer Verwirklichung notwendigen Einrichtungen jederzeit benutzen können oder sogar müssen. Von daher wird die Erfüllung wichtiger gemeindlicher Aufgaben im Rahmen der Daseinsvorsorge in vielen Fällen erst durch den Anschluss- und Benutzungszwang möglich.[556] Dazu gehören die oben genannten Bereiche (insb. „Wasser“, „Abwasser“, „Abfall“), die allesamt eine zentrale Bedeutung für die allgemeine Gesundheit, Hygiene und Umwelt haben und der Volksgesundheit dienen. Deshalb enthält § 14 SächsGemO eine diesbezügliche Ermächtigung.

259 Der Anschluss- und Benutzungszwang führt wegen des damit einhergehenden Verbots zum Betrieb und zur Benutzung konkurrierender privatrechtlicher Einrichtungen[557] zu einer gemeindlichen Monopolstellung.

555 Vgl. hierzu die Fallbearbeitung von *Hartmannsberger*, JuS 2006, S. 614 ff.

556 *Quecke/Schaffarzik/Rehak*, in: Quecke/Schmid, Gemeindeordnung für den Freistaat Sachsen, § 14 Rn. 1.

557 Vgl. BVerwG, NJW 1982, S. 62 (63).

II. Anschlusszwang

Um die technischen Voraussetzungen für die Benutzungsmöglichkeit zu sichern, wird häufig ein Anschlusszwang eingeführt. Durch den Anschlusszwang wird dem Verpflichteten aufgegeben, auf eigene Kosten alle notwendigen Maßnahmen zu treffen oder zu dulden, um die öffentlichen Einrichtungen benutzen zu können.[558] Dies geschieht typischerweise durch die Verlegung einer Leitung als technische Verbindung; es ist aber auch – leitungsungebunden – wie etwa bei einer Fäkalienabfuhr bei abflusslosen Gruben ein Anschlusszwang in anderer Form möglich. 260

Der Anschlusszwang kann nur für solche Einrichtungen vorgeschrieben werden, die Grundstücken dienen.[559] Er ist daher im Unterschied zum Benutzungszwang immer **grundstücksbezogen** und verpflichtet folglich nur Grundstückseigentümer und Verfügungsberechtigte (Erbbauberechtigte). Ein Anschlusszwang kann auch dann erfolgen, wenn eine Inanspruchnahme vom Pflichtigen nicht beabsichtigt ist.[560] 261

Mit dem Anschlusszwang allein ist noch nicht stets vorgeschrieben, dass eine öffentliche Einrichtung auch benutzt werden muss. Ob die über den Anschluss angebotenen Leistungen tatsächlich in Anspruch genommen werden, ist vielmehr eine Frage des Benutzungsrechts bzw. der Benutzungspflicht.[561] 262

III. Benutzungszwang

Der Benutzungszwang gemäß § 14 SächsGemO **verpflichtet** zur Benutzung der öffentlichen Einrichtung und **verbietet** zugleich die Benutzung anderer (eigener) entsprechender Einrichtungen. Der Benutzungszwang ist **personenbezogen** und richtet sich damit an alle, die im Gemeindegebiet wohnen bzw. sich dort aufhalten. Es ist also möglich, dass Anschluss- und Benutzungszwang nicht in einer Person zusammenfallen (Anschlusszwang: Eigentümer; Benutzungszwang: Mieter). Die Verbindung von Anschluss- und Benutzungszwang ist rechtlich nicht zwingend, i. d. R. aber praktisch geboten.[562] Anschluss- und Benutzungszwang decken sich also nicht notwendig. Grds. ist der Benutzungszwang aber an den Anschlusszwang gekoppelt. 263

Beispiel: 264

Grundstücke müssen an die öffentliche Wasserversorgung angeschlossen werden; die Benutzung privater Brunnen für die Gartenbewässerung wird aber zugelassen. Der Benutzungszwang wird wirksam, wenn der satzungsmäßige Benutzungstatbestand (z. B. Benutzung von Trinkwasser nur aus der öffentlichen Wasserversorgung) vorliegt.

---

558 *Schmidt-Jortzig*, Kommunalrecht, S. 219.
559 So auch *Stober*, Gemeindeordnung für den Freistaat Sachsen, S. 8.
560 *Menke/Arens*, Gemeindeordnung für den Freistaat Sachsen, § 14 Rn. 1.
561 *Quecke/Schaffarzik/Rehak*, in: Quecke/Schmid, Gemeindeordnung für den Freistaat Sachsen, § 14 Rn. 2.
562 *Menke/Arens*, Gemeindeordnung für den Freistaat Sachsen, § 14 Rn. 1.

265 Der Benutzungszwang kann darüber hinaus aber auch zentrale Einrichtungen erfassen, die keinen Grundstücksbezug haben und an denen ihrer Natur nach kein Anschlusszwang bestehen kann (z. B. Friedhöfe, Schlachthöfe). Hier gibt es schon begrifflich nur einen Benutzungszwang.

IV. Voraussetzungen für einen Anschluss- und Benutzungszwang

266 Der Anschluss- und Benutzungszwang darf gemäß § 14 Abs. 1 SächsGemO nur verfügt werden, wenn es sich um eine **öffentliche Einrichtung** handelt, ein **öffentliches Bedürfnis** für den Anschluss- und Benutzungszwang vorliegt und dieser in einer **Satzung** festgelegt wird. Die Gemeinde darf den Anschluss- und Benutzungszwang ferner nur verfügen, wenn sie in der Lage ist, die Verpflichteten ausreichend bedienen zu können.

267 Damit steht dem Zwang das **Anschluss- und Benutzungsrecht** an der öffentlichen Einrichtung gegenüber.[563] Dieses Recht darf nur dann eingeschränkt werden, wenn die allgemeinen Lieferbedingungen (Benutzungsordnung) nicht eingehalten werden oder betriebliche Gründe (z. B. zu hoher Aufwand für die Schaffung der Anschlussmöglichkeit) dagegensprechen. Die Einrichtung selbst braucht nicht unbedingt im Eigentum der Gemeinde stehen; sie kann auch von einem Dritten (z. B. einer Eigengesellschaft) betrieben werden.

268 Der Anschluss- und Benutzungszwang kann auch **zugunsten eines privatrechtlich organisierten Dritten** eingeführt werden. Der Zwang selbst bleibt hier öffentlich-rechtlich, während das Benutzungsverhältnis privatrechtlich ausgestaltet werden muss. Voraussetzung dafür ist, dass die Gemeinde wie bei den öffentlichen Einrichtungen einen **ausreichenden Einfluss** auf die Gestaltung der Preis- und Lieferungsbedingungen besitzt und Vorsorge gegen einen Ausfall der Versorgung getroffen wurde.[564] In der Praxis trifft dies nur auf Eigen- und Beteiligungsgesellschaften der Gemeinde zu.[565] Kein solches Benutzungsverhältnis liegt dann vor, wenn das Fremdunternehmen quasi als Erfüllungsgehilfe auftritt, die Rechtsbeziehungen sich aber nur zwischen Gemeinde und Bewohner abspielen. In diesen Fällen kann auch das Benutzungsverhältnis öffentlich-rechtlich ausgestaltet werden.

1. Öffentliche Einrichtung

269 Der Anschluss- und Benutzungszwang darf nicht für alle öffentlichen Einrichtungen eingeführt werden. Es muss sich um eine öffentliche Einrichtung (Anlage)[566] handeln, die in § 14 Abs. 1 SächsGemO aufgezählt ist oder den dort aufgezählten Einrichtungen „ähnlich" ist.

563 *Burgi*, Kommunalrecht, § 16 Rn. 61.
564 SächsOVG, SächsVBl. 2003, S. 143 f.
565 Siehe näher dazu unten im 8. Kapitel unter D.III.3.
566 Der Wortlaut des § 14 Abs. 1 SächsGemO könnte zwar darauf schließen lassen, dass die Anlagen nicht zwingend öffentliche Anlagen sein müssen. Der Sinn und Zweck der Schaffung eines Anschluss- und Benutzungszwangs führt aber zwingend dazu, dass es sich um öffentliche Einrichtungen handeln muss.

Zu diesen ausdrücklich erwähnten Einrichtungen gehören: 270

- Wasserversorgung,
- Abwasserbeseitigung,
- Fernwärmeversorgung,
- Bestattungseinrichtungen (nur Benutzungszwang),
- Abfallbeseitigungseinrichtungen (nur Benutzungszwang) sowie
- Schlachthöfe (nur Benutzungszwang).

Diese Einzelaufzählung ist **nicht abschließend**. In Betracht kommen vielmehr gemäß § 14 Abs. 1 SächsGemO „ähnliche dem öffentlichen Wohl, insb. dem Umweltschutz dienende Einrichtungen". Damit soll sichergestellt werden, dass z.B. bei geänderten hygienischen Anforderungen der Zwang auch für andere Bereiche eingeführt werden kann. 271

Fachgesetzliche Regelungen können den Anschluss- und Benutzungszwang nach § 14 Abs. 1 SächsGemO allerdings überlagern und teilweise auch entbehrlich machen. Dies gilt namentlich für die Abwasserbeseitigung (vgl. § 56 WHG und § 50 SächsWG), für die Fernwärmeversorgung, bei der v.a. § 16 EEWärmeG zu beachten ist, für Bestattungseinrichtungen (vgl. v.a. das SächsBestG) und für die Entsorgung von Abfällen aus privaten Haushaltungen (vgl. § 17 Abs. 1 S. 1 KrWG i.V.m. § 2 Abs. 2 SächsKrWBodSchG). 272

2. Vorliegen eines öffentlichen Bedürfnisses

Weitere wesentliche Voraussetzungen für die Einführung des Zwangs stellt das **öffentliche Bedürfnis** dar. Hierbei handelt es sich um einen unbestimmten Rechtsbegriff, der nach h.M. gerichtlich und aufsichtsrechtlich der vollen Nachprüfung unterliegt.[567] 273

Ein öffentliches Bedürfnis liegt vor, wenn für die Anordnung des Anschluss- und Benutzungszwanges **vernünftige Gründe des öffentlichen Wohls** sprechen, ohne dass diese bei jedem einzelnen Grundstück vorliegen müssen.[568] Entscheidend ist also nicht, dass es jedem einzelnen Einwohner besser geht, sondern der Gemeinschaft.[569] 274

Der Anschluss- und Benutzungszwang muss **erforderlich** sein. Damit ist nicht jede Förderung eines beliebigen Gemeinwohlbelangs gemeint; es genügt aber, dass die Lebensqualität der Einwohner nach objektiven Maßstäben/Kriterien gefördert wird. Unzweifelhaft liegt ein öffentliches Bedürfnis dann vor, wenn durch den Anschluss- und Benutzungszwang die **Volksgesundheit** erhalten oder gefördert wird (z.B. durch eine einwandfreie Qualität des Trinkwassers und eine ordnungsgemäße Entsorgung von Abwasser). Dazu gehört insb. auch der Umweltschutz (vgl. § 14 Abs. 1 SächsGemO), einschließlich der ökologi- 275

567 Vgl. hier nur SächsOVG, Urteil vom 11.11.2014 – 4 C 36/13, juris, Rn. 42; ferner *Burgi*, Kommunalrecht, § 16 Rn. 64f. m.w.N. auch zur Gegenansicht.

568 SächsOVG, Urteil vom 11.11.2014 – 4 C 36/13, juris; *Menke/Arens*, Gemeindeordnung für den Freistaat Sachsen, § 14 Rn. 3.

569 *Geis*, Kommunalrecht, § 10 Rn. 84.

schen Bezüge (örtlicher Klimaschutz), wobei bereits vorbeugende Maßnahmen zulässig sind. Es muss nicht erst eine Gefahr für die öffentliche Sicherheit (z.B. drohende Grundwasserverseuchung) nicht anders als durch einen Anschluss- und Benutzungszwang abwehrbar sein.

276 **Fiskalische Gründe** allein reichen **nicht aus**, ein öffentliches Bedürfnis zu begründen; die Rentabilität ist jedoch hinsichtlich der zu fördernden Wirtschaftlichkeit zu berücksichtigen, d.h., es darf mit einfließen, soweit das Erfordernis erfüllt ist.[570] Eine öffentliche Wasserversorgung lässt sich bspw. nur wirtschaftlich betreiben, wenn grds. alle Einwohner ihren gesamten Wasserbedarf aus dieser Einrichtung decken. Insoweit wäre bei einem vorhandenen öffentlichen Bedürfnis im Interesse der Wirtschaftlichkeit und Rentabilität eine Heranziehung aller Grundstückseigentümer möglich.

277 **Zur Vertiefung:**

*Die **Fernwärmeversorgung** dient dem öffentlichen Wohl, wenn die Fernwärme (mindestens auch) dem Schutz vor schädlichen Umwelteinwirkungen dienen soll, die durch den Betrieb vieler Einzelanlagen entstehen können. Die Reinhaltung der Luft und die Möglichkeit der Einflussnahme auf die energetische Entwicklung in dem betroffenen Stadtteil stellen ein öffentliches Bedürfnis dar.*[571]

Es war aber umstritten, ob ein solcher Anschluss- und Benutzungszwang allein aus Gründen des (globalen) Klimaschutzes eingeführt werden kann. Dies wurde von der Rechtsprechung verneint, weil ein öffentliches Bedürfnis nur dann gegeben sei, wenn es um die Lösung spezifisch lokaler Probleme geht.[572] *Diese Rechtsprechung vermochte aus einer Reihe von Gründen nicht zu überzeugen.*[573] *Vor diesem Hintergrund hat der Bundesgesetzgeber in § 16 EEWärmeG bzw. in der Nachfolgeregelung in § 109 GEG in zulässiger Weise klargestellt, dass die Gemeinden einen Anschluss- und Benutzungszwang an ein Netz der öffentlichen Fernwärme- oder Fernkälteversorgung auch zum Zwecke des Klima- und Ressourcenschutzes anordnen können.*[574]

3. Regelung durch Satzung (Satzungserfordernis)

278 Die Anordnung eines Anschluss- und Benutzungszwanges greift in erheblichem Umfang in Grundrechte (Eigentum und Freiheit) der betroffenen Grundstückseigentümer ein. Die Anordnung ist daher nur durch **Satzung** möglich,

570 *Burgi*, Kommunalrecht, § 16 Rn. 64.

571 Vgl. BVerwG, EnWZ 2016, S. 524; vorhergehend: SächsOVG, Urteil vom 11.11.2014 – 4 C 36/13, juris.

572 Vgl. etwa BVerwG, NVwZ 2006, S. 595 (596); vorhergehend VGH BW, NuR 2004, S. 668.

573 Vgl. etwa *Faßbender*, NuR 2009, S. 618 (620ff.); *Gläß*, Rechtsfragen des kommunalen Anschluss- und Benutzungszwangs in Zeiten von Klimawandel und Energiewende, S. 243ff. und passim; *Kahl*, ZUR 2010, S. 395 (398f.).

574 Vgl. umfassend zu dieser Regelung *Gläß*, Rechtsfragen des kommunalen Anschluss- und Benutzungszwangs in Zeiten von Klimawandel und Energiewende, S. 275ff. und passim sowie zuletzt BVerwGE 156, S. 102 = NVwZ 2017, S. 61 mit Besprechung von *Gläß*, NJOZ 2017, S. 1338ff.; vgl. des Weiteren die ÖR-Fortgeschrittenenhausarbeit zum Kommunalrecht: Eine Stadt in Zeiten des Klimawandels von *Böhm/van Leeuwen*, JA 2021, S. 1237 (1250).

und zwar – nach dem Grundsatz des Vorbehalts des Gesetzes – auch nur aufgrund einer speziellen Ermächtigungsgrundlage, die im Freistaat Sachsen in § 14 SächsGemO vorhanden ist.

Der Mindestinhalt der Satzung ergibt sich aus dem Bestimmtheitsgebot und umfasst Regelungen betreffend 279

- die Bereitstellung der Einrichtung zur öffentlichen Benutzung (Widmung der Anlage als öffentliche Einrichtung),
- die Modalitäten des Anschluss- und Benutzungszwangs (v.a. Art des Anschlusses und/oder der Benutzung),
- den Kreis der Verpflichteten/Berechtigten sowie
- Ausnahmen bzw. Befreiungen vom Anschluss- und Benutzungszwang.

Neben diesen Mindestanforderungen können in **einer** Satzung auch technische und verwaltungsmäßige Regelungen des Anschluss- und Benutzungszwangs sowie die Maßstäbe und Bemessungsgrundlagen für die Anschlussbeiträge und die Benutzungsgebühren sowie deren Erhebung vorgesehen werden. Dies kann aber auch in einer gesonderten, zum gleichen Zeitpunkt in Kraft tretenden Beitrags- oder Gebührensatzung geregelt werden. Deren Zulässigkeit ergibt sich aus § 2 SächsKAG. 280

Ebenso ist es im Rahmen des **Wahlrechts der Gemeinde** zulässig, das Benutzungsverhältnis privatrechtlich auszugestalten und privatrechtliche Entgelte zu erheben. Auch bei einer privatrechtlichen Ausgestaltung ist nach h.M. die Einführung eines Anschluss- und Benutzungszwanges durch Satzung zulässig.[575] 281

Sollen Zuwiderhandlungen gegen die Satzung **Ordnungswidrigkeiten** darstellen, muss die nähere Ausgestaltung dieser Sanktionen ebenfalls in der Satzung geregelt werden. Nach § 124 Abs. 1 Nr. 3 SächsGemO können Zuwiderhandlungen gegen die Satzung als Ordnungswidrigkeit mit einem Bußgeld geahndet werden. 282

Liefersperren als Zwangsmittel sind nicht ohne Weiteres mit dem „öffentlichen Bedürfnis" als Voraussetzung für die Einführung des Zwangs vereinbar. Deshalb muss bei der Verhängung einer Liefersperre zumindest der **Grundsatz der Verhältnismäßigkeit** sehr streng eingehalten werden. Falls durch die Liefersperre ein polizeiwidriger Zustand eintritt (z.B. Wassersperre für ein großes Mietshaus), wäre es Aufgabe der Ortspolizeibehörde, diesen Zustand zu beenden. 283

V. Begrenzungen des Anschluss- und Benutzungszwangs

Es stellt **keine Enteignung** dar, wenn ein gewerbliches Unternehmen (z.B. bei der Straßenreinigung oder der Müllabfuhr) durch den Zwang nicht mehr in der Gemeinde tätig werden kann. Diese Einschränkung gehört zum Unternehmerrisiko. Der Unternehmer hat nur eine risikobehaftete wirtschaftliche Chance wahrnehmen können, die nicht von Art. 12 und 14 GG geschützt ist.[576] 284

575 Vgl. hier nur *Burgi*, Kommunalrecht, § 16 Rn. 69f. m.w.N.
576 Vgl. BGHZ 40, S. 355; BVerwGE 62, S. 224.

285 Der Anschluss- und Benutzungszwang stellt auch keine Enteignung der unmittelbar Verpflichteten dar. Es handelt sich vielmehr um eine innerhalb der Sozialpflichtigkeit liegende und damit nach Art. 14 Abs. 1 und 2 GG **zulässige Eigentumsbindung** (Konkretisierung der Sozialbindung des Art. 14 Abs. 1 S. 2 GG). Diese Bindung wird erst dann eigentumsrechtlich bedenklich, wenn sie ein unzumutbares Sonderopfer darstellen würde (z.B. Wasserversorgung einer Brauerei als Großverbraucher über einen eigenen Brunnen[577]). In diesen Fällen muss eine Ausnahme zugelassen werden. Aber auch wenn etwa Zusagen oder ein konkreter Vertrauenstatbestand vorliegen, kann eine Ausnahme geboten sein.

286 Vor diesem Hintergrund sieht § 14 Abs. 2 SächsGemO ausdrücklich die Möglichkeit vor, Ausnahmen vom Anschluss- und Benutzungszwang zuzulassen und den Zwang in räumlicher, personeller oder sachlicher Hinsicht zu beschränken. Solche Ausnahmen bzw. Befreiungen führen aber zu einer Ungleichbehandlung der Einwohner und müssen daher

- sachlich gerechtfertigt und
- in einer Satzung geregelt worden sein.

287 Ausnahmen und Beschränkungen sind möglich

- für bestimmte **Gebietsteile** (z.B. Zwang bei der Fernwärmeversorgung[578] für die Gebiete mit konzentrierter Bebauung),
- für bestimmte **Grundstücksgruppen** (z.B. kein Anschlusszwang für Kleingartenanlagen) oder
- für bestimmte **Personengruppen** oder **Gewerbetreibende** (z.B. Benutzungszwang nur für gewerbliche Schlachtungen, Ausnahmen für Brauereien).

288 Sind die Voraussetzungen für eine Ausnahme erfüllt, besteht ein **Rechtsanspruch** auf Befreiung. Insoweit besitzen die Gemeinden hier keinen Ermessensspielraum, weshalb § 14 Abs. 2 S. 1 SächsGemO entsprechend verfassungskonform auszulegen ist.

289 Wenn die **Grenzen für die Zulässigkeit des Anschluss- und Benutzungszwangs** überschritten werden, sind die Voraussetzungen für den Zwang **insoweit** nicht mehr erfüllt. Der Zwang wird damit rechtswidrig. Dies trifft, außer bei den nachstehend genannten Gründen, auch dann zu, wenn das öffentliche Bedürfnis als Einführungsvoraussetzung für den Zwang nicht gegeben ist.

290 Befreiungstatbestände sind i.d.R. in einer Satzung mit enthalten und sind ggf. auch zwingend erforderlich (z.B. Eigenkompostierung kann zur Befreiung von der „Biotonne" führen[579]; Befreiung von der Abwasserbeseitigung für das anfallende Niederschlagswasser). In der Satzung sind die tatbestandlichen Ausnahmevoraussetzungen für solche klar umrissenen Einzelfälle so genau wie möglich zu konkretisieren.

577 Vgl. OVG NRW, OVGE 14, S. 170.
578 SächsOVG, SächsVBl. 2003, S. 143.
579 OVG NRW, DVBl. 1996, S. 62.

Es besteht allerdings auch die Möglichkeit, allgemeine (abstrakte) Ausnahmeregelungen in die Satzung aufzunehmen, wonach im **Einzelfall** eine Ausnahme vom Zwang gewährt wird, wenn auch unter Berücksichtigung des Gemeinwohls aus schwerwiegenden Gründen der Anschluss oder die Benutzung nicht zugemutet werden kann.[580] 291

VI. Anordnung im Einzelfall und Rechtsschutz

Die Durchsetzung des Anschluss- und Benutzungszwangs erfolgt im Einzelfall im Wege eines auf die Satzung gestützten **Verwaltungsaktes**, der nachfolgend mit Widerspruch und Anfechtungsklage angegriffen werden kann. In diesem Zusammenhang kann auch die zugrunde liegende Satzung überprüft werden (sog. Inzidentprüfung). Die Satzung kann aber auch im Wege eines abstrakten Normenkontrollverfahrens nach § 47 Abs. 1 Nr. 2 VwGO i.V.m. § 24 SächsJG unmittelbar angefochten werden.[581] Zwangsmaßnahmen zur Durchsetzung des Anschluss- und Benutzungszwanges (bzw. des Verwaltungsaktes) richten sich nach dem SächsVwVG. Verstöße gegen Regelungen der Anschluss- und Benutzungssatzungen können von den Gemeinden mit Geldbuße geahndet werden, wenn dies nach § 124 Abs. 1 Nr. 3 SächsGemO in der Satzung bestimmt ist. 292

580 Vgl. *Quecke/Schaffarzik/Rehak*, in: Quecke/Schmid, Gemeindeordnung für den Freistaat Sachsen, § 14 Rn. 62.

581 Siehe dazu näher oben im 4. Kapitel unter C.I. sowie speziell zum Anschluss- und Benutzungszwang die ÖR-Fortgeschrittenenhausarbeit zum Kommunalrecht: Eine Stadt in Zeiten des Klimawandels von *Böhm/van Leeuwen*, JA 2021, S. 1237 (1247 ff.).

6. Kapitel
Binnenorganisation der Gemeinde

A. Einführung

Das sog. Kommunalverfassungsrecht, das die Zuständigkeiten und das Zusammenwirken der Gemeindeorgane regelt, fällt in die Gesetzgebungskompetenz der Länder (Art. 30, 70 GG). Die SächsGemO regelt die innere Kommunalverfassung in den sächsischen Gemeinden nach dem Modell der **Süddeutschen Ratsverfassung**, wie es in Bayern und Baden-Württemberg sowie in modifizierter Form nunmehr auch in den anderen Bundesländern besteht. Es stellt eine Kombination von kollegialer und monokratischer Verfassungsform dar.[582] Vertretung der Bürger und Hauptorgan ist der **Gemeinderat**, der das beschlussfassende Organ der Gemeinde ist. Vorsitzender des Gemeinderates ist der **Bürgermeister**, der gleichzeitig auch die Stellung des ausführenden Organs besitzt.[583] 1

Kennzeichnend für die Süddeutsche Ratsverfassung ist die starke Stellung des Bürgermeisters[584], die dieser durch seine Volkswahl (er ist damit unmittelbar demokratisch legitimiert) und die daraus sich ergebende Unabhängigkeit gegenüber Gemeinderat, Parteien und Fachinteressenvertretern erhält. 2

Hinweise: 3

Die Kommunalverfassungen der Länder haben sich weitgehend angeglichen, seit Hessen (1991), Rheinland-Pfalz (1993), das Saarland (1994), Nordrhein-Westfalen (1994), Niedersachsen (1996) sowie Schleswig-Holstein (1998) die Direktwahl von Bürgermeister und Gemeinderäten eingeführt haben. Damit hat sich in fast allen Bundesländern der ***Typus der Süddeutschen Ratsverfassung*** *(mit Modifikationen) durchgesetzt; lediglich Hessen hat den* ***Typus der Magistratsverfassung*** *(Gemeindevertretung, Magistrat/Gemeindevorstand, Bürgermeister als drittes Organ, kombiniert mit seiner Direktwahl vom Volk) beibehalten.*[585]

Unterschiede verbleiben zwischen den Ländern v. a. bei 4

- der Amtszeit der Gemeinderäte und der Bürgermeister,
- der konkreten Kompetenzen der Bürgermeister,
- der Möglichkeit einer Abwahl des Bürgermeisters sowie
- der Bezeichnung der Organe („Gemeinderat“, „Rat“, „Ratsversammlung“, „Stadtverordnetenversammlung“, „Bürgerschaft“).[586]

582 Vgl. *Hegele/Sponer*, LKV 1993, S. 358 f.
583 Vgl. *Gern*, Sächsisches Kommunalrecht, Rn. 26.
584 *Burgi*, Kommunalrecht, § 10 Rn. 4.
585 Vgl. *Geis*, Kommunalrecht, § 3 Rn. 1.
586 Vgl. *Burgi*, Kommunalrecht, § 10 Rn. 6.

Das Modell der Süddeutschen Ratsverfassung
(am Beispiel des Freistaates Sachsen)

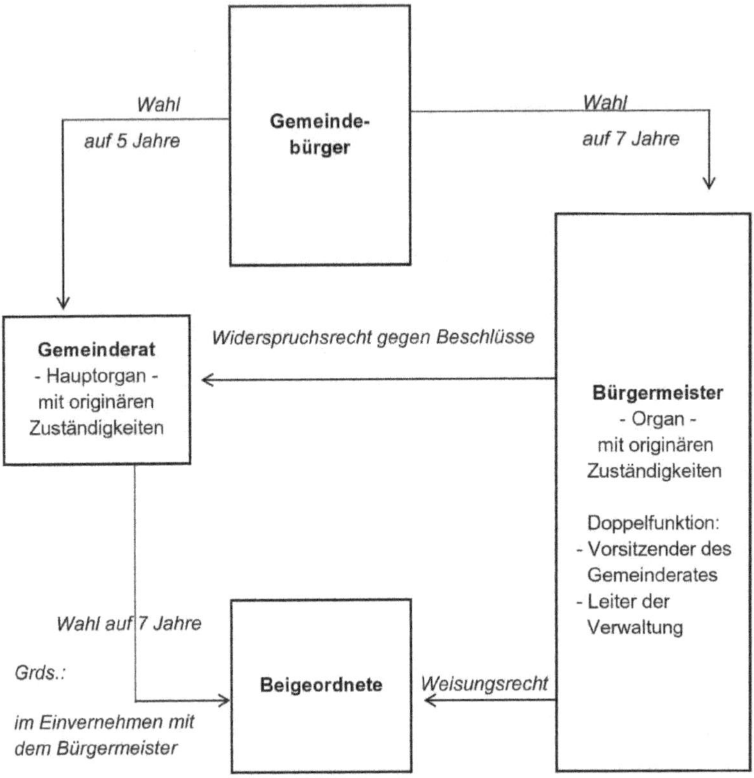

5 Die kommunale Binnenorganisation betrifft den **internen Aufbau** der Gemeinden und ordnet das **Zusammenwirken ihrer Organe**. Als juristische Person des öffentlichen Rechts und Gebietskörperschaft sind Gemeinden selbst nicht handlungsfähig und brauchen daher zur Willensbildung und zum Handeln nach außen **Organe**.[587] Dementsprechend bestimmt § 1 Abs. 4 SächsGemO die gesetzlichen (Verwaltungs-)Organe der Gemeinde: „Gemeinderat" und „Bürgermeister". Diese Aufzählung der gemeindlichen Organe ist abschließend. Daher besitzen weder die vom Gemeinderat gebildeten Ausschüsse noch der Ältestenrat, die Beiräte oder die für bestimmte Aufgabengebiete bestellten Beauftragten eine Organqualität. Das Gleiche gilt auch für die Ortschaftsräte und den Ortsvorsteher sowie für die Stadtbezirksbeiräte und deren Vorsitzenden.

587 Näher zur kommunalen Gebietskörperschaft: *Engels/Krausnick*, Kommunalrecht, Teil 1, § 1 Rn. 5 f.

Die SächsGemO geht dabei vom **dualistischen System** einer Gemeindeverfassung aus.[588] In diesem System besitzt neben dem Gemeinderat auch der Bürgermeister gesetzlich begründete Zuständigkeiten und damit eine **echte Organstellung**. Im Unterschied zur Stellvertretung gelten Handlungen der Organe als Handlungen der juristischen Person selbst. Organe benötigen daher keine Vertretungsmacht. Sie besitzen ein unbeschränktes und unbeschränkbares Vertretungsrecht, welches mit einer Generalvollmacht verglichen werden kann. 6

Gemeindeorgane müssen gebildet werden. Voraussetzung dafür ist eine verfassungsmäßig oder gesetzlich erteilte Ermächtigung bzw. Zuständigkeit. Die dem Organ zugewiesenen Kompetenzen werden durch Menschen wahrgenommen (Organwalter bzw. -vertreter).[589] Ihr Verhalten wird dem Organ rechtlich zugeordnet und macht damit die betreffende juristische Person willens- und handlungsfähig. Besitzt eine solche Einrichtung keine eigene (gesetzliche), sondern nur eine von Organen erteilte bzw. abgeleitete Zuständigkeit, handelt es sich lediglich um **Organteile** (z.B. Ausschüsse des Gemeinderats, Fraktionen oder auch einzelne Gemeinderäte).[590] 7

Organe können aus Personenmehrheiten (Kollegialorgane) oder aus einzelnen Personen (monokratische Organe) bestehen.[591] Die Organe selbst sind dabei unabhängig von der Person und vom Wechsel der Organwalter bzw. -vertreter. 8

Ein Organ[592] kann demnach definiert werden als ein durch 9

- Personen dargestelltes institutionalisiertes Subjekt, das
- in eine rechtsfähige Organisation eingegliedert ist und
- zur Wahrnehmung von Rechten und Pflichten für die Organisation erforderlich ist.

Die Rechtsausübung der Organe erfolgt aufgrund 10

- gesetzlicher Ermächtigung und
- verpflichtet die Gemeinde unmittelbar.

Jedes Organ entscheidet in seinem Bereich selbstständig und ohne Weisungsbefugnis des anderen Organs.[593] Sowohl der Gemeinderat als auch der Bürgermeister haben also **eigene gesetzlich begründete Zuständigkeiten**. Ihr Bestand ist obligatorisch, d.h., es liegt nicht im Ermessen der Gemeinde, sie „abzuschaffen" oder ihre Kompetenz zu beschneiden. Der Gemeinderat und der Bürgermeister stehen dabei in **keinem Über-/Unterordnungsverhältnis**, son- 11

588 *Quecke*, Grundzüge der sächsischen Kommunalverfassung, in: Gerlach, Sachsen – Eine politische Landeskunde, S. 259 (275).

589 Vgl. *Detterbeck*, Allgemeines Verwaltungsrecht, § 5 Rn. 212.

590 Vgl. *Stober*, Kommunalrecht für die Bundesrepublik Deutschland, S. 183.

591 Vgl. *Quecke/Schaffarzik*, in: Quecke/Schmid, Gemeindeordnung für den Freistaat Sachsen, § 1 Rn. 28.

592 Zu den Merkmalen eines Organs vgl. SächsOVG, Urteil vom 11.5.2004 – 4 B 620/03, juris, Rn. 32ff.

593 Vgl. *Quecke/Schaffarzik*, in: Quecke/Schmid, Gemeindeordnung für den Freistaat Sachsen, § 1 Rn. 54.

dern grenzen sich in ihren Aufgaben voneinander ab. Innerhalb seines Zuständigkeitsbereichs ist also jedes Organ selbstständig und ohne Weisungsrecht gegenüber dem anderen Organ.

12 Die **Organzuständigkeit** (oder auch **Organkompetenz** genannt) betrifft die Frage, ob der Gemeinderat oder der Bürgermeister für die Vornahme bestimmter Entscheidungen oder Handlungen zuständig ist.

13 Die Funktionsteilung zwischen dem Gemeinderat (Beschluss- oder Lenkungsorgan) und dem Bürgermeister (ausführendes Organ) beruht indes nicht auf der Gewaltenteilungslehre Montesquieus[594]: Bei den Beschlüssen des Gemeinderats handelt es sich nicht um Rechtsetzung wie bei den Beschlüssen der staatlichen Parlamente, sondern vielmehr wie beim Bürgermeister um Verwaltungstätigkeit. Auch die von den Gemeinden erlassenen Rechtssätze (Satzungen, Verordnungen) sind materielle Gesetze, die auf formellen Parlamentsgesetzen beruhen.[595]

14 Dem Gemeinderat steht als **Hauptorgan** (§ 27 Abs. 1 2. Hs. SächsGemO) die kommunalpolitische Führung zu.[596] Er hat als politische **Vertretung der Bürger** (§ 27 Abs. 1 1. Hs. SächsGemO) die Aufgabe, die Vielfalt der Meinungen im Wege der Rede und Gegenrede und der nachfolgenden Abstimmungen seiner gewählten Mitglieder zu einem einheitlichen Gemeindewillen zusammenzuführen, um die Gemeinde zur Erfüllung ihrer Aufgaben handlungs- und entscheidungsfähig zu machen.[597] Er bestimmt die **Richtlinien der Gemeindepolitik** und legt nach § 28 Abs. 1 1. Hs. SächsGemO die Grundsätze für die Verwaltung der Gemeinde fest. Der **Gemeinderat überwacht die Ausführung seiner Beschlüsse** durch den Bürgermeister und sorgt für die **Beseitigung von Missständen** in der Gemeindeverwaltung (§ 28 Abs. 3 SächsGemO).

15 Der **Bürgermeister** ist Vorsitzender des Gemeinderates und seiner Ausschüsse sowie der jeweiligen Beiräte. Er entscheidet über die ihm gesetzlich zugewiesenen oder vom Gemeinderat übertragenen Aufgaben sowie in dringenden Angelegenheiten anstelle des Gemeinderats. Zudem vertritt der Bürgermeister die Gemeinde in allen Angelegenheiten nach außen.

Hinweis:

Es besteht keine subsidiäre Zuständigkeit des Bürgermeisters, wenn der Gemeinderat von seinen Befugnissen keinen oder keinen ausreichenden Gebrauch macht.

16 Die starke Verzahnung zwischen den beiden Organen zeigt sich insbesondere durch **gegenseitige Mitwirkungs- und Kontrollrechte**. Der Bürgermeister als Vorsitzender des Gemeinderats mit Stimmrecht sorgt für eine enge Verbin-

594 *Montesquieu*, De L'Esprit des Lois, Buch XI Kap. 6, S. 214 ff. Näher zu dieser Lehre: *Stern*, Das Staatsrecht der Bundesrepublik Deutschland, Band II, S. 517 ff.

595 Nach Art. 82 Abs. 2 SächsVerf sind Gemeinden Teil der Exekutive. Siehe dazu näher oben im 2. Kapitel unter A.

596 Vgl. *Belz*, SächsVBl. 1994, S. 1 (5).

597 Vgl. *Hegele*, DNV 1993, S. 14.

dung zwischen der bürgerschaftlichen Vertretung und der Gemeindeverwaltung.[598] Der Bürgermeister muss gemäß § 52 Abs. 2 SächsGemO Beschlüssen des Gemeinderats widersprechen, wenn er der Auffassung ist, dass sie gesetzwidrig sind, und kann ihnen widersprechen, wenn er sie für nachteilig hält. Der Zustimmungsvorbehalt des Bürgermeisters zu Personalentscheidungen, das Eilentscheidungs- sowie das Ersatzbeschlussrecht des Bürgermeisters stellen weitere Verflechtungen zwischen diesen beiden Organen dar.[599]

Aufgabenabgrenzung: Gemeinderat – Bürgermeister[600]

Gemeinderat (§§ 27 ff. SächsGemO)	**Bürgermeister** (§§ 51 ff. SächsGemO)
Hauptorgan der Gemeinde (kommunalpolitische Führung) Festlegung der Grundsätze für die Verwaltung der Gemeinde (§ 28 Abs. 1 SächsGemO)	Leiter der Gemeindeverwaltung (§§ 51 Abs. 1 S. 1, 53 Abs. 1 SächsGemO) sowie Vorgesetzter, Dienstvorgesetzter und oberste Dienstbehörde der Gemeindebediensteten (§ 53 Abs. 4 SächsGemO)
Vertretung der Bürger (§ 27 Abs. 1 SächsGemO), Kontrolle der Verwaltung (§ 28 Abs. 3 SächsGemO)	Vertretung der Gemeinde nach außen (§ 51 Abs. 1 S. 2 SächsGemO)
Fassung von Beschlüssen (§ 39 Abs. 5 SächsGemO) • durch Abstimmungen (§ 39 Abs. 6 SächsGemO) • durch Wahlen (§ 39 Abs. 7 SächsGemO)	Vorsitzender des Gemeinderates und seiner Ausschüsse (§§ 51 Abs. 1 S. 1, 36 Abs. 1; 42 ff. SächsGemO) sowie in Beiräten für geheim zu haltende Angelegenheiten (§ 46 SächsGemO), nicht aber bei sonstigen Beiräten (§ 47 SächsGemO) Vorbereitung und Leitung der Sitzungen des Gemeinderates und der Ausschüsse sowie Vollzug der Beschlüsse (§§ 36 ff.; 52 Abs. 1 SächsGemO)
Grds. Allzuständigkeit gemäß § 28 Abs. 1 SächsGemO • Gesetzliche Vermutung der Zuständigkeit für alle Angelegenheiten der Gemeinde Ausschließliche Aufgaben nach § 28 Abs. 2 Nr. 1 bis 21 SächsGemO • Katalog der Vorbehaltsaufgaben, die der Gemeinderat weder auf beschließende Ausschüsse noch auf den Bürgermeister übertragen kann (ausschließliche Organkompetenz des Gemeinderates)	Gesetzliche Ausnahmen von der Allzuständigkeit zugunsten des Bürgermeisters: • Geschäfte der laufenden Verwaltung (§ 53 Abs. 2 S. 1 SächsGemO) • Erledigung der Weisungsaufgaben, mit Ausnahme des Erlasses von Rechtsverordnungen und Satzungen (§ 53 Abs. 3 SächsGemO) • Gewillkürte Ausnahmen von der Allzuständigkeit des Gemeinderats bei der Übertragung der Erledigung bestimmter Einzelaufgaben auf den Bürgermeister durch einfachen Gemeinderatsbeschluss oder bei dauernder Übertragung der Erledigung bestimmter Aufgaben durch Hauptsatzung (§ 53 Abs. 2 S. 1 und S. 2 SächsGemO); aber: Übertragungsverbot gemäß § 53 Abs. 2 S. 3 SächsGemO

598 Vgl. *Eggert*, DNV 1993, S. 5.

599 Vgl. *Quecke/Schaffarzik*, in: Quecke/Schmid, Gemeindeordnung für den Freistaat Sachsen, § 1 Rn. 54 ff.

600 Vgl. *Sponer/Tostmann*, Kommunalrecht, S. 62.

Gemeinsame Aufgabenwahrnehmung:

Einvernehmliche Entscheidungen von Gemeinderat und Bürgermeister sind geboten bei der
- Ernennung, Einstellung, Höhergruppierung und Entlassung der Gemeindebediensteten (Entscheidung durch den Gemeinderat im Einvernehmen mit dem Bürgermeister, § 28 Abs. 4 S. 1 SächsGemO)
- Festsetzung außertariflicher Vergütungen (Entscheidung durch den Gemeinderat im Einvernehmen mit dem Bürgermeister, § 28 Abs. 4 S. 1 SächsGemO)
- Wahl der Beigeordneten durch den Gemeinderat im Einvernehmen mit dem Bürgermeister (§ 56 Abs. 2 S. 1 SächsGemO)
- Festlegung der Geschäftskreise der Beigeordneten durch den Bürgermeister im Einvernehmen mit dem Gemeinderat (§ 55 Abs. 3 S. 2 SächsGemO)
- Festlegung der Reihenfolge der Stellvertretung des Bürgermeisters durch die Beigeordneten (Entscheidung durch den Gemeinderat im Einvernehmen mit dem Bürgermeister, § 55 Abs. 4 S. 1 SächsGemO)
- Bestellung von Verhinderungsstellvertretern des Bürgermeisters als Verwaltungsleiter (Bestellung durch den Bürgermeister im Einvernehmen mit dem Gemeinderat, § 54 Abs. 2 S. 2 SächsGemO)

Hinweis:

Kommt es zu keiner Einigung, kann der Gemeinderat mit einer Mehrheit von zwei Dritteln der anwesenden Stimmberechtigten allein entscheiden (§ 28 Abs. 4 S. 2, ggf. i. V.m. § 56 Abs. 2 S. 1, § 54 Abs. 2 S. 2 und § 55 Abs. 5 SächsGemO).

B. Gemeinderat

I. Rechtsstellung und Aufgaben

1. Allgemeines

17 Art. 28 Abs. 1 S. 2 GG und Art. 86 SächsVerf fordern, dass in den Gemeinden das Volk eine aus demokratischen Wahlen hervorgegangene Vertretung haben muss. Der Gemeinderat ist gemäß § 27 Abs. 1 SächsGemO die **Vertretung der Bürger** und das **Hauptorgan der Gemeinde**. Entscheidungen werden grds. nicht durch die Bürger direkt, sondern durch die Gemeinderäte als die Repräsentanten der Bürger getroffen **(repräsentative Demokratie)**, im Unterschied zur direkten Demokratie, die nur partiell durch die bereits behandelten Bürgerbegehren und Bürgerentscheide nach §§ 24, 25 SächsGemO verwirklicht wird.[601] Der Gemeinderat ist von den Bürgern beauftragt, an ihrer Stelle die wichtigen Entscheidungen in der Verwaltung der Gemeinde zu treffen. Als Vertretung des Volkes hat der Gemeinderat eine zentrale Bedeutung in der Gemeindeverwaltung. In den Städten führt der Gemeinderat die Bezeichnung **Stadtrat** (vgl. § 27 Abs. 2 SächsGemO).

18 Der Gemeinderat ist ein **Kollegialorgan** und handelt folglich als Ganzes und nicht durch einzelne Mitglieder. Er fasst Beschlüsse in Form von Abstimmungen und Wahlen (§ 39 Abs. 5 S. 1 SächsGemO) und besteht in seiner Gesamt-

601 Siehe dazu näher im 5. Kapitel unter E.

heit aus den einzelnen **Gemeinderäten** und dem **Bürgermeister** als Vorsitzendem des Gemeinderates (§ 29 Abs. 1 S. 1 SächsGemO).

2. Richtlinienkompetenz und Allzuständigkeit

Die Stellung des Gemeinderats als Hauptorgan wird insb. dadurch gekennzeichnet, dass er 19

- die kommunalpolitische Führung innehat und
- über die wichtigen Gemeindeangelegenheiten entscheidet.

Der Gemeinderat legt gemäß § 28 Abs. 1 SächsGemO die Gesamtplanung und die Grundsätze für die Gemeindeverwaltung fest. Dies geschieht in erster Linie durch die **Beschlussfassung über die Finanzplanung und den Haushalt** (§§ 74 ff. SächsGemO mit Stellenplan und die damit verbundenen Entscheidungen)[602] sowie die **Bauleitplanung**. An die dabei vom Gemeinderat vorgeschriebenen allgemeinen Richtlinien (z. B. für die Zulassung von Märkten) ist der Bürgermeister auch bei den ihm zustehenden Entscheidungen gebunden.[603] 20

Während die Zuständigkeiten des Bürgermeisters enumerativ festgelegt und dabei im weisungsfreien Bereich auf die „Geschäfte der laufenden Verwaltung" begrenzt worden sind, wurden dem Gemeinderat allgemein die „wichtigen Entscheidungen" zugewiesen. Er entscheidet im Rahmen der kommunalen Verbandskompetenz als Hauptorgan und Vertretung der Bürger über **alle Angelegenheiten** der Gemeinde, soweit nicht der Bürgermeister kraft Gesetzes zuständig ist oder ihm der Gemeinderat bestimmte Angelegenheiten überträgt, was durch Hauptsatzung oder Beschluss des Gemeinderates möglich ist (§ 28 Abs. 1 SächsGemO). Die Zuständigkeit des Gemeinderates ist von seiner zentralen Stellung als Hauptorgan der Gemeinde her bestimmt. Dem Gemeinderat kommen generelle und umfassende Befugnisse und damit die Führungsrolle in der Gemeindeverwaltung zu.[604] 21

Gesetzliche Leitlinie ist also die Zuständigkeitsaufteilung zwischen diesen beiden Organen, wobei das Gesetz vom Grundsatz der Allzuständigkeit des **Gemeinderats** ausgeht und die **Zuständigkeiten des Bürgermeisters** als **gesetzliche Ausnahmen** von dieser Allzuständigkeit versteht.[605] Es gilt folglich die gesetzliche Vermutung der Zuständigkeit des Gemeinderates; es sei denn, es gibt eine ausdrückliche Zuweisung an den Bürgermeister (siehe v. a. §§ 36 Abs. 1, 52, 53, 54 SächsGemO).[606] 22

Im Streitfall müsste demnach der Bürgermeister beweisen, dass er kraft Gesetzes oder gesetzlich zulässiger Übertragung durch den Gemeinderat zuständig ist.[607] Aufgrund der konkreten Zuständigkeitsverteilung der SächsGemO steht dem Bürgermeister durchaus ein erheblich eigener Kompetenzbereich 23

602 Siehe dazu näher unten im 8. Kapitel unter A.
603 VG Dresden, SächsVBl. 2001, S. 152 f.
604 *Burgi*, Kommunalrecht, § 12 Rn. 18 ff.; *Geis*, Kommunalrecht, § 11 Rn. 17.
605 Vgl. *Jaeckel/Jaeckel*, Kommunalrecht in Sachsen, Rn. 107.
606 Siehe dazu näher unten im 7. Kapitel unter F.VII. bis X.
607 *Fleckenstein/Plate/Schulze*, Kommunalrecht Baden-Württemberg, Rn. 191 zur GO BW.

zu, insb. bezüglich der Weisungsaufgaben (vgl. § 53 Abs. 3 SächsGemO). Hier besteht eine Vermutung der Zuständigkeit des Bürgermeisters. Die Befugnisse des Gemeinderates sind daher grds. auf den weisungsfreien Bereich beschränkt. Er ist bei der Wahrnehmung seiner Aufgaben als Verwaltungsorgan an Recht und Gesetz i. S. d. Art. 20 Abs. 3 GG gebunden. Besonderen Einfluss erlangt der Gemeinderat aber stets über die Beschlussfassung des Gemeindehaushalts („In Zahlen gefasste Politik").

3. Ausschließliche Zuständigkeit

24 § 28 Abs. 2 Nr. 1 bis 21 SächsGemO enthält eine enumerative Aufzählung von besonders bedeutsamen Aufgaben des Gemeinderats. Hierbei handelt es sich um einen **Katalog nicht übertragbarer Aufgaben**, der aber nicht abschließend ist.[608] § 28 Abs. 2 SächsGemO ist jedoch keine Zuständigkeitsnorm, aus der sich unmittelbar die Organkompetenz des Gemeinderats ergibt. Die Zuständigkeit des Gemeinderats für die in dem Katalog aufgeführten Aufgaben folgt entweder aus speziellen Kompetenznormen (z. B. aus § 4 Abs. 1 S. 3 SächsGemO für Satzungen) oder aus der Allzuständigkeit nach § 28 Abs. 1 SächsGemO.

25 Die Erledigung dieser sog. „Vorbehaltsaufgaben"[609] ist für den Gemeinderat also zwingend. Diese Aufgaben können weder auf einen beschließenden Ausschuss (§ 41 Abs. 2 SächsGemO) noch auf den Bürgermeister (§ 53 Abs. 2 S. 3 SächsGemO) und auch nicht auf den Ortschaftsrat (§ 67 Abs. 1 S. 1, 3 S. 2 SächsGemO) übertragen werden.

26 Dazu gehören u. a.

- die Festlegung der Grundsätze der Verwaltung (Nr. 1),
- die Bestellung der Mitglieder von Ausschüssen (Nr. 2),
- das Satzungsrecht (Nr. 4),
- die Änderung des Gemeindegebietes (Nr. 5),
- die Entscheidung über die Durchführung eines Bürgerentscheides oder die Zulässigkeit eines Bürgerbegehrens (Nr. 6),
- die Errichtung, Übernahme, wesentliche Veränderung von öffentlichen Einrichtungen (Nr. 15),
- die allgemeine Festsetzung von Abgaben, also Steuern, Gebühren und Beiträgen (Nr. 19), wobei diese wegen des dafür geltenden Satzungsvorbehalts (§ 2 Abs. 1 S. 1 SächsKAG) bereits unter Nr. 4 fällt, und
- der Beitritt zu Zweckverbänden und der Austritt aus diesen sowie der Abschluss und die Aufhebung von Zweckvereinbarungen (Nr. 21).

608 Vgl. *Sponer*, in: Binus/Sponer/Koolman, Sächsische Gemeindeordnung, § 28 Rn. 3 ff. mit weiteren Beispielen von nicht übertragbaren Aufgaben.

609 So etwa *Brüning*, in: Ehlers/Fehling/Pünder, Besonderes Verwaltungsrecht, Band 3, § 64 Rn. 138; *Gern*, Sächsisches Kommunalrecht, Rn. 338.

4. Überwachungsbefugnis des Gemeinderats

Der Vollzug der Sachentscheidungen des Gemeinderats ist gemäß § 52 Abs. 1 SächsGemO Aufgabe des Bürgermeisters. „Vollzug" bedeutet dabei die tatsächliche und rechtliche Realisierung der beschlossenen Maßnahme.[610] Der Gemeinderat hat diesen Vollzug zu kontrollieren.[611] Die Kontrolle gemäß § 28 Abs. 3 SächsGemO beschränkt sich allerdings auf die Prüfung, ob das **Ergebnis der Ausführung** dem Willen des Gemeinderats entspricht. Das „Wie" des Vollzugs kann damit i. d. R. vom Gemeinderat nicht kontrolliert oder beanstandet werden.[612] 27

Die Kontrolle des Vollzugs von Ausschussbeschlüssen erfolgt durch den Ausschuss. Der Kontrolle weitgehend entzogen ist demgegenüber der Vollzug der Weisungsaufgaben, für die der Bürgermeister allein zuständig ist (§ 53 Abs. 3 SächsGemO). 28

Zur Ausübung seiner Kontrollrechte stehen dem Gemeinderat bzw. den Gemeinderäten nach der SächsGemO Informations-, Akteneinsichts- und Fragerechte gegenüber dem Bürgermeister zu (vgl. § 28 Abs. 5 und Abs. 6 SächsGemO)[613], die diese Rechte ergänzen. 29

5. Beseitigung von Missständen

Treten in der Gemeindeverwaltung **Missstände** auf, hat der Gemeinderat dafür zu sorgen, dass sie durch den Bürgermeister beseitigt werden (§ 28 Abs. 3 SächsGemO). 30

Ein **Missstand ist dann gegeben**, wenn 31

- gesetzliche Vorschriften verletzt werden,
- gegen kommunalpolitische Richtlinien verstoßen wird oder
- das Fehlverhalten von Mitarbeitern der Verwaltung (z. B. Korruption) eine ordnungsgemäße Abwicklung der Geschäfte infrage stellt.[614]

Dabei bedeuten geringfügige oder einmalige Verstöße noch keinen Missstand, vielmehr muss der beanstandete Zustand von einer gewissen Dauer sein und nachhaltig negative Auswirkungen haben. Insoweit können auch Zweckmäßigkeitsüberlegungen mit einbezogen werden.[615] 32

Der Gemeinderat darf die Beseitigung nicht selbst vornehmen oder damit unmittelbar einen Bediensteten beauftragen. Auch kann nicht der einzelne Gemeinderat die Beseitigung verlangen, sondern nur das Organ im Rahmen einer Gemeinderatssitzung. Hierbei kann der Gemeinderat dem Bürgermeister Weisungen erteilen. 33

---

610 *Geis*, Kommunalrecht, § 11 Rn. 67.
611 VG Dresden, SächsVBl. 2002, S. 9 ff.
612 Vgl. *Quecke/Schaffarzik*, in: Quecke/Schmid, Gemeindeordnung für den Freistaat Sachsen, § 1 Rn. 57.
613 Siehe dazu in diesem Kapitel unter B.I.6. und 7.
614 Vgl. *Kunze/Bronner/Katz*, Gemeindeordnung BW, Erl. I 8 zu § 24 GemO BW.
615 *Sponer*, in: Binus/Sponer/Koolman, Sächsische Gemeindeordnung, § 28 Rn. 26.

34 Die Beseitigung hat stets **durch den Bürgermeister** zu erfolgen.[616] Bei Streitfällen kann jedes der beteiligten Organe die Rechtsaufsichtsbehörde einschalten. Darüber hinaus kann die Rechtsaufsichtsbehörde von sich aus eingreifen, wenn die Gesetzmäßigkeit der Verwaltung nicht mehr gewährleistet erscheint (§ 111 SächsGemO). Beide Organe besitzen auch die Möglichkeit, solche Streitigkeiten im Kommunalverfassungsstreitverfahren klären zu lassen.[617]

6. Informationsrecht des Gemeinderats als Organ

35 Bei der Kontrollfunktion des Gemeinderats gegenüber der Verwaltung kommt dem Unterrichtungsanspruch eine besondere Bedeutung zu.[618] Noch wichtiger ist dieser Anspruch für die Willensbildung und den Entscheidungsprozess des Gemeinderats. Der Bürgermeister ist daher verpflichtet, von sich aus den Gemeinderat über alle wichtigen Angelegenheiten zu informieren (§ 52 Abs. 5 SächsGemO). Daneben besitzt der Gemeinderat aber auch ein eigenes **Informations- und Akteneinsichtsrecht** in **allen Angelegenheiten** der Gemeinde und ihrer Verwaltung (§ 28 Abs. 5 SächsGemO). Dieser Informationsanspruch ist grds. unbeschränkt; Ausnahmen davon betreffen die geheim zu haltenden Angelegenheiten (§§ 28 Abs. 7, 53 Abs. 3 S. 3 SächsGemO) sowie das Steuergeheimnis (§ 30 AO)[619] und beziehen sich auch auf die Weisungsaufgaben sowie andere Bereiche, die zur Kompetenz des Bürgermeisters gehören.

36 Das Informationsrecht steht dem Gemeinderat zunächst nur als Organ zu. Aus Gründen des **Minderheitenschutzes** kann aber nach dem Dritten Gesetz zur Fortentwicklung des Kommunalrechts vom 9.2.2022 **ein Zehntel** der Gemeinderäte, mindestens jedoch zwei Personen, innerhalb oder außerhalb einer Sitzung gemäß § 28 Abs. 5 S. 1 SächsGemO den **Anspruch auf Unterrichtung oder Akteneinsicht** geltend machen. Bei der Berechnung ist auf die im Gemeinderat tatsächlich besetzten Sitze abzustellen.[620] Der Bürgermeister ist bei der Berechnung des Zehntels nicht mitzurechnen. Außerhalb der Sitzung hat die Antragstellung schriftlich zu erfolgen. Mit der Unterrichtung können Bedienstete beauftragt werden. Die Information muss gegenüber dem Gemeinderat erfolgen, wobei die Form der Information – je nach Lage des Einzelfalles – in das pflichtgemäße Ermessen des Bürgermeisters gestellt ist.[621]

37 In dem besonderen Fall der Unterrichtung durch **Akteneinsicht** durch den Gemeinderat ist der Bürgermeister verpflichtet, die dementsprechende Einsicht zu gewähren. Er ist nicht berechtigt, den Gemeinderat auf eine Berichterstattung zu verweisen.[622] Das Akteneinsichtsrecht umfasst nur die Akten der Gemeinde und kann nur in den Räumen der Gemeindeverwaltung (nicht

616 Vgl. *Sponer*, in: Binus/Sponer/Koolman, Sächsische Gemeindeordnung, § 28 Rn. 27.
617 Siehe dazu in diesem Kapitel unter H.
618 *Belz*, SächsVBl. 1994, S. 1 (6).
619 OVG NW, ZKF 2019, S. 41 (Gemeinderäte haben keinen Anspruch auf Einsicht in Gewerbesteuerakten).
620 *Menke/Rehak*, in: Quecke/Schmid, Gemeindeordnung für den Freistaat Sachsen, § 28 Rn. 58.
621 *Nolden*, in: Brüggen/Geiert/Nolden, Gemeindeordnung für den Freistaat Sachsen, § 28 Rn. 47 m. w. N.
622 *Menke/Rehak*, in: Quecke/Schmid, Gemeindeordnung für den Freistaat Sachsen, § 28 Rn. 61.

etwa im Rahmen eines Umlaufs) durchgeführt werden.[623] Der Gemeinderat kann für die Akteneinsicht einen besonderen Ausschuss bestellen oder einen bestehenden Ausschuss damit betrauen, in dem die Antragsteller vertreten sein müssen. Ein solcher Ausschuss ist aber, trotz möglicher Übereinstimmungen bei der Bezeichnung, von einem Untersuchungsausschuss, der auf Landesebene durch den Landtag eingesetzt werden kann (vgl. Art. 54 SächsVerf), strikt zu trennen. Die Überlassung von Akten an Gemeinderäte kann nicht verlangt werden, ebenso wenig die Vervielfältigung von Akten (keine Fotokopien, Abschriften oder Auszüge)[624]; Notizen dürfen aber gemacht werden.

7. Fragerecht der einzelnen Gemeinderäte

Um die Wirkungsmöglichkeiten verbessern zu können, besitzen auch die **einzelnen Gemeinderäte** in- oder außerhalb des Organs „Gemeinderat" die Möglichkeit, in den Grenzen des Unterrichtungsanspruchs **schriftliche oder mündliche Fragen** an den Bürgermeister zu stellen (§ 28 Abs. 6 SächsGemO). Durch dieses Fragerecht sollen die Gemeinderäte in die Lage versetzt werden, all das zu erfahren, was sie für eine sachgerechte Ausübung ihres Mandats wissen müssen.[625] Dieser Anspruch ist indes nicht unbegrenzt, wie sich bereits aus dem Wortlaut des § 28 Abs. 6 SächsGemO ergibt, wonach sich die Anfragen nur auf **einzelne Angelegenheiten** beziehen dürfen, während hingegen § 28 Abs. 5 SächsGemO dem Organ „Gemeinderat" gegenüber dem Bürgermeister ein umfassendes Informationsrecht in allen Angelegenheiten einräumt.[626] Lehnt der Bürgermeister die (fristgemäße) inhaltliche Beantwortung einer Anfrage eines Mitglieds des Gemeinderats ab, ist diese Entscheidung gegenüber dem Mitglied nachvollziehbar zu begründen.[627] 38

Das Fragerecht umfasst nur einzelne, **konkret bezeichnete Angelegenheiten** bzw. zeitlich abgegrenzte und abgrenzbare Vorgänge. Hier gibt es in der Praxis immer wieder Konfliktsituationen zwischen den Gemeinderäten und der Verwaltung hinsichtlich des **Umfangs bzw. der Grenzen des Fragerechts**. Unzulässig sind bspw. Scheinfragen oder mit Fragen verbundene Unterstellungen.[628] Die Beantwortung der gestellten Frage kann im Wege eines Kommunalverfassungsstreitverfahrens durchgesetzt werden.[629] 39

623 Vgl. *Nolden*, in: Brüggen/Geiert/Nolden, Gemeindeordnung für den Freistaat Sachsen, § 28 Rn. 48.

624 *Sponer*, in: Binus/Sponer/Koolman, Sächsische Gemeindeordnung, § 28 Rn. 33.

625 Vgl. *Sixt/Notheis/Menzel/Roth*, Der Gemeinderat in Baden-Württemberg, S. 15.

626 VG Dresden, Beschluss vom 19.8.1996 – 4 K 228/96 (nicht veröffentlicht).

627 SächsOVG, Urteil vom 6.7.2021 – 4 A 691/20 –, juris Rn. 23.

628 Vgl. *Fleckenstein/Plate/Schulze*, Kommunalrecht Baden-Württemberg, Rn. 192 zu § 24 Abs. 4 GO BW.

629 Siehe dazu in diesem Kapitel unter H.

40 **Zur Vertiefung:**

Einzelne Angelegenheiten *sind nur bestimmte Angelegenheiten, also solche, die sich auf einen* ***konkreten*** *Lebenssachverhalt beziehen. Der einzelne Gemeinderat muss den Gegenstand seiner Anfrage konkretisieren, d. h., Zeit, Ort und der Kreis der betroffenen Personen müssen bestimmt oder bestimmbar sein. Nicht hinreichend ist dies z. B. dann geschehen, wenn die Anfrage ganz allgemein formuliert und darauf gerichtet ist, einen konkreten Lebenssachverhalt erst in Erfahrung zu bringen.*[630] *Gegen die Beschränkung des Auskunftsrechts des einzelnen Ratsmitglieds auf einzelne Angelegenheiten der Gemeinde bestehen keine verfassungsrechtlichen Bedenken. Ein Recht auf ein freies kommunalpolitisches Mandat ist weder im Grundgesetz noch in der Verfassung des Freistaates Sachsen vorgesehen.*[631] *Auch ist nicht erkennbar, dass das einzelne Ratsmitglied durch die Eingrenzung des Auskunftsanspruchs derart in seinen Befugnissen beschnitten oder an der gewissenhaften Ausübung seines Mandates gehindert würde, dass das Recht auf kommunale Selbstverwaltung der Gemeinden aus Art. 28 Abs. 2 S. 1 GG, Art. 84 Abs. 1 SächsVerf beeinträchtigt wäre.*

Dem einzelnen Ratsmitglied bleibt weiterhin die Möglichkeit, andere Ratsmitglieder von der Wichtigkeit der erwünschten Auskunft zu überzeugen und bei Erreichen des Quorums eine Frage zu einer allgemeinen Angelegenheit nach § 28 Abs. 5 S. 1 SächsGemO zu stellen.[632]

41 Die zulässigen Anfragen müssen **innerhalb einer angemessenen Frist beantwortet** werden, die grds. vier Wochen betragen sollte (§ 28 Abs. 6 S. 1 SächsGemO).[633] Welcher Aufwand allerdings angemessen und dem Bürgermeister zuzumuten ist, hängt insb. von dem politischen, wirtschaftlichen und rechtlichen Gewicht der Anfrage ab. Je höher das Auskunftsinteresse nach dem Gegenstand der Anfrage – objektiv – zu bewerten ist, desto weiter reicht die Aufklärungs- und Auskunftspflicht des Bürgermeisters. Auch die Größe der Gemeindeverwaltung und das für die Bearbeitung zur Verfügung stehende Personal spielen für die Beurteilung der Angemessenheit eine Rolle. Erfordert die Beantwortung einer Anfrage einen beachtlichen Aufwand (Beschaffung von Informationen, Auswertung vorhandener Angaben oder Aufklärung von Vorgängen), muss der Fragesteller den Zweck seiner Anfrage und die Bedeutung ihres Gegenstandes konkretisieren. Je weniger die begehrte Auskunft von erkennbarem Gewicht für den Aufgabenkreis des Gemeinderates ist, desto weniger löst sie für den Bürgermeister die Verpflichtung zu Nachforschungen und Aufklärungen aus.[634] Im Einzelfall kann der Umfang des Auskunfts-

630 SächsOVG, Urteil vom 6.7.2021 – 4 A 691/20 –, juris; VG Dresden, Urteil vom 19.3.2013 – 7 K 52/12, juris Rn. 24; *Menke/Rehak*, in: Quecke/Schmid, Gemeindeordnung für den Freistaat Sachsen, § 28 Rn. 66.

631 Zum freien Mandat i. S. d. Art. 38 Abs. 1 S. 2 GG: *Maurer/Schwarz*, Staatsrecht I, § 11 Rn. 40 ff.

632 SächsOVG, NVwZ-RR 2016, S. 193 f.

633 Dazu näher: *Menke/Rehak*, in: Quecke/Schmid, Gemeindeordnung für den Freistaat Sachsen, § 28 Rn. 68.

634 VGH BW, DVBl. 2003, S. 276 f.

begehrens auch unverhältnismäßig sein.[635] Das Recht auf Akteneinsicht ist damit nicht verbunden. Einzelheiten des Fragerechts sind in der **Geschäftsordnung des Gemeinderates** zu regeln (§ 28 Abs. 6 S. 2 SächsGemO). Durch die Geschäftsordnungsregelung darf auch eine von den gesetzlichen Regelvorgaben abweichende Frist zur Beantwortung der Fragen vorgeschrieben werden, die dann grds. zu beachten ist.[636]

Zur Vertiefung: 42

Fraglich ist, ob der einzelne Gemeinderat ***Auskunft über die Höhe und die variablen Bestandteile des Gehaltes der Geschäftsführer städtischer Unternehmen*** *verlangen darf. Dies ist nach Auffassung des SächsOVG*[637] *zu verneinen, weil das Auskunftsrecht des einzelnen Gemeinderatsmitgliedes auf* ***einzelne*** *Angelegenheiten beschränkt sei, zu denen die Auskunft über die Höhe und die variablen Bestandteile des Gehaltes der Geschäftsführer* ***verschiedener*** *städtischer Unternehmen nicht zähle. Deutlich großzügiger verfährt das OVG Weimar zur Thüringer Gemeinde- und Landkreisordnung.*[638] *Jedenfalls erscheint es nicht von vornherein ausgeschlossen, von einem einheitlichen konkreten Lebenssachverhalt auszugehen, weil alle Geschäftsführer bei städtischen Unternehmen beschäftigt waren.*

Eine einzelne Angelegenheit i. S. d. § 28 Abs. 6 S. 1 SächsGemO liegt nach Meinung des SächsOVG[639] *indes dann vor, wenn nach dem Gehalt* ***mehrerer*** *Geschäftsführer* ***eines*** *kommunalen Unternehmens gefragt wird. In diesem Fall bestehe eine hinreichende inhaltliche Verbindung.*

8. Zusammenwirken der Organe bei Personalentscheidungen

Personalrechtliche Entscheidungen stellen wichtige Aufgaben des Gemeinderats dar. Andererseits ist aber der Bürgermeister für die sachgerechte Erledigung und den ordnungsgemäßen Gang der Verwaltung verantwortlich. Deshalb muss auch er einen Einfluss auf Personalentscheidungen haben.[640] Für die Gültigkeit personalrechtlicher Entscheidungen des Gemeinderats (einschließlich der Bestellung von Beigeordneten nach § 56 Abs. 2 S. 1 SächsGemO) ist daher gemäß § 28 Abs. 4 S. 1 SächsgemO grds. das **Einverständnis** des Bürgermeisters erforderlich („im Einvernehmen“). 43

Als personalrechtliche Entscheidungen nennt § 28 Abs. 4 S. 1 SächsGemO die **Ernennung** (§ 10 SächsBG einschließlich Beförderung und die Umwandlung gemäß § 4 BeamtStG), die **Einstellung, Höhergruppierung** (betrifft Arbeitnehmer) und **Entlassung** (bei Beamten einschließlich der Versetzung in den Ruhestand) der Gemeindebediensteten sowie die **Festsetzung von Vergütungen**, 44

635 NdsOVG, NVwZ-RR 2014, S. 774 (unzumutbare Einsichtnahme in den gesamten Inhalt von 34 Akten).
636 Vgl. VG Dresden, Urteil vom 19.3.2013 – 7 K 52/12, juris.
637 SächsOVG, NVwZ-RR 2016, S. 193 (194); zustimmend *Richter*, LKV 2016, S. 38f.
638 ThürOVG, ThürVBl. 2015, S. 166.
639 SächsOVG, Beschluss vom 7.2.2020 – 4 A 428/19, juris.
640 Vgl. *Hegele/Sponer*, LKV 1993, S. 358 (363).

auf die kein Anspruch aufgrund eines Tarifvertrages besteht. Umsetzungen gehören demgegenüber nicht dazu. Die „Umsetzung" (Zuweisung neuer Aufgaben an Gemeindebedienstete innerhalb der Verwaltung) erfolgt allein durch den Bürgermeister aufgrund seines Organisationsrechts nach § 53 Abs. 1 SächsGemO.[641]

45 Bei diesen Entscheidungen ist immer die **Beteiligung des Personalrates** mit zu berücksichtigen. Dies geschieht entweder in Form der Mitwirkung oder der Mitbestimmung (§§ 71 bis 87 SächsPersVG).[642]

46 **Einvernehmen** bedeutet die Herstellung der **vollen Zustimmung**. Das Einvernehmen wird i.d.R. dadurch erteilt, dass der Bürgermeister eine Beschlussvorlage mit einem konkreten Vorschlag einreicht, die der Gemeinderat durch Beschluss annimmt. Haben sich bspw. mehrere Kandidaten auf eine freie Stelle beworben, wählt der Gemeinderat aus dem Kreis der Bewerber eine Person aus und fordert den Bürgermeister zur Zustimmung auf. Der Beschluss des Gemeinderates erfolgt hier im Wege einer **Wahl** gemäß § 39 Abs. 7 SächsGemO. Die Erklärung des Bürgermeisters über sein Einverständnis ist Teil der Beschlussfassung und muss spätestens unmittelbar nach der Beschlussfassung abgegeben werden.[643] Die erforderliche Erteilung seines Einvernehmens ergibt sich aus der Organstellung des Bürgermeisters. Sie gehört nicht zum Geschäftskreis eines Beigeordneten; diesem steht daher diese Kompetenz nur als Verhinderungsvertreter zu.

47 Kommt das Einvernehmen nicht zustande, muss der Gemeinderat gemäß § 28 Abs. 4 S. 2 SächsGemO, auch wenn diese Mehrheit schon im ersten Wahlgang zustande gekommen ist, mit einer (qualifizierten) Mehrheit von zwei Dritteln der anwesenden Mitglieder in einem weiteren Wahlgang entscheiden. Die Stimme des Bürgermeisters zählt dabei mit, da er gemäß § 29 Abs. 1 S. 1 SächsGemO dem Gemeinderat angehört. Falls diese Mehrheit nicht erreicht wird, ist keine Entscheidung zustande gekommen.[644]

48 Bei Personalentscheidungen, die in die Zuständigkeit des Bürgermeisters fallen, hat der Gemeinderat lediglich bei der Bestellung von Verhinderungsstellvertretern ein Mitwirkungsrecht (§ 54 Abs. 2 S. 2 SächsGemO). Die Vorschriften des Landespersonalvertretungsgesetzes über die Beteiligung des Personalrats werden von diesen Bestimmungen nicht berührt.

II. Zusammensetzung und Wahl des Gemeinderats

1. Zusammensetzung des Gemeinderats

49 Der Gemeinderat besteht aus dem Bürgermeister als Vorsitzender und geborenes Mitglied kraft Amtes (§§ 29 Abs. 1 S. 1 2. Hs., 51 SächsGemO) sowie den

641 *Menke/Arens*, Gemeindeordnung für den Freistaat Sachsen, § 28 Rn. 31; vgl. *Richter*, LKV 2016, S. 38 f. (Anmerkung).

642 *Menke/Rehak*, in: Quecke/Schmid, Gemeindeordnung für den Freistaat Sachsen, § 28 Rn. 34.

643 *Sponer*, in: Binus/Sponer/Koolman, Sächsische Gemeindeordnung, § 28 Rn. 28.

644 *Menke/Arens*, Gemeindeordnung für den Freistaat Sachsen, § 28 Rn. 20; *Sponer*, in: Binus/Sponer/Koolman, Sächsische Gemeindeordnung, § 29 Rn. 28.

Gemeinderäten als ehrenamtliche Mitglieder (§ 29 Abs. 1 S. 1 1. Hs. SächsGemO). In Städten führen die Gemeinderäte die Bezeichnung „Stadträte" (§ 29 Abs. 1 S. 2 SächsGemO). Beigeordnete und Amtsverweser sind – auch wenn sie den Vorsitz übernommen haben – keine Mitglieder dieses Organs.[645] Damit besitzen sie in diesem Gremium auch kein Stimmrecht.[646] Das Gleiche gilt für sachkundige Einwohner (in den Ausschüssen), Sachverständige oder Gemeindebedienstete.[647]

Zur Vertiefung: 50

*Die **Beigeordneten** nehmen lediglich mit beratender Stimme an den Verhandlungen des Gemeinderates teil (§ 44 Abs. 5 SächsGemO). Selbst wenn sie den Bürgermeister in seiner Stellung als Vorsitzender des Gemeinderats vertreten (§ 55 Abs. 1 und Abs. 4 SächsGemO), sind sie nicht vom Volk legitimiert und daher auch dann nicht stimmberechtigt.*

Die **Zahl der Gemeinderäte** bestimmt sich nach der Gemeindegröße, d.h. 51 nach der Einwohnerzahl, und beträgt als Regelgröße zwischen acht und 60 Mitgliedern (vgl. § 29 Abs. 2 SächsGemO). Maßgebend dafür sind die vom Statistischen Landesamt zum 31. Dezember des zweiten der Wahl vorhergehenden Jahres auf der Grundlage der jeweils letzten Volkszählung fortgeschriebenen Einwohnerzahlen der Gemeinden (§ 65 KomWG). Die Berücksichtigung einer relevanten Änderung der Einwohnerzahl erfolgt allerdings erst zur nächsten regelmäßigen Gemeinderatswahl (§ 29 Abs. 4 SächsGemO). Im Gegensatz dazu wirken sich nach § 125 S. 2 SächsGemO Gebietsänderungen schon mit der Rechtswirksamkeit auf die Mitgliederzahl des neu zu wählenden Gemeinderats aus (§ 65 S. 2 KomWG).

Die Gemeinden können durch Hauptsatzung bestimmen, dass sich die Zahl 52 der Gemeinderäte nach der nächsthöheren oder niedrigeren Größengruppe richtet.[648] Die Zahl der Gemeinderäte muss aber auch bei Änderungen gerade sein, um Pattsituationen grds. zu vermeiden. In der höchsten Größengruppe kann die Zahl der Gemeinderäte um bis zu zehn erhöht werden (vgl. § 29 Abs. 3 SächsGemO). Von dieser speziellen Ermächtigung zur Erhöhung haben die Städte Dresden und Leipzig in vollem Umfang Gebrauch gemacht. Daher hat der Stadtrat von Dresden sowie von Leipzig jeweils 70 Mitglieder. Demgegenüber gibt § 25 Abs. 2 SächsLKrO für die Zusammensetzung des Kreistages zwar ebenfalls nach Einwohnerzahl gestaffelte, aber starre Größen für die Landkreise vor.

645 Siehe aber: BVerwGE 90, S. 104.

646 Eine Ausnahme gilt für den Amtsverweser nach § 54 Abs. 5 und 6 SächsGemO; vgl. dazu unten Rn. 493.

647 *Menke* in: Quecke/Schmid, Gemeindeordnung für den Freistaat Sachsen, § 29 Rn. 5.

648 So sieht bspw. die Hauptsatzung der Kreisfreien Stadt Chemnitz vor, dass der Stadtrat nicht 54 – entsprechend der maßgeblichen Größengruppe – sondern 60 Mitglieder – entsprechend der nächsthöheren Größengruppe – hat.

2. Wahl des Gemeinderats

Hinweis für Studierende der Rechtswissenschaften und Rechtsreferendare:

Das Kommunalwahlrecht zählt gemäß §§ 14 Abs. 3 Nr. 8c) cc), 44 Abs. 2 S. 1 SächsJAPO weder zum Pflichtfachstoff für die staatliche Pflichtfachprüfung noch zum Pflichtfachstoff für die Zweite Juristische Staatsprüfung. Die Autoren hoffen aber, dass sich Studierende und Rechtsreferendare auch als Bürgerinnen und Bürger verstehen, die ihre wesentlichen Rechte kennen wollen.

a) Wahlgrundsätze

53 Entsprechend dem Demokratiegebot der Verfassungen (Art. 38 Abs. 1 S. 1 GG; Art. 4 Abs. 1 SächsVerf) werden auch die Gemeinderäte in

- allgemeiner
  (jeder hat Zugang zur Wahl[649]),
- unmittelbarer
  (ohne Zwischenschaltung von Wahlmännern),
- freier
  (ohne jede Beeinflussung und Beeinträchtigung durch öffentliche und private Stellen),
- gleicher
  (jede Stimme hat denselben Zähl- und Erfolgswert) und
- geheimer
  (es kann nicht nachvollzogen werden, wer wie gewählt hat)

Wahl von den Bürgern für fünf Jahre gewählt (§§ 30 Abs. 1, 33 Abs. 1 SächsGemO).[650]

54 Gewählt wird nach § 30 Abs. 2 SächsGemO aufgrund von **Wahlvorschlägen** nach dem üblichen Wahlsystem der Verhältniswahl (mit offenen Listen). Ein Stimmzettel enthält Wahlvorschläge („Listen") von politischen Parteien und Wählervereinigungen; jeder Wahlvorschlag listet die zugehörigen Kandidaten auf (Platz 1, 2, 3 …). Seine Stimme gibt der Wahlberechtigte für die jeweiligen Kandidaten ab.[651] Der Wähler hat dabei die Möglichkeit des **Kumulierens** (Stimmenhäufung auf einen Bewerber) und des **Panaschierens** (Verteilung von Stimmen auf verschiedene Bewerber einer Liste oder verschiedener Listen).[652]

55 Das sächsische Gemeinderatswahlsystem tendiert sehr stark zur **Persönlichkeitswahl**.[653] Dies wird einerseits durch die Möglichkeit der Mehrheitswahl als

649 Einschränkungen in Bezug auf das Alter und den Wohnsitz sind aber möglich.

650 Zur unzulässigen Beeinflussung einer Kommunalwahl vgl. BVerfG, Urteil vom 2.3.1977 – 2 BvE 1/76, juris; VGH BW, Urteil vom 17.2.1992 – 1 S 2266/91, juris; BayVGH, Urteil vom 27.11.1991 – 4 B 91.573, juris. Zu den Anforderungen an die Grundsätze der Unmittelbarkeit und Gleichheit der Wahl beim Ausschluss eines Mitglieds des Gemeinderats, BVerwG, NVwZ 2015, S. 1613 ff. mit Besprechung von *Waldhoff*, JuS 2015, S. 1145 ff.

651 Im Gegensatz zu den Parteilisten bei Parlamentswahlen, bei denen der Wähler seine Zweitstimme nur der jeweiligen Partei ohne Einfluss auf die Kandidaten abgeben kann.

652 Vgl. etwa *Engels/Krausnick*, Kommunalrecht, Teil 2, § 4 Rn. 10.

653 Vgl. *Sponer/Jacob/Menke*, Landkreisordnung für den Freistaat Sachsen, § 44 Rn. 1.

reine Persönlichkeitswahl dokumentiert. Zum anderen zielt aber auch die Verhältniswahl durch das **System der „freien Liste"** und der damit verbundenen Möglichkeit des Kumulierens und Panaschierens in Richtung Persönlichkeitswahl.[654] Nähere Bestimmungen zu den Einzelheiten enthalten das **KomWG** und die **KomWO**.

56 Wird nur ein gültiger oder kein Wahlvorschlag eingereicht, findet **Mehrheitswahl** statt, ohne Bindung an die vorgeschlagenen Bewerber und ohne das Recht der Stimmenhäufung auf einen Bewerber (§ 30 Abs. 3 S. 1 SächsGemO).

57 Im sächsischen Kommunalwahlrecht gibt es **keine explizite Sperrklausel**, sondern nur eine mathematische Sperrklausel des Divisorverfahrens mit Abrunden für einen Sitz.

58 **Zur Vertiefung:**

Soweit die Funktionsfähigkeit einer kommunalen Vertretung gefährdet ist, darf der Gesetzgeber eine ***Sperrklausel*** *zur Absicherung einführen, wie es sie bei Bundes- und Landtagswahlen gibt. Die Einführung einer Sperrklausel unterliegt aber – unter Beachtung des Grundsatzes der Wahlrechtsgleichheit (Art. 28 Abs. 1 S. 2 GG) – strengen Anforderungen.*[655] *So hat das BVerfG*[656] *in einem Organstreitverfahren die Fünf-Prozent-Hürde im Kommunalwahlgesetz von Schleswig-Holstein für verfassungswidrig erklärt. Auch eine entsprechende Fünf-Prozent-Klausel in Nordrhein-Westfalen wurde vom dortigen Verfassungsgerichtshof für verfassungswidrig erklärt.*[657] *Da indes insb. in den Großstädten Nordrhein-Westfalens die Anzahl der Gruppierungen in den Stadträten kontinuierlich gestiegen ist mit der Folge, dass die Ratssitzungen länger dauern sowie die Entscheidungsfindung erheblich erschwert wird, hat der nordrhein-westfälische Landtag im Juni 2016 die Einführung einer Zweieinhalb-Prozent-Hürde beschlossen. Auch gegen diese Sperrklausel klagten zahlreiche Parteien und Wählergemeinschaften mit Erfolg. Der dortige Verfassungsgerichtshof entschied daraufhin, dass die verringerte Sperrklausel ebenfalls mit dem Grundsatz der Wahlgleichheit nicht vereinbar sei.*[658] *Das erscheint zweifelhaft, da die Beeinträchtigung – auch und gerade vor dem Hintergrund eines ohnehin bestehenden natürlichen Quorums, das erfüllt sein muss, um einen Sitz zu erlangen – weniger schwer wiegt.*[659]

b) Verhältniswahl

59 Nach den zuvor genannten Grundsätzen einer Verhältniswahl wird dann gewählt, wenn **mindestens zwei Wahlvorschläge** eingereicht worden sind. Jeder Wahlvorschlag darf höchstens eineinhalbmal so viel Bewerber enthalten, wie Gemeinderäte zu wählen sind. Außerdem kann jede Partei oder Wählervereinigung nur einen Wahlvorschlag abgeben. **Listenverbindungen**, bei denen

654 *Willmann*, Kommunalwahlrecht in Sachsen, S. 27.

655 Vgl. BVerfGE 107, S. 286 (294); 120, S. 82; VerfGH NRW, NVwZ 2009, S. 1096 ff. (zur Wahlrechtsgleichheit); vgl. zum Ganzen *Dietlein/Riedel*, Zugangshürden im Kommunalrecht, 2012.

656 BVerfGE 120, S. 82.

657 VerfGH NRW, Urteil vom 6.7.1999 – 14/98, juris.

658 Vgl. VerfGH NRW, Urteil vom 21.11.2017 – VerfGH 9, 11, 15, 16, 17, 18, 21/16, juris.

659 So wohl auch *Ritgen*, NVwZ 2018, S. 114 (115); anders *Meyer*, NVwZ 2018, S. 172 (173).

zwei getrennte Listen bei der Ermittlung der Sitze zusammen gewertet werden sollen, sind unzulässig. Mehrere Wählervereinigungen oder Parteien können aber einen **gemeinsamen Wahlvorschlag** einreichen (§ 6e KomWG). Besonderheiten gelten für Kreisfreie Städte nach §§ 2 Abs. 2 und 6b Abs. 2 KomWG.

60 Wählbar sind nur die auf einem Wahlvorschlag aufgeführten Bürger. **Jeder Wähler hat drei Stimmen (§ 15 Abs. 1 KomWG).** Nach § 30 Abs. 2 SächsGemO kann er wie dargestellt Bewerber aus anderen Wahlvorschlägen übernehmen (panaschieren) und einem Bewerber bis zu drei Stimmen geben (kumulieren).

61 Für jeden Wahlvorschlag werden die Stimmen aller Kandidaten addiert, um dann alle zu vergebenden Gemeinderatssitze gemäß § 21 Abs. 1 KomWG nach dem Höchstzahlverfahren nach Sainte-Laguë[660] auf die Wahlvorschläge zu verteilen. Danach wird – wie das folgende Beispiel zeigt – die auf jeden Wahlvorschlag entfallende (Gesamt-)Stimmenzahl nacheinander so lange durch 0,5; 1,5; 2,5; 3,5 und so weiter geteilt, bis so viele Höchstzahlen ermittelt sind, wie Sitze zu vergeben sind. Jedem Wahlvorschlag wird dabei der Reihe nach so oft ein Sitz zugeteilt, bis er jeweils die höchste Teilungszahl aufweist. Ergeben sich für den letzten Sitz oder die letzten Sitze gleiche Höchstzahlen für eine größere Anzahl von Wahlvorschlägen (Listen) als Sitze zu vergeben sind, entscheidet das vom Vorsitzenden des Gemeindewahlausschusses zu ziehende Los (§§ 21 Abs. 1 Satz 4 bzw. § 22 Abs. 1 Satz 4 KomWG). Die zugeteilten Sitze werden dann den Bewerbern in der Reihenfolge der von ihnen erreichten Stimmenzahl zugewiesen (§ 21 Abs. 2 KomWG).

Beispiel:

– 14 Sitze –

Wahlvorschlag I		**Wahlvorschlag II**		**Wahlvorschlag III**	
Anzahl der Stimmen und Reihenfolge		Anzahl der Stimmen und Reihenfolge		Anzahl der Stimmen und Reihenfolge	
Maier	1000 (1.)	Müller	1200 (1.)	Schulze	500 (1.)
Höffer	600 (3.)	Ertle	200 (4.)	Klein	100 (2.)
Groß	400 (4.)	Schlank	600 (2.)	Dick	50
Dünn	100 (5.)	Schnell	50	Langsam	80
Fichte	50	Tanne	150 (6.)	Baum	70
Scheu	700 (2.)	Kaiser	180 (5.)		
Mann	80 (6.)	Maus	220 (3.)		
Rabe	70				
Gesamtstimmen: 3000		Gesamtstimmen: 2.600		Gesamtstimmen: 800	

660 Bisher galt das Höchstzahlverfahren nach d'Hondt. Nach dem Dritten Gesetz zur Fortentwicklung des Kommunalrechts vom 9.2.2022 ist gemäß § 21 Abs. 1 und § 22 Abs. 1 KomWG i. V. m. § 65a KomWG erst ab der nächsten Kommunalwahl (Hauptwahl, gilt nicht für Ergänzungswahlen) für die Sitzverteilung das Höchstzahlverfahren nach Sainte-Laguë anzuwenden, das die Wahlvorschläge mit einer geringeren Gesamtstimmenzahl bei der Sitzverteilung begünstigt.

– 14 Sitze –

Wahlvorschlag I		Wahlvorschlag II		Wahlvorschlag III	
: 0,5 =	6000 (1)	: 0,5 =	5200 (2)	: 0,5 =	1600 (5)
: 1,5 =	2000 (3)	: 1,5 =	1733 (4)	: 1,5 =	533 (13)
: 2,5 =	1200 (6)	: 2,5 =	1040 (7)	: 2,5 =	320
: 3,5 =	857 (8)	: 3,5 =	743 (9)	: 3,5 =	229
: 4,5 =	667 (10)	: 4,5 =	578 (11)	: 4,5 =	178
: 5,5 =	545 (12)	: 5,5 =	473 (14)	: 5,5	
: 6,5 =	462	: 6,5 =	700	: 6,5	
6 Sitze nach Höchstzahl		**6 Sitze nach Höchstzahl**		**2 Sitze nach Höchstzahl**	

Hinweis:

*Das Ergebnis nach dem bisherigen d'Hondtschen Höchstzahlverfahren hätte demgegenüber **7-6-1** betragen.*

c) Mehrheitswahl

Nach den Grundsätzen der Mehrheitswahl wird gemäß § 30 Abs. 3 S. 1 SächsGemO dann gewählt, wenn nur ein gültiger oder kein Wahlvorschlag eingereicht worden ist. Der Wähler ist nicht an die vorgeschlagenen Personen gebunden; er kann auch andere wählbare Personen auf den Stimmzettel eintragen (siehe auch § 15 Abs. 6 KomWG). Bei der Mehrheitswahl gelten nach der Maßgabe des § 23 KomWG die Personen mit der höchsten Stimmenzahl als gewählt. Auch hier besitzt der Wähler drei Stimmen. Kumulieren ist gemäß § 30 Abs. 3 S. 1 SächsGemO nicht erlaubt, da dies bei der Mehrheitswahl für eine Persönlichkeitsauswahl nicht erforderlich ist.[661] **62**

Gewählt werden kann auch hier jeder wählbare Bürger. Falls ein Wahlvorschlag eingegangen ist, sind die darauf enthaltenen Namen auf dem Stimmzettel abzudrucken. Da der Wähler nicht an die vorgedruckten Personen gebunden ist, muss der Stimmzettel noch drei freie Zeilen enthalten. **63**

3. Aktives und passives Wahlrecht

Das **aktive Wahlrecht** für die Gemeindewahlen (Wer darf wählen?) haben gemäß §§ 16 Abs. 1, 30 Abs. 1 SächsGemO die **Bürger** i. S. d. § 15 Abs. 1 SächsGemO. **64**

Das aktive Wahlrecht kann durch Gesetz eingeschränkt werden. § 16 S. 2 SächsGemO regelt den Ausschluss vom Wahl- und damit auch vom Stimmrecht durch Richterspruch.[662] Der **Ausschluss** stellt einen zeitweiligen Verlust des Wahlrechts dar. **65**

In den Gemeinderat als das Kollegialorgan der Gemeinde können gemäß §§ 15, 31 SächsGemO nur die **Bürger** der Gemeinde gewählt werden, d. h., jeder Bür- **66**

661 Vgl. *Rehak*, in: Quecke/Schmid, Gemeindeordnung für den Freistaat Sachsen, § 30 Rn. 9.
662 § 45 Abs. 5 i. V. m. § 45a StGB. Vgl. näher dazu oben im 5. Kap. Rn. 40a.

ger kann für den Gemeinderat kandidieren. Bei der Wahl in den Ortschaftsrat als dem kollegialen Beschlussgremium der Ortschaft bzw. in den Stadtbezirksbeirat ist darüber hinaus noch Voraussetzung, dass der Bürger in dem betreffenden Gemeindeteil- bzw. Stadtbezirk wohnt (§ 66 Abs. 1 S. 3 2. Hs., § 71 Abs. 1 S. 1 SächsGemO).

67 Ein **passives Wahlrecht** (Wer darf gewählt werden?) nach § 31 Abs. 1 SächsGemO haben die Bürger, die nicht gemäß § 31 Abs. 2 Nr. 1 bis 3 SächsGemO (sog. Ineligibilität/Unwählbarkeit)

- von der Wahlberechtigung ausgeschlossen sind (§ 16 S. 2 SächsGemO) oder
- infolge deutschen Richterspruchs die Wählbarkeit oder die Fähigkeit zur Bekleidung öffentlicher Ämter nicht besitzen oder
- als Staatsangehörige eines anderen Mitgliedstaates der EU nach dem Recht dieses Mitgliedstaates infolge einer zivilrechtlichen Einzelfallentscheidung oder einer strafrechtlichen Entscheidung die Wählbarkeit verloren haben.

68 Von der **Wählbarkeit ausgeschlossene Personen** müssen vom Gemeindewahlausschuss im Falle einer Kandidatur von der Bewerberliste (dem Wahlvorschlag) gestrichen werden. Wird der Ausschlussgrund erst nach der Wahl bekannt, zählen die auf den betreffenden Bewerber entfallenden Stimmen trotzdem für seinen Wahlvorschlag, der Bewerber selber aber gilt als nicht vorgeschlagen.

4. Hinderungsgründe

69 Hinderungsgründe i. S. d. § 32 Abs. 1 Nr. 1 bis 6 SächsGemO (Wer darf die Tätigkeit ausüben?) stellen **keinen Ausschluss der Wählbarkeit** dar. Die Wahl dieser Kandidaten wird dadurch auch nicht ungültig, sondern macht nur deren Eintritt in den Gemeinderat oder den Ortschafts- bzw. Stadtbezirksbeirat[663] unmöglich bzw. schließt eine gleichzeitige Zugehörigkeit in einem solchen Organ aus.[664]

70 Personen, bei denen ein Hinderungsgrund vorliegt, können daher jederzeit als **Bewerber** in einen Wahlvorschlag aufgenommen und gewählt werden. Der Gesetzgeber vermutet einen Interessenkonflikt zwischen Amt und Mandat **(Inkompatibilität[665])**, der verhindert werden soll.[666] Der gewählte Bürger kann den Interessenkonflikt aber lösen, indem er sich für das Mandat entscheidet und das entsprechende „Amt“ aufgibt.

663 Zur Frage, ob § 32 SächsGemO auch für die Wahl von Stadtbezirksbeiräten gilt, s. u. 7. Kap. Rn. 58.

664 Vgl. *Rehak*, in: Quecke/Schmid, Gemeindeordnung für den Freistaat Sachsen, § 31 Rn. 1.

665 Grundlegend dazu: *Schneider-Hässler*, Schriften zum deutschen und europäischen Kommunalrecht, Band 51, 2017 „Inkompatibilität im Kommunalrecht“.

666 Bestätigt vom BVerfG, Beschluss vom 17.01.1961 – 2 BvR 547/60, juris, da mit Befangenheitsregelungen nicht alle Konstellationen der Interessenkollision ausgeräumt werden können.

Zur Vertiefung:

Art. 137 Abs. 1 GG gestattet dem Landesgesetzgeber nach h. M. allein, die Inkompatibilität (Unvereinbarkeit von Amt und Mandat) als Eingriff in das passive Wahlrecht zu normieren, nicht aber eine Regelung zur Ineligibilität (Beschränkung der Wählbarkeit).[667]

Beschlüsse, an denen ein unter § 32 SächsGemO fallendes Organmitglied mitgewirkt hat, sind rechtswidrig.[668] Andererseits hat jeder Betroffene, für den ein Hinderungsgrund vom Gemeinderat (Ortschafts-Stadtbezirksbeirat) festgestellt worden ist, die Möglichkeit, diese Feststellung – nach einem Vorverfahren – verwaltungsgerichtlich überprüfen zu lassen[669] (feststellender Verwaltungsakt). Im Fall eines Widerspruchs entscheidet ebenfalls der Gemeinderat gemäß § 73 Abs. 1 Nr. 3 i. V. m. Abs. 2 VwGO als Organ, vertreten durch den Vorsitzenden. Bis zur Feststellung des Hinderungsgrundes bleibt die Rechtswirkung der Tätigkeit des Gemeinderates unberührt.[670] 71

Gemeinderäte bzw. Ortschafts- sowie gewählte Stadtbezirksbeiräte können gemäß § 32 Abs. 1 SächsGemO nicht sein: 72

- Nr. 1: Der Bürgermeister, die Beigeordneten und die übrigen Beamten der Gemeinde, ausgenommen die Ehrenbeamten und Ruhestandsbeamten, sowie die Arbeitnehmer der Gemeinde.
  Zur Erläuterung: Unter „Arbeitnehmer der Gemeinde"[671] fallen auch die nur teilweise bzw. vorübergehend Beschäftigten. Die Gemeinde muss Dienstherr bzw. Arbeitgeber sein. Zur Gemeinde abgeordnete Bedienstete fallen also nicht unter diese Bestimmung. Dasselbe gilt für Arbeitsverhältnisse aufgrund eines Werkvertrags und für Ehrenbeamte der Gemeinde. § 32 Abs. 1 Nr. 1 SächsGemO gilt auch nicht für Arbeitnehmer, deren Wählbarkeit nicht nach Art. 137 Abs. 1 GG eingeschränkt werden darf (§ 32 Abs. 2 SächsGemO). Diese Ausnahme betrifft insb. Gemeindebedienstete, die vor den entsprechenden Rechtsänderungen den Status von Arbeitern hatten, während die Inkompatibilität auch für ehemalige Angestellte des öffentlichen Dienstes gilt. Wer zu der Gruppe der Angestellten des öffentlichen Dienstes gehört, ist im Lichte der Zweckrichtung des Art. 137 Abs. 1 GG zu bestimmen, wonach lediglich die Wählbarkeit von Angestellten des öffentlichen Dienstes landesgesetzlich beschränkt werden kann. Der Begriff des Arbeitnehmers i. S. d. § 32 Abs. 1 Nr. 1 SächsGemO ist danach so zu verstehen, dass Personen, die überwiegend körperliche Arbeit verrichten, von dieser Inkompatibilitätsregelung ausgenommen sind und daher Mitglied des Ge-

667 Vgl. dazu hier nur *Jarass*, in: Jarass/Pieroth, GG, Art. 137 Rn. 3 m. w. N.

668 Siehe aber: *Rehak*, in: Quecke/Schmid, Gemeindeordnung für den Freistaat Sachsen, § 32 Rn. 21.

669 VGH BW, VBlBW. 1983, S. 81.

670 *Sponer*, in: Binus/Sponer/Koolman, Sächsische Gemeindeordnung, § 32 Rn. 12.

671 Mit dem Gesetz zur Fortentwicklung des Kommunalrechts vom 28.11.2013 wurde die Unterscheidung zwischen Angestellten und Arbeitern der Gemeinde aufgegeben.

meinderates sein können. Hinzu kommt, dass bei kommunalen Vertretungsorganen nicht unterschiedslos alle Arbeitnehmer der Gemeinde, die nicht überwiegend körperliche Arbeit verrichten, von der Wählbarkeit ausgeschlossen werden dürfen. Es muss stets im Einzelfall geprüft werden, ob der jeweilige Arbeitnehmer durch seine Tätigkeit überhaupt die Möglichkeit hat, inhaltlich auf die Verwaltungsführung der Kommune Einfluss zu nehmen.[672] Ebenfalls nicht unter diese Einschränkung fallen die Ruhestandsbeamten und Rentner der Gemeinde, da zwischen diesen Personen und der Gemeinde kein Dienstverhältnis mehr vorliegt.[673]

- Nr. 2: Die Beamten und leitenden Arbeitnehmer einer juristischen Person des öffentlichen Rechts oder privaten Rechts, in der die Gemeinde einen maßgeblichen Einfluss ausübt.
  Zur Erläuterung: Ein Hinderungsgrund besteht also nur dann, wenn die Gemeinde dort einen maßgeblichen Einfluss ausübt.
- Nr. 3: Die Beamten und Arbeitnehmer eines Verwaltungsverbandes (§§ 5 und 23 SächsKomZG), dessen Mitglied die Gemeinde ist.
- Nr. 4: Die Beamten und Arbeitnehmer der erfüllenden Gemeinde einer Verwaltungsgemeinschaft (§ 36 SächsKomZG), an der die Gemeinde beteiligt ist.
- Nr. 5: Die mit Angelegenheiten der Rechtsaufsicht über die Gemeinde befassten Beamten und Arbeitnehmer der Rechtsaufsichtsbehörden.
- Nr. 6: Die mit Angelegenheiten der überörtlichen Prüfung der Gemeinde befassten Beamten und Arbeitnehmer der staatlichen Rechnungsprüfungsämter und des Sächsischen Rechnungshofes.

73 **Zur Vertiefung:**

Im Freistaat Sachsen kommt es häufig vor, dass sich amtierende Bürgermeister (formal) um ein Gemeinderatsmandat bewerben. Zumeist stehen sie auf Platz 1 des jeweiligen Wahlvorschlags mit dem Ziel, möglichst viele Wählerstimmen für diese Liste zu bekommen. Nach der Gemeinderatswahl verzichten die betreffenden Bürgermeister auf ihr Mandat, wobei folglich der bestplatzierte Ersatzbewerber zum Zuge kommt.

Diese Praxis ist kommunalpolitisch zweifelhaft, da sich die Wähler getäuscht fühlen können. Ein Rechtsverstoß liegt indes nicht vor, da der Hinderungsgrund nach § 32 Abs. 1 Nr. 1 SächsGemO die Wählbarkeit unberührt lässt. Theoretisch könnte ja der in den Gemeinderat gewählte Bürgermeister auf sein Bürgermeisteramt verzichten und damit den Hinderungsgrund beseitigen.

672 Vgl. BVerwG, Urteil vom 14.6.2017 – 10 C 2/16; BVerwGE 159, S. 113 ff.; OVG Berlin-Brandenburg, Beschluss vom 5.12.2019 – 12 S 49.19, juris („Kita-Erzieherin“); VG Chemnitz, Beschluss vom 17.7.2020 – 5 L 622/19, juris; VG Chemnitz, Urteil vom 29.1.2021 – 5 K 229/20, juris („Musikschullehrer“).

673 Vgl. Rehak, in: Quecke/Schmid, Gemeindeordnung für den Freistaat Sachsen, § 32 Rn. 3.

5. Amtszeit der Gemeinderäte

Die Amtszeit der Gemeinderäte beträgt in Sachsen **fünf Jahre** (§ 33 Abs. 1 SächsGemO). Sie endet mit Ablauf des Monats, in dem die nächsten regelmäßigen Wahlen des Gemeinderates stattfinden (z.B. Beendigung zum 31.5., wenn die Gemeinderatswahl im Mai stattfindet). 74

Bis zum Zusammentritt des neu gewählten Gemeinderats führen die bisherigen Gemeinderäte die Geschäfte weiter. Der Gemeinderat ist unverzüglich nach Zustellung des Wahlprüfungsbescheids oder nach Eintritt der Rechtskraft der Wahl zur ersten Sitzung einzuberufen (§ 33 Abs. 2 SächsGemO). Wird die Wahl der Gemeinderäte, die ihr Amt bereits angetreten haben, rechtskräftig für ungültig erklärt, führen diese ihr Amt trotzdem bis zum Zusammentritt eines neuen Gemeinderats weiter. Dieser Fall kann dann auftreten, wenn im Wahlprüfungsverfahren eine Wahlanfechtung zurückgewiesen, einer anschließenden Klage aber im Verwaltungsrechtsweg entsprochen wurde. In diesem Fall gilt die „gesetzliche Fiktion", wonach den Gemeinderäten ihr Mandat rechtskräftig zugefallen wäre. Beschlüsse dieses Gremiums gelten gemäß § 33 Abs. 3 SächsGemO als rechtmäßig zustande gekommen. 75

6. Ausscheiden, Nachrücken und Ergänzungswahl

Aus dem Gemeinderat scheiden gemäß § 34 Abs. 1 SächsGemO solche Mitglieder aus, 76

- bei denen während der Wahlperiode die Wählbarkeit verloren geht (§ 31 SächsGemO),
- für die ein Hinderungsgrund eintritt oder bekannt wird (§ 32 SächsGemO) oder
- das Mandat nach § 34 Abs. 3 SächsGemO verloren geht, weil eine Partei oder Teilorganisation einer Partei für verfassungswidrig erklärt wird oder
- das Mandat nach § 34 Abs. 4 SächsGemO verloren geht, weil ein Verein oder Teilverein verboten wird.

Die Gemeinderäte verlieren ihr Mandat, sofern sie der Partei oder Teilorganisation zu irgendeinem Zeitpunkt zwischen der Antragstellung und der Verkündung der Entscheidung angehört haben. 77

Das Ausscheiden aus dem Gemeinderat ist die **gesetzliche Rechtsfolge**, sofern die entsprechenden Tatbestandsvoraussetzungen des § 34 SächsGemO gegeben sind. Aus Gründen der Klarstellung hat aber der Gemeinderat gleichwohl in allen vier Fällen einen förmlichen Beschluss zu fassen (§ 34 Abs. 1 S. 2 SächsGemO). Der Gemeinderat hat bei dieser Feststellung keinen Ermessensspielraum; der betroffene Gemeinderat kann diese Verfügung mit Widerspruch und ggf. mit einer Klage anfechten.[674] Auch wenn ein Ausscheidungsgrund nachträglich wegfällt, lebt die Mitgliedschaft trotzdem nicht wieder auf. 78

674 OVG NRW, NVwZ-RR 2009, S. 495.

79 Ergibt sich nachträglich, dass ein Gewählter im **Zeitpunkt der Wahl** nicht wählbar war, hat dies der Gemeinderat ebenfalls formell festzustellen. Die Rechtsaufsichtsbehörde (Wahlprüfungsbehörde) hat dann diese Sitzzuteilung für ungültig zu erklären.

80 Ist der Gemeinderat nicht mehr vollzählig, wird er durch **Ersatzpersonen** aufgefüllt (§ 34 Abs. 2 SächsGemO). Ersatzpersonen sind die nicht gewählten Bewerber in der Reihenfolge ihrer Stimmenzahl.[675] Ersatzpersonen, welche die Wählbarkeit verloren haben[676] oder für die der Gemeinderat formell einen Hinderungsgrund festgestellt hat, verlieren ihre Eigenschaft als Ersatzperson.[677] Das Ausscheiden aus einer Partei oder einer Wählervereinigung wirkt sich dagegen auf die Ersatzpersoneneigenschaft nicht aus.

81 Sinkt die **Zahl der Gemeinderäte** (der Bürgermeister zählt also bei dieser Berechnung nicht mit) auf weniger als zwei Drittel der maßgeblichen Mitgliederzahl ab, ist gemäß § 34 Abs. 7 SächsGemO für den Rest der Amtszeit eine **Ergänzungswahl** durchzuführen, sofern diese mindestens noch sechs Monate beträgt. Die Ergänzungswahl wird wie die Hauptwahl durchgeführt; dabei dürfen auch neue Wahlvorschläge eingereicht werden. Die Wahl erfolgt aber nur für den Zeitraum bis zum Ablauf der ordentlichen Wahlperiode.

III. Fraktionen und Gruppen

1. Allgemeines

82 Ebenso wie im Bundes- oder Landtag können sich auf der Gemeindeebene Gemeinderäte zu Fraktionen[678] oder kleineren Gruppen zusammenschließen.[679]

83 **Fraktionen**[680] sind in den meisten Bundesländern[681] ausdrücklich in der Kommunalverfassung geregelt, so auch im Freistaat Sachsen in § 35a SächsGemO. Im Übrigen ist das Recht zur Fraktionsbildung durch Art. 21 Abs. 1 GG anerkannt.[682] Demgegenüber fehlt in der SächsGemO sowie in der SächsLKrO, im Gegensatz zu manchen anderen Bundesländern[683], eine Regelung für Zusammenschlüsse von Gemeinderats- bzw. Kreistagsmitgliedern unterhalb der Fraktionsstärke. Eine Rechtsgrundlage für die Bildung von **Gruppen** ergibt sich nach der Rechtsprechung indes aus der Mandatsfreiheit.[684] Dabei wird man davon ausgehen können, dass die nachfolgenden Grundsätze zumeist

675 § 21 Abs. 2 KomWG.

676 Z.B. durch Wegzug.

677 *Sponer*, in: Binus/Sponer/Koolman, Sächsische Gemeindeordnung, § 34 Rn. 2.

678 Vgl. hierzu die Fallbearbeitungen von *Günther*, NWVBl. 2007, S. 33 und *Hartmann/Engel*, NWVBl. 2013, S. 505.

679 Vgl. hierzu die Fallbearbeitungen von *Hartmann/Engel*, NWVBl. 2013, S. 505ff.; *Hellermann*, Jura 1995, S. 145ff.; *Rozek*, SächsVBl. 2017, S. 341f. und SächsVBl. 2018, S. 22ff.

680 Zum Begriff der Fraktion: OVG NRW, SächsVBl. 2005, S. 651f.

681 Fraktionen sind in Bayern und Baden-Württemberg gesetzlich nicht geregelt, aber dennoch auch dort unzweifelhaft zulässig.

682 OVG NRW, DÖV 2003, S. 416; VG Dresden, SächsVBl. 2001, S. 9.

683 Vgl. etwa § 56 GO NRW.

684 Vgl. BVerfG, Urteil vom 16.7.1991 – 2 BvE 1/91, juris; SächsOVG, SächsVBl. 2019, S. 289ff.; vgl. dazu auch *Zimmermann*, SächsVBl. 2019, S. 280ff.

auch auf Gruppen übertragbar sind. Unterschiede ergeben sich jedoch, wenn und soweit das Gesetz bestimmte Rechte, wie etwa das Antragsrecht nach § 36 Abs. 5 SächsGemO bzw. § 32 Abs. 5 SächsLKrO, ausdrücklich nur Fraktionen zuspricht. Nach Auffassung des SächsOVG dürfen Gruppen nicht ohne sachlichen Grund schlechter als Fraktionen behandelt werden.[685]

Den einzelnen Gemeinderäten steht es frei, sich zu einer Fraktion oder Gruppe zusammenzuschließen.[686] Sie sind auch nicht verpflichtet, Mitglied der Fraktion oder Gruppe zu werden oder zu bleiben, über deren Wahlvorschlag sie in den Gemeinderat gewählt worden sind. Meistens bilden die Gemeinderäte desselben Wahlvorschlags eine Fraktion oder Gruppe. Sie müssen nicht derselben Partei angehören, auch wenn das in der kommunalpolitischen Praxis i. d. R. der Fall sein wird. Fraktion und Partei führen dann auch denselben Namen.[687] § 35a Abs. 1 S. 1 SächsGemO gibt vor, dass die Fraktionen mindestens fünf Prozent der Gemeinderäte, mindestens jedoch zwei Personen umfassen müssen. Gemäß § 35a Abs. 1 S. 3 SächsGemO regeln die Gemeinden Näheres über die Bildung der Fraktionen sowie ihre Rechte und Pflichten innerhalb des Gemeinderates (z. B. Sitzordnung, Mitwirkung bei Geschäftsordnungsanträgen usw.) in der **Geschäftsordnung** des Gemeinderats. Fraktionen oder Gruppen haben den Vorteil, dass sich die einzelnen Gemeinderäte besser spezialisieren und informieren können.[688] Die so gewonnenen Kenntnisse können dann den anderen Mitgliedern des Gemeinderats übermittelt werden. 84

2. Rechtsstatus und Bildung

Fraktionen sind gemäß § 35a Abs. 1 S. 2 SächsGemO **Organteile des Gemeinderates**. Sie sind grds. auf die Dauer der Wahlperiode angelegte Zusammenschlüsse, wobei zwischen den Mitgliedern eine prinzipielle politische Übereinstimmung bestehen muss.[689] Ein Gemeinderat kann nur einer Fraktion angehören. Als Organteile sind Fraktionen dem öffentlichen Recht zuzuordnen[690] und sind nicht etwa Teil einer Partei oder Wählervereinigung, auch wenn sie einer politischen Partei verbunden sind. Sie sind ständige Gliederungen des jeweiligen Gemeinderates, aber **keine Untergliederung einer Partei**.[691] Es gibt auch keine Verpflichtung, dass eine Fraktion nur mit dem Namen der Partei oder der Parteien bezeichnet werden darf, über deren Wahlvorschlag die betreffenden Mitglieder der Fraktion in den Gemeinderat gewählt wurden. Die- 85

685 Vgl. zu Kreisräten SächsOVG, Urteil vom 24.5.2019 – 4 C 10/17 = SächsVBl. 2019, S. 289 ff.; *Zimmermann*, SächsVBl. 2019, S. 280 (284) weist zu Recht darauf hin, dass das Urteil zum Anlass genommen werden sollte, generell zu prüfen, ob das jeweils geltende kommunale Recht den dort entwickelten Grundsätzen genügt.

686 *Stober*, Kommunalrecht in der Bundesrepublik Deutschland, S. 212.

687 *Menke*, in: Quecke/Schmid, Gemeindeordnung für den Freistaat Sachsen, § 35a Rn. 10.

688 BVerwG, *Knemeyer/Hofmann-Hoeppel/Bretzinger*, Entscheidungssammlung zum Kommunalrecht, Rn. 3330.4.

689 Vgl. *Gern*, Sächsisches Kommunalrecht, Rn. 460 zu Fraktionen.

690 Vgl. zu Fraktionen OVG NRW, NWVBl. 1989, S. 130; a. A. BayVGH, NJW 1988, S. 2754.

691 Vgl. zu Fraktionen *Sponer*, in: Binus/Sponer/Koolman, Sächsische Gemeindeordnung, § 35a Rn. 1.

se Grundsätze wird man ungeachtet der fehlenden gesetzlichen Regelung auch auf Gruppen übertragen können.

86 Bildung, Aus- und Übertritt sowie Aufhebung sind frei. Aufgrund des dem einzelnen Gemeinderat gemäß § 35 Abs. 3 SächsGemO gewährten freien Mandats ist jeder **Fraktions- oder Gruppenzwang unzulässig**. Die Fraktionen oder Gruppen können ihre Mitglieder demnach auch nicht zu einer einheitlichen Stimmabgabe verpflichten; das Verlangen nach einem einheitlichen politischen Agieren (sog. **Fraktions- oder Gruppendisziplin**) ist aber zulässig und für eine effektive Fraktions- bzw. Gruppenarbeit auch erforderlich.[692]

87 Fraktionen oder Gruppen werden durch eine **öffentlich-rechtliche Vereinbarung** zwischen den betreffenden Gemeinderäten gebildet. Es handelt sich daher bei Fraktionen und Gruppen um öffentlich-rechtliche (keine privaten) Vereinigungen politisch gleichgesinnter Mandatsträger. Andere Personen wie etwa die Ortsvorsteher, die Beigeordneten, sachkundige Einwohner, Beauftragte oder sogar Parteivertreter können nicht Mitglieder einer Fraktion oder Gruppe sein; sie können aber als Gäste eingeladen werden und beratend mitwirken.

88 ***Hinweis:***

Auch eine Einladung der Verwaltungsspitze (Bürgermeister oder Beigeordnete) und weiterer leitender Bediensteter ist möglich und sollte auch im Sinne einer verbesserten Zusammenarbeit – dann aber gleichermaßen in Bezug auf alle Fraktionen oder Gruppen – so gehandhabt werden. Es wird in Gemeinden auch erfolgreich praktiziert, dass regelmäßig vor der Gemeinderatssitzung Beratungen des Bürgermeisters mit den Fraktionsvorsitzenden stattfinden. Sofern der Gemeinderat gemäß § 45 SächsGemO einen Ältestenrat gebildet hat, sind die Fraktionsvorsitzenden i. d. R. in diesem Gremium vertreten.

89 Für ihre inneren Angelegenheiten können sich Fraktionen oder Gruppen eigene **Fraktions- bzw. Gruppengeschäftsordnungen** geben, die inhaltlich im Wesentlichen die Mitgliedschaft (Aufnahme/Ausschluss), die Rechte und Pflichten, die Wahl und die Abwahl des Fraktionsvorsitzenden, der Stellvertreter und ggf. des Fraktionsgeschäftsführers regeln.[693]

90 Fraktionen oder Gruppen sind zwar auf Dauer angelegt. Es ergibt sich jedoch aus der Natur der Sache, dass sie längstens **bis zum Ende der Wahlperiode** des Gemeinderates bestehen können und nach jeder Wahl des Gemeinderates eine neue Konstituierung sowie eine entsprechende Mitteilung an den Bürgermeister notwendig ist.[694]

---

692 Zu Fraktionen *Engels/Krausnick*, Kommunalrecht, Teil 2, § 4 Rn. 54. Ähnlich *Geis*, Kommunalrecht, § 11 Rn. 90.

693 Zu Fraktionen vgl. *Erbguth/Mann/Schubert*, Besonderes Verwaltungsrecht, § 4 Rn. 148. Zum Rechtsschutz dagegen *Michl*, BayVBl. 2013, S. 289.

694 Vgl. dazu § 2 der Mustergeschäftsordnung des Sächsischen Städte- und Gemeindetags für Fraktionen.

Hinweis:

Fraktionen können auch während der Wahlperiode aufgelöst werden. In diesem Fall müssen i.d.R. die Ausschüsse des Gemeinderats neu besetzt werden, da sich das Stärkeverhältnis aller Fraktionen dadurch verändert. Folglich müssen die Ausschüsse nach § 42 SächsGemO neu zusammengesetzt werden. Entsprechendes gilt für die Vertreter in den privatrechtlichen Unternehmen der Gemeinde gemäß § 98 Abs. 1 SächsGemO, die vom Gemeinderat widerruflich bestellt worden sind.

3. Rechtsschutz gegen einen Fraktions- oder Gruppenausschluss

Grds. ist es möglich, ein einzelnes Mitglied aus einer (fortbestehenden) Frak- 91
tion oder Gruppe auszuschließen **(Fraktions- bzw. Gruppenausschluss)**. Dies trifft das Ratsmitglied schwer, da es dadurch die fraktions- bzw. gruppenspezifischen Mitwirkungsrechte verliert. Daher kann sich das betreffende Mitglied dagegen wehren und verwaltungsgerichtlich klagen.[695] Da das klagende Ratsmitglied ebenso ein Teil des Organs Gemeinderat ist wie die Fraktion, handelt es sich um ein Kommunalverfassungsstreitverfahren[696], wobei die Feststellungsklage statthaft ist.

Die **Voraussetzungen** eines Fraktions- oder Gruppenausschlusses richten sich 92
in erster Linie nach den bei der Bildung der Fraktion oder Gruppe getroffenen Absprachen oder der Geschäftsordnung der Fraktion bzw. der Gruppe. Dessen ungeachtet, gibt es gewisse Mindestvoraussetzungen, die in jedem Fall zu beachten sind. So ist die **vorherige Anhörung** des betroffenen Mitglieds obligatorisch.[697] Ferner müssen zu der Sitzung, in der über den Ausschluss entschieden werden soll, alle Mitglieder unter Benennung des Tagesordnungspunktes eingeladen werden. Dort wird – abhängig von der Geschäftsordnung – mit einfacher bzw. qualifizierter Mehrheit entschieden.[698]

In materieller Hinsicht ist der **Verhältnismäßigkeitsgrundsatz** zu wahren, da 93
ein Ausschluss nur aus wichtigem Grund und als Ultima Ratio zulässig ist.[699] Dabei kommt es auf die Umstände des Einzelfalls an. Jedenfalls stellt nicht jeder Dissens einen die Ausschließung eines Mitglieds rechtfertigenden Grund dar, sondern nur solche Umstände, die das **Vertrauensverhältnis** nachhaltig und derart stören, dass eine weitere Zusammenarbeit den übrigen Mitgliedern nicht zugemutet werden kann.[700] Dies kann etwa dann der Fall sein, wenn Mitglieder ständig anders abstimmen, als dies in der Fraktion bzw. Gruppe vereinbart wurde.[701] Auch die Entfernung eines Mitglieds von den

695 Vgl. zu Fraktionen *Erbguth/Mann/Schubert*, Besonderes Verwaltungsrecht, § 4 Rn. 149 m. w. N.
696 So zu Fraktionen *Burgi*, Kommunalrecht, § 12 Rn. 15; a. A. (noch) BayVGH, NJW 1988, S. 2754; *Gern/Brüning*, Deutsches Kommunalrecht, Rn. 565.
697 OVG NRW, Beschluss vom 26.02.2018 – 15 B 19/18, juris Rn. 11 zu Fraktionen.
698 Zu den Grundsätzen des Ausschlusses aus einer Fraktion vgl. OVG NRW, Beschluss vom 26.2.2018 – 15 B 19/18, juris.
699 *Geis*, Kommunalrecht, § 11 Rn. 98 m. w. N. zu Fraktionen.
700 OVG NRW, Beschluss vom 26.02.2018 – 15 B 19/18, juris Rn. 23 zu Fraktionen.
701 VG Oldenburg, NdsVBl. 2003, S. 163 (164).

politischen Grundanschauungen, die die Grundlage der Fraktions- oder Gruppenbildung darstellen, wird als Motiv für einen Ausschluss akzeptiert.[702]

4. Aufgabe der Fraktionen und Gruppen sowie Regelungsermächtigung

94 Aufgabe von Fraktionen und Gruppen ist die Mitwirkung bei der **Willensbildung** und den **Entscheidungen** im Gemeinderat durch politisch Gleichgesinnte.[703] Es erfolgt eine Vorabklärung und Vorinformation durch koordinierende, steuernde und vorberatende Tätigkeiten. „Mitwirken" stellt auch klar, dass die Arbeit der Fraktionen oder Gruppen die Willensbildung des Gemeinderates nicht ersetzen kann. Entscheidungen, die vom Gemeinderat als Ganzem zu treffen sind, können nicht auf Fraktionen oder Gruppen übertragen werden.[704] Die Mitwirkungsbefugnisse von Gemeinderatsfraktionen bzw. -gruppen bei der Willensbildung und Entscheidungsfindung des Gemeinderates können im Wege des Kommunalverfassungsstreits geltend gemacht werden.[705]

95 Während Fraktionen und Gruppen in den Stadträten der Kreisfreien Städte praktisch nicht wegzudenken sind, und der Zusammenschluss zu einer Gruppe jedenfalls in den Kreistagen „der gelebten Wirklichkeit" entspricht,[706] wird in vielen Gemeinderäten kleinerer Gemeinden zum Teil auf Fraktionen bzw. Gruppen verzichtet. Hintergrund ist auch hier, dass besonders in größeren Vertretungskörperschaften eher ein Bedarf gesehen wird, die Arbeit des Stadtrates und seiner Ausschüsse durch die Bildung von Fraktionen und Gruppen zu straffen.

96 Der Gesetzgeber hat sich beim § 35a SächsGemO für eine Rahmenregelung entschieden und überlässt es im Übrigen der Geschäftsordnung des Gemeinderates, alles Weitere zu regeln. Allerdings wurde aufgrund der Regelungsermächtigung des § 127 Abs. 1 Nr. 9a SächsGemO eine Verordnung des Sächsischen Staatsministeriums des Innern über die Fraktionsfinanzierung in Gemeinden und Landkreisen (Sächsische Fraktionsfinanzierungsverordnung – SächsFraktfinVO) erlassen, die die Grundsätze der Fraktionsfinanzierung, den Mindestumfang und den Maßstab für die Verteilung der Fraktionsmittel sowie die Formen und die zweckentsprechende Verwendung der Fraktionsmittel regelt.[707]

5. Regelungen zur Mindestgröße von Fraktionen und deren Folgen für die Gruppenbildung

97 § 35a Abs. 1 S. 1 SächsGemO regelt seit dem Dritten Gesetz zur Fortentwicklung des Kommunalrechts vom 9.2.2022[708] verbindlich, dass Fraktionen fünf Prozent der Gemeinderäte, mindestens jedoch zwei Personen, umfassen müs-

702 NdsOVG, NVwZ 1994, S. 506 (507).
703 SächsOVG, SächsVBl 2014, S. 18 (zum Umfang der organschaftlichen Befugnisse einer Fraktion im Gemeinderat); SächsOVG, SächsVBl. 2019, S. 289 ff. zu Gruppen.
704 *Menke*, in: Quecke/Schmid, Gemeindeordnung für den Freistaat Sachsen, § 35a Rn. 37.
705 SächsOVG, NVwZ-RR 2009, S. 774; vgl. auch SächsOVG, Beschluss vom 2.10.2023 – 4 B 173/23 = SächsVBl. 2023, S. 369.
706 So SächsOVG, SächsVBl. 2019, S. 291 Rn. 24.
707 SächsGVBl. 2023, S. 110.
708 Gesetz vom 9.2.2022 (SächsGVBl. S. 134).

sen. Der Gesetzgeber gibt damit nunmehr eine Mindestfraktionsstärke vor. Im Gegensatz zur früheren Rechtslage hat der Gemeinderat keine Kompetenz und damit auch kein Ermessen mehr, die Festsetzung einer Mindestmitgliederzahl selbst zu bestimmen[709]. Diese beträgt danach in den kreisangehörigen Städten und Gemeinden stets mindestens zwei und in den Kreisfreien Städten mindestens drei (Stadt Chemnitz) bzw. mindestens vier (Städte Dresden und Leipzig).

Zur Vertiefung: 98

In einigen Kommunalverfassungen anderer Bundesländer ist die Mindestzahl für Fraktionen ebenfalls ausdrücklich gesetzlich geregelt.[710]

6. Finanzielle Unterstützung durch die Gemeinde

Die Gemeinden sind nach § 35a Abs. 3 S. 1 SächsGemO verpflichtet, den Frak- 99
tionen zur Erfüllung ihrer Aufgaben Mittel in Form von Geld- und Sachleistungen für deren angemessene **sächliche Mindestausstattung** auf der Grundlage einer Satzung zur Verfügung zu stellen. In Gemeinden unter 5.000 Einwohnern können und in Gemeinden über 5.001 Einwohnern sollen zudem nach § 35a Abs. 3 S. 2 SächsGemO Haushaltsmittel für deren angemessene **personelle Mindestausstattung** gewährt werden. Ein Rechtsanspruch auf Bereitstellung von Mitteln durch Satzung besteht insoweit im Hinblick auf die sächliche Mindestausstattung. Die Höhe steht allerdings im pflichtgemäßen Ermessen des Gemeinderates. Dass in Gemeinden ab 5001 Einwohnern den Fraktionen Mittel für personelle Aufwendungen für die Geschäftsführung gewährt werden **sollen** bedeutet, dass i. d. R. eine finanzielle Unterstützung auch zur personellen Ausstattung zu erfolgen hat und damit ebenfalls zumindest grds. ein Rechtsanspruch besteht.[711] Aus dem Fehlen einer gesetzlichen Regelung für **Gruppen** darf nicht gefolgert werden, dass diese von der Finanzierung ausgeschlossen werden dürfen. Hier ist vielmehr nach der jüngeren Rechtsprechung des SächsOVG der allgemeine Gleichheitssatz zu beachten, sodass Gruppen nicht ohne sachlichen Grund von den finanziellen Zuwendungen ausgeschlossen werden dürfen.[712]

Gewährung und Höhe richten sich nach dem Grundsatz der Wirtschaftlich- 100
keit und Sparsamkeit.[713] Die sächliche und personelle Mindestausstattung muss dabei in einem angemessenen Verhältnis zur Einwohnergröße der Gemeinde und zur Größe der Fraktion oder Gruppe stehen (§ 35a Abs. 3 S. 3 SächsGemO).

709 *Schulz*, in: Quecke/Schmid, Gemeindeordnung für den Freistaat Sachsen, § 35a Rn. 13.
710 Vgl. z.B. § 56 Abs. 1 S. 2 GO NW; § 32 BbGKVerf; § 30a GemO R-Pf.
711 Vgl. *Schulz* in: Quecke/Schmid, Gemeindeordnung für den Freistaat Sachsen, § 35a Rn. 55 ff.; *Sponer*, in: Binus/Sponer/Koolman, Sächsische Gemeindeordnung, § 35a Rn. 5.
712 Siehe SächsOVG, Urteil vom 24.5.2019 – 4 C 10/17 = SächsVBl. 2019, S. 289 ff.
713 *Menke*, in: Quecke/Schmid, Gemeindeordnung für den Freistaat Sachsen, § 35a Rn. 55 ff.

101 Nach der Rechtsprechung des BVerwG ist dabei zu beachten, dass zuvor stets eine **Bedarfsermittlung** erfolgen muss. Unter Zugrundelegung des allgemeinen Gleichheitssatzes (Art. 3 Abs. 1 GG) müssen die gewährten Mittel unter den Fraktionen nach einem Maßstab verteilt werden, der sich an dem tatsächlichen oder zu erwartenden Bedarf der Fraktionen bei ihrer Geschäftsführung orientiert. Danach ist eine Bemessung, die sich ausschließlich an der Anzahl der Fraktionsmitglieder ausrichtet, unzulässig. Bei der Neuverteilung der Mittel ist allerdings keine vollständige Bedarfsanalyse erforderlich, vielmehr genügt eine kritische Auswertung der von den Fraktionen ohnehin vorzulegenden Verwendungsnachweise aus den zurückliegenden Jahren.[714]

102 **Zur Vertiefung:**

Der Ausschluss von Mitteln für Fraktionen aus Vertretern erkennbar verfassungsfeindlicher Parteien, die die Gemeinde Fraktionen zur Geschäftsführung grds. gewährt, verletzt Art. 3 Abs. 1 GG.[715] *Daran ändert auch Art. 21 Abs. 3 GG nichts. Abgesehen davon obliegt es einzig dem Bundesverfassungsgericht, über den Ausschluss von der staatlichen Parteienfinanzierung (§§ 18ff. ParteiG) zu entscheiden.*

103 Die Fraktionsmittel sind gemäß § 35a Abs. 3 S. 1 SächsGemO durch **Satzung** zu gewähren. In kleineren Gemeinden enthält häufig die **Entschädigungssatzung** auch eine Regelung zur Fraktionsfinanzierung; in Betracht kommt aber auch eine spezielle **Fraktionsfinanzierungssatzung**.

104 Die Gewährung darf nur für die Erfüllung der Funktion gewährt werden, die den Fraktionen oder Gruppen unmittelbar aus **ihrer teilorganschaftlichen Aufgabenstellung** erwachsen.[716] Da die Fraktionen oder Gruppen allgemeine Haushaltsmittel erhalten, haben sie über die zweckentsprechende Verwendung einen **Nachweis in einfacher Form** zu führen (§ 35a Abs. 3 S. 5 SächsGemO). Dafür ist nach den Grundzügen des kommunalen Haushalts- und Kassenrechts eine sorgfältige Buch- und Belegführung mit Angabe des Verwendungszwecks sowie die Aufbewahrung der Unterlagen entsprechend den für die Kommunen geltenden Vorschriften notwendig (vgl. §§ 22 Abs. 1 S. 2 und 34 SächsKomKBVO[717]). Die aus Fraktions- oder Gruppenmitteln beschafften Vermögensgegenstände sind in einfachen Bestandsverzeichnissen nachzuweisen.[718]

714 BVerwG, Beschluss vom 5.7.2012 – 8 C 22/11, NVwZ 2013, S. 442ff.

715 Zu Fraktionen vgl. HessVGH, NVwZ 2017, 886 (887f.); bestätigt durch BVerwG, Urteil vom 27.6.2018 – 10 CN 1.17 -, NVwZ 2018, S. 1656ff.; siehe hierzu auch die Fallbearbeitung von *Janson/Blenk*, JuS 2018, S. 461ff.

716 Zu Fraktionen SächsOVG, Urteil vom 16.4.2013 – 4 A 865/10, juris (zur Ausreichung von Fraktionsmitteln; rückwirkende Bewilligung von Fraktionsmitteln).

717 Sächsische Kommunale Kassen- und Buchführungsverordnung vom 26.1.2005 (SächsGVBl. S. 3) mit späteren Änderungen.

718 Vgl. auch: Jahresbericht 2014 des Sächsischen Rechnungshofs, Band II: Kommunalbericht, S. 83.

Aus der Rechtsnatur und den Aufgaben der Fraktionen bzw. Gruppen folgt, dass die ihnen zur Verfügung gestellten Haushaltsmittel ausschließlich zur Finanzierung des notwendigen sächlichen und personellen Aufwandes, der ihnen bei der Erfüllung ihrer Aufgaben entsteht, und zur sachbezogenen Öffentlichkeitsarbeit eingesetzt werden dürfen. Die Mittel sind insoweit **zweckgebunden**. Werden Fraktions- oder Gruppenmittel zweckwidrig verwendet, können sie durch die Gemeinde von den Fraktionen oder Gruppen zurückgefordert werden. **105**

Zulässig ist eine Verwendung von Fraktions- oder Gruppengeldern insb. für **106**

- die Ausstattung einer Geschäftsstelle, Büromaterial, Gebühren für Post- und Telekommunikation, Fachliteratur,
- zur Beschäftigung (Arbeitgeber ist die Fraktion bzw. Gruppe) von voll- oder teilzeitbeschäftigten Fraktions- bzw. Gruppenbediensteten (v.a. in Großstädten),
- zur Anmietung von Räumen für Fraktions- oder Gruppensitzungen (soweit nicht gemeindeeigene Räume vorhanden sind),
- für Fortbildungsmaßnahmen, die für die Mandatsausübung relevant sind, sowie
- zur Öffentlichkeitsarbeit, aber nur im Zusammenhang mit der Fraktions- bzw. Gruppentätigkeit (begrenzt auf Medieninformationen, keine Wahlkampffinanzierung für Parteien etwa durch entsprechende Flyer).

Unzulässig ist insb. die Verwendung für **107**

- die Bewirtung bei Fraktions- oder Gruppensitzungen, die über die einfache Erfrischung hinausgehen,
- die Erstattung von Kosten für externe Sachverständige,
- eine Teilnahme an Veranstaltungen der Partei oder Wählervereinigung,
- Reisekosten für nur allgemeinbildende Studienreisen,
- die Gewährung von Sitzungsgeldern für Sitzungen oder Klausurtagungen der Fraktion bzw. der Gruppe, soweit sie nicht der Vorberatung von Ratssitzungen dienen,
- die Nutzung des Fraktions- bzw. Gruppenraumes für Parteiveranstaltungen sowie
- die Herausgabe einer Fraktionszeitung.[719]

Eine reine **(lineare) proportionale Verteilung** der im Haushalt vorgesehenen Fraktionsmittel ist nach der Rechtsprechung des BVerwG nicht möglich, weil sich Aufwendungen für die Fraktions- oder Gruppengeschäftsführung in gewisser Weise stärkeunabhängig gleichen. Grds. zulässig ist aber ein **Kombinationsmodell** aus einem fraktions- bzw. gruppenstärkeunabhängigen Sockel- **108**

719 Dazu insgesamt: *Menke*, in: Quecke/Schmid, Gemeindeordnung für den Freistaat Sachsen, § 35a Rn. 72f.

betrag (ohne Einschränkung der Verwendung[720]) und einer Verteilung des Restbetrages nach der Fraktions- bzw. Gruppenstärke. Möglich ist auch eine **degressiv-proportionale Regelung.**[721] Im konkreten Fall hatte das BVerwG ein Kombinationsmodell mit 50 Prozent der den Fraktionen zugeteilten Mittel als Sockelbetrag zu gleichen Teilen und 50 Prozent nach der Fraktionsstärke nicht beanstandet.[722] Den Mindestumfang und den Maßstab für die Verteilung der Fraktionsmittel regelt nunmehr § 3 SächsFraktfinVO, wo nach Gemeindegrößen in der Gesamtsumme Mindestbeträge pro Einwohner festgelegt worden sind.

7. Untergang von Fraktionen oder Gruppen und Folgen für den Rechtsschutz

109 Die Gemeinderäte können die Fraktion oder Gruppe jederzeit verlassen oder die Auflösung beschließen. Eine Fraktion oder Gruppe erlischt ferner, wenn die Mindestfraktions- bzw. -gruppenstärke z.B. durch Tod, Ausscheiden aus dem Gemeinderat, Austritt oder Ausschluss dauerhaft unterschritten wird.[723]

110 Eine Fraktion oder Gruppe besteht nur bis zum Ende der Wahlperiode des Gemeinderats.[724] Sie hat damit grds. ihren Zweck erfüllt. Bildet sich in der neuen Wahlperiode eine Fraktion oder Gruppe gleichen Namens und gleicher politischer Herkunft (möglicherweise sogar mit denselben Mitgliedern), so ist diese mit der Fraktion oder Gruppe der vorangegangenen Wahlperiode weder identisch noch ihr Rechtsnachfolger.[725] Allerdings **kann eine Fraktion oder Gruppe** im Einzelfall über das Ende der Wahlperiode hinaus, und zwar bis zu ihrer endgültigen Abwicklung, in eingeschränktem Umfang **weiterbestehen und** auch **im Verwaltungsprozess beteiligtenfähig** sein, um ihre Rechte geltend zu machen.

IV. Rechtsstellung der Gemeinderäte

1. Allgemeines

111 Die Gemeinderäte sind keine Ehrenbeamte, sondern lediglich **ehrenamtlich** tätig (§ 35 Abs. 1 S. 1 SächsGemO).[726] Dabei handelt es sich um eine Form der ehrenamtlichen Tätigkeit nach §§ 17 ff. SächsGemO. Als ehrenamtlich Tätige erhalten sie keine Vergütung. Sie haben lediglich nach Maßgabe des § 21 SächsGemO einen **Anspruch auf Entschädigung**, die aber kein den Lebensunterhalt deckendes Ersatzeinkommen darstellt.

---

720 Vgl. dazu VG Chemnitz, Urteil vom 20.4.2016 – 1 K 2237/14, juris.

721 Vgl. dazu im Einzelnen: *Sponer*, in: Binus/Sponer/Koolman, Sächsische Gemeindeordnung, § 35a Rn. 6 zu Fraktionen.

722 BVerwG, NVwZ 2013, S. 442 (zur Benachteiligung kleinerer Fraktionen bei Verteilung durch Zuwendungen an Stadtratsfraktionen nur nach Fraktionsstärke); SächsOVG, Urteil vom 16.4.2013 – 4 A 865/10, juris, Rn. 45 zu Fraktionen.

723 *Menke*, in: Quecke/Schmid, Gemeindeordnung für den Freistaat Sachsen, § 35a Rn. 18 zu Fraktionen.

724 Siehe oben Rn. 90.

725 *Menke*, in: Quecke/Schmid, Gemeindeordnung für den Freistaat Sachsen, § 35a Rn. 20 zu Fraktionen.

726 *Sponer*, in: Binus/Sponer/Koolman, Sächsische Gemeindeordnung, § 35 Rn. 3.

Zur Vertiefung: 112

Gemeinderäte sind Inhaber eines durch Volkswahl erworbenen öffentlichen Amtes; sie sind aber keine Ehrenbeamte nach § 6 SächsBG (wie z. B. der ehrenamtliche Bürgermeister; vgl. § 51 Abs. 2 SächsGemO i. V. m. § 148 SächsBG).

Gerade in den größeren Städten haben die Arbeitsweise und das kommunalpolitische Selbstbild der Gemeinderäte und deren Mitglieder dazu geführt, dass die Gemeinderäte als Kommunalparlamente wahrgenommen werden. Diese (Fehl-)Einschätzung wird häufig durch die Berichterstattung der lokalen Medien verstärkt.

Allerdings haben die Gemeinderäte nicht dieselbe Stellung wie etwa Bundes- 113
tags- oder Landtagsabgeordnete. Die Gemeinderäte besitzen daher weder Immunität noch Indemnität (Art. 46 GG) und keine Parlamentsrechte (Art. 38 GG).[727] Bei einem Gemeinderat handelt es sich um ein **Verwaltungsorgan**, bei dem das Verwaltungshandeln im Vordergrund steht. Obwohl es einige Parallelen gibt, unterscheiden sich gleichwohl die Rechte und Pflichten der Gemeinderäte – sowohl als Hauptorgan als auch als Mitglied dieses Hauptorganes – von denen eines Parlaments bzw. denen eines Abgeordneten.

Hinweis:

Gemeinderäte haben einen mitgliedschaftsrechtlichen Status, bestehend aus Rechten und Pflichten. Zur Durchsetzung ihrer (nicht grundrechtlichen) subjektiven Positionen ist ihnen im Wege des Kommunalverfassungsstreitverfahrens auch entsprechender Rechtsschutz eröffnet.[728] Die hinter dem Amt des Gemeinderates stehende Privatperson kann aber, wie jede andere Person auch, selbstverständlich private Rechte wahrnehmen und sich auch auf Grundrechte berufen.

Die Gemeinderäte werden durch den Bürgermeister in erster Sitzung auf ihre 114
gewissenhafte Erfüllung ihrer Pflichten (§ 35 Abs. 1 S. 2 SächsGemO) öffentlich verpflichtet (sog. **„Gelöbnis“**). Dieses ist aber nicht Voraussetzung für ein wirksames Tätigwerden, da es sich rechtlich gesehen um keinen Amtseid handelt wie etwa beim Bürgermeister. Für die Verpflichtung selbst ist kein verbindlicher Wortlaut vorgesehen. Da die Verpflichtung nur für die Dauer der Amtszeit gilt, muss sie nach jeder Neuwahl wiederholt werden.

Zur Vertiefung: 115

Die Weigerung eines Gewählten, die Verpflichtung zur gewissenhaften Erfüllung seiner Amtspflichten in der geforderten Weise zu bestätigen, ist einer Erklärung gleichzustellen, das gewählte Amt nicht antreten zu wollen und von seinem Amt zurücktreten zu wollen.[729]

727 *Sixt/Notheis/Menzel/Roth*, Der Gemeinderat in Baden-Württemberg, S. 12.
728 *Burgi*, Kommunalrecht, § 12 Rn. 33.
729 *Rehak*, in: Quecke/Schmid, Gemeindeordnung für den Freistaat Sachsen, § 35 Rn. 16. *Kunze/Bronner/Katz*, Gemeindeordnung BW, § 32 Rn. 7 verweisen bei grundloser Verweigerung zudem auf die Rechtsfolgen des § 16 Abs. 3 GemO BW (= § 19 Abs. 4 SächsGemO).

2. Organschaftliche Rechte der Gemeinderäte

Individual- und Gemeinschaftsrechte der Gemeinderäte[730]

Individualrechte	Gemeinschaftsrechte
Grundsatz des freien Mandats (§ 35 Abs. 3 SächsGemO)	Informations- und Akteneinsichtsrecht in allen Angelegenheiten der Gemeinde von einem Zehntel der Gemeinderäte (§ 28 Abs. 5 SächsGemO)
Schutz der ungehinderten Mandatsausübung (§ 35 Abs. 2 SächsGemO)	Antrag auf Einberufung einer Sitzung des Gemeinderates von einem Fünftel der Gemeinderäte (§ 36 Abs. 3 S. 4 SächsGemO)
Recht auf Teilnahme und Mitwirkung im Gemeinderat (Rede-, Antrags-, Stimmrecht)	(Initiativ-)Antrag auf Aufnahme eines Verhandlungsgegenstandes auf die Tagesordnung von (mindestens) einem Fünftel der Gemeinderäte (§ 36 Abs. 5 SächsGemO)
Recht auf Entschädigung für die Ratsarbeit (§ 21 Abs. 1 bis 3 SächsGemO)	Recht zur Fraktionsbildung (§ 35a SächsGemO)
Recht auf Unfallfürsorge (§ 35 Abs. 5 SächsGemO)	
Fragerecht (Informationsanspruch) in einzelnen Angelegenheiten der Gemeinde (§ 28 Abs. 6 SächsGemO)	

Im Einzelnen:

- **Freie Mandatsausübung**[731]
  Der Gemeinderat als die Vertretung der Bürger der Gemeinde hat seine Entscheidungen an den Interessen der **gesamten Bevölkerung** auszurichten. Die für eine unabhängige Interessenvertretung notwendige rechtliche Absicherung des kommunalen Mandats erfolgt durch § 35 Abs. 3 SächsGemO. Danach üben die Gemeinderäte ihr Mandat nach dem Gesetz und ihrer freien, dem Gemeinwohl verpflichteten Überzeugung aus. An Verpflichtungen und Aufträge, durch die diese Freiheit beschränkt wird, sind sie **nicht gebunden**. Sie müssen nach bestem Wissen und Gewissen gemäß § 19 Abs. 1 SächsGemO uneigennützig und verantwortungsbewusst zum Wohle aller unter Ausschluss privater Interessen handeln. Gemeinderäte besitzen also kein imperatives Mandat und sind deshalb weder an die Wünsche noch an Weisungen der eigenen Partei gebunden. Damit sind ein „Fraktionszwang" oder parteidisziplinarische Maßnahmen unzulässig. Ein Parteiausschluss oder Fraktionsausschluss führt nicht zum Verlust des Mandates.
  Die Stellung der Mitglieder von Gemeindevertretungen ist allerdings sehr stark der eines Parlamentsabgeordneten nachgebildet[732]. U.a. wurde auch

730 Vgl. Sächsischer Städte- und Gemeindetag (Hrsg.), Taschenbuch für die Ratsarbeit, S. 83.
731 Dazu allgemein: *Rehak*, in: Quecke/Schmid, Gemeindeordnung für den Freistaat Sachsen, § 35 Rn. 20ff.
732 Vgl. *Belz*, SächsVBl. 1994, S. 1 (5).

für den Gemeinderat das **Prinzip des freien Mandats** übernommen.[733] Diese „Freiheit der Entscheidung" darf auch nicht durch Richtlinien politischer Parteien und ihrer Gruppierungen aufgehoben werden. Falls jedoch ein Gemeinderat die Beschlüsse eines Parteigremiums berücksichtigt, weil er sie mit seiner Verantwortung gegenüber der Gemeinde vereinbaren kann, stellt dies allerdings keinen Verstoß gegen das Verbot des imperativen Mandats dar. Anders wäre es, wenn eine Partei versuchen würde, mit disziplinären oder vergleichbaren Mitteln ihre Beschlüsse Gemeinderäten aufzuzwingen. Für gemeinderatsinterne Gruppierungen (Fraktionen und Gruppen) gelten diese Ausführungen entsprechend.

- **Schutz der Mandatsausübung**
  Die Bürger der Gemeinde sind **verpflichtet**, ein Gemeinderatsmandat anzunehmen und es auszuüben. Daraus folgt, dass der Gemeinderat aufgrund seiner Mandatsausübung beruflich in keiner Weise benachteiligt werden darf. Außerdem muss ihm die für seine Mandatsausübung erforderliche freie Zeit gewährt werden (§ 35 Abs. 2 SächsGemO). Zur Mandatsausübung gehört in erster Linie die Teilnahme an Gemeinderats- und Ausschusssitzungen. Umstritten ist, ob auch die Teilnahme an Fraktionssitzungen oder die Tätigkeit in Kommissionen, Arbeitskreisen u. Ä. zu den „mit den Aufgaben als Mandatsträger zusammenhängenden Veranstaltungen" rechnet. Solange bei diesen Tätigkeiten keine parteipolitische Arbeit betrieben wird, sondern kommunalpolitische Angelegenheiten vorbereitend diskutiert werden, dürfte (obgleich keine gesetzliche Teilnahmeverpflichtung besteht) ein Anspruch auf Dienstbefreiung bestehen.[734] Aus der Verpflichtung folgt aber andererseits auch das **Recht auf die Mandatsausübung**. Eine Behinderung bei der Mitwirkung kann daher verwaltungsgerichtlich überprüft werden (z. B. in Form eines Kommunalverfassungsstreits, soweit die Behinderung von einem Gemeindeorgan ausgeht).
- **Recht auf Teilnahme und Mitwirkung an Sitzungen**
  Die Gemeinderäte haben das Recht, an den Sitzungen des Gemeinderats teilzunehmen, was selbstverständlich auch das Recht auf eine ordnungsgemäße Einladung zur Sitzung mit umfasst.[735] Sie haben ein Recht auf Artikulation (Wortmeldung, Worterteilung, Rederecht), das Recht, Sach- und Verfahrensanträge zu stellen, einen Anspruch darauf, dass über diese Anträge auch entschieden wird (soweit sie formal zulässig sind), sowie das Recht zur Abstimmung (Stimmrecht). Ausnahmen gelten bei Befangenheit (§ 20 Abs. 4 SächsGemO) und Ausschluss aus der Sitzung bei grobem Verstoß gegen die Ordnung (§ 38 Abs. 3 SächsGemO).

733 *Scholler/Bross*, Grundzüge des Kommunalrechts in der Bundesrepublik Deutschland, S. 121.
734 So wohl auch *Sponer*, in: Binus/Sponer/Koolman, Sächsische Gemeindeordnung, § 35 Rn. 9.
735 SächsOVG, SächsVBl. 2009, S. 240 (Recht des einzelnen Gemeinderats auf ordnungsgemäße Einberufung einer Gemeinderatssitzung).

- **Recht auf Entschädigung für die Ratsarbeit**
  Gemäß § 21 Abs. 1 S. 1 SächsGemO haben Gemeinderäte als ehrenamtlich Tätige (§ 35 Abs. 1 S. 1 SächsGemO) einen Anspruch auf **Ersatz ihrer notwendigen Auslagen** und ihres **Verdienstausfalls**. Aus Gründen der Vereinfachung können dafür **Höchstbeträge** oder **Durchschnittssätze** durch Satzung festgesetzt werden (§ 21 Abs. 1 S. 2 SächsGemO). Soweit kein Verdienstausfall entsteht, kann durch Satzung bestimmt werden, dass für den Zeitaufwand eine Entschädigung gewährt wird (§ 21 Abs. 1 S. 3 SächsGemO). Durch Satzung kann bestimmt werden, dass Gemeinderäten (aber auch Ortschafts- und Stadtbezirksbeiräten und sonstigen Mitgliedern der Ausschüsse und Beiräte des Gemeinderats und Ortschaftsrats) eine **Aufwandsentschädigung** gewährt wird, die über den Ersatz konkret entstandener Auslagen und Verdienstausfall hinausgeht (§ 21 Abs. 2 SächsGemO). Dabei handelt es sich um eine pauschalierte Form des Ausgleichs für den mit der Tätigkeit verbunden Aufwand.[736] Die Festsetzung liegt im Ermessen des Gemeinderats.[737]
- **Recht auf Unfallfürsorge**
  Bei Dienstunfällen sind Gemeinderäte genauso abgesichert wie ein Ehrenbeamter (§ 35 Abs. 5 SächsGemO). Der Versicherungsschutz besteht kraft Gesetzes. Träger dieser gesetzlichen Unfallversicherung ist die Unfallkasse Sachsen. Vom Versicherungsschutz sind alle Tätigkeiten erfasst, die mit der Wahrnehmung des Mandats verbunden sind, also v.a. die Teilnahme an Gemeinderats- und Ausschusssitzungen, Ortsbesichtigungen[738], aber auch z.B. eine Teilnahme an Fraktionssitzungen.
- **Fragerecht, Informations- und Akteneinsichtsrecht**
  Ihnen steht ein schriftliches und mündliches Fragerecht sowie ein Anspruch auf Beantwortung in angemessener Frist (grds. vier Wochen) nach näherer Regelung in der Geschäftsordnung (§ 28 Abs. 6 SächsGemO) zu, das bereits im Zusammenhang mit dem Informations- und Akteneinsichtsrecht (§ 28 Abs. 5 SächsGemO) näher behandelt wurde.[739]
- **Antrag auf Einberufung einer Sitzung**
  Unverzügliche Einberufung des Gemeinderats, wenn es ein Fünftel der Gemeinderäte unter Angabe des Verhandlungsgegenstandes beantragt (§ 36 Abs. 3 S. 4 SächsGemO) als Gemeinschaftsrecht.
- **Recht auf Mitgestaltung der Tagesordnung**
  Dies betrifft das Recht zur Aufnahme eines Verhandlungsgegenstandes auf die Tagesordnung auf Antrag von mindestens einem Fünftel der Gemeinderäte oder einer Fraktion (§ 36 Abs. 5 SächsGemO); sog. Initiativantrag.

736 Vgl. SächsOVG, Urteil vom 26.5.2009 – 4 A 486/08, juris.
737 Vgl. hierzu im 5. Kapitel unter D.IV.
738 *Rehak*, in: Quecke/Schmid, Gemeindeordnung für den Freistaat Sachsen, § 35 Rn. 36.
739 Siehe oben in diesem 6. Kapitel unter B.I.6. und 7.

- **Recht zur Fraktions- und Gruppenbildung**
  Es besteht das Recht zum Zusammenschluss zu Fraktionen (§ 35a SächsGemO) sowie Gruppen als Gemeinschaftsrecht.[740]
- **Vergütungen für die Vertretung der Gemeinde in Organen eines wirtschaftlichen Unternehmens** (siehe § 98 SächsGemO)
- Der Gemeinderat ist zur **Regelung seiner inneren Angelegenheiten** durch Geschäftsordnung befugt (§§ 28 Abs. 6 S. 2, 35a Abs. 1 S. 3, §§ 36 Abs. 3 S. 2, 38 Abs. 2, 40 Abs. 3, 44 Abs. 7, 45 S. 2 SächsGemO).

3. Pflichten und Haftung der Gemeinderäte

- **Verpflichtung zur Mandatsübernahme bei Wahl** 117
  Es ist eine grundsätzliche Verpflichtung eines jeden Bürgers, eine ehrenamtliche Tätigkeit zu übernehmen bzw. auszuüben (§ 17 Abs. 1 SächsGemO). Die Weigerung zur Übernahme eines solchen Amtes oder das Verlangen, von einer solchen Tätigkeit entbunden zu werden, ist gemäß § 18 Abs. 1 S. 1 SächsGemO nur aus wichtigem Grund möglich. § 18 Abs. 1 S. 2 SächsGemO enthält hierfür Regelbeispiele, die indes nicht abschließend sind. Ob tatsächlich ein wichtiger Grund vorliegt, entscheidet der Gemeinderat (§ 18 Abs. 2 S. 1 SächsGemO).
- **Allgemeine Treuepflicht** und daraus folgend die **Pflicht zur gewissenhaften und verantwortungsbewussten Aufgabenerfüllung**
  Dies betrifft die uneigennützige und verantwortungsbewusste Erfüllung der übertragenen Aufgabe bei der Amtsausübung (§ 35 Abs. 1 i.V.m. § 19 Abs. 1 SächsGemO). Bei Verstößen gegen diese Pflichten ist eine Ahndung mit einer Geldbuße möglich (§ 19 Abs. 4 SächsGemO).
- **Pflicht zum gesetzmäßigen Handeln**
  Es besteht eine Bindung an sämtliche Rechtsvorschriften. Dies ergibt sich bereits aus Art. 20 Abs. 3 GG, Art. 3 Abs. 3 SächsVerf und ist auch in § 35 Abs. 3 SächsGemO mit umfasst.
- **Verpflichtung zur Sitzungsteilnahme**
  Nach § 35 Abs. 4 SächsGemO besteht eine Pflicht zur Teilnahme an Sitzungen des Gemeinderats. Bei unerlaubtem Fernbleiben besteht die Möglichkeit, gegen den Gemeinderat ein Ordnungsgeld nach § 19 Abs. 4 SächsGemO zu verhängen. Ein Fernbleiben ist nur ausnahmsweise aus wichtigem Grund möglich. Ist der Gemeinderat allerdings befangen, so hat er dies vor der Sitzung anzuzeigen (§ 20 Abs. 3 SächsGemO).
- **Verschwiegenheitspflicht**
  Es besteht eine Pflicht zur Verschwiegenheit – auch nach einer Tätigkeitsbeendigung – über alle Angelegenheiten, deren Geheimhaltung gesetzlich vorgeschrieben, besonders angeordnet oder ihrer Natur nach erforderlich ist (§ 19 Abs. 2 SächsGemO). Eine **Geheimhaltung der Natur nach** besteht dann, wenn es sich um Angelegenheiten handelt, deren Mitteilung an an-

740 Siehe näher dazu oben in diesem 6. Kapitel unter B.III.

dere das öffentliche Wohl oder berechtigte Interessen Einzelner gefährden würden (§ 37 Abs. 1 S. 1 SächsGemO) wie z.B Auftragsvergabe, Grundstückskäufe, Beförderung/Entlassung von Beamten. Eine besondere Verschwiegenheitsverpflichtung betrifft den Inhalt nicht öffentlicher Sitzungen (§§ 19 Abs. 2, 37 Abs. 2 SächsGemO).

- **Vertretungsverbot**
  Das Vertretungsverbot ist Ausdruck der Treuepflicht der Gemeinderatsmitglieder. Es besteht ein Verbot der Vertretung eines Dritten gegen die Gemeinde, soweit der einzelne Gemeinderat nicht ausnahmsweise als gesetzlicher Vertreter handelt (§ 19 Abs. 3 SächsGemO). Gemeinderäte dürfen also Ansprüche Dritter nicht gegen die Gemeinde geltend machen. Dies betrifft i. d. R. Rechtsanwälte, Wirtschaftsprüfer, Architekten, Unternehmens- und Steuerberater. Es umfasst sämtliche Ansprüche sowohl zivilrechtlicher als auch öffentlich-rechtlicher Natur.
- **Ablieferungspflicht bei Vergütungen**
  Eine Ablieferungspflicht besteht nach § 35 Abs. 6 SächsGemO für solche Vergütungen, die an Vertreter der Gemeinde in Organen eines wirtschaftlichen Unternehmens i. S. d. § 94a SächsGemO gewährt werden. Es finden hinsichtlich des Umfangs die für den Bürgermeister geltenden Vorschriften über die Ablieferungspflicht Anwendung (§ 88 SächsBG i. V. m. §§ 5, 6 SächsNTVO: Umfang/Freigrenzen). Die gewährten Vergütungen können auch der Steuerpflicht unterliegen.[741]
- **Anzeigepflicht und Mitwirkungsverbot bei Befangenheit** (siehe § 20 Abs. 1, 3 SächsGemO)
- **Haftung**[742]
  Gemeinderäte sind zwar keine statusrechtlichen Beamten. Als ehrenamtlich Tätige haben die Gemeinderäte aber die Amtsträgereigenschaft im haftungsrechtlichen Sinne **(Beamte im haftungsrechtlichen Sinne)**.[743] Für sie gelten – ebenso wie für alle ehrenamtlich Tätigen i. S. d. § 17 SächsGemO – § 839 BGB i. V. m. Art. 34 GG.[744] Verletzt ein ehrenamtlich Tätiger in Ausübung des gemeindlichen Ehrenamts die ihm einem Dritten gegenüber obliegende Amtspflicht, so trifft die Verantwortlichkeit grds. die Gemeinde und nicht den ehrenamtlich Tätigen. Handelt der ehrenamtlich Tätige vorsätzlich oder grob fahrlässig, besteht allerdings gemäß Art. 34 S. 2 GG die Möglichkeit des Rückgriffs durch die Gemeinde (Innenregress).[745] Wird allerdings ein Vertreter der Gemeinde (auch Gemeinderäte) wegen einer Tätigkeit im Organ eines Unternehmens haftbar gemacht, hat ihm die Gemeinde den Schaden grds. zu ersetzen (Haftungsfreistellung).

---

741 Vgl. dazu den Erlass des SMF vom 21.8.2009 (SMF MinBl., S. 96).

742 Vgl. ausführlich zum Ganzen *Brüning*, Die Haftung der kommunalen Entscheidungsträger, 2013.

743 BGH, NJW 1983, S. 215.

744 Vgl. BGHZ 11, S. 197; BGH, NJW 1981, S. 2122.

745 *G. Brüggen*, in: Brüggen/Geiert/Nolden, Gemeindeordnung für den Freistaat Sachsen, § 17 Rn. 7.

Zur Vertiefung: 118

Gemeinderäte sind auch ***Amtsträger*** *im strafrechtlichen Sinne (§ 11 Abs. 1 Nr. 2 StGB), allerdings nur, soweit sie mit konkreten Verwaltungsaufgaben betraut sind, die über ihre Mandatsausübung im Gemeinderat und seinen Ausschüssen hinausgehen. Gemeinderäte sind ferner Amtsträger i. S. d. Vorschriften über das Steuergeheimnis (§§ 30 und 7 Abs. 2 AO i. V. m. § 3 Abs. 1 SächsKAG) und Personen des öffentlichen Dienstes i. S. d. § 54 StPO, § 376 ZPO bezüglich der Genehmigungsbedürftigkeit von Aussagen vor Gerichten. Gemeinderäte sind jedoch keine Angehörigen des öffentlichen Dienstes i. S. d. Art. 33 Abs. 4 GG.*[746]

Gemeinderäte üben ein ***öffentliches Amt*** *i. S. d. § 45 StGB aus. Der strafrechtliche Schutz des § 194 Abs. 4 StGB (Beleidigung als Offizialdelikt) kommt nur dem Gemeinderat als Personenmehrheit, nicht dem einzelnen Mitglied zu; dagegen gilt für Gemeinderäte der § 188 StGB.*[747]

V. Gemeinderatssitzung

1. Allgemeines

Der Gemeinderat ist ein **Kollegialorgan**, das aus gleichberechtigten Mitgliedern besteht.[748] Als solches kann es nur durch gemeinsame Beratung und Beschlussfassung tätig werden. Der Gemeinderat kann rechtmäßige Beschlüsse grds. nur in Sitzungen fassen (§ 39 Abs. 1 S. 1 SächsGemO). Es besteht somit prinzipiell **Sitzungszwang**. In Abweichung von diesem Grundsatz kann nach § 39 Abs. 1 S. 4 SächsGemO nur über Gegenstände einfacher Art oder geringer Bedeutung im **schriftlichen oder elektronischen Verfahren** beschlossen werden. Dies dürfte eine allenfalls in kleineren Gemeinden praktizierte Ausnahme sein. 119

Eine Sitzung setzt eine **ordnungsgemäße** Einberufung und Leitung voraus. Weiterhin muss gewährleistet sein, dass die Sitzung – sofern nicht besondere Gründe dagegensprechen – öffentlich stattfindet. Eine **Sitzung** ist der Zeitraum zwischen der Eröffnung und der Schließung durch den Vorsitzenden.[749] Die Sitzung muss durch den Bürgermeister vorbereitet werden. 120

Das Verfahren, wie es zu diesen Beschlüssen kommt und wie die Organe bzw. die Organteile dabei tätig werden müssen oder können, ist der **Geschäftsgang**. Dieser wird in den Grundzügen in der SächsGemO und in den Einzelheiten in der **Geschäftsordnung** des Gemeinderats geregelt.[750] 121

Sofern gegen **wesentliche Verfahrensvorschriften** verstoßen wird, führen diese Verstöße grds. zur Rechtswidrigkeit der gefassten Gemeinderatsbeschlüsse. 122

746 *Sponer*, in: Binus/Sponer/Koolman, Sächsische Gemeindeordnung, § 35 Rn. 5 m. w. N.
747 *Sponer*, in: Binus/Sponer/Koolman, Sächsische Gemeindeordnung, § 35 Rn. 6; a. A. BayObLG, NJW 1982, S. 2511.
748 Vgl. *Burgi*, Kommunalrecht, § 12 Rn. 5.
749 Vgl. *Menke*, in: Quecke/Schmid, Gemeindeordnung für den Freistaat Sachsen, § 39 Rn. 2.
750 Vgl. *Sponer/Tostmann*, Kommunalrecht, S. 96.

Voraussetzung ist indes, dass die verletzte Verfahrensvorschrift subjektive Innen- oder Außenrechtspositionen gestaltet und der Verstoß geeignet ist, die Beschlussfassung im Gemeinderat zu beeinflussen.[751] Sollen die betreffenden Verfahrensvorschriften nur die Interessen der einzelnen Gemeinderatsmitglieder schützen, können die Verstöße geheilt werden, wenn alle Gemeinderäte vollständig erschienen sind und den Mangel nicht rügen.[752]

2. Geschäftsordnung

a) Erlass, Rechtsnatur und Rechtsschutz

123 Der Gemeinderat ist verpflichtet, seine inneren Angelegenheiten durch eine **Geschäftsordnung** (GeschO) zu regeln (§ 38 Abs. 2 SächsGemO). Eine GeschO ist im Interesse eines reibungslosen Verlaufs der Arbeit des Gemeinderats notwendig und schriftlich festzulegen. Dies ist eine mittelbare Folge aus § 40 Abs. 1 S. 1 SächsGemO.[753] Die GeschO selbst stellt eine Art von „Spielregeln" für das Beratungs- und Beschlussverfahren dar und hilft so, Unklarheiten zu vermeiden. Der sachliche und formelle Verlauf der Gemeinderatssitzung soll einheitlich und gleichmäßig sein und möglichst keinen Anlass zu Diskussionen über Einzelheiten des Verfahrens geben.[754]

124 Die Geschäftsordnung gilt nur für die Wahlperiode des Gemeinderats, der sie beschlossen hat. Sie gilt jedoch durch eine unbeanstandete Anwendung auch ohne ausdrückliche Beschlussfassung des neu gewählten Gemeinderats „stillschweigend" weiter.[755] Die GeschO kann mit **einfacher Mehrheit** beschlossen werden und jederzeit allgemein oder im Einzelnen ebenfalls durch einfachen Beschluss abgeändert werden. Hinsichtlich der Form steht es dem Gemeinderat frei, die GeschO durch einfachen Beschluss oder durch eine Satzung zu erlassen.[756] Mit der Beschlussfassung wird die GeschO wirksam. Im Gegensatz zur Hauptsatzung wird sie nicht öffentlich bekannt gemacht.

125 Auch wenn die Satzungsform gewählt wird, entfaltet die GeschO keine Wirkung nach außen, sondern verpflichtet nur den Gemeinderat und den Bürgermeister. Es handelt sich folglich um sog. **Innenrecht**.[757] Die Einwohner haben deshalb auch keinen Anspruch auf Einhaltung der GeschO. Verstöße gegen die GeschO als solche haben grds. nicht zur Folge, dass dadurch Gemeinderatsbeschlüsse rechtswidrig sind. Wenn allerdings Regelungen in der GeschO Form- oder Verfahrensbestimmungen der SächsGemO konkretisieren, erhalten Vorgaben der GeschO eine mittelbare Außenwirkung, sodass bei Verstößen kein gültiger Beschluss zustande kommen kann.

751 SächsOVG, SächsVBl. 2001, S. 34.
752 Vgl. *Wettling*, Kommunalrecht, S. 126.
753 So auch *Rehak*, in: Quecke/Schmid, Gemeindeordnung für den Freistaat Sachsen, § 38 Rn. 13; vgl. auch die Mustergeschäftsordnung des Sächsischen Städte- und Gemeindetags, im Sachsenlandkurier 04/22, S. 144 ff.
754 *Rehak*, in: Quecke/Schmid, Gemeindeordnung für den Freistaat Sachsen, § 38 Rn. 13.
755 *Rehak*, in: Quecke/Schmid, Gemeindeordnung für den Freistaat Sachsen, § 38 Rn. 13; *Sponer*, in: Binus/Sponer/Koolmann, Sächsische Gemeindeordnung, § 38 Rn. 10.
756 *Sponer*, in: Sponer/Jacob/Musall, Kommunalverfassungsrecht Sachsen, § 4 SächsGemO Erl. 9.
757 *Ehlers*, in: Mann/Püttner, Handbuch der kommunalen Wissenschaft und Praxis, Band 1, S. 485.

Nach § 39 Abs. 1 S. 1 SächsGemO kann der Gemeinderat nur in einer ordnungsgemäß einberufenen Sitzung beraten und beschließen. Der Bürgermeister muss den Gemeinderat mit **angemessener Frist** einberufen (§ 36 Abs. 3 S. 1 SächsGemO). Die Frage der Angemessenheit der Frist wird in der GeschO festgelegt (i. d. R. sieben volle Arbeitstage vor dem Sitzungstag). Verletzt der Bürgermeister diese Fristvorgabe, sind die in der Gemeinderatssitzung gefassten Beschlüsse rechtswidrig.[758] Die GeschO kann auch kürzere Fristen vorsehen, wenn nur Verhandlungsgegenstände einfacher Art auf der Tagesordnung des Gemeinderats stehen. Umgekehrt können schwierige oder bedeutsame Verhandlungsgegenstände auch dazu führen, dass eine Frist von mehr als sieben Tagen als notwendig anzusehen ist. 126

Da i. d. R. mit der GeschO in abstrakt-genereller Weise gemeindeinterne Rechtsbeziehungen gestaltet werden und damit in der GeschO materielle Rechtssätze enthalten sind, ist die GeschO gemäß § 47 Abs. 1 Nr. 2 VwGO i. V. m. § 24 SächsJG **„normenkontrollfähig"**.[759] Damit wird die GeschO als Innenrechtssatz den klassischen Außenrechtsnormen des § 47 VwGO gleichgestellt.[760] Ein Normenkontrollantrag ist gemäß § 47 Abs. 2 S. 2 VwGO **gegen den Rechtsträger** und damit gegen die Gemeinde, nicht gegen den Gemeinderat zu richten. Dies gilt auch dann, wenn Regelungen angegriffen werden, die innerorganschaftliche Beziehungen regeln.[761] Die Prüfung, ob ein innerorganschaftlicher Rechtssatz den Gleichheitssatz und das daraus folgende Willkürverbot wahrt, beschränkt sich indes auf äußere nachprüfbare Kriterien und schließt nicht den inneren Willensbildungsprozess des den Rechtssatz erlassenden Organs (d. h. des Gemeinderats) ein.[762] 127

b) Inhalt

Die SächsGemO sieht in mehrfacher Hinsicht vor, die gesetzlichen Vorschriften durch die GeschO näher auszugestalten und gibt insoweit nur einen Mindestinhalt vor. Dies ermöglicht etwa konkretisierende Regelungen 128

- zum Anfragerecht der Gemeinderäte, § 28 Abs. 6 SächsGemO,
- zu den Fraktionen, § 35a Abs. 1, 4 SächsGemO,
- zur Einberufung der Gemeinderatssitzung, § 36 Abs. 3 SächsGemO,
- zum Gang der Verhandlungen im Gemeinderat nach § 38 Abs. 2 SächsGemO,
- zur Niederschrift, § 40 Abs. 3 SächsGemO,
- zur Mitwirkung im Gemeinderat und in den Ausschüssen, § 44 Abs. 7 SächsGemO,
- zum Ältestenrat, § 45 S. 2 SächsGemO.

758 *Menke/Rehak*, in: Quecke/Schmid, Gemeindeordnung für den Freistaat Sachsen, § 36 Rn. 16.
759 Vgl. BVerwG, DVBl. 1988, S. 790.
760 *Sponer*, in: Binus/Sponer/Koolmann, Sächsische Gemeindeordnung, § 38 Rn. 12.
761 SächsOVG, Urteil vom 7.6.2016 – 4 C 3/15, juris, Rn. 23 sowie SächsVBl. 2011, S. 284; a. A. etwa NdsOVG, DVBl. 1999, S. 1737.
762 SächsOVG, SächsVBl. 2011, S. 284.

129 Die GeschO enthält neben in der SächsGemO vorgesehenen Regelungen i. d. R. aber auch noch weitere fakultative Regularien. So können darin z. B. die Sitzungstage, allgemeine Beratungsregelungen (Wortmeldungen, Worterteilung, Wortentzug), Behandlung von Sachanträgen (einschließlich Zusatz- oder Änderungsanträge) und von Geschäftsordnungsanträgen (z. B. auf Schluss der Beratung oder der Rednerliste, auf namentliche Abstimmung[763]), eine Fragestunde, die Handhabung der Ordnung, das Hausrecht und die Sitzordnung sowie Regelungen zur GeschO der Ausschüsse und Ortschafts- und Stadtbezirksbeiräte geregelt werden. So kann bspw. über eine Regelung in der GeschO jederzeit ein Rauchverbot im Sitzungsraum eingeführt werden.[764]

130 Entschädigungssätze für die Teilnahme an Sitzungen, Zusammensetzung der beschließenden Ausschüsse u. Ä. können in der GeschO nicht rechtsbegründend geregelt werden, da hierfür formelle oder materielle Gesetze erforderlich sind. Auch über den gesetzlichen Zweck hinausgehende Regelungen sind nicht erlaubt. Insoweit darf die GeschO die SächsGemO nur ergänzen, ihr aber nicht widersprechen.

3. Vorbereitung, Einberufung, Öffentlichkeit, Leitung und Sitzungsablauf

a) Vorbereitung

131 Vor der Einberufung ist es die Aufgabe des Bürgermeisters, die Sitzung entsprechend vorzubereiten (§ 52 Abs. 1 SächsGemO). Dabei wird er selbstverständlich durch seine Mitarbeiter unterstützt.

132 Zur Vorbereitung[765] gehört die **Erarbeitung von Beschlussvorlagen**, die alle erforderlichen Informationen für die Entscheidungen der Gemeinderäte enthalten. Anschließend erfolgt die **Festlegung der Beratungsgegenstände in der Tagesordnung** (§ 36 Abs. 3 SächsGemO). Dem Bürgermeister werden dazu die meisten Beschlussvorlagen von den Dezernaten/Fachämtern zugearbeitet und von einer zentralen Stelle innerhalb der Verwaltung (z. B. Geschäftsstelle des Stadtrates) gesammelt und für die Gemeinderatssitzung aufbereitet. Der Bürgermeister entscheidet dann letztendlich **nach eigenem Ermessen** darüber, ob ein Beratungsgegenstand in die Tagesordnung aufgenommen wird.[766] Zudem legt er die Reihenfolge der Beratungsgegenstände fest.

133 Der Bürgermeister muss allerdings einen Punkt auf die Tagesordnung setzen, wenn der Gemeinderat dies in einer früheren Sitzung beschlossen hat. Soweit die Gemeinde einen **Ältestenrat** durch Hauptsatzung gebildet hat (§ 45 SächsGemO), soll der Bürgermeister auf Empfehlung dieses Gremiums einen Punkt in die Tagesordnung aufnehmen; die Letztentscheidung bleibt aber auch in

763 Die namentliche Abstimmung ist in der SächsGemO nicht geregelt. Empfehlenswert ist, in der GeschO ein bestimmtes Quorum festzulegen (bspw. entsprechend der Regelung des § 36 Abs. 5 SächsGemO).

764 Zum Anspruch eines Beamten auf Schutz seiner Gesundheit vor Beeinträchtigung durch Tabakrauch vgl. BVerwG, NJW 1985, S. 876.

765 *Schaaf*, Vorbereitung von Gemeinderatsbeschlüssen, DVP 2020, S. 3 ff.

766 Siehe aber: *Menke/Rehak*, in: Quecke/Schmid, Gemeindeordnung für den Freistaat Sachsen, § 36 Rn. 17.

diesem Fall stets beim Bürgermeister, da der Ältestenrat nur eine beratende und unterstützende Funktion hat.[767]

Den Gemeinderäten steht ein Recht auf Mitgestaltung der Tagesordnung als Minderheitenrecht zu. Sie haben gemäß § 36 Abs. 5 SächsGemO das Recht, die Aufnahme eines Verhandlungsgegenstandes auf die Tagesordnung spätestens der übernächsten Sitzung des Gemeinderats zu verlangen, wofür es eines Antrages von mindestens **einem Fünftel der Gemeinderäte** oder einer **Fraktion** bedarf **(sog. Initiativantrag)**. Allerdings darf der Gemeinderat den gleichen Verhandlungsgegenstand nicht innerhalb der letzten sechs Monate bereits behandelt haben, es sei denn, dass sich die Sach- und Rechtslage geändert hat (§ 36 Abs. 5 S. 1 2. Hs. i.V.m. Abs. 3 S. 4 SächsGemO). Zudem muss der Verhandlungsgegenstand in die Zuständigkeit des Gemeinderats fallen (§ 36 Abs. 5 S. 2 2. Hs. i.V.m. Abs. 3 S. 5 SächsGemO). Im Falle eines Antrages einer Fraktion muss deren Stärke aber nicht einem Fünftel der Gemeinderäte entsprechen. Um den ordnungsgemäßen Sitzungsablauf nicht zu gefährden, ist der Anspruch nach § 36 Abs. 5 SächsGemO jedoch einschränkbar. Dies ist bspw. der Fall, wenn die erforderlichen Formvorschriften nicht eingehalten werden, der Antrag nicht ernsthaft oder schikanös ist bzw. einen strafbaren Inhalt hat.[768] 134

Werden Fristen oder Formvorschriften (insb. das erforderliche Quorum) nicht eingehalten, muss der Bürgermeister die Angelegenheit nicht auf die Tagesordnung setzen. Er kann die Angelegenheit aber kraft seiner eigenen Zuständigkeit auf die Tagesordnung setzen.[769]

Zur Vertiefung: 135

Welche Gemeinderatssitzung als ***übernächste*** *anzusehen ist, in der ein von Gemeinderäten oder von einer Fraktion beantragter Verhandlungsgegenstand spätestens zu behandeln ist, ist in § 36 Abs. 5 S. 1 SächsGemO nicht ausdrücklich geregelt. Nach Auffassung des SächsOVG[770] ist die nächste Sitzung des Gemeinderats, zu der auf Antrag gemäß § 36 Abs. 5 SächsGemO ein Verhandlungsgegenstand auf die Tagesordnung gesetzt werden kann, diejenige, zu der noch eine ordnungsgemäße Ladung gemäß § 36 Abs. 3 Satz 1 SächsGemO bewirkt werden kann. Die dieser Sitzung nachfolgende Sitzung ist die übernächste Sitzung, bei der ein Anspruch auf Aufnahme eines Verhandlungsgegenstands auf die Tagesordnung nach Maßgabe von § 36 Abs. 5 SächsGemO besteht.*

Grundlegende Voraussetzung zur Aufnahme eines Verhandlungsgegenstandes auf die Tagesordnung ist aber stets, dass der Gegenstand zum Aufgabenkreis der Gemeinde gemäß § 2 Abs. 1 bis 3 SächsGemO gehört **(Verbandskompe-** 136

767 *Sponer/Tostmann*, Kommunalrecht, S. 101.
768 *Geis*, Kommunalrecht, § 11 Rn. 122; *Sponer/Tostmann*, Kommunalrecht, S. 102.
769 Sächsischer Städte- und Gemeindetag (Hrsg.), Taschenbuch für die Ratsarbeit, S. 127.
770 SächsOVG, Beschluss vom 23.1.2020 – 4 B 24/20, juris Rn. 6 = SächsVBl 2020, S. 314; siehe dazu auch *Sponer*, in: Sponer/Jacob/Musall, Kommunalverfassungsrecht Sachsen, § 36 SächsGemO Erl. 21.

tenz[771]) und gemäß § 36 Abs. 3 S. 5, Abs. 5 S. 2 2. Hs. SächsGemO in die Zuständigkeit des Gemeinderats fällt **(Organkompetenz)**. Weder der Gemeinderat noch der Bürgermeister sind befugt, sich mit Themen zu befassen, die nicht dem gemeindlichen Wirkungskreis zugehören.[772] Einen Beschlussvorschlag der Verwaltung oder einen Initiativantrag (sog. Beschlussantrag) aus dem Gemeinderat darf der Bürgermeister demnach nicht auf die Tagesordnung setzen, wenn er entweder selbst oder ein beschließender Ausschuss zuständig ist oder wenn es sich überhaupt um keine Gemeindeangelegenheit handelt. Fällt ein Verhandlungsgegenstand in die Zuständigkeit des Bürgermeisters, kann eine Zuständigkeit des Gemeinderats aber dennoch gegeben sein, wenn gleichzeitig das Recht des Gemeinderats betroffen ist, seine inneren Angelegenheiten selbst zu organisieren.[773] Dies alles hat der Bürgermeister bereits im Rahmen der Aufstellung der Tagesordnung zu prüfen. Erforderlichenfalls muss er die Aufnahme eines Verhandlungsgegenstandes ablehnen.[774] Insoweit steht ihm ein formales Vorprüfungsrecht des Antrages zu. Demgegenüber besitzt er aber, wie sich aus § 52 Abs. 2 SächsGemO ergibt, grds. **kein inhaltliches Vorprüfungsrecht**. Ansonsten könnte er jeden Antrag, der von den Gemeinderäten oder einer Fraktion gestellt wird und der ihm nicht genehm ist, mit einer (zutreffenden oder unzutreffenden) rechtlichen Würdigung verwerfen.[775] Dazu gehört auch, dass der Bürgermeister nicht prüfen darf, ob der Antrag hinreichend bestimmt ist. Etwas anderes gilt allenfalls bei rechtsmissbräuchlichen Anträgen, die offensichtlich nicht ernst gemeint sind, erkennbar unsinnige Zwecke verfolgen, schikanös sind oder aber einen strafbaren Inhalt aufweisen.[776]

Zur Vertiefung:

Da mit dem Antragsrecht kein Anspruch weder auf eine sachliche Auseinandersetzung noch auf eine Beschlussfassung in der Sache verbunden ist, hat der Gemeinderat die Möglichkeit, in eigener Zuständigkeit über die weitere Behandlung des Tagesordnungspunktes zu entscheiden. Die Mehrheit der Mitglieder des Gremiums kann ihre ablehnende Haltung zu den betreffenden Verhandlungsgegenständen dadurch zum Ausdruck bringen, dass sie die Absetzung oder Vertagung des Antrages beschließt. Das Minderheitenrecht auf die Einberufung des Gremiums führt

771 SächsOVG, Beschluss vom 11.8.2021 – 4 B 291/21, juris (zur Reichweite der Verbandskompetenz).

772 SächsOVG, Beschluss vom 28.4.2014 – 4 B 72/14, juris (zur Befassungskompetenz des Gemeinderats), zuletzt: SächsOVG, Beschluss vom 27.9.2022 – 4 B 291/21, juris; *Menke/Rehak*, in: Quecke/Schmid, Gemeindeordnung für den Freistaat Sachsen, § 36 Rn. 20.

773 SächsOVG, Beschluss vom 26.6.2023 – 4 B 97/23, juris Rn. 12.

774 So auch SächsOVG, Beschluss vom 27.4.2021 – 4 B 193/21; vgl. hierzu auch die Fortgeschrittenenklausur von *Andresen*, JuS 2020, S. 656ff.

775 Zum Vorprüfungsrecht: SächsOVG, Beschluss vom 27.9.2022 – 4 B 291/21, juris; *Sponer/Tostmann*, Kommunalrecht, S. 101f.

776 Vgl. SächsOVG, Beschluss vom 27.4.2021 – 4 B 193/21, juris; BayVGH, BayVBl. 1987, S. 239ff.; grundlegend zum Prüfungsrecht des Vorsitzenden: *Gern/Brüning*, Deutsches Kommunalrecht, Rn. 604.

folglich zu keiner Verpflichtung seiner Mitglieder, sich tatsächlich mit den betreffenden Verhandlungsgegenständen inhaltlich zu befassen.[777]

Es stellt sich aber die Frage, ob der den Antrag stellenden Fraktion oder dem Fünftel der Gemeinderäte im Rahmen ihres Minderheitenrechts die Möglichkeit gegeben werden müsste, den Antrag in angemessenem Umfang in der Sitzung zumindest mündlich erläutern zu dürfen. Nach Meinung des VG Düsseldorf[778] *umfasst das Initiativrecht (aus § 48 Abs. 1 S. 2 GO NW) das Recht, den Antrag vor dem Rat in angemessenem Umfang mündlich zu erläutern. Insoweit genügt es, wenn eine Fraktion Gelegenheit erhält, im Rahmen einer Geschäftsordnungsdebatte die aus ihrer Sicht bestehende Notwendigkeit einer Sacherörterung darzulegen. Das dürfte unter Beachtung des Minderheitenschutzes sachgerecht sein und daher auch im Rahmen des § 36 Abs. 5 SächsGemO gelten.*[779]

Die **Tagesordnung** gibt stichwortartig die Beratungsgegenstände an und er- **137**
öffnet so dem einzelnen Gemeinderat die Möglichkeit, sich sachgerecht vorzubereiten.[780] Daneben dient sie – allerdings nur für den öffentlichen Teil – der Unterrichtung der Öffentlichkeit. Die Verhandlungsgegenstände müssen in der Tagesordnung **klar und eindeutig** aufgeführt sein. Pauschale oder auch irreführende oder sogar unzutreffende Aufzählungen wie z.B. eine Bezeichnung als „Beschlussfassung über Vergabearbeiten" oder „Einvernehmen zu Bauanträgen" erfüllen diese Bedingung nicht. Unter **„Verschiedenes"** dürfen nur solche unbedeutenden Angelegenheiten zusammengefasst werden, die weder eine Vorbereitung erfordern noch für die Öffentlichkeit besonders interessant sind. Soweit die Sitzung in einen **öffentlichen** und einen **nichtöffentlichen Teil** aufgeteilt ist, müssen in der den Gemeinderäten (nicht gegenüber der Öffentlichkeit) zugehenden Fassung auch die in den nichtöffentlichen Teil verwiesenen Gegenstände aufgeführt sein, soweit nicht ganz besondere Gründe der Geheimhaltung dem entgegenstehen.[781]

Die **Aufstellung der Tagesordnung** gehört zum Kompetenzbereich des Bürger- **138**
meisters als Vorsitzendem (§ 36 Abs. 3 S. 1 1. Hs. SächsGemO). Nach Eröffnung der Sitzung (mit Eintritt in die Tagesordnung) geht diese Zuständigkeit aber auf den Gemeinderat über, d.h., ab diesem Zeitpunkt kann nur noch der Gemeinderat einen Verhandlungsgegenstand absetzen oder vertagen. Änderungen der Tagesordnung durch den Bürgermeister müssen also noch **vor Eintritt in der Tagesordnung** bekannt gegeben worden sein.[782] Er kann einzelne Tagesordnungspunkte streichen oder die Reihenfolge ändern und ggf. auch Unterlagen durch eine sog. „Tischvorlage" nachreichen. Neue Tagesordnungspunkte kann er nur innerhalb der Mindestfrist nachschieben, es sei denn, es

777 SächsOVG, Beschluss vom 6.9.2011 – 4 B 152/11, juris.
778 VG Düsseldorf, NWVBl. 2006, S. 152.
779 Ebenso: *Menke/Rehak*, in: Quecke/Schmid, Gemeindeordnung für den Freistaat Sachsen, § 36 Rn. 41.
780 Vgl. *Püttner*, Handbuch der kommunalen Wissenschaft und Praxis Band 2, S. 93.
781 *Menke/Rehak*, in: Quecke/Schmid, Gemeindeordnung für den Freistaat Sachsen, § 36 Rn. 18.
782 Vgl. *Sponer*, in: Binus/Sponer/Koolmann, Sächsische Gemeindeordnung, § 36 Rn. 16.

handelt sich um einen Eilfall i. S. d. § 36 Abs. 3 S. 6 SächsGemO. Eine Erweiterung der Tagesordnung in der Sitzung ist nur im **nichtöffentlichen Teil** möglich. Voraussetzung ist, dass sämtliche Mitglieder des Gemeinderats anwesend und einverstanden sind.[783]

b) Einberufung

139 Der Gemeinderat kann grds. nur in einer **ordnungsgemäß einberufenen Sitzung** rechtmäßige Beschlüsse fassen (§ 39 Abs. 1 S. 1 SächsGemO).

140 Die Einberufung des Gemeinderates erfolgt durch den Bürgermeister als Vorsitzenden (§ 36 Abs. 3 S. 1 SächsGemO). Sitzungen sind durch den Bürgermeister einzuberufen, wenn es die **Geschäftslage erfordert** (§ 36 Abs. 3 S. 3 SächsGemO). Der Gemeinderat muss allerdings unverzüglich einberufen werden, wenn dies **ein Fünftel der Gemeinderäte** unter Angabe des Verhandlungsgegenstandes beantragt und der Gemeinderat den gleichen Verhandlungsgegenstand nicht innerhalb der letzten sechs Monate bereits behandelt hat oder wenn sich seit der Behandlung die Sach- und Rechtslage wesentlich geändert hat (§ 36 Abs. 3 S. 4 SächsGemO). Fraktionen können einen derartigen Antrag nur stellen, wenn sie das Quorum erfüllen; dann genügt es aber, wenn der Antrag durch den Vorsitzenden gestellt wird.[784] Die Geschäftsordnung kann das Recht, die Einberufung zu verlangen, nicht auf Fraktionen erstrecken, die das Mindestquorum nicht erfüllen.[785]

141 Grds. sollte der Gemeinderat mindestens **einmal pro Monat** zusammentreten; so ist es jedenfalls in einer Vielzahl von Geschäftsordnungen geregelt, gesetzlich allerdings nicht vorgegeben.

142 **Zur Vertiefung:**

Die Einberufung erfolgt durch den Bürgermeister auch dann, wenn dieser wegen ***Befangenheit*** *nach §§ 20, 58 SächsGemO von der Mitwirkung ausgeschlossen ist. Die Befangenheitsvorschrift bezieht sich auf die Sachentscheidung; die Ladung zur Sitzung stellt weder ein „Beraten" noch ein „Entscheiden" dar.*[786]

143 Die **Festlegung von Ort und Zeit** der regelmäßigen Sitzungen erfolgt durch Gemeinderatsbeschluss (§ 36 Abs. 2 SächsGemO), der für den Bürgermeister bindend ist. Dies kann zu Beginn einer Wahlperiode, zu Beginn eines Kalenderjahres oder am Ende einer Sitzung für die nächste Sitzung erfolgen. Es können auch entsprechende Bestimmungen in die Geschäftsordnung aufgenommen werden (z. B. „Die Sitzungen des Gemeinderats sollen mindestens einmal im Monat – i. d. R. an einem Mittwoch um 15:00 Uhr – stattfinden").[787] Wenn es allerdings die Geschäftslage erfordert (außerhalb der regelmäßigen Sitzungen), ist der Bürgermeister – unabhängig von einer vorherigen Festle-

783 *Sponer*, in: Binus/Sponer/Koolmann, Sächsische Gemeindeordnung, § 36 Rn. 16.
784 SächsOVG, LKV 2002, S. 333 f.
785 *Menke/Rehak*, in: Quecke/Schmid, Gemeindeordnung für den Freistaat Sachsen, § 36 Rn. 30 f.
786 *Menke/Rehak*, in: Quecke/Schmid, Gemeindeordnung für den Freistaat Sachsen, § 36 Rn. 7 m. w. N.
787 *Menke/Rehak*, in: Quecke/Schmid, Gemeindeordnung für den Freistaat Sachsen, § 36 Rn. 15.

gung durch den Gemeinderat – zur Einberufung berechtigt und verpflichtet (§ 36 Abs. 3 S. 3 SächsGemO).

Über den **Sitzungsraum** gibt es keine speziellen Vorschriften. Es muss lediglich gewährleistet sein, dass die Öffentlichkeit ungehindert Zugang besitzt und der Vorsitzende das Hausrecht ausüben kann. Der Sitzungsraum kann damit **innerhalb der Gemeinde** gewechselt werden.[788] **144**

Die Einladung muss gemäß § 36 Abs. 3 S. 1 SächsGemO **schriftlich** oder in **elektronischer Form** erfolgen, es sei denn, es handelt sich um einen Eilfall nach § 36 Abs. 3 S. 6 SächsGemO. Bei Verhinderung des Bürgermeisters beruft sein Verhinderungsstellvertreter ein (§§ 54 Abs. 1, 55 Abs. 1, 2 SächsGemO). Die Einladung muss in den Machtbereich des Empfängers gelangen.[789] Dazu, dass dies rechtssicher und nachweislich erfolgt, sollten Einzelheiten in der GeschO mit den Gemeinderäten vereinbart werden, z.B. Ladung per Post, E-Mail oder nur noch durch eine digitale Bereitstellung in einem Ratsinformationssystem, was insb. auch für die Zurverfügungstellung der erforderlichen Unterlagen optimal geeignet ist. Eine förmliche Zustellung i.S.d. VwZG ist indes nicht erforderlich, kann aber in kritischen Fällen durchaus sinnvoll sein, z.B. bei wiederholtem Bestreiten eines einzelnen Gemeinderates, die Einladung (fristgerecht) bekommen zu haben. Eine telefonische Übermittlung der Ladung ist nach verständiger Auslegung des § 36 Abs. 3 S. 1 SächsGemO allerdings ausgeschlossen.[790] **145**

Zur Vertiefung: **146**

Der Bürgermeister kann die Gemeinderäte statt in schriftlicher Form alternativ in ***elektronischer Form*** *zu den Gemeinderatssitzungen formgerecht einladen. Beide Ladungsformen stehen gleichrangig nebeneinander. Es muss aber sichergestellt sein, dass alle Gemeinderäte über die technischen Voraussetzungen zum Versenden und Empfangen elektronischer Post verfügen. Da mangels einer konkreten Formvorgabe jede Form der elektronischen Kommunikation in Betracht kommt, kann die Einladung nebst Unterlagen mit ihrem Einverständnis daher nicht nur* ***per E-Mail****, sondern auch mittels des Einsatzes einer digital verfügbaren Datenbank, dem sog.* ***Ratsinformationssystem (RIS)****, erfolgen, z.B. per E-Mail unter Hinweis (ggf. mit einem Link) auf den passwortgeschützten Abruf oder die Übermittlung der Unterlagen im RIS.*[791] *Da die Beweislast für die Ordnungsgemäßheit der Sitzungseinladung (insb. Einhaltung der Ladungsfrist) der Bürgermeister trägt, sollte stets ein Nachweis geführt werden können, wann die Einladung in die Sphäre der Gemeinderäte gelangt ist. Die Gemeinderäte wiederum sind als Empfänger dafür verantwortlich, dass unbefugte Dritte keinen Zugriff auf Einladungen und Beratungsunterlagen nehmen können. Empfehlenswert ist, Regelungen zur rechtssicheren Umsetzung in die GeschO aufzunehmen.*[792]

788 VGH BW, Urteil vom 1.3.1977 – I 881/76, juris.

789 Vgl. dazu SächsOVG, Beschluss vom 24.10.2014 – 4 B 172/14, juris, wonach es nicht ausreicht, die Einladung sowie die Unterlagen lediglich in der Fraktionsgeschäftsstelle abzugeben.

790 Vgl. die Mustergeschäftsordnung des Sächsischen Städte- und Gemeindetags von 4/2022, Erläuterung zu § 6 S. 148.

791 Zur Zulässigkeit einer „elektronischen Ladung“ durch Ratsinformationssysteme, bejahend: *Grochtmann*, BayVBl. 2013, S. 677ff.

792 Vgl. *König*, Kommunalrecht Sachsen, S. 26f.

147 Die Einladung selbst muss mit **„angemessener Frist"**, d.h. so rechtzeitig erfolgen, dass sich die Gemeinderäte auf den Sitzungstermin einrichten können.[793] Außerdem müssen sie ausreichend Zeit haben, sich mit den Verhandlungsgegenständen vertraut zu machen und in Fraktionssitzungen beraten zu können. Was als „rechtzeitig" gilt, kann in der Geschäftsordnung festgelegt werden.[794] Eine Frist von **drei Tagen** sollte dabei nicht unterschritten werden.[795] Bei schwierigen Beratungspunkten (z.B. Haushaltssatzung oder Bauleitplanung) oder in größeren Gemeinden ist darunter eine Frist von **mindestens einer Woche** zu verstehen. Bei der Berechnung der Frist werden der Tag des Zugangs der Einladung und der Sitzungstag nicht mitgerechnet, sehr wohl aber Samstage, Sonn- und Feiertage (vgl. zur Berechnung der Frist §§ 187 Abs. 1, 188 Abs. 1 BGB; Ausnahme: § 193 BGB).[796] Sieht die Geschäftsordnung eine Regelfrist von einer Woche vor, müssen grds. volle sieben Tage zwischen diesem Tag und dem Tag der Sitzung liegen. Im Einzelfall hat der Bürgermeister aber zu entscheiden, welche Frist zur Einberufung des Gemeinderats dann angemessen ist, sodass die Festlegung einer Frist in der Geschäftsordnung aufgrund der Organkompetenz des Bürgermeisters nur als Empfehlung des Gemeinderates gesehen werden kann.

148 Neben dem **Tagungsort** und der **Tagungszeit** muss die Einladung auch die zur Beratung oder Entscheidung anstehenden Gegenstände **(Tagesordnung)** umfassen. Außerdem muss aus der Ladung entnommen werden können, dass sie auf **Veranlassung des Vorsitzenden** erfolgt ist. Die Unterzeichnung der Einladung durch den Bürgermeister ist aber nicht zwingend erforderlich; es genügt die Unterzeichnung durch einen Bediensteten, sofern klar ist, dass die Einladung im Auftrag des Bürgermeisters erfolgt.[797]

149 Einzuladen sind **alle Mitglieder des Organs**, auch wenn sie befangen oder entschuldigt sind.[798] Wird dies nicht beachtet, handelt es sich um einen wesentlichen Verfahrensfehler, mit der Folge, dass die in der Sitzung gefassten Beschlüsse grds. nichtig sind. Da die Fristvorschriften zur Ladung indes Schutzvorschriften für die Gemeinderäte sind, können die Gemeinderäte auf diesen Schutz verzichten. Ein entsprechender Ladungsfehler ist somit geheilt, soweit der betreffende Gemeinderat dennoch erscheint und den Ladungsmangel nicht spätestens bei Eintritt in die Tagesordnung der Sitzung geltend macht (§ 39 Abs. 1 S. 2 SächsGemO). Erhält ein Gemeinderat von der Einladung tatsächlich keine Kenntnis (z.B. wegen einer Urlaubsreise), berührt dies die Ordnungsmäßigkeit der Einladung nicht. Die Einberufung muss auch an kranke und ortsabwesende Gemeinderäte ergehen, es genügt dazu die Zusendung an die Heimatanschrift. Die Einberufung muss auch an Beigeordnete (§§ 55 i.V.m. 44 Abs. 5 SächsGemO), die Ortsvorsteher (§ 68 Abs. 3 Sächs-

793 *Sponer*, in: Binus/Sponer/Koolman, Sächsische Gemeindeordnung, § 36 Rn. 9.
794 *Menke/Rehak*, in: Quecke/Schmid, Gemeindeordnung für den Freistaat Sachsen, § 36 Rn. 15.
795 So auch *Gern/Brüning*, Deutsches Kommunalrecht, Rn. 601.
796 *Sponer/Tostmann*, Kommunalrecht, S. 103.
797 *Menke/Rehak*, in: Quecke/Schmid, Gemeindeordnung für den Freistaat Sachsen, § 36 Rn. 13.
798 Vgl. *Geis*, Kommunalrecht, § 11 Rn. 117.

GemO) sowie die sachkundigen Einwohner (§ 44 Abs. 1 und Abs. 2 SächsGemO) erfolgen, da diese beratend mitwirken. Ein möglicher Ladungsmangel führt jedoch in diesen Fällen nicht zur Rechtswidrigkeit der in der Gemeinderatssitzung gefassten Beschlüsse.

Damit sich die Gemeinderäte hinreichend vorbereiten können, sind der Einladung die für die Beratung **erforderlichen Unterlagen** beizufügen (§ 36 Abs. 3 S. 1 2. Hs. SächsGemO). Diese Regelung gilt auch für beschließende Ausschüsse (§ 41 Abs. 5 S. 1 SächsGemO), den Ortschaftsrat (§ 69 SächsGemO) sowie den Stadtbezirksbeirat (§ 71a Abs. 1 S. 1 SächsGemO). Bei den Sitzungsunterlagen handelt es sich um **Ausarbeitungen** der Verwaltung für den Gemeinderat und die Ausschüsse. Erforderlich sind die Unterlagen, die über den wesentlichen Sachverhalt und die maßgeblichen Gründe, bspw. für eine Ratsvorlage des Bürgermeisters, informieren, damit der Gemeinderat eine sachgerechte Entscheidung treffen kann.[799] Welche Unterlagen dazugehören, ist eine **Frage des Einzelfalls**. Zu berücksichtigen sind insb. die Komplexität sowie die Tragweite der jeweiligen Entscheidungen.[800] Hilfreich ist zudem für die Gemeinderäte, wenn die entsprechende Vorlage bereits einen Beschlussantrag enthält. 150

Die Beifügung der erforderlichen Unterlagen steht nicht im Ermessen des Bürgermeisters. Vielmehr ist er verpflichtet, den Gemeinderäten diese Unterlagen zugänglich zu machen. Erfolgt die Übersendung nicht, liegt ein **Ladungsmangel** vor. Eine verspätete Übersendung kann je nach Umfang noch ausreichend sein. Für einfache Beratungsgegenstände oder für Themenbereiche, die den Gemeinderäten bereits hinreichend bekannt sind, kann – ausnahmsweise – auf die Unterlagen ganz oder teilweise verzichtet werden; ggf. ist auch eine sog. Tischvorlage noch möglich. Eine fehlende Übersendung wäre dann unbeachtlich. Die Übersendung unterbleibt ansonsten nur in den Fällen, in denen das **öffentliche Wohl oder berechtigte Interessen Einzelner** entgegenstehen (z. B. bei einer besonderen Geheimhaltung). 151

Durch den im Rahmen des Dritten Gesetzes zur Fortentwicklung des Kommunalrechts vom 9.2.2022[801] neu eingefügten § 36b SächsGemO besteht eine **Veröffentlichungspflicht** nunmehr auch hinsichtlich der Beratungsunterlagen für die öffentliche Sitzung des Gemeinderates. Danach hat die Gemeinde durch ihren Bürgermeister auf ihrer Internetseite oder in anderer geeigneter Form Zeit, Ort und Tagesordnung der öffentlichen Sitzungen des Gemeinderates und seiner Ausschüsse sowie die der Tagesordnung beigefügten Beratungsunterlagen zu veröffentlichen, sobald diese den Mitgliedern des Gemeinderates zur Verfügung gestellt wurden und sofern keine berechtigten Interessen Einzelner entgegenstehen. Diese Unterrichtung der Öffentlichkeit wird in vielen Gemeinden, ebenso wie bei den Gemeinderäten, im Ratsinformationssystem („RIS“) bzw. im Bürgerinformationssystem („BIS“) erfolgen. 152

799 SächsOVG, LKV 2012, S. 366 f. (zu den Anforderungen an die Vorlage für den Verhandlungsgegenstand der Sitzung); vgl. *Gern*, Sächsisches Kommunalrecht, Rn. 498.

800 SächsOVG, LKV 2009, S. 466; *Menke/Rehak*, in: Quecke/Schmid, Gemeindeordnung für den Freistaat Sachsen, § 36 Rn. 23.

801 Gesetz vom 9.2.2022 (SächsGVBl. S. 134).

Die Folge bei einer Verletzung dieser Pflicht dürfte zwar keine Rechtswidrigkeit des betreffenden Beschlusses sein, soweit alle Gemeinderäte die Unterlagen erhalten haben, allerdings käme insoweit ein Einschreiten der Rechtsaufsicht in Betracht.

153 **Zur Vertiefung:**

*Eine **Veröffentlichung von Beratungsunterlagen** des Gemeinderats auf der Internetseite der Gemeinde (oder in anderer geeigneter Form) ist aus Transparenzgründen und zur Verbesserung der Bürgernähe nicht nur sinnvoll, sondern seit dem Inkrafttreten des Dritten Gesetzes zur Fortentwicklung des Kommunalrechts vom 9.2.2022[802] gemäß § 36b SächsGemO in Sachsen, ebenso wie bspw. in Baden-Württemberg, nunmehr gesetzlich verpflichtend.[803] Bei einer Weitergabe von Beratungsunterlagen durch die Gemeinde an Dritte, insb. auch bei einer Veröffentlichung im Internet (z.B. im „RIS" auf der Homepage der Gemeinde), sind allerdings der Schutz personenbezogener Daten und Betriebs- sowie Geschäftsgeheimnisse zu beachten. Soweit Sitzungsunterlagen derartige Informationen enthalten, müssen diese daher – vor der Freigabe – geschwärzt und die Inhalte ggf. auch gekürzt werden. Soweit das nur mit einem unverhältnismäßig hohen Aufwand oder mit einer erheblichen Veränderung einer Beratungsunterlage verbunden ist, kann ausnahmsweise ganz von einer Veröffentlichung abgesehen werden. Soweit von einer Veröffentlichung der Beratungsunterlagen abgesehen wird, ist dies allerdings zu Beginn der öffentlichen Sitzung entsprechend zu begründen (siehe § 36b S. 3 bis 5 SächsGemO).*

154 In **Eilfällen** (§ 36 Abs. 3 S. 6 SächsGemO) sind die Formerfordernisse für die Ladung gelockert. Ein Eilfall liegt vor, wenn durch die Einhaltung der üblichen Mindestfrist für die Gemeinde ein Schaden entstehen würde oder wenn ohne Verzicht auf die Ladungsfrist eine Eilentscheidung des Bürgermeisters nach § 52 Abs. 4 SächsGemO erforderlich wäre.[804] Hier kann die Einberufung frist- und formlos und nur unter Angabe der Verhandlungsgegenstände (Tagesordnung) erfolgen.[805] Ebenso bedarf es nicht der ortsüblichen Bekanntgabe der Sitzung nach § 36 Abs. 4 S. 2 SächsGemO. Ob ein Eilfall vorliegt, entscheidet der **Bürgermeister**.[806]

155 Zeit, Ort und Tagesordnung der Sitzung sind **rechtzeitig ortsüblich bekannt** zu geben. Dies gilt nicht bei der Einberufung des Gemeinderats in Eilfällen (§ 36 Abs. 4 SächsGemO). Die ortsübliche Bekanntgabe kann unterschiedlich erfolgen (z.B. im gemeindlichen Amtsblatt oder der örtlichen Tageszeitung). Die strengen Formvorschriften der öffentlichen Bekanntmachung nach der KomBekVO gelten hier indes nicht.[807] Im Interesse des Vertrauensschutzes der Einwohner darf jedoch die Art und Weise der ortsüblichen Bekanntgabe nicht beliebig gewechselt werden.

802 Gesetz vom 9.2.2022 (SächsGVBl. S. 134).
803 § 41b GemO BW (Veröffentlichung von Informationen).
804 Vgl. *Sponer*, in: Binus/Sponer/Koolmann, Sächsische Gemeindeordnung, § 36 Rn. 17.
805 Vgl. VG Dresden, Urteil vom 5.2.2010 – 2 K 1582/08, juris.
806 *Menke/Rehak*, in: Quecke/Schmid, Gemeindeordnung für den Freistaat Sachsen, § 36 Rn. 33.
807 Zur öffentlichen Bekanntmachung s. o. im 4. Kapitel A.IV.6.

Die Gemeinderäte sind verpflichtet, an den **Sitzungen teilzunehmen**. Diese Verpflichtung umfasst die gesamte Sitzung.[808] Aus wichtigen persönlichen oder beruflichen Gründen kann ein Fernbleiben ausnahmsweise gerechtfertigt sein, wenn dies dem Vorsitzenden rechtzeitig mitgeteilt wird. Bei unentschuldigtem Fehlen verstößt der Gemeinderat gegen seine Pflichten als ehrenamtlich Tätiger. Ihm kann in diesem Fall ein Ordnungsgeld bis 500 Euro auferlegt werden (§ 35 Abs. 4 i. V. m. § 19 Abs. 4 SächsGemO). **156**

c) Öffentlichkeit

Die Sitzungen des Gemeinderats sind grds. **öffentlich** (§ 37 Abs. 1 SächsGemO).[809] Der Grundsatz der Sitzungsöffentlichkeit ist von herausragender Bedeutung. Dadurch wird gewährleistet, dass Einwohner, Bürger, Medien und andere Interessierte Einblick in die Tätigkeit des Gemeinderates (oder seiner beschließenden Ausschüsse) nehmen, die Vorgänge im Gemeinderat einschließlich seiner Beschlüsse beurteilen und kontrollieren können.[810] **157**

Der Öffentlichkeitsgrundsatz schafft Bürgernähe und zudem Transparenz über die im Gemeinderat vertretenen Auffassungen, über das Zustandekommen von Beschlüssen und vermeidet den Anschein, dass „hinter verschlossenen Türen" über die Interessen der vertretenen Bürgerschaft hinweg entschieden wird. **158**

Zum Öffentlichkeitsgebot gehört neben der **ortsüblichen Bekanntgabe** der öffentlichen Sitzungen nach § 36 Abs. 4 SächsGemO auch die Veröffentlichung von Informationen auf der Internetseite der Gemeinde oder in anderer geeigneter Form gemäß § 36b SächsGemO, sowie ein **freier Zugang** zu diesen Sitzungen bzw. in den Sitzungsraum und die **Einsichtnahme** in die Niederschriften der öffentlichen Sitzungen durch die Einwohner (§ 40 Abs. 2 S. 5 SächsGemO). Der Öffentlichkeitsgrundsatz bezieht sich allerdings nur auf den Verhandlungsgang und nicht auch auf die Art der Stimmabgabe, die gemäß § 39 Abs. 6 S. 1 2. Hs. SächsGemO aus wichtigem Grund auch geheim erfolgen kann. Öffentlichkeit beinhaltet auch nicht das Recht, zu filmen oder Tonbandaufnahmen zu machen.[811] Die Zuhörer dürfen sich aber Notizen oder Mitschriften machen. Nicht entscheidend für die Frage der Öffentlichkeit ist es, ob tatsächlich Zuhörer anwesend sind oder nicht. **159**

Sinn und Zweck des Grundsatzes der Öffentlichkeit ist aber nicht nur, den interessierten Zuhörern Gelegenheit zu geben, an der Sitzung teilzunehmen, sondern diese **auch inhaltlich mitverfolgen** zu können. Ein entscheidungserheblicher Verfahrensmangel und damit ein Verstoß gegen § 37 Abs. 1 SächsGemO liegt deshalb dann vor, wenn die Zuhörer – etwa wegen einer schlechten Akustik oder erheblichen Lärms – die Wortbeiträge der Gemeinderäte nicht wahrnehmen können.[812] **160**

808 *Belz*, SächsVBl. 1994, S. 1 (6).

809 Vgl. dazu grundlegend: *Menke*, Sachsenlandkurier 2002, S. 470 ff.; *Schmitz*, JuS 2017, S. 31 ff. sowie die Fallbearbeitungen von *Faßbender/Brückner*, VR 2012, S. 59 ff. und *Janson/Blenk*, JuS 2018, S. 461 ff.

810 Vgl. *Engels/Krausnick*, Kommunalrecht, Teil 2, § 5 Rn. 16.

811 BVerwG, NJW 1991, S. 118 f.

812 VG Arnsberg, Urteil vom 24.8.2007 – 12 K 127/07, juris (Störungen durch verbale Äußerungen und Lärm).

161 Zur Öffentlichkeit gehört auch die Presse. Ihre Anwesenheit bedarf keiner besonderen Zulassung. Es gibt aber auch für die Medienvertreter **kein Recht, Bild- und Tonaufnahmen** vorzunehmen. Weder das Sächsische Pressegesetz noch die Pressefreiheit nach Art. 5 Abs. 1 S. 2 GG bzw. Art. 20 Abs. 1 S. 2 SächsVerf, noch einfachgesetzliche bundesrechtliche Vorschriften verschaffen einen diesbezüglichen Anspruch.[813] Das Prinzip der Öffentlichkeit in den Kommunalverfassungen eröffnet daher nur einen Anspruch auf die **Saalöffentlichkeit**, aber **nicht darüber hinaus auf die Medienöffentlichkeit**.[814] Es gilt der Grundsatz des **Schutzes der ungezwungenen demokratischen Diskussion**. Bild und Tonaufnahmen – auch in Form eines „Internet-Streams“ oder auch einer zeitversetzten Übertragung (sog. „On-Demand“) – können aber grds. zugelassen werden (§ 37 Abs. 3 SächsGemO). Dazu bedarf es der vorherigen und schriftlichen **Genehmigung des Bürgermeisters**. Die Genehmigung ist zu versagen, wenn dies für den ungestörten Sitzungsverlauf erforderlich ist. Im Zweifel ist der im öffentlichen Interesse liegenden Funktionstüchtigkeit des Gemeinderats Vorrang vor der Presse- und Rundfunkfreiheit einzuräumen.

162 **Zur Vertiefung:**

*Die Direktübertragung von öffentlichen Gemeinderatssitzungen im Internet („**Liveübertragungen**“) stellt datenschutzrechtlich eine Übermittlung personenbezogener Daten an eine Vielzahl unbestimmter Personen dar und ist datenschutzrechtlich kritisch zu bewerten.*

Hierzu erfolgte deshalb im Rahmen des Dritten Gesetzes zur Fortentwicklung des Kommunalrechts vom 9.2.2022[815] und in Abstimmung mit dem Sächsischen Datenschutzbeauftragten in § 37 Abs. 3 SächsGemO eine Klarstellung dahingehend, dass bei öffentlichen Sitzungen des Gemeinderats eine unmittelbare Übertragung von Bild und Ton in einen öffentlich zugänglichen Ort erfolgen kann. Des Weiteren wurde geregelt, dass, soweit die Gemeinden einen Internetauftritt unterhalten, die Übertragung von Bild und Ton auch über einen Live-Stream erfolgen kann, wenn hierfür eine Einwilligung vorliegt. Eine Aufzeichnung von Bild und Ton sowie eine entsprechende Abrufmöglichkeit sind dabei nur zulässig, wenn diese von der Einwilligung ausdrücklich umfasst sind. Bei fehlender Einwilligung oder nach Widerspruch eines Gemeinderats gegen die Übertragung oder gegen die Aufzeichnung oder den Abruf seines Bildes und Tons durch technische Mittel ist weiter sicherzustellen, dass dessen Recht auf informationelle Selbstbestimmung ohne Beeinträchtigung der Übertragung, der Aufzeichnung oder des Abrufs der Sitzung gewahrt wird.

*Da es in der Praxis nicht möglich sein wird, von den einzelnen Zuhörern eine rechtswirksame Einwilligung einzuholen, ist es sinnvoll, den **Zuhörerbereich** von einer Übertragung **auszunehmen**.*[816]

813 Ausführlich dazu *Menke*, in: Quecke/Schmid, Gemeindeordnung für den Freistaat Sachsen, § 37 Rn. 13 m.w.N.
814 *Horn*, ZJS 2012, S. 340.
815 Gesetz vom 9.2.2022 (SächsGVBl. S. 134).
816 *Sponer*, in: Binus/Sponer/Koolman, Sächsische Gemeindeordnung, § 37 Rn. 12; vgl. zum Ganzen auch *Papsthart*, BayVBl. 2013, S. 645 ff.

Aus dem Grundsatz der Öffentlichkeit ergibt sich für die Gemeinde die Verpflichtung, **Sitzungsräume** zu unterhalten, in denen eine **angemessene Zahl** von Zuhörern Platz finden kann.[817] „Angemessen" bedeutet aber nicht, dass die Sitzungsräume jedem Andrang gewachsen sein müssen. Der Sitzungsraum muss zwar für die Teilnahme der Öffentlichkeit eine ausreichende Anzahl von Sitzplätzen im Besucherbereich aufweisen. Es müssen aber keine Turnhallen oder Festsäle angemietet werden. Ein Ausweichen auf einen größeren Raum ist zwar möglich und kann bei „publikumswirksamen" Sitzungen auch im Rahmen eines bürgernahen Verhaltens durchaus in Betracht gezogen werden. Stößt die Gemeinderatssitzung auf ein hohes Interesse, das die Kapazität des Raumes übersteigt, besteht stattdessen die Möglichkeit, den Zugang zu beschränken (z.B. durch Platzkarten).[818] Allerdings darf die Sitzung nicht in einem Raum stattfinden, in dem keine Zuhörerplätze vorhanden sind oder in dem die Zuhörer nicht in einer Anzahl Platz finden, in der sie noch als Repräsentanten der Öffentlichkeit gelten können. Dies wäre ein **faktischer Ausschluss der Öffentlichkeit** und damit verfahrensfehlerhaft. 163

Nichtöffentlich darf nur verhandelt werden, wenn es das **öffentliche Wohl** oder das **berechtigte Interesse Einzelner** erfordern (§ 37 Abs. 1 S. 1 2. Hs. SächsGemO). Über den Ausschluss der Öffentlichkeit wird in nichtöffentlicher Sitzung beraten und entschieden (§ 37 Abs. 1 S. 2 SächGemO). Gründe des **öffentlichen Wohls** sind gegeben, wenn Tatsachen vorliegen, die auf eine Gefährdung der Interessen der örtlichen Gemeinschaft schließen lassen (z.B. Verhinderung von Spekulationen bei Planungen).[819] Als **berechtigte Interessen Einzelner** kommen alle rechtlich geschützten oder anerkannten Individualinteressen in Betracht, insb. persönliche oder wirtschaftliche Verhältnisse, an deren Kenntnisnahme schlechthin kein öffentliches Interesse besteht und deren Bekanntwerden sich auf das Fortkommen oder die Wertschätzung negativ auswirken kann. Hierbei kommt es nicht auf den individuellen Wunsch nach Vertraulichkeit oder auf subjektive Empfindlichkeiten an. Vielmehr muss bei der Abwägung das Schutzinteresse gegenüber dem Öffentlichkeitsinteresse überwiegen.[820] 164

Zur Vertiefung: 165

*Die **Zuhörer** haben mangels Klagebefugnis keinen Anspruch, dass ein Beschluss, der unter Verstoß gegen den Öffentlichkeitsgrundsatz zustande gekommen ist, nicht vollzogen wird. Etwas anderes gilt nur, soweit der Einzelne durch den Beschluss möglicherweise in eigenen Rechten verletzt ist.[821] Hier kommt zudem ein Schadensersatzanspruch gegen die Gemeinde in Betracht.[822] § 37 Abs. 1 SächsGemO schafft*

817 Vgl. auch *Geis*, Kommunalrecht, § 11 Rn. 126f.

818 *Menke*, in: Quecke/Schmid, Gemeindeordnung für den Freistaat Sachsen, § 37 Rn. 8.

819 Vgl. *Sponer*, in: Binus/Sponer/Koolman, Sächsische Gemeindeordnung, § 37 Rn. 4.

820 *Menke*, Sachsenlandkurier 10/2002, S. 470; *Sponer*, in: Binus/Sponer/Koolman, Sächsische Gemeindeordnung, § 37 Rn. 5.

821 OVG R-Pf, NVwZ-RR 1990, S. 332; *Geis*, Kommunalrecht, § 11 Rn. 132a.

822 *Menke*, in: Quecke/Schmid, Gemeindeordnung für den Freistaat Sachsen, § 37 Rn. 47 m.w.N.

aber nach h. M. nur ein subjektives Recht auf Teilnahme, das seine Grenzen im Tatsächlichen findet, v. a. in der Kapazität des jeweiligen Sitzungsraums. Ein subjektives Recht auf Einhaltung des Öffentlichkeitsgrundsatzes besteht indes nicht.[823]

166 **Umstritten** ist, ob der Öffentlichkeitsgrundsatz ein **subjektives Recht auf Öffentlichkeit zugunsten der Gemeinderäte** schafft. Nach Auffassung des OVG NRW[824] hat der einzelne Gemeinderat einen durchsetzbaren Anspruch darauf, seine Ansichten und Argumente grds. vor der Öffentlichkeit vorzutragen; er kann sich somit in einem Kommunalverfassungsstreitverfahren auf eine Verletzung seiner Mitgliedschaftsrechte berufen. Als wesentliches Argument dafür wird die Verschwiegenheitspflicht genannt (in Sachsen: § 37 Abs. 2 SächsGemO). Das OVG NRW führt aus, dass durch diese gleichsam automatische Einbeziehung in die Verschwiegenheitspflicht jeder Ausschluss der Sitzungsöffentlichkeit notwendig in Konflikt mit dem sonst gegebenen Recht des Ratsmitglieds auf freie Mandatsausübung gerät, dessen wesentliches Element die Befugnis ist, zu jeder Angelegenheit der örtlichen Gemeinschaft öffentliche Überzeugungsbildung **innerhalb und außerhalb** der Ratsgremien zu betreiben. Berät der Rat eine Angelegenheit in nicht öffentlicher Sitzung, so liegt darin zugleich eine Einschränkung des Mandatsausübungsrechts, die das Ratsmitglied nur dann hinzunehmen hat, wenn die gesetzlichen oder geschäftsordnungsrechtlichen Voraussetzungen für eine derartige Verfahrensweise gegeben sind.

Nach anderer Auffassung handelt es sich bei § 37 SächsGemO (bzw. entsprechenden Regelungen in anderen Bundesländern) um einen objektiv-rechtlichen Grundsatz mit der Folge, dass eine Verletzung dieses Grundsatzes keine subjektiv-rechtliche Position des einzelnen Gemeinderats begründen kann.[825]

167 Als **nichtöffentlich** werden neben Steuerangelegenheiten spezieller Art Erlasse und Stundungsanträge sowie grds. auch Personalangelegenheiten in Einzelfällen behandelt. Eine Ausnahme gilt bei der Bestellung von Führungspersonal (z. B. Beigeordnete, Fachbereichs- oder Amtsleiter) wegen des legitimen Interesses der Allgemeinheit an diesen Personalentscheidungen. Auch Grundstücksangelegenheiten können darunter fallen, wenn z. B. die Gemeinde Grundstücke kauft oder verkauft, um Spekulationen vorzubeugen oder um den Kaufpreis nicht an die Öffentlichkeit gelangen zu lassen; ansonsten sind Grundstücksangelegenheiten aber i. d. R. öffentlich zu behandeln.[826] Gründe für eine nichtöffentliche Sitzung können ferner bei Auftragsvergaben, in Angelegenheiten der zivilen Verteidigung, in Einzelfällen bei Abgabenangelegenheiten, in An-

823 Ausnahmefall: SaarlOVG, DÖV 1993, S. 964 ff.

824 OVG NRW, NVwZ-RR 2002, S. 135; ebenso: VG Arnsberg, Urteil vom 24.8.2007 – 12 K 127/07, juris (auch dann, wenn Störungen in der Ratssitzung von Zuhörern ausgehen); ebenso im Ergebnis *Faßbender/Brückner*, VR 2012, S. 59 (60); a. A. *Burgi*, Kommunalrecht, § 14 Rn. 14.

825 So etwa VGH BW, NVwZ-RR 1992, S. 373; VG Gießen, NVwZ-RR 2006, S. 277; vgl. *Kopp/Schenke*, VwGO, § 42 Rn. 80; ebenso auch *Sponer*, in: Binus/Sponer/Koolman, Sächsische Gemeindeordnung, § 35 Rn. 17; VG Dresden, SächsVBl. 2002, S. 9.

826 *Menke*, in: Quecke/Schmid, Gemeindeordnung für den Freistaat Sachsen, § 37 Rn. 29.

gelegenheiten der Rechnungsprüfung mit Ausnahme der Behandlung der Prüfungsergebnisse der örtlichen und überörtlichen Prüfung (§ 104 Abs. 2 S. 4 und § 109 Abs. 4 S. 2 SächsGemO), bei der Zuschussgewährung an natürliche oder juristische Personen sowie bei Klageverfahren der Gemeinde[827] vorliegen.[828]

Zur Vertiefung: 168

Die Entscheidung über die ***Vergabe kommunaler Aufträge***[829]*, die nicht den Geschäften der laufenden Verwaltung zuzuordnen sind, ist dem Gemeinderat vorbehalten, soweit die Hauptsatzung keine abweichende Regelung trifft.*

Über die Vergabe ist grds. in öffentlicher Sitzung zu beraten und zu beschließen. Die Angebote und ihre Anlagen sind aber in dem nachstehend aufgezeigten Umfang geheim zu halten. Nicht öffentlich darf gemäß § 37 Abs. 1 SächsGemO nur insoweit verhandelt werden, als es das öffentliche Wohl oder berechtigte Interessen Einzelner erfordern. Dies ist z. B. der Fall, wenn vertrauliche betriebsinterne Fragen, Kalkulationsgrundlagen oder Bedenken gegen die Fachkunde, Leistungsfähigkeit und Zuverlässigkeit von Bietern erörtert werden, nicht dagegen bei der Beschlussfassung über die Vergabe. Ggf. muss nach vorangegangener Beratung in nicht öffentlicher Sitzung über die Einzelheiten der Angebote in öffentlicher Sitzung verhandelt werden.

Die Vermutung, eine nichtöffentliche Sitzung würde eine freiere oder unbeeinflusstere Verhandlung zulassen, stellt demgegenüber keinen Grund für ein Abweichen vom Öffentlichkeitsgrundsatz dar. 169

Das **Beschlussergebnis einer nichtöffentlichen Sitzung** muss in öffentlicher Sitzung bekannt gegeben werden (§ 37 Abs. 1 S. 3 SächsGemO), und zwar aus kommunalpolitischen Gründen möglichst bald. Die Verpflichtung besteht allerdings gemäß § 37 Abs. 1 S. 3 SächsGemO so lange nicht, als das öffentliche Interesse oder berechtigte Interesse des Einzelnen der Bekanntgabe entgegensteht. Die Bekanntgabe muss vom Bürgermeister in die Tagesordnung aufgenommen werden. Bekannt zu geben ist nur der **Wortlaut** der Beschlüsse. Die Bekanntgabepflicht ist Ordnungsvorschrift und folglich nicht Gültigkeitsvoraussetzung für Beschlüsse.[830] 170

Wenn die Öffentlichkeit ausgeschlossen ist, dürfen hier neben den Mitgliedern des Gemeinderats nur die benötigten Bediensteten und Sachverständigen teilnehmen, d. h., Besucher, Medienvertreter und auch befangene Gemeinderatsmitglieder müssen den Sitzungsraum verlassen. Dies gilt auch für Fraktionsmitarbeiter, sofern diesen nicht durch Geschäftsordnung ein Anwesenheitsrecht bei nichtöffentlichen Sitzungen eingeräumt ist (§ 35a Abs. 4 S. 2 SächsGemO).[831] 171

827 Vgl. dazu OVG NRW, NVwZ-RR 2002, S. 135.
828 Sächsischer Städte- und Gemeindetag (Hrsg.), Taschenbuch für die Ratsarbeit, S. 137.
829 Vgl. zum Folgenden den Leitfaden des SMI zur Vergabe öffentlicher Aufträge im kommunalen Bereich im Freistaat Sachsen (Stand: Juni 2015), S. 18 f.
830 Vgl. *Sponer*, in: Jacob/Sponer/Musall, Kommunalverfassungsrecht Sachsen, § 37 Erl. 8.
831 Sächsischer Städte- und Gemeindetag (Hrsg.), Taschenbuch für die Ratsarbeit, S. 137.

Nichtöffentlichen Ausschusssitzungen dürfen jedoch auch die Gemeinderäte beiwohnen, die diesen Ausschüssen nicht angehören.

172 Ob die Öffentlichkeit zugelassen wird oder nicht, ist bei der Aufstellung der Tagesordnung durch den **Vorsitzenden** zu entscheiden. Der Gemeinderat besitzt aber die Möglichkeit, auf Antrag aus seiner Mitte diese Zuordnung zu ändern. Ob ein Verhandlungsgegenstand entgegen der Tagesordnung in öffentlicher oder nichtöffentlicher Sitzung zu behandeln ist, wird in nichtöffentlicher Sitzung durch den Gemeinderat beraten und entschieden (§ 37 Abs. 1 S. 2 SächsGemO). Wird ein Beratungspunkt entgegen der Tagesordnung in den öffentlichen Teil verwiesen, kann dieser Punkt wegen der dann erforderlich werdenden ortsüblichen Bekanntgabe nach § 36 Abs. 4 SächsGemO erst frühestens in der nächsten Sitzung behandelt werden. Die umgekehrte Vorgehensweise einer Verweisung zur Behandlung eines Gegenstandes von der öffentlichen Sitzung in eine nichtöffentliche Sitzung ist hingegen in derselben Sitzung möglich.[832]

173 **Zur Vertiefung:**

*Es gilt stets der **Grundsatz der Einzelfallprüfung.**[833] Nach dem eindeutigen Wortlaut des § 37 Abs. 1 S. 1 SächsGemO ist nicht nur statuiert, dass die Behandlung der Tagesordnung in öffentlicher Sitzung der Regelfall ist, sondern auch, dass die Entscheidung, ob die Voraussetzungen für die nichtöffentliche Sitzung gegeben sind, in jedem Einzelfall geprüft werden muss. Es ist demnach nicht zulässig, z. B. durch eine diesbezügliche Regelung in der Hauptsatzung oder der Geschäftsordnung bestimmte Fallgruppen von vornherein von der Sitzungsöffentlichkeit auszunehmen.*[834]

174 Bei der Verschwiegenheitspflicht nach § 37 Abs. 2 SächsGemO handelt es sich um eine spezielle Ausformung des § 19 Abs. 2 SächsGemO, wonach die Gemeinderäte und der Bürgermeister zur Verschwiegenheit über alle in nichtöffentlicher Sitzung behandelten Angelegenheiten so lange verpflichtet sind, bis der Gemeinderat im Einvernehmen mit dem Bürgermeister die Verschwiegenheitspflicht aufhebt.

175 Verstöße gegen die Sitzungsöffentlichkeit (öffentlich statt nichtöffentlich oder nichtöffentlich statt öffentlich) stellen **wesentliche Verfahrensfehler** dar. Derartig gefasste Beschlüsse sind rechtswidrig und damit unwirksam.[835] Eine Heilung derartiger Verfahrensfehler kommt nicht in Betracht (vgl. zu Satzungen § 4 Abs. 4 S. 2 Nr. 2 SächsGemO).[836]

d) Sitzungsleitung, Ordnungsgewalt und Hausrecht

176 Der Gemeinderat kann gemäß § 39 Abs. 1 SächsGemO auch nur in einer **ordnungsgemäß geleiteten** Sitzung beraten und beschließen.

---

832 *Menke*, in: Quecke/Schmid, Gemeindeordnung für den Freistaat Sachsen, § 37 Rn. 41.
833 *Sponer/Tostmann*, Kommunalrecht, S. 120.
834 Vgl. *Menke*, Sachsenlandkurier, 2002, S. 470.
835 *Menke*, in: Quecke/Schmid, Gemeindeordnung für den Freistaat Sachsen, § 37 Rn. 46.
836 *Sponer/Tostmann*, Kommunalrecht, S. 120.

Der Bürgermeister **eröffnet und schließt die Sitzungen** und **leitet die Verhandlung** des Gemeinderats (§ 38 Abs. 1 S. 1 SächsGemO). Er hat auch die Möglichkeit, die Verhandlungsleitung an einen Gemeinderat abzugeben (§ 38 Abs. 1 S. 3 SächsGemO). 177

Zur Sitzungsleitung gehört auch, dass der Bürgermeister die äußeren Voraussetzungen für einen ordnungsgemäßen Sitzungsverlauf schafft. Dazu dient ihm zunächst nach § 38 Abs. 1 S. 2 SächsGemO die **Ordnungsgewalt** (nach innen gerichtet) gegenüber den Gemeinderäten. Der Bürgermeister kann Ordnungsverstöße durch Ordnungsrufe, Wortentzug oder Sitzungsunterbrechung ahnden, um die Sitzungsordnung wiederherzustellen. Weiterhin übt er das öffentlich-rechtlich begründete **Hausrecht** (nach außen gerichtet) gegenüber den Zuhörern aus, das ihm das Recht gibt und gleichzeitig aber auch die Pflicht auferlegt, Störungen von außen abzuwenden.[837] Weder das Ordnungsrecht noch das Hausrecht können durch die Geschäftsordnung des Gemeinderats beschränkt, aber inhaltlich näher umschrieben werden. Welche Maßnahmen ergriffen werden, liegt im Ermessen des Bürgermeisters, wobei er den Grundsatz der Verhältnismäßigkeit zu beachten hat. 178

Nach § 38 Abs. 3 S. 1 SächsGemO kann der Vorsitzende einen Gemeinderat oder einen sachkundigen Einwohner (§ 38 Abs. 3 S. 3 SächsGemO) auch aus dem **Beratungsraum verweisen**, womit ein Verlust des Anspruchs auf die auf den Sitzungstag entfallende Entschädigung verbunden ist. Voraussetzung dafür ist allerdings ein **grober Verstoß gegen die Ordnung**. Grob ist ein Verstoß, der in besonders hohem Maße den Ablauf der Verhandlungen stört.[838] Dabei kann es sich um **eine wesentliche Störung** (massive Beschimpfung, Beleidigung, Trunkenheit), aber auch **wiederholte geringere Störungen** handeln, die in der Gesamtheit einen groben Verstoß gegen die Ordnung ausmachen (z.B. ständige Unterbrechung des Redners, wiederholt unsachliche Zwischenrufe, fortwährender Verstoß gegen ein Rauchverbot). 179

Der Verweis aus dem Sitzungssaal kann aber nicht bei jeder scharfen gegen den Bürgermeister oder gegen bestimmte Gemeinderäte gerichteten Äußerung im Rahmen von heftigen Debatten im Gemeinderat erfolgen. Selbst überspitzte kritische Äußerungen sind im politischen Meinungskampf noch zulässig. Bei der Anwendung der Ordnungsmittel ist vielmehr der **Grundsatz der Verhältnismäßigkeit** zu beachten.[839] Daher ist jedenfalls regelmäßig zunächst eine Ermahnung bzw. ein Ordnungsruf, ggf. ein Wortentzug als milderes Mittel bei einer Störung auszusprechen, bevor ein Sitzungsausschluss erfolgt. Eine Regelung zur Verfahrensweise ist in der Geschäftsordnung möglich. Bei wiederholten Verstößen nach § 38 Abs. 3 S. 1 SächsGemO kann der Gemeinderat ein Mitglied oder einen sachkundigen Einwohner für mehrere, **höchstens für drei Sitzungen ausschließen** (§ 38 Abs. 3 S. 2, S. 3 SächsGemO). Wird 180

837 Vgl. OLG Karlsruhe DÖV 1980, S. 99; *Stober*, Kommunalrecht in der Bundesrepublik Deutschland, S. 199.
838 *Sponer*, in: Binus/Sponer/Koolman, Sächsische Gemeindeordnung, § 38 Rn. 7.
839 *Jaeckel/Jaeckel*, Kommunalrecht in Sachsen, Rn. 178.

ein Gemeinderat allerdings zu Unrecht von der Sitzung ausgeschlossen, sind die ohne ihn gefassten Beschlüsse mangels Vorliegens einer ordnungsgemäßen Beschlussfassung allesamt rechtswidrig (Verstoß gegen § 39 Abs. 1 S. 1 SächsGemO).[840]

181 Der Vorsitzende kann auch **Zuhörer**, die den Sitzungsverlauf z. B. durch störende Zwischenrufe, Unterhaltungen, Beschimpfungen, Beeinflussungsversuche, Transparente, Flugblätter, nicht genehmigte Bild- und Tonaufnahmen usw. stören, im Rahmen der Ausübung seines **Hausrechts** aus dem Sitzungssaal verweisen. Ein Verweis aus dem Sitzungssaal kann aber auch hier unter Beachtung der Verhältnismäßigkeit nur nach vorherigem Ordnungsruf bzw. Ermahnung und Androhung erfolgen. Dabei handelt es sich um ein auf den Sitzungssaal beschränktes Hausverbot, das einen anfechtbaren Verwaltungsakt darstellt.[841] Beachtet ein betroffener Zuhörer ein solches Hausrecht nicht, begeht er i. d. R. einen Hausfriedensbruch nach § 123 StGB.

182 Einen Verweis aus dem Sitzungsraum kann der Vorsitzende erforderlichenfalls durch Hilfskräfte bzw. Sicherheitspersonal oder durch die Polizei durchsetzen lassen.

e) Sitzungsablauf

183 Der Ablauf der Gemeinderatssitzung kann hinsichtlich der entsprechenden zeitlichen Reihenfolge wie folgt strukturiert werden[842]:

- Eröffnung der Sitzung, Feststellung der ordnungsgemäßen Ladung, der Anwesenheit und Entschuldigung der Gemeinderatsmitglieder,
- Feststellung der Beschlussfähigkeit des Gemeinderats,
- Feststellung der Tagesordnung, Mitteilung des Vorsitzenden über etwaige Änderungen der Tagesordnung vor der Sitzung, Hinzufügen von Eilfällen zur Tagesordnung,
- Eintritt in die Tagesordnung,
- Kontrolle und Bestätigung der Niederschrift über die vorangegangene Sitzung,
- ggf. Information über wichtige Gemeindeangelegenheiten,
- ggf. Einwohnerfragestunde,
- Behandlung der Beratungsgegenstände in der Reihenfolge der – ggf. geänderten – Tagesordnung,
- ggf. Beantwortung von Anfragen aus der Mitte des Gemeinderats sowie
- Schließung der Sitzung.

840 Vgl. näher dazu *Menke*, in: Quecke/Schmid, Gemeindeordnung für den Freistaat Sachsen, § 39 Rn. 20; vgl. allgemein dazu SächsOVG, Urteil vom 30.9.2014 – 4 A 30/13, juris (zum Ausschluss eines Fraktionsmitglieds von der Ratssitzung wegen Ordnungsverstoßes; Anforderungen an einen förmlichen Ordnungsruf).

841 Vgl. *Geis*, Kommunalrecht, § 11 Rn. 135.

842 Ähnlich *Burgi*, Kommunalrecht, § 12 Rn. 28.

Bei der **Behandlung eines Tagesordnungspunktes (TOP)** geht der Bürgermeister i. d. R. wie folgt vor: 184

(1) Aufruf des TOP durch den Bürgermeister (in der festgelegten Reihenfolge)

(2) Berichterstattung bzw. Darstellung des Sachverhaltes (Sachvortrag) i. d. R. durch den Bürgermeister (Befangene verlassen den Sitzungsbereich, bei nichtöffentlicher Sitzung müssen sie den Raum ganz verlassen)

(3) Beratung/Aussprache:
Es erfolgt eine Worterteilung an die Gemeinderäte durch den Bürgermeister in der Reihenfolge der Wortmeldungen, wenn die Geschäftsordnung nichts anderes bestimmt. Insgesamt erfolgt eine Aussprache über die zu beratende Angelegenheit.[843]
Im Rahmen dessen können **Geschäftsordnungsanträge** (Schluss der Beratung, Schluss der Rednerliste, Verweisung an einen Ausschuss oder an den Bürgermeister, Vertagung, Unterbrechung oder Aufhebung der Sitzung, namentliche/geheime Abstimmung) und **Sachanträge** gestellt werden. Der Sachantrag enthält den Wortlaut des gewünschten Beschlusses. Die Sachanträge müssen so formuliert werden, dass sie insgesamt angenommen oder abgelehnt werden können. Dies gilt auch für Änderungsanträge. Alternativanträge oder Anträge in Form einer Anregung erfüllen diese Voraussetzungen nicht.

(4) Schluss der Aussprache, Kontrolle der Beschlussfähigkeit des Gemeinderats.

(5) Beschlussfassung in Form von Abstimmungen oder Wahlen.[844] Dazu werden die Sachanträge gestellt. Antragsberechtigt sind nur die Mitglieder des Gemeinderats. Liegen mehrere Anträge zu einer Angelegenheit vor, ergibt sich die Reihenfolge i. d. R. aus der Geschäftsordnung. Dabei ist es üblich, über „weitergehende" Anträge zuerst abstimmen zu lassen.[845] Weitergehend sind z. B. Anträge mit größeren finanziellen Auswirkungen oder größeren Veränderungen gegenüber dem bisherigen Zustand. Enthält die Geschäftsordnung keine Regelung, bleibt die Entscheidung dem Ermessen des Vorsitzenden überlassen.

(6) Feststellung des gefassten Beschlusses durch den Bürgermeister.

Ein TOP ist dann abgeschlossen, wenn eine endgültige Beschlussfassung zustande gekommen ist oder ein neuer TOP aufgerufen worden ist. Die **wiederholte Behandlung** eines bereits abschließend behandelten oder vertagten TOP in der gleichen Sitzung ist grds. unzulässig.[846] Einem etwaigen Antrag auf Fortführung der Beratung mit dem Ziel einer nochmaligen Abstimmung kann die Mehrheit des Gemeinderats durch einen Antrag auf Übergang zur Tagesordnung entgegenwirken. 185

843 Vgl. *Menke*, in: Quecke/Schmid, Gemeindeordnung für den Freistaat Sachsen, § 39 Rn. 66.
844 Siehe § 39 Abs. 5 S. 1 SächsGemO.
845 Vgl. auch *Breuer*, in: Schneider, Handbuch Kommunalpolitik Nordrhein-Westfalen, S. 48.
846 *Menke*, in: Quecke/Schmid, Gemeindeordnung für den Freistaat Sachsen, § 39 Rn. 77.

4. Mitwirkung im Gemeinderat

a) Beigeordnete und Ortsvorsteher

186 Die **Beigeordneten** besitzen kraft Amtes ein Teilnahmerecht an den Gemeinderatssitzungen sowie an den Sitzungen der für ihren Geschäftskreis zuständigen Ausschüsse. Da die Beigeordneten nicht unmittelbar gewählt worden sind, beschränkt sich dieses Recht indes auf eine „beratende Stimme“ (§ 44 Abs. 5 SächsGemO). Obwohl sie nicht Mitglieder des Gemeinderats sind, haben sie gleichwohl die Möglichkeit, sich jederzeit wie die Gemeinderäte in den Gemeinderats- bzw. Ausschusssitzungen zu Wort zu melden. Bei der Beschlussfassung selbst dürfen sie allerdings nicht mitwirken. Damit besitzen sie auch nicht das Recht, Anträge zu stellen. Zudem sind die Beigeordneten bei ihren Äußerungen an die Weisungen des Bürgermeisters gebunden (§ 55 Abs. 3 S. 3 SächsGemO). Das gleiche Teilnahmerecht haben auch die **Ortsvorsteher** (§ 68 Abs. 3 SächsGemO).

b) Gemeindebedienstete

187 Der Bürgermeister kann den Sachvortrag einem **Bediensteten der Gemeinde** übertragen (§ 44 Abs. 6 SächsGemO). Da dieser Bedienstete aber keine „beratende Stimme“ hat, besitzt er auch kein Recht auf Worterteilung.

c) Mitwirkung von sachkundigen Einwohnern und Sachverständigen

188 Der Gemeinderat kann **sachkundige Einwohner und Sachverständige** zur Beratung einzelner Angelegenheiten hinzuziehen (§ 44 Abs. 1 SächsGemO). Durch sie soll dem Gemeinderat die fehlende Sachkunde vermittelt und durch Einbindung von externem bürgerschaftlichem Sachverstand die Entscheidungsfindung erleichtert werden.[847] Der Gemeinderat kann darüber hinaus sachkundige Einwohner widerruflich als **beratende Mitglieder** in beratende oder beschließende **Ausschüsse** berufen (§ 44 Abs. 2 S. 1 SächsGemO).[848] Mitglieder des Gemeinderats und Bedienstete der Gemeinde können nicht als sachkundige Einwohner berufen werden (§ 44 Abs. 2 S. 4 SächsGemO).

d) Fragestunde

189 Der Gemeinderat und seine Ausschüsse können gemäß § 44 Abs. 3 SächsGemO bei öffentlichen Sitzungen **Einwohnern** und den ihnen gemäß § 10 Abs. 3 SächsGemO **gleichgestellten Personen** sowie **Vertretern von Bürgerinitiativen** die Möglichkeit einräumen, Fragen zu Gemeindeangelegenheiten zu stellen oder Anregungen und Vorschläge zu unterbreiten (sog. **Fragestunde**).[849] Zu den Fragen nimmt der Vorsitzende oder ein von ihm Beauftragter Stellung.

e) Anhörung

190 Bei der Vorbereitung wichtiger Entscheidungen können der Gemeinderat und seine Ausschüsse gemäß § 44 Abs. 4 SächsGemO betroffenen Personen und Personengruppen Gelegenheit geben, ihre Auffassung vorzutragen (Anhörung), soweit die Anhörung nicht ohnehin gesetzlich vorgeschrieben ist. Die Anhörung selbst ist in die Tagesordnung aufzunehmen und erfolgt außerhalb der Beratung.[850] Das Nähere regelt die Geschäftsordnung (§ 44 Abs. 7 SächsGemO).

---

847 Vgl. *Sponer*, in: Binus/Sponer/Koolman, Sächsische Gemeindeordnung, § 44 Rn. 1.
848 Siehe näher dazu oben im 5. Kapitel unter C.VI.
849 Siehe näher dazu oben im 5. Kapitel unter C.V.
850 Vgl. *Schaffarzik*, in: Quecke/Schmid, Gemeindeordnung für den Freistaat Sachsen, § 44 Rn. 53.

5. Ausschluss wegen Befangenheit

a) Allgemeines

In den Gemeinden werden regelmäßig Angelegenheiten im Gemeinderat, in den Ausschüssen sowie in den Ortschaftsräten und Stadtbezirksbeiräten beraten und entschieden, die einen konkreten örtlichen Bezug haben oder Einwohner, Unternehmen oder Vereine unmittelbar berühren. Diese Ortsbezogenheit ist eine der wesentlichen Stärken der kommunalen Selbstverwaltung. Die persönliche Nähe zu den zu entscheidenden Angelegenheiten kann indes bei den ehrenamtlich Tätigen zu **Interessenkonflikten** führen, wenn diese selbst oder ihnen nahestehenden Personen von der Angelegenheit direkt betroffen sind. Der Gesetzgeber hat im Kommunalverfassungsrecht auf diese Situation mit der Befangenheitsvorschrift des § 20 SächsGemO reagiert.[851] 191

Sinn und Zweck des § 20 SächsGemO ist demnach: 192

- die Vermeidung von Gewissenskonflikten und Interessenkollisionen zwischen Amt und Person, wobei es nicht darauf ankommt, ob tatsächlich ein individuelles Sonderinteresse vorliegt; bereits „der böse Schein" soll vermieden werden,
- die Garantie, dass die Beratung und Beschlussfassung ausschließlich im Gemeinwohlinteresse und frei von Sonderinteressen erfolgen, sowie
- die Gewährleistung der Sauberkeit und Transparenz der Ratsarbeit, um dadurch Vertrauen bei den Einwohnern zu schaffen.[852]

Nach § 20 Abs. 1 SächsGemO darf der ehrenamtlich Tätige weder beratend noch entscheidend mitwirken, wenn die entsprechenden Tatbestandsvoraussetzungen erfüllt sind. In diesen Fällen besteht demnach ein Mitwirkungsverbot.[853] Die Regelung des § 20 SächsGemO gilt abschließend. Ausgeschlossen ist dabei nicht nur die **entscheidende**, sondern bereits die **beratende Mitwirkung**. 193

Erfasst werden **alle Aktivitäten im Rahmen der ehrenamtlichen Tätigkeit**, die final auf die Entscheidungsfindung in einer bestimmten Sache einwirken; der Ausgeschlossene soll sich jeder Einflussnahme enthalten. Die Teilnahme an einer vorherigen Fraktionssitzung wird aber z.B. nicht erfasst[854]; ebenso nicht die bloße Information des Bürgermeisters zu einem Tagesordnungspunkt, da in diesem Fall überhaupt keine Beratung stattfindet. 194

Zu den zu prüfenden **Voraussetzungen eines Mitwirkungsverbotes** nach § 20 SächsGemO einschließlich der Rechtsfolgen bei Verstößen gehören 195

- der persönliche Geltungsbereich,
- die sachlichen Voraussetzungen des § 20 Abs. 1 SächsGemO (Befangenheitstatbestände),
- die Ausnahmeregelungen des § 20 Abs. 2 SächsGemO,

851 Vgl. hierzu die Fallbearbeitung von *Brand/Kobitzsch*, Jura 2012, S. 981 ff. Zur vergleichbaren Problematik im Verwaltungsverfahren vgl. die Bestimmungen der §§ 20 und 21 VwVfG.

852 Allgemein dazu: *Maier*, Befangenheit im Verwaltungsverfahren, S. 236 ff.

853 *Burgi*, Kommunalrecht, § 12 Rn. 49 ff.

854 *Blazek*, in: Quecke/Schmid, Gemeindeordnung für den Freistaat Sachsen, § 20 Rn. 16.

- das Verfahren (§ 20 Abs. 3 und 4 SächsGemO) sowie
- die Rechtsfolgen bei Verstößen gegen die Bestimmungen des § 20 Abs. 1 und 4 SächsGemO und die Heilungsmöglichkeiten (§ 20 Abs. 5 SächsGemO).

b) Persönlicher Geltungsbereich

196 § 20 SächsGemO richtet sich zunächst an **alle ehrenamtlich Tätigen**. Dies sind zunächst die Gemeinde- und Ortschaftsräte sowie Stadtbezirksbeiräte, aber auch die zur Beratung hinzugezogenen oder im Ausschuss als beratende Mitglieder tätigen sachkundigen Einwohner und Sachverständigen. Über die Anwendungsvorschrift des § 58 SächsGemO werden des Weiteren der Bürgermeister, der Amtsverweser und die Beigeordneten erfasst.

c) Befangenheitstatbestände

197 Der § 20 Abs. 1 SächsGemO enthält zwei Fallgruppen:

1. **Fallgruppe:**
Vorherige Tätigkeit „in anderer Eigenschaft" (§ 20 Abs. 1 1. Alt. SächsGemO)
Das ist dann der Fall, wenn der ehrenamtlich Tätige bereits eigene Sonderinteressen verfolgt hat, z.B. durch eine frühere persönliche Beteiligung in der Angelegenheit.[855]

Beispiele:

- Planungstätigkeit eines Architekten,
- Beratung durch einen Rechtsanwalt oder Steuerberater,
- Tätigwerden als Wirtschaftsprüfer oder als Immobilienmakler,
- Gutachtertätigkeit (Sachverständiger),
- Befassung in der Angelegenheit als Richter, Staatsanwalt, Notar, Rechtspfleger oder Verwaltungsbediensteter.

198 2. **Fallgruppe:**
Unmittelbarer Vorteil oder Nachteil für sich oder andere Personen (§ 20 Abs. 1 2. Alt. SächsGemO)
Diese Fallgruppe kommt in Betracht, wenn die Entscheidung dem **ehrenamtlich Tätigen** selbst oder einer der in den **Nr. 1 bis 7 genannten Personen** einen **unmittelbaren** Vor- oder Nachteil bringen kann.

199 Es genügt die **Möglichkeit des Vorteils**. Hier wird aufgrund eines besonderen Näheverhältnisses die Möglichkeit eines Interessenkonfliktes für den Mandatsträger unwiderleglich vermutet.[856] Damit soll bereits die Möglichkeit eines bösen Scheins unterbunden werden.[857] Der Begriff des **Vor- oder Nachteils** ist umfassend zu verstehen. Ein Vor- oder Nachteil ist immer dann gegeben, wenn ein **individuelles, materielles oder immaterielles Sonderinteresse** am Ausgang der Entscheidung besteht.[858] Dieses Sonderinteresse kann wirt-

855 Vgl. *Jaeckel/Jaeckel*, Kommunalrecht in Sachsen, Rn. 169.
856 *Geis*, Kommunalrecht, § 11 Rn. 163.
857 *Gern*, Sächsisches Kommunalrecht, Rn. 552.
858 Vgl. *Fleckenstein/Plate/Schulze*, Kommunalrecht Baden-Württemberg, Rn. 156.

schaftlicher, finanzieller, aber auch ideeller oder sozialer Natur sein. Es muss sich aber um einen Sondervorteil oder -nachteil handeln. Das Gegenteil wäre ein Gruppenvorteil nach § 20 Abs. 2 Nr. 2 SächsGemO.

Der Vor- oder Nachteil muss **unmittelbar** eintreten. Dieses Tatbestandsmerkmal ist nicht immer eindeutig.[859] Dem Grunde nach gilt Folgendes: Unmittelbarkeit liegt vor, wenn der mögliche Vor- oder Nachteil durch den Beschlussgegenstand (z.B. den Erlass einer Satzung, den Abschluss eines Vertrages) **ohne zusätzliche Ereignisse** eintritt[860] **oder** wenn seine mögliche Realisierung zwar noch ein weiteres Ereignis erfordert, dieses aber aufgrund des Beschlusses **zwangsläufig** (mit einiger Sicherheit bzw. nach dem gewöhnlichen Lauf der Dinge) **zu erwarten** ist. Dazu gehören auch Beschlussgegenstände, mit deren Hilfe ein rechtliches Hindernis für ein bestimmtes Vorhaben aus dem Weg geräumt werden kann (z.B. die Einvernehmenserteilung nach § 36 BauGB für eine Baugenehmigung). Die Frage, ob ein die Mitwirkung ausschließendes individuelles Sonderinteresse vorliegt, kann nur aufgrund einer wertenden Betrachtungsweise der Verhältnisse im Einzelfall entschieden werden.[861] **200**

Typische Beispielsfälle, in denen ein unmittelbarer Vor- oder Nachteil anzunehmen ist, sind[862]: **201**

- Abschnittsbildung im Erschließungsbeitrags- und Straßenbaurecht für die möglichen Beitragspflichtigen,
- Erteilung des Einvernehmens nach § 36 BauGB für den Bauantrag eines Ratsmitgliedes,
- Bebauungspläne für die Grundstückseigentümer und sonstigen dinglich und schuldrechtlich Nutzungsberechtigten (auch Mieter),
- Sanierungssatzungen für die Grundstückseigentümer,
- Einziehung einer öffentlichen Straße für die Anlieger,
- Stellungnahmen der Gemeinde im Zusammenhang mit der Schulnetzplanung für einen Lehrer, der davon betroffen wird.

Demgegenüber fehlt es bei der erstmaligen Aufstellung des Flächennutzungsplans als lediglich vorbereitendem Bauleitplan i. d. R. an einem unmittelbaren Vor- oder Nachteil. Etwas anderes gilt zum einen für die Änderung eines bestehenden Flächennutzungsplans, die nur ein abgrenzbares Gemeindegebiet erfasst.[863] Zum anderen gehen auch mit der erstmaligen Aufstellung eines Flächennutzungsplans, der die Wirkungen des § 35 Abs. 3 S. 3 BauGB herbeiführen soll (z.B. bei der Konzentrationsflächenplanung für Windenergieanla- **202**

859 Zu den im Schrifttum vertretenen Positionen im Einzelnen *Blazek*, in: Quecke/Schmid, Gemeindeordnung für den Freistaat Sachsen, § 20 Rn. 63 ff.

860 *Engels/Krausnick*, Kommunalrecht, Teil 2, § 5 Rn. 25.

861 VG Leipzig, Urteil vom 3.9.2003 – 6 K 233/03, juris.

862 Vgl. näher zum Folgenden die Fallübersicht bei *Blazek*, in: Quecke/Schmid, Gemeindeordnung für den Freistaat Sachsen, § 20 Rn. 69 ff. m. w. N. aus der Rechtsprechung.

863 Vgl. näher dazu OVG Münster, NJW 1979, S. 2632 f.

gen[864]), unmittelbare Vor- oder Nachteile für die Grundstückseigentümer und sonstigen Nutzungsberechtigten einher.[865]

203 Umstritten ist, wie weit das Mitwirkungsverbot von befangenen Ratsmitgliedern bei der Bauleitplanung und bei der Aufstellung von (sonstigen) Satzungen reicht. Dabei geht es namentlich um die Frage, ob es allein auf den abschließenden Satzungs- bzw. Planungsbeschluss ankommt[866] oder ob die Mitwirkung von befangenen Ratsmitgliedern bereits auf vorbereitenden Planungsstufen den Plan infiziert.[867]

204 Der Tatbestand der Befangenheit ist auch erfüllt, wenn die anstehende Entscheidung einer der in § 20 Abs. 1 2. Alt. Nr. 1 bis 7 SächsGemO genannten – dem ehrenamtlich Tätigen nahestehenden – (natürlichen oder juristischen) Person einen unmittelbaren Vor- oder Nachteil bringen kann, d.h., dieser **Dritte** muss dann ein Sonderinteresse am Ausgang der Entscheidung haben.

Zu den **Befangenheitstatbeständen** des § 20 Abs. 1 Nr. 1 bis 7 SächsGemO im Einzelnen:

205 1) **§ 20 Abs. 1 Nr. 1 SächsGemO: Ehegatten, Verlobte oder eingetragene Lebenspartner**
Dies gilt allerdings nur bei rechtswirksam **bestehenden** Verbindungen (§§ 1297 ff. BGB und § 1 LPartG) zum Zeitpunkt der Beratung und Beschlussfassung. Frühere Ehegatten, Verlobte oder eingetragene Lebenspartner werden daher nicht erfasst.[868] Tatsächliches Getrenntleben ist unbeachtlich. Nicht zu einem Mitwirkungsverbot führt nach dem eindeutigen Wortlaut der Nr. 1 eine auf Dauer angelegte nicht eheliche Lebensgemeinschaft („Ehe ohne Trauschein").

206 2) **§ 20 Abs. 1 Nr. 2 SächsGemO (Verwandtschaft): Verwandte in gerader Linie oder in Seitenlinie bis zum dritten Grad**
Die Verwandtschaft beruht auf der Abstammung oder auf einer Adoption. Gemäß § 1589 S. 3 BGB richtet sich der Grad der Verwandtschaft nach der Zahl der sie „vermittelnden Geburten" (erster Grad der geraden Linie: Eltern und Kinder; zweiter Grad der geraden Linie: Großeltern und Enkel; dritter Grad der geraden Linie: Urgroßeltern und Urenkel; zweiter Grad der Seitenlinie: Geschwister [auch Halbgeschwister] und dritter Grad der Seitenlinie: Onkel, Tanten, Neffen und Nichten).[869] Keine Rolle spielt dabei, ob die die Verwandtschaft begründenden Geburten ehelich oder nichtehelich erfolgten.

864 Vgl. dazu grundlegend BVerwGE 117, 287 = NVwZ 2003, S. 733 ff.; zum Systemwechsel durch § 249 Abs. 1 BauGB vgl. *Kment*, NVwZ 2023, S. 859 ff.

865 So wohl auch *Blazek*, in: Quecke/Schmid, Gemeindeordnung für den Freistaat Sachsen, § 20 Rn. 74.

866 So aus der Perspektive des Bundesrechts BVerwGE 79, S. 200 = NVwZ 1988, S. 916 ff.

867 Vgl. dazu die Rechtsprechungsanalyse von *Franckenstein*, BauR 1999, S. 12 ff.

868 Im Gegensatz zu § 20 Abs. 5 S. 2 Nr. 1 und 1a VwVfG: Danach führt auch eine nicht mehr bestehende Ehe oder Lebenspartnerschaft zum Ausschlusstatbestand gemäß § 20 Abs. 1 VwVfG.

869 *Sponer/Tostmann*, Kommunalrecht, S. 111. Übersicht bei *Gern*, Sächsisches Kommunalrecht, Rn. 557.

3) **§ 20 Abs. 1 Nr. 3 SächsGemO (Schwägerschaft): Verschwägerte oder als verschwägert Geltende in gerader Linie oder in Seitenlinie bis zum zweiten Grad, solange die die Schwägerschaft begründende Ehe oder Lebenspartnerschaft nach § 1 LPartG besteht.** 207
Die Verschwägerung wird durch eine gültige Ehe begründet. Nach § 1590 BGB ist man mit den Verwandten des Ehegatten (oder des eingetragenen Lebenspartners) verschwägert. Linie und Grad der Schwägerschaft richten sich nach Linie und Grad der jeweiligen Verwandtschaft. Zur Befangenheit können nur Schwägerschaften führen, die auf bestehenden Eheverhältnissen oder Lebenspartnerschaften beruhen.

4) **§ 20 Abs. 1 Nr. 4 SächsGemO (Vertretungsverhältnis): Kraft Gesetzes oder Vollmacht vertretene (natürliche oder juristische) Personen; auch Personenmehrheiten, bei denen Teilrechtsfähigkeit (z.B. OHG, GbR) besteht oder bei einer Gesamthandsgemeinschaft (Erbengemeinschaft)** 208
Der Befangenheitstatbestand gilt sowohl für die rechtsgeschäftliche (z.B. gemäß §§ 179f. BGB, 78ff. ZPO) als auch für die gesetzliche Vertretung.
Beispiele für **Vertretungsverhältnisse kraft Gesetzes**[870]:

- Eltern für ihr minderjähriges Kind gemäß § 1626ff. BGB bzw. nicht verheiratete Eltern für das nicht eheliche Kind gemäß § 1615a BGB,
- Vormund für Mündel (§ 1793 BGB),
- Betreuer für die der Betreuung unterliegenden Personen (§§ 1896, 1902 BGB),
- Vorstand für den rechtsfähigen eingetragenen Verein (§§ 26, 30 BGB),
- Vorstand einer AG (§§ 76, 78 Abs. 2 AktG),
- Geschäftsführer einer GmbH (§ 35 GmbHG),
- OHG durch vertretungsberechtigte Gesellschafter (§ 125 HGB), sofern nicht der Gesellschaftsvertrag anderes vorsieht,
- persönlich haftende Gesellschafter einer KG/Komplementär (§ 161 Abs. 2, 125, 170 HGB),
- Vorstand einer Genossenschaft (§ 24 Abs. 1 GenG),
- Vorstände einer Stiftung (§ 86 BGB i.V.m. § 26 Abs. 2 BGB),
- Vorstände einer Sparkasse (§ 18 Abs. 1 S. 2 Kreditinstitute-Gesetz-Sachsen),
- Mitglieder einer GbR oder einer Erbengemeinschaft,
- Verbandsvorsitzender eines Zweckverbandes (§ 56 Abs. 3 SächsKomZG).

Beispiele für **Vertretungsverhältnisse kraft Vollmacht**[871]:

- Rechtsgeschäftliche Vollmachterteilung gemäß §§ 164ff. BGB,
- handelsrechtliche Prokura (§§ 48ff. HGB),
- prozessuale Bevollmächtigung (§§ 78ff. ZPO, §§ 137ff. StPO, § 67 VwGO),
- Verwaltungsverfahrensrechtliche Bevollmächtigungen (§ 14 VwVfG).

870 Vgl. *Blazek*, in: Quecke/Schmid, Gemeindeordnung für den Freistaat Sachsen, § 20 Rn. 39f.
871 Ähnlich *Sponer/Tostmann*, Kommunalrecht, S. 112.

209 **Beispielsfall:**

In der Sitzung des Stadtrates soll ein Bebauungsplan verabschiedet werden. In der Debatte schaltet sich auch Stadtrat R, im Hauptberuf Rechtsanwalt, ein. Auf seinen Antrag hin wird die in dem Bebauungsplan vorgesehene maximale Dachgeschosshöhe geändert. Später stellt sich heraus, dass R in seiner Funktion als Rechtsanwalt einen Bauherrn im Planungsgebiet vertritt, der von der geänderten Dachgeschosshöhe profitiert.

Als Ratsmitglied durfte R an der Entscheidung nicht mitwirken, weil er wegen seiner Tätigkeit als Rechtsanwalt befangen war. Er hat einem Dritten (seinem Mandanten) durch den – später so beschlossenen – Änderungsantrag einen direkten Vorteil verschafft. Der Beschluss über den Bebauungsplan ist damit rechtswidrig zustande gekommen.

Wäre R Mitglied einer bloßen Bürogemeinschaft von mehreren Rechtsanwälten, müsste geprüft werden, ob der Mandant ausdrücklich R bevollmächtigt hat. Nur in diesem Fall wäre R befangen. Dagegen gilt das Mitwirkungsverbot bei unter gemeinsamer Bezeichnung auftretenden echten Anwaltssozietäten für alle beteiligten Anwälte, wenn eine gemeinsame Bevollmächtigung erteilt ist, nicht jedoch für deren Angestellte.[872]

210 5) **§ 20 Abs. 1 Nr. 5 SächsGemO (Beschäftigungsverhältnis): Person oder Gesellschaft, bei der er beschäftigt ist, sofern nicht nach den tatsächlichen Umständen der Beschäftigung anzunehmen ist, dass kein Interessenwiderstreit besteht**

Erfasst wird nur ein **bestehendes** (privates oder öffentlich-rechtliches) Beschäftigungsverhältnis, und zwar in einem wirtschaftlichen Abhängigkeitsverhältnis (im Gegensatz zu einer selbstständigen Tätigkeit), ohne dass es darauf ankommt, ob der Betreffende in leitender oder nur in nachgeordneter Stellung tätig ist. Entscheidend sind hier stets die Verhältnisse des Einzelfalles. Es gilt zunächst die **Vermutung**, dass alle Personen, die vom Interessenten in hohem Maße wirtschaftlich abhängig sind, einem Interessenwiderstreit unterliegen. Die Vermutung der Befangenheit kann aber dadurch **widerlegt werden**, dass nach den tatsächlichen Umständen kein besonderes Näheverhältnis und damit kein Interessenwiderstreit besteht.[873] Voraussetzungen sind stets eine entgeltliche Tätigkeit und der Umstand, dass sich der zu erwartende Vor- oder Nachteil nicht (nur) in seiner Person, sondern bei derjenigen Person realisiert, bei der er beschäftigt ist.

211 6) **§ 20 Abs. 1 Nr. 6 SächsGemO (Gesellschaftsverhältnis): Gesellschaften, an denen mindestens zehn Prozent Gesellschaftsanteile gehalten werden, wenn dem Gemeinderat, seinem jetzigen Ehegatten, dem Verlobten, dem eingetragenen Lebenspartner oder einem Verwandten ersten Grades diese Anteile gehören**

Betroffen sein können bspw. Aktienanteile einer AG, Geschäftsanteile einer GmbH oder Einlagen bei einer KG. Die zehn Prozent der Anteile können im alleinigen Eigentum des Gemeinderats oder gemeinsamen Eigentum mit den anderen Personen stehen.

872 VGH BW, DÖV 1988, S. 302.
873 *Koolman*, in: Binus/Sponer/Koolman, Sächsische Gemeindeordnung, § 20 Rn. 13.

7) **§ 20 Abs. 1 Nr. 7 SächsGemO (Organmitgliedschaft): Juristische Personen des privaten Rechts, in deren Vorstand, Aufsichtsrat, Verwaltungsrat oder vergleichbarem Organ er tätig ist, oder juristische Personen des öffentlichen Rechts, ausgenommen Gebietskörperschaften, in deren Organ er tätig ist, sofern er diese Tätigkeit nicht als Vertreter der Gemeinde oder auf deren Vorschlag hin ausübt** 212
Vom Mitwirkungsverbot erfasst werden die ehrenamtlich Tätigen, die Organmitglieder einer juristischen Person des Privatrechts oder des öffentlichen Rechts sind. Ausgenommen sind allerdings Gebietskörperschaften. Zu den juristischen Personen des Privatrechts gehört z.B. die GmbH oder die AG; zu denjenigen des öffentlichen Rechts z.B. Berufskammern, Universitäten, Zweckverbände, Anstalten (bspw. Sparkassen) und Stiftungen des öffentlichen Rechts, nicht jedoch Gebietskörperschaften (Gemeinden, Landkreise, Land und Bund).[874]

Der ehrenamtlich Tätige muss **Mitglied eines Kollegialorgans** sein, das bestimmte Leitungs-, Aufsichts- oder Verwaltungsfunktionen erfüllt. Dazu gehören z.B. der

- Aufsichtsrat einer GmbH (§ 52 GmbHG),
- Vorstand (§§ 76 ff. AktG) und Aufsichtsrat (§§ 95 ff. AktG) einer AG,
- Vorstand (§ 24 GenG) und Aufsichtsrat (§§ 36 ff. GenG) einer Genossenschaft,
- Vorstand einer Stiftung des öffentlichen Rechts (§ 11 StiftG) sowie
- Verwaltungsrat und Vorstand einer Sparkasse.

Befangenheit liegt aber dann nicht vor, wenn der ehrenamtlich Tätige dem Organ als Vertreter der Gemeinde angehört (§ 98 SächsGemO; § 52 Abs. 3 SächsKomZG) oder auf ihren Vorschlag hin durch die Gesellschaft oder juristische Person des öffentlichen Rechts in das Organ **berufen** wurde. In diesem Fall werden bestimmte Aufgaben anstelle oder für die Gemeinde wahrgenommen (i.d.R. Interessengleichlauf und kein Interessengegensatz[875]).

Beispiel:
Ein Gemeinderat gehört dem Aufsichtsrat der Stadthallen-GmbH als Mitglied an und wurde von der Stadt zur Wahrung ihrer Interessen in dieses Kollegialorgan bestellt.

Die Befangenheitsvorschrift gilt jedoch,

- wenn der ehrenamtlich Tätige in einem Vorstand oder Aufsichtsrat eines Unternehmens oder einer juristischen Person des öffentlichen Rechts tätig ist, diese Funktion aber nicht als Vertreter oder auf Vorschlag der Gemeinde ausübt.[876]

874 *Blazek*, in: Quecke/Schmid, Gemeindeordnung für den Freistaat Sachsen, § 20 Rn. 55.
875 Vgl. *Blazek*, in: Quecke/Schmid, Gemeindeordnung für den Freistaat Sachsen, § 20 Rn. 59 m.w.N.
876 Vgl. *Koolman*, in: Binus/Sponer/Koolman, Sächsische Gemeindeordnung, § 20 Rn. 15.

Beispiele:

- Ein Gemeinderat, der zugleich Kreisrat ist, wurde vom Kreistag in den Aufsichtsrat der Kreis-Klinikum GmbH bestellt.
- Ein Gemeinderat, der zugleich Vorstandsmitglied der AOK ist.
- Ein Gemeinderat, der zugleich Mitglied eines Kirchenvorstandes ist.

d) Ausnahmen

aa) Wahlen zu einer ehrenamtlichen Tätigkeit

213 Die Befangenheitsregelungen greifen gemäß § 20 Abs. 2 Nr. 1 SächsGemO nicht bei einer **Wahl** zu einer ehrenamtlichen Tätigkeit, wobei auch die „Bestellung" oder „Entsendung" nach den im Folgenden genannten Vorschriften eine Wahl darstellt; ebenso die Abwahl als actus contrarius einer Wahl.

214 Diese Ausnahme dient der Verhinderung einer Selbstblockade des Gemeinderats und verhindert eine Verschiebung der politischen Mehrheitsverhältnisse bei Wahlentscheidungen.[877] Kommunale Mandatsträger können sich deshalb z. B. bei einer Entscheidung nach § 39 Abs. 7 SächsGemO auch selbst wählen.

215 **Beispiele:**

- Wahl der ehrenamtlichen Stellvertreter des Bürgermeisters (§ 54 Abs. 1 SächsGemO)
- Besetzung der Ausschüsse (§ 42 SächsGemO)
- Bildung des Ältestenrates (§ 45 SächsGemO)
- Wahl des Ortsvorstehers durch die Ortschaftsräte (§ 68 SächsGemO)
- Wahl der Mitglieder des Gemeindewahlausschusses (§ 9 Abs. 1 S. 2 KomWG)
- Entsendung von Vertretern in die Verwaltungsorgane eines Verwaltungsverbandes, einer Verwaltungsgemeinschaft, in eine Zweckverbandsversammlung oder in Aufsichtsratsgremien von juristischen Personen des Privatrechts (§ 98 SächsGemO)
- Entsendung in bestimmte Fachausschüsse und Beiräte (z. B. nach §§ 46 und 47 SächsGemO)
- Einigung (Abstimmung/Wahl) über die Zusammensetzung eines Ausschusses (§ 42 Abs. 2 S. 2 SächsGemO).

bb) Gruppeninteresse

216 Es liegt ferner bereits keine Befangenheit vor, wenn die Entscheidung nur die **gemeinsamen Interessen einer Berufs- oder Bevölkerungsgruppe** berührt (§ 20 Abs. 2 Nr. 2 SächsGemO). Eine solche Gruppe kann nur vorliegen, wenn sie aus einer größeren Anzahl von Mitgliedern besteht, die in der Gemeinde leben und durch ein gemeinsames Interesse bzw. Interessenbündel verbunden sind. Dies ist umso eher anzunehmen, je allgemeiner und abstrakter sich die die Personenmehrheit eingrenzenden Merkmale gestalten. Es ist keine sche-

877 Vgl. *Koolman*, in: Binus/Sponer/Koolman, Sächsische Gemeindeordnung, § 20 Rn. 15. n. 83 m. w. N.

matische Lösung möglich, sondern stets eine Einzelfallbetrachtung nach den örtlichen Verhältnissen vorzunehmen.[878]

Die vom VGH BW[879] verwendete **„Zuspitzungsformel"** gibt dazu eine Hilfe: Wenn sich die Entscheidung auf das Ratsmitglied so zuspitzt, dass es als eigentlicher Adressat der Entscheidung anzusehen ist, kann kein Gruppeninteresse vorliegen. In diesen Fällen ist der betreffende Gemeinderat befangen, da die Folgen einer bestimmten Entscheidung des Gemeinderats von vornherein ohne Weiteres individualisierbar sind. 217

So wäre bspw. der einzige Industriefabrikant in der Gemeinde als Ratsmitglied befangen, wenn der Gemeinderat über den Erlass einer Abwassergebührensatzung berät, in der auch Bestimmungen über Zusatzgebühren für die Einleitung von Industrieabwässern als Starkverschmutzer enthalten sind. Gleiches gilt, wenn ein Unternehmen der fleischverarbeitenden Branche eine marktbeherrschende Stellung innerhalb der Gemeinde innehat und ein Mitarbeiter dieses Unternehmens zugleich Ratsmitglied ist. Auch hier wäre dieser Mitarbeiter bei der Behandlung einer Fleischhygienegebührensatzung befangen. 218

Die gemeinsamen Interessen können z. B. wirtschaftlicher, finanzieller, ideeller, konfessioneller, parteipolitischer oder sozialer Natur sein. 219

Anwendungsfälle für ein Gruppeninteresse (Globalinteresse)[880]: 220

- Festlegung von Hebesätzen für Realsteuern (z. B. Gesamtheit der Gewerbetreibenden bei der Gewerbesteuer als Gruppe),
- Erlass von Gebühren- und Beitragssatzungen („die Abgabenpflichtigen"),
- Gesamtheit der Hundehalter/Automatenbetreiber/Jäger bei Satzungen über örtliche Steuern (Hundesteuer, Vergnügungssteuer, Jagdsteuer),
- Gesamtheit der Grundstückseigentümer als Straßenreinigungspflichtige,
- Gesamtheit der Eltern (Festlegung der Elternbeiträge),
- Unterzeichner eines Einwohnerantrages oder eines Bürgerbegehrens,
- Einwohner eines Ortsteils, der in eine andere Gemeinde umgegliedert werden soll,
- Beschlussfassung über die Herstellung von Einrichtungen, die allen Vereinen zur Verfügung stehen (z. B. Dorfgemeinschaftshaus, Turnhalle),
- jede Gruppe von Personen, die denselben Beruf oder dasselbe Gewerbe ausüben und sich dadurch von anderen Berufsgruppen abheben (Berufsgruppe).

e) Verfahren

Im Falle der Befangenheit besteht gemäß § 20 Abs. 3 S. 1 SächsGemO eine **Anzeigepflicht** für den betroffenen Gemeinderat, und zwar noch vor Eintritt in 221

878 Vgl. *Blazek*, in: Quecke/Schmid, Gemeindeordnung für den Freistaat Sachsen, § 20 Rn. 92; *Jaeckel/Jaeckel*, Kommunalrecht in Sachsen, Rn. 174; vgl. SächsOVG, SächsVBl. 2018, S. 193 m. w. N.

879 VGH BW, NVwZ-RR 1998, S. 325.

880 Vgl. *Blazek*, in: Quecke/Schmid, Gemeindeordnung für den Freistaat Sachsen, § 20 Rn. 92ff. m. w. N.

die Beratung. Auch die anderen mitwirkenden Mandatsträger sind verpflichtet, auf Ausschlussgründe hinzuweisen, soweit diese ihnen bekannt sind.[881] Im **Zweifelsfall** ist nach § 20 Abs. 3 S. 2 SächsGemO eine förmliche Entscheidung des Gemeinderats in Abwesenheit des betreffenden Ratsmitglieds erforderlich. Da der Ausschluss des Ratsmitglieds im Fall seiner Befangenheit nach § 20 Abs. 1 SächsGemO **kraft Gesetzes** eintritt, hat die Entscheidung des Gemeinderats nur deklaratorische Wirkung. Sie vermag an der tatsächlichen Rechtslage nichts zu ändern und bindet insb. nicht die Rechtsaufsichtsbehörde oder das erkennende Gericht.[882]

222 Die Entscheidung des Gemeinderats ist **kein Verwaltungsakt**. Es handelt sich vielmehr um eine kommunalverfassungsrechtliche Organisationsentscheidung, die das Ratsmitglied im Rahmen eines Kommunalverfassungsstreitverfahrens[883] vom zuständigen Verwaltungsgericht überprüfen lassen kann. Statthaft ist insoweit nach zutreffender Ansicht eine gegen den Gemeinderat als Organ der Gemeinde gerichtete Feststellungsklage.[884] Die unberechtigte Mitwirkung eines befangenen Ratsmitglieds verletzt indes keine organschaftlichen Rechte der anderen Ratsmitglieder oder einer Ratsfraktion.[885]

223 Folge der Befangenheit ist, dass für den Betreffenden eine Pflicht zum **Verlassen der Sitzung** besteht (§ 20 Abs. 4 SächsGemO). Ein bloßes Wegrücken des Stuhls durch das Ratsmitglied reicht dazu nicht aus. Er muss sich vielmehr deutlich räumlich vom Sitzungsgremium entfernen. Da er gemäß § 20 Abs. 4 S. 2 SächsGemO bei einer öffentlichen Gemeinderatssitzung als Zuhörer anwesend bleiben darf, kann das ausgeschlossene Ratsmitglied in den für die Zuhörer bestimmten räumlichen Bereich wechseln.[886] Bei nichtöffentlichen Sitzungen muss er indes den Sitzungsraum ganz verlassen.

f) Rechtsfolgen bei Verstößen gegen Befangenheitsbestimmungen

224 Wirkt ein ehrenamtlich Tätiger (insb. ein Ratsmitglied) unter Missachtung des § 20 Abs. 1 SächsGemO oder des Verfahrens nach § 20 Abs. 4 SächsGemO an der Beschlussfassung mit, obwohl er befangen ist, führt das gemäß § 20 Abs. 5 S. 1 SächsGemO zur **Rechtswidrigkeit des Beschlusses**. Es kommt dabei im Gegensatz zu anderen Gemeindeordnungen[887] nicht darauf an, ob er sich in der Sitzung passiv verhält, in welcher Intensität er mitwirkt oder ob seine Stimme rechnerisch für das Gesamtergebnis entscheidend war oder nicht.

225 Ein Beschluss ist auch rechtswidrig, wenn ein kommunaler Mandatsträger auf der Grundlage eines fehlerhaften Beschlusses nach § 20 Abs. 3 S. 2 SächsGemO gegen seinen Willen an einer Mitwirkung gehindert war. Verzichtet ein

---

881 *Blazek*, in: Quecke/Schmid, Gemeindeordnung für den Freistaat Sachsen, § 20 Rn. 99.

882 Vgl. *Blazek*, in: Quecke/Schmid, Gemeindeordnung für den Freistaat Sachsen, § 20 Rn. 101 m. w. N.

883 Siehe dazu in diesem Kapitel unter H.

884 Vgl. etwa VG Leipzig, Urteil vom 3.9.2003 – 6 K 233/03, juris; a. A. BayVGH, BayVBl. 1976, S. 753 (Klage sei auf Kassation des Beschlusses gerichtet).

885 Vgl. OVG NRW, DVBl. 2007, S. 454.

886 Vgl. *Blazek*, in: Quecke/Schmid, Gemeindeordnung für den Freistaat Sachsen, § 20 Rn. 104 m. w. N.

887 Art. 49 Abs. 4 BayGO; § 31 Abs. 6 GO NRW.

kommunaler Mandatsträger allerdings freiwillig auf seine Mitwirkung, so ist dies unschädlich, auch wenn sich später herausstellt, dass objektiv gar kein Ausschließungsgrund vorlag.[888] Dieses Vorgehen ist zu empfehlen, wenn mit letzter Sicherheit nicht gesagt werden kann, ob nun Befangenheit vorliegt oder nicht.

Wenn die Entscheidung über einen Ausschließungsgrund nach § 20 Abs. 3 SächsGemO nicht in Abwesenheit des betreffenden ehrenamtlich Tätigen erfolgt, stellt dies aber keinen wesentlichen Verfahrensfehler dar, da im § 20 Abs. 5 SächsGemO nicht auf § 20 Abs. 3 SächsGemO verwiesen wird. 226

§ 20 Abs. 5 S. 2 SächsGemO sieht allerdings eine **Heilungsmöglichkeit** vor. Hiernach gilt der Beschluss **nach einem Jahr** als gültig zustande gekommen. Die Jahresfrist läuft i. d. R. mit dem Tag der Beschlussfassung, im Übrigen mit der öffentlichen Bekanntmachung. 227

Die Heilung tritt jedoch nur nach **rügelosem Ablauf von einem Jahr** ein. Welche Rügen im Einzelnen geeignet sind, die Heilungswirkung nicht eintreten zu lassen, ergibt sich aus § 20 Abs. 5 S. 3 SächsGemO. Dort wird auf die entsprechende Geltung des § 4 Abs. 4 S. 2 Nr. 3 und 4 SächsGemO verwiesen. Somit muss entweder ein **Widerspruch des Bürgermeisters**, eine **förmliche Beanstandung der Rechtsaufsichtsbehörde** oder aber eine **sonstige Geltendmachung** unter Beachtung der in § 4 Abs. 4 S. 2 Nr. 4 b) SächsGemO vorgeschriebenen Formalien erfolgen. Im Gegensatz zu § 4 Abs. 4 S. 4 SächsGemO sieht § 20 Abs. 5 S. 3 SächsGemO keine Hinweispflicht auf die Heilungsmöglichkeit vor. Beim Erlass von Ortsrecht (z. B. Satzungsbeschluss über einen Bebauungsplan) ist jedoch der Hinweis nach § 4 Abs. 4 S. 4 SächsGemO auch Voraussetzung für die Heilung von Verstößen gegen § 20 Abs. 1 und 4 SächsGemO, da § 4 Abs. 4 S. 4 SächsGemO gegenüber § 20 Abs. 5 S. 2 und 3 SächsGemO die speziellere Norm ist.[889] 228

6. Beschlussfassung im Gemeinderat

a) Allgemeines

Der **Beschluss** ist der Oberbegriff für alle Mehrheitsentscheidungen des Gemeinderats und Ausdruck der kommunalpolitischen Willensbildung des Gemeinderats als Kollegialorgan. Gemäß § 39 Abs. 5 S. 1 SächsGemO beschließt der Gemeinderat durch **Abstimmungen** und **Wahlen**. 229

Der Gemeinderat kann nur in einer **ordnungsgemäß einberufenen** (§ 36 Abs. 3 SächsGemO) **und geleiteten Sitzung** (§ 38 SächsGemO) beraten und beschließen (§ 39 Abs. 1 S. 1 SächsGemO). Der Begriff **„Sitzung"** ist in der SächsGemO nicht definiert. Eine Sitzung im Rechtssinne liegt nur vor, wenn der Gemeinderat aufgrund ordnungsgemäßer Einberufung zusammentritt, um unter der Leitung des Vorsitzenden über die Tagesordnung vor Ort zu verhandeln („Prä- 230

888 Vgl. VGH BW, DÖV 1987, S. 448; *Blazek/Rehak*, in: Quecke/Schmid, Gemeindeordnung für den Freistaat Sachsen, § 20 Rn. 105 m. w. N.; *Koolman*, in: Binus/Sponer/Koolman, Sächsische Gemeindeordnung, § 20 Rn. 23.
889 Vgl. SächsOVG, SächsVBl. 2004, S. 161.

senzsitzung"). Alle anderen Zusammenkünfte, bei denen sich die Gemeinderäte versammeln, stellen keine Sitzung dar. Gleichwohl verbietet es die SächsGemO nicht, dass sich der Gemeinderat zu informatorischen Zusammenkünften einfinden kann, die aber keinen Sitzungscharakter haben.[890] Eine Sitzung in digitaler Form ist grds. nicht möglich, da die Vorschriften der SächsGemO von einer **persönlichen Anwesenheit** der Gemeinderäte in einem Sitzungsraum mit Beratung und Beschlussfassung ausgehen. In Ausnahmefällen, die durch Naturkatastrophen, aus Gründen des Infektionsschutzes oder sonstigen außergewöhnlichen Notsituationen entstehen, können Sitzungen des Gemeinderats ohne persönliche Anwesenheit der Mitglieder im Sitzungsraum durchgeführt werden, sofern eine Beratung und Beschlussfassung durch zeitgleiche Übertragung von Bild und Ton mittels geeigneter technischer Hilfsmittel, insb. in Form einer Videokonferenz, möglich ist (§ 36a Abs. 1 SächsGemO). Bei öffentlichen Sitzungen muss zusätzlich eine unmittelbare Übertragung von Bild und Ton an einen öffentlich zugänglichen Ort (z. B. großer Saal) erfolgen (§ 36a Abs. 2 SächsGemO mit Verweis auf § 37 Abs. 3 S. 2 bis 4 SächsGemO). Weitere Voraussetzungen sind in § 36a Abs. 3 und 4 SächsGemO vorgegeben. Dazu gehört insb., dass keine Wahlen nach § 39 Abs. 7 SächsGemO und keine Beschlüsse über die Haushaltssatzung online durchgeführt werden dürfen. Die beabsichtigte Sitzungsdurchführung ist der Rechtsaufsichtsbehörde sieben Tage vor der Sitzung anzuzeigen.

Hinweis:

*Der sächsische Gesetzgeber hatte zum 30.12.2020 zunächst das **Gesetz zur Schaffung pandemiebedingter Ausnahmeregelungen im Kommunalwahlrecht und im Kommunalrecht** vom 16. Dezember 2020 (SächsGVBl. S. 722) in Kraft gesetzt. Dieses Gesetz ermöglichte durch die Einfügung des § 36a SächsGemO den Gemeinden (Landkreisen in § 32a SächsLKrO) unter sehr strengen Voraussetzungen, Sitzungen des Gemeinderats (Kreistags) ohne persönliche Anwesenheit der Ratsmitglieder in Form einer **Videokonferenz** oder auf vergleichbare Weise digital durchzuführen. Diese sehr spezielle Ausnahme wurde nun im Rahmen der letzten Kommunalrechtsreform durch das Dritte Gesetz zur Fortentwicklung des Kommunalrechts vom 9.2.2022[891] neu und umfassender geregelt, sodass in Ausnahmefällen auch ohne eine pandemische Notlage Gemeinderatssitzungen per Videoschalte auch in anderen außergewöhnlichen Notsituationen möglich sind.*

231 Über **Gegenstände einfacher Art und geringer Bedeutung** kann außerhalb von Sitzungen in schriftlichen oder elektronischen Verfahren **(Umlaufverfahren)** beschlossen werden (§ 39 Abs. 1 S. 4 SächsGemO), wobei diese Voraussetzungen kumulativ vorliegen müssen. Ein hierbei gestellter Antrag ist dann angenommen, wenn kein Mitglied widerspricht. „Gegenstände einfacher Art" liegen dann vor, wenn die zu treffende Entscheidung keiner mündlichen Erläuterung oder

890 Vgl. *Menke*, in: Quecke/Schmid, Gemeindeordnung für den Freistaat Sachsen, § 39 Rn. 2.
891 Gesetz vom 9.2.2022 (SächsGVBl. S. 134).

Erörterung bedarf und für die Einwohner oder die Gemeinde nur unerhebliche Auswirkungen hat.[892] Da dieses Verfahren in Bezug auf die Abgrenzung zu den Geschäften der laufenden Verwaltung des Bürgermeisters (§ 53 Abs. 2 SächsGemO) problematisch ist, hat es nur eine geringe praktische Bedeutung.

b) Beschlussfähigkeit

aa) Grundsätze

Für eine ordnungsgemäße Beschlussfassung muss der Gemeinderat **beschlussfähig** sein. Es ist dafür eine Mindestzahl von Mitgliedern erforderlich. Diese liegt grds. dann vor, wenn mindestens die **Hälfte aller Mitglieder** (körperlich) anwesend und stimmberechtigt, d.h. nicht befangen ist (§ 39 Abs. 2 S. 1 SächsGemO). Mitglied des Gemeinderats in diesem Sinn ist auch der Bürgermeister (§ 29 Abs. 1 SächsGemO); er muss demnach zur Ermittlung der Beschlussfähigkeit mitgezählt werden. Wird die Mindestzahl nicht erreicht, ist – mit Ausnahme der Sonderregelung des § 39 Abs. 2 S. 2 SächsGemO (Quorum bei Befangenheit) und der weiteren Sonderfälle des § 39 Abs. 3 und 4 SächsGemO (Zustandekommen von Beschlüssen bei Beschlussunfähigkeit) – keine Beschlussfähigkeit gegeben. Bloße Beratungen können aber dennoch durchgeführt werden.[893] 232

Für die **Zahl der Gemeinderäte** ist zunächst auf die sich nach § 29 Abs. 2 und 3 SächsGemO ergebende Zahl abzustellen und damit auf die gesetzliche Zahl. Für die Berechnung der Hälfte der Zahl der Mitglieder ist aber letztendlich die Zahl der **tatsächlich besetzten Sitze** maßgeblich.[894] Nicht mehr besetzte Mandate bleiben unberücksichtigt, ebenso eine eventuell nicht besetzte Stelle des Bürgermeisters. 233

Bei der **Befangenheit von mehr als der Hälfte aller Mitglieder** wird gemäß § 39 Abs. 2 S. 2 SächsGemO das Quorum abgesenkt. Der Gemeinderat ist in diesem Fall auch dann beschlussfähig, wenn mindestens **ein Viertel aller Mitglieder** anwesend und stimmberechtigt (nicht befangen) ist. Hierbei handelt es sich um eine Sondervorschrift bei Befangenheit, die nicht bei Fällen der Abwesenheit gilt. 234

Zur Vertiefung: 235

Die SächsGemO und die SächsLKrO unterscheiden sich hier von den kommunalverfassungsrechtlichen Bestimmungen zahlreicher anderer Bundesländer, die bis zur Feststellung des Gegenteils von einer Fiktion der Beschlussfähigkeit ausgehen.[895] *Eine Bestimmung in der Geschäftsordnung sächsischer Gemeinden, wonach die Beschlussfähigkeit des Gemeinderats als gegeben gilt, solange sie nicht von einem Mitglied angezweifelt oder eine ausdrückliche Feststellung beantragt wird, wäre mit § 39 Abs. 2 SächsGemO nicht vereinbar.*[896]

892 Vgl. *Gern/Brüning*, Deutsches Kommunalrecht, S. 697; *Sponer*, in: Sponer/Jacob/Musall, Kommunalverfassungsrecht Sachsen, § 39 SächsGemO Erl. 3.1.

893 Vgl. *Menke*, in: Quecke/Schmid, Gemeindeordnung für den Freistaat Sachsen, § 39 Rn. 33.

894 *Sponer*, in: Binus/Sponer/Koolman, Sächsische Gemeindeordnung, § 39 Rn. 5.

895 So z.B. § 53 Abs. 1 S. 2 HGO; § 46 Abs. 1 S. 2 NGO; § 38 Abs. 1 S. 2 und 3 GO SH; § 49 Abs. 1 GO NRW.

896 Vgl. *Menke*, in: Quecke/Schmid, Gemeindeordnung für den Freistaat Sachsen, § 39 Rn. 40.

bb) Folgen bei Beschlussunfähigkeit

236 Die Beschlussunfähigkeit tritt automatisch ein. Beschlüsse, die der Gemeinderat trotz Beschlussunfähigkeit fasst, leiden an **einem wesentlichen Verfahrensfehler.**[897]

237 Stellt der Bürgermeister im Nachhinein die Beschlussunfähigkeit fest, muss er den betreffenden Beschlüssen wegen Rechtswidrigkeit gemäß § 52 Abs. 2 S. 1 SächsGemO widersprechen. Bei Satzungsbeschlüssen gibt es allerdings eine Unbeachtlichkeit von Verfahrens- und Formfehlern nach § 4 Abs. 4 SächsGemO (Wirksamkeitsfiktion), worunter auch die Beschlussfassung nach § 39 SächsGemO fällt.

cc) Verfahren bei Beschlussunfähigkeit

238 Ist der Gemeinderat wegen Abwesenheit oder Befangenheit der Ratsmitglieder nicht mehr beschlussfähig (§ 39 Abs. 2 S. 1 oder S. 2 SächsGemO), muss eine **zweite Sitzung** einberufen werden (§ 39 Abs. 3 SächsGemO); dies muss keine Sondersitzung sein.[898] Die Tagesordnung muss dabei die noch nicht entschiedenen Punkte umfassen. Bei dieser Sitzung ist der Gemeinderat bezüglich der zum zweiten Mal aufgeführten Tagesordnungspunkte schon dann beschlussfähig, wenn mindestens drei stimmberechtigte Mitglieder anwesend sind **(vereinfachte Beschlussfähigkeit)**. Bei der Einladung zur zweiten Sitzung muss auf diese Vorschrift **ausdrücklich hingewiesen** werden (§ 39 Abs. 3 S. 1 2. Hs. SächsGemO), damit bspw. den in der ersten Sitzung abwesenden Ratsmitgliedern (die etwa eine Gemeinderatssitzung gezielt „boykottieren“ wollten) bewusst wird, dass auch eine Minderheit von drei stimmberechtigten Mitgliedern einen rechtmäßigen Beschluss fassen kann. Andere Tagesordnungspunkte können zwar mitbehandelt werden, jedoch muss hier die „Normalbeschlussfähigkeit“ gegeben sein.[899] Eine bereits „vorsorgliche“ Einladung zu einer zweiten Sitzung (zusammen mit der Einladung zur ersten Sitzung) ist nicht zulässig, da insoweit die „Warnfunktion“ für die zweite Sitzung nicht in gleichem Maß gegeben wäre.

239 Kommen in der zweiten Sitzung keine drei stimmberechtigten Mitglieder zusammen, entfällt die zweite Sitzung (§ 39 Abs. 3 S. 2 SächsGemO). War bspw. eine Grippeepidemie Grund für das Fehlen von mindestens drei stimmberechtigten Ratsmitgliedern, so muss der Bürgermeister eine neue Gemeinderatssitzung einberufen. Wenn hingegen der Gemeinderat auch in der zweiten Sitzung **wegen Befangenheit** von Mitgliedern nicht beschlussfähig war, entscheidet nach § 39 Abs. 4 SächsGemO der Bürgermeister anstelle des Gemeinderats nach Anhörung der nicht befangenen Gemeinderäte.

240 Sollten auch der Bürgermeister und sein Stellvertreter befangen sein, ist die Bestellung eines stimmberechtigten Mitgliedes zum Stellvertreter des Bürgermeisters durch den Gemeinderat möglich. Als letzter Schritt kann gemäß § 39 Abs. 4 S. 2 SächsGemO i. V. m. § 117 SächsGemO durch die Rechtsaufsichts-

897 Vgl. *Geis*, Kommunalrecht, § 11 Rn. 157.
898 *Menke*, in: Quecke/Schmid, Gemeindeordnung für den Freistaat Sachsen, § 39 Rn. 42.
899 Vgl. *Menke*, in: Quecke/Schmid, Gemeindeordnung für den Freistaat Sachsen, § 39 Rn. 45.

behörde ein Beauftragter eingesetzt werden, der dann die Entscheidung zu treffen hat. Dabei handelt es sich um einen Rechtsfolgenverweis, d.h., die Rechtsaufsichtsbehörde kann einen Beauftragten bestellen, ohne dass die Voraussetzungen des § 117 SächsGemO im Übrigen vorliegen müssen.[900]

Hinweis: 241

Die in § 39 Abs. 2 bis 4 SächsGemO aufgezeigten Verfahrensmöglichkeiten bei Beschlussunfähigkeit des Gemeinderats spielen in der kommunalen Praxis eine untergeordnete Rolle. Der Gesetzgeber wollte aber sicherstellen, dass in jedem Fall eine Entscheidung über einen bestimmten Tagesordnungspunkt möglich sein muss.

c) Abstimmung und Wahlen

Die Beschlussfassung erfolgt durch **Abstimmung** oder **Wahlen** (§ 39 Abs. 5 S. 1 SächsGemO). Dabei ist der Bürgermeister nach § 39 Abs. 5 S. 2 SächsGemO stimmberechtigt, soweit die SächsGemO nichts Abweichendes regelt. Nicht stimmberechtigt ist der Bürgermeister etwa bei Wahlen zur Besetzung von Ausschüssen nach § 42 Abs. 2 S. 2 SächsGemO, bei der Bestimmung von Aufsichtsratsmitgliedern durch Wahl nach § 98 Abs. 2 i.V.m. § 42 Abs. 2 SächsGemO und im Rahmen seines Abwahlverfahrens nach § 39 Abs. 7 und 9 SächsGemO. **Abstimmungs- und wahlberechtigt** sind nur die in der Sitzung anwesenden und stimmberechtigten (nicht befangenen) Gemeinderatsmitglieder. Verhinderte oder befangene Gemeinderatsmitglieder können sich nicht durch andere Gemeinderäte vertreten lassen oder ihr Stimmrecht übertragen. 242

Beschlüsse

↓	↓
Abstimmungen: (§ 39 Abs. 6 SächsGemO) • Bei Sachangelegenheiten/es steht eine Sachfrage zur Entscheidung • I. d. R. durch Handzeichen oder mit Stimmkarten: „Ja" oder „Nein" bzw. Stimmenthaltung (aber: auch elektronisch möglich) • I. d. R. offen durchgeführt • Geheime Abstimmung mit Stimmzetteln bei Vorliegen eines wichtigen Grundes • Beschluss ist bei mehr Dafür- als Dagegen-Stimmen angenommen (grds. einfache Mehrheit) • Stimmenthaltungen bleiben unberücksichtigt • Bei Stimmengleichheit ist Antrag abgelehnt	**Wahlen:** (§ 39 Abs. 7 SächsGemO) • Bei Personenangelegenheiten/Auswahl von Personen oder Bestimmung einer Person • I. d. R. geheim mit Stimmzetteln, Wahlkabine und Wahlurne • Mit Zustimmung aller: offene Wahl (wenn kein Mitglied widerspricht) **Gewählt ist:** • Wer mehr als die Hälfte der Stimmen der anwesenden Stimmberechtigten erhält (absolute Mehrheit) • Bei Nichterreichen der Mehrheit erfolgt ein zweiter Wahlgang: „Stichwahl" (einfache Mehrheit) • Bei Stimmengleichheit: Losentscheid • Bei nur einem Bewerber genügt im zweiten Wahlgang die einfache Mehrheit

900 Vgl. *Nolden*, in: Brüggen/Geiert/Nolden, Gemeindeordnung für den Freistaat Sachsen, § 39 Rn. 53.

243 Abstimmungen und Wahlen unterscheiden sich zum einen durch die der Beschlussfassung zugrunde liegende Fragestellung. Bei der Abstimmung geht es um eine Entscheidung in einer **Sachfrage**, während Wahlen Fragen der **personellen Besetzung** zum Gegenstand haben. Die Unterscheidung ist wichtig, da das Verfahren bei Abstimmungen und Wahlen gesetzlich anders ausgestaltet ist.[901]

aa) Abstimmung

244 Die Abstimmung („ja oder nein") ist die Form der Entscheidung in Sachfragen. Abstimmungen finden **i. d. R. offen** und damit für alle Anwesenden erkennbar statt (§ 39 Abs. 6 S. 1 SächsGemO). In der Praxis findet dabei die Stimmabgabe meist durch Handheben statt; im Zeitalter der Digitalisierung kommt aber auch eine Abstimmung durch das Bedienen einer elektronischen Abstimmungsanlage in Betracht.[902] Eine besondere Form der offenen Abstimmung ist die **namentliche Abstimmung**, bei der die Stimmabgabe jedes einzelnen Ratsmitglieds nach Aufruf festgehalten und in der Niederschrift vermerkt wird.

245 **Zur Vertiefung:**

Bei entsprechender technischer Ausstattung im Ratssaal kommt auch eine Abstimmung durch Knopfdruck mittels einer ***elektronischen Abstimmungsanlage*** *in Betracht. Auf diese Weise werden die Ergebnisse – namentlich – auf eine Leinwand im Ratssaal projiziert, wo jeder das Ergebnis anhand von Balkendiagrammen (farblich markiert) anschaulich erkennen kann. Die betreffenden Gemeinden erhoffen sich dadurch ein effektiveres Abstimmungsverfahren im Hinblick auf Präzision, Transparenz und Zeitersparnis. Insb. können so unklare Stimmabgaben vermieden werden. Einzelheiten sind in der Geschäftsordnung des Gemeinderats zu regeln.*

246 Soll ausnahmsweise **geheim** abgestimmt werden, muss die Mehrheit der (anwesenden) Stimmberechtigten einen entsprechenden Beschluss aus wichtigem Grund fassen. Dies kann ebenfalls über eine elektronische Abstimmungsanlage erfolgen. Die Ergebnisse werden in diesem Fall jedoch nicht grafisch öffentlich ausgewertet.[903]

247 Die abzustimmenden Anträge sind mit dem jeweiligen Tagesordnungspunkt verbunden und stammen entweder vom Bürgermeister oder aus der Mitte des Gemeinderates. Anträge können sich aber auch erst nach Eintritt in die Tagesordnung während der Aussprache ergeben und als **Änderungs-, Ergänzungs- oder Alternativanträge** gestellt werden. Über diese ist – der weitergehendste zuerst – vor den Hauptanträgen abzustimmen. Über verschiedene Anträge zu demselben Tagesordnungspunkt wird einzeln abgestimmt.[904] Erst wenn ein

---

901 Vgl. *Menke*, in: Quecke/Schmid, Gemeindeordnung für den Freistaat Sachsen, § 39 Rn. 53.
902 Vgl. *Sponer*, in: Binus/Sponer/Koolman, Sächsische Gemeindeordnung, § 39 Rn. 9.
903 Praktiziert wird die elektronische Abstimmung im Freistaat Sachsen z. B. bereits in den Städten Chemnitz und Dresden.
904 Vgl. *Gern/Brüning*, Deutsches Kommunalrecht, Rn. 655.

Antrag nicht die erforderliche Mehrheitsunterstützung erhalten hat, kann über den nächsten Antrag abgestimmt werden. Nur so gelingt es, konkurrierende positive Beschlüsse zu vermeiden.

Eine sog. **„En-bloc-Abstimmung“**, d.h. die Verbindung mehrerer in der Tagesordnung enthaltener Gegenstände zu einer einzigen Abstimmung, ist grds. unzulässig. Diese ist aber ausnahmsweise zulässig, wenn alle Gemeinderäte einverstanden sind und die Gegenstände auf einem inneren Zusammenhang beruhen, sodass eine Verbindung auf sachgerechten Erwägungen beruht. Ansonsten würde eine „En-bloc-Abstimmung“ dazu führen, dass die Gemeinderäte zu einem bestimmten Abstimmungsverhalten gezwungen werden. Das würde einen Verstoß gegen das Recht der Ratsmitglieder auf eine freie, unbeeinflusste, dem Gemeinwohl verpflichtete Willensbildung darstellen.[905] **248**

Nach § 39 Abs. 6 S. 2 SächsGemO werden Beschlüsse mit Stimmenmehrheit gefasst. Das bedeutet, dass mindestens eine Stimme mehr für den Antrag als gegen ihn abgegeben worden sein muss (**einfache Mehrheit** der Abstimmenden). Bei Stimmengleichheit ist der Antrag abgelehnt (§ 39 Abs. 6 S. 3 SächsGemO). Stimmenthaltungen werden für die Ermittlung der Stimmenmehrheit nicht berücksichtigt (§ 39 Abs. 6 S. 4 SächsGemO). **249**

Die SächsGemO sieht indes für besonders wichtige Beschlüsse über diese Regelmehrheit hinausgehende sog. **qualifizierte Mehrheiten** vor.[906] Dazu gehören folgende Mehrheiten: **250**

– **Mehrheit der Stimmen aller Mitglieder des Gemeinderats** **251**

- Hauptsatzung (§ 4 Abs. 2 S. 2 SächsGemO),
- Vereinbarung über Änderungen des Gemeindegebiets (§ 9 Abs. 1 SächsGemO),
- Abwahl des stellvertretenden Bürgermeisters (§ 54 Abs. 3 SächsGemO),
- Antrag auf vorzeitige Abwahl eines Beigeordneten (§ 56 Abs. 4 S. 2 SächsGemO).

Beispiel:

Der Gemeinderat besteht aus 21 Mitgliedern (Gemeinderäte und Bürgermeister). Die Mehrheit der Stimmen aller Mitglieder beträgt elf Stimmen (**absolute Mehrheit**/Ausgangszahl: „alle Mitglieder“).

Hierbei werden bei der Feststellung der Ausgangszahl, von der mehr als die Hälfte für den Antrag stimmen muss, auch die nicht Anwesenden und die befangenen Stimmberechtigten mitgezählt. Bei der Berechnung bleiben die nicht besetzten Sitze außer Betracht (tatsächliche Zahl).[907] **252**

905 Vgl. *Gern/Brüning*, Deutsches Kommunalrecht, Rn. 655; *Nolden*, in: Brüggen/Geiert/Nolden, Gemeindeordnung für den Freistaat Sachsen, § 39 Rn. 16.

906 Vgl. *Engels/Krausnick*, Kommunalrecht, Teil 2, § 5 Rn. 42; *Sponer*, in: Binus/Sponer/Koolman, Sächsische Gemeindeordnung, § 39 Rn. 16.

907 Näher *Rehak*, in: Quecke/Schmid, Gemeindeordnung für den Freistaat Sachsen, § 4 Rn. 52.

253 – **Mehrheit von zwei Dritteln der anwesenden Stimmberechtigten**

- Abgrenzung der Geschäftskreise der Beigeordneten (§ 55 Abs. 5 SächsGemO),
- Personalentscheidungen nach § 28 Abs. 4 S. 2 SächsGemO.

> **Beispiel:**
> Der Gemeinderat besteht aus 21 Mitgliedern. Vier sind befangen. Die erforderliche Beschlussmehrheit beträgt zwölf Stimmen.

254 – **Mehrheit von zwei Dritteln aller Mitglieder des Gemeinderats**

- Durchführung eines Bürgerentscheids (§ 24 Abs. 1 SächsGemO),
- Beschluss über Abwahl eines Beigeordneten (§ 56 Abs. 4 S. 3 SächsGemO),
- Entzug der Leitung des Rechnungsprüfungsamtes (§ 103 Abs. 4 S. 2 SächsGemO).

> **Beispiel:**
> Der Gemeinderat besteht aus insgesamt 21 Mitgliedern. Es wird in diesem Fall eine Mehrheit von 14 Stimmen benötigt.

255 – **Mehrheit von mindestens drei Vierteln der Stimmen aller Gemeinderäte**

- Einleitung eines Abwahlverfahrens gegen den Bürgermeister (§ 51 Abs. 9 SächsGemO).

> **Beispiel:**
> Bei insgesamt 20 Gemeinderäten beträgt die erforderliche Beschlussmehrheit 15 Stimmen.

bb) Wahlen

256 Während bei der Abstimmung Sachfragen entschieden werden, ist die Wahl die Form der Entscheidung, die die **Auswahl oder Bestimmung einer oder mehrerer Personen** zum Gegenstand hat, mithin die **Entscheidung in Personalsachen**.[908] Deshalb werden Wahlen auch grds. **geheim** und mit Stimmzettel durchgeführt; offen kann nur gewählt werden, wenn kein Mitglied widerspricht (§ 39 Abs. 7 S. 1 SächsGemO).

257 Die Vorschriften über den Ausschluss wegen Befangenheit nach § 20 SächsGemO gelten auch bei einer Beschlussfassung durch Wahl. Bei Wahlen zu einer ehrenamtlichen Tätigkeit kann allerdings keine Befangenheit vorliegen (vgl. § 20 Abs. 2 Nr. 1 SächsGemO).

258 Bei einer Wahl werden keine Anträge gestellt. Sämtliche Bewerber für die betreffende Stelle oder Funktion werden einem Wahlgang unterstellt, bei dem

908 Vgl. *Jaeckel/Jaeckel*, Kommunalrecht in Sachsen, Rn. 159; *Menke*, in: Quecke/Schmid, Gemeindeordnung für den Freistaat Sachsen, § 39 Rn. 93.

jedes Mitglied nur eine Stimme hat. Sind mehrere – auch gleichartige – Stellen zu besetzen, müssen dafür jeweils Wahlgänge durchgeführt werden.

Um **gesetzlich ausdrücklich festgelegte Wahlen** handelt es sich z.B. bei der Wahl der Mitglieder der Ausschüsse (§ 42 Abs. 2 SächsGemO), der Wahl der Stellvertreter des Bürgermeisters (§ 54 Abs. 1 SächsGemO) oder der Wahl der Beigeordneten (§ 56 Abs. 2 S. 1 SächsGemO).[909] 259

Wahlen werden grds. als **Mehrheitswahl** durchgeführt[910], bei der jeweils nur eine Person gewählt wird. Die Bewerber kandidieren direkt gegeneinander. Jedes Mitglied des Gemeinderats hat eine Stimme. Das Wahlverfahren richtet sich ausschließlich nach der SächsGemO und der jeweiligen Geschäftsordnung des Gemeinderats, nicht hingegen nach dem KomWG oder der KomWO. Eine Ausnahme bildet die Ausschussbesetzung nach § 42 Abs. 2 SächsGemO. 260

Zur Vertiefung: 261

*Auch bei der **Besetzung der Ausschüsse des Gemeinderats** handelt es sich zwar um eine Wahl, sofern nicht der Gemeinderat ein Benennungsverfahren nach § 42 Abs. 2 S. 4 und 5 SächsGemO beschließt. Als anderes Wahlsystem sieht § 42 Abs. 2 S. 2 SächsGemO dafür aber eine Verhältniswahl vor, wonach die Ausschussmitglieder aufgrund von Wahlvorschlägen (es muss folglich mindestens zwei Listen geben) unter Bindung an dieselben gewählt werden. Die Sitzverteilung erfolgt nach einem bestimmten Verfahren (i.d.R. nach d'Hondt, Sainte-Laguë oder Hare/Niemeyer). Bei nur einem gültigen oder keinem Wahlvorschlag findet Mehrheitswahl statt, ohne Bindung an die Liste. In diesem Fall hat jeder Gemeinderat so viele Stimmen, wie Mitglieder zu wählen sind. Dies erfolgt in einem Wahlgang. Der Bürgermeister hat hierbei kein Stimmrecht.*

Hinweis: 262

Die Berufung von „Vertretern der Gemeinde in Organe juristischer Personen des Privatrechts" erfolgt ebenfalls durch Wahl. Hierfür gelten die gesetzlichen Regelungen des § 98 SächsGemO, der bei mehreren zu wählenden Vertretern jeweils auf den § 42 Abs. 2 SächsGemO verweist (vgl. § 98 Abs. 1 S. 3, Abs. 2 S. 2 SächsGemO).

Gewählt ist nach § 39 Abs. 7 S. 2 SächsGemO, wer **mehr als die Hälfte der Stimmen der anwesenden Stimmberechtigten** (sog. **Anwesenheitsmehrheit**) erhalten hat und damit die **absolute Mehrheit**. Dies gilt sowohl bei nur einem als auch bei mehreren Bewerbern. Stimmenthaltungen sowie ungültige Stimmen werden hier im Unterschied zur Abstimmung zur Berechnung der Ausgangszahl einbezogen und wirken deshalb im Ergebnis (im ersten Wahlgang) wie negative Stimmabgaben, also wie Nein-Stimmen. Wer wegen Befangenheit ausgeschlossen ist, wird indes nicht mitgerechnet, da ihm die Stimmberechtigung fehlt. 263

909 Weitere Beispiele bei *Sponer*, in: Sponer/Jacob/Musall, Kommunalverfassungsrecht Sachsen, § 39 SächsGemO Erl. 8.

910 Vgl. *Jaeckel/Jaeckel*, Kommunalrecht in Sachsen, Rn. 159; *Menke*, in: Quecke/Schmid, Gemeindeordnung für den Freistaat Sachsen, § 39 Rn. 93.

264 **Beispiel:**

Der Gemeinderat besteht aus insgesamt 21 Mitgliedern. Anwesend und stimmberechtigt sind in der Sitzung 16 Mitglieder. Die Beschlussfähigkeit ist gegeben, da die erforderliche Zahl von mindestens elf Mitgliedern deutlich überschritten ist. Die erforderliche Beschlussmehrheit beträgt neun Stimmen (**absolute Mehrheit**/Ausgangszahl: „anwesende Stimmberechtigte").

265 Erhält im ersten Wahlgang kein Bewerber die erforderliche absolute Mehrheit, findet zwischen den beiden Bewerbern mit der höchsten Stimmenzahl eine **Stichwahl** statt, bei der gemäß § 39 Abs. 7 S. 3 1. Hs. SächsGemO die **einfache Mehrheit** der abgegebenen Stimmen entscheidet. § 39 Abs. 7 S. 3 2. Hs. SächsGemO verweist für die Stichwahl auf § 39 Abs. 6 S. 4 SächsGemO, der entsprechend gilt. Das bedeutet, dass bei der Ermittlung der erforderlichen Stimmenmehrheit bei der Stichwahl die Stimmenthaltungen nicht berücksichtigt werden. Bei Stimmengleichheit wird für die Teilnahme an der Stichwahl oder für das Ergebnis selbst das **Los** gezogen.[911] Dabei sollen die Losherstellung und die Losziehung möglichst von verschiedenen Personen vorgenommen werden. Eine Geschäftsordnungsregelung bietet sich dafür an. Steht nur **ein Bewerber** zur Wahl und hat dieser nicht die absolute Mehrheit erhalten, findet ebenfalls ein zweiter Wahlgang statt, bei dem die einfache Mehrheit der abgegebenen (gültigen) Stimmen ausreicht.

266 ***Hinweis:***

Personalrechtliche Entscheidungen werden im Grundsatz einvernehmlich zwischen Bürgermeister und Gemeinderat getroffen (vgl. § 28 Abs. 4 S. 1 SächsGemO). Einvernehmen bedeutet Herstellung der vollen Zustimmung. Fehlendes Einvernehmen kann der Gemeinderat mit einer Mehrheit von zwei Dritteln der anwesenden Stimmberechtigten ersetzen (§ 28 Abs. 4 S. 2 SächsGemO). § 20 Abs. 4 SächsGemO ist auch bei Beigeordneten anzuwenden (§ 56 Abs. 2 S. 1 2. Hs. SächsGemO).

d) Ende des Beschlussverfahrens

267 Das Beschlussverfahren besitzt eine **Beendigungsfunktion**. In derselben Sitzung können daher zu einem bereits abgeschlossenen Tagesordnungspunkt keine Anträge mehr gestellt werden. Abgeschlossen ist ein Tagesordnungspunkt dann, wenn eine **endgültige Beschlussfassung** zustande gekommen oder ein **neuer Tagesordnungspunkt aufgerufen** worden ist. So kann z.B. nach der Ablehnung eines Antrags die Beratung fortgesetzt werden, wenn nach der Natur der Sache der Beratungsgegenstand nur mit einem positiven Beschluss entschieden werden kann (z.B. Festsetzung von Grundstückspreisen, Mieten, Gebühren). Dies geht allerdings dann nicht, wenn zuvor ein Geschäftsordnungsantrag auf „Schluss der Beratung" angenommen wurde. Hier besteht nur die Möglichkeit, in einer anderen Sitzung erneut in die Beratung einzusteigen.[912]

911 Vgl. *Sponer*, in: Binus/Sponer/Koolman, Sächsische Gemeindeordnung, § 39 Rn. 15.
912 VGH BW, BWVBl. 1972, S. 40.

7. Niederschrift

268 Über die Sitzung des Gemeinderats und seiner Ausschüsse müssen Niederschriften angefertigt werden (§ 40 Abs. 1 SächsGemO). Diese Niederschriften haben die Bedeutung eines **Beweismittels** und sind deshalb wie öffentliche Urkunden i.S.d. § 415 ZPO i.V.m. § 98 VwGO zu behandeln.[913] Obwohl die Vermutung für die Richtigkeit der Niederschrift spricht, kann sie jederzeit von den Mitgliedern der betreffenden Gremien angefochten werden. Über solche Einwendungen entscheidet dann der Gemeinderat oder der betreffende Ausschuss.[914] Für die Gültigkeit von Beschlüssen ist jedoch eine Protokollierung nicht Voraussetzung.

269 Für die Sitzungen des Gemeinderats und der Ausschüsse sind jeweils **getrennte Niederschriften** zu führen. Aus Gründen der Geheimhaltung sind diese Niederschriften weiterhin in „öffentlich" und in „nichtöffentlich" zu unterteilen. Die Niederschrift hat gemäß § 40 Abs. 1 S. 1 1. Hs. SächsGemO den wesentlichen Inhalt der Verhandlungen des Gemeinderats bzw. des Ausschusses aufzuzeigen, wobei die elektronische Form ausgeschlossen ist (§ 40 Abs. 1 S. 1 2. Hs. SächsGemO). Dazu gehören insb. der „Kopf"/Rubrum (Name des Vorsitzenden, Zahl der anwesenden und Namen der abwesenden Mitglieder, Zeit und Ort der Sitzung), die Verhandlungsgegenstände, die Anträge und das Ergebnis einschließlich des Wortlauts der Beschlüsse.[915] Nach Möglichkeit sollen auch noch die wichtigsten Ausführungen der Redner erfasst werden. Jedes Mitglied kann verlangen, dass seine Erklärung oder Abstimmung in der Niederschrift festgehalten wird.[916]

270 Zur Führung der Niederschrift ist ein **Schriftführer** zu bestellen.[917] Diese Bestellung gehört zum Aufgabenbereich des Vorsitzenden. Die Niederschrift ist gemäß § 40 Abs. 2 S. 1 SächsGemO vom Vorsitzenden, zwei bei der Verhandlung anwesenden und nicht befangenen Gemeinderäten sowie vom Schriftführer zu unterzeichnen. Diese vier Personen sind zugleich verantwortlich für die Richtigkeit der Niederschrift. Anschließend ist die Niederschrift innerhalb eines Monats nach der protokollierten Sitzung dem Gemeinderat oder dem Ausschuss zur Kenntnis zu bringen. Die Niederschrift kann entweder als **Kurzprotokoll** (Sachvortrag, wesentlichste Diskussionsbeiträge, Ergebnis) oder als **Verlaufsprotokoll** (Wiedergabe sämtlicher Ausführungen in geraffter Form) geführt werden. Ein reines Ergebnisprotokoll entspricht den Mindestanforderungen nicht. Ein **Wortprotokoll** ist jedoch nicht erforderlich und wäre auch recht aufwendig. Dennoch wird es häufig in Gemeinden – auf Wunsch der Gemeinderäte – erstellt. **Tonbandaufnahmen** zur Erstellung der Niederschrift sind zulässig, dürfen aber nicht archiviert werden.[918] Nach der

913 Vgl. *Gern*, Sächsisches Kommunalrecht, Rn. 570; *Sponer*, in: Sponer/Jacob/Musall, Kommunalverfassungsrecht Sachsen, § 40 SächsGemO Erl. 1.
914 *Sixt/Notheis/Menzel/Roth*, Der Gemeinderat in Baden-Württemberg, S. 52.
915 *Sponer/Tostmann*, Kommunalrecht, S. 122.
916 Vgl. *Gern*, Sächsisches Kommunalrecht, Rn. 570.
917 *Geis*, Kommunalrecht, § 11 Rn. 141.
918 Vgl. *Sponer*, in: Binus/Sponer/Koolman, Sächsische Gemeindeordnung, § 40 Rn. 3.

Bestätigung der Niederschrift sind die in öffentlichen Sitzungen gefassten oder bekannt gegebenen **Beschlüsse** im Wortlaut oder in Form eines zusammengefassten Berichts gemäß § 36b S. 2 SächsGemO auf der Internetseite oder in anderer geeigneter Form **zu veröffentlichen.**

271 Es ist allen **Einwohnern** der Gemeinde gestattet, in die Niederschriften über die öffentlichen Sitzungen Einsicht zu nehmen (§ 40 Abs. 2 S. 5 1. Hs. SächsGemO). Darüber hinaus kann die Gemeinde auch die **allgemeine Einsichtnahme in elektronischer Form** ermöglichen (§ 40 Abs. 2 S. 5 2. Hs. SächsGemO). Protokollabschriften können allerdings nicht verlangt werden;[919] die Erteilung solcher Abschriften ist den Gemeinden aber auch nicht untersagt, sodass sie bei begründetem Anlass nach Ermessen gewährt werden kann.[920] Außerdem dürfen gemäß § 40 Abs. 2 S. 3 SächsGemO von Niederschriften über nicht öffentliche Sitzungen keine Mehrfertigungen oder Auszüge an Gemeinderäte oder andere Personen versandt oder ausgehändigt werden. Folglich kommt auch eine Einstellung von in nichtöffentlichen Sitzungen gefassten Beschlüssen in ein Ratsinformationssystem nicht in Betracht. Ansonsten bestünde die Gefahr, dass etwa durch die Herstellung eines Screenshots diese Unterlagen in „unbefugte Hände" gelangen könnten.

272 Das dem Gemeinderat zustehende Informationsrecht beinhaltet auch das Recht, nichtöffentliche Niederschriften – ausgenommen bei Befangenheit – einzusehen. Dafür ist jedoch Voraussetzung, dass diese Einsichtnahme für die Tätigkeit als Gemeinderat notwendig ist oder mit einer Entscheidung des Gemeinderats im Zusammenhang steht.[921] Dies gilt auch für die Zeit, in der Gemeinderäte noch nicht Mitglied des Gremiums waren. Weitergehende Einsichtnahmen können nur über das Recht auf Akteneinsicht gemäß § 28 Abs. 5 SächsGemO herbeigeführt werden.

8. Rechtswirkung von Gemeinderatsbeschlüssen

a) Rechtsnatur der Gemeinderatsbeschlüsse

273 Ein Gemeinderatsbeschluss verursacht i.d.R. noch keine unmittelbaren Rechtswirkungen nach außen. Er stellt einen **„innerorganisatorischen Rechts- bzw. Willensakt"** zwischen dem Gemeinderat als Organ der Willensbildung und dem Bürgermeister in seiner Eigenschaft als Vollzugsorgan dar.[922] Rechtlich betrachtet, ist ein Beschluss im Regelfall kein Verwaltungsakt, da ihm als gremiumsinterne Maßnahme die Außenwirkung fehlt. Beschlüsse erlangen erst Außenwirkung, wenn sie vom Bürgermeister gemäß § 52 Abs. 1 SächsGemO vollzogen werden.[923]

919 *Waibel*, Gemeindeverfassungsrecht Baden-Württemberg, Rn. 738.

920 Näher *Rehak*, in: Quecke/Schmid, Gemeindeordnung für den Freistaat Sachsen, § 40 Rn. 23 m.w.N.

921 Vgl. VGH BW, BWVPr. 1974, S. 81; *Nolden*, in: Brüggen/Geiert/Nolden, Gemeindeordnung für den Freistaat Sachsen, § 40 Rn. 21; *Sponer*, in: Sponer/Jacob/Musall, Kommunalverfassungsrecht Sachsen, § 40 SächsGemO Erl. 10.

922 *Waibel*, Gemeindeverfassungsrecht Baden-Württemberg, Rn. 740.

923 Vgl. *Menke*, in: Quecke/Schmid, Gemeindeordnung für den Freistaat Sachsen, § 39 Rn. 4. Anders wohl SächsOVG, Beschluss vom 25.7.2013 – 4 A 218/13, juris (Beschluss über Schließung einer Schule).

Beschlüsse des Gemeinderats bedürfen daher grds. eines **Vollzuges durch den Bürgermeister** (vgl. § 52 Abs. 1 SächsGemO). Vollzug bedeutet die rechtliche und tatsächliche Verwirklichung eines Gemeinderatsbeschlusses entsprechend seinem Inhalt.[924] Erst mit seinem Vollzug erlangt der Beschluss etwa durch den Erlass eines Verwaltungsaktes, der Ausfertigung und Bekanntmachung einer Satzung, den Abschluss eines Rechtsgeschäftes oder durch sonstiges Handeln nach außen hin seine Wirkung. Ein (interner) Gemeinderatsbeschluss kann folglich i. d. R. den Bürger noch nicht in seinen Rechten verletzen. Ein Bürger kann daher grds. erst gegen den Vollzugsakt rechtliche Schritte einleiten, soweit die Möglichkeit besteht, dass er dadurch in seinen Rechten verletzt wird. Ein Gemeinderatsbeschluss ohne Regelungsinhalt bedarf allerdings keines Vollzuges (z. B. bloße Willensbekundungen des Gemeinderats). Das Gleiche gilt auch für Gemeinderatsbeschlüsse, soweit diese ausnahmsweise unmittelbare Außenwirkung haben (z. B. bei einer Straßenbenennung oder einer Hausnummernvergabe). 274

Für die **Auslegung** von Beschlüssen gelten die allgemeinen Auslegungsregeln. Maßgeblich ist dabei der objektive Erklärungswert, wie ihn der Adressat nach Treu und Glauben verstehen konnte.[925] 275

b) Änderung und Aufhebung von Beschlüssen

Grds. kann der Gemeinderat seine eigenen Beschlüsse **jederzeit ändern** oder **aufheben**. Es sind dabei dieselben verfahrensrechtlichen Voraussetzungen wie beim Erstbeschluss zu beachten.[926] 276

Ein Gemeinderatsbeschluss kann nicht nur durch eine eigene Handlung, sondern auch durch einen erfolgreichen Bürgerentscheid, eine Ersatzvornahme durch die Rechtsaufsichtsbehörde oder durch ein Urteil der Verwaltungsgerichte aufgehoben werden. Die Änderung oder Aufhebung durch den Gemeinderat selbst ist nach Beendigung des Beschlussverfahrens nur in einer **neuen Sitzung** möglich, auf deren Tagesordnung die nochmalige Behandlung dieses Punktes steht. Bis zum Vollzug kann der Gemeinderat seine Beschlüsse jederzeit ändern oder aufheben. Bereits vollzogene Beschlüsse können indes nur noch dann geändert werden, wenn auch der Vollzug veränderbar ist. Bspw. hängt bei einem aufgrund eines Gemeinderatsbeschlusses vom Bürgermeister bereits unterzeichneten Vertrag eine Vertragsaufhebung oder Änderung grds. vom Einverständnis des Vertragspartners ab. 277

c) Fehlerhafte Gemeinderatsbeschlüsse

Die Rechtssicherheit erfordert es, auch den Gemeinderatsbeschlüssen die **Vermutung der Rechtmäßigkeit** zukommen zu lassen, sofern nicht der Bürgermeister Widerspruch nach § 52 Abs. 2 SächsGemO eingelegt oder die Rechtsaufsichtsbehörde sowie ein Verwaltungsgericht den Gemeinderatsbeschluss beanstandet hat. Daraus folgt, dass auch ein rechtswidriger Gemeinderatsbeschluss so lange als verbindlich gilt, bis er entweder vom Gemeinderat selbst 278

924 Vgl. *Gern*, Sächsisches Kommunalrecht, Rn. 419.
925 *Menke*, in: Quecke/Schmid, Gemeindeordnung für den Freistaat Sachsen, § 39 Rn. 7.
926 Vgl. *Menke*, in: Quecke/Schmid, Gemeindeordnung für den Freistaat Sachsen, § 39 Rn. 3 bis 8.

oder durch einen erfolgreichen Bürgerentscheid zurückgenommen oder durch die Rechtsaufsichtsbehörde bzw. ein Verwaltungsgericht aufgehoben wurde.

279 Beschlüsse sind v. a. dann rechtswidrig, wenn

- die Verfahrensvorschriften der §§ 36, 37 und 39 SächsGemO verletzt worden sind,
- befangene Mitglieder mitgewirkt oder Mitglieder zu Unrecht ausgeschlossen worden sind sowie
- die Beschlüsse ein gesetzwidriges Ziel verfolgen.

280 Bloße Ordnungsverstöße gegen die Geschäftsordnung berühren dagegen die Rechtmäßigkeit der Beschlüsse nicht.[927]

281 Da Gemeinderatsbeschlüsse, von bestimmten Ausnahmen abgesehen, keine Verwaltungsakte sind, sind rechtswidrige Beschlüsse von Dritten nicht unmittelbar anfechtbar. Verfahrensfehler können daher nur vom **Bürgermeister** über sein **Widerspruchsrecht** (§ 52 Abs. 2 SächsGemO), von der **Rechtsaufsichtsbehörde** über ihr **Beanstandungsrecht** (§ 114 Abs. 1 SächsGemO) oder von den **Gemeinderäten** im **kommunalen Verfassungsstreitverfahren** geltend gemacht werden, sofern diese in ihren Organrechten verletzt sein könnten. Zu den Mitgliedschaftsrechten der Gemeinderäte zählen die Mitwirkungsrechte (z. B. das Anwesenheitsrecht), die Verfahrensrechte (z. B. eine rechtzeitige Ladung) und die Minderheitenrechte (z. B. das Informationsrecht).

282 Andere Betroffene können gegen solche Verstöße nur durch **Anfechtung** des ihnen gegenüber ergangenen **Verwaltungsakts** vorgehen. Auf dem Gebiet der privatrechtlichen Tätigkeit stehen bei solchen Verstößen keine förmlichen Rechtsmittel zur Verfügung. In Betracht kommen lediglich nicht-förmliche Rechtsbehelfe wie bspw. die Aufsichtsbeschwerde.

283 Hat ein Beschluss ausnahmsweise unmittelbare Außenwirkung und stellt damit einen Verwaltungsakt nach § 35 S. 1 VwVfG dar, so gelten die allgemeinen Regeln über die Nichtigkeit (§ 44 VwVfG) bzw. Rechtswidrigkeit (z. B. § 42 Abs. 1 VwGO) von Verwaltungsakten.

284 **Beispiel:**

Stellt der Gemeinderat nach § 32 Abs. 3 S. 1 SächsGemO fest, dass bei einem Bewerber für ein Gemeinderatsmandat nach erfolgreicher Wahl ein Hinderungsgrund nach § 32 Abs. 1 SächsGemO vorliegt, ergeht diese Entscheidung in Form eines (feststellenden) Verwaltungsaktes (§ 32 Abs. 3 S. 3 SächsGemO).[928] Gegen diesen Beschluss kann der betreffende gewählte Bewerber mit Widerspruch[929] und Anfechtungsklage vorgehen.

927 *Gern*, Sächsisches Kommunalrecht, Rn. 487.
928 Vgl. dazu oben in diesem Kapitel unter B.II.4.
929 Vgl. *Sponer*, in: Binus/Sponer/Koolman, Sächsische Gemeindeordnung, § 32 Rn. 12.

C. Ausschüsse des Gemeinderats und besondere Ausschüsse der Gemeinde

I. Allgemeines

1. Zweck und Rechtsstellung von Ausschüssen des Gemeinderats

Der Gemeinderat kann aufgrund seiner Allzuständigkeit einer hohen Arbeitsbelastung ausgesetzt sein. Die Vorberatung und Beschlussfassung der zu entscheidenden Angelegenheiten kann sehr zeitaufwendig sein. Dabei ist die Belastung umso höher, je größer die Gemeinde ist. Besonders in größeren Städten ist es praktisch unmöglich, dass sich der Stadtrat mit allen Angelegenheiten selbst beschäftigt, die in seine Zuständigkeit fallen. 285

Vor diesem Hintergrund sieht die SächsGemO die Möglichkeit vor, dass sich der Gemeinderat durch die Bildung von Ausschüssen als Teil einer größeren Gruppe von Gemeinderäten, die sich mit speziellen Themen befassen, entlasten und so auch eine gründliche Beratung wichtiger kommunalpolitischer Angelegenheiten erfolgen kann. Dies ist in allen Gemeinden ohne Rücksicht auf die Größe möglich. Die Entlastung geschieht entweder durch die **Vorberatung** oder durch direkte **Entscheidung** in den jeweiligen Ausschüssen. Insb. durch die sachkundige Vorberatung von **Fach- und Detailfragen** werden die Entscheidungsgrundlagen des gesamten Gemeinderats optimiert sowie der Entscheidungsprozess beschleunigt.[930] 286

Ausschüsse des Gemeinderats sind – i. S. d. Prinzips demokratischer Repräsentation – **verkleinerte Abbilder des Gemeinderats**. Sie haben lediglich vom Gemeinderat **abgeleitete** Zuständigkeiten, die im Übrigen jederzeit wieder aufgehoben werden können. Ausschüsse sind daher keine selbstständigen Organe der Gemeinde, sondern **Organteile** des Gemeinderats.[931] 287

Die Bildung von Ausschüssen nach den §§ 41 und 43 SächsGemO steht im **Ermessen** des Gemeinderats.[932] In der Praxis machen die Gemeinden durchgängig hiervon Gebrauch. Dadurch kommt es über weite Bereiche zu einer **Dreiteilung der Zuständigkeit** in der Arbeit der Gemeinde zwischen dem Gemeinderat, den Ausschüssen und dem Bürgermeister. Diese Aufteilung wird bei Sachentscheidungen im Wesentlichen durch die Festlegung von Wertobergrenzen und bei Personalentscheidungen nach Höhe der Besoldungs- bzw. Entgeltgruppen in der Hauptsatzung vorgenommen. 288

In kleineren Gemeinden ist es häufig wenig sinnvoll, den Gemeinderat in Ausschüsse zu untergliedern. Die Nachteile der Ausschussarbeit – geringere Entscheidungszuständigkeit des Gemeinderats, weniger Publizität bei den Verhandlungen und verwaltungsmäßige Erschwernis durch mehr Sitzungen und größere Aufsplitterung – können bei einem zahlenmäßig kleinen Gemeinderat nicht durch die Vorteile aufgewogen werden. Der SSG empfiehlt in seinem 289

930 Vgl. *Stober*, Kommunalrecht in der Bundesrepublik Deutschland, S. 206.
931 Vgl. *Burgi*, Kommunalrecht, § 12 Rn. 8.
932 *Jaeckel/Jaeckel*, Kommunalrecht in Sachsen, Rn. 127.

Hauptsatzungsmuster im Interesse einer möglichst einfachen, übersichtlichen und sparsamen Verwaltung grds. nur die Bildung von zwei beschließenden Ausschüssen und zwar einen Verwaltungsausschuss und einen technischen Ausschuss.

290 Folgende Ausschüsse des Gemeinderats sind in der Praxis üblich:

- Verwaltungsausschuss
- Finanzausschuss
- Bauausschuss/Technischer Ausschuss/Stadtentwicklungsausschuss
- Umweltausschuss
- Schulausschuss
- Kulturausschuss
- Sozialausschuss
- Sportausschuss
- Petitionsausschuss

291 Zu beachten ist, dass sich eine Verpflichtung zur Bildung eines Ausschusses in bestimmten Gemeinden bzw. zur zeitweisen Bildung von Ausschüssen **(Pflichtausschüsse)** aus speziellen gesetzlichen Vorgaben ergeben kann.

292 Zu den fachgesetzlich geregelten **besonderen Ausschüssen** der Gemeinde gehören[933]:

- **Jugendhilfeausschuss**[934] (§§ 69 bis 71 SGB VIII i. V. m. §§ 1, 3 f. SächsLJHG)
- **Gutachterausschuss** (§§ 192 f. BauGB i. V. m. SächsGAVO[935])
- **Betriebsausschuss** (§ 95a Abs. 3 S. 2 SächsGemO i. V. m. §§ 6, 7 SächsEigBVO)
- **Gemeindewahlausschuss** (§§ 8, 9 KomWG i. V. m. § 21 KomWO)
- **Umlegungsausschuss** (§§ 46 Abs. 2 Nr. 1 und 80 Abs. 5 BauGB i. V. m. SächsUAVO[936])

293 Bei den besonderen Ausschüssen handelt es sich um keine Ausschüsse des Gemeinderats. Diesen stehen eigene, nach außen gerichtete Zuständigkeiten zu. Hierbei handelt es sich um **besondere Ausschüsse der Gemeinde.**

294 Der Jugendhilfeausschuss sowie der Gutachterausschuss sind **dauerhafte fachgesetzliche Pflichtausschüsse**. Beim Gemeindewahlausschuss handelt es sich hingegen um einen **zeitweiligen Pflichtausschuss**.

---

933 Aufzählung bei *Sponer/Tostmann*, Kommunalrecht, S. 64.

934 Vgl. dazu SächsOVG, Beschluss vom 27.9.2011 – 4 B 176/11, juris (zur Unzulässigkeit der Wiederholung der Jugendhilfeausschusswahlen während der Wahlperiode des Rates; Inhalt und Umfang des Grundsatzes der Spiegelbildlichkeit).

935 VO der Sächsischen Staatsregierung über die Gutachterausschüsse, Kaufpreissammlungen und Bodenrichtwerte nach dem BauGB (SächsGAVO) vom 15.11.2011 (SächsGVBl. S. 598) mit späteren Änderungen.

936 VO der Sächsischen Staatsregierung über die Umlegungsausschüsse nach dem BauGB vom 20.8.2008 (SächsGVBl. S. 588).

Der **Akteneinsichtsausschuss** ist demgegenüber kein eigenständiger Ausschusstyp, da diese Funktion gemäß § 28 Abs. 5 SächsGemO auch von einem bestehenden Ausschuss wahrgenommen werden kann.[937] 295

Hinweis: 296

*Gemäß § 45 SächsGemO ist möglich, dass der Gemeinderat durch die Hauptsatzung einen **Ältestenrat** bildet, der den Bürgermeister in Fragen der Tagesordnung und des Gangs der Verhandlung des Gemeinderats und seiner Ausschüsse berät. Dadurch werden aber weder die Zuständigkeiten des Bürgermeisters noch des Gemeinderats eingeschränkt, denn der Ältestenrat gibt nur Empfehlungen ab; Sachentscheidungen kann er nicht treffen. Der Ältestenrat als solcher ist kein Ausschuss, sondern es handelt sich dabei um ein informelles Gremium des Gemeinderats. Weitere Aufgaben können ihm nicht übertragen werden.[938] Für den Ältestenrat können nur Gemeinderäte und keine sachkundigen Einwohner gewählt bzw. benannt werden. Es ist zu empfehlen, den Bürgermeister zum Vorsitzenden des Ältestenrates zu bestimmen.[939] Die Einzelheiten über die Zusammensetzung und den Geschäftsgang regelt die Geschäftsordnung. Insb. in den kleineren und mittelgroßen Städten und Gemeinden wird allerdings i. d. R. kein Bedarf an dessen Bildung bestehen.*

Gemäß § 41 Abs. 1 SächsGemO kann der Gemeinderat **beschließende** und gemäß § 43 Abs. 1 SächsGemO **beratende** Ausschüsse bilden. 297

Beschließende Ausschüsse treten im Rahmen ihrer Zuständigkeit an die Stelle des Gemeinderats und entscheiden an dessen Stelle (§ 41 Abs. 3 S. 1 SächsGemO); beratende Ausschüsse bereiten hingegen Entscheidungen des Gemeinderats vor (§ 43 Abs. 1 SächsGemO). Beschließende Ausschüsse können gemäß § 41 Abs. 4 S. 1 SächsGemO neben ihrer beschließenden auch beratende Funktion haben, wenn es sich um Angelegenheiten handelt, deren Entscheidung dem Gemeinderat vorbehalten ist. 298

Als **beschließende Ausschüsse** werden in größeren Gemeinden meist ein **Verwaltungs- oder Finanzausschuss, ein Sozial- und Kulturausschuss** sowie ein **technischer Ausschuss** bzw. **Bauausschuss** gebildet. 299

2. Geschäftsgang in den Ausschüssen des Gemeinderats

Für den Geschäftsgang der Ausschüsse gelten gemäß §§ 41 Abs. 5 S. 1 und 43 Abs. 3 S. 1 SächsGemO die Bestimmungen für den Geschäftsgang des Gemeinderats entsprechend. Das Gleiche ergibt sich i. d. R. auch aus der jeweiligen Geschäftsordnung des Gemeinderats. 300

Den **Vorsitz** in den Ausschüssen führt der **Bürgermeister als sog. geborener Vorsitzender** (§§ 41 Abs. 5 S. 1, 42 Abs. 1, 43 Abs. 3 S. 1 i. V. m. § 36 Abs. 1 SächsGemO). Er kann bei den beschließenden Ausschüssen aber jederzeit 301

937 Vgl. *Schaffarzik/Rehak*, in: Quecke/Schmid, Gemeindeordnung für den Freistaat Sachsen, § 41 Rn. 21.

938 *Müller*, Kommunalrecht Baden-Württemberg, Rn. 195 f. zu § 33a GemO BW.

939 Sächsischer Städte- und Gemeindetag (Hrsg.), Taschenbuch für die Ratsarbeit, S. 55.

einen Beigeordneten oder – wenn die Gemeinde keinen Beigeordneten hat oder alle Beigeordneten verhindert sind – einen Gemeinderat, der Mitglied des betreffenden Ausschusses ist, mit seiner Vertretung beauftragen (§ 42 Abs. 3 SächsGemO).[940] Diesen beauftragten Vertretern stehen insb. die Rechte aus § 52 Abs. 2 und 3 SächsGemO zu (§ 42 Abs. 3 S. 2 SächsGemO). Das betrifft das Widerspruchsrecht des Vorsitzenden eines Ausschusses. Bei dieser Beauftragung handelt es sich nicht um eine Vertretung im Sinne der §§ 54, 55 SächsGemO. Der Bürgermeister kann daher die Beauftragung jederzeit widerrufen und selbst den Vorsitz übernehmen oder den Beauftragten Weisungen bezüglich des Sachvortrags und der Antragstellung erteilen.

302 Der Bürgermeister selbst ist gemäß § 39 Abs. 5 S. 2 SächsGemO i.V.m. § 41 Abs. 5 S. 1 SächsGemO in den beschließenden Ausschüssen **stimmberechtigt**. Beigeordnete als beauftragte Vorsitzende im Ausschuss haben indes kein Stimmrecht, da sie nicht durch unmittelbare Volkswahl legitimiert sind.[941] Macht der Bürgermeister von seinem Recht aus § 42 Abs. 3 SächsGemO keinen Gebrauch, gelten im Verhinderungsfall die allgemeinen Regelungen der Vertretung (§ 54 Abs. 1 und § 55 Abs. 2, 4 SächsGemO).

303 Eine Besonderheit gibt es bei den **beratenden Ausschüssen**. Gemäß § 43 Abs. 3 S. 2 SächsGemO kann die Hauptsatzung bestimmen, dass der Ausschuss den Vorsitzenden **aus seiner Mitte** wählt, der insoweit die Aufgaben des Bürgermeisters wahrnimmt; der Bürgermeister hat aber das Recht, an den Sitzungen teilzunehmen.[942]

304 Für die beschließenden Ausschüsse gilt gemäß § 41 Abs. 5 S. 1 SächsGemO das **Öffentlichkeitsprinzip** des § 37 Abs. 1 SächsGemO. Dagegen wird eine Vorberatung in den beschließenden Ausschüssen i.d.R. **nichtöffentlich** durchgeführt (§ 41 Abs. 5 S. 2 SächsGemO), um zum einen zu verhindern, dass durch frühzeitige Publizität des Vorberatungsergebnisses die Beratungen des (gesamten) Gemeinderats beeinträchtigt werden. Zum anderen sollen die Mitglieder die Möglichkeit haben, unbeeinflusst ihre Meinungen austauschen zu können. Die Sitzungen in den beratenden Ausschüssen sind gemäß § 43 Abs. 2 SächsGemO (immer) **nichtöffentlich**. Dies verstößt nicht gegen das Informationsgebot, da zumindest das Ergebnis der Vorberatung dem Gemeinderat in öffentlicher Sitzung bekannt gegeben wird und die Beratung und Entscheidung im Gemeinderat öffentlich stattfindet.

305 Da § 37 SächsGemO über § 41 Abs. 5 S. 1 SächsGemO nur für beschließende, nicht aber für beratende Ausschüsse gilt, unterliegen die Vorberatungen dieser Ausschüsse nicht automatisch der allgemeinen Verschwiegenheitspflicht des § 37 Abs. 2 SächsGemO; deshalb verweist § 43 Abs. 3 SächsGemO ausdrücklich auf § 37 Abs. 2 1. Hs. SächsGemO.

940 *Schaffarzik/Rehak*, in: Quecke/Schmid, Gemeindeordnung für den Freistaat Sachsen, § 41 Rn. 121.
941 Vgl. *Püttner*, Handbuch der kommunalen Wissenschaft und Praxis, Band 2, S. 251.
942 *Sponer*, in: Binus/Sponer/Koolman, Sächsische Gemeindeordnung, § 43 Rn. 2.

Gemeinderäte, die nicht in einem bestimmten Ausschuss Mitglied sind, können als Nichtmitglieder an allen nicht öffentlichen Sitzungen der Ausschüsse als **Zuhörer** teilnehmen (§ 42 Abs. 4 SächsGemO). Da aber eine solche Anwesenheit keine Amtsausübung darstellt, kann hierfür keine Entschädigung gewährt werden. 306

II. Beschließende Ausschüsse

1. Aufgabenbereiche

Den beschließenden Ausschüssen können Beschlusszuständigkeiten des Gemeinderats auf allen Gebieten übertragen werden. Die Übertragung geschieht entweder **auf Dauer** durch die **Hauptsatzung** oder bezüglich **einzelner Angelegenheiten** durch einen konkreten **Gemeinderatsbeschluss.**[943] Bei der Festlegung der Zuständigkeiten der einzelnen Ausschüsse muss auf eine sachlich eindeutige Abgrenzung der Aufgabengebiete geachtet werden. In Gemeinden mit Beigeordneten empfiehlt es sich, die Aufgabengebiete den Geschäftskreisen der Beigeordneten anzugleichen. Eine Übertragung von Aufgaben durch einen Ausschuss auf einen anderen Ausschuss (oder auf den Bürgermeister) ist nicht zulässig. 307

Von der Übertragbarkeit ausgenommen sind Beschlussfassungen in wichtigen Gemeindeangelegenheiten, die in § 28 Abs. 2 SächsGemO **enumerativ** aufgeführt werden (sog. Vorbehaltsaufgaben).[944] Diese Angelegenheiten **sollen** gemäß § 41 Abs. 4 S. 1 SächsGemO den beschließenden Ausschüssen innerhalb ihres Aufgabengebiets zur **Vorberatung** zugewiesen werden. Durch die Hauptsatzung kann bestimmt werden, dass Anträge, die nicht vorberaten worden sind, auf Antrag des Vorsitzenden oder eines Fünftels des Gemeinderats den zuständigen beschließenden Ausschüssen zur Vorberatung überwiesen werden **müssen** (§ 41 Abs. 4 S. 2 SächsGemO). 308

2. Zusammensetzung

Beschließende Ausschüsse bestehen aus dem **Vorsitzenden** und **mindestens vier Mitgliedern** (§ 42 Abs. 1 S. 1 SächsGemO). Vorsitzender ist grds. der Bürgermeister. 309

Die Mitglieder werden vom Gemeinderat widerruflich aus seiner Mitte **bestellt.** Eine **Neubildung** muss gemäß § 42 Abs. 1 S. 4 SächsGemO **nach jeder Wahl** vom Gemeinderat erfolgen (regelmäßige Wahl oder Ergänzungswahl), um den Repräsentationsgrundsatz[945] zu gewährleisten. Im Übrigen kann – da die Mitglieder widerruflich bestellt werden – auch während der Amtsperiode des Gemeinderats jederzeit eine Neubildung mit einfacher Mehrheit beschlossen werden. Die Zusammensetzung der Ausschüsse **soll** gemäß § 42 Abs. 2 S. 1 SächsGemO der Mandatsverteilung im Gemeinderat entsprechen. Für die Ausschüsse gilt folglich das **Spiegelbildlichkeitsprinzip.** Dies bedeutet allerdings hinsichtlich der Größe des Ausschusses nicht, dass jede Gemeinderats- 310

943 Vgl. *Gern*, Sächsisches Kommunalrecht, Rn. 436.
944 Siehe dazu oben in diesem Kapitel unter B.I.3.
945 BVerwG, NVwZ 2004, S. 621 f.

fraktion in dem jeweiligen Ausschuss vertreten sein muss. Für die Beachtung des Anspruchs der Fraktionen auf gleichberechtigte Mitwirkung in den Ausschüssen ist es hinreichend, wenn die Wahl jeder Fraktion die gleiche Chance bietet, entsprechend ihrer Stärke im Plenum in die Ausschüsse gewählt zu werden. Weitergehende Pflichten dahingehend, dass durch eine entsprechende Ausübung des Wahlrechts auch tatsächlich ein absolut spiegelbildliches Wahlergebnis herbeigeführt wird, lassen sich dem Grundsatz der spiegelbildlichen Besetzung nicht entnehmen. Es gilt insoweit der Grundsatz der demokratischen Repräsentation.[946]

Zur Vertiefung:

*Wenngleich für die Gemeinderatsfraktion **kein Anspruch** darauf besteht, in jedem beschließenden Ausschuss vertreten zu sein, **kann** im Interesse des Minderheitenschutzes durch eine entsprechende Hauptsatzungsregelung bestimmt werden, dass alle Fraktionen in jedem beschließenden Ausschuss vertreten sein müssen.*[947]

311 Die **Zahl der Ausschussmitglieder** ist in der Hauptsatzung festzulegen. Eine Höchstmitgliederzahl gibt es nicht. Ein Gemeinderat kann auch mehreren Ausschüssen angehören. Für die Mitglieder (nicht aber für den Vorsitzenden) sind gemäß § 42 Abs. 1 S. 2 SächsGemO Gemeinderäte als **Stellvertreter** zu bestellen. Dabei ist der Gemeinderat grds. frei, einen oder mehrere (allgemeine oder persönliche) Stellvertreter für die Ausschussmitglieder zu bestellen. Das Nähere regelt die Hauptsatzung. Wird ein ordentliches Mitglied mit dem Vorsitz **beauftragt**, stellt dies keine die Stellvertretung auslösende Verhinderung dar. Der Ausschuss besitzt in diesem Fall ein Mitglied weniger. Scheiden ordentliche Mitglieder aus, rücken die Stellvertreter nicht als Ersatzleute nach, sondern es bedarf einer völligen Neubildung des Ausschusses, und zwar durch Abberufung und Neubestellung aller Ausschussmitglieder.[948]

312 Weiterhin kann der Gemeinderat gemäß § 44 Abs. 2 S. 1 SächsGemO **sachkundige Einwohner** widerruflich als beratende Mitglieder in beschließende (sowie beratende) Ausschüsse berufen. Dies erfolgt im Wege einer Mehrheitswahl. Die Zahl dieser Mitglieder darf die der Gemeinderäte in den Ausschüssen nicht erreichen. Da es sich hier nicht um eine „beratende Mitwirkung", sondern um eine „Mitgliedschaft" handelt, sind diese Personen ständig und damit auch bei nichtöffentlichen Sitzungen anwesend. Sie sind ehrenamtlich tätig. Mitglieder des Gemeinderats und Bedienstete der Gemeinde können nicht als sachkundige Einwohner berufen werden (§ 44 Abs. 2 S. 4 SächsGemO).

946 SächsOVG, LKV 2011, S. 138 ff. (zur Besetzung eines städtischen Ausschusses); SächsOVG, Beschluss vom 27.9.2011 – 4 B 176/11, juris und OVG NRW, Beschluss vom 30.1.2017 – 15 B 1308/16, juris (zum Inhalt und Umfang des Grundsatzes der Spiegelbildlichkeit); vgl. *Menke/Arens*, Gemeindeordnung für den Freistaat Sachsen, § 41 Rn. 1.

947 Vgl. dazu etwa § 12 Abs. 2 S. 2 Hauptsatzung der Stadt Leipzig sowie § 10 Abs. 2 S. 3 lit. a) Hauptsatzung der Stadt Dresden.

948 So *Menke/Arens*, Gemeindeordnung für den Freistaat Sachsen, § 42 Rn. 2; *Schaffarzik*, in: Quecke/Schmid, Gemeindeordnung für den Freistaat Sachsen, § 42 Rn. 25; *G. Brüggen/Nolden*, in: Brüggen/Geiert/Nolden, Gemeindeordnung für den Freistaat Sachsen, § 42 Rn. 8.

Zur Vertiefung: 313

Die vom Gemeinderat als ständige Mitglieder in beratende oder beschließende Ausschüsse berufenen sachkundigen Einwohner haben lediglich ein Teilnahme- und Rederecht, jedoch kein Antrags- und Stimmrecht.[949]

Mangels Stimmrecht werden die sachkundigen Einwohner – trotz ihrer Mitgliedschaft – bei der Berechnung und Feststellung der Beschlussfähigkeit des jeweiligen Ausschusses (§ 41 Abs. 5 S. 1 i. V. m. § 39 Abs. 2 S. 1 SächsGemO) nicht mitgezählt, auch wenn das in § 44 Abs. 2 SächsGemO nicht ausdrücklich geregelt worden ist.[950] *§ 39 Abs. 2 S. 1 SächsGemO verlangt für die Beschlussfähigkeit des Gemeinderats und damit nach § 41 Abs. 5 S. 1 SächsGemO auch für den beschließenden Ausschuss neben der Anwesenheit mindestens der Hälfte aller Mitglieder* ***auch*** *deren Stimmberechtigung. Da den sachkundigen Einwohnern als nur beratenden Mitgliedern die Stimmberechtigung fehlt, müssen sie bei der Feststellung der Beschlussfähigkeit des Ausschusses unberücksichtigt bleiben.*[951]

Die **Beigeordneten** nehmen gemäß § 44 Abs. 5 SächsGemO an den Sitzungen 314
der für ihren Geschäftskreis zuständigen Ausschüsse mit beratender Stimme teil.

3. Bestellung der Mitglieder

Die SächsGemO geht bei der Bestellung der Ausschussmitglieder zunächst 315
davon aus, dass bei der Bildung der beschließenden Ausschüsse eine **Einigung**[952] **(Erste Stufe)** zumindest angestrebt wird, und zwar in der Weise, dass sich im Ausschuss die politische Zusammensetzung des Gemeinderats widerspiegelt. Dabei handelt es sich um die kommunalverfassungsrechtliche Vorzugsvariante zur Besetzung der Ausschüsse.[953]

In der Praxis wird (zumindest in den kleineren Städten und Gemeinden) häu- 316
fig so verfahren, dass sich der Gemeinderat über die Verteilung der Sitze einigt; in den größeren Städten ist dies eher schwieriger. I. d. R. schlagen die Fraktionen die entsprechende Zahl ordentlicher Mitglieder und Stellvertreter personengenau vor. Diese Vorschläge werden anschließend in **offener Abstimmung**[954] angenommen; der Bürgermeister hat dabei Stimmrecht. Dieses

949 *Sponer/Tostmann*, Kommunalrecht, S. 68.

950 Anders als etwa in § 58 Abs. 1 GO NRW.

951 So zutreffend auch *Schaffarzik*, in: Quecke/Schmid, Gemeindeordnung für den Freistaat Sachsen, § 44 Rn. 34; a. A. wohl *Tetzner*, LKV 2017, S. 193 ff.

952 Umstritten ist, ob es sich bei einer Einigung um eine Wahl oder um eine Abstimmung handelt: „Wahl" so *G. Brüggen/Nolden*, in: Brüggen/Geiert/Nolden, Gemeindeordnung für den Freistaat Sachsen, § 42 Rn. 12 m. w. N.; ebenso *Sponer/Tostmann*, Kommunalrecht, S. 66 f.; „Abstimmung": so *Schaffarzik*, in: Quecke/Schmid, Gemeindeordnung für den Freistaat Sachsen, § 42 Rn. 49.

953 Sächsischer Städte- und Gemeindetag (Hrsg.), Taschenbuch für die Ratsarbeit, S. 50.

954 So *Schaffarzik*, in: Quecke/Schmid, Gemeindeordnung für den Freistaat Sachsen, § 42 Rn. 46 ff. ebenso: Sächsischer Städte- und Gemeindetag (Hrsg.), Taschenbuch für die Ratsarbeit, S. 51; a. A. *G. Brüggen/Nolden*, in: Brüggen/Geiert/Nolden, Gemeindeordnung für den Freistaat Sachsen, § 42 Rn. 12 m. w. N.; ebenso *Sponer/Tostmann*, Kommunalrecht, S. 66 f.

Verfahren setzt aber eine **einstimmige** Beschlussfassung ohne Gegenstimme und ohne Stimmenthaltung voraus. Sobald sich ein Gemeinderat oder der Bürgermeister enthält oder gegen den Vorschlag stimmt, ist keine Einigung zustande gekommen.[955]

317 Wird dieses vorrangige Ziel nicht erreicht, erfolgt die Besetzung der Ausschüsse aufgrund von Wahlvorschlägen im Wege der **Verhältniswahl (Zweite Stufe)**, um den in § 42 Abs. 2 S. 1 SächsGemO aufgeführten Repräsentationsgrundsatz einhalten zu können (Spiegelbildlichkeitsprinzip). Wird nur ein oder kein gültiger Wahlvorschlag abgegeben, findet Mehrheitswahl statt. Der **Bürgermeister** hat hier im Gegensatz zur offenen Abstimmung im Rahmen des Einigungsverfahrens **kein Stimmrecht**, da nach § 42 Abs. 2 S. 2 SächsGemO die Ausschussmitglieder von den Gemeinderäten gewählt werden.

318 Bei der **Verhältniswahl** kann jeder einzelne Gemeinderat, aber auch Fraktionen und Gruppen von Gemeinderäten und (mangels Einschränkungen) auch der Bürgermeister selbst einen Wahlvorschlag einreichen. Jeder Bewerber kann nur auf einem Wahlvorschlag aufgeführt werden. Wird er mehrfach geführt, muss er vor der Wahl dem Vorsitzenden erklären, für welchen Vorschlag er antreten will. Ansonsten ist sein Einverständnis nicht notwendig. Widerspricht der Bewerber jedoch, muss die Aufnahme unterbleiben. Da es sich hier um eine echte Verhältniswahl mit „gebundener" Liste handelt, hat **jeder Gemeinderat** nur **eine Stimme**. Gewählt wird also nicht eine Person, sondern eine **Liste**. Bei der Auswertung werden die Sitze auf die einzelnen Wahlvorschläge verteilt. Für die Aufteilung der Sitze auf die Bewerber ist die Reihenfolge im Wahlvorschlag entscheidend. Die nicht gewählten Bewerber werden Stellvertreter ihres Wahlvorschlags.

319 § 42 SächsGemO ordnet kein bestimmtes Berechnungsverfahren an. Es ist die Aufgabe und das Recht des Gemeinderats, sich für ein Berechnungsverfahren zu entscheiden, wobei er nähere Vorgaben in seiner Geschäftsordnung oder in der Hauptsatzung machen kann[956]. Dabei kam in der Vergangenheit häufig das **d'Hondtsche Höchstzahlverfahren**[957], aber auch das **Quotientenverfahren nach Hare/Niemeyer** in Betracht. Zudem kann das in § 21 KomWG nunmehr festgelegte Berechungsverfahren nach **Sainte-Laguë** entsprechend herangezogen werden.

320 Während das Verfahren nach d'Hondt tendenziell eher die großen Fraktionen bevorzugt, ist das Verfahren nach Sainte-Laguë – ebenso wie Hare/Niemeyer – eher für die kleineren Fraktionen günstiger. Bei der Ausschussbesetzung unterlegene bzw. nicht berücksichtigte Gemeinderäte bzw. Fraktionen oder Gruppen können im Kommunalverfassungsstreitverfahren vor dem Verwaltungsgericht eine Ungültigkeit der betreffenden Ausschusswahl im Wege einer Feststellungsklage geltend machen.[958]

---

955 *Sponer*, in: Binus/Sponer/Koolman, Sächsische Gemeindeordnung, § 42 Rn. 4; a. A. *Schaffarzik*, in: Quecke/Schmid, Gemeindeordnung für den Freistaat Sachsen, § 42 Rn. 46 ff.

956 *Sponer*, in: Sponer/Jacob/Musall, Kommunalverfassungsrecht Sachsen, § 42 SächsGemO Erl. 6.

957 BVerwG, DÖV 1978, S. 415 (Die Anwendung des d'Hondtschen Höchstzahlverfahrens bei der Besetzung von Gemeindeausschüssen ist verfassungsrechtlich auch dann nicht zu beanstanden, wenn eine im Gemeinderat vertretene kleinere Gruppierung dadurch keinen Sitz erhält).

958 Vgl. *G. Brüggen/Nolden*, in: Brüggen/Geiert/Nolden, Gemeindeordnung für den Freistaat Sachsen, § 42 Rn. 17.

Eine Besetzung durch **Mehrheitswahl** kommt dann in Betracht, wenn nur ein Wahlvorschlag oder kein Wahlvorschlag eingereicht worden ist.[959] Bei der Mehrheitswahl werden abweichend von sonstigen Wahlen alle Mitglieder in **einem Wahlgang** gewählt. Jeder Gemeinderat besitzt deshalb **so viele Stimmen wie Mitglieder zu wählen sind**. Eine Bindung an eventuell vorgeschlagene Bewerber besteht nicht. Gewählt sind die Bewerber mit den höchsten Stimmenzahlen, bei Stimmengleichheit entscheidet das Los. Die nicht gewählten Bewerber, die aber mindestens eine Stimme erhalten haben, werden Stellvertreter. Der Bürgermeister hat hier kein Stimmrecht. 321

Im Fall einer Nichteinigung über die Zusammensetzung der beschließenden Ausschüsse ermöglicht § 42 Abs. 2 S. 4 SächsGemO, anstelle der Wahl der Ausschussmitglieder, ein **Benennungsverfahren (Delegationsverfahren)**[960] durchzuführen, an dem der Bürgermeister nicht mitwirkt.[961] Der Gemeinderat kann danach beschließen, dass sich alle oder einzelne Ausschüsse nach dem Stärkeverhältnis der Fraktionen zusammensetzen. Der Gemeinderat gibt damit seine Kompetenz an die Fraktionen ab. In diesem Fall spiegeln sich die Fraktionsstärken im Gemeinderat in den Ausschüssen absolut wider. Nach der Änderung des § 42 Abs. 2 S. 4 SächsGemO durch das Zweite Gesetz zur Fortentwicklung des Kommunalrechts vom 13.12.2017[962] steht es dem Gemeinderat auch im Benennungsverfahren wie bereits im Wahlverfahren frei, sich für ein bestimmtes Zählverfahren zu entscheiden. Die Sitze, die den jeweiligen Fraktionen zustehen, sind vom Gemeinderat festzustellen. Anschließend entscheiden die jeweiligen Fraktionen, wer (aus ihrer Mitte) entsandt wird, wobei auch die Stellvertreter zu benennen sind. Diese Fraktionsmitglieder nebst Stellvertreter müssen nach § 42 Abs. 2 S. 5 1. Hs. SächsGemO namentlich gegenüber dem Bürgermeister **schriftlich benannt** werden. Eine fraktionsübergreifende personelle Besetzung ist nicht zulässig. Schließlich gibt der Bürgermeister nach § 42 Abs. 2 S. 5 2. Hs. SächsGemO die Zusammensetzung der Ausschüsse dem Gemeinderat gegenüber **schriftlich bekannt**. Damit ist die Benennung erfolgt und der jeweilige Ausschuss wirksam zusammengesetzt. Die von einer Fraktion benannten Ausschussmitglieder können nach § 42 Abs. 2 S. 6 SächsGemO von dieser durch schriftliche Erklärung gegenüber dem Bürgermeister abberufen werden. Nachträgliche Änderungen des Stärkeverhältnisses der Fraktionen sind zu berücksichtigen, wodurch das Spiegelbildlichkeitsprinzip durchgehalten werden kann. 322

959 Dazu ausführlich *Schaffarzik*, in: Quecke/Schmid, Gemeindeordnung für den Freistaat Sachsen, § 42 Rn. 96ff.

960 Vgl. SächsOVG, Urteil vom 7.6.2016 – 4 C 3/15, juris (zur Benennung von Aufsichtsräten und zum Benennungsverfahren nach § 42 Abs. 2 S. 3 SächsGemO i. V. m. § 98 Abs. 2 S. 2 SächsGemO).

961 Hintergrund für diese Möglichkeit der Besetzung durch Benennung in der SächsGemO ist, dass sich Ausschusswahlen häufig als sehr streitbehaftet erwiesen haben und nunmehr ohne eine Wahl eine einfachere Besetzung ermöglicht werden soll; vgl. Gesetzesbegründung, LT-Drs. 5/11912, S. 58.

962 SächsGVBl. 2017, S. 626.

4. Vorberatung

323 Angelegenheiten, deren Entscheidung dem Gemeinderat vorbehalten sind, sollen den beschließenden Ausschüssen innerhalb ihres Aufgabengebietes zur Vorberatung zugewiesen werden (§ 41 Abs. 4 S. 1 SächsGemO). Über die Zuweisung entscheidet

- der Vorsitzende bei der Aufstellung der Tagesordnung, ggf. nach Anhörung des Ältestenrats oder
- die Mehrheit des Gemeinderats.

324 Durch die **Hauptsatzung** kann bestimmt werden, dass Anträge, die nicht vorberaten worden sind, auf Antrag des Vorsitzenden bzw. eines Fünftels aller Mitglieder des Gemeinderats auch **noch in der Sitzung** den zuständigen beschließenden Ausschüssen zur Vorberatung zugewiesen werden **müssen**.

5. Beschlussfassung

325 Innerhalb ihrer Zuständigkeit entscheiden die beschließenden Ausschüsse **anstelle des Gemeinderats**. Diese Angelegenheiten sind damit grds. der Einflussnahme des Gemeinderats entzogen.[963]

326 Der Gemeinderat besitzt jedoch die Möglichkeit, allgemein oder im Einzelfall **Weisungen** zu erteilen (§ 41 Abs. 3 S. 6 SächsGemO). Ferner kann er übertragene Angelegenheiten gemäß § 41 Abs. 3 S. 5 SächsGemO wieder an sich ziehen **(Rückholrecht)** oder bereits gefasste, aber noch nicht vollzogene Ausschussbeschlüsse ändern oder aufheben **(Korrekturrecht)**. Besondere Voraussetzungen für die Ausübung dieser Einwirkungsmöglichkeiten gibt es nicht.[964] Allerdings gilt das Einwirkungsrecht nur für solche Ausschüsse, die ihre Zuständigkeit vom Gemeinderat und nicht vom Gesetz ableiten (wie z. B. der Umlegungsausschuss).

6. Unterbreitungsrecht

327 Die beschließenden Ausschüsse können gemäß § 41 Abs. 3 S. 2 SächsGemO ihnen übertragene Angelegenheiten von **besonderer Bedeutung für die Gemeinde** an den Gemeinderat zur Beschlussfassung unterbreiten **(Unterbreitungsrecht der Ausschussmehrheit)**. Ein Fünftel aller Ausschussmitglieder kann gemäß § 41 Abs. 3 S. 3 SächsGemO verlangen, dass eine Angelegenheit dem Gemeinderat zur Beschlussfassung unterbreitet wird, wenn sie für die Gemeinde von besonderer Bedeutung ist **(Unterbreitungsrecht der Ausschussminderheit[965])**. Der Gemeinderat kann eine Behandlung allerdings gemäß § 41 Abs. 3 S. 4 SächsGemO ablehnen, wenn er die Voraussetzung für die Verweisung als nicht gegeben sieht (Zurückverweisung in den Ausschuss).

963 Vgl. *Geis*, Kommunalrecht, § 11 Rn. 78.

964 Vgl. *Schaffarzik*, in: Quecke/Schmid, Gemeindeordnung für den Freistaat Sachsen, § 41 Rn. 98 zum Rückholrecht.

965 Damit erweist sich indes S. 2 neben S. 3 des § 41 Abs. 3 SächsGemO als obsolet. Denn wenn ohnehin ein Fünftel der Mitglieder des Ausschusses ein Rückgaberecht hat, besteht kein Grund, dieses Recht außerdem nochmals der Mehrheit der Ausschussmitglieder einzuräumen; vgl. dazu *Nolden*, in: Brüggen/Geiert/Nolden, Gemeindeordnung für den Freistaat Sachsen, § 41 Rn. 20.

III. Beratende Ausschüsse

1. Aufgabenbereiche

Diese Ausschüsse **beraten** die Verhandlungen des Gemeinderats oder einzelner Teile davon **vor** (§ 43 SächsGemO). Ihre Bildung erfolgt durch die Hauptsatzung. Durch Beschluss kann der Gemeinderat die Vorberatung einer einzelnen Angelegenheit auf bestehende beratende Ausschüsse übertragen oder hierfür beratende Ausschüsse bilden. Beratende Ausschüsse bieten sich insb. in den größeren kreisangehörigen Städten und Gemeinden sowie Kreisfreien Städten an. In kleineren Städten und Gemeinden ist die Bildung von beratenden Ausschüssen i. d. R. entbehrlich. **328**

2. Zusammensetzung und Amtszeit

Die beratenden Ausschüsse setzen sich aus Mitgliedern des Gemeinderats und – als Kannbestimmung – aus sachkundigen Einwohnern zusammen. Eine Mindestzahl von Mitgliedern ist durch Verweis auf § 42 SächsGemO vorgeschrieben, auch müssen Stellvertreter ernannt werden. **329**

Für die Bildung dieser Ausschüsse ist das Verfahren zur Bildung der beschließenden Ausschüsse gemäß § 43 Abs. 3 S. 1 i. V. m. § 42 Abs. 2 SächsGemO entsprechend anzuwenden. **330**

Die Amtszeit der beratenden Ausschüsse ist durch den Verweis auf § 42 SächsGemO ebenfalls gleich wie bei beschließenden Ausschüssen (§ 43 Abs. 3 SächsGemO). **331**

3. Verhältnis zum Gemeinderat

Sachverhalte werden für den Gemeinderat fachkundig aufbereitet; Angelegenheiten des Gemeinderats v. a. fachlich vorberaten. Das Ergebnis der Vorberatung, das ebenso wie beim Gemeinderat in einem Beschluss gefasst wird, bindet den Gemeinderat allerdings nicht, sondern dient ihm lediglich als Entscheidungshilfe.[966] **332**

D. Beiräte

1. Beirat für geheim zu haltende Angelegenheiten

Angelegenheiten, die aufgrund einer Weisung der zuständigen Behörde **geheim zu halten sind** (vgl. § 53 Abs. 3 S. 3 SächsGemO), erledigt der Bürgermeister in eigener Zuständigkeit. Durch Hauptsatzung kann gemäß § 46 Abs. 1 SächsGemO ein Beirat gebildet werden, der den Bürgermeister in geheim zu haltenden Angelegenheiten berät. Der Beirat besteht gemäß § 46 Abs. 2 S. 1 SächsGemO aus höchstens fünf Mitgliedern, die vom Gemeinderat aus seiner Mitte bestellt werden. Dem Beirat können nur Mitglieder angehören, die auf die für die Behörden des Freistaates Sachsen geltenden Geheimhaltungsvorschriften verpflichtet sind (§ 46 Abs. 2 S. 2 SächsGemO). Vorsitzender des Beirates ist der Bürgermeister (§ 46 Abs. 3 SächsGemO). **333**

966 Vgl. *Engels/Krausnick*, Kommunalrecht, § 4 Rn. 41.

Hinweis:

Von der Möglichkeit, einen Beirat für geheim zu haltende Angelegenheiten durch Hauptsatzung zu bilden, wird in der kommunalen Praxis kaum Gebrauch gemacht. Selbst die Landeshauptstadt Dresden hat hierauf verzichtet.

2. Sonstige Beiräte

334 **Sonstige Beiräte** können gemäß § 47 Abs. 1 S. 1 SächsGemO durch die **Hauptsatzung** gebildet werden, denen Mitglieder des Gemeinderats und sachkundige Einwohner angehören. Sonstige Beiräte im Sinne dieser Vorschrift können insb. Integrations- und Teilhabebeiräte[967], Senioren- sowie Naturschutzbeiräte sein, die in § 47 Abs. 1 S. 2 SächsGemO ausdrücklich Erwähnung finden. Über die Bildung entscheidet der Gemeinderat nach eigenem Ermessen.[968] Eine bestimmte Form ist nicht vorgeschrieben. Sie unterstützen gemäß § 47 Abs. 2 SächsGemO den Gemeinderat und die Gemeindeverwaltung (und damit auch den Bürgermeister) bei der Erfüllung ihrer Aufgaben, haben jedoch keine Entscheidungskompetenzen.

335 Es gibt in sächsischen Städten unterschiedliche Beiräte, so bspw. einen

- Seniorenbeirat,
- Naturschutzbeirat,
- Behindertenbeirat,
- Ausländerbeirat bzw. Integrations- und Teilhabebeirat,
- Agenda-Beirat,
- Kleingartenbeirat,
- Kinder- und Familienbeirat sowie
- Beirat für Tierschutz.

336 Stadtbezirksbeiräte sind demgegenüber keine Beiräte i. S. d. § 47 SächsGemO. Sie sind vielmehr mit besonderen Befugnissen ausgestattet, die in §§ 70 Abs. 2 und 71 SächsGemO näher geregelt sind.[969]

E. Beteiligung von Kindern und Jugendlichen[970]

337 Damit ein demokratisches System gut funktioniert, ist es von Bedeutung, dass sich möglichst viele Menschen an dessen Gestaltung mit beteiligen. Gemeinden betreffen das unmittelbare Lebensumfeld von Kindern und Jugendlichen und haben deshalb für diese eine besondere Bedeutung, wenn es um ihre Beteiligung geht. Der sächsische Gesetzgeber hat im Rahmen der Änderungen der SächsGemO bereits in den letzten Jahren auch **Jugendlichen**, die das 16. Lebensjahr

967 Näheres ergibt sich aus §§ 18f. SächsIntG vom 29.5.2024 (SächsGVBl. S. 500).
968 *Sponer*, in: Sponer/Jacob/Musall, Kommunalverfassungsrecht Sachsen, § 47 Erl. 1.
969 Vgl. dazu näher im 7. Kapitel unter B.I.
970 Vgl. dazu Landeszentrale für politische Bildung Baden-Württemberg: Jugendgemeinde-WAS? Leitfaden Jugendgemeinderäte in Baden-Württemberg; *Böttner*, Die Beteiligung junger Menschen auf kommunaler Ebene, SächsVBl. 2024, S. 181ff.

vollendet haben, Teilhaberechte eingeräumt. Sie müssen gemäß § 8a Abs. 1 S. 1 SächsGemO als Einwohner vor einer Gebietsänderung, die eine Umgliederung nach § 8 Abs. 2 Nr. 3 SächsGemO oder eine Ausgliederung gemäß § 8 Abs. 2 Nr. 4 SächsGemO betrifft, angehört werden. Sie können des Weiteren einen Antrag unterzeichnen, mit dem die Anberaumung einer Einwohnerversammlung (§ 22 Abs. 2 S. 3 SächsGemO) gefordert oder ein Einwohnerantrag (§ 23 S. 2 SächsGemO) gestellt wird. Das aktive und passive Wahlrecht ist ihnen indes im Gegensatz zu anderen Bundesländern[971] nach wie vor verwehrt.[972]

Seit dem am 1.1.2018 in Kraft getretenen Zweiten Gesetz zur Fortentwicklung des Kommunalrechts[973] ist in § 47a SächsGemO die **Beteiligung von Jugendlichen und Kindern** an der Kommunalpolitik ausdrücklich geregelt. Dadurch wird ihre Mitwirkungsmöglichkeit gestärkt, was letztendlich auch der kommunalen Selbstverwaltung dient. Die Gemeinden sollen danach bei Planungen und Vorhaben, die die Interessen von Kindern und Jugendlichen berühren, diese in angemessener Weise beteiligen (§ 47a S. 1 SächsGemO). Gemäß § 47a S. 2 SächsGemO sollen die Gemeinden hierzu geeignete Verfahren entwickeln und durchführen. 338

In der Gesetzesbegründung[974] wird darauf hingewiesen, dass Kinder und Jugendliche die Chance erhalten sollen, eigene Ideen in die Gestaltung ihres kinder- und jugendpolitischen kommunalen Umfeldes einzubringen. Diese Neuregelung verfolgt auch das Ziel, frühzeitig das Interesse am kommunalpolitischen und bürgerschaftlichen Engagement zu wecken und damit einer Politikverdrossenheit entgegenzuwirken. 339

Hinweis:

Durch eine Beachtung der Bedürfnisse von Kindern und Jugendlichen werden lebenswerte und qualitätsvolle Städte und Gemeinden auch für junge Leute geschaffen. Damit kann zudem der Abwanderung der Jugend aus der Region entgegenwirkt und zugleich ein Beitrag zur Integration gerade der vielen jungen Flüchtlinge in den Kommunen geleistet werden.

Jugendgemeinde- bzw. -stadträte (Jugendkreisräte in Landkreisen) sind dafür prädestiniert, auch wenn sie in der gesetzlichen Neuregelung nicht benannt werden. In einigen sächsischen Gemeinden (und auch Landkreisen) sind bereits bisher auch ohne ausdrückliche gesetzliche Regelung Kinder- und Jugendvertretungen in den Prozess der kommunalen Entscheidungsfindung beratend mit eingebunden. Die Bezeichnung des Gremiums ist allerdings regional sehr unterschiedlich. So werden diese etwa als Jugendparlament, Jugendstadtrat, Jugendbeirat oder Kinder- und Jugendausschuss bezeichnet.[975] Auch die Einführung eines (zu wählenden) **Kinder-/Jugendbürgermeisters** kann ein Format 340

971 Bspw. Baden-Württemberg, Brandenburg, Nordrhein-Westfalen. Der VGH BW, NVwZ-RR 2018, S. 404 ff. hat zuletzt in 2018 entschieden, dass die Absenkung des aktiven Wahlalters für Kommunalwahlen in Baden-Württemberg auf 16 Jahre mit höherrangigem Recht vereinbar ist.

972 Zur Vertiefung: *Hattenhauer*, JZ 1996, S. 9 ff.

973 Gesetz vom 13.12.2017 (SächsGVBl. S. 626).

974 LT-Drs. 6/10367, S. 44.

975 Gelungene Beispiele in Sachsen sind das KIJUPA Borna oder das Kinderparlament Freiberg.

sein, um die Interessen der Kinder und Jugendlichen in Entscheidungsprozessen ihrer Kommune stärker zu berücksichtigen.[976]

Da diese Beteiligungsformate aber nicht nur Vorteile mit sich bringen (Beteiligung von nur wenigen jungen Menschen, hoher Verwaltungsaufwand, wenig Flexibilität), sollten weitere Beteiligungsformen in Betracht gezogen werden wie die offenen Beteiligungsformen (z.B. Sprechstunden, Kinder-Jugendkonferenzen, Arbeitsgruppen), projektbezogene Beteiligungsformen (Zukunftswerkstätte, Workshops, Befragungen, Planspiele, Jugendhaushalt) und stellvertretende Beteiligungsformen (Kinder- und Jugendbeauftragte, Kinder- und Jugendbüro, Kinder-/Jugendkommission).

Neben diesen klassischen Beteiligungsformen hat aber auch die **digitale Jugendbeteiligung** gerade in Bezug auf junge Menschen eine erhebliche Bedeutung, da diese vielfältige Möglichkeiten bietet, um Jugendliche besser zu erreichen und ihnen niedrigschwellige (zeit- und ortsunabhängige) Partizipationsmöglichkeiten zu eröffnen (z.B. Alltags-Tools wie Facebook, Instagram oder Twitter, spezielle Tools als Jugendbeteiligungsplattform oder Video-/Audiotutorials). Die digitalen Medien erweitern die Möglichkeiten des politischen Austauschs mit Jugendlichen. Eine Kombination aus analoger und digitaler Jugendbeteiligung dürfte indessen am erfolgversprechendsten sein.

Die Einführung von Beteiligungsmöglichkeiten von Kindern und Jugendlichen in der Gemeinde kann bereits durch (einfachen) Gemeinderatsbeschluss, durch Satzungsregelungen (z.B. in der Hauptsatzung, Bürgerbeteiligungssatzung) oder den Erlass von Richtlinien erfolgen.

341 **Zur Vertiefung:**

Alle sächsischen Gemeinden sind nach der Soll-Vorschrift des § 47a SächsGemO (ebenso alle Landkreise nach § 43a SächsLKrO) verpflichtet, tätig zu werden und Kinder und Jugendliche bei Planungen und Vorhaben, die ihre Interessen berühren, angemessen zu beteiligen. Sie sollen dafür geeignete Verfahren entwickeln und durchführen. Nur unter besonderen – atypischen – Umständen bzw. mit besonderer Begründung kann von einer Beteiligung im Ausnahmefall abgesehen werden. Für die Beurteilung, ob ein solcher besonderer Fall vorliegt, ist der Gemeinde bzw. dem Landkreis kein Spielraum eingeräumt; diese Entscheidung unterliegt in vollem Umfang der Nachprüfung etwa durch die Rechtsaufsichtsbehörden und Verwaltungsgerichte. Ein Anspruch auf eine Kinder- und Jugendbeteiligung besteht nach der gesetzlichen Soll-Vorschrift nicht.

Auf welche Art und Weise eine angemessenen Kinder- und Jugendbeteiligung erfolgen soll, hat der Gesetzgeber allerdings nicht geregelt (auch nicht exemplarisch). Dadurch wird eine sachgerechte Umsetzung des § 47a SächsGemO (bzw. § 43a SächsLKrO) in den Gemeinden (und Landkreisen) erschwert, zumal es sich bei dem Begriff der Angemessenheit um einen unbestimmten Rechtsbegriff handelt. Hier wäre nach wie vor eine gesetzliche Konkretisierung hilfreich. Durch Projektaufrufe und das Inaussichtstellen einer finanziellen Förderung besteht die Möglichkeit, Bedarfe Jugendlicher zu

976 Ein gelungenes Beispiel dafür ist die Kinderbürgermeisterin der Stadt Thalheim im Erzgebirge.

ermitteln und die Beteiligungsprojekte entsprechend zu unterstützen, um damit das Demokratieverständnis junger Menschen lebendig und erfahrbar zu machen. Dies wird in Sachsen, insb. auf der Landkreisebene (z. B. im Landkreis Görlitz), bereits vereinzelt praktiziert.

Hinweis:

Sachsen ist eines von mittlerweile neun Bundesländern mit einer Verpflichtung zur Beteiligung von Kindern und Jugendlichen auf kommunaler Ebene (als Muss- oder Soll-Regelung), wobei es in vier Bundesländern (Schleswig-Holstein, Baden-Württemberg, Brandenburg und Hamburg) sogar eine Muss-Regelung gibt. Auf der Landkreisebene gibt es eine solche Regelung noch in vier weiteren Bundesländern, wobei in Brandenburg als einzigem Bundesland auf der Landkreisebene eine Muss-Regelung im Gesetz enthalten ist.

F. Bürgermeister

I. Allgemeines

Die Zuständigkeiten in der Gemeinde sind gemäß § 28 Abs. 1 SächsGemO auf **342** die beiden Organe **Gemeinderat** und **Bürgermeister** aufgeteilt. Dem **Gemeinderat als Hauptorgan** (§ 27 Abs. 1 SächsGemO) obliegen die kommunalpolitische Führung und die Entscheidung über die wichtigen Gemeindeangelegenheiten, dem **Bürgermeister** hingegen die Leitung der Gemeindeverwaltung, der Vorsitz im Gemeinderat sowie die Vertretung der Gemeinde nach außen als eigene gesetzlich begründete Zuständigkeiten.

Hinsichtlich seiner Aufgaben als Leiter der Gemeindeverwaltung und als Vor- **343** sitzender des Gemeinderats spricht man auch von der Doppelfunktion des Bürgermeisters, aus der sich entsprechende Handlungsmöglichkeiten bzw. -pflichten ergeben (vgl. nachfolgende Übersicht).

Doppelfunktion des Bürgermeisters

Leiter der Gemeindeverwaltung	Vorsitzender des Gemeinderats
• Gleichzeitig gesetzlicher Vertreter der Gemeinde (§ 51 Abs. 1 S. 2 SächsGemO) • Verantwortung für die sachgemäße Aufgabenerledigung und den ordnungsgemäßen Gang der Gemeindeverwaltung, innere Organisation (§§ 53 Abs. 1, 55 Abs. 3 S. 2 SächsGemO) • Zuständigkeit für die Erfüllung der Geschäfte der laufenden Verwaltung und die ihm übertragenen Aufgaben (§ 53 Abs. 2 SächsGemO)	• Vorbereitung der Sitzungen (§ 36 Abs. 3 SächsGemO), Sitzungsleitung (§ 36 Abs. 1 SächsGemO) und Beschlussvollzug (§ 52 Abs. 1 2. Hs. SächsGemO) • Widerspruchsrecht bei nachteiligen und Widerspruchspflicht bei rechtswidrigen Beschlüssen (§ 52 Abs. 2 SächsGemO) • Eilentscheidungsrecht (§ 52 Abs. 4 SächsGemO) • Informationspflicht (§ 52 Abs. 5 SächsGemO)

Doppelfunktion des Bürgermeisters

Leiter der Gemeindeverwaltung	Vorsitzender des Gemeinderats
• Zuständigkeit für die Erledigung der Weisungsaufgaben (§ 53 Abs. 3 SächsGemO) • Vorgesetzter, Dienstvorgesetzter und oberste Dienstbehörde der Gemeindebediensteten (§ 53 Abs. 4 SächsGemO) • Mitwirkung bei Personalentscheidungen (§§ 28 Abs. 4, 55 Abs. 4 S. 1 SächsGemO)	• Ausübung der Ordnungsgewalt und des Hausrechts in den Sitzungen (§ 38 Abs. 1 S. 2, Abs. 3 SächsGemO) • Ersatzbeschlussrecht (§ 39 Abs. 4 SächsGemO) • Abnahme des Gelöbnisses (§ 35 Abs. 1 S. 2 SächsGemO)

II. Beamtenrechtliche Stellung

344 Im Freistaat Sachsen gibt es – im Wesentlichen abhängig von der Einwohnerzahl – hauptamtlich oder ehrenamtlich tätige Bürgermeister. Der hauptamtliche Bürgermeister ist **Beamter auf Zeit** (§ 51 Abs. 2 S. 1 1. Hs. SächsGemO). Im Gegensatz zu den ehrenamtlich tätigen Gemeinderäten ist der ehrenamtliche Bürgermeister allerdings **Ehrenbeamter auf Zeit** (§ 51 Abs. 2 S. 1 2. Hs. SächsGemO).

345 Der Bürgermeister ist gemäß § 51 Abs. 2 S. 1 SächsGemO hauptamtlicher Beamter auf Zeit und zwar grds. unabhängig von der Einwohnerzahl der Gemeinde. Es gilt demnach der **Grundsatz der Hauptamtlichkeit**, sodass auch kleinere Gemeinden einen hauptamtlichen Bürgermeister haben können. In Gemeinden unter 5.000 Einwohnern, die Mitglied eines Verwaltungsverbandes oder, ohne erfüllende Gemeinde zu sein, einer Verwaltungsgemeinschaft sind, kann die Hauptsatzung abweichend vom Grundsatz der Hauptamtlichkeit allerdings bestimmen, dass der Bürgermeister Ehrenbeamter auf Zeit ist (§ 51 Abs. 2 S. 2 SächsGemO; § 155a SächsBG). Die Berechnung der Einwohnerzahl erfolgt dabei nach § 65 KomWG.[977] Möchte eine Gemeinde von dieser Ausnahme Gebrauch machen, muss am Tag der öffentlichen Bekanntmachung der Durchführung der Bürgermeisterwahl eine entsprechende Ausnahmebestimmung in der Hauptsatzung enthalten sein.

346 Ein Bürgermeister behält seine Rechtsstellung bis zum Ende der laufenden Amtszeit und hat damit Bestandsschutz, selbst wenn die maßgebliche Einwohnerzahl über- oder unterschritten werden sollte (§ 51 Abs. 2 S. 3 SächsGemO).

347 ***Hinweis:***

Der Landrat eines Landkreises ist gemäß § 47 Abs. 2 SächsLKrO demgegenüber stets hauptamtlich tätig.

348 Hauptamtlich und ehrenamtlich tätige Bürgermeister sind gemäß § 145 Nr. 1 SächsBG **kommunale Wahlbeamte**. Der Begründung des Beamtenverhältnis-

977 *Koolman*, in: Binus/Sponer/Koolman, Sächsische Gemeindeordnung, § 51 Rn. 13.

ses muss daher ihre Wahl vorausgehen.[978] Bürgermeister werden nicht wie andere Beamte nach den Kriterien Eignung, Befähigung und fachliche Leistung (vgl. § 9 BeamtStG sowie Art. 33 Abs. 2 GG) ernannt, sondern nach politischen Gesichtspunkten ausgewählt. Das Demokratieprinzip drängt insoweit das Leistungsprinzip zurück. Aus diesem Grund ist für das Amt des Bürgermeisters auch **keine fachliche Voraussetzung** vorgeschrieben. Eine entsprechende Festlegung durch Satzung oder Gemeinderatsbeschluss ist deshalb nicht möglich.[979] Allerdings müssen Bürgermeister die gemäß § 4 SächsBG erforderlichen persönlichen Voraussetzungen erfüllen. Dazu gehört insb., dass sie jederzeit für die freiheitliche demokratische Grundordnung i. S. d. Grundgesetzes und der Verfassung des Freistaates Sachsen eintreten.

Zur Vertiefung: 349

*Ein **hauptamtlicher Bürgermeister** ist ein Berufsbeamter und erhält folglich eine Beamtenbesoldung nach § 28 SächsBesG 2023 i. V. m. den Anlagen 1 und 2. Die Höhe der Besoldung ist abhängig von der Einwohnerzahl der jeweiligen Gemeinde. Zudem hat er Anspruch auf eine Dienstaufwandsentschädigung nach der Verordnung des SMI über Dienstaufwandsentschädigungen für kommunale Wahlbeamte (KomDAE-VO)[980]. Die Ausübung eines anderen Hauptberufs ist ausgeschlossen. Zulässig sind lediglich die Wahrnehmung eines Ehrenamtes oder die Ausübung einer Nebentätigkeit.[981] Wie andere Beamte auch hat der hauptamtliche Bürgermeister einen Beihilfeanspruch im Krankheitsfall. Nach Ausscheiden aus dem Amt besitzt er grds. einen Versorgungsanspruch gegenüber dem Kommunalen Versorgungsverband Sachsen.*

***Ehrenamtliche Bürgermeister** (und ehrenamtliche Ortsvorsteher) erhalten im Freistaat Sachsen hingegen gemäß § 155a SächsBG lediglich eine angemessene Aufwandsentschädigung für den durch das Amt allgemein verursachten erhöhten persönlichen Aufwand. Die Höhe ist abhängig von der Einwohnerzahl der Gemeinde (§ 155a Abs. 2 S. 1 SächsBG) und wird jährlich zum 1. April an die Entwicklung des vom Statistischen Landesamt ermittelten Preisindexes für die Lebenshaltungskosten der privaten Haushalte im Freistaat Sachsen angepasst (§ 155a Abs. 2 S. 2 SächsBG). Auslagen für Dienstreisen, die über den Dienstort hinausgehen, werden gemäß § 155a Abs. 7 SächsBG nach den Bestimmungen des SächsRKG erstattet. Der Gesetzgeber geht davon aus, dass der ehrenamtliche Bürgermeister eine anderweitige Hauptbeschäftigung hat und hieraus seinen Lebensunterhalt bestreitet. Nach § 155b SächsBG wurde im Rahmen des Dritten Gesetzes zur Fortentwicklung des Kommunalrechts vom 9.2.2022[982] darüber hinaus für (ehemalige) ehrenamtliche Bürgermeister ab Vollendung ihres 65. Lebensjahres als*

978 *Wahl*, in: Quecke/Schmid, Gemeindeordnung für den Freistaat Sachsen, § 52 Rn. 105.
979 *Musall*, in: Sponer/Jacob/Musall, Kommunalverfassungsrecht Sachsen, § 51 SächsGemO Erl. 5.1.
980 Vom 3.12.1997 (SächsGVBl. S. 679) mit späteren Änderungen.
981 Vgl. dazu *Musall*, in: Sponer/Jacob/Musall, Kommunalverfassungsrecht Sachsen, § 51 SächsGemO Erl. 5.2.
982 Gesetz vom 9.2.2022 (SächsGVBl. S. 134).

Anerkennung ihrer Verdienste ein monatlicher Ehrensold eingeführt. Der Ehrensold ist von der Gemeinde, die Dienstherr des ehemaligen ehrenamtlichen Bürgermeisters gewesen ist, oder von deren Rechtsnachfolger zu tragen.[983]

350 Auf die **hauptamtlichen** Bürgermeister finden die für die **Beamten auf Zeit** geltenden Vorschriften unter Beachtung des § 23 Abs. 1 S. 1 Nr. 2 BeamtStG nach Maßgabe des § 147 SächsBG entsprechend Anwendung.

351 Für **ehrenamtliche** Bürgermeister dagegen gelten die für Ehrenbeamte maßgeblichen Vorschriften mit Ausnahme des § 6 Abs. 2 S. 1 und 2 SächsBG nach Maßgabe des § 148 SächsBG.

352 Das Beamtenverhältnis wird durch die rechtsgültige Wahl begründet und **beginnt** für den haupt- wie ehrenamtlichen Bürgermeister mit dem **Amtsantritt** (§ 147 Abs. 1 Nr. 1 sowie § 148 Nr. 1 SächsBG). Im Gegensatz zu anderen Beamten müssen Bürgermeister nicht ernannt werden.

353 Die in § 51 Abs. 6 SächsGemO vorgeschriebene **Vereidigung** des Bürgermeisters und seine **Verpflichtung** auf die besonderen Amtspflichten gegenüber der Gemeinde haben nur formelle Bedeutung.[984] Da der Bürgermeister keinen Dienstvorgesetzten hat, werden die Vereidigung und die Verpflichtung in einer öffentlichen Gemeinderatssitzung durch ein vom Gemeinderat aus seiner Mitte gewähltes Mitglied vorgenommen.

III. Amtszeit

354 Die Amtszeit des haupt- oder nebenamtlichen Bürgermeisters beträgt gemäß § 51 Abs. 3 S. 1 SächsGemO **sieben Jahre** und ist damit im Gegensatz zu anderen Bundesländern[985] länger als die Wahlperiode des Gemeinderats. Damit wird nach einer Gemeinderatswahl erreicht, dass beim Bürgermeister Kenntnisse aus der vergangenen Wahlperiode des Gemeinderats vorhanden sind, die die Arbeit im neuen Gemeinderat erleichtern. Die Amtszeit **beginnt** gemäß § 51 Abs. 3 S. 2 SächsGemO mit dem Amtsantritt, der der Rechtsaufsichtsbehörde unverzüglich anzuzeigen ist.

355 Im Falle der **Wiederwahl** schließt sich die neue Amtszeit an das Ende der vorangegangenen an (§ 51 Abs. 3 S. 3 SächsGemO).[986] Bedeutsam ist § 51 Abs. 3 S. 3 SächsGemO bei einer erfolglos verlaufenden Wahlanfechtung. In diesem Fall beginnt die Amtszeit des wiedergewählten Bürgermeisters nicht mit dem tat-

983 § 155a SächsBG wurde durch Art. 1 Nr. 56 des Gesetzes zur Weiterentwicklung des Sächsischen Dienstrechts vom 28.6.2018 (SächsGVBl. S. 430 [436], berichtigt SächsGVBl. S. 606) eingefügt und soll das Ehrenamt stärken (LT-Drs. 6/11669, S. 76). Eine Anerkennung der Verdienste ehemaliger ehrenamtlicher Bürgermeister erfolgte durch den neuen § 155b SächsBG, der durch das Dritte Gesetz zur Fortentwicklung des Kommunalrechts eingefügt wurde.

984 Vgl. *Wahl*, in: Quecke/Schmid, Gemeindeordnung für den Freistaat Sachsen, § 51 Rn. 185.

985 Vgl. etwa § 65 Abs. 1 S. 1 GO NRW: Der Bürgermeister wird zugleich mit dem Gemeinderat für fünf Jahre gewählt.

986 Dazu allgemein: *Musall*, in: Sponer/Jacob/Musall, Kommunalverfassungsrecht Sachsen, § 51 SächsGemO Erl. 7.

sächlichen Amtsantritt gemäß § 46 S. 2 KomWG nach Rechtskraft der Wahl, sondern mit dem Ende der vorangegangenen Amtsperiode. Dies wird damit begründet, dass der Bürgermeister nach § 51 Abs. 5 S. 1 SächsGemO die Geschäfte (bei voller Rechtsstellung) bis zum tatsächlichen Amtsantritt weiterführt.

Die Verpflichtung des bisherigen Bürgermeisters, nach Freiwerden seiner Stelle die Geschäfte bis zu seinem neuen Amtsantritt oder dem Amtsantritt seines Nachfolgers weiter zu führen, gilt gemäß § 51 Abs. 5 S. 2 SächsGemO dann nicht, **356**

- wenn der Bürgermeister vor dem Freiwerden seiner Stelle schriftlich mitgeteilt hat, dass er die Weiterführung ablehne, oder
- vorläufig des Dienstes enthoben worden ist oder
- gegen ihn öffentliche Klage wegen eines Verbrechens erhoben worden ist oder
- er nach Feststellung des Gemeindewahlausschusses nicht wiedergewählt worden ist oder
- wenn der Gemeinderat einen Amtsverweser nach § 54 Abs. 5 SächsGemO bestellt.

Die Amtszeit des Bürgermeisters **endet** grds. mit dem Ablauf der siebenjährigen Wahlperiode, sofern er nicht nach § 51 Abs. 5 S. 1 SächsGemO die Geschäfte bis zum Amtsantritt seines Nachfolgers weiterführt. Im Gegensatz zu Lebenszeitbeamten gibt es für Bürgermeister keine feste Altersgrenze, bei deren Erreichen der Bürgermeister in den Ruhestand treten müsste. Bei hauptamtlichen Bürgermeistern führt indes § 49 Abs. 1 S. 2 SächsGemO dazu, dass ein Bürgermeister längstens bis zu seinem 72. Lebensjahr im Amt bleiben kann. Diese Beschränkung gilt hingegen für ehrenamtliche Bürgermeister nicht. **357**

Ein hauptamtlicher Bürgermeister kann jedoch auch vor Ablauf der vollen Wahlperiode gemäß § 147 Abs. 1 Nr. 2 SächsBG beantragen, in den Ruhestand versetzt zu werden. Wichtigster Fall ist hierbei die Vollendung des 65. Lebensjahres (§ 147 Abs. 1 Nr. 2a SächsBG). Ein ehrenamtlicher Bürgermeister kann ebenfalls vorzeitig gemäß § 148 SächsBG seine Entlassung verlangen. **358**

Zur Vertiefung: **359**

Die gesetzlichen Bestimmungen sehen für eine vorzeitige Beendigung der Amtszeit der Bürgermeister im Einzelnen folgende Möglichkeiten vor[987]*:*

- *Erreichen der Altersgrenze (§ 147 Abs. 1 Nr. 2 SächsBG, § 25 BeamtStG),*
- *Entlassung kraft Gesetzes (§ 40 SächsBG; § 22 BeamtStG),*
- *Entlassung auf Antrag (§ 41 SächsBG; § 23 Abs. 1 Nr. 4 BeamtStG),*
- *Verlust der Beamtenrechte durch rechtskräftiges Strafurteil (§ 24 Abs. 1 BeamtStG),*
- *Entfernung aus dem Dienst durch rechtskräftige Verurteilung im Disziplinarverfahren (§ 10 Abs. 1 SächsDG),*

987 *Wahl/Rehak*, in: Quecke/Schmid, Gemeindeordnung für den Freistaat Sachsen, § 50 Rn. 5 und § 51 Rn. 164.

- *Abwahl (§ 51 Abs. 7 SächsGemO),*
- *Amtsenthebung (§ 118 SächsGemO),*
- *nachträgliche Ungültigkeitserklärung der Wahl (§ 45 Abs. 2 KomWG, § 147 Abs. 1 Nr. 1, § 148 Nr. 1 SächsBG) sowie*
- *bei ehrenamtlichen Bürgermeistern: Beendigung aus wichtigem Grund (§ 148 Nr. 2 SächsBG).*

IV. Amtsbezeichnung

360 In Kreisfreien Städten und in den Großen Kreisstädten führt der Bürgermeister die Amtsbezeichnung **Oberbürgermeister** (§ 51 Abs. 4 SächsGemO). Wie jeder andere Beamte hat der Bürgermeister einen Rechtsanspruch auf diese Amtsbezeichnung, jedoch keinen Anspruch auf eine entsprechende Anrede.[988]

V. Besondere Dienstpflichten

361 Auf den Bürgermeister finden gemäß § 58 SächsGemO die Bestimmungen des § 19 Abs. 1 bis 3 SächsGemO (allgemeine Treuepflicht, Verschwiegenheit, Vertretungsverbot) und des § 20 SächsGemO (Befangenheitsbestimmungen) entsprechende Anwendung. Hinzu kommt, dass der Bürgermeister zu **politischer Neutralität** verpflichtet ist.[989] Es ist ihm bspw. untersagt, in amtlicher Eigenschaft auf kommunale Wahlen Einfluss zu nehmen. Das gilt auch dann, wenn sich der Bürgermeister um eine Wiederwahl bemüht.

362 **Zur Vertiefung:**

Die Frage, welche Rechte und Pflichten einem Bürgermeister im Rahmen von ***Kommunalwahlen*** *zustehen, war in zahlreichen Verfahren beim SächsOVG Streitgegenstand. Eine Verletzung der Neutralitätsverpflichtung liegt immer dann vor, wenn der Bürgermeister seine Amtsstellung missbraucht und bspw. im amtlichen Teil eines gemeindlichen Amtsblatts Wahlwerbung betreibt.*[990] *Einen Flyer hingegen darf der amtierende Bürgermeister, der sich um seine Wiederwahl bemüht, als private Wahlwerbung einsetzen.*[991]

363 Sehr umstritten ist, ob sich der Bürgermeister in eine **allgemein-politische Auseinandersetzung** einschalten darf, auch wenn sie die Gemeinde unmittelbar betrifft.[992] So wurden Maßnahmen des Oberbürgermeisters der Stadt Düsseldorf vom 7.1.2015, auf der offiziellen Internetseite der Stadt den Hinweis „Lichter aus! Düsseldorf setzt Zeichen gegen Intoleranz“ aufzunehmen sowie

988 *Waibel*, Gemeindeverfassungsrecht Baden-Württemberg, Rn. 807.
989 Vgl. *Gern*, Sächsisches Kommunalrecht, Rn. 400.
990 Vgl. dazu SächsOVG, SächsVBl. 2007, S. 134.
991 Vgl. dazu SächsOVG, Urteil vom 21.4.2015 – 4 A 453/14, juris.
992 Klausurmäßig aufbereitet in *Schwarz/Wendel*, ZJS 2017, S. 328 ff. Zu den Äußerungsbefugnissen von Mitgliedern der Bundesregierung jüngst BVerfG, NJW 2018, S. 928 ff.

die Aufforderung, an einer Gegendemonstration zu einer am 12.1.2015 angemeldeten Versammlung mit dem Motto „Düsseldorfer gegen die Islamisierung des Abendlandes“ teilzunehmen, von den Verwaltungsgerichten unterschiedlich bewertet. Während das VG Düsseldorf die Klage wegen fehlenden Feststellungsinteresses abwies,[993] war nach Auffassung des OVG NRW die Klage zwar zulässig, aber nur teilweise begründet.[994] Der Aufruf, das Licht auszuschalten, sei rechtswidrig gewesen. Die Bitte zur Teilnahme an einer Gegendemonstration war hingegen rechtmäßig. Mit der „Licht aus“-Maßnahme habe der Oberbürgermeister gegen das **Sachlichkeitsgebot** verstoßen und seine Befugnis überschritten, sich in sachlicher Weise mit den Geschehnissen im Stadtgebiet auseinanderzusetzen. Demgegenüber sei seine Bitte an die Einwohner der Stadt, an einer zeitgleichen Gegendemonstration teilzunehmen, nicht als unsachlich zu qualifizieren. Dieser Aufruf sei für sich genommen weder diffamierend gewesen noch habe er die Wahrnehmung der Versammlungsfreiheit der Demonstranten in erheblicher Weise erschwert. Der Oberbürgermeister habe auch nicht das Neutralitätsgebot verletzt. Dieses gelte grds. nur gegenüber politischen Parteien.

Das BVerwG hat beide Maßnahmen des Oberbürgermeisters der Stadt Düsseldorf **364** in einer Grundsatzentscheidung für rechtswidrig erklärt.[995] Der Oberbürgermeister sei zwar als kommunaler Wahlbeamter grds. befugt, sich im Rahmen seines Aufgabenbereichs zu Themen der örtlichen Gemeinschaft öffentlich zu äußern. Diese Befugnis unterliege jedoch Grenzen. Aus dem Demokratieprinzip folge, dass ein Amtsträger sich zwar am politischen Meinungsbildungsprozess der Bevölkerung beteiligen, ihn aber nicht lenken und steuern dürfe. Ebenso seien ihm Äußerungen nicht gestattet, die die Ebene des rationalen Diskurses verlassen oder die Vertreter anderer Meinungen ausgrenzen. Danach erwiesen sich die in Rede stehenden Maßnahmen des Düsseldorfer Oberbürgermeisters als rechtswidrig.

VI. Wahl[996]

Hinweis für Studierende der Rechtswissenschaften:

Das Kommunalwahlrecht zählt gemäß §§ 14 Abs. 3 Nr. 8 c) cc), 44 Abs. 2 S. 1 Nr. 3 SächsJAPO weder zum Pflichtfachstoff für die staatliche Pflichtfachprüfung noch zum Pflichtfachstoff für die Zweite Juristische Staatsprüfung.

Der Bürgermeister wird von den Gemeindebürgern gemäß § 48 S. 1 Sächs- **365** GemO in allgemeiner, unmittelbarer, freier, gleicher und geheimer Wahl ge-

993 VG Düsseldorf, Urteil vom 28.8.2015 – 1 K 1369/15, juris.
994 OVG NRW, Urteil vom 4.11.2016 – 15 A 2293/15, juris.
995 BVerwG, NVwZ 2018, S. 433 ff. Zustimmend *Lindner/Bast*, NVwZ 2018, S. 708 ff.
996 Dazu: *Schleer/Liske/Neubert*, Analyse der Bürgermeisterwahlen in Sachsen, Statistik in Sachsen, 2/2015, S. 42 ff. (abrufbar unter: https://www.destatis.de/GPStatistik/servlets/MCRFileNodeServlet/SNHeft_derivate_00006736/ZS_15_2_SN.pdf;jsessionid=ADC980CF88974C4D93B054E12B31BE6B).

wählt. Die Wahl ist nach den Grundsätzen der Mehrheitswahl durchzuführen (§ 48 S. 2 SächsGemO). Das Nähere über die Wahl des Bürgermeisters bestimmt gemäß § 48 S. 3 SächsGemO das KomWG, konkret die §§ 38 bis 46 KomWG. Nach § 41 Abs. 1 KomWG können Wahlvorschläge von Parteien, von Wählervereinigungen und von Einzelbewerbern eingereicht werden. Im Gegensatz zur Gemeinderatswahl sind folglich auch Kandidaten wahlvorschlagsberechtigt, die nicht von Parteien oder Wählervereinigungen unterstützt werden. Sie benötigen allerdings immer die in § 6b Abs. 1 KomWG festgelegte Anzahl von Unterstützungsunterschriften. Zudem ist der Wahlvorschlag eines Einzelbewerbers von diesem eigenhändig zu unterzeichnen (§ 41 Abs. 1 Satz 3 KomWG).

366 Der Bürgermeister wird in allen Gemeinden nach dem gleichen Verfahren gewählt. Wahlberechtigt sind die Bürger gemäß §§ 15 Abs. 1, 16 Abs. 1 SächsGemO.

367 Jeder Wähler hat eine Stimme. Gemäß § 44a Abs. 1 S. 1 KomWG ist gewählt, wer **mehr als die Hälfte der gültigen Stimmen** erhalten hat (sog. absolute Mehrheit). Verläuft der erste Wahlgang ergebnislos, findet ein **zweiter Wahlgang** statt, der frühestens am zweiten und spätestens am vierten Sonntag nach dem ersten Wahlgang stattfinden muss (§ 44a Abs. 1 S. 2 KomWG). Im zweiten Wahlgang ist gemäß § 44a Abs. 2 Nr. 4 KomWG gewählt, wer die höchste Stimmenzahl (sog. relative Mehrheit) auf sich vereint; bei Stimmengleichheit entscheidet das Los.

368 **Zur Vertiefung:**

Im Gegensatz zu anderen Bundesländern[997] *gibt es im zweiten Wahlgang bei mehreren Bewerbern* ***keine Stichwahl*** *zwischen den beiden Bewerbern mit den höchsten Stimmen. Vielmehr können alle zur ersten Wahl zugelassenen Kandidaten erneut am zweiten Wahlgang teilnehmen. Neue Bewerber können indes nicht zugelassen werden.*[998] *Dies folgt zwar nicht zwingend aus dem Wortlaut des § 44a KomWG, entspricht aber dem gesetzgeberischen Willen.*[999]

369 **Wählbar** zum Bürgermeister sind Deutsche i. S. v. Art. 116 GG und Staatsangehörige anderer Mitgliedstaaten der EU, die zum Wahltag das 18. Lebensjahr vollendet haben und die allgemeinen Wählbarkeitsvoraussetzungen sowie die persönlichen Voraussetzungen für die Berufung in das Beamtenverhältnis erfüllen (vgl. § 49 Abs. 1 SächsGemO, § 4 SächsBG). Nicht zum hauptamtlichen Bürgermeister wählbar ist dagegen, wer bereits das 65. Lebensjahr vollendet hat (§ 49 Abs. 1 S. 2 SächsGemO). Für ehrenamtliche Bürgermeister gilt diese Altersgrenze aber nicht.

997 Etwa in Nordrhein-Westfalen (§ 46c Abs. 2 S. 1 KomWG NRW).
998 Vgl. *Musall*, in: Sponer/Jacob/Musall, Kommunalverfassungsrecht Sachsen, § 48 SächsGemO Erl. 1.
999 Vgl. dazu LT-Drs. 5/11912, S. 59.

Hinweis:

Der sächsische Gesetzgeber hat zum 30.12.2020 das ***Gesetz zur Schaffung pandemiebedingter Ausnahmeregelungen im Kommunalwahlrecht und im Kommunalrecht*** *vom 16. Dezember 2020 (SächsGVBl. S. 722) in Kraft gesetzt. Dieses Gesetz ermöglichte durch die Einfügung des § 65b KomWG, dass im Falle einer pandemiebedingten Wahlaufhebung die Bewerber zum Amt des Bürgermeisters (oder Landrates) ihre Wählbarkeit nach § 49 Abs. 1 S. 2 SächsGemO nicht verloren.*

Darüber hinaus gibt es Ausschlussgründe gemäß § 49 Abs. 2 SächsGemO (**Ausschluss der Wählbarkeit**). Es besteht ein Ausschlussgrund bei bestimmten Disziplinarmaßnahmen (§ 49 Abs. 2 S. 2 Nr. 1 SächsGemO); ebenso (sinngemäß) beim Verlust der Beamtenrechte durch strafrechtliches Urteil, da der Bürgermeister kommunaler Wahlbeamter ist (§ 49 Abs. 2 S. 2 Nr. 2 SächsGemO). 370

§ 49 Abs. 3 und Abs. 4 SächsGemO enthält **Hinderungsgründe**. Gemäß § 49 Abs. 3 S. 1 SächsGemO ist eine gleichzeitige Tätigkeit als Bediensteter der Rechtsaufsichtsbehörde und als hauptamtlicher Bürgermeister unabhängig von der Funktion aufgrund eines offenkundigen Interessenkonflikts unzulässig. Für ehrenamtliche Bürgermeister findet § 49 Abs. 3 S. 1 SächsGemO nur Anwendung, wenn sie unmittelbar mit der Ausübung der Rechtsaufsicht befasst sind (§ 49 Abs. 3 S. 2 SächsGemO). Auch darf der Bürgermeister nicht gleichzeitig sonstiger Bediensteter der Gemeinde oder Bürgermeister einer anderen Gemeinde sein (§ 49 Abs. 4 SächsGemO). Dies dient der Transparenz und der Vermeidung von Interessenkollisionen.[1000] Daher hat das SächsOVG die gegen diese Bestimmung erhobenen verfassungsrechtlichen Bedenken zu Recht verworfen.[1001] 371

Hinweis: 372

Liegen Hinderungsgründe vor, hindern diese den jeweiligen Bewerber nicht, sich unter den allgemein geltenden Wählbarkeitsvoraussetzungen als Kandidat für das Amt des Bürgermeisters aufstellen und wählen zu lassen.[1002] *Ein Amtsantritt wäre aber nur dann möglich, wenn der Hinderungsgrund beseitigt wird.*

Zur Vertiefung: 373

Gemäß §§ 38, 27 Abs. 1 Nr. 1, 25, 26 KomWG ist im Wahlprüfungs- bzw. Wahlanfechtungsverfahren die Wahl für ungültig zu erklären, wenn ihr Ergebnis dadurch beeinflusst werden konnte, dass wesentliche Vorschriften über die Wahlvorbereitung, die Wahlhandlung oder über die Ermittlung und Feststellung des Wahlergebnisses unbeachtet geblieben sind.[1003]

1000 Vgl. dazu *Musall*, in: Sponer/Jacob/Musall, Kommunalverfassungsrecht Sachsen, § 49 SächsGemO Erl. 5.5.
1001 Vgl. SächsOVG, Beschluss vom 29.7.2015 – 4 B 218/15, juris Rn. 10ff.
1002 *Geiert*, in: Brüggen/Geiert/Nolden, Gemeindeordnung für den Freistaat Sachsen, § 49 Rn. 12.
1003 Ausführlicher in SächsOVG, SächsVBl. 1996, S. 133 sowie SächsOVG, SächsVBl. 2012, S. 89.

374 Das Amt des Bürgermeisters soll dauernd besetzt sein. Wird deshalb die Stelle aus vorhersehbaren Gründen frei (Ablauf der Amtszeit, Eintritt in den Ruhestand), ist die Wahl frühestens drei und **spätestens einen Monat** vor dem Freiwerden der Stelle durchzuführen (§ 50 Abs. 1 S. 1 1. Hs. SächsGemO). In allen anderen Fällen (Tod, Entlassung, Abwahl) ist die Wahl gemäß § 50 Abs. 1 S. 1 2. Hs. SächsGemO **spätestens sechs Monate** nach dem Freiwerden der Stelle abzuhalten. Steht die Auflösung der Gemeinde bevor (z.B. wegen Eingliederung), kann der Gemeinderat die Wahl mit Genehmigung der Rechtsaufsichtsbehörde bis zu einem Jahr nach dem Freiwerden der Stelle hinausschieben (§ 50 Abs. 1 S. 2 SächsGemO). Bei Überschreitung der in § 50 SächsGemO vorgeschriebenen Fristen bleibt eine Wahl gültig, da eine rechtzeitige Wahl nicht mehr erreicht werden kann.[1004]

Hinweis:

*Im Rahmen der letzten Kommunalrechtsreform wurde im § 45 Abs. 1 KomWG eine Regelung zur **Wahlanfechtung** aufgenommen, wonach gegen die Wahl eines Bürgermeisters der Einspruch eines Einsprechenden, der nicht die Verletzung seiner Rechte geltend macht, nur zulässig ist, wenn ihm 0,1 Prozent der Wahlberechtigten, mindestens jedoch zwei Wahlberechtigte, bei mehr als 10.000 Wahlberechtigten mindestens zehn Wahlberechtigte beitreten.*

VII. Abwahl

1. Allgemeines

375 In einigen Bundesländern kann ein gewählter Bürgermeister davon ausgehen, dass er sein Amt während der Wahlperiode behält; eine Abwahl ist nicht vorgesehen.[1005] Dies stärkt seine Unabhängigkeit insb. gegenüber dem Gemeinderat. Zudem verringert es für potenzielle Bürgermeisterkandidaten das Risiko, vorzeitig wieder das Amt zu verlieren. Dieser Aspekt ist für Bewerber, die zugunsten des Bürgermeisteramts ein festes Arbeitsverhältnis (zumindest vorübergehend) aufgeben, nicht unwesentlich.

376 Im Gegensatz hierzu kann nach der SächsGemO der Bürgermeister von den Bürgern der Gemeinde gemäß § 51 Abs. 7 SächsGemO **vorzeitig** abgewählt werden.[1006] Die Abwahl ist wie die Wahl ein **politischer Akt**, der sich durch die Tatsache des Vertrauensverlustes der Bürger in die Amtsführung des Bürgermeisters rechtfertigt, und der folglich auch nicht begründet werden muss.[1007] Es gibt deshalb keine inhaltlichen Voraussetzungen für die Abwahl; insb. ist sie nicht an ein Fehlverhalten des Bürgermeisters gebunden. Allerdings dürfen keine verfassungswidrigen oder sonst mit dem Gesetz unvereinbaren Ziele verfolgt werden.[1008] Die Abwahl gemäß § 51 Abs. 7 SächsGemO ist keine Wahl

1004 *Musall*, in: Sponer/Jacob/Musall, Kommunalverfassungsrecht Sachsen, § 50 SächsGemO Erl. 2.
1005 So etwa in Bayern und Baden-Württemberg.
1006 Vgl. hierzu rechtsvergleichend *Böhme*, DÖV 2012, S. 55ff.
1007 Vgl. SächsOVG, SächsVBl. 2012, S. 7.
1008 Vgl. *Menke/Arens*, Gemeindeordnung für den Freistaat Sachsen, § 51 Rn. 15.

i. e. S. mit der Folge, dass das über die Wahlrechtsgrundsätze der Freiheit und Gleichheit der Wahl ausgelöste Neutralitätsgebot keine Anwendung findet. Es gilt jedoch ein **Sachlichkeitsgebot.**[1009]

Beispiel: 377

Kurz vor dem Termin über die Abwahl einer Bürgermeisterin erschien in einem in der gesamten Gemeinde verbreiteten Sonntagswochenblatt eine Anzeige mit der Aufforderung: „Erteilen Sie der Diktatur der Bürgermeisterin eine Abfuhr!" Diese Anzeige wurde von einigen Mitgliedern des Gemeinderats aufgegeben. Nach Auffassung des SächsOVG sei das Sachlichkeitsverbot verletzt worden, da die Anzeige den Eindruck eines amtlichen Wahlaufrufs erweckte. Die erfolgte Abwahl der Bürgermeisterin wurde für rechtswidrig erklärt.[1010]

2. Verfahren

Das Verfahren zur Abwahl des Bürgermeisters ist **zweistufig** ausgestaltet. Die erste Stufe umfasst die **Einleitung** des Abwahlverfahrens. Hierfür bedarf es entweder eines Bürgerbegehrens gemäß § 51 Abs. 8 SächsGemO **oder** eines Beschlusses des Gemeinderats gemäß § 51 Abs. 9 SächsGemO. Die zweite Stufe ist das **eigentliche Abwahlverfahren** gemäß § 51 Abs. 7 SächsGemO. 378

a) Einleitung durch Bürgerbegehren

Durch ein Bürgerbegehren kann das Abwahlverfahren eingeleitet werden, wenn gemäß § 51 Abs. 8 S. 1 SächsGemO von mindestens **einem Drittel** der Bürger der Gemeinde schriftlich die Durchführung verlangt wird. In Gemeinden mit mehr als 100.000 Einwohnern kann die Hauptsatzung ein geringeres Quorum – jedoch nicht weniger als ein Fünftel – festsetzen. § 51 Abs. 8 S. 3 SächsGemO verweist auf § 25 Abs. 2 S. 1 und Abs. 3 S. 1 und 2 sowie Abs. 4 SächsGemO und erklärt damit einzelne Bestimmungen der sonstigen Bürgerbegehren für anwendbar. So muss auch das Bürgerbegehren nach § 51 Abs. 8 SächsGemO eine mit „Ja" oder „Nein" zu beantwortende Frage sowie eine Begründung enthalten.[1011] 379

Über die Zulässigkeit des Bürgerbegehrens entscheidet der Gemeinderat (§ 25 Abs. 4 S. 1 i. V. m. § 51 Abs. 8 S. 3 SächsGemO). Ist das Bürgerbegehren zulässig, so ist das Abwahlverfahren innerhalb von drei Monaten nach den für den Bürgerentscheid geltenden Vorschriften durchzuführen. 380

b) Einleitung durch Gemeinderatsbeschluss

Das Abwahlverfahren kann auch durch den Gemeinderat mit Beschluss von mindestens **drei Vierteln** der Stimmen aller Gemeinderäte gemäß § 51 Abs. 9 SächsGemO eingeleitet werden. Da es auf die Stimmen der „Gemeinderäte" ankommt, ist klargestellt, dass der Bürgermeister bei dieser Entscheidung nicht stimmberechtigt ist. Für die Aufnahme des Antrags auf Einleitung des 381

1009 *Koolman*, in: Binus/Sponer/Koolman, Sächsische Gemeindeordnung, § 51 Rn. 41.
1010 Vgl. SächsOVG, SächsVBl. 2012, S. 7.
1011 Vgl. zu § 51 Abs. 7 SächsGemO a. F. *Wahl*, in: Quecke/Schmid, Gemeindeordnung für den Freistaat Sachsen, § 51 Rn. 196.

Abwahlverfahrens gelten die allgemeinen Regeln, wobei hierbei v.a. § 36 Abs. 5 SächsGemO von besonderer Bedeutung ist. Über den Antrag selbst ist in öffentlicher Sitzung zu beraten und zu entscheiden.

382 Umstritten ist, ob dem Bürgermeister in der Gemeinderatssitzung Gelegenheit gegeben werden muss, seine Position zu den Gründen der drohenden Abwahl darzustellen. Das BVerwG hält eine Anhörung des Bürgermeisters für entbehrlich, da der Gemeinderatsbeschluss nicht begründet werden muss.[1012] Dafür spricht auch § 51 Abs. 9 S. 2 SächsGemO, wonach eine Aussprache vor der Beschlussfassung nicht stattfindet. Damit soll dem Bürgermeister erspart bleiben, dass er in öffentlicher Sitzung von Gemeinderäten möglicherweise bloßgestellt wird.

c) Stellung des Bürgermeisters im Verfahren

383 Der Bürgermeister darf bei der Beschlussfassung wegen seiner unmittelbaren Betroffenheit (Befangenheit) nicht mitwirken (§§ 58 i.V.m. 20 Abs. 1 SächsGemO). Er ist im gesamten Abwahlverfahren von der Mitwirkung und Mitentscheidung ausgeschlossen, also auch soweit er als Leiter der Verwaltung die Abwahl vorzubereiten, bekannt zu geben oder in sonstiger Weise zu vollziehen hat. Insoweit muss dann sein Stellvertreter tätig werden.[1013]

d) Bürgervotum (Abwahlentscheidung)

384 Für das eigentliche Abwahlverfahren gelten nach § 51 Abs. 7 S. 3 SächsGemO die Bestimmungen für die Durchführung von Bürgerentscheiden entsprechend.

385 Der Bürgermeister ist gemäß § 51 Abs. 7 S. 2 SächsGemO abgewählt, wenn sich für die Abwahl eine Mehrheit der gültigen Stimmen der Bürger ergibt, sofern diese Mehrheit zugleich mindestens 50 Prozent der Wahlberechtigten beträgt **(doppeltes Abwahlquorum)**. Damit hat der Gesetzgeber eine hohe Hürde für eine erfolgreiche Abwahl eines Bürgermeisters aufgestellt.

3. Folgen der Abwahl

386 Der Bürgermeister scheidet mit dem Ablauf des Tages, an dem der Gemeindewahlausschuss die Abwahl festgestellt hat, aus seinem Amt aus; er behält bis zum Ablauf seiner Amtszeit die Bezüge wie ein in den einstweiligen Ruhestand versetzter Beamter (§ 51 Abs. 7 S. 4 SächsGemO). Diese Regelung ist jedoch nicht exakt, da sie – bedenkt man, dass der Anspruch auf Bezüge nur einem hauptamtlichen Bürgermeister zustehen kann – nicht zwischen hauptamtlichen und ehrenamtlichen Bürgermeistern unterscheidet.[1014]

4. Rechtsschutz

387 Die SächsGemO und das KomWG sehen keine besonderen Verfahren zur Prüfung oder Anfechtung einer Abwahl des Bürgermeisters vor. Eine entspre-

1012 BVerwGE 56, S. 163; a.A. VG Leipzig, Urteil vom 29.7.2010 – 6 K 182/10, juris.
1013 *Wahl/Rehak*, in: Quecke/Schmid, Gemeindeordnung für den Freistaat Sachsen, § 51 Rn. 197.
1014 Vgl. dazu *Musall*, in: Sponer/Jacob/Musall, Kommunalverfassungsrecht Sachsen, § 51 SächsGemO Erl. 12.3.

chende Anwendung der §§ 25 ff., 38 KomWG scheidet indes aus.[1015] Es verbleibt deshalb bei den allgemeinen Bestimmungen des Verwaltungsprozessrechts, da es sich zweifelsfrei um eine öffentlich-rechtliche Streitigkeit i. S. d. § 40 Abs. 1 VwGO handelt.

Nach zutreffender Beurteilung durch das SächsOVG besitzt weder die Abwahl des Bürgermeisters durch das Gemeindevolk noch die Feststellung des Gemeindewahlausschusses Verwaltungsaktqualität.[1016] Statthafter Rechtsbehelf ist demnach die **Feststellungsklage** nach § 43 VwGO, wobei die Klage gegen die Gemeinde zu richten ist. Die Klage eines abgewählten Bürgermeisters stellt ungeachtet der beamtenrechtlichen Folgen keine Klage aus dem Beamtenverhältnis dar, weil die Abwahl die kommunalrechtliche Stellung des Bürgermeisters regelt.[1017] 388

VIII. Stellung des Bürgermeisters im Gemeinderat

1. Vorsitz im Gemeinderat

Nach Art. 28 Abs. 1 S. 2 GG dürfen dem Gemeinderat als dem Hauptorgan der Gemeinde nur solche Personen als Vollmitglieder angehören, die aus einer Volkswahl hervorgegangen sind. Dies trifft auf den Bürgermeister zu. Er ist daher nicht nur Vorsitzender des Gemeinderats, sondern besitzt in diesem Gremium auch das Stimmrecht (§ 39 Abs. 5 S. 2 SächsGemO), soweit die SächsGemO nichts Abweichendes regelt. 389

Als Vorsitzender des Gemeinderats (§ 51 Abs. 1 SächsGemO) hat der Bürgermeister die Aufgabe, die **Sitzungen vorzubereiten und zu leiten.**[1018] Die **Festsetzung der Tagesordnung** einer Gemeinderatssitzung fällt in die ausschließliche Zuständigkeit des Bürgermeisters (§§ 52 Abs. 1, 36 Abs. 1 und Abs. 3 S. 1 SächsGemO). Die Beteiligung des Gemeinderats, einzelner Gemeinderäte sowie von Fraktionen ist bei der Festsetzung der Tagesordnung auf die in der Gemeindeordnung geregelten Mitwirkungsrechte beschränkt (§ 36 Abs. 3 S. 4, Abs. 5 S. 1 SächsGemO). 390

Da der Gemeinderat als Kollegialorgan seine Beschlüsse nicht selbst vollziehen kann, kommt der **Beschlussvollzug** gemäß § 52 Abs. 1 SächsGemO ebenfalls dem Bürgermeister in seiner Funktion als Vorsitzender des Gemeinderats zu. Der Bürgermeister ist dabei verpflichtet, die Beschlüsse unverfälscht und unverzüglich zu vollziehen. Der Gemeinderat hat die Ausführung seiner Beschlüsse zu überwachen. Die Überwachung bezieht sich nur auf das Ergebnis der Beschlussausführung, nicht aber auf die Art und Weise, wie dieses Ergebnis erzielt wurde.[1019] 391

1015 *Wahl/Rehak*, in: Quecke/Schmid, Gemeindeordnung für den Freistaat Sachsen, § 51 Rn. 213.

1016 SächsOVG, Urteil vom 8.3.2011 – 4 A 918/10, juris; zustimmend *G. Brüggen*, in: Brüggen/Geiert/Nolden, Gemeindeordnung für den Freistaat Sachsen, § 51 Rn. 51; a. A. VG Leipzig, Urteil vom 29.7.2010 – 6 K 182/10, juris sowie *Wahl*, in: Quecke/Schmid, Gemeindeordnung für den Freistaat Sachsen, § 51 Rn. 216.

1017 BVerwG, NVwZ 1990, S. 772.

1018 Vgl. dazu oben in diesem 6. Kapitel unter B.I.4.

1019 Vgl. dazu oben in diesem Kapitel unter B.I.4.

2. Widerspruchspflicht und Widerspruchsrecht

392 Wenn der Bürgermeister nach pflichtgemäßer Prüfung gemäß § 52 Abs. 2 S. 1 SächsGemO zu der Überzeugung gelangt, dass ein Beschluss des Gemeinderates rechtswidrig ist, **muss** er diesem widersprechen. Hält er den Beschluss hingegen lediglich für nachteilig, **kann** er diesem widersprechen. Maßgebend für den Widerspruch ist nicht die tatsächliche Rechtswidrigkeit oder Nachteiligkeit. Es kommt vielmehr nach dem Wortlaut der genannten Regelung auf die **subjektive Sicht** des Bürgermeisters an.[1020] Die Widerspruchspflicht dient der **innergemeindlichen Rechtskontrolle** und soll die Gesetzmäßigkeit der Verwaltung sicherstellen. Durch die Wahrnehmung des Widerspruchsrechts sollen hingegen die **Interessen der Gemeinde** optimal verwirklicht werden.[1021]

393 **Gegenstand** eines Widerspruchs können nur **Beschlüsse** des Gemeinderats sein, unabhängig davon, ob es sich um Sach- oder Personalentscheidungen handelt. Nicht erfasst sind hingegen bloße Anträge. Dies gilt bspw. für einen Beschluss des Gemeinderats, einen Verhandlungsgegenstand auf die Tagesordnung zu nehmen. Dazu bedarf es keines Gemeinderatsbeschlusses, da dies auch qualifizierte Minderheiten durch die Stellung eines Antrags nach § 36 Abs. 5 SächsGemO erreichen können.[1022] Die Beschlüsse müssen zudem grds. vollziehbar sein. Streitig ist hierbei, ob innerorganschaftliche Entscheidungen wie etwa Beschlüsse über die Geschäftsordnung oder die Wahl von Ausschussmitgliedern einem Widerspruch zugänglich sind.[1023]

394 **Gesetzwidrig** sind Beschlüsse, wenn sie mit einer zwingenden Bestimmung einer Rechtsnorm (einschließlich öffentlich-rechtlicher Verträge) nicht vereinbar sind. Dies trifft auch dann zu, wenn der Gemeinderat das in einer Rechtsvorschrift eingeräumte Ermessen fehlerhaft ausgeübt oder die Grenzen von Beurteilungsspielräumen überschritten hat. Unterlässt es der Bürgermeister, einem erkennbar gesetzwidrigen Beschluss zu widersprechen, macht er sich disziplinar- und haftungsrechtlich verantwortlich.[1024]

395 **Nachteilig** sind Beschlüsse dann, wenn durch sie für die Gemeinde wesentliche negative Auswirkungen entstehen könnten. Der Nachteil kann materieller, ideeller, rechtlicher oder sonstiger Art, nicht aber nur völlig unbedeutender oder nur theoretischer Natur sein. Die Weite und Ambivalenz des unbestimmten Rechtsbegriffs „nachteilig" eröffnet dem Bürgermeister die Einflussnahme auf politische Entscheidungen. Den Nachteiligkeitswiderspruch hat der Bürgermeister nach pflichtgemäßem Ermessen auszusprechen.[1025] Bevor der Bürgermeister einem Beschluss wegen Nachteiligkeit widerspricht, sollte dies aus

1020 *Koolman*, in: Binus/Sponer/Koolman, Sächsische Gemeindeordnung, § 52 Rn. 11.

1021 *Wahl*, in: Quecke/Schmid, Gemeindeordnung für den Freistaat Sachsen, § 52 Rn. 44.

1022 *Wahl/Rehak*, in: Quecke/Schmid, Gemeindeordnung für den Freistaat Sachsen, § 52 Rn. 48.

1023 Bejaht für den Fall der Bestellung von Mitgliedern eines beschließenden Ausschusses vom SächsOVG, SächsVBl. 2011, S. 112 sowie *G. Brüggen*, in: Brüggen/Geiert/Nolden, Gemeindeordnung für den Freistaat Sachsen, § 52 Rn. 9; a. A. *Wahl/Rehak*, in: Quecke/Schmid, Gemeindeordnung für den Freistaat Sachsen, § 52 Rn. 49.

1024 OVG NRW, OVGE 31, S. 51.

1025 Vgl. *G. Brüggen*, in: Brüggen/Geiert/Nolden, Gemeindeordnung für den Freistaat Sachsen, § 52 Rn. 14 m. w. N.

den genannten Gründen sehr gründlich abgewogen und eher restriktiv gehandhabt werden.

Beispiel:

Der Oberbürgermeister (OB) einer Großen Kreisstadt in Sachsen widersprach einem Beschluss des Stadtrates über die Wahl eines Bewerbers für die ausgeschriebene Stelle des Kulturamtsleiters. Der OB war der Auffassung, der gewählte Bewerber sei aufgrund seiner nachweislich konservativen Grundeinstellung ungeeignet, mit den überwiegend einem progressiven Milieu zuzuordnenden Kulturschaffenden der Stadt zu kooperieren. Kurz vor der zweiten Sitzung verzichtete der gewählte Bewerber auf seine Bewerbung.

Der Widerspruch selbst muss gemäß § 52 Abs. 2 S. 2 SächsGemO **unverzüglich** 396 (ohne schuldhaftes Zögern), spätestens aber binnen **zwei Wochen** nach Beschlussfassung **gegenüber allen Gemeinderäten** ausgesprochen werden, d.h. auch gegenüber denjenigen, die in der Sitzung nicht anwesend waren. Die Widerspruchserklärung muss den Gemeinderäten zugehen. Für die Erklärung des Widerspruchs gibt es keine Formvorschrift, d.h., der Widerspruch kann schriftlich oder mündlich (z.B. in der Sitzung) erklärt werden. I.d.R. erfolgt der Widerspruch schriftlich gegenüber den Gemeinderäten in der genannten Frist. Einer Begründung bedarf es bei der Einlegung des Widerspruchs nicht. Bei Fristversäumnis ist ein Widerspruch ausgeschlossen. Auch wenn der Bürgermeister erst nach Fristablauf die Rechtswidrigkeit feststellt, ist er zum Vollzug verpflichtet. Er kann jedoch die Änderung des aus seiner Sicht rechtswidrigen Beschlusses auf die Tagesordnung einer künftigen Gemeinderatssitzung setzen oder eine Maßnahme der Rechtsaufsichtsbehörde anregen.

Der Widerspruch hat **aufschiebende Wirkung** (§ 52 Abs. 2 S. 3 SächsGemO), 397 d.h., der Bürgermeister muss den Beschluss nicht vollziehen.

Der Bürgermeister hat **gleichzeitig** (bei einem mündlichen Widerspruch zeitnah 398 nach der Widerspruchserklärung) unter Angabe der Widerspruchsgründe (als Bestandteil der „erforderlichen Unterlagen") eine **Gemeinderatssitzung einzuberufen**, die gemäß § 52 Abs. 2 S. 4 SächsGemO spätestens vier Wochen nach der ersten Sitzung stattfinden muss und in der über die Angelegenheit (und damit nur mittelbar über den Widerspruch des Bürgermeisters) erneut beschlossen werden muss. Es hat also eine erneute Sach- oder Personalentscheidung des Gemeinderats zu erfolgen.[1026] Diese zweite Sitzung muss allerdings keine Sondersitzung sein, sondern kann in den regelmäßigen Sitzungsturnus eingebunden werden.

Ist auch der **neue Beschluss** nach Ansicht des Bürgermeisters **rechtswidrig**, 399 muss er erneut widersprechen und eine Entscheidung der Rechtsaufsichtsbehörde herbeiführen (§ 52 Abs. 2 S. 5 SächsGemO). **Nachteilige Beschlüsse** werden in der zweiten Sitzung allerdings endgültig entschieden. Bei einer wiederholenden Beschlussfassung des Gemeinderats muss der Bürgermeister in diesem Fall den gefassten Beschluss vollziehen.

1026 *Wahl*, in: Quecke/Schmid, Gemeindeordnung für den Freistaat Sachsen, § 52 Rn. 79.

400 **Zur Vertiefung:**

Etwas anderes gilt, wenn der Gemeinderat eine ***abgeänderte Entscheidung*** *trifft. Hier bedarf es der erneuten Einschätzung des Bürgermeisters, ob er der Auffassung ist, dass auch der abgeänderte Beschluss rechtswidrig bzw. nachteilig ist. Ein erneuter „Erstwiderspruch" kommt dabei nur dann in Betracht, wenn die Abänderung des ursprünglichen Beschlusses so wesentlich ist, dass es sich inhaltlich sachlich um einen völlig anderen Beschluss handelt. Dies dürfte i. d. R. aber nicht der Fall sein.*[1027]

401 **Zuständig für die Einlegung des Widerspruchs** sind nur der Bürgermeister oder sein Verhinderungsstellvertreter, nicht aber die Beigeordneten in ihrer Eigenschaft als ständige Vertreter in ihrem Geschäftskreis.

402 Die Widerspruchspflicht bzw. das Widerspruchsrecht nach § 52 Abs. 2 SächsGemO gilt gemäß § 52 Abs. 3 S. 1 SächsGemO auch entsprechend für Beschlüsse, die durch **beschließende Ausschüsse** gefasst werden. Zwar fassen auch beratende Ausschüsse ebenfalls Beschlüsse. Diese sind allerdings nicht vollziehbar, sondern haben nur empfehlenden Charakter für den Gemeinderat. Ein Widerspruch kommt daher bei Beschlüssen beratender Ausschüsse nicht in Betracht. Hat der Bürgermeister gemäß § 42 Abs. 3 S. 1 SächsGemO einen Beigeordneten oder ein Ausschussmitglied mit seiner Vertretung beauftragt, stehen dem beauftragten Vertreter die Widerspruchspflicht bzw. das Widerspruchsrecht zu (§ 42 Abs. 3 S. 2 SächsGemO).

403 Widerspricht der Bürgermeister einem Beschluss des beschließenden Ausschusses, hat gemäß § 52 Abs. 3 S. 2 SächsGemO der Gemeinderat zu entscheiden. Bestätigt der Gemeinderat einen aus Sicht des Bürgermeisters nachteiligen Beschluss, ist das Verfahren beendet und der Bürgermeister muss den Beschluss vollziehen.[1028] Ist bei einem nach Meinung des Bürgermeisters rechtswidrigen Beschluss des Ausschusses nach Beurteilung des Bürgermeisters auch der Gemeinderatsbeschluss rechtswidrig, muss er erneut widersprechen und eine Entscheidung der Rechtsaufsichtsbehörde herbeiführen.

404 Auch wenn der Widerspruch des Bürgermeisters **keinen Verwaltungsakt** darstellt[1029], ist ein **Rechtsschutz** zugunsten des (gesamten) Gemeinderats nicht ausgeschlossen. Denkbar ist ein Kommunalverfassungsstreit zwischen Gemeinderat und Bürgermeister über die Rechtmäßigkeit der Ausübung des Widerspruchsrechts, denn der Gemeinderat als Ganzes hat ein Recht auf Vollzug seiner Beschlüsse. Einer entsprechenden Klage wird indes i. d. R. das Rechtsschutzbedürfnis fehlen, da das Gesetz als spezielleren Rechtsbehelf die Entscheidung der Aufsichtsbehörde vorsieht. Dies trifft allerdings nicht zu, wenn gerügt wird, der Bürgermeister habe nicht frist- oder formgerecht Widerspruch eingelegt.[1030]

1027 Vgl. *G. Brüggen*, in: Brüggen/Geiert/Nolden, Gemeindeordnung für den Freistaat Sachsen, § 52 Rn. 25.

1028 *Koolman*, in: Binus/Sponer/Koolman, Sächsische Gemeindeordnung, § 52 Rn. 20.

1029 *Wahl*, in: Quecke/Schmid, Gemeindeordnung für den Freistaat Sachsen, § 52 Rn. 93.

1030 *Jaeckel/Jaeckel*, Kommunalrecht in Sachsen, Rn. 142; *Musall*, in: Sponer/Jacob/Musall, Kommunalverfassungsrecht Sachsen, § 52 SächsGemO Erl. 4.2.

Stellt die **Rechtsaufsichtsbehörde** die **Rechtswidrigkeit** eines Gemeinderats- oder Ausschussbeschlusses fest, ist diese Entscheidung ein **Verwaltungsakt** gegenüber der Gemeinde. Der Gemeinderat kann beschließen, dass die Gemeinde dagegen Rechtsbehelfe einlegt mit der Folge, dass der Bürgermeister nunmehr als Vertreter der Gemeinde gemäß § 51 Abs. 1 S. 2 SächsGemO einen Gemeinderatsbeschluss vor Gericht verteidigen muss, den er gemeindeintern durch Ausübung seines Widerspruchsrechts bekämpft hat.[1031] 405

Bestätigt die Rechtsaufsichtsbehörde hingegen die **Rechtmäßigkeit** eines Gemeinderats- oder Ausschussbeschlusses, wäre eine Klage des Bürgermeisters gegen diese Entscheidung mangels Klagebefugnis nach § 42 Abs. 2 VwGO nicht zulässig, da er nicht in eigenen Rechten verletzt wird. Das Widerspruchsrecht des Bürgermeisters dient allein der objektiven Rechtskontrolle des Handelns der Gemeinde und wird vom Bürgermeister im Interesse der Gemeinde ausgeübt. Seine Rechtsposition erschöpft sich in dem Recht zur Einlegung des Widerspruchs.[1032] 406

3. Eilentscheidungsrecht

Der Gemeinderat kann grds. nur in ordnungsgemäß einberufenen Sitzungen Entscheidungen treffen (§ 39 Abs. 1 S. 1 SächsGemO). Sofern allerdings in bestimmten Ausnahmesituationen eine sofortige Reaktion des Gemeinderats erforderlich ist und selbst eine Einberufung des Gemeinderats ohne Frist und nur unter Angabe des Verhandlungsgegenstands nicht ausreichend ist, kommt dem Bürgermeister ein Eilentscheidungsrecht zu. 407

Gemäß § 52 Abs. 4 S. 1 SächsGemO kann der Bürgermeister in **dringenden Angelegenheiten**, deren Erledigung auch nicht bis zu einer ohne Frist und formlos einberufenen Gemeinderatssitzung aufgeschoben werden kann (§ 36 Abs. 3 S. 6 SächsGemO), **anstelle des Gemeinderats** bzw. des beschließenden Ausschusses entscheiden. Die Zuständigkeit für Eilentscheidungen zählt zu seinen **originären**, nicht zu den vom Gemeinderat gemäß § 53 Abs. 2 S. 1 SächsGemO übertragenen Aufgaben. Insoweit kann sie weder durch Regelungen in der Hauptsatzung, der Geschäftsordnung oder sonstige Beschlüsse des Gemeinderats beschränkt werden.[1033] 408

Zur Vertiefung: 409

Zu unterscheiden ist die Zuständigkeit des Bürgermeisters für Eilentscheidungen vom ***Ersatzbeschlussrecht*** *des Bürgermeisters im Falle der Beschlussunfähigkeit des Gemeinderats wegen Befangenheit von Gemeinderatsmitgliedern gemäß § 39 Abs. 4 S. 1 SächsGemO.*[1034] *Bei der Ausübung des Ersatzbeschlussrechts wird der Bürgermeister anstelle des Gemeinderats in* ***dessen*** *Organzuständigkeit als dessen Vertreter tätig; dagegen ist das Eilentscheidungsrecht zum Aufgabenkreis des Bürgermeisters zu zählen.*[1035]

1031 *Wahl*, in: Quecke/Schmid, Gemeindeordnung für den Freistaat Sachsen, § 52 Rn. 97.
1032 *Wahl*, in: Quecke/Schmid, Gemeindeordnung für den Freistaat Sachsen, § 52 Rn. 98 m. w. N.
1033 *Vinke*, in: Quecke/Schmid, Gemeindeordnung für den Freistaat Sachsen, § 52 Rn. 103 m. w. N.
1034 Siehe dazu oben in diesem Kapitel unter B.V.6.b).
1035 *Vinke*, in: Quecke/Schmid, Gemeindeordnung für den Freistaat Sachsen, § 52 Rn. 104.

410 **„Dringend“** ist eine Angelegenheit immer dann, wenn ihre Erledigung nicht bis zu einer unter Umständen auch frist- und formlos einberufenen Gemeinderatssitzung aufgeschoben werden kann (vgl. §§ 52 Abs. 4 S. 1, 36 Abs. 3 S. 6 SächsGemO).[1036] Es hat hierbei durch den Bürgermeister eine **Verhältnismäßigkeitsprüfung** stattzufinden mit dem Maßstab der Nachteilsgefahr.[1037] Dies können nur ganz dringende Fälle sein, in denen in wenigen Stunden eine Entscheidung getroffen werden muss (z.B. Notfall oder Katastrophe). Im Hinblick auf den Vorrang des Gemeinderats als Hauptorgan der Gemeinde (§ 27 Abs. 1 SächsGemO) muss der unbestimmte Rechtsbegriff „dringende Angelegenheiten“ aber restriktiv ausgelegt werden.[1038] Das Eilentscheidungsrecht muss auf Ausnahmefälle beschränkt bleiben und darf deshalb erst als letztes Mittel eingesetzt werden.

411 Da der Bürgermeister anstelle des Gemeinderats handelt, gehen seine Befugnisse beim Eilentscheidungsrecht grds. so weit wie die des Gemeinderats. Es erstreckt sich damit auch auf die gemäß § 28 Abs. 2 SächsGemO nicht vom Gemeinderat auf den Bürgermeister übertragbaren Aufgaben, wenngleich bei der Mehrzahl dieser Fälle eine Eilbedürftigkeit fehlen dürfte. Im Wege des Eilentscheidungsrechtes dürfen auch frühere Gemeinderatsbeschlüsse aufgehoben werden, sofern Gesichtspunkte aufgetreten sind, die eine neue Entscheidung rechtfertigen. Vom Eilentscheidungsrecht ausgeschlossen sind indes ausschließlich dem Gemeinderat zustehende organschaftliche Befugnisse wie bspw. Wahlen aus seiner Mitte.[1039] Umstritten ist, ob auch Satzungen vom Eilentscheidungsrecht ausgenommen werden müssen, was zu Recht von der überwiegenden Rechtsprechung und Literatur abgelehnt wird.[1040]

412 Das Eilentscheidungsrecht selbst ist an das Organ „Bürgermeister“ in seiner Eigenschaft als Vorsitzender des Gemeinderats gebunden. Ist er verhindert, übt sein Verhinderungsvertreter dieses Recht aus. Die Beigeordneten besitzen als ständige Vertreter des Bürgermeisters in ihrem Geschäftsbereich (§ 55 Abs. 3 S. 1 SächsGemO) dieses Recht nicht.

413 Die **Gründe** für die Eilentscheidung und die Art der Erledigung sind dem Gemeinderat **unverzüglich mitzuteilen** (§ 52 Abs. 4 S. 2 SächsGemO). Der Gemeinderat ist an die Entscheidung – soweit sie bereits vollzogen ist – gebunden und kann sie daher nur noch zur Kenntnis nehmen. Eine nachträgliche Genehmigung der Eilentscheidung des Bürgermeisters ist nicht erforderlich. Die Bekanntgabe der Eilentscheidung ist in einer Niederschrift aufzunehmen. Streitigkeiten darüber, ob der Bürgermeister zu Recht von seinem Eilentscheidungsrecht Gebrauch gemacht hat, können allerdings im Kommunalverfassungsstreitverfahren geklärt werden.[1041]

1036 *Koolman*, in: Binus/Sponer/Koolman, Sächsische Gemeindeordnung, § 52 Rn. 21.

1037 Vgl. *G. Brüggen*, in: Brüggen/Geiert/Nolden, Gemeindeordnung für den Freistaat Sachsen, § 52 Rn. 34.

1038 *Jaeckel/Jaeckel*, Kommunalrecht in Sachsen, Rn. 139; *Vinke*, in: Quecke/Schmid, Gemeindeordnung für den Freistaat Sachsen, § 52 Rn. 110.

1039 *Vinke*, in: Quecke/Schmid, Gemeindeordnung für den Freistaat Sachsen, § 52 Rn. 124 m.w.N.

1040 Vgl. dazu *Vinke*, in: Quecke/Schmid, Gemeindeordnung für den Freistaat Sachsen, § 52 Rn. 126 m.w.N.

1041 *Gern/Brüning*, Deutsches Kommunalrecht, Rn. 497; OVG Münster, NVwZ 1989, S. 989.

Das Eilentscheidungsrecht des Bürgermeisters gilt darüber hinaus auch in Angelegenheiten, die in die **Zuständigkeit eines beschließenden Ausschusses** fallen (§ 52 Abs. 4 S. 3 SächsGemO). Die **Mitteilungspflicht** des Bürgermeisters bezieht sich in diesem Fall auf den Ausschuss. Der Bürgermeister muss das Eilentscheidungsrecht allerdings persönlich ausüben, es sei denn, er ist verhindert. Ein Eilentscheidungsrecht des Vertreters des Bürgermeisters im beschließenden Ausschuss gibt es – mangels praktischer Notwendigkeit – ansonsten nicht. 414

Da die Entscheidung „anstelle des Gemeinderats" getroffen wird, hat sie dieselbe Wirkung wie ein Gemeinderatsbeschluss. Der Gemeinderat bzw. der beschließende Ausschuss kann daher eine Eilentscheidung wie eigene Beschlüsse ändern oder ergänzen, soweit sie noch nicht vollzogen ist. 415

4. Informationspflicht

Das Informationsrecht des Gemeinderats (§ 28 Abs. 5 SächsGemO) wird durch eine umfassende **Informationspflicht** (§ 52 Abs. 5 SächsGemO) des Bürgermeisters ergänzt. Der Bürgermeister muss den Gemeinderat über alle **wichtigen Angelegenheiten** unterrichten, die die Gemeinde oder ihre Verwaltung betreffen. Insb. ist der Gemeinderat möglichst **frühzeitig** über die **Absicht und die Vorstellungen der Gemeindeverwaltung** und **laufend** über den Stand und den Inhalt der **Planungsarbeiten** zu informieren. Damit soll verhindert werden, dass der Gemeinderat auf dem Planungsgebiet vor vollendete Tatsachen gestellt wird.[1042] 416

Von dieser Informationspflicht sind lediglich solche Angelegenheiten ausgenommen, die gemäß § 53 Abs. 3 S. 3 SächsGemO geheim zu halten sind. Hier muss – sofern er gebildet worden ist – anstelle des Gemeinderats der gemäß § 46 SächsGemO gebildete Beirat für geheim zu haltende Angelegenheiten informiert werden. 417

IX. Leitung der Gemeindeverwaltung und sonstige Zuständigkeiten

§ 53 Abs. 1 bis 4 SächsGemO regelt die Stellung des Bürgermeisters als Leiter der Gemeindeverwaltung und damit seine primäre Funktion[1043], und zwar konkret seine **Leitungsverantwortung** (Abs. 1), seine **Sachentscheidungsbefugnisse** (Abs. 2), seine **Befugnisse bei Weisungsaufgaben** (Abs. 3) und seine **beamtenrechtlichen Kompetenzen** (Abs. 4). Hierbei handelt es sich um eine zentrale Regelung, die zusammen mit anderen Regelungen (v. a. § 28 SächsGemO) der **Abgrenzung der Kompetenzen** des Bürgermeisters von den Kompetenzen des Gemeinderats dient. 418

1. Organisationsrecht des Bürgermeisters

Im Rahmen seiner Leitungsverantwortung ist der Bürgermeister gemäß § 53 Abs. 1 SächsGemO verantwortlich für die 419

- sachgemäße Erledigung der Aufgaben,
- den ordnungsgemäßen Gang der Gemeindeverwaltung und

1042 *Koolman*, in: Binus/Sponer/Koolman, Sächsische Gemeindeordnung, § 52 Rn. 28.
1043 *Vinke*, in: Quecke/Schmid, Gemeindeordnung für den Freistaat Sachsen, § 53 Rn. 1 m. w. N.

- die innere Organisation der Gemeindeverwaltung,

wobei sich diese Aufgabenkreise nicht trennscharf voneinander abgrenzen lassen.[1044]

420 Die sachgemäße Aufgabenerledigung umfasst die **Gesetzmäßigkeit und Zweckmäßigkeit der Aufgabenerfüllung**. Beim ordnungsgemäßen Gang der Verwaltung geht es nicht um die einzelnen Vorgänge, sondern darum, dass die **gesamte Verwaltung ordnungsgemäß funktioniert**. Dazu zählen die wirtschaftliche und rationelle Erledigung der Dienstgeschäfte, die Aufsicht über die Einhaltung der Dienst- und Öffnungszeiten für den Publikumsverkehr, der höfliche Umgang mit den Bürgern, die ordnungsgemäße Aktenführung, die sachgerechte Behandlung des Schriftverkehrs, die korrekte Form und Ausdrucksweise der abgehenden Schreiben sowie die rechtzeitige Aufstellung des Haushaltsplans und der Jahresrechnung.[1045]

421 Die Verantwortung für die sachgemäße Erledigung der Aufgaben und den ordnungsgemäßen Gang der Verwaltung kann der Bürgermeister nur dann richtig wahrnehmen, wenn er dazu über die notwendigen **Steuerungs- und Gestaltungsmöglichkeiten** verfügt. Dies betrifft die gesetzliche Zuständigkeit des Bürgermeisters für die innere Organisation der Gemeindeverwaltung, d.h. den Aufbau des gemeindlichen Verwaltungsapparats und den Ablauf des gemeindlichen Verwaltungsvollzuges **(Aufbau- und Ablauforganisation)**. Dies erfolgt durch die Schaffung von Dezernaten, Ämtern, Abteilungen und Sachgebieten **(Organisationsplan)** sowie durch Regelungen in der Geschäftsverteilung **(Geschäftsverteilungsplan)** und der Personalaufteilung auf die einzelnen Verwaltungseinheiten. Ämter und Abteilungen sind unselbstständige Dienststellen der Gemeinde. Der Bürgermeister erlässt auch eine Vielzahl von allgemeinen Dienstanweisungen, z.B. zur Unterschriftsbefugnis und zur Vertretungsregelung. Er veranlasst zudem Dienstbesprechungen, Rücksprachen und erteilt Einzelweisungen.[1046]

422 Bei den Leitungsbefugnissen des Bürgermeisters handelt es sich um eine **originäre Zuständigkeit**, die der Zuständigkeit des Gemeinderats entzogen ist. Der Bürgermeister regelt die innere Organisation durch Ämter und Abteilungen sowie die Geschäftsverteilung grds. in **eigener Verantwortung**.[1047] Das bedeutet indes nicht, dass der Gemeinderat in Bezug auf die Leitung der Verwaltung ohne Einfluss wäre. Zunächst kann dieser gemäß § 28 Abs. 1 1. Hs. SächsGemO **Grundsätze für die Verwaltung** festlegen, an die der Bürgermeister bei seinen Organisationsentscheidungen gebunden ist. Des Weiteren hat der Bürgermeister den durch den Stellenplan festgelegten Rahmen für die Gesamtorganisation zu beachten. Der Stellenplan bestimmt die Zahl der verfügbaren Stellen. Er ist Bestandteil des Haushaltsplans (§ 75 Abs. 2 SächsGemO) und damit gemäß § 75

1044 *Vinke*, in: Quecke/Schmid, Gemeindeordnung für den Freistaat Sachsen, § 53 Rn. 5.

1045 *G. Brüggen/S. Brüggen*, in: Brüggen/Geiert/Nolden, Gemeindeordnung für den Freistaat Sachsen, § 53 Rn. 3.

1046 *Gern/Brüning*, Deutsches Kommunalrecht, Rn. 481; *G. Brüggen/S. Brüggen*, in: Brüggen/Geiert/Nolden, Gemeindeordnung für den Freistaat Sachsen, § 53 Rn. 4.

1047 VG Dresden, SächsVBl. 2002, S. 9f.; *Wahl*, in: Quecke/Schmid, Gemeindeordnung für den Freistaat Sachsen, § 51 Rn. 12.

Abs. 1 S. 1 SächsGemO Teil der Haushaltssatzung.[1048] Bei der Aufstellung des Haushaltsplans ist der Gemeinderat nicht an den Organisationsplan des Bürgermeisters gebunden.[1049] Treten in der Gemeindeverwaltung Missstände auf, hat der Gemeinderat im Rahmen seines **Kontrollrechts** dafür zu sorgen, dass sie durch den Bürgermeister beseitigt werden (§ 28 Abs. 3 SächsGemO).

Eine Mitsprache besitzt der Gemeinderat auch bei der Festlegung der Geschäftskreise der Beigeordneten (§ 55 Abs. 3 S. 2 SächsGemO) sowie bei der Bestimmung der Reihenfolge, in der die Beigeordneten den Bürgermeister im Falle seiner Verhinderung vertreten (§ 55 Abs. 4 S. 1 SächsGemO). Diese Entscheidungen erfolgen jeweils im **Einvernehmen** mit dem Gemeinderat. **423**

2. Sachliche Entscheidungszuständigkeit des Bürgermeisters

a) Allgemeines

I. d. R. trifft der Gemeinderat die Sachentscheidungen, die der Bürgermeister gemäß § 52 Abs. 1 SächsGemO vollziehen muss. Bestimmte Aufgabengebiete erledigt jedoch der Bürgermeister als **Leiter der Gemeindeverwaltung** in eigener Zuständigkeit. Dazu gehören **kraft Gesetzes** die **424**

- Geschäfte der laufenden Verwaltung (§ 53 Abs. 2 S. 1 1. Alt. SächsGemO),
- die dem Bürgermeister sonst durch Rechtsvorschrift übertragenen Aufgaben (§ 53 Abs. 2 S. 1 2. Alt. SächsGemO) sowie die
- Weisungsaufgaben (§ 53 Abs. 3 SächsGemO).

Außerdem kann der **Gemeinderat** aufgrund seines weiten kommunalpolitischen Gestaltungsspielraums dem Bürgermeister bestimmte Aufgaben zur dauernden Erledigung **übertragen** (§ 53 Abs. 2 S. 2 SächsGemO). **425**

Bei den durch das Gesetz übertragenen Aufgaben besitzt der Gemeinderat kein Weisungsrecht. Auch die vom Gemeinderat übertragenen Aufgaben erledigt der Bürgermeister **„in eigener Zuständigkeit"**. Das Gesetz schließt also für die Zeit nach der Aufgabenübertragung ein Weisungsrecht des Gemeinderats gegenüber dem Bürgermeister aus. Andererseits kann der Bürgermeister diese Aufgaben auch nicht rückdelegieren. Der Gemeinderat kann allerdings seine Übertragung jederzeit widerrufen und die Aufgabe in seine eigene Kompetenz zurückholen. Dazu bedarf es jedoch einer Änderung der Hauptsatzung.[1050] Trotz Aufgabenübertragung steht dem Gemeinderat jedoch als Hauptorgan gemäß § 28 Abs. 3 SächsGemO ein generelles Überwachungsrecht zu. Beim Auftreten von Missständen in der Gemeindeverwaltung muss der Gemeinderat für deren Beseitigung durch den Bürgermeister sorgen. **426**

b) Geschäfte der laufenden Verwaltung

Ein Standardproblem ist in kommunalrechtlichen Prüfungsarbeiten die Frage, ob es sich bei einer konkreten Aufgabe um ein Geschäft der laufenden Verwaltung **427**

1048 Vgl. dazu näher im 8. Kapitel unter A. III.

1049 *Vinke*, in: Quecke/Schmid, Gemeindeordnung für den Freistaat Sachsen, § 53 Rn. 18 m.w.N.

1050 Vgl. *G. Grüggen/S. Brüggen*, in: Brüggen/Geiert/Nolden, Gemeindeordnung für den Freistaat Sachsen, § 53 Rn. 12; *Koolman*, in: Binus/Sponer/Koolmann, Sächsische Gemeindeordnung, § 53 Rn. 17.

i.S.d. § 53 Abs. 2 S. 1 1. Alt. SächsGemO handelt. Es handelt sich bei dem Begriff „Geschäfte der laufenden Verwaltung" um einen unbestimmten Rechtsbegriff ohne Beurteilungsspielraum. Dementsprechend ist er **gerichtlich voll überprüfbar.**[1051] Nach der ständigen verwaltungsgerichtlichen[1052] und zivilrechtlichen[1053] Rechtsprechung geht es um **Angelegenheiten** des weisungsfreien Wirkungskreises, **die für die Gemeinde weder haushaltsmäßig noch der Sache nach erhebliche Bedeutung haben.** Diese Geschäfte fallen mehr oder weniger häufig an und können im Rahmen des üblichen Geschäftsbetriebs erledigt werden. Sie bedürfen mangels besonderer Bedeutung für die Gemeinde keiner grundlegenden Entscheidung durch den Gemeinderat.

428 Die Auswirkungen dieser Geschäfte (z.B. Kauf-, Miet-, Pacht-, Werk- oder Dienstverträge) dürfen – verglichen mit Größe, Struktur und Leistungsfähigkeit der Gemeinde – allerdings weder in politischer noch in wirtschaftlicher, kultureller, sozialer und v.a. in finanzieller Hinsicht erheblich sein und müssen mit einer **gewissen Häufigkeit** wiederkehren.[1054] Selten vorkommende, einmalige oder außergewöhnliche Geschäfte erfüllen das Kriterium der Häufigkeit nicht. Andererseits müssen diese Geschäfte nicht regelmäßig, sondern lediglich häufiger wiederkehren.

429 Für die Frage nach der Bedeutung für die Gemeinde ist auch von Belang, ob durch die Entscheidung ein **Präzedenzfall** geschaffen wird, der mögliche Auswirkungen auf künftige, nun gleich zu behandelnde Fälle haben kann. Hier ist die für sich betrachtet unbedeutende Einzelentscheidung kein Geschäft der laufenden Verwaltung.[1055] In einer Kreisfreien Stadt etwa haben Geschäfte der laufenden Verwaltung einen sehr viel größeren Umfang als in einer kleinen kreisangehörigen Gemeinde. Eine abschließende Abgrenzung der Geschäfte der laufenden Verwaltung ist nicht möglich; es kommt immer auf den **Einzelfall** an.

430 Zusammenfassend kann daher festgestellt werden, dass die **Geschäfte der laufenden Verwaltung** Angelegenheiten betreffen, die

- keine grundsätzliche Bedeutung aufweisen,
- nicht von großer wirtschaftlicher Relevanz sind und
- im Verwaltungsalltag häufig oder regelmäßig wiederkehren.

431 ***Hinweis:***

Um Abgrenzungs- und Kompetenzschwierigkeiten zu vermeiden, kann in der Hauptsatzung festgelegt werden, was in der betreffenden Gemeinde zu den Geschäften der laufenden Verwaltung gehört. Bspw. können für einzelne Sachaufgaben Wertgrenzen oder bei personellen Entscheidungen Entgelt- oder Besol-

1051 *Vinke*, in: Quecke/Schmid, Gemeindeordnung für den Freistaat Sachen, § 53 Rn. 27 m.w.N.
1052 Bspw. SächsOVG, Beschluss vom 20.10.2009 – 4 A 300/08, juris.
1053 BGH, NJW 1980, S. 117; BGH, NVwZ-RR 1997, S. 725 (726).
1054 Vgl. *Stober*, Gemeindeordnung für den Freistaat Sachsen, S. 14f.; *Vinke*, in: Quecke/Schmid, Gemeindeordnung für den Freistaat Sachsen, § 53 Rn. 41.
1055 *Vinke*, in: Quecke/Schmid, Gemeindeordnung für den Freistaat Sachsen, § 53 Rn. 34 m.w.N.

dungsgruppen bestimmt werden, bis zu denen der Bürgermeister selbstständig ohne Gemeinderat entscheiden kann. Diese Festlegungen haben aber lediglich deklaratorische Bedeutung, denn der Gemeinde steht bei diesem unbestimmten Rechtsbegriff keine Interpretationshoheit zu.

Ob es sich um ein Geschäft der laufenden Verwaltung handelt, ist eine **Rechtsfrage,** die im Streitfall etwa im Rahmen eines Kommunalverfassungsstreitverfahrens durch das Verwaltungsgericht entschieden wird.[1056] Zudem kann bei einer derartigen Präzisierung der Geschäfte der laufenden Verwaltung ein Abgrenzungsproblem zu den vom Gemeinderat ausdrücklich übertragenen Aufgaben entstehen. **432**

Zu den **typischen Geschäften der laufenden Verwaltung** gehört z. B. die Bewirtschaftung der Mittel des Haushaltsplans innerhalb eines bestimmten Budgets (im Ergebnis- und Finanzhaushalt bis zu bestimmten Wertgrenzen), die Beschaffung des laufenden Bürobedarfs, Büromaterial und sonstigen Verbrauchsmaterials, der Abschluss von Werk- oder Dienstverträgen des alltäglichen Verkehrs wie z. B. Instandsetzungsarbeiten; ebenso i. d. R. die Geschäfte nach feststehenden Tarifen (bspw. die Belieferung mit Gas, Strom und Wasser).[1057] Zu den Geschäften der laufenden Verwaltung zählen auch Entscheidungen in Verwaltungsverfahren (z. B. die Heranziehung zu Gemeindeabgaben und Entscheidungen über Widersprüche von Bürgern gegen Verwaltungsakte der Gemeinde). **433**

Zur Vertiefung: **434**

*Die Erhebung einer **Klage** der Gemeinde kann in den Rahmen der laufenden Verwaltung fallen. Dies gilt auch für die Einlegung einer **Berufung**. Allerdings muss in beiden Konstellationen immer das Verhältnis von Gemeindegröße und Streitwert beachtet werden.[1058] Die Einlegung eines **Widerspruchs** gegen eine Entscheidung der Rechtsaufsichtsbehörde ist zwar häufig nicht von erheblicher finanzieller und wirtschaftlicher Bedeutung. Es fehlt indes das Merkmal einer gewissen Häufigkeit. Deshalb obliegt die Einlegung eines Widerspruchs der Gemeinde gegen eine Maßnahme aufgrund von §§ 112 ff. SächsGemO stets der Entscheidung des Gemeinderats.[1059]*

Keine Geschäfte der laufenden Verwaltung sind demgegenüber in den meisten Gemeinden Entscheidungen mit **Dauerwirkung**. Dazu gehören etwa die längerfristige Vergabe von Räumen der Gemeinde, die Verleihung des Ehrenbürgerrechts, der Erlass allgemeiner Richtlinien für die Ermessensausübung bei der Erteilung von Sondernutzungserlaubnissen oder der Zulassung von Bewerbern zu Volksfesten oder Märkten. Auch einvernehmlich mit dem Gemeinderat zu treffende Entscheidungen (bspw. die Einstellung von leitenden **435**

1056 Vgl. *Geis*, Kommunalrecht, § 11 Rn. 42.
1057 *Koolman*, in: Binus/Sponer/Koolman, Sächsische Gemeindeordnung, § 52 Rn. 11.
1058 *Vinke*, in: Quecke/Schmid, Gemeindeordnung für den Freistaat Sachsen, § 53 Rn. 50 m. w. N.
1059 *Koolman*, in: Binus/Sponer/Koolman, Sächsische Gemeindeordnung, § 53 Rn. 13.

Mitarbeitern) gehören nicht zu den Geschäften der laufenden Verwaltung. Das Gleiche gilt für Maßnahmen, für die keine Haushaltsmittel zur Verfügung stehen und somit als überplan- oder außerplanmäßige Aufwendungen anfallen.[1060] Nicht dazu gehören auch (Um-)Benennungen von Straßen sowie die Widmung bzw. Entwidmung von Ortsstraßen und sonstigen öffentlichen Straßen der Gemeinde.

436 **Zur Vertiefung:**

Die SächsGemO enthält an verschiedenen Stellen Anzeige-, Vorlage- und Genehmigungspflichten. So sind bspw. Satzungen nach § 4 Abs. 3 S. 2 SächsGemO der Rechtsaufsichtsbehörde ***anzuzeigen****. Nach § 76 Abs. 2 S. 2 1. Hs. SächsGemO ist eine vom Gemeinderat beschlossene Haushaltssatzung der Rechtsaufsichtsbehörde* ***vorzulegen****. Will die Gemeinde einen Kassenkredit aufnehmen, muss dies unter den Voraussetzungen des § 84 Abs. 3 SächsGemO von der Rechtsaufsichtsbehörde* ***genehmigt*** *werden. Falls die Gemeinde wirtschaftliche Unternehmen unterhält oder an solchen beteiligt ist, ergeben sich aus § 102 SächsGemO entsprechende Verpflichtungen für die Gemeinde. Hierbei handelt es sich nicht um Geschäfte der laufenden Verwaltung i. S. d. § 53 Abs. 2 SächsGemO. Für die Einhaltung der vom Gesetzgeber auferlegten Pflichten ist der Bürgermeister bereits gemäß § 53 Abs. 1 1. Alt. SächsGemO zuständig.*

437 Trifft der Bürgermeister in einer Angelegenheit eine Entscheidung, obwohl es sich **nicht** um ein Geschäft der laufenden Verwaltung handelt, so ist hinsichtlich der **Rechtsfolgen** zwischen zivilrechtlichen Rechtsgeschäften und dem Handeln auf dem Gebiet des öffentlichen Rechts zu unterscheiden.[1061]

c) Durch Rechtsvorschrift übertragene Aufgaben

438 Eine originäre Zuständigkeit des Bürgermeisters liegt gemäß § 53 Abs. 2 S. 1 SächsGemO auch dann vor, wenn ihm durch **Rechtsvorschrift** Aufgaben übertragen wurden. Insoweit besteht für den Gemeinderat keine Möglichkeit, dem Bürgermeister unmittelbare Weisungen für die Aufgabenerfüllung zu erteilen. Treten allerdings in diesem Zusammenhang Missstände in der Gemeindeverwaltung auf, kann der Gemeinderat grds. von seinem allgemeinen Kontrollrecht gemäß § 28 Abs. 3 SächsGemO Gebrauch machen.

439 Die meisten dem Bürgermeister durch Rechtsvorschrift übertragenen Aufgaben sind in der **SächsGemO** geregelt. In zahlreichen weiteren Gesetzen ist hingegen lediglich die Verbands-, aber nicht die Organkompetenz bestimmt (z. B. § 36 Abs. 1 S. 1 BauGB: Entscheidung über Bauvorhaben im Einvernehmen mit der Gemeinde). Eine ausdrückliche Bestimmung über die Organkompetenz enthält § 35 Abs. 1 S. 1 SächsPBG. Danach werden Polizeiverordnungen, die nicht länger als einen Monat gelten sollen, vom Bürgermeister, im Übrigen vom Gemeinderat erlassen. Auch für die Festsetzung bestimmter Schutzgebiete durch

1060 *Sponer/Tostmann*, Kommunalrecht, S. 76.
1061 Siehe näher dazu unten in diesem 6. Kapitel unter F.X.1.c).

Rechtsverordnung gemäß § 121 Abs. 1 SächsWG ist der Bürgermeister für den Fall zuständig, dass die Gemeinde untere Wasserbehörde ist (§ 121 Abs. 12 SächsWG). Entsprechendes gilt für den Erlass von Rechtsverordnungen, mit denen z. B. ein Natur- oder Landschaftsschutzgebiet gemäß § 13 Abs. 1 SächsNatSchG ausgewiesen wird. Auch hier ist der jeweilige Bürgermeister einer der drei Kreisfreien Städte zuständig (§ 48 Abs. 4 SächsNatSchG).

Auch außerhalb der öffentlich-rechtlichen Vorschriften hat der Gesetzgeber dem Bürgermeister Aufgaben übertragen. Das bekannteste Beispiel ist hierfür das sog. **Nottestament** gemäß § 2249 BGB. **440**

d) Weisungsaufgaben

Weisungsaufgaben gemäß § 2 Abs. 3 SächsGemO sind Pflichtaufgaben der Gemeinde, bei denen es sich originär um **staatliche Aufgaben** handelt, die vom Gesetzgeber den Gemeinden zur Erledigung auferlegt wurden.[1062] Bei diesen Angelegenheiten ist das Interesse des Staates an der richtigen und vollständigen Durchführung so entscheidend, dass der Gesetzgeber es für erforderlich hält, durch sachliche Weisungen diese Durchführung nach Art und Umfang sicherzustellen.[1063] Die grds. Zuständigkeit des Bürgermeisters beruht auf der Notwendigkeit, die Befolgung fachaufsichtsbehördlicher Weisungen zu garantieren, denn der Bürgermeister steht insoweit zur Fachaufsichtsbehörde in Beziehungen, die dem behördlichen Über- und Unterordnungsverhältnis vergleichbar sind.[1064] Der Bürgermeister muss allerdings den Gemeinderat auch über wichtige Weisungsangelegenheiten informieren (§ 52 Abs. 5 SächsGemO). **441**

Die meisten Weisungsaufgaben sind **ordnungsrechtlicher Natur**. Dazu gehören bspw. die Aufgaben der Gemeinde als Ortspolizei-, Melde- und Personalausweis- und Passbehörde. Grds. obliegen die Weisungsaufgaben der **ausschließlichen Sachentscheidungskompetenz des Bürgermeisters**. Diese Kompetenz kann dem Bürgermeister weder durch die Hauptsatzung noch durch eine sonstige Satzung oder durch die Geschäftsordnung noch durch einen Beschluss des Gemeinderats im Einzelfall entzogen werden.[1065] § 53 Abs. 3 S. 1 2. Hs. SächsGemO nimmt indes von der Sachentscheidungskompetenz des Bürgermeisters ausdrücklich den **Erlass von Rechtsverordnungen und Satzungen** aus. Diese Regelung beruht auf dem Aspekt, dass es sich beim Erlass von Satzungen und Rechtsverordnungen um wesentliche Aufgaben der Gemeinde handelt, die vom Gemeinderat als dem Hauptorgan erledigt werden sollen. **442**

Beispiele: **443**

Erlass von Polizeiverordnungen gemäß §§ 32 und 33 SächsPBG; Erlass von Parkgebührenordnungen gemäß § 6a Abs. 6 S. 2 und 7 StVG i. V. m. § 25 SächsStrVRG; Erlass einer Baumschutzsatzung gemäß §§ 19 Abs. 1 und 48 Abs. 1 S. 1 Nr. 3 SächsNatSchG.

1062 Vgl. dazu näher oben im 3. Kapitel unter H.II.3.
1063 *Vinke*, in: Quecke/Schmid, Gemeindeordnung für den Freistaat Sachsen, § 53 Rn. 74 m. w. N.
1064 *Vinke*, in: Quecke/Schmid, Gemeindeordnung für den Freistaat Sachsen, § 53 Rn. 77.
1065 *G. Brüggen/S. Brüggen*, in: Brüggen/Geiert/Nolden, Sächsische Gemeindeordnung, § 53 Rn. 16.

444 Den Weisungsaufgaben stehen gemäß § 53 Abs. 3 S. 2 und 3 SächsGemO Angelegenheiten gleich, die aufgrund einer Anordnung der zuständigen Behörde **geheim zu halten** sind (z. B. Angelegenheiten des Zivilschutzes). Mit der Beschränkung auf den Bürgermeister soll der Kreis der beteiligten Personen begrenzt und so der Gefahr einer Preisgabe von Geheimnissen begegnet werden.[1066] Der Kreis der Informationsträger wird indes wieder erweitert, falls in der Gemeinde ein Beirat für geheim zu haltende Angelegenheiten gemäß § 46 SächsGemO gebildet wurde.

e) Vom Gemeinderat übertragene Aufgaben

445 §§ 28 Abs. 1 und 53 Abs. 2 SächsGemO sehen vor, dass der Gemeinderat Aufgaben, die eigentlich in seinen Zuständigkeitsbereich fallen, dem Bürgermeister zur Erledigung übertragen kann.[1067] Damit werden den Gemeinden weitgehende **Gestaltungsmöglichkeiten** eingeräumt, die lediglich gemäß § 53 Abs. 2 S. 3 SächsGemO durch den Katalog des § 28 Abs. 2 SächsGemO sowie bestimmte Angelegenheiten, die kraft Natur der Sache beim Gemeinderat verbleiben müssen (z. B. Erlass der Geschäftsordnung des Gemeinderats), beschränkt werden.

446 Will der Gemeinderat dem Bürgermeister bestimmte Aufgabengebiete dauerhaft übertragen, muss dies gemäß § 53 Abs. 2 S. 2 SächsGemO in der **Hauptsatzung** geregelt werden. Lediglich einzelne Angelegenheiten können durch einfachen **Beschluss** übertragen werden. In der Praxis werden mit der Übertragung der jeweiligen Aufgaben des Gemeinderats in der Hauptsatzung zugleich die Geschäfte der laufenden Verwaltung näher definiert, um insoweit Kompetenzabgrenzungen zwischen den beiden kommunalen Organen zu vermeiden. Die Übertragung kann jederzeit widerrufen werden; bei dauerhafter Erledigung ist allerdings hierfür eine entsprechende Änderung der Hauptsatzung erforderlich.

3. Beamten- und arbeitsrechtliche Zuständigkeiten des Bürgermeisters

447 Der Bürgermeister ist gemäß § 53 Abs. 4 SächsGemO Vorgesetzter, Dienstvorgesetzter und oberste Dienstbehörde für die Gemeindebediensteten. Diese Regelung knüpft an die Organisationsbefugnis des Bürgermeisters an und weist ihm die für die Leitung des Verwaltungsapparats erforderlichen personalrechtlichen Kompetenzen zu. Diese Aufgabenzuweisung an den Bürgermeister betrifft indes nur einen Teil der gemeindlichen Personalhoheit. Rechtsgrundlage für die Dienstherrnfähigkeit der Gemeinden ist § 2 Nr. 1 BeamtStG bzw. § 121 Nr. 1 BRRG. Danach besitzen die Gemeinden das Recht, Beamtinnen und Beamte zu haben.

1066 *Vinke*, in: Quecke/Schmid, Gemeindeordnung für den Freistaat Sachsen, § 53 Rn. 86.

1067 So empfiehlt etwa das Hauptsatzungsmuster des SSG (SLK 4/2022, S. 130, 134) – neben vielen weiteren Übertragungsmöglichkeiten – die Bewirtschaftung der Ansätze im Ergebnis- und Finanzhaushalt innerhalb der durch den Haushaltsplan festgesetzten Budgets weitgehend auf den Bürgermeister zu übertragen. Gemeinderat bzw. Ausschüsse sind grds. erst dann einzubeziehen, wenn Abweichungen von den festgesetzten Budgets auftreten.

Hinweis: 448

Von der Möglichkeit des § 2 Nr. 1 BeamtStG wird in den sächsischen Gemeinden im Gegensatz zu Kommunen anderer Bundesländer nur sehr zurückhaltend Gebrauch gemacht. In den meisten (kleineren) Gemeinden hat lediglich der Bürgermeister einen Beamtenstatus.

Des Weiteren ist für die Frage, wer für personalrechtliche Entscheidungen die 449
Organkompetenz besitzt, § 28 Abs. 4 SächsGemO maßgeblich. So entscheidet der Gemeinderat gemäß § 28 Abs. 4 S. 1 SächsGemO **im Einvernehmen** mit dem Bürgermeister über die dort aufgeführten Personalangelegenheiten. Kommt es jedoch zu keinem Einvernehmen, entscheidet der Gemeinderat mit einer Mehrheit von zwei Dritteln der anwesenden Stimmberechtigten (§ 28 Abs. 4 S. 2 SächsGemO).

Die Begriffe „Vorgesetzter, Dienstvorgesetzter und oberste Dienstbehörde" sind 450
dem Beamtenrecht entnommen. Durch die Verwendung des Begriffs **„Gemeindebedienstete"** wird jedoch deutlich, dass sich § 53 Abs. 4 SächsGemO grds. auch auf die im Rahmen eines privatrechtlichen Arbeitsverhältnisses beschäftigten Mitarbeiter bezieht.[1068] Allerdings entfalten die aufgeführten beamtenrechtlichen Kompetenzen keine unmittelbare Wirkung für die sonstigen Gemeindebediensteten, sondern nur insoweit, wie die Regelungen des Arbeits- und Tarifvertrags darauf verweisen.[1069]

Als **Vorgesetzter** besitzt der Bürgermeister das Recht, den Bediensteten der 451
Gemeinde dienstliche Weisungen zu erteilen, wodurch die Dienstleistungspflichten konkretisiert werden.[1070] Der Bürgermeister kann die Befugnis des Vorgesetzten übertragen, was zumindest in größeren Gemeinden der Regelfall ist. Deshalb gibt es in diesem Fall **mehrere Vorgesetzte** innerhalb der Gemeindeverwaltung. Unmittelbarer Vorgesetzter ist derjenige, dem durch den Geschäftsverteilungs- und Organisationsplan der Gemeinde eine direkte Entscheidungsbefugnis zusteht.

Als **Dienstvorgesetzter** ist der Bürgermeister zuständig für die beamtenrecht- 452
lichen bzw. arbeits- und tarifrechtlichen Entscheidungen über die persönlichen Angelegenheiten der ihm nachgeordneten Beamten und Arbeitnehmer. Dazu gehören v. a. Verfügungen über Versetzung oder Abordnung, über Ernennung oder Entlassung, über die Erteilung der Aussagegenehmigung, Genehmigung des Urlaubs sowie Erteilung des Dienstzeugnisses.[1071]

Die **oberste Dienstbehörde** des Beamten ist die oberste Behörde seines **Dienst-** 453
herrn, in deren Dienstbereich er ein Amt bekleidet (§ 2 Abs. 1 S. 1 SächsBG).

1068 *Koolman*, in: Binus/Sponer/Koolman, Sächsische Gemeindeordnung, § 53 Rn. 22; a. A. *G. Brüggen/S. Brüggen*, in: Brüggen/Geiert/Nolden, Sächsische Gemeindeordnung, § 53 Rn. 19: Die gemäß § 53 Abs. 4 SächsGemO gegenüber Beamten möglichen Maßnahmen folgten bei den übrigen Gemeindebediensteten aus der Direktionsbefugnis des Bürgermeisters.

1069 *Vinke*, in: Quecke/Schmid, Gemeindeordnung für den Freistaat Sachsen, § 53 Rn. 91; *Menke/Arens*, Gemeindeordnung für den Freistaat Sachsen, § 53 Rn. 6.

1070 *Musall*, in: Sponer/Jacob/Musall, Kommunalverfassungsrecht Sachsen, § 53 SächsGemO Erl. 5.

1071 *Koolman*, in: Binus/Sponer/Koolman, Sächsische Gemeindeordnung, § 53 Rn. 24.

Dienstherr der Gemeindebeamten ist die Gemeinde (§ 1 SächsBG). § 53 Abs. 4 SächsGemO legt insoweit fest, dass der Bürgermeister für grundlegende beamtenrechtliche Entscheidungen die Organkompetenz besitzt. Zu den wichtigsten Zuständigkeiten gehören u.a. die Feststellung der Nichtigkeit einer Ernennung, die Rücknahme einer Ernennung, das Verbot der Führung der Dienstgeschäfte, die Genehmigung von Nebentätigkeiten sowie die Zustimmung zur Annahme von Geschenken oder Belohnungen.

Hinweis:

Da der Bürgermeister statusrechtlich ebenfalls Beamter ist, hat auch er einen „Dienstherrn". Dies ist die jeweilige Gemeinde. Indes kann der Bürgermeister als oberste Dienstbehörde der Gemeinde nicht zugleich sich selbst gegenüber beamtenrechtliche Maßnahmen verfügen. Auch dem Gemeinderat kommt insoweit keine Organkompetenz zu.[1072] *Hinsichtlich statusrechtlicher Verfügungen ist die Rechtsaufsichtsbehörde und bei besoldungs- und versorgungsrechtlichen Fragen der kommunale Versorgungsverband Sachsen zuständig.*

454 Sondervorschriften gelten in **Disziplinarangelegenheiten**. Gemäß § 83 Abs. 1 Sächsisches Disziplinargesetz (SächsDG) nimmt die Aufgaben der Dienstvorgesetzten für Bürgermeister, Landräte, Beigeordnete und Verbandsvorsitzende von Verwaltungsverbänden die Rechtsaufsichtsbehörde wahr. Zudem besteht für die Rechtsaufsichtsbehörde gemäß § 84 SächsDG eine Weisungsbefugnis im Einzelfall. Besonderheiten gelten des Weiteren für das Widerspruchsverfahren gemäß § 85 SächsDG. Jeder Dienstvorgesetzte ist gemäß § 33 Abs. 2 SächsDG zu Verweisen und zur Verhängung von Geldbußen gegen die ihm unterstellten Beamten befugt.

X. Vertretung der Gemeinde

1. Organschaftliche Vertretungsmacht des Bürgermeisters

a) Allgemeines

455 Die Gemeinde ist als juristische Person rechtsfähig, jedoch nicht handlungsfähig. Sie handelt daher nach außen im Rechtsverkehr **kraft Gesetzes** gemäß § 51 Abs. 1 S. 2 SächsGemO allein durch den Bürgermeister (Außenvertretung). Diese Vertretung ist keine rechtsgeschäftliche Stellvertretung i.S.d. §§ 164ff. BGB, sondern eine gesetzliche Vertretung durch den Bürgermeister als Organ der Gemeinde **(organschaftliche Vertretung)**. Der Gemeinderat kann sie aus Gründen der Rechtssicherheit weder allgemein durch Satzung noch im Einzelfall durch Beschluss ändern.[1073] Der Bürgermeister handelt nicht anstelle der Gemeinde, sondern verkörpert diese unmittelbar; seine Rechtshandlungen gelten als Handlungen der Gemeinde.[1074] Die vom Bürger-

1072 Die Suspendierung eines Bürgermeisters durch Gemeinderatsbeschluss wie am 7.4.2021 in Halle/S-A ist nach sächsischem Kommunalrecht nicht möglich.

1073 *Musall*, in: Sponer/Jacob/Musall, Kommunalverfassungsrecht Sachsen, § 51 SächsGemO Erl. 4.1; *Gern/Brüning*, Deutsches Kommunalrecht, Rn. 482; VGH BW, VBlBW 1982, S. 49.

1074 *Menke/Arens*, Gemeindeordnung für den Freistaat Sachsen, § 51 Rn. 2.

meister als Organ vorgenommenen Handlungen (einschließlich ihrer Rechtsfolgen) werden als Verhalten der Gemeinde dieser selbst zugeordnet, jedenfalls soweit der Wille für die Gemeinde zu handeln erkennbar hervortritt.

Der Bürgermeister muss die Gemeinde aber nicht immer selbst vertreten. Es be- **456**
steht für ihn gemäß § 59 SächsGemO die Möglichkeit, seine Vertretungsmacht im Wege der **Beauftragung** und der **Bevollmächtigung** zu delegieren. Zu einer Delegation der Vertretungsmacht führt auch die **Bestellung von Beigeordneten**, die gemäß § 55 Abs. 3 S. 1 SächsGemO den Bürgermeister in ihren Geschäftsbereichen ständig vertreten, wozu auch die Außenvertretung zählt.[1075]

b) Vertretungsmacht und Vertretungsbefugnis

Die organschaftliche **Vertretungsmacht** des Bürgermeisters ist nach der stän- **457**
digen Rechtsprechung des BGH im Außenverhältnis **allumfassend und unbeschränkbar**. Das bedeutet, dass im Außenverhältnis die Vertretung grds. auch dann wirksam ist, wenn der Bürgermeister im Innenverhältnis seine Vertretungsbefugnis überschritten hat, weil er bspw. für eine bestimmte Handlung nicht zuständig war.[1076] Nur so kann dem Schutzbedürfnis des mit der Gemeinde kontrahierenden Dritten Rechnung getragen werden **(Rechtssicherheit für Außenstehende)**.

Im **Innenverhältnis** ist der Bürgermeister allerdings verpflichtet, gesetzliche Einschränkungen zu beachten. Insoweit kommt es darauf an, ob ihm die **Vertretungsbefugnis** zusteht, für die Gemeinde tätig zu werden. So benötigt er bspw. für seine Handlungen eine vorherige Beschlussfassung durch den Gemeinderat, sofern der Gemeinderat für die Angelegenheit zuständig ist (z. B. Verkauf eines gemeindeeigenen Grundstücks). Die Vertretungsbefugnis des Bürgermeisters ist auch dann beschränkt, wenn durch Gesetz anderen Personen entsprechende Zuständigkeiten zugewiesen werden (z. B. dem Kassenverwalter gemäß § 86 SächsGemO, dem Leiter des Rechnungsprüfungsamts gemäß § 103 SächsGemO, dem Standesbeamten gemäß § 2 PStG sowie der Betriebsleitung gemäß § 5 Abs. 1 SächsEigBVO). Genehmigungsvorbehalte sowie Weisungen der Fachaufsichtsbehörden in Weisungsangelegenheiten beschränken die Vertretungsbefugnis des Bürgermeisters ebenfalls.[1077]

c) Folgen bei Überschreiten der Vertretungsbefugnis

Überschreitet der Bürgermeister seine Vertretungsbefugnis, so ist hinsicht- **458**
lich der **Fehlerfolgen** danach zu unterscheiden, in welcher Form der Bürgermeister gehandelt hat.

Privatrechtliche Verträge, die der Bürgermeister ohne Vertretungsbefugnis **459**
abschließt, sind zwar grds. wirksam. Sie können aber u. U. von der Gemeinde gemäß § 123 BGB mit dem **Einwand der Arglist** angefochten werden, wenn der beteiligte Dritte von dieser Überschreitung positiv wusste oder bei An-

1075 *Wahl*, in: Quecke/Schmid, Gemeindeordnung für den Freistaat Sachsen, § 51 Rn. 66.
1076 BGH, NJW 1985, S. 1778 (1779); BGH, NJW 1998, S. 3058 (3059); BGH, NJW 2001, S. 2626 (2628).
1077 *Musall*, in: Sponer/Jacob/Musall, Kommunalverfassungsrecht Sachsen, § 51 SächsGemO Erl. 4.1.

wendung der verkehrsüblichen Sorgfalt hätte erkennen müssen, dass der Bürgermeister z.B. ohne oder gegen den Willen des Gemeinderates gehandelt hat („grobe Fahrlässigkeit"). In diesen Fällen liegt eine missbräuchliche Ausnutzung der Vertretungsmacht vor, und das Rechtsgeschäft wird unwirksam.[1078] Bei einem **bewussten (kollusiven) Zusammenwirken** von Bürgermeister und Vertragspartner zum Nachteil der Gemeinde ist das Rechtsgeschäft sittenwidrig und damit gemäß § 138 BGB nichtig.[1079] Die dargelegten Regeln hinsichtlich privatrechtlicher Rechtsgeschäfte gelten auch für vom Bürgermeister vorgenommene **Prozesshandlungen**, da gemäß §§ 51 f. ZPO, 62 VwGO das Prozessrecht an die Regelungen zur privatrechtlichen Geschäftsfähigkeit anknüpft.[1080]

460 Bei **öffentlich-rechtlichen Verträgen** beurteilt sich die Rechtslage gemäß § 59 VwVfG, die über den Verweis des § 62 S. 2 VwVfG den privatrechtlichen Verträgen angenähert ist.[1081]

461 Eine vom Bürgermeister ohne ordnungsgemäßen Satzungsbeschluss des Gemeinderates ausgefertigte und verkündete **Satzung** (oder Verordnung) ist demgegenüber nichtig. Heilungsmöglichkeiten gibt es gemäß § 4 Abs. 4 S. 2 Nr. 1 SächsGemO nicht. **Verwaltungsakte**, die ohne Ratsbeschluss ergangen sind, sind im Gegensatz hierzu nach dem Grundgedanken des § 44 Abs. 3 Nr. 3 VwVfG nicht grds. nichtig, sondern lediglich wegen eines Verfahrensmangels formell rechtswidrig und damit anfechtbar.

462 Das Risiko einer Überschreitung der Vertretungsbefugnis trägt die Gemeinde. Der Bürgermeister kann sich allerdings schadensersatzpflichtig machen, disziplinarisch belangt werden sowie strafrechtlich haftbar sein.

2. Abgabe von Verpflichtungserklärungen

463 Von den Grenzen der Vertretungsbefugnis ist die Einhaltung etwaiger Formvorschriften bei der Abgabe einer **Verpflichtungserklärung** durch den Bürgermeister zu unterscheiden. Gemäß § 60 Abs. 1 S. 1 SächsGemO bedürfen Erklärungen des Bürgermeisters, durch welche die Gemeinde zu einer Leistung verpflichtet werden soll, der **Schriftform**. Die elektronische Form – die im Freistaat Sachsen[1082] bisher nicht vorgesehen war – ist seit dem Dritten Gesetz zu Fortentwicklung des Kommunalrechts vom 9.2.2022[1083] nunmehr in § 60 Abs. 1 S. 2 SächsGemO aufgenommen worden. Danach sind jetzt Erklärungen auch in **elektronischer Form** zulässig, sofern sie mit einer dauerhaft überprüfbaren elektronischen Signatur des Bürgermeisters versehen sind.

1078 Vgl. *G. Brüggen*, in: Brüggen/Geiert/Nolden, Sächsische Gemeindeordnung, § 51 Rn. 13 m.w.N.; *Kunze/Bronner/Katz*, Gemeindeordnung BW, Erl. 9 zu § 42.

1079 Vgl. *Musall*, in: Sponer/Jacob/Musall, Kommunalverfassungsrecht Sachsen, § 51 SächsGemO Erl. 4.3.

1080 BGH, NJW 1998, S. 379.

1081 *Burgi*, Kommunalrecht, § 13 Rn. 30.

1082 Anders als etwa in § 54 Abs. 1 S. 1 2. Alt. GemO BW.

1083 Gesetz vom 9.2.2022 (SächsGVBl. S. 134).

Solche Verpflichtungserklärungen betreffen insb. 464

- den Abschluss von Kauf-, Miet-, Pacht-, Dienst-, Werk- und Darlehens- sowie Gesellschaftsverträgen,
- die Aufhebung, Anfechtung oder Kündigung eines Vertrages,
- die Übernahme von Bürgschaften sowie
- Zusicherungen und Zusagen.

Diese Willenserklärungen des Bürgermeisters kommen sowohl im öffentlich-rechtlichen als auch im privatrechtlichen Bereich in Betracht. Nicht darunter fallen innerdienstliche Anordnungen, dingliche Rechtsgeschäfte, Verfahrens- oder Prozesshandlungen, Realakte oder Erklärungen ohne Rechtspflichten (z. B. Einladungen).[1084] 465

Zur Schriftform gehört, dass die Verpflichtungserklärung vom Bürgermeister **handschriftlich zu unterzeichnen** ist (§ 60 Abs. 1 S. 1 SächsGemO). Die bloße Beglaubigung einer maschinenschriftlichen Unterschrift[1085] oder die Verwendung eines Namensstempels reichen nicht aus. Allerdings sind Verpflichtungserklärungen auch in elektronischer Form zulässig, sofern sie mit einer dauerhaft überprüfbaren elektronischen Signatur des Bürgermeisters versehen sind (§ 60 Abs. 1 S. 2 SächsGemO). 466

Im **Verhinderungsfall** unterschreibt der **Stellvertreter des Bürgermeisters**. Hier genügt ebenfalls eine Einzelunterschrift. Zwei Unterschriften werden hingegen benötigt, wenn **Bedienstete der Gemeinde** mit der Vertretung für das konkret in Rede stehende Geschäft beauftragt worden sind (Gesamtvertretung). Der Unterschrift **soll** die Amtsbezeichnung und im Falle des § 60 Abs. 2 SächsGemO ein das Vertretungsverhältnis kennzeichnender Zusatz („i. V." beim Stellvertreter und den Beigeordneten und im Übrigen „i. A.") beigefügt werden (§ 60 Abs. 3 SächsGemO). Das Dienstsiegel muss nur angefügt werden, wenn es sondergesetzlich vorgeschrieben ist. Die **Beigeordneten** unterschreiben im Rahmen ihrer Vertretungsmacht (§ 55 Abs. 3 SächsGemO) allein. Dies gilt auch für einen bestellten **Amtsverweser** (§ 54 Abs. 4 und 5 SächsGemO). 467

Für Erklärungen in **Geschäften der laufenden Verwaltung** oder aufgrund einer in der Form des § 60 Abs. 1 bis 3 SächsGemO ausgestellten **Vollmacht**, für die an sich keine Form vorgeschrieben ist, gelten gemäß § 60 Abs. 4 SächsGemO die Formvorschriften der Absätze 1 bis 3 allerdings nicht. 468

Sinn und Zweck der Schriftformerfordernisse ist der Schutz der Gemeinde und des Gemeinderats vor eigenmächtigen und übereilten Aktionen des Bürgermeisters mit finanziell und/oder politisch nachteiligen Auswirkungen. Es handelt sich um die logische Konsequenz der Unbeschränktheit der Vertretungsmacht des Bürgermeisters im Außenverhältnis.[1086] 469

1084 *Menke/Arens*, Gemeindeordnung für den Freistaat Sachsen, § 60 Rn. 1.
1085 *Sponer*, in: Binus/Sponer/Koolman, Sächsische Gemeindeordnung, § 60 Rn. 5.
1086 *Burgi*, Kommunalrecht, § 13 Rn. 33.

470 Bei Nichtbeachtung der Anforderungen des § 60 SächsGemO ist hinsichtlich der **Rechtsfolgen** wie folgt zu differenzieren:

- Bei **öffentlich-rechtlichen Verpflichtungserklärungen** (v.a. bei Verwaltungsverträgen gemäß § 54 VwVfG oder bei Ausübung gesetzlicher Vorkaufsrechte sowie dem Erlass eines Verwaltungsakts in Gestalt der Zusicherung gemäß § 38 VwVfG) stellt ein Verstoß gegen § 60 Abs. 1 oder Abs. 2 SächsGemO einen schweren Verfahrensfehler dar **(„echte" Formvorschrift)**. Es findet ohne Weiteres allgemeines Fehlerfolgenrecht Anwendung. Demnach ist eine Zusicherung gemäß § 38 Abs. 1 VwVfG bei fehlender Schriftform unwirksam (bei sonstigen öffentlich-rechtlichen Akten § 125 BGB analog), während Verwaltungsverträge gemäß §§ 57, 59 Abs. 1 VwVfG i. V. m. § 125 BGB nichtig sind.[1087]
- Bei **privatrechtlichen Verpflichtungserklärungen** hat § 60 SächsGemO nur die Bedeutung **einer besonderen förmlichen Regelung über die Vertretungsmacht** zur rechtswirksamen Vertretung der Gemeinde. Der Bund hat das Zivilrecht aufgrund seiner Gesetzgebungskompetenz gemäß Art. 74 Abs. 1 Nr. 1 GG abschließend geregelt.[1088] Verstöße gegen die Formerfordernisse des § 60 Abs. 1 und Abs. 2 SächsGemO führen deshalb nicht gemäß § 125 BGB zur Nichtigkeit des Rechtsgeschäfts. Vielmehr gelten die Regelungen der §§ 177 ff. BGB über die Vertretung ohne Vertretungsmacht, die nur zur **schwebenden Unwirksamkeit** des Rechtsgeschäfts führen mit der Konsequenz, dass der Gemeinderat die Genehmigung verweigern kann (aber nicht muss).[1089]

471 **Zur Vertiefung:**

*Der BGH beurteilt in seiner neueren Rechtsprechung kommunalrechtliche Formbestimmungen als „**materielle Vorschriften über die Beschränkung der Vertretungsmacht**", deren Nichtbeachtung zur Unwirksamkeit des Rechtsgeschäfts führe.*[1090]

In der Literatur[1091] *wird diese BGH-Rechtsprechung kritisch betrachtet. Die einschlägigen gemeinderechtlichen Vorschriften seien als **Formvorschriften** anzusehen. Dies folge aus dem Wortlaut und aus dem Schutzzweck, das Vertretungsorgan Bürgermeister von der unüberlegten Begründung folgenschwerer Verpflichtungen abzuhalten und zugleich Auslegungs- und Beweisschwierigkeiten zu vermeiden. Die inhaltlich durchaus zutreffenden kompetenziellen Hinweise des BGH könnten nicht dazu führen, eine Formvorschrift in eine Vertretungsvorschrift umzuinterpretieren. In dieser Situation biete sich die **analoge Anwendung** der §§ 177, 178 und 180 BGB (im Einklang mit dem BGH nicht auch des § 179 BGB) an (Vertretung ohne Vertretungsmacht). Demnach seien privatrechtliche Verpflichtungsverträge bis zur Genehmigung durch den Gemeinderat grds. schwebend unwirksam und bei einer Verweigerung der Genehmigung nichtig.*

1087 *Burgi*, Kommunalrecht, § 13 Rn. 35; *Vinke*, in: Quecke/Schmid, Gemeindeordnung für den Freistaat Sachsen, § 60 Rn. 25 ff. m. w. N.
1088 Vgl. dazu auch Art. 55 ff. EGBGB (Verhältnis des BGB zu den Landesgesetzen).
1089 *Sponer*, in: Binus/Sponer/Koolman, Sächsische Gemeindeordnung, § 60 Rn. 6.
1090 BGH, DÖV 2001, S. 868; zuletzt BGH, NJW 2009, S. 289.
1091 *Burgi*, Kommunalrecht, § 13 Rn. 38 f. m. w. N.; zum Ganzen: *Lange*, Kommunalrecht, Kap. 8 Rn. 191 f.

3. Beauftragung

Ein zeitgemäßer Führungsstil erfordert eine gewisse Handlungs- und Entscheidungsfreiheit der **Bediensteten der Gemeinde**. § 59 Abs. 1 SächsGemO bietet dem Bürgermeister die Möglichkeit, solche Führungsprinzipien im Wege der **„Beauftragung"** in der Kommunalverwaltung anzuwenden.[1092] 472

Unter einer „Beauftragung" versteht man dabei nicht nur die 473

- Zuweisung bestimmter Aufgabengebiete oder einzelner Angelegenheiten,

sondern zugleich auch

- die Übertragung des Rechts, sachlich entscheiden zu dürfen und
- diese Entscheidung nach außen vertreten zu können.

Damit ist mit der Beauftragung zugleich die Bewirtschaftungsbefugnis verbunden, d.h. das Recht, im Rahmen des Haushaltsplanes Verbindlichkeiten eingehen und Forderungen begründen zu dürfen.

Über die Beauftragung selbst entscheidet grds. der Bürgermeister im Rahmen seines Organisationsermessens.[1093] Er kann diese Befugnis auf Beigeordnete für deren Geschäftsbereich übertragen (§ 59 Abs. 1 S. 2 SächsGemO). Andererseits benötigen aber die Beigeordneten für ihre Person keine Beauftragung, da sie innerhalb ihres Geschäftskreises ein Vertretungsrecht aufgrund ihrer Stellung besitzen (§ 55 Abs. 3 SächsGemO). 474

Für die Beauftragung ist keine Form vorgeschrieben. Sie kann daher **formlos** erfolgen, im Geschäftsverteilungsplan ausgewiesen oder in einer Zuständigkeitsverordnung geregelt werden. Sie kann durch eine Ermessensentscheidung des Bürgermeisters jederzeit geändert oder widerrufen werden. Die Befugnis, andere zu beauftragen, darf der Bürgermeister nicht auf Gemeindebedienstete delegieren. Beauftragt werden können nur Bedienstete der Gemeinde, nicht aber Gemeinderäte, ehrenamtlich Mitwirkende oder sonstige Dritte.[1094] Den zuletzt genannten Personen kann indes eine rechtsgeschäftliche Vollmacht gemäß § 59 Abs. 2 SächsGemO erteilt werden. Wer als Beauftragter tätig wird, unterzeichnet mit dem Zusatz „im Auftrag". Die Beauftragung darf nicht generell erfolgen, sondern muss stets auf bestimmte Aufgabengebiete oder einzelne Angelegenheiten beschränkt werden. 475

Bei der Beauftragung handelt es sich streng genommen um keine Bevollmächtigung i.S.d. §§ 167 ff. BGB und um keinen Auftrag i.S.d. § 662 BGB, sondern um einen **öffentlich-rechtlichen Auftrag** (öffentlich-rechtlicher verwaltungsinterner Organisationsakt). Trotzdem besitzt der Beauftragte die Rechtsstellung eines Vertreters. Im Fall der Überschreitung der Beauftragung gelten die im bürgerlichen Recht entwickelten Regeln über die Anscheins- oder Dul- 476

1092 Vgl. *Gern/Brüning*, Deutsches Kommunalrecht, Rn. 488ff.

1093 Vgl. *Sponer*, in: Sponer/Jacob/Musall, Kommunalverfassungsrecht Sachsen, § 59 SächsGemO Erl. 1.

1094 *Vinke*, in: Quecke/Schmid, Gemeindeordnung für den Freistaat Sachsen, § 59 Rn. 8f.; a.A. Koolman, in: Binus/Sponer/Koolman, Sächsische Gemeindeordnung, § 59 Rn. 2.

dungsvollmacht entsprechend; im Übrigen handelt er als Vertreter ohne Vertretungsmacht (§ 177 BGB).[1095]

4. Vollmacht

477 Im Unterschied zur Beauftragung wirkt die **rechtsgeschäftliche Vollmacht** gemäß § 59 Abs. 2 SächsGemO **nur im Außenbereich** und begründet die Vertretungsmacht, die nur von der Stellung des Bürgermeisters als dem gesetzlichen Vertreter der Gemeinde hergeleitet wird. Was die Bevollmächtigung zur Teilnahme am Privatrechtsverkehr angeht, ist § 59 Abs. 2 SächsGemO nur **deklaratorisch**. Die Befugnis der Gemeinde, vertreten durch ihren Bürgermeister, auf dem Gebiet des Privatrechts Vollmacht zu erteilen, folgt bereits aus deren Stellung als Rechtssubjekt.[1096]

478 Die Vollmacht kann durch den Bürgermeister nicht nur an die Gemeindebediensteten, sondern auch an Außenstehende (Rechtsanwälte, Gemeinderäte, Sachverständige) erteilt werden (z.B. als Prozessvollmacht). Eine Vollmachtserteilung ermächtigt zur Vornahme von Geschäften des privaten Rechtsverkehrs in einzelnen Angelegenheiten; für den Bereich der hoheitlichen Verwaltung ist sie im Allgemeinen ausgeschlossen. Für die Zuständigkeit zur Vollmachtserteilung gilt dasselbe wie für die Beauftragung. Die Vollmacht selbst richtet sich nach §§ 164ff. BGB.[1097] Es soll allerdings nur eine **Einzel- oder Spezialvollmacht** erteilt werden, nur in Ausnahmefällen ist eine Gattungsvollmacht (Artvollmacht) zulässig. Eine Generalvollmacht ist ausgeschlossen, da sie zu sehr in den Verantwortungsbereich des Bürgermeisters eingreifen würde. Vollmachten sind jederzeit widerruflich.

479 Eine Vollmacht kann grds. **formlos** erteilt werden, sofern dies gesetzlich nicht anders bestimmt ist (z.B. § 174 BGB oder § 80 ZPO). Sie muss auf eine namentlich genannte Person ausgestellt sein, nicht bspw. auf eine Dienststelle. Die Vertretung einer Gemeinde durch einen vollmachtlosen Vertreter mit anschließender Genehmigung ist im Rahmen der §§ 177, 182 BGB zulässig und wirksam.[1098]

XI. Stellvertreter des Bürgermeisters

Hinweis für Studierende der Rechtswissenschaften:

Die nachfolgende Darstellung geht deutlich über das hinaus, was als Pflichtfachstoff erwartet werden kann. Daher können sich Studierende zur Vorbereitung auf die staatliche Pflichtfachprüfung auf die Ausführungen unter 1. beschränken.

1095 *Menke/Arens*, Gemeindeordnung für den Freistaat Sachsen, § 59 Rn. 1.
1096 *Vinke*, in: Quecke/Schmid, Gemeindeordnung für den Freistaat Sachsen, § 59 Rn. 33.
1097 *Sponer*, in: Sponer/Jacob/Musall, Kommunalverfassungsrecht Sachsen, § 59 SächsGemO Erl. 2; Menke/Arens, Gemeindeordnung für den Freistaat Sachsen, § 59 Rn. 2.
1098 *Koolman*, in: Binus/Sponer/Koolman, Sächsische Gemeindeordnung, § 59 Rn. 8.

1. Allgemeines

Um eine reibungslose Verwaltung der Gemeinde sicherzustellen, müssen in allen Gemeinden unabhängig von ihrer Größe **Vertreter des Bürgermeisters** bestellt werden.[1099] Bei dieser Stellvertretung handelt es sich um eine **organschaftliche Vertretung.**[1100] Soweit ein Vertretungsfall (Verhinderung) gegeben ist, kann demzufolge die Vertretungsmacht nicht beschränkt werden. Damit besitzt der Stellvertreter zumindest im **Außenverhältnis** die gleiche Rechtsstellung wie der Bürgermeister selbst. Im **Innenverhältnis** kann die Vertretungsbefugnis jedoch durch Entscheidungen des Gemeinderats oder des Bürgermeisters im Rahmen des gesetzlich zugewiesenen Aufgabenbereichs beschränkt werden.[1101] 480

Die Stellvertretung ist in der SächsGemO mehrfach und unterschiedlich geregelt. Zu unterscheiden ist zwischen der aufgabenbezogenen **ständigen** Vertretung des Bürgermeisters, die gemäß § 55 Abs. 3 S. 1 SächsGemO den **Beigeordneten** in ihrem Geschäfts- bzw. Aufgabenkreis und den **Ortsvorstehern** gemäß § 68 Abs. 2 S. 1 SächsGemO beim Vollzug der Beschlüsse des Ortschaftsrats zusteht. 481

Demgegenüber ist die in § 54 Abs. 1 SächsGemO und in § 55 Abs. 2 und Abs. 4 SächsGemO genannte **nicht ständige** Stellvertretung nur dann von Bedeutung, wenn der Bürgermeister **verhindert** ist. Es handelt sich folglich bei der nicht ständigen Stellvertretung um eine reine Verhinderungsstellvertretung. Die Verhinderung kann auf tatsächlichen Ursachen (z.B. Krankheit, Urlaub, längere Dienstreise usw.), aber auch auf rechtlichen Gründen beruhen (z.B. Befangenheit). Ein besonderer Beschluss des Gemeinderats, dass ein Verhinderungsfall vorliegt, ist nicht erforderlich.[1102] Es genügt, wenn der Bürgermeister (formlos) erklärt, dass er verhindert ist. Liegt kein Verhinderungsfall vor, handelt der Vertreter als Vertreter ohne Vertretungsmacht (§ 177 BGB). 482

Während bei der ständigen Vertretung die potenziellen Vertreter feststehen (Beigeordnete oder Ortsvorsteher), müssen in Gemeinden ohne Beigeordnete der oder die Stellvertreter des Bürgermeisters gemäß § 54 Abs. 1 SächsGemO aus der Mitte des Gemeinderats ausdrücklich bestellt werden. Es handelt sich somit um **ehrenamtliche Stellvertreter**. § 54 Abs. 2 SächsGemO eröffnet diesen Gemeinden durch eine entsprechende Hauptsatzungsregelung zudem die Möglichkeit, dass der Bürgermeister im Einvernehmen mit dem Gemeinderat einen oder mehrere **Bedienstete** bestellt, die ihn außer in den in § 54 Abs. 2 S. 1 SächsGemO genannten Aufgabenbereichen in den Fällen seiner Verhinderung vertreten. 483

Ist die Stelle des Bürgermeisters voraussichtlich längere Zeit unbesetzt oder ist der Bürgermeister voraussichtlich längere Zeit an der Ausübung seines Amtes verhindert (z.B. durch eine langwierige Erkrankung), kann der Gemeinderat gemäß § 54 Abs. 4 S. 1 SächsGemO einen **Amtsverweser** bestellen. Dies kommt auch dann in Betracht, wenn ein zum Bürgermeister gewählter Bewerber sein Amt wegen der Anfechtung der Wahl nicht antreten kann (§ 54 Abs. 5 S. 1 SächsGemO). 484

1099 *Gern*, Sächsisches Kommunalrecht, Rn. 423.
1100 *Geis*, Kommunalrecht, § 11 Rn. 62.
1101 *Gern*, Sächsisches Kommunalrecht, Rn. 423.
1102 *G. Brüggen*, in: Brüggen/Geiert/Nolden, Sächsische Gemeindeordnung, § 54 Rn. 4.

2. Gemeinderäte und Bedienstete

485 In Gemeinden **ohne** Beigeordneten bestellt der Gemeinderat nach jeder Wahl **aus seiner Mitte** einen oder mehrere Stellvertreter des Bürgermeisters (§ 54 Abs. 1 S. 1 und S. 3 SächsGemO). Sie werden in der Reihenfolge der Stellvertretung je in einem besonderen Wahlgang nach den Grundsätzen des § 39 Abs. 7 SächsGemO gewählt (§ 54 Abs. 1 S. 4 SächsGemO). Die Anzahl der Stellvertreter wird durch einfachen Gemeinderatsbeschluss bestimmt. Einer Regelung in der Hauptsatzung bedarf es nicht.[1103]

486 Sind alle bestellten Vertreter vorzeitig ausgeschieden oder sind im Falle der Verhinderung des Bürgermeisters auch alle Stellvertreter verhindert, hat der Gemeinderat unverzüglich einen oder mehrere Stellvertreter neu oder auf die Dauer der Verhinderung zusätzlich zu bestellen (§ 54 Abs. 1 S. 5 SächsGemO). Diese Bestimmung geht einer eventuellen Begrenzung der Anzahl der Stellvertreter durch die Hauptsatzung vor. Bis zu dieser Bestellung nimmt der an Lebensjahren älteste, nicht verhinderte Gemeinderat die Aufgaben des Bürgermeisters wahr (§ 54 Abs. 1 S. 6 SächsGemO). Bei dieser Stellvertretung handelt es sich um eine **ehrenamtliche Tätigkeit** unabhängig davon, ob es sich um einen haupt- oder ehrenamtlichen Bürgermeister handelt, der wegen Verhinderung vertreten werden muss.

487 Die Stellvertretung gemäß § 54 Abs. 1 SächsGemO kann durch Hauptsatzung auf den Vorsitz im Gemeinderat, die Vorbereitung seiner Sitzungen und die Repräsentation der Gemeinde **begrenzt** werden (§ 54 Abs. 2 S. 1 SächsGemO). In diesem Fall hat der Bürgermeister im Einvernehmen mit dem Gemeinderat einen oder mehrere geeignete **Bedienstete der Gemeinde** zu bestellen, die ihn in den Fällen der Verhinderung in den weiteren Fällen vertreten (§ 54 Abs. 2 S. 2 SächsGemO). Diese Regelung soll die Stellvertreter aus der Mitte des Gemeinderats entlasten und trägt dem Umstand Rechnung, dass die im Rahmen der Stellvertretung in Betracht kommenden Aufgaben typischerweise einen fachkundigen Verantwortlichen erfordern.[1104]

488 Gemäß § 54 Abs. 3 S. 1 SächsGemO besteht für den Gemeinderat die Möglichkeit, den aus seiner Mitte gewählten Stellvertreter **vorzeitig abzuwählen**. Für die Abwahl gilt ebenfalls § 39 Abs. 7 SächsGemO. Weiteres regelt § 54 Abs. 3 S. 2 bis 4 SächsGemO.

3. Amtsverweser

a) Amtsverweser wegen Verhinderung des Bürgermeisters

489 Der Stellvertreter übernimmt auch im Falle einer längeren Verhinderung des Bürgermeisters dessen Funktion.[1105] Im Falle einer **hauptamtlichen Stellvertretung** durch Beigeordnete werden sich daraus i. d. R. keine Schwierigkeiten ergeben. Wenn aber ein **ehrenamtlicher Stellvertreter** für längere Zeit verant-

1103 *G. Brüggen*, in: Brüggen/Geiert/Nolden, Sächsische Gemeindeordnung, § 54 Rn. 3; a. A. *Rehak*, in: Quecke/Schmid, Gemeindeordnung für den Freistaat Sachsen, § 54 Rn. 3, Fn. 11: Regelung in der Hauptsatzung, da es eine Angelegenheit der Gemeindeverfassung sei.

1104 *Koolman*, in: Binus/Sponer/Koolman, Sächsische Gemeindeordnung, § 54 Rn. 6.

1105 Vgl. *Püttner*, Kommunalrecht Baden-Württemberg, S. 96.

wortlich ist, können sich daraus wegen der beruflichen Inanspruchnahme und/oder der fehlenden fachlichen Vorbildung Probleme ergeben. Daher sieht die SächsGemO vor, dass in solchen Fällen ein **Amtsverweser** bestellt werden **kann** (§ 54 Abs. 4 SächsGemO). Voraussetzung dafür ist, dass die Bürgermeisterstelle voraussichtlich für längere Zeit unbesetzt ist oder der Bürgermeister für längere Zeit (z.B. wegen Krankheit) sein Amt nicht ausüben kann. Für die **Ermessensentscheidung**, einen Amtsverweser zu bestellen, dürften die Dauer der Vertretung, der zu erwartende Arbeitsanfall, die persönliche und berufliche Situation des Stellvertreters sowie seine fachliche Eignung eine Rolle spielen. Nicht unwesentlich ist zudem, ob von der Möglichkeit des § 54 Abs. 2 SächsGemO Gebrauch gemacht wurde, zusätzlich geeignete Bedienstete zu bestellen. Sind in der Gemeinde ein oder mehrere Beigeordnete bestellt, scheidet i. d. R. die Bestellung eines Amtsverwesers gemäß § 54 Abs. 4 SächsGemO aus.[1106]

Der Amtsverweser wird vom Gemeinderat mit der Mehrheit der Stimmen aller Mitglieder gemäß § 54 Abs. 4 S. 1 SächsGemO bestellt, wobei es sich hierbei um eine **Wahl** handelt.[1107] Die erforderliche qualifizierte Mehrheit ist nicht nur für die Wahl selbst erforderlich, sondern auch für die Entscheidung, ob ein Amtsverweser eingesetzt werden soll. Der Amtsverweser selbst muss zum Bürgermeister wählbar sein (§ 54 Abs. 4 S. 2 SächsGemO) und folglich alle **Wählbarkeitsvoraussetzungen für Bürgermeister** erfüllen.[1108] 490

Der Amtsverweser muss zum **Beamten der Gemeinde** bestellt werden. Gemäß § 54 Abs. 4 S. 3 SächsGemO ist er in Gemeinden mit hauptamtlichem Bürgermeister zum Beamten auf Widerruf, in Gemeinden mit ehrenamtlichem Bürgermeister zum Ehrenbeamten auf Widerruf zu bestellen, sofern er nicht bereits Beamter der Gemeinde ist. 491

Der Amtsverweser nach § 54 Abs. 4 SächsGemO übernimmt alle Funktionen des Bürgermeisters mit **Ausnahme des Stimmrechts** im Gemeinderat und in den beschließenden Ausschüssen. Diese Beschränkung folgt aus einem Umkehrschluss zu § 54 Abs. 6 SächsGemO. 492

b) Amtsverweser wegen Wahlanfechtung

§ 54 Abs. 5 SächsGemO erleichtert die Bestellung des **gewählten Bürgermeisters** zum Amtsverweser, sofern er aufgrund einer Wahlanfechtung sein Amt nicht antreten kann. **Voraussetzung** ist eine gewisse Wahrscheinlichkeit dafür, dass die Wahlanfechtung unbegründet ist.[1109] Dies trifft immer dann zu, wenn die Wahlprüfungsbehörde die Gültigkeit der Wahl festgestellt oder eine Wahlanfechtung im Vorverfahren zurückgewiesen hat. Die Tätigkeit als Amtsverweser wird auf die Amtszeit als Bürgermeister angerechnet. **Im Falle einer Wiederwahl** findet diese Bestimmung keine Anwendung, da hier der Bürgermeister sein Amt gemäß § 51 Abs. 5 SächsGemO weiterzuführen hat. Der Amtsverweser führt die Bezeichnung Bürgermeister (§ 54 Abs. 5 S. 5 1. Hs. SächsGemO) bzw. Oberbürgermeister (§ 54 Abs. 5 S. 5 2. Hs. SächsGe- 493

1106 *Koolman*, in: Binus/Sponer/Koolman, Sächsische Gemeindeordnung, § 54 Rn. 9.
1107 *Rehak*, in: Quecke/Schmid, Gemeindeordnung für den Freistaat Sachsen, § 54 Rn. 10.
1108 Vgl. dazu näher in diesem Kapitel oben unter F.VI.
1109 *Waibel*, Gemeindeverfassungsrecht Baden-Württemberg, Rn. 881 f.

mO). Nach § 54 Abs. 6 SächsGemO besitzt dieser Amtsverweser – im Gegensatz zum Amtsverweser nach § 54 Abs. 4 SächsGemO – **Stimmrecht** im Gemeinderat und seinen Ausschüssen.

4. Beigeordnete

a) Bestellung und Rechtsstellung

494 In Gemeinden mit mehr als 10.000 Einwohnern (die Zahl der Einwohner richtet sich nach § 125 SächsGemO) **können**, in Kreisfreien Städten **müssen** als hauptamtliche Stellvertreter des Bürgermeisters **Beigeordnete** bestellt werden (§ 55 Abs. 1 S. 1 SächsGemO). Ihre Zahl ist entsprechend den Erfordernissen der Gemeindeverwaltung in der Hauptsatzung festzulegen (§ 55 Abs. 1 S. 2 SächsGemO). Höchstgrenzen sind in § 55 Abs. 1 S. 3 SächsGemO in Abhängigkeit von der Einwohnerzahl festgelegt. Die Anzahl der Beigeordneten beträgt danach zwischen einem und acht Beigeordneten. Maßgebendes Kriterium für die Entscheidung, ob es überhaupt einen Beigeordneten oder wie viele Beigeordnete es geben soll, sind stets die Erfordernisse der Gemeindeverwaltung. Es kommt darauf an, ob Umfang und Schwierigkeit der Verwaltungsaufgaben eine Aufteilung der Leitungsfunktion auf mehrere Personen rechtfertigen bzw. erfordern.[1110]

495 Neben den Beigeordneten können auch ehrenamtliche Stellvertreter (§ 54 Abs. 1 SächsGemO) gewählt werden. Diese übernehmen ihre Funktion aber erst dann, wenn alle Beigeordneten verhindert sind (§ 55 Abs. 2 SächsGemO). Werden in kreisangehörigen Gemeinden mit mehr als 10.000 Einwohnern keine Beigeordneten bestellt, müssen ehrenamtliche Stellvertreter gemäß § 54 Abs. 1 SächsGemO gewählt werden. Die Stellen der Beigeordneten sind spätestens zwei Monate vor der Besetzung **öffentlich auszuschreiben** (§ 56 Abs. 3 S. 2 SächsGemO). Für den Zeitpunkt der Wahl gilt § 50 Abs. 1 SächsGemO entsprechend (§ 56 Abs. 3 S. 1 SächsGemO).

496 **Zur Vertiefung:**

Da § 57 Abs. 1 SächsGemO bestimmt, dass für Beigeordnete § 49 SächsGemO entsprechend gilt, müssen die Bewerber dieselben ***Wählbarkeitsvoraussetzungen*** *erfüllen wie Kandidaten für ein Bürgermeisteramt.*[1111] *Durch die Anwendung des § 49 SächsGemO ergeben sich verschiedene* ***Hinderungsgründe****, die bereits die Wählbarkeit ausschließen. Dies betrifft die Altersgrenze gemäß § 49 Abs. 1 S. 2 SächsGemO sowie die in § 49 Abs. 2 SächsGemO geregelten Sachverhalte. Die in § 49 Abs. 3 S. 1 und Abs. 4 SächsGemO genannten Fälle stellen indes keine Ausschlussgründe für die Wahl dar, da es der gewählte Bewerber in der Hand hat, die Hinderungsgründe vor der Ernennung zu beseitigen. Ist der gewählte Bewerber bspw. Bediensteter der Rechtsaufsichtsbehörde, kann er diese Tätigkeit vor der Ernennung zum Beigeordneten aufgeben.*[1112] *Problematischer sind hingegen die sich aus § 57 Abs. 2 S. 1 SächsGemO ergebenden Hinderungsgründe, die ein Bewerber für ein Amt als Beigeordneter nicht ohne Weiteres ändern kann.*

1110 Vgl. die Erläuterungen zum Hauptsatzungsmuster des SSG, SLK 4/2022 S. 139.
1111 Vgl. dazu näher in diesem Kapitel oben unter F.VI.
1112 Vgl. *Rehak*, in: Quecke/Schmid, Gemeindeordnung für den Freistaat Sachsen, § 54 Rn. 41.

§ 56 Abs. 1 S. 3 SächsGemO sieht zudem vor, dass die Beigeordneten die für ihr Amt **erforderlichen fachlichen Voraussetzungen** erfüllen müssen. Dadurch wird indes nicht unzulässig in das Wahlrecht des Gemeinderats eingegriffen. Die kommunale Personalhoheit einschließlich des Rechts auf freie Auswahl ihrer Bediensteten wird nach Art. 28 Abs. 2 S. 1 GG nur im Rahmen der Gesetze gewährleistet.[1113] Welche konkreten fachlichen Voraussetzungen von einem Beigeordneten verlangt werden, wird im Gegensatz bspw. zum Fachbediensteten für das Finanzwesen gemäß § 62 SächsGemO[1114] im Gesetz nicht näher beschrieben.[1115] Verfügt jedoch ein Bewerber über die Befähigung für eine Laufbahn der Laufbahngruppe zwei i. S. d. § 17 Abs. 2 SächsBG, sind die fachlichen Voraussetzungen grds. als erfüllt anzusehen.[1116] Bei der Auswahlentscheidung ist zwar der **Leistungsgrundsatz** (Art. 33 Abs. 2 GG) zu beachten; parteipolitische Gesichtspunkte können aber aufgrund der Besonderheit des Amtes auch berücksichtigt werden.[1117] Dabei steht dem Gemeinderat als Wahlgremium ein weiter Beurteilungsspielraum zu.[1118] Nach Ablauf der Bewerbungsfrist und im Regelfall nach persönlicher Vorstellung im Gemeinderat wählt der **Gemeinderat** im **Einvernehmen mit dem Bürgermeister** die Beigeordneten (§ 56 Abs. 2 S. 1 i. V. m. § 28 Abs. 4 SächsGemO). 497

Zur Vertiefung: 498

Da es sich bei der Wahl zum Beigeordneten nicht um die Wahl zu einer ehrenamtlichen Tätigkeit handelt, darf ein Mitglied des Gemeinderats, das sich selbst um das Amt des Beigeordneten beworben hat, nach § 20 Abs. 1 SächsGemO weder beratend noch entscheidend mitwirken. Dieses gilt auch, wenn sich eine andere in § 20 Abs. 1 SächsGemO aufgeführte Person beworben hat und dadurch das Mitglied des Gemeinderats befangen ist.[1119] Müssen mehrere Beigeordnete zugleich bestellt werden, sind für jede Beigeordnetenstelle gesonderte Wahlgänge durchzuführen (§ 56 Abs. 2 S. 1 1. Hs. SächsGemO).

Einvernehmen bedeutet – wie auch sonst im Verwaltungsrecht – die Herstellung der vollen Zustimmung. In der Gesetzesbegründung zu § 56 Abs. 2 S. 1 SächsGemO wird darauf hingewiesen, dass der Beigeordnete eine herausgehobene Stellung innerhalb der Gemeindeverwaltung bekleidet und seine Tätigkeit deshalb gleichermaßen vom Vertrauen des Bürgermeisters und des Gemeinderats getragen werden muss.[1120] Eine bloße Anhörung des Bürgermeis- 499

1113 *Koolman*, in: Binus/Sponer/Koolman, Sächsische Gemeindeordnung, § 56 Rn. 12 m. w. N.
1114 Vgl. dazu näher in diesem Kapitel unter G.IV.
1115 Vgl. *Rehak*, in: Quecke/Schmid, Gemeindeordnung für den Freistaat Sachsen, § 56 Rn. 1a, Fn. 1.
1116 *Koolman*, in: Binus/Sponer/Koolman, Sächsische Gemeindeordnung, § 56 Rn. 13; *Rehak*, in: Quecke/Schmid, Gemeindeordnung für den Freistaat Sachsen, § 55 Rn. 4.
1117 Vgl. *Rehak*, in: Quecke/Schmid, Gemeindeordnung für den Freistaat Sachsen, § 56 Rn. 8 und 12.
1118 *G. Brüggen*, in: Brüggen/Geiert/Nolden, Sächsische Gemeindeordnung, § 56 Rn. 7; vgl. auch OVG NRW, Beschluss vom 25.7.2016 – 6 A 1845/15, juris.
1119 *Koolman*, in: Binus/Sponer/Koolman, Sächsische Gemeindeordnung, § 56 Rn. 16.
1120 LT-Drs. 6/1235, S. 25.

ters mit dem Ziel der Verständigung genügt nicht. Wenn es zu keinem Einvernehmen mit dem Bürgermeister kommt, entscheidet der Gemeinderat gemäß § 28 Abs. 4 S. 2 SächsGemO mit einer Mehrheit von zwei Dritteln der anwesenden Stimmberechtigten über die Bestellung von Beigeordneten.

500 Sieht die Hauptsatzung **mehrere** Beigeordnete vor, **sollen** die Vorschläge der Parteien und Wählervereinigungen nach dem Verhältnis ihrer Sitze im Gemeinderat berücksichtigt werden (§ 56 Abs. 2 S. 2 SächsGemO). Die Stärke der Parteien und Wählervereinigungen im Gemeinderat soll im Regelfall Berücksichtigung finden (Parteienproporz), ist aber aufgrund der gesetzlichen Formulierung nicht zwingend. **Eine proportionale Besetzung ist daher gerichtlich nicht durchsetzbar.** Die „Soll"-Bestimmung des § 56 Abs. 2 S. 2 SächsGemO hat aber für den Fall rechtliche Auswirkungen, dass ein Einvernehmen zwischen Gemeinderat und Bürgermeister nicht zustande kommt.[1121]

501 **Zur Vertiefung:**

Nach der Rechtsprechung des SächsOVG[1122] *bezieht sich die Regelung des § 56 Abs. 2 SächsGemO auf den inneren Willensbildungs- und Willensäußerungsprozess des Gemeinderats und enthält ein an die Gemeinderäte gerichtetes* ***Gebot****, bei einer Wahl auch die Vorschläge der Parteien und Wählervereinigungen entsprechend dem Verhältnis ihrer Sitze im Gemeinderat zu berücksichtigen.*[1123] *Mit der Formulierung „berücksichtigen" komme schon dem Wortsinn nach eine geringere normative Bindungswirkung zum Ausdruck, wie sie bestünde, wenn der Gesetzgeber die Formulierung gewählt hätte, dass die Sitzverteilung zu „beachten" sei. Die Gemeinderäte bzw. die vorschlagsberechtigten Fraktionen haben also keinen Anspruch darauf, dass der Gemeinderat den von ihnen vorgeschlagenen Bewerber wählt. Weicht der Gemeinderat von den Vorschlägen ab, ist die Wahl dennoch gültig.*[1124]

502 Der Beigeordnete wird zum **Beamten auf Zeit** ernannt (§ 56 Abs. 1 SächsGemO). Seine **Amtszeit** beträgt wie die des Bürgermeisters **sieben Jahre**. Das Beamtenverhältnis wird – anders als bei einem Bürgermeister, dessen Beamtenverhältnis durch die rechtsgültige Wahl begründet wird (§ 147 Abs. 1 Nr. 1 SächsBG) – durch **Ernennung**, die durch die Aushändigung einer **Ernennungsurkunde** erfolgt, begründet.[1125] In der Ernennungsurkunde, die vom Bürgermeister zu unterschreiben ist, sind Beginn und Ende der Amtszeit anzugeben.

503 Hinsichtlich seiner sich aus dem Beamtenstatus ergebenden Rechtsstellung gelten grds. die für den hauptamtlichen Bürgermeister maßgeblichen Bestimmungen.[1126] Hinsichtlich seines Ruhestandes ist jedoch § 150 Abs. 1 S. 2 SächsBG zu

1121 Vgl. *G. Brüggen*, in: Brüggen/Geiert/Nolden, Gemeindeordnung für den Freistaat Sachsen, § 56 Rn. 13.

1122 SächsOVG, SächsVBl. 2006, S. 12; a. A. VG Dresden, SächsVBl. 2004, S. 163 (als Vorinstanz).

1123 *Koolman*, in: Binus/Sponer/Koolman, Sächsische Gemeindeordnung, § 56 Rn. 19.

1124 Sehr kritisch dazu: *Rehak*, in: Quecke/Schmid, Gemeindeordnung für den Freistaat Sachsen, § 56 Rn. 7.

1125 *Rehak*, in: Quecke/Schmid, Gemeindeordnung für den Freistaat Sachsen, § 56 Rn. 1; *Sponer/Tostmann*, Kommunalrecht, S. 83.

1126 Vgl. dazu näher oben in diesem Kapitel unter F.II.

beachten. Danach tritt der Beigeordnete (zwingend) mit Ablauf des Monats in den Ruhestand, in dem er das **68. Lebensjahr** vollendet. Dies gilt auch dann, wenn seine siebenjährige Amtszeit noch nicht abgelaufen ist.

Treten Hinderungsgründe i. S. d. § 57 Abs. 2 S. 1 SächsGemO zwischen Bürgermeister (oder dem Amtsverweser gemäß § 54 Abs. 5 SächsGemO) und Beigeordneten nach dessen Ernennung auf, ist der Beigeordnete gemäß § 57 Abs. 2 S. 2 SächsGemO in den einstweiligen Ruhestand zu versetzen; entsteht ein solches Verhältnis zwischen Beigeordneten, ist der Beigeordnete mit der kürzeren Amtszeit in den einstweiligen Ruhestand zu versetzen. Zwei weitere Hinderungsgründe sind für den Beigeordneten bedeutsam: Er darf gemäß § 32 Abs. 1 Nr. 1 SächsGemO nicht zugleich Gemeinderat sein. Auch eine gleichzeitige Mitgliedschaft im Sächsischen Landtag schließt § 29 Abs. 4 Abgeordnetengesetz des Freistaates Sachsen aus. 504

b) Ständiger Sondervertreter

Die Beigeordneten leiten regelmäßig ein Dezernat bzw. einen Geschäftsbereich[1127] der Gemeindeverwaltung. Sie vertreten in ihrem Geschäftskreis den Bürgermeister gemäß § 55 Abs. 3 S. 1 SächsGemO ständig („Sondervertretung“[1128]). Diese Vertretung erstreckt sich sowohl auf die **Vertretungsbefugnis** (innerdienstliche Berechtigung zum Handeln anstelle des Bürgermeisters) als auch auf die **Vertretungsmacht** (Fähigkeit, für die Gemeinde **verbindlich** Willenserklärungen abzugeben oder entgegenzunehmen). Ihre ständige Vertretung wird durch die Form ihrer Unterzeichnung mit „i. V.“ dokumentiert. 505

Die Beigeordneten erhalten vom Bürgermeister im Einvernehmen mit dem Gemeinderat (§ 55 Abs. 3 S. 2 SächsGemO) einen **bestimmten Geschäftskreis** zur Erledigung. Innerhalb des Geschäftskreises sind die Beigeordneten zu allen Entscheidungen befugt, die auch dem Bürgermeister zustehen würden. Dazu gehören v. a. auch Sachentscheidungen im Bereich der „Geschäfte der laufenden Verwaltung“. Die Geschäftskreise sollten zweckmäßigerweise in der Hauptsatzung festgelegt werden. Eine zwingende gesetzliche Vorgabe besteht insoweit jedoch nicht. Der jeweilige Geschäftskreis sollte so bemessen sein, dass er der herausgehobenen Führungsposition des Beigeordneten entspricht.[1129] Die Geschäftskreise können während der Amtszeit des Beigeordneten geändert werden.[1130] 506

Von dieser Vertretungsbefugnis der Beigeordneten bleibt jedoch die Verantwortung des Bürgermeisters für die gesamte Gemeindeverwaltung unberührt.[1131] Deshalb besitzt der Bürgermeister das Recht, den Beigeordneten allgemein oder im Einzelfall **Weisungen** zu erteilen oder die **Vertretungsbefugnis** zu **beschränken**. Diese Einschränkungen werden i. d. R. generell in der Zuständigkeitsordnung getroffen. Der Bürgermeister kann sich insb. wichtige 507

1127 Die Bezeichnungen sind in den Gemeinden z. T. unterschiedlich (z. B. leiten die Beigeordneten in Leipzig und Chemnitz „Dezernate“, in Dresden hingegen „Geschäftsbereiche“).

1128 „Sondervertretung“ in Abgrenzung zur „Verhinderungsvertretung“.

1129 *Koolman*, in: Binus/Sponer/Koolman, Sächsische Gemeindeordnung, § 55 Rn. 11.

1130 *Rehak*, in: Quecke/Schmid, Gemeindeordnung für den Freistaat Sachsen, § 55 Rn. 10; *Musall*, in: Sponer/Jacob/Musall, Kommunalverfassungsrecht Sachsen, § 55 SächsGemO Erl. 4.2.

1131 Vgl. *Gern/Brüning*, Deutsches Kommunalrecht, Rn. 520.

Entscheidungen vor ihrer Umsetzung auch vorlegen lassen. Der Bürgermeister kann allerdings keine Angelegenheiten aus dem Geschäftskreis eines Beigeordneten an sich ziehen und anstelle des Beigeordneten handeln und entscheiden[1132], weil er damit in den Geschäftskreis eingreifen würde, der vom Gemeinderat mit festgelegt wurde. Der Bürgermeister ist insoweit auf sein Weisungsrecht beschränkt.[1133] Der Bürgermeister darf die Selbstständigkeit der Beigeordneten auch nicht in unvertretbarem Maße einschränken, indem er einzelne, dem Beigeordneten zustehende Aufgaben selbst bearbeitet[1134] oder den Beigeordneten ganz untersagt, anstelle des Bürgermeisters zu handeln.

508 Die **Vertretungsmacht** des Beigeordneten ist hingegen innerhalb **seines Geschäftskreises** aus Gründen der Rechtssicherheit nicht einschränkbar. Er kann deshalb für die Gemeinde verbindliche Willenserklärungen abgeben, auch wenn seine Vertretungsbefugnis in diesem Bereich – z. B. durch die Sachentscheidungsbefugnis des Gemeinderats – eingeschränkt ist. Ausreichenden Schutz der Gemeinde vor Überschreitung der Vertretungsmacht vermittelt § 60 SächsGemO mit seinen formalen Anforderungen an die Wirksamkeit von Verpflichtungsgeschäften.[1135] Wird der Beigeordnete aber **außerhalb seines Arbeitsgebietes** tätig, handelt er als **Vertreter ohne Vertretungsmacht**. Im Zweifelsfall müssen deshalb Vertretungspartner des Beigeordneten die Abgrenzung der Geschäftskreise überprüfen.

509 Innerhalb seines Zuständigkeitsbereichs ist der Beigeordnete Vorgesetzter der seinem Geschäftsbereich angehörigen Beschäftigten, weil er den Bürgermeister gemäß § 55 Abs. 3 S. 1 SächsGemO ständig in seinem Geschäftskreis vertritt; er trägt dem Bürgermeister gegenüber die Verantwortung für seinen Geschäftsbereich.[1136]

c) Verhinderungsstellvertreter

510 Im Verhinderungsfall übernehmen die Beigeordneten in der vom Gemeinderat – grds. im Einvernehmen mit dem Bürgermeister – festgelegten Reihenfolge die Funktion des Bürgermeisters (§ 55 Abs. 1, 4 und 5 SächsGemO). Es gibt demzufolge einen „Ersten Beigeordneten“, einen „Zweiten Beigeordneten“ usw. Im Unterschied zu der ständigen Vertretung umfasst die Verhinderungsstellvertretung auch die Funktion „Vorsitz im Gemeinderat“, allerdings **ohne Stimmrecht** im Gemeinderat und in den beschließenden Ausschüssen.[1137]

511 Ist der Bürgermeister verhindert, kann der Beigeordnete, der den Bürgermeister als dessen Verhinderungsstellvertreter vertritt, den anderen Beigeordneten in gleicher Weise wie der Bürgermeister Weisungen erteilen. Der Bürgermeister kann sich aber bestimmte Entscheidungen seines Geschäfts- und Zuständigkeitsbereichs vorbehalten und damit die Entscheidungsbefugnis des Beigeordneten als seinem Verhinderungsstellvertreter einschränken.[1138]

1132 *Rehak*, in: Quecke/Schmid, Gemeindeordnung für den Freistaat Sachsen, § 55 Rn. 11.
1133 Vgl. *G. Brüggen*, in: Brüggen/Geiert/Nolden, Gemeindeordnung für den Freistaat Sachsen, § 55 Rn. 13.
1134 Vgl. VG Dresden, SächsVBl. 2002, S. 9ff.
1135 *Rehak*, in: Quecke/Schmid, Gemeindeordnung für den Freistaat Sachsen, § 55 Rn. 7.
1136 Vgl. *Rehak*, in: Quecke/Schmid, Gemeindeordnung für den Freistaat Sachsen, § 55 Rn. 9.
1137 *Koolman*, in: Binus/Sponer/Koolman, Sächsische Gemeindeordnung, § 55 Rn. 4.
1138 *Rehak*, in: Quecke/Schmid, Gemeindeordnung für den Freistaat Sachsen, § 55 Rn. 13.

d) Amtsbezeichnung

Die Amtsbezeichnung der Beigeordneten lautet „Beigeordneter“ ggf. mit dem Zusatz „Beigeordneter für …“. In Kreisfreien Städten und Großen Kreisstädten kann der Gemeinderat den Beigeordneten die **Amtsbezeichnung „Bürgermeister“** verleihen (§ 55 Abs. 4 S. 2 SächsGemO). Die Verleihung dieser Bezeichnung sollte in der Hauptsatzung geregelt werden.[1139] Eine Verpflichtung dazu besteht allerdings nicht. 512

e) Vorzeitige Abwahl

Die Beigeordneten können gemäß § 56 Abs. 4 S. 1 SächsGemO vom Gemeinderat **vorzeitig abgewählt** werden. Der Antrag auf vorzeitige Abwahl muss von der Mehrheit aller Mitglieder des Gemeinderates (einschließlich des Bürgermeisters) gestellt werden (§ 56 Abs. 4 S. 2 SächsGemO). 513

Der Beschluss über die Abwahl bedarf einer Mehrheit von **zwei Dritteln** der Stimmen aller Mitglieder des Gemeinderats (§ 56 Abs. 4 S. 3 SächsGemO). Eine Besonderheit ist, dass über die Abwahl **zweimal** zu beschließen ist (§ 56 Abs. 4 S. 4 SächsGemO). Die zweite Beratung (und Beschlussfassung) darf frühestens vier Wochen und muss spätestens acht Wochen nach der ersten erfolgen (§ 56 Abs. 4 S. 6 SächsGemO). Eine zweite Beschlussfassung hält der Gesetzgeber für erforderlich, um die häufig von kommunalpolitischen Beweggründen getragene erste Beschlussfassung einer sachlichen Zweitentscheidung zugänglich zu machen („Abkühlungsphase“).[1140] Eine Aussprache vor der Beschlussfassung findet nicht statt (§ 56 Abs. 4 S. 5 SächsGemO). Damit soll eine schädigende Personaldebatte über den betreffenden Beigeordneten vermieden werden. Die Abwahl ist ein politischer Akt und bedarf keiner Begründung.[1141] Sie ist bereits zulässig, wenn das für eine gedeihliche Zusammenarbeit notwendige Vertrauen nicht mehr besteht. Auf die Gründe des Vertrauensverlustes kommt es nicht an. Sie müssen aber sachbezogen sein und unterliegen ggf. insoweit einer verwaltungsgerichtlichen Überprüfung.[1142] 514

Der Beigeordnete scheidet mit dem Ablauf des Tages, an dem die Abwahl zum zweiten Mal beschlossen wird, aus seinem Amt. Er behält bis zum Ablauf seiner Amtszeit die Bezüge wie ein in den Ruhestand versetzter Beamter (§ 56 Abs. 4 S. 7 und 8 SächsGemO). 515

G. Bedienstete und Beauftragte der Gemeinde

Hinweis für Studierende der Rechtswissenschaften:

Die in diesem Abschnitt behandelte Thematik hat nur geringe Relevanz für die staatliche Pflichtfachprüfung.

1139 *Rehak*, in: Quecke/Schmid, Gemeindeordnung für den Freistaat Sachsen, § 55 Rn. 15.
1140 *Rehak*, in: Quecke/Schmid, Gemeindeordnung für den Freistaat Sachsen, § 56 Rn. 15.
1141 Insoweit kann auf die obigen Ausführungen in diesem Kapitel unter F.VII.1. zur Einleitung eines Verfahrens zur Abwahl des Bürgermeisters durch den Gemeinderat verwiesen werden.
1142 *Rehak*, in: Quecke/Schmid, Gemeindeordnung für den Freistaat Sachsen, § 56 Rn. 14 m. w. N.; *Koolman*, in: Binus/Sponer/Koolman, Sächsische Gemeindeordnung, § 56 Rn. 32: Der Beigeordnete könne gegen die Abwahl Widerspruch einlegen.

I. Allgemeines

516 Ebenso wie dem Vorstandsvorsitzenden einer privatrechtlichen Aktiengesellschaft, dem zahlreiche Mitarbeiter in einer komplexen Organisationsstruktur unterstellt sind, ist auch dem Bürgermeister ein – je nach Gemeindegröße – großer und differenzierter Verwaltungsapparat zugeordnet, der in Dezernate, Ämter und Abteilungen gegliedert ist.[1143] Hierbei handelt es sich um **unselbstständige Untergliederungen** der Gemeindeverwaltung. So ist bspw. ein Gebührenbescheid, der intern durch das Ordnungsamt der Gemeinde verfügt wurde, nach außen als Verwaltungsakt des Bürgermeisters zu bewerten.

517 Aufgrund ihrer **Personalhoheit** steht den Gemeinden grds. ein weiter Ermessensspielraum zu, darüber zu entscheiden, welche personelle Ausstattung aus ihrer Sicht zur Erfüllung ihrer Aufgaben erforderlich ist. Allerdings werden die Gemeinden vom Gesetzgeber durch zahlreiche Vorgaben beschränkt. Entsprechende Regelungen finden sich sowohl in der SächsGemO (z.B. § 62 oder § 103 Abs. 3) als auch in speziellen Rechtsvorschriften (z.B. die besondere Qualifikationsvoraussetzung in § 4 Abs. 1 SächsVermKatG). Nicht zuletzt ergeben sich auch Einschränkungen durch die jeweilige Finanzsituation der Gemeinde bzw. aus der Verpflichtung gemäß § 72 Abs. 2 S. 1 SächsGemO zu einer sparsamen und wirtschaftlichen Haushaltsführung.

518 Generell sind die Gemeinden gemäß § 61 Abs. 1 S. 1 SächsGemO verpflichtet, **fachlich geeignete** Bedienstete einzustellen. Dies stellt jedoch nur eine objektivrechtliche Verpflichtung dar, aus der kein subjektiver Anspruch auf Einstellung oder Verlängerung eines Beschäftigungsverhältnisses hergeleitet werden kann.[1144] Die **Anzahl** der Beschäftigten legen die Gemeinden nach pflichtgemäßem Ermessen in ihrem **Stellenplan**[1145] gemäß § 63 SächsGemO fest. Sie haben unter Berücksichtigung der beamten-, arbeits- sowie tarifrechtlichen Vorschriften ein Ermessen, ob die Beschäftigung im Rahmen eines **beamten- oder privatrechtlichen Arbeitsverhältnisses** erfolgen soll.[1146] Für die Gemeindebediensteten, mit denen ein privatrechtlicher Arbeitsvertrag abgeschlossen wird, gelten grds. die Bestimmungen der §§ 611 ff. BGB. Fast sämtliche sächsischen Gemeinden sind jedoch tarifgebunden mit der Folge, dass die Regelungen des TVöD/VKA vorrangig sind. Insoweit wird auch die Organkompetenz des Gemeinderats nach § 28 Abs. 4 S. 1 SächsGemO eingeschränkt.

519 Neben den Gemeindebediensteten können die Gemeinden gemäß § 64 Abs. 1 SächsGemO für bestimmte Aufgabengebiete besondere **Beauftragte** bestellen. Mit Ausnahme der Kommunalen Gleichstellungsbeauftragten (§ 64 Abs. 2 SächsGemO) und fachgesetzlich zu bestellender Beauftragter liegt die Bestellung von Beauftragten grds. im Ermessen der Gemeinde.

1143 *Burgi*, Kommunalrecht, § 13 Rn. 10; die Bezeichnungen für die Untergliederung der Verwaltung sind in den sächsischen Gemeinden unterschiedlich (z.B. Fachbereiche, Sachgebiete usw.).

1144 SächsOVG, SächsVBl. 2015, S. 88.

1145 Näher dazu im 8. Kapitel unter B.III.

1146 Den Gemeinden steht die Dienstherrnfähigkeit zu; vgl. dazu in diesem Kapitel unter G.I.

Gemäß § 1 S. 1 und 2 SächsHinMeldG[1147] haben Gemeinden, Landkreise und Verwaltungsverbände mit mindestens 10 000 Einwohnerinnen und Einwohnern und mindestens 50 Beschäftigten **interne Meldestellen** einzurichten, an die sich Beschäftigte wenden können, um Verstöße nach § 2 HinSchG[1148] mitzuteilen. **519 a**

II. Mindestqualifikationen, Aus- und Fortbildung

Gemäß § 61 Abs. 1 S. 2 SächsGemO müssen die Bediensteten der Gemeinde die für ihren Aufgabenbereich jeweils erforderlichen **fachlichen Voraussetzungen** erfüllen. Welche Anforderungen hierbei an die Beschäftigten zu stellen sind, wird indes nicht näher festgelegt. Von besonderer Bedeutung sind hier jedoch insb. die tarifrechtlichen Bestimmungen. So richtet sich nach § 12 (VKA) des TVöD – AT die Eingruppierung der/des Beschäftigten der sächsischen Gemeinden, die tarifgebunden sind[1149], nach den Tätigkeitsmerkmalen der Anlage 1 – Entgeltordnung (VKA). In diesen Tätigkeitsmerkmalen sind (auch) Bildungsvoraussetzungen enthalten. **520**

Zur Vertiefung: **521**

So wird z. B. für eine Eingruppierung in die Entgeltgruppe 5 eine abgeschlossene Ausbildung in einem anerkannten Ausbildungsberuf nach dem BBiG verlangt (bspw. Verwaltungsfachangestellte/r). In die Entgeltgruppe 9b können nur Beschäftigte mit einer abgeschlossenen Hochschulausbildung kommen.

Eine besondere Verpflichtung für alle sächsischen Gemeinden enthält § 61 Abs. 2 1. Hs. SächsGemO. Danach muss grds. jede Gemeinde **mindestens über einen Bediensteten** (das kann auch der hauptamtliche Bürgermeister sein) mit der Befähigung für die Laufbahngruppe 2 der Fachrichtung Allgemeine Verwaltung mit dem fachlichen Schwerpunkt allgemeiner Verwaltungsdienst verfügen. Gemäß § 15 Abs. 2 S. 2 SächsBG umfasst die Laufbahngruppe 2 die Laufbahnen mit Hochschulabschluss. Die entsprechende Befähigung setzt gemäß § 17 Abs. 2 SächsBG zunächst voraus, dass die Bediensteten die Bildungsvoraussetzungen gemäß § 16 Abs. 2 SächsBG erfüllen sowie die in § 17 Abs. 2 Nr. 1 oder 2 SächsBG (abhängig von der Einstiegsebene) verlangten Hochschulabschlüsse besitzen. Durch § 61 Abs. 2 SächsGemO soll erreicht werden, dass alle Gemeinden über die notwendige verwaltungsmäßige Grundkompetenz verfügen.[1150] Von dieser besonderen Verpflichtung sind allerdings Gemeinden ausgenommen, die Mitglied eines Verwaltungsverbands oder, ohne erfüllende Gemeinde zu sein, einer Verwaltungsgemeinschaft sind (§ 61 Abs. 2 2. Hs. SächsGemO). **522**

1147 Sächsisches Hinweisgebergesetz vom 4.6.2024 (SächsGVBl. S. 494).
1148 Gesetz für einen besseren Schutz hinweisgebender Personen vom 31.5.2023 (BGBl. 2023 I Nr. 140).
1149 Unabhängig von der Tarifbindung wird in der Praxis in den Arbeitsverträgen i. d. R. auf den TVöD/VKA verwiesen.
1150 Vgl. *Rehak*, in: Quecke/Schmid, Gemeindeordnung für den Freistaat Sachsen, § 61 Rn. 16.

523 **Zur Vertiefung:**

Die Nichterfüllung der Verpflichtung zur Einstellung von Bediensteten mit der in § 61 Abs. 2 SächsGemO geforderten Qualifikation berührt nach Auffassung des SächsOVG[1151] *keine Rechte Außenstehender.*

524 Fachlich gute Leistungen der Bediensteten können auf Dauer nur gesichert werden, wenn ihr Wissensstand ständig aktualisiert wird. Die Gemeinden sind gemäß § 61 Abs. 3 SächsGemO deshalb verpflichtet, die **Aus- und Fortbildung** ihrer Bediensteten zu fördern. Dazu gehört bspw. der Bezug von Fachzeitschriften sowie die Teilnahme der Bediensteten an Fortbildungslehrgängen und -seminaren. § 61 Abs. 3 SächsGemO enthält eine objektive Rechtspflicht für die Gemeinde, vermittelt jedoch keinen subjektiven Anspruch des einzelnen Bediensteten.[1152] Die Gemeinde kann die Aus- und Fortbildung selbst durchführen oder sich anderer Einrichtungen bedienen (z.B. Kommunale Studieninstitute, Verwaltungs- und Wirtschaftsakademien, HSF Meißen).[1153]

525 § 61 Abs. 3 SächsGemO begründet auch eine Förderpflicht der Gemeinde bei der **Ausbildung** der Bediensteten der Gemeinde.[1154] Dazu gehört zunächst die Betreuung während der praktischen Ausbildung der Nachwuchskräfte. Fraglich ist, ob aus § 61 Abs. 3 SächsGemO auch eine Pflicht für die Gemeinden resultiert, geeignete Fachkräfte als nebenamtliche Lehrkräfte für die verschiedenen Ausbildungseinrichtungen zur Verfügung zu stellen. In Betracht dürfte insoweit allenfalls eine kostenneutrale Freistellung kommen.[1155]

III. Fachbediensteter für das Finanzwesen[1156]

526 Die Aufstellung des Haushaltsplans, des Finanzplans und des Jahresabschlusses sowie des Gesamtabschlusses, die Haushaltsüberwachung sowie die Verwaltung des Vermögens und der Schulden der Gemeinde sind gemäß § 62 Abs. 1 SächsGemO bei einem Bediensteten zusammenzufassen, dem sog. **Fachbediensteten für das Finanzwesen.**[1157] Im Gegensatz zu der Regelung in § 61 Abs. 2 2. Hs. SächsGemO kann der Bürgermeister nicht zugleich Fachbediensteter für das Finanzwesen sein (§ 62 Abs. 3 SächsGemO).

527 Durch § 62 SächsGemO sollen dauerhaft klare Verantwortlichkeiten für die Gemeindefinanzen geschaffen und eine fachkundige, über den Ämterinteressen stehende Aufstellung des Haushalts- und Finanzplans sowie eine konsistente Finanzpolitik ermöglicht werden.[1158] Es handelt sich lediglich um eine

1151 SächsOVG, SächsVBl. 2015, S. 88.
1152 Vgl. *Sponer*, in: Binus/Sponer/Koolman, Sächsische Gemeindeordnung, § 61 Rn. 6.
1153 Vgl. *Sponer*, in: Binus/Sponer/Koolman, Sächsische Gemeindeordnung, § 61 Rn. 6.
1154 Vgl. *G. Brüggen*, in: Brüggen/Geiert/Nolden, Sächsische Gemeindeordnung, § 61 Rn. 11.
1155 So auch *G. Brüggen*, in: Brüggen/Geiert/Nolden, Sächsische Gemeindeordnung, § 61 Rn. 11.
1156 Vgl. dazu *Leimkühler*, Sachsenlandkurier 2003, S. 56f.
1157 In der Praxis häufiger als „Kämmerer“ bezeichnet.
1158 *Sponer*, in: Binus/Sponer/Koolman, Sächsische Gemeindeordnung, § 62 Rn. 1; *G. Brüggen*, in: Brüggen/Geiert/Nolden, Sächsische Gemeindeordnung, § 62 Rn. 2.

interne Ordnungsvorschrift ohne Außenwirkung. Sie verpflichtet allerdings Gemeinderat und Bürgermeister dazu, die erforderlichen organisatorischen und personellen Maßnahmen zu treffen.[1159]

Zum Fachbediensteten für das Finanzwesen kann nach § 62 Abs. 2 SächsGemO nur bestellt werden, wer über **528**

- eine abgeschlossene wirtschafts- oder finanzwissenschaftliche Ausbildung oder die Laufbahnbefähigung für die Laufbahngruppe 2 der Fachrichtung Allgemeine Verwaltung mit dem fachlichen Schwerpunkt allgemeiner Verwaltungsdienst (Nr. 1) **und** über
- eine mindestens einjährige Berufserfahrung[1160] im öffentlichen Rechnungs- und Haushaltswesen oder in entsprechenden Funktionen eines Unternehmens in einer Rechtsform des privaten Rechts (Nr. 2)

verfügt. Mit Zustimmung der oberen Rechtsaufsichtsbehörde darf zudem zum Fachbediensteten für das Finanzwesen bestellt werden, wer über eine mindestens einjährige Berufserfahrung im öffentlichen Rechnungs- und Haushaltswesen verfügt und aufgrund seiner Ausbildung in der Lage ist, die Aufgaben des Fachbediensteten für das Finanzwesen vollumfänglich wahrzunehmen (§ 62 Abs. 2 S. 2 SächsGemO). Durch diese nach Art. 1 Nr. 24 des Dritten Gesetzes zur Fortentwicklung des Kommunalrechts vom 9.2.2022[1161] geschaffene Neuregelung soll insb. kleineren Gemeinden geholfen werden, Mitarbeiter für diese Aufgabe zu finden, die die erforderlichen Fachkenntnisse bspw. durch berufsbegleitende Fortbildungen erworben haben.

Zur Vertiefung: **529**

*Die **wirtschafts- oder finanzwissenschaftliche Ausbildung** erfordert ein Studium an einer Hochschule i. S. d. § 1 SächsHSG oder einer anderen, gesetzlich als gleichwertig anerkannten Ausbildungsstätte (vgl. § 112 SächsHSG). Unter letztere Bestimmung fällt der Abschluss als Diplom-Betriebswirt (FA) an der Berufsakademie, da er gemäß § 14 Abs. 3 SächsBAG dem Fachhochschulabschluss gleichsteht. Der Abschluss als Verwaltungs-Betriebswirt (VWA) an einer Verwaltungs- und Wirtschaftsakademie qualifiziert hingegen weder formal noch materiell für die Bestellung zum Fachbediensteten für das Finanzwesen.[1162] Die formellen Anforderungen des § 62 Abs. 2 SächsGemO müssen bereits **bei der Bestellung** des Fachbediensteten für das Finanzwesen erfüllt sein. Dies gilt auch bei interner Nachbesetzung der Stelle.[1163]*

1159 *Schmid*, in: Quecke/Schmid, Gemeindeordnung für den Freistaat Sachsen, § 62 Rn. 7.

1160 Zweifelhaft ist, ob die mit Wirkung vom 1.1.2018 vom Gesetzgeber vorgenommene Absenkung der Berufserfahrung von drei Jahren auf ein Jahr noch als sachgerecht angesehen werden kann.

1161 Gesetz vom 9.2.2022 (SächsGVBl. S. 134).

1162 SächsOVG, Beschluss vom 20.10.2016 – 4 B 89/16, juris; VG Chemnitz, Beschluss vom 16.3.2016 – 1 L 1305/15, juris (als Vorinstanz).

1163 *Sponer*, in: Binus/Sponer/Koolman, Sächsische Gemeindeordnung, § 62 Rn. 5.

Die eng gefassten Tatbestandsvoraussetzungen des § 62 SächsGemO sind zwar im Hinblick auf die Absicherung ordnungsgemäßer Gemeindefinanzen sachlich gerechtfertigt, stellen aber insb. für kleinere Gemeinden ein erhebliches Problem dar. Abgesehen von der Schwierigkeit, überhaupt Bewerber für diese Funktion (im ländlichen Raum) zu gewinnen, können diese Gemeinden im Rahmen ihres Stellenplans zumeist keine finanziell interessanten Angebote machen. Hier könnte der neue § 62 Abs. 2 S. 2 SächsGemO Abhilfe schaffen, indem die Gemeinde geeignete Mitarbeiter gezielt fortbilden lässt und die Zustimmung bei des LDS als oberer Rechtsaufsichtsbehörde beantragt.

Hinweis:

*Nach wie vor bilden die Absolventinnen und Absolventen der HSF Meißen, die auf ein intensives Studium in den Fachgebieten „Kommunalwirtschaft" und „Kommunalabgabenrecht" verweisen können, den **„Kernstamm" für die Fachbediensteten für das Finanzwesen.** Auch wegen der o.g. Anforderungen des § 61 Abs. 2 SächsGemO kommt diesem Studiengang insgesamt eine besondere Bedeutung zu. Für geeignete Mitarbeiter von Gemeinden kommt zudem der sechssemestrige berufsintegrierende bzw. berufsbegleitende Bachelorstudiengang Allgemeine Verwaltung in Betracht, den die HSF Meißen jährlich neu anbietet.*

IV. Beauftragte

530 Die Gemeinden können gemäß § 64 Abs. 1 SächsGemO für bestimmte Aufgabenbereiche **besondere Beauftragte** bestellen, z. B.

- Umweltbeauftragte,
- Kulturbeauftragte,
- Behindertenbeauftragte,
- Kinder-/Jugendbeauftragte,

die grds. nach Ermessen der Gemeinde bestellt werden und hauptamtlich (nicht zwingend in Vollzeit)[1164], neben- oder ehrenamtlich tätig sein können und nicht in die Verwaltungshierarchie eingebunden sind.

531 Nach Art. 37 Abs. 1a DSGVO besteht die Pflicht zur Benennung eines kommunalen **Datenschutzbeauftragten**, wenn die Verarbeitung personenbezogener Daten von einer Behörde oder öffentlichen Stelle erfolgt. Dazu gehören auch die kommunalen Körperschaften. Gemeinden und Landkreise müssen deshalb einen Datenschutzbeauftragten benennen. Nach § 8 SächsISichG sollen nichtstaatliche Stellen darüber hinaus eine/n **Beauftragte/n für Informationssicherheit (BfIS)** und eine/n Vertreter/in ernennen. Dies gilt grds. auch für kommunale Körperschaften. Die Ernennung einer/eines gemeinsamen Beauftragten für Informationssicherheit kann dabei v. a. kleineren Gemeinden dabei helfen, ein angemessenes Schutzniveau zu erreichen.

1164 *Rehak*, in: Quecke/Schmid, Gemeindeordnung für den Freistaat Sachsen, § 64 Rn. 6 m. w. N.

Die Beauftragten können Bedienstete der Gemeindeverwaltung, Gemeinderäte, sachkundige Einwohner, aber auch sonstige Dritte sein. Davon zu unterscheiden sind der Beauftragte der Rechtsaufsichtsbehörde nach § 117 SächsGemO, die Beauftragung nach § 59 Abs. 1 SächsGemO sowie aufgrund anderer gesetzlicher Grundlage tätig werdende Beauftragte (z.B. der Naturschutzbeauftragte nach § 43 SächsNatSchG und der Immissionsschutzbeauftragte nach § 53 BImSchG). **532**

Zuständig für die Bestellung der (hauptamtlichen) Beauftragten ist grds. der Gemeinderat im Einvernehmen mit dem Bürgermeister (§ 28 Abs. 4 S. 1 SächsGemO). Ein Geschäft der laufenden Verwaltung kann hier nicht angenommen werden. Der Gemeinderat kann dem Bürgermeister aber die Entscheidungsbefugnisse übertragen (§ 28 Abs. 4 S. 3 SächsGemO); dies dürfte jedoch eher die Ausnahme sein. Bei den ehrenamtlich tätigen Beauftragten gilt § 17 Abs. 2 SächsGemO. Danach obliegt dem Gemeinderat die Bestellung zu einer ehrenamtlichen Tätigkeit, soweit nichts anderes bestimmt ist. **533**

Zur Verwirklichung des Grundrechts der Gleichberechtigung von Mann und Frau in Familie, Beruf und Gesellschaft sowie zur Schaffung von Chancengleichheit für alle Geschlechter im örtlichen Zuständigkeitsbereich wird für die Gemeinden mit eigener Verwaltung (dies sind Gemeinden, die keiner Verwaltungsgemeinschaft als erfüllender Gemeinde und keinem Verwaltungsverband angehören) in § 64 Abs. 2 SächsGemO die Verpflichtung ausgesprochen, **Kommunale Gleichstellungsbeauftragte** zu bestellen. In Gemeinden mit mehr als 17.000 Einwohnern[1165] soll diese Aufgabe hauptamtlich (mindestens mit einer halben Stelle) erfüllt werden[1166]. Näheres regelt die Hauptsatzung. Die oder der Kommunale Gleichstellungsbeauftragte gemäß § 64 Abs. 2 SächsGemO dient insb. der Verwirklichung des verfassungsrechtlichen Gebots der Gleichberechtigung von Frauen und Männern nach Art. 3 Abs. 2 S. 2 GG in der Verwaltungsorganisation, im Gemeinderat und im Gemeindegebiet. Aufgabe des bzw. der kommunalen Gleichstellungsbeauftragten ist es, bei allen Vorhaben und Maßnahmen der Gemeinde mitzuwirken, die Auswirkungen auf die Gleichberechtigung haben. Dies wird insb. bei allen Personalentscheidungen der Gemeinde notwendig sein.[1167] **534**

Zur Vertiefung: **535**

Die **Kommunalen Gleichstellungsbeauftragten** nach § 64 Abs. 2 SächsGemO sind grds. nicht für die Gleichstellung innerhalb der Kommunalverwaltung zuständig. Das **Sächsische Gleichstellungsgesetz (SächsGleiG)** ermöglicht es aber, dass eine Kommunale Gleichstellungsbeauftragte im Rahmen einer Personalunion gleichzeitig auch die Aufgaben der Gleichstellungsbeauftragten innerhalb der Gemeindeverwaltung erfüllt.

1165 Die bis zum 31.12.2023 geltende Einwohnergrenze von 20.000 Einwohnern wurde durch Art. 5 des Gesetzes zur Gleichstellung von Frauen und Männern im öffentlichen Dienst im Freistaat Sachsen vom 19.10.2023 (SächsGVBl. S. 850) ab 1.1.2024 auf 17.000 abgesenkt.

1166 Bei dieser Regelung handelt es sich um eine Soll-Vorschrift, von der nur in begründeten Ausnahmefällen abgewichen werden kann.

1167 *Rehak*, in: Quecke/Schmid, Gemeindeordnung für den Freistaat Sachsen, § 64 Rn. 5.

Das SächsGleiG löste zum 1.1.2024 das aus dem Jahr 1994 stammende Sächsische Frauenförderungsgesetz (SächsFFG) ab, wobei es allerdings in § 31 SächsGleiG Übergangsvorschriften gibt. Ziel des Gesetzes ist die **Verwirklichung der Gleichstellung von Frauen und Männern**, die **Förderung der Vereinbarkeit von Familie und Pflege mit der Berufstätigkeit** sowie die **Herstellung von Chancengerechtigkeit für alle Bediensteten im öffentlichen Dienst im Freistaat Sachsen**. Das SächsGleiG gilt nach dessen § 2 auch für die kommunalen Träger der Selbstverwaltung, wobei im SächsGleiG allerdings Sonderregelungen für die kommunalen Dienststellen enthalten sind, die teilweise den Wortlaut des früheren SächsFFG übernehmen. Auf diese Weise soll die kommunale Selbstverwaltung der Kommunen geschützt werden. Die Sonderregelungen betreffen insb. Vorgaben zur Berücksichtigung von Frauen bei Auswahlentscheidungen, zur Möglichkeit der Kostenerstattung von Betreuungskosten bei Fortbildungen, zu den Gleichstellungsbeauftragten, zur Erstellung und zu den Inhalten von Gleichstellungsplänen sowie zur Besetzung von und Entsendung in Gremien[1168].

536 Gemäß § 19 Abs. 1 SächsIntG sollen die Landkreise und Kreisfreien Städte, die nach § 6 Abs. 1 Nr. 2 SächsIntG untere Integrationsbehörden sind, im Rahmen der kommunalen Integrationsarbeit hauptamtliche **Beauftragte für Integration und Teilhabe** bestellen, die ausschließlich für die Aufgabe der Integration und Teilhabe von Menschen mit Migrationshintergrund zuständig sind. Kreisangehörige Gemeinden können Beauftragte für Integration und Teilhabe bestellen (§ 19 Abs. 2 SächsIntG).

537 Die **Stellung der Beauftragten** wird im § 64 Abs. 3 SächsGemO nur unvollständig umschrieben. Zur Einordnung der Beauftragten in die innere Gemeindeverfassung regelt die SächsGemO, dass diese in der Ausübung ihrer Tätigkeit **unabhängig** sind und folglich keinen Weisungen unterliegen. Bei hauptamtlichen Bediensteten der Gemeinde kann diese Unabhängigkeit nur garantiert werden, wenn sie für ihre Tätigkeit aus der behördlichen Hierarchie völlig ausgegliedert werden. Die Weisungsungebundenheit bezieht sich aber nur auf den amtlichen, nicht den dienstlichen Bereich.[1169]

538 Die Beauftragten können nicht nur wie die Sachverständigen und Anhörungsberechtigten an einzelnen Tagesordnungspunkten und einzelnen Sitzungen, sondern an **allen** Sitzungen des Gemeinderats und der für ihren Aufgabenbereich zuständigen Ausschüsse mit **beratender Stimme** teilnehmen. Damit verbunden ist auch das Recht, rechtzeitig und umfassend über alle Angelegenheiten, die in den jeweiligen Bereich der Beauftragten fallen, unaufgefordert **unterrichtet** zu werden.

1168 Art. 1 des Gesetzes zur Gleichstellung von Frauen und Männern im öffentlichen Dienst des Freistaates Sachsen vom 19.10.2023 (SächsGVBl. S. 850).

1169 Vgl. *Sponer*, in: Binus/Sponer/Koolman, Gemeindeordnung für den Freistaat Sachsen, § 64 Rn. 8.

H. Kommunalverfassungsstreitigkeiten[1170]

Hinweis für Studierende der Rechtswissenschaften:

Die Bedeutung der Kommunalverfassungsstreitigkeiten für die staatliche Pflichtfachprüfung kann kaum überschätzt werden.

I. Bedeutung, Begriff und Erscheinungsformen

Ebenso wenig wie die staatliche Verfassung ist die SächsGemO als sog. Kommunalverfassung mit ihrem System von Kompetenzzuweisungen und Verfahren davor gefeit, Gegenstand von Auseinandersetzungen zu sein. Auch hier stoßen Interessen aufeinander, werden Zuständigkeiten beansprucht und treten Zweifelsfragen auf, die nach unabhängiger Streitschlichtung verlangen.[1171] Die Rechtsprechung[1172] hat sich diesem Bedürfnis der Praxis gegenüber aufgeschlossen gezeigt und das **„kommunale Verfassungsstreitverfahren"** entwickelt, da insoweit spezielle gesetzliche Regelungen fehlen. 539

Kommunalverfassungsstreitverfahren sind gerichtliche Streitigkeiten um organschaftliche Rechte zwischen Organen (bzw. Organteilen) kommunaler Gebietskörperschaften (Gemeinderat bzw. Gemeinderäte und Fraktionen[1173], Bürgermeister sowie Kreistag bzw. Kreisräte und Fraktionen, Landrat). Hier handelt es sich um **interorganschaftliche** Streitigkeiten. Konflikte können indes auch innerhalb eines Organs entstehen, insb. wegen einer möglichen Verletzung der ihnen zustehenden (mitgliedschaftlichen) Einzel- oder Gruppenrechte im Innenrechtsverhältnis. In diesen Fällen liegt eine **Intraorganstreitigkeit** vor. Inhaltlich geht es in beiden Konstellationen um die gerichtliche Klärung von rechtlichen Meinungsverschiedenheiten im Innenverhältnis der Gebietskörperschaft (Gemeinde oder Landkreis). 540

Beispielsfälle: 541

Ein einzelner Gemeinderat klagt dagegen, dass der Bürgermeister bei einer Ratssitzung eine komplexe Angelegenheit kurzfristig und ohne die nötigen Unterlagen auf die Tagesordnung der Ratssitzung genommen hat.[1174]

Klage eines einzelnen Gemeinderats gegen einen Ratsbeschluss, weil er meint, dass durch diesen die Öffentlichkeit zu Unrecht ausgeschlossen worden sei.[1175]

Ein einzelner Gemeinderat klagt gegen seine Verweisung aus dem Sitzungsraum wegen eines Ordnungsverstoßes.[1176]

1170 Allgemein dazu: *Burgi*, Kommunalrecht, § 14; *Geis*, Kommunalrecht, § 25, *Franz*, Jura 2005, S. 156 ff., *Gern/Brüning*, Deutsches Kommunalrecht, 11. Kapitel; *Ogorek*, JuS 2009, S. 511 ff., *Schoch*, Jura 2008, S. 826 ff.

1171 *Ipsen*, Niedersächsisches Kommunalrecht, § 10 Rn. 486.

1172 Vgl. bereits BVerwGE 45, S. 207.

1173 SächsOVG, SächsVBl. 2014, S. 42 (nachgehend BVerwG, BeckRS 2014, 56991); SächsOVG, SächsVBl. 2006, S. 12.

1174 Vgl. hierzu: *Peine*, Klausurenkurs im Verwaltungsrecht, Fall 33 (S. 509 ff.).

1175 Vgl. hierzu: *Faßbender/Brückner*, VR 2012, S. 59 ff.

1176 Vgl. z.B. SächsOVG, Urteil vom 30.9.2014 – 4 A 30/13, juris (Ausschluss eines Fraktionsmitglieds von der Ratssitzung wegen Ordnungsverstoß. Ordnungsverstöße waren im Einzelnen

542 Beim Kommunalverfassungsstreit als Organstreit geht es also um die verbindliche gerichtliche Klärung von rechtlichen Meinungsverschiedenheiten im **Innenverhältnis** der Gemeinde.

II. Zulässigkeitsvoraussetzungen

1. Rechtsweg

543 Für Kommunalverfassungsstreitigkeiten ist gemäß § 40 VwGO der **Verwaltungsrechtsweg** eröffnet, da es sich stets um öffentlich-rechtliche Streitigkeiten nicht verfassungsrechtlicher Art i. S. d. § 40 Abs. 1 S. 1 VwGO handelt. Die sog. Impermeabilitätstheorie, die klagbare Innenrechte innerhalb der Verwaltungsträger nicht anerkennt[1177], wird heute zu Recht nicht mehr vertreten.

544 Die Bezeichnung „Kommunalverfassungsstreitigkeit" hat nichts mit einer Streitigkeit verfassungsrechtlicher Art zu tun, welche nur bei doppelter Verfassungsunmittelbarkeit – dabei streiten Verfassungsorgane oder vergleichbar am Verfassungsleben Beteiligte um Verfassungsrecht – gegeben wäre. Hier geht es vielmehr um das Verfasstsein einer Kommune.[1178] Nicht zu verwechseln ist die Kommunalverfassungsstreitigkeit schließlich mit der kommunalen Verfassungsbeschwerde zum SächsVerfGH und zum BVerfG.[1179]

2. Klageart

545 Die Klageart richtet sich auch beim Kommunalverfassungsstreit nach der VwGO, die ein hinreichendes Repertoire an Rechtsbehelfen bereithält, sodass es nicht der Konstruktion einer Klage sui generis (eigener Art) bedarf.[1180] Ausschlaggebend für die statthafte Klageart ist dabei – wie auch sonst in verwaltungsgerichtlichen Verfahren – zum einen das konkrete Rechtsschutzbegehren (vgl. § 88 VwGO) und zum anderen die rechtliche Klassifizierung der Maßnahme, gegen die sich das Vorgehen des Klägers richtet.[1181]

546 Eine Anfechtungs- oder Verpflichtungsklage scheidet i. d. R. aus, da es bei Binnenrechtsstreitigkeiten zwischen Organen bzw. Organteilen zumeist an der notwendigen Außenwirkung fehlt.[1182] Lediglich wenn die in Rede stehende Maßnahme nach ihrem objektiven Sinngehalt darauf gerichtet ist, den Organwalter in seiner Eigenschaft als natürliche Person zu treffen, kommt ihr Außenwirkung und damit Verwaltungsaktqualität i. S. d. § 35 VwVfG zu[1183].

die Anrede „Sehr geehrte Frau FDJ-Sekretärin, Herr Bilderstürmer", die Bezeichnung des Schuldezernenten als „Kulturkannibalen" und die Äußerung gegenüber einem Stadtrat „Der Nazi sind doch Sie".).

1177 Dazu ausführlich: *Roth*, Verwaltungsrechtliche Organstreitigkeiten, S. 165 ff.

1178 *Geis*, Kommunalrecht, § 25 Rn. 7 m. w. N.; *Sponer*, in: Binus/Sponer/Koolman, Sächsische Gemeindeordnung, § 35 Rn. 15.

1179 Näher zu diesem Verfahren oben im 2. Kapitel unter C.V.1. sowie *Schmidt*, JA 2008, S. 763 ff.

1180 So aber die ältere Rechtsprechung (z. B. OVG NRW, OVGE 27, 258); weitere Nachweise hierzu bei *Burgi*, Kommunalrecht, § 14 Rn. 11 sowie *Ipsen*, Niedersächsisches Kommunalrecht, § 10 Rn. 491.

1181 *Geis*, Kommunalrecht, § 25 Rn. 10.

1182 VG Chemnitz, SächsVBl. 2000, S. 219.

1183 *Geis*, Kommunalrecht, § 25 Rn. 12 m. w. N.

Das betrifft zumindest die Begründung, Änderung oder Aufhebung der Rechtsstellung eines Bürgers als Inhaber eines Amtes.[1184]

Je nach dem konkreten Begehren kann es sich um eine **allgemeine Feststellungsklage** (z.B. bei einem Ausschluss wegen Befangenheit, auch soweit er in der Vergangenheit liegt) oder um eine **allgemeine Leistungsklage** (Tun, Dulden oder Unterlassen wie z.B. die Einberufung einer Sitzung oder Gewährung von Akteneinsicht) handeln; ggf. auch um eine **Normenkontrolle** nach § 47 Abs. 1 Nr. 2 VwGO i.V.m. § 24 SächsJG.[1185] Die Aufhebung einer bestimmten angegriffenen Maßnahme durch das Verwaltungsgericht kann allerdings weder mit der allgemeinen Leistungsklage noch mit der Feststellungsklage erreicht werden[1186], weil es sich nicht um sog. Gestaltungsklagen handelt.[1187] In Betracht kommt lediglich eine Verpflichtung des Klagegegners, eine bestimmte Maßnahme zu unterlassen bzw. aufzuheben.[1188] Ferner ist allgemein zu beachten, dass die Erhebung einer allgemeinen Feststellungsklage gemäß § 43 Abs. 2 VwGO nur subsidiär statthaft ist.[1189] Das SächsOVG hat aber zu Recht darauf hingewiesen, dass eine gleichwohl erhobene Feststellungsklage dennoch statthaft sein kann, weil es im rechtlichen Interesse der Beteiligten und namentlich der betroffenen Kommune steht, den mit einem stattgebenden Urteil erfolgenden staatlichen Eingriff in ihre inneren Angelegenheiten so gering wie möglich zu halten.[1190] 547

3. Klagebefugnis

Klagebefugt können gemäß § 42 Abs. 2 VwGO analog[1191] die in der SächsGemO, der Hauptsatzung oder der Geschäftsordnung des Gemeinderats erwähnten Organe oder Organteile sein. Das rechtsuchende Organ muss sich auf die Verletzung von Rechtsvorschriften berufen können, die zumindest auch dem Schutz seiner **organschaftlichen Stellung**, d.h. einer subjektiven Position des Innenrechts, zu dienen bestimmt sind.[1192] Die Grundrechte scheiden ebenso wie einfach-gesetzliche Bestimmungen des Außenrechts i.d.R. als Grundlage von organschaftlichen Rechten aus.[1193] Etwas anderes gilt, wenn der Kläger (auch) in seiner persönlichen Rechtsstellung betroffen ist, etwa für den Fall, 548

1184 *Detterbeck*, Allgemeines Verwaltungsrecht, § 32 Rn. 1462 auch zu weiteren Ausnahmefällen.

1185 BVerwG, NVwZ 1988, S. 119f. (Geschäftsordnung als Gegenstand einer Normenkontrolle). Fallbearbeitung: *Janson/Blenk*, JuS 2018, S. 461ff. (Fraktionsmittel).

1186 Anders BayVGH, BayVBl. 1976, S. 753.

1187 Für eine allgemeine Gestaltungsklage aber *Stumpf*, BayVBl. 2000, S. 103ff. Dagegen zu Recht *Pietzcker*, in: Schoch/Schneider/Bier, VwGO, Vorbemerkung § 42 Abs. 1 Rn. 18ff.

1188 So auch *Burgi*, Kommunalrecht, § 14 Rn. 11.

1189 Dieser Einwand kann i.d.R. nur mit dem Hinweis darauf überwunden werden, dass die anderen Klagearten zur Durchsetzung des Begehrens nicht zur Verfügung stehen, vgl. BVerwGE 77, S. 207 (211).

1190 SächsOVG, Beschluss vom 7.2.2020 – 4 A 428/19, juris.

1191 Die analoge Anwendung ist bei der Feststellungsklage umstritten; vgl dazu hier nur *Gersdorf*, Verwaltungsprozessrecht, Rn. 120f.

1192 Vgl. etwa VG Dresden, SächsVBl. 1996, S. 286.

1193 *Burgi*, Kommunalrecht, § 14 Rn. 13; SächsOVG, SächsVBl. 2009, S. 238f. zu einer Fraktion.

dass ein Rauchverbot angeordnet wird.[1194] Werden Gemeinderäte während einer Gemeinderatssitzung erheblich gestört, kann ihnen ein organschaftliches Abwehrrecht gegen den Bürgermeister als Vorsitzenden des Gemeinderates zustehen. Dieser Anspruch umfasst das Recht eines jeden Gemeinderatsmitglieds, von anderen gemeindlichen Funktionsträgern die Unterlassung und ggf. Beseitigung sowie vom jeweiligen Sitzungsvorsitzenden die Abwehr solcher Störungen zu verlangen, die den ordnungsgemäßen Sitzungsablauf beeinträchtigen, wie z.B. die Abwehr ehrverletzender Äußerungen, die sie in ihrer Eigenschaft als Gemeindevertreter betreffen.[1195]

549 Organschaftliche Rechte in diesem Sinne sind insb.

- das Recht der Gemeinderäte auf ordnungsgemäße Einberufung der Gemeinderatssitzung,
- der Anspruch auf Aufnahme eines Tagesordnungspunktes in die Tagesordnung der Gemeinderatssitzung,
- der Anspruch auf Akteneinsicht,
- das Antragsrecht[1196],
- das Teilnahmerecht an den Sitzungen,
- das Rederecht,
- die Teilnahme an den Beschlussfassungen,
- das Fragerecht sowie
- das Informationsrecht.

550 Die Frage, ob der **Bürgermeister im Verhältnis zum Gemeinderat** seine Kompetenzen überschritten hat, kann nur vom Gemeinderat als solchem, nicht jedoch vom einzelnen Gemeinderatsmitglied oder von einer Fraktion gerügt werden. Es obliegt ausschließlich dem Gemeinderat als gesamtem Gremium, gegen die Verletzung seiner organeigenen Rechte vorzugehen.[1197]

551 Streitig ist, ob ein Gemeinderat die **Verletzung des Öffentlichkeitsgrundsatzes** aus § 37 Abs. 1 SächsGemO erfolgreich rügen kann.[1198] Entscheidend ist hierbei die Frage, ob die Vorschriften zur Öffentlichkeit von Gemeinderatssitzungen zumindest auch dem rechtlichen Interesse der einzelnen Ratsmitglieder zu dienen bestimmt sind.[1199]

1194 *Detterbeck*, Allgemeines Verwaltungsrecht, § 32 Rn. 1470. Differenzierend zum Grundrecht auf Meinungsfreiheit: *Geis*, Kommunalrecht, § 25 Rn. 17; vgl. auch OVG NRW, NVwZ-RR 2018, S. 318 (319).

1195 VGH BW, Urteil vom 3.11.2022 – 1 S 2686/21 –, juris; *Gern/Brüning*, Deutsches Kommunalrecht, Rn. 711.

1196 SächsOVG, SächsVBl. 1997, S. 13 (14); VG Dresden, SächsVBl. 2002, S. 9ff.; VG Gera, DÖV 2003, S. 257.

1197 SächsOVG, Beschluss vom 18.6.2013 – 4 C 25/11, juris.

1198 Verneint vom VG Dresden, SächsVBl. 2002, S. 9f. sowie *Burgi*, Kommunalrecht, § 14 Rn. 14; a.A.: OVG NRW, NVwZ-RR 2002, S. 135, VG Arnsberg, Urteil vom 24.8.2007 – 12 K 127/07, juris; *Faßbender/Brückner*, VR 2012, S. 59 (60f.).

1199 Vgl. dazu ausführlich in diesem 6. Kapitel oben unter B.V.3.c).

Keine Klagebefugnis vermitteln Vorschriften, die allein dem **übergeordneten staatlichen Interesse** dienen,[1200] z.B. Vorschriften der vorläufigen Haushaltsführung. Im Kommunalverfassungsstreitverfahren kann auch nicht über **dienstrechtliche Positionen** gestritten werden, z.B. um Inhalt und Abgrenzung der Geschäftsbereiche zwischen Bürgermeister und Beigeordneten. Beigeordnete und Bedienstete können außerdem nicht gegen Weisungen des Bürgermeisters klagen. 552

Ortschaftsräte sind als Organe der Ortschaft klagebefugt, soweit die Gemeindeordnung i.V.m. der entsprechenden Hauptsatzung sie mit eigenen Rechten gegenüber dem Gemeinderat und dem Bürgermeister ausgestattet hat. Geltend gemacht werden können auch hier nur eigene mitgliedschaftliche Rechte, nicht die Rechte Dritter.[1201] 553

4. Beteiligten- und Prozessfähigkeit, Klagegegner

Die Regelung der **Beteiligtenfähigkeit** (§ 61 VwGO) geht vom Normalfall aus, dass natürliche (oder juristische) Personen oder Personenmehrheiten subjektive Rechte geltend machen. Auf die Verteidigung organschaftlicher Rechte durch Organteile ist § 61 VwGO nicht zugeschnitten.[1202] Zutreffend ist daher § 61 Nr. 2 VwGO **analog** anzuwenden, da die Beteiligten bei einem Kommunalverfassungsstreit nicht unter den Begriff „Vereinigung" subsumiert werden können.[1203] 554

Die **Prozessfähigkeit** ergibt sich aus § 62 Abs. 3 VwGO analog.[1204] Dies bedeutet, dass das jeweilige Organ im Prozess durch den Organwalter vertreten wird (z.B. das Organ „Bürgermeister" durch den Bürgermeister, das Organ „Gemeinderat" durch den Ratsvorsitzenden), während eine Gruppe von Ratsmitgliedern oder auch eine Fraktion für den Einzelfall eine Prozessvollmacht an ein als Vertreter zu bestimmendes Mitglied erteilen muss.[1205] 555

Klagegegner (passiv prozessführungsbefugt/passivlegitimiert) ist nach ganz herrschender und zutreffender Meinung[1206] das Organ, der Organvertreter oder das Organteil. Hinsichtlich des richtigen Klagegegners findet damit eine Abkehr vom allgemeinen Rechtsträgerprinzip des § 78 VwGO statt, denn Gegenstand des Verfahrens sind nicht die Rechtsbeziehungen zwischen Verwaltungsträger und Bürger, sondern von Organen und Organteilen. Diese besitzen eigene Rechte und sind deshalb selbst als Rechtsträger zu qualifizieren, sodass es eines 556

1200 Vgl. etwa BayVGH, DVBl. 2003, S. 277f.; SächsOVG, SächsVBl. 2000, S. 73f.

1201 Vgl. VGH BW, DVBl. 1992, S. 981.

1202 *Ipsen*, Niedersächsisches Kommunalrecht, § 10 Rn. 494.

1203 *Burgi*, Kommunalrecht, § 14 Rn. 12: *Engels/Krausnick*, Kommunalrecht, Teil 2, § 6 Rn. 21; *Geis*, Kommunalrecht, § 25 Rn. 8. Zum Teil wird stattdessen § 61 Nr. 1 Alt. 1 VwGO unmittelbar oder analog angewendet (dazu insgesamt: *Detterbeck*, Allgemeines Verwaltungsrecht, § 32 Rn. 1472 m.w.N.). In Klausuren kann man den Streit aber dahinstehen lassen, da die Beteiligtenfähigkeit im Ergebnis nach allen Ansichten gegeben ist.

1204 *Schoch*, Jura 2008, S. 826 (833). Differenzierend *Detterbeck*, Allgemeines Verwaltungsrecht, § 32 Rn. 1473.

1205 *Burgi*, Kommunalrecht, § 14 Rn. 12.

1206 *Burgi*, Kommunalrecht, § 14 Rn. 12; *Geis*, Kommunalrecht, § 25 Rn. 18f. m.w.N.; a.A. BayVGH, BayVBl. 1987, S. 239 und NVwZ-RR 1990, S. 99.

Rückgriffs auf § 78 VwGO, mit dem die Klage gegen die Gebietskörperschaft (Gemeinde, Kreis als Träger) zu richten wäre, nicht bedarf. Es gilt damit vielmehr, dass sich die Klage direkt gegen das Organ/den Organteil zu richten hat, demgegenüber die geltend gemachte Innenrechtsposition bestehen soll.[1207]

556 a In einem Kommunalverfassungsstreit kann überdies das **Rechtsschutzbedürfnis** fehlen, soweit im Verhältnis der kommunalen Organe und Organteile zueinander der **Grundsatz der Organtreue** entgegensteht und folglich kein schutzwürdiges Interesse an einer Sachentscheidung besteht. Die Pflicht zur Organtreue wurzelt in dem verfassungsrechtlichen **Gebot der gegenseitigen Rücksichtnahme** sowie in dem auch im öffentlichen Recht geltenden Grundsatz von Treu und Glauben (vgl. § 242 BGB analog). Daraus folgt namentlich die Obliegenheit der Gemeinderäte, rechtliche Bedenken gegen (erfolgte oder anstehende) Maßnahmen bzw. Beschlussfassungen in der verfahrensrechtlich gebotenen Form rechtzeitig geltend zu machen. Der Grundsatz der Organtreue verlangt insb. eine rechtzeitige Rüge der beanstandeten Maßnahme bzw. Beschlussfassung, die grds. gegenüber dem Organ selbst zu erfolgen hat. Unterbleibt diese Rüge, kann die vermeintliche Rechtswidrigkeit der fraglichen Verfahrensweise später nicht mehr im Rahmen einer Feststellungsklage mit Erfolg geltend gemacht werden. Denn durch die unterlassene Rüge ist dem Organ die Möglichkeit genommen worden, die Einwände eines seiner Mitglieder zu prüfen und ggf. abzuhelfen.[1208]

III. Einstweiliger Rechtsschutz

557 Da im innerorganschaftlichen Bereich, wie dargestellt, i.d.R. keine Verwaltungsakte ergehen, scheidet ein einstweiliger Rechtsschutz nach § 80 VwGO aus. Statthaft kann indes ein **Antrag auf Erlass der einstweiligen Anordnung** gemäß § 123 Abs. 1 VwGO sein.[1209] Zur Gewährleistung eines effektiven Rechtsschutzes ist die Vorwegnahme der Hauptsacheentscheidung durch eine einstweilige Anordnung gemäß § 123 VwGO dann notwendig, wenn andernfalls irreversible Rechtsverluste eintreten würden. Dies kommt bspw. in Betracht, wenn sich der Bürgermeister weigert, einen bestimmten Antrag oder Verhandlungsgegenstand auf die Tagesordnung einer unmittelbar bevorstehenden Ratssitzung zu setzen.[1210]

Hinweis:

Da es bei Kommunalverfassungsstreitigkeiten häufig um Fragen geht, die zeitnah beantwortet werden müssen, kommt der einstweiligen Anordnung gemäß § 123 VwGO eine erhebliche praktische Bedeutung zu. Ein gerichtliches Urteil käme für einen Kläger bspw. am Ende einer Wahlperiode dann zu spät, wenn dieser nicht erneut in den Gemeinderat gewählt würde.

1207 Vgl. ausführlich *Otto*, ZJS 2015, S. 381 m.w.N.

1208 OVG NW, Urteil vom 12.5.2021 – 15 A 2079/19 –, juris. Vgl. dazu und zu weiteren Anwendungsfällen *Heusch/Rosarius*, NVwZ 2021, S. 1820 (1822 und 1824) sowie *Heusch/Kolbe*, NVwZ 2024, S. 473 (476).

1209 *Ipsen*, Niedersächsisches Kommunalrecht, § 10 Rn. 450, *Gern/Brüning*, Deutsches Kommunalrecht, Rn. 719.

1210 Vgl. SächsOVG, SächsVBl. 1997, S. 13f.; VG Dresden, SächsVBl. 2002, S. 9f.

IV. Kostentragung

Gemäß § 154 Abs. 1 VwGO trägt in einem Verwaltungsprozess grds. der unterlegene Teil die Kosten des Verfahrens. In der Rechtsprechung[1211] sowie in der Literatur[1212] ist jedoch anerkannt, dass kommunale Funktionsträger von der Gemeinde grds. die Erstattung solcher Kosten verlangen können, die ihnen gerichtlich oder außergerichtlich im Rahmen eines Streits um die ihnen nach dem Kommunalverfassungsrecht zugewiesenen Aufgaben entstanden sind. Als Rechtsgrundlage wird ein **allgemeiner öffentlich-rechtlicher Erstattungsanspruch** angenommen, der allerdings nur dann besteht, wenn es für den Funktionsträger einen vernünftigen Grund für die Klageerhebung gegeben hat und er den Rechtsstreit nicht mutwillig aus sachfremden Erwägungen in Gang gesetzt hat. 558

Zur Vertiefung:

Begründet wird der Kostenerstattungsanspruch damit, dass sich die am Organstreit beteiligten Funktionsträger nicht als Inhaber subjektiver Rechte gegenüberstehen. Sie verfolgen oder verteidigen vielmehr Rechtspositionen, die ihnen zwar zur eigenverantwortlichen Wahrnehmung zugewiesen sind, dennoch aber im ausschließlichen Interesse der Körperschaft selbst begründet worden sind und ausgeübt werden dürfen.[1213] *So kann etwa die Klärung einer strittigen Rechtsfrage durch eine gerichtliche Entscheidung durchaus auch für die Gemeinde bzw. den Landkreis vorteilhaft sein. Demnach entspricht es der Billigkeit, dem unterlegenen Kläger einen Anspruch auf Kostenerstattung zu gewähren.*[1214]

***Begrenzt** werden derartige Ansprüche dadurch, dass der Funktionsträger bei der Durchsetzung von Mandatsansprüchen zur Rücksichtnahme und Treue gegenüber der Körperschaft verpflichtet ist. Ein derartiger Verstoß gegen die Rücksichtnahme- und Treuepflicht liegt etwa dann vor, wenn der Funktionsträger den Rechtsstreit ohne vernünftigen Anlass geführt hat oder den Rechtsstreit mutwillig aus sachfremden Gründen begonnen hat. Eine Pflichtverletzung besteht auch in den Fällen, in denen sich der Kläger auf Kompetenzen beruft, die eindeutig und offensichtlich nach keiner Betrachtungsweise bestanden haben. Zudem verlangt zumindest das SächsOVG in seiner neueren Rechtsprechung,*[1215] *dass der Funktionsträger zunächst außergerichtliche Schlichtungsmöglichkeiten nutzen muss. Teilweise wird die Klageerhebung als Ultima Ratio angesehen und verlangt, dass der Funktionsträger zunächst die Rechtsaufsichtsbehörde anrufen muss.*[1216]

1211 SächsOVG, Urteil vom 12.9.2017 – 2 A 385/16, juris m.w.N.; Urteil vom 25.10.2019 – 4 A 1412/18, juris.

1212 *Menke/Rehak*, in: Quecke/Schmid, Gemeindeordnung für den Freistaat Sachsen, § 27 Rn. 49ff. m.w.N.; *Vodova*, in: Brüggen/Geiert/Nolden, Gemeindeordnung für den Freistaat Sachsen, § 21 Rn. 6.

1213 *Menke/Rehak*, in: Quecke/Schmid, Gemeindeordnung für den Freistaat Sachsen, § 27 Rn. 49.

1214 VGH BW, Beschluss vom 13.10.2009 – 9 S 3261/08, juris. Rn. 53 m.w.N.

1215 SächsOVG, Urteil vom 25.10.2019 – 4 A 1412/18.

1216 So *Menke/Rehak*, in: Quecke/Schmid, Gemeindeordnung für den Freistaat Sachsen, § 27 Rn. 53 m.w.N.

7. Kapitel
Ortschafts- und Stadtbezirksverfassung

Hinweis für Studierende der Rechtswissenschaften:

Die Ortschafts- und Stadtbezirksverfassung ist nur von geringer Relevanz für die staatliche Pflichtfachprüfung.

A. Einführung

Der heutige Zuschnitt der Gemeindegrenzen vieler sächsischer Kommunen ist Folge der Gemeindegebietsreformen der vergangenen Jahre.[1217] Aufgrund der dadurch entstandenen Größe mancher Gemeinden ist es ein wichtiges **Gebot der Bürgernähe**, dass die Gemeinden über Untergliederungen verfügen, die bestimmte Aufgaben **dezentral** wahrnehmen. Zugleich kann durch die Einräumung eines begrenzten Selbstverwaltungsbereichs der häufig als gravierend empfundene Wegfall politischer Selbstständigkeit kleiner Gemeinden etwas kompensiert werden.[1218] 1

Um die genannten Ziele zu erreichen, ist es für die Gemeinden gemäß den Bestimmungen der §§ 65 bis 69a sowie 130b SächsGemO möglich, in ihren Ortsteilen eine **Ortschaftsverfassung** einzuführen.[1219] In diesem Fall werden in den Ortsteilen Ortschaftsräte gebildet und Ortsvorsteher bestellt (§ 65 Abs. 3 SächsGemO). Durch die Neufassung des § 65 SächsGemO mit Wirkung vom 1.1.2018[1220] wird diese Option indes begrenzt. 2

Die meisten Ortschaftsverfassungen gibt es zwar in den **kreisangehörigen** Gemeinden. Jedoch steht auch den drei sächsischen **Kreisfreien Städten** offen, eine Ortschaftsverfassung einzuführen.[1221] Zudem stellt der Gesetzgeber nur ihnen gemäß den §§ 70 bis 71a SächsGemO zusätzlich das Modell der **Stadtbezirksverfassung** zur Verfügung, wonach das Stadtgebiet in Stadtbezirke eingeteilt werden kann. Nach der bis zum 31.12.2017 geltenden Rechtslage gab es jedoch in den Stadtbezirken keine Verpflichtung, Stadtbezirksbeiräte zu bilden, die zudem auch nur bestellt und nicht wie die Mitglieder des Ortschaftsrates gewählt wurden (§§ 70 Abs. 2, 71 Abs. 1 S. 1 SächsGemO a.F.). Ein zentrales Anliegen des Zweiten Gesetzes zur Fortentwicklung des Kommunalrechts war deshalb, den Kreisfreien Städten mehr Flexibilität hinsichtlich der Ausgestaltung ihrer lokalen Mitwirkungsrechte einzuräumen.[1222] 3

1217 Siehe dazu ausführlich oben im 3. Kapitel unter C.V.

1218 *Geis*, Kommunalrecht, § 11 Rn. 104; *Rehak*, in: Quecke/Schmid, Gemeindeordnung für den Freistaat Sachsen, § 65 Rn. 1.

1219 Vgl. zum Ganzen auch *Hegele*, SächsVBl. 1994, S. 67 ff.

1220 Art. 1 Nr. 22 sowie Art. 8 des Zweiten Gesetzes zur Fortentwicklung des Kommunalrechts vom 13.12.2017 (SächsGVBl. S. 626). Kritisch hierzu *Lichdi*, SächsVBl. 2018, S. 157 ff.

1221 Vgl. dazu VG Dresden, Urteil vom 18.1.2017 – 7 K 4206/14, nicht veröffentlicht, vgl. dazu becklink 2005656.

1222 Begründung des Gesetzentwurfs, LT-Drs. 6/10367, S. 45.

Nunmehr ist die Stadtbezirksverfassung weitgehend der Ortschaftsverfassung angeglichen. In den Stadtbezirken gibt es jedoch neben dem (künftig auch wählbaren) Stadtbezirksbeirat keinen dem (gewählten) Ortsvorsteher vergleichbaren Funktionsträger.

4 Der Ortschafts- und Stadtbezirksverfassung ist gemeinsam, dass Ortschaften und Stadtbezirke **keine rechtsfähigen Körperschaften** des öffentlichen Rechts und auch **nicht Träger der Selbstverwaltungsgarantie** des Art. 28 Abs. 2 S. 1 GG, Art. 84 Abs. 1 SächsVerf sind. Organisationsrechtlich bleibt die Gemeinde gemäß § 1 Abs. 3 SächsGemO die einzige rechtsfähige Körperschaft. Die Ortschaften und Stadtbezirke sind also rechtlich **unselbstständige Untergliederungen** der Gemeinde und können sich der Gemeinde gegenüber daher auch nicht auf die Selbstverwaltungsgarantie berufen.[1223] Allerdings können sie bei Verletzung der ihnen zukommenden Innenrechtspositionen in einem Kommunalverfassungsstreitverfahren beteiligt sein.[1224]

Besondere Selbstverwaltungsformen (Übersicht)

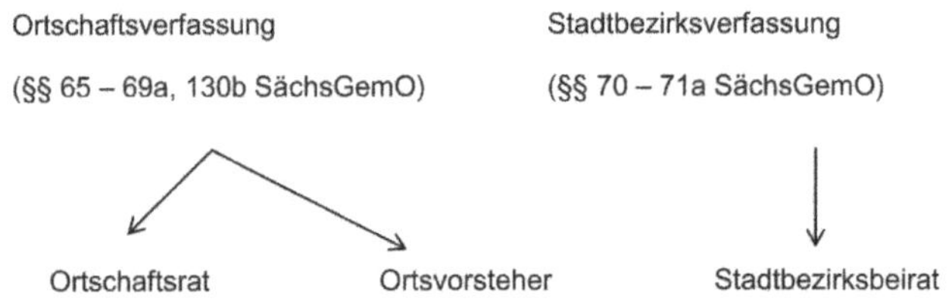

In beiden Verwaltungsformen können örtliche **Verwaltungsstellen** eingerichtet werden (§§ 65 Abs. 4, 70 Abs. 3 SächsGemO).

B. Ortschaftsverfassung

I. Einführung und Aufhebung

5 Gemäß § 65 Abs. 1 S. 1 SächsGemO kann für nach dem 1.5.1993 im Rahmen einer Gebietsänderung entstandene **Ortsteile** einer Gemeinde **durch Hauptsatzung** die Ortschaftsverfassung **eingeführt** werden. Durch diese ab 1.1.2018 geltende Neufassung des § 65 SächsGemO wurde das bisher bestehende freie Ermessen der Gemeinden (§ 65 Abs. 1 SächsGemO a. F.) eingeschränkt. In der Begründung der Gesetzesänderung wird darauf hingewiesen, dass primäres Ziel der Einführung der Ortschaftsverfassung sei, im Rahmen von Gemeindefusionen die bestehenden örtlichen Strukturen aufrechtzuerhalten und gleich-

1223 *Schmidt-Aßmann*, Kommunalrecht, in: von Münch, Besonderes Verwaltungsrecht, S. 91, 153 f.
1224 Vgl. HessVGH, NVwZ 1987, S. 919; NdsOVG, DVBl 1989, S. 937; *Rehak*, in: Quecke/Schmid, Gemeindeordnung für den Freistaat Sachsen, § 65 Rn. 2; *Sponer*, in: Binus/Sponer/Koolman, Sächsische Gemeindeordnung, § 65 Rn. 6 m. w. N.

zeitig die Integration von Ortschaften in die Gesamtgemeinde entsprechend dem Grundsatz der Einheitsgemeinde zu fördern.[1225]

Aus Gründen des Vertrauensschutzes wird jedoch den kreisangehörigen Gemeinden, die bereits **vor** dem Stichtag 1.5.1993 im Rahmen einer Gebietsänderung entstanden sind, nach § 130b Abs. 1 SächsGemO die Möglichkeit eingeräumt, durch die Hauptsatzung auch für weitere Ortsteile (noch) die Ortschaftsverfassung einzuführen. In diesem Fall muss indes die erstmalige Ortschaftsratswahl vor dem 31.12.2024 stattfinden. **6**

Zwingende Regelungen in der Hauptsatzung bei Einführung der Ortschaftsverfassung sind[1226] **7**

- die Einführung der Ortschaftsverfassung als solche,
- die Bezeichnung der Ortsteile, in der die Ortschaftsverfassung eingeführt wird,
- das Gebiet der Ortsteile sowie
- die Zahl der Ortschaftsräte.

Die Einführung der Ortschaftsverfassung kann auch im Rahmen einer **Vereinbarung** über die Änderungen des Gemeindegebiets (Eingliederungs- bzw. Eingemeindungsvertrag) gemäß § 9 Abs. 5 SächsGemO geregelt werden. Die Vereinbarung bedarf dann allerdings noch der Umsetzung durch eine entsprechende Regelung in der Hauptsatzung. Insoweit ist für einen entsprechenden Beschluss gemäß § 4 Abs. 2 S. 2 SächsGemO stets die Mehrheit der Stimmen aller Mitglieder des Gemeinderats erforderlich. Erfolgt eine Neugliederung des Gemeindegebiets durch **Gesetz**, ist auch auf diesem Wege die Einführung einer Ortschaftsverfassung möglich.[1227] **8**

Eine gesetzliche Definition des **Begriffs des „Ortsteils“** gibt es nicht. Nach dem Sinn und Zweck ist darauf abzustellen, ob es sich um abgrenzbare, äußerlich erkennbare Gliederungen der Gemeinde handelt. Die Ortsteile müssen bewohnt sein und ein erkennbares Eigenleben haben. Eine gesetzliche Mindest- oder Höchstzahl von Einwohnern sieht die SächsGemO nicht vor.[1228] Ergänzend kann auf die Rechtsprechung des BVerwG[1229] zum Begriff des Ortsteils nach § 34 BauGB zurückgegriffen werden. Ein Ortsteil ist hiernach ein Bebauungskomplex im Gebiet einer Gemeinde, der nach der Zahl der vorhandenen Bauten ein gewisses Gewicht besitzt und Ausdruck einer organischen Siedlungsstruktur ist. Diese Thematik dürfte aber lediglich noch in der Konstellation des § 130b Abs. 1 SächsGemO relevant werden, da die gemäß § 65 Abs. 1 SächsGemO durch Gebietsänderung entstandenen Ortsteile, zumindest im Regelfall, unzweifelhaft eine äußere Gliederung haben. **9**

1225 LT-Drs. 6/11427, Anlage S. 7.

1226 *Musall*, in: Sponer/Jacobs/Musall, Kommunalverfassungsrecht Sachsen, § 65 SächsGemO Erl. 2.

1227 Vgl. dazu *Rehak*, in: Quecke/Schmid, Gemeindeordnung für den Freistaat Sachsen, § 65 Rn. 8 mit einem Beispiel.

1228 *Musall*, in: Binus/Sponer/Koolman, Sächsische Gemeindeordnung, § 65 Rn. 2.

1229 Vgl. etwa BVerwGE 152, S. 275.

Zur Vertiefung:

Der Begriff „Ortsteil" ist nicht deckungsgleich mit dem Begriff „Gemeindeteil" gemäß § 5 Abs. 3 und 4 SächsGemO. Ein Ortsteil i. S. d. § 65 SächsGemO erfordert eine Bürgerschaft, der es möglich ist, die mit der Ortschaftsverfassung verbundenen Rechte und Pflichten auszuüben. Eine Benennung gemäß § 5 Abs. 4 SächsGemO ist jedoch auch dann möglich, wenn es sich um einen vom übrigen Gemeindegebiet getrennten, nach der Art der Bebauung oder des Gebietsumfangs herausgehobenen Gemeindeteil handelt, der zwar nicht bewohnt ist, für den jedoch ein Benennungsbedürfnis besteht, etwa ein herausgehobenes Gewerbegebiet.[1230]

10 § 65 Abs. 1 S. 2 SächsGemO sieht vor, dass **mehrere benachbarte Ortsteile** zu einer Ortschaft zusammengefasst werden können. Damit sollen einerseits funktionsfähige innergemeindliche Strukturen geschaffen und andererseits vermieden werden, dass in der Gemeinde eine zu große und damit unübersichtliche Zahl von Ortsteilen besteht.[1231] Auch bestehende Ortschaften können durch Beschluss des Gemeinderats und im Einvernehmen mit den Ortschaftsräten zu einer Ortschaft vereinigt werden (§ 65 Abs. 2 S. 1 SächsGemO). Ein derartiger Beschluss der Ortschaftsräte benötigt allerdings die Mehrheit der Stimmen aller Mitglieder und damit eine besondere (sog. qualifizierte) Mehrheit (§ 65 Abs. 2 S. 2 SächsGemO).

11 **Zur Vertiefung:**

Das Stadtgebiet der Landeshauptstadt Dresden ist aufgrund der in Dresden geltenden Stadtbezirksverfassung in zehn Stadtbezirke eingeteilt, die nach der früheren Hauptsatzung „Ortsamtsbereich" genannt wurden. Für alle zuletzt in die Stadt Dresden eingemeindeten ehemaligen selbstständigen Gemeinden (z. B. Cossebaude, Langebrück, Schönfeld-Weißig usw.) wurde hingegen das Modell der Ortschaftsverfassung gewählt. Im Jahr 2014 beschloss der Stadtrat, durch Änderung der Hauptsatzung die Verhältnisse anzugleichen, die bisherigen Ortsamtsbereiche in Ortschaften umzuwandeln und im gesamten Stadtgebiet Dresdens die Ortschaftsverfassung einzuführen.[1232]

Diese Änderung der Hauptsatzung wurde von der Landesdirektion Sachsen als zuständiger Rechtsaufsichtsbehörde beanstandet. Die dagegen gerichtete Klage der Stadt Dresden wies das Verwaltungsgericht Dresden ab.[1233] *Das Verwaltungsgericht betonte, dass auch die Kreisfreie Stadt Dresden grds. eine Ortschaftsverfassung einführen könne. Dies sei aber frühestens zur nächsten Stadtratswahl möglich, weil*

1230 *Koolman*, in: Binus/Sponer/Koolman, Sächsische Gemeindeordnung, § 5 Rn. 11.

1231 *Rehak*, in: Quecke/Schmid, Gemeindeordnung für den Freistaat Sachsen, § 65 Rn. 9; *Kastner*, SächsVBl. 2002, S. 72 ff.

1232 Vgl. zu den Bestrebungen, in Leipzig eine Ortschaftsverfassung im gesamten Stadtgebiet einzuführen, *Wilhelm*, SächsVBl. 2017, S. 121 ff.

1233 VG Dresden, Urteil vom 18.1.2017 – 7 K 4206/14, nicht veröffentlicht, vgl. dazu becklink 2005656.

zuvor die bestehende Stadtbezirksverfassung gemäß § 71 Abs. 5 SächsGemO a. F. (jetzt: § 71 Abs. 9 SächsGemO) aufgehoben werden müsse. Zudem sei die bisher unterbliebene Anhörung der vorhandenen Ortschaftsräte nachzuholen.[1234]

Die Ortschaftsverfassung kann **befristet oder unbefristet** eingeführt werden. 12
Ist sie bei ihrer Einführung nicht befristet worden, besteht diese so lange fort, bis die Hauptsatzung geändert wird.[1235] Gemäß § 69a Abs. 1 S. 1 SächsGemO kann die Ortschaftsverfassung durch Änderung der Hauptsatzung zur nächsten regelmäßigen Wahl der Gemeinderäte **aufgehoben** werden, frühestens jedoch zur übernächsten Wahl nach ihrer Einführung. Wurde die Ortschaftsverfassung aufgrund einer Vereinbarung gemäß § 9 SächsGemO auf **unbestimmte Zeit** eingeführt, kann sie nur mit Zustimmung des Ortschaftsrats aufgehoben werden (§ 69a Abs. 2 S. 1 SächsGemO). Für den Fall der **Befristung** kann die Aufhebung nach Ablauf der Frist zur nächsten Wahl des Gemeinderats erfolgen (§ 69a Abs. 3 S. 1 SächsGemO). Findet die nächste Gemeinderatswahl weniger als ein Jahr nach Auslaufen der Vereinbarung statt, kann die Aufhebung erst zur übernächsten regelmäßigen Wahl nach Fristablauf erfolgen (§ 69a Abs. 3 S. 2 SächsGemO).

II. Ortschaftsrat, Ortsvorsteher und örtliche Verwaltung

1. Allgemeines

Die Konzeption des **Ortschaftsrats** entspricht im Wesentlichen der des Ge- 13
meinderats. § 69 Abs. 1 S. 1 SächsGemO erklärt daher die für den Gemeinderat geltenden Vorschriften für entsprechend anwendbar, soweit nichts anderes bestimmt ist. Der Ortschaftsrat ist die bürgerschaftliche Vertretung der engeren örtlichen Gemeinschaft der Ortschaft bzw. des Ortsteils und das kollegiale Beschlussgremium für die durch die SächsGemO und die Hauptsatzung festgelegten Zuständigkeiten.[1236]

Die organschaftliche Stellung des **Ortsvorstehers** ist der des Bürgermeisters 14
angenähert. Konsequenterweise gelten für ihn die Vorschriften über den Bürgermeister entsprechend, soweit auch hier nichts anderes bestimmt ist (§ 69 Abs. 1 S. 1 SächsGemO). Im Gegensatz zum Bürgermeister fehlt ihm indes die durch die direkte Volkswahl begründete unmittelbare demokratische Legitimation, da er (lediglich) vom Ortschaftsrat gewählt wird (§ 68 Abs. 1 S. 1 SächsGemO). Gleichwohl ist er als Vertrauensmann der Ortschaft bzw. des Ortsteils dazu berufen, den örtlichen Interessen im Rahmen der gemeindlichen Interessen Geltung zu verschaffen.[1237]

1234 Daraufhin wurde in Dresden die Hauptsatzung geändert und das Gebiet der Landeshauptstadt Dresden (wieder) in Stadtbezirke und Ortschaften gegliedert (vgl. Dresdner Amtsblatt vom 13.9.2018, S. 29ff.). Zudem wurden die Stadtbezirksbeiräte bei der letzten Stadtratswahl im Jahr 2019 im Einklang mit § 71 Abs. 1 S. 2 SächsGemO gewählt.

1235 *G. Brüggen*, in: Brüggen/Geiert/Nolden, Sächsische Gemeindeordnung, § 65 Rn. 4.

1236 *Rehak*, in: Quecke/Schmid, Gemeindeordnung für den Freistaat Sachsen, § 65 Rn. 10.

1237 *G. Brüggen*, in: Brüggen/Geiert/Nolden, Sächsische Gemeindeordnung, § 68 Rn. 3.

2. Ortschaftsrat

a) Wahl, Zahl und Rechtsstellung der Ortschaftsräte

15 Die Mitglieder des Ortschaftsrats werden gemäß § 66 Abs. 1 S. 1 SächsGemO nach den für die Wahl des Gemeinderats geltenden Vorschriften gewählt.[1238] Die **Wahl** der Ortschaftsräte ist eine **eigenständige** Wahl, die i. d. R. gleichzeitig mit der Wahl der Gemeinderäte stattfindet (§ 34 Abs. 1 KomWG). Wahlgebiet und zugleich einziger Wahlkreis ist die Ortschaft (§ 66 Abs. 1 S. 3 1. Hs. SächsGemO und § 34 Abs. 2 und 3 KomWG). Gemäß § 66 Abs. 1 S. 3 2. Hs. SächsGemO sind wahlberechtigt und wählbar diejenigen Bürger der Gemeinde, die seit mindestens drei Monaten in der **Ortschaft** wohnen.

16 Die **Wahlperiode** beträgt fünf Jahre (§ 66 Abs. 1 S. 1 i. V. m. § 33 Abs. 1 SächsGemO). Nur in den Fällen, in denen die Ortschaftsverfassung während der Wahlperiode des Gemeinderats eingeführt wird, werden die Ortschaftsräte für die restliche Wahlperiode gewählt (§ 66 Abs. 1 S. 2 SächsGemO). Der neu gewählte Ortschaftsrat ist durch den Bürgermeister einzuberufen, da ein Ortsvorsteher noch nicht gewählt ist.[1239]

17 Die **Zahl der Ortschaftsräte** ist gesetzlich nicht beschränkt und wird gemäß § 66 Abs. 2 SächsGemO durch die **Hauptsatzung** bestimmt. Es obliegt demnach dem Gemeinderat, das natürliche Spannungsverhältnis zwischen einer sinnvollen Repräsentation der örtlichen Interessen und der Arbeitsfähigkeit des Gremiums angemessen aufzulösen.[1240] Sinnvoll ist hierbei, entsprechend dem Grundgedanken des § 29 Abs. 2 SächsGemO die Mitgliederzahlen der einzelnen Ortschaftsräte nach den Einwohnerzahlen der einzelnen Ortschaften unterschiedlich festzusetzen.

18 Die Ortschaftsräte sind **ehrenamtlich** tätig. Für ihre Rechtsverhältnisse gelten gemäß § 69 Abs. 1 SächsGemO die Regelungen der §§ 17 bis 21 SächsGemO sowie die Vorschriften über die Gemeinderäte entsprechend (z. B. auch die Hinderungsgründe gemäß § 32 SächsGemO). Für Feststellungen nach § 32 Abs. 2 SächsGemO und § 34 Abs. 1 SächsGemO (Ausscheiden) ist der Ortschaftsrat zuständig.

b) Vorsitz und Teilnahmerechte

19 Vorsitzender des Ortschaftsrats ist gemäß § 66 Abs. 3 SächsGemO der **Ortsvorsteher**. Erforderlichenfalls kann sein Stellvertreter den Vorsitz übernehmen. Weder der Bürgermeister noch ein Beigeordneter dürfen diese Funktion übernehmen oder in die diesbezügliche Rechtsstellung des Ortsvorstehers eingreifen.[1241] Sie können nicht gleichzeitig Ortsvorsteher sein, da sie gegenüber dem Ortsvorsteher gemäß § 68 Abs. 2 S. 2 SächsGemO Weisungsbefugnisse haben, die einer Personalunion entgegenstehen. Gemäß § 69 Abs. 1 S. 3 SächsGemO können jedoch Bedienstete der Gemeinde und Geschäftsführer eines Unternehmens der Gemeinde i. S. d. § 96 SächsGemO zugleich Ortsvorsteher sein.

1238 Zur Wahl des Gemeinderats siehe ausführlich oben im 6. Kapitel unter B.II.2 und 3.

1239 *Rehak*, in: Quecke/Schmid, Gemeindeordnung für den Freistaat Sachsen, § 66 Rn. 5.

1240 *G. Brüggen*, in: Brüggen/Geiert/Nolden, Sächsische Gemeindeordnung, § 66 Rn. 7.

1241 *Musall*, in: Sponer/Jacob/Musall, Kommunalverfassungsrecht Sachsen, § 66 SächsGemO Erl. 3.

Der **Bürgermeister** hat das Recht, an allen Sitzungen des Ortschaftsrats **teilzunehmen**. Auf sein Verlangen hat ihm der Vorsitzende des Ortschaftsrats gemäß § 66 Abs. 4 S. 1 SächsGemO jederzeit (d.h. unabhängig von der Reihenfolge der Rednerliste) das Wort zu erteilen. Allerdings kann er weder Anträge stellen noch mit abstimmen. Der Bürgermeister kann Beigeordnete und Gemeindebedienstete mit seiner Vertretung bei Sitzungen des Ortschaftsrats beauftragen.[1242] 20

Gemeinderäte, die in der Ortschaft wohnen und nicht Ortschaftsräte sind, können gemäß § 66 Abs. 4 S. 2 SächsGemO an allen Sitzungen des Ortschaftsrats mit beratender Stimme teilnehmen. Ihnen steht zwar ein Rederecht zu, jedoch gilt für sie im Gegensatz zum Bürgermeister die Rednerliste. Ein Antragsrecht oder ein Recht zur Mitwirkung an einer Wahl oder Abstimmungen im Ortschaftsrat haben sie nicht. Gemeinderäten aus anderen Ortsteilen ist nur bei öffentlichen Sitzungen die Teilnahme als Zuhörer möglich.[1243] 21

c) Aufgaben

aa) Gesetzliche Entscheidungszuständigkeit

Der Ortschaftsrat ist nur zuständig für Angelegenheiten, die Bedeutung ausschließlich für die Ortschaft haben. Die in § 67 Abs. 1 S. 1 Nr. 1 bis 7 SächsGemO enthaltene Auflistung begründet die **originären Zuständigkeiten** des Ortschaftsrats. Zur Vermeidung von Kompetenzproblemen kann der Gemeinderat gemäß § 67 Abs. 1 S. 2 SächsGemO allgemeine Richtlinien erlassen und im Benehmen mit dem Ortschaftsrat die Angelegenheiten im Einzelnen abgrenzen. Soweit sich der Ortschaftsrat in seinem originären Aufgabenbereich bewegt, kann ihm der Gemeinderat keine Weisungen erteilen.[1244] 22

Ein besonderes Mitwirkungsrecht enthält § 67 Abs. 2 SächsGemO: Die Ernennung, Einstellung und Entlassung des **Leiters der örtlichen Verwaltungsstelle** erfolgt **im Benehmen** mit dem Ortschaftsrat, d.h., ihm ist Gelegenheit zur Stellungnahme zu geben. Er hat jedoch kein Mitentscheidungsrecht. Für die Auswahl eines Leiters der örtlichen Verwaltung findet gemäß § 65 Abs. 4 S. 3 SächsGemO die Regelung des § 28 Abs. 2 Nr. 2 SächsGemO entsprechend Anwendung. Danach ist für diese Entscheidung der Gemeinderat zuständig, der an das Votum des Ortschaftsrats nicht gebunden ist. 23

Weitere gesetzliche, nicht abänderbare Zuständigkeiten des Ortschaftsrats sind: 24

- Durchführung von Einwohnerversammlungen in der Ortschaft (§ 69 Abs. 2 S. 1 i.V.m. § 22 SächsGemO),
- Wahl des Ortsvorstehers und der Stellvertreter (§ 68 Abs. 1 S. 1 SächsGemO),
- Behandlung von Einwohneranträgen in Angelegenheiten, die ihm zur Entscheidung übertragen sind (§ 69 Abs. 2 S. 2 i.V.m. § 23 SächsGemO) sowie
- Entscheidung über die Zulässigkeit von Bürgerentscheiden und Bürgerbegehren, soweit die Hauptsatzung deren Durchführung bestimmt (§ 69 Abs. 2 S. 3 i.V.m. §§ 24 und 25 SächsGemO).

1242 *Musall*, in: Binus/Sponer/Koolman, Sächsische Gemeindeordnung, § 66 Rn. 6.
1243 *Rehak*, in: Quecke/Schmid, Gemeindeordnung für den Freistaat Sachsen, § 66 Rn. 12.
1244 *Rehak*, in: Quecke/Schmid, Gemeindeordnung für den Freistaat Sachsen, § 67 Rn. 2.

bb) Übertragene Aufgaben

25 Die Übertragung weiterer Zuständigkeiten zur dauernden Erledigung ist ebenfalls auf Angelegenheiten beschränkt, die die Ortschaft betreffen. Sie hat gemäß § 67 Abs. 3 S. 1 SächsGemO durch **Hauptsatzung** zu erfolgen und liegt im Ermessen des Gemeinderats, wobei neben der Stärkung der Stellung des Ortschaftsrats die örtlichen Verhältnisse und ein möglicher Ausgabenmehraufwand maßgebend sind.[1245] Die **Grenzen** der Delegationsbefugnis werden durch die in § 67 Abs. 3 S. 2 SächsGemO enthaltene Verweisung auf § 41 Abs. 2 SächsGemO definiert. Auf Ortschaftsräte können demnach die Aufgaben nicht übertragen werden, für die der Gemeinderat gemäß § 28 Abs. 2 SächsGemO ausschließlich zuständig ist.

26 Auch die Erteilung oder Versagung des Einvernehmens gemäß §§ 14, 22, 31 und 36 BauGB kann nicht auf den Ortschaftsrat übertragen werden, auch wenn das betroffene Grundstück in der Ortschaft gelegen ist. Derartige planungsrechtliche Entscheidungen beschränken sich nicht auf eine Ortschaft, sondern berühren stets die Interessen der ganzen Gemeinde und stellen damit Angelegenheiten der Gemeinde dar, selbst wenn der konkrete Anlass auf eine bestimmte Ortschaft bezogen ist.[1246]

cc) Finanzielle Ausstattung

27 Mit der Sachentscheidungsbefugnis des Ortschaftsrats ist untrennbar auch die Mittelbewirtschaftung gemäß § 67 Abs. 4 SächsGemO verbunden. Danach werden dem Ortschaftsrat zur Erfüllung der ihm zugewiesenen Aufgaben **angemessene Haushaltsmittel** zur Verfügung gestellt (§ 67 Abs. 4 S. 1 SächsGemO). Für die ortschaftsbezogenen Haushaltsansätze im Rahmen der Gesamtausgaben der Gemeinde ist gemäß § 67 Abs. 4 S. 2 SächsGemO maßgebend der Umfang der in der Ortschaft vorhandenen Einrichtungen und der durch sie wahrgenommenen Aufgaben.

28 Die Zuweisung von Haushaltsmitteln an den Ortschaftsrat führt nicht dazu, dass für die Ortschaften ein eigener Haushaltsplan aufzustellen wäre. Dies kommt schon deshalb nicht in Betracht, weil die Ortschaften keine eigene Finanzhoheit und kein eigenes Budgetrecht haben.[1247] Gemäß § 67 Abs. 6 S. 1 SächsGemO ist der Ortschaftsrat jedoch bei der Aufstellung der ortschaftsbezogenen Haushaltsansätze zu hören. Insoweit steht ihm auch ein Vorschlagsrecht zu.

d) Anhörung, Beteiligungs- und Klagerechte

29 Bei wichtigen Angelegenheiten der Gemeinde, die die Ortschaft betreffen oder von unmittelbarer Bedeutung für die Ortschaft sind, hat der Ortschaftsrat gemäß § 67 Abs. 6 S. 1 SächsGemO ein **Anhörungsrecht**. Beispielhaft werden erwähnt:

- Aufstellung der ortschaftsbezogenen Haushaltsansätze,
- Wahrnehmung der gemeindlichen Planungshoheit sowie
- Vermietung, Verpachtung oder Veräußerung der in der Ortschaft gelegenen öffentlichen Grundstücke.

1245 *Musall*, in: Binus/Sponer/Koolman, Sächsische Gemeindeordnung, § 67 Rn. 6.
1246 *Musall*, in: Sponer/Jacob/Musall, Kommunalverfassungsrecht Sachsen, § 67 SächsGemO Erl. 3.
1247 *Rehak*, in: Quecke/Schmid, Gemeindeordnung für den Freistaat Sachsen, § 67 Rn. 11.

Auf Beschluss des Ortschaftsrates ist gemäß § 67 Abs. 7 SächsGemO ein Verhandlungsgegenstand, der in die Zuständigkeit des Ortschaftsrats fällt, auf die **Tagesordnung** spätestens der übernächsten Sitzung des Gemeinderats **zu setzen**, wenn der Gemeinderat den gleichen Verhandlungsgegenstand nicht innerhalb der letzten sechs Monate bereits behandelt hat oder wenn sich seit der Behandlung die Sach- oder Rechtslage wesentlich geändert hat. 30

Beispiel: 31

Im Ortschaftsrat wird der schlechte Zustand des sich in der Ortschaft befindlichen örtlichen Heimatmuseums festgestellt und dazu beschlossen, eine Sanierung des Heimatmuseums als Verhandlungsgegenstand auf die Tagesordnung spätestens der übernächsten Gemeinderatssitzung zu setzen. Der Ortsvorsteher wird diesen Beschluss des Ortschaftsrates dadurch vollziehen, dass er ihn an den Bürgermeister zur Aufnahme auf die Tagesordnung weiterleitet.

Der Ortschaftsrat kann die Verletzung eigener Rechte, etwa die Verletzung seines Anhörungsrechts gemäß § 67 Abs. 6 SächsGemO, im Rahmen eines **Kommunalverfassungsstreitverfahrens** rügen. Die Beteiligungsfähigkeit ergibt sich aus § 61 Nr. 2 VwGO analog. Sofern Streitgegenstand die Hauptsatzung der Gemeinde oder die Geschäftsordnung des Gemeinderats ist, muss der Ortschaftsrat beim Sächs. OVG einen Antrag gemäß § 47 Abs. 2 S. 2 VwGO gegen die Gemeinde richten.[1248] 32

3. Ortsvorsteher

a) Wahl, Rechtsstellung und Stellvertretung

Der Ortsvorsteher und ein oder mehrere Stellvertreter werden gemäß § 68 Abs. 1 S. 1 SächsGemO von den **Ortschaftsräten** gewählt. Insoweit ist die Frage des aktiven Wahlrechts durch die klare Festlegung auf die „Ortschaftsräte" eindeutig entschieden. Streitig sind hingegen die Voraussetzungen für das **passive Wahlrecht**, wobei Konsens darüber besteht, dass der Bewerber um das Amt des Ortsvorstehers Mitglied des Ortschaftsrats sein kann, jedoch nicht zwingend sein muss.[1249] 33

Zur Vertiefung: 34

Umstritten ist insb., ob der Bewerber das aktive und passive Wahlrecht für den Ortschaftsrat haben muss. Die Vertreter dieser Auffassung[1250] verweisen darauf, dass der Kandidat mit seiner Wahl zum Ortsvorsteher zugleich Mitglied des Ortschaftsrats werde und deshalb sein passives Wahlrecht gemäß § 66 Abs. 1 S. 3 2. Hs. SächsGemO zu bestimmen sei. Überzeugender ist hingegen die Ansicht, dass der Ortsvorsteher weder Bürger der Gemeinde sein noch in der Ortschaft wohnen muss, da sich seine

1248 Zur vergleichbaren Rechtslage bei Organstreitigkeiten auf Landkreisebene vgl. SächsOVG, Urteil vom 19.4.2011 – 4 C 32/08, juris.

1249 *Musall*, in: Binus/Sponer/Koolman, Sächsische Gemeindeordnung, § 68 Rn. 2.

1250 *Rehak*, in: Quecke/Schmid, Gemeindeordnung für den Freistaat Sachsen, § 68 Rn. 3; *G. Brüggen*, in: Brüggen/Geiert/Nolden, Sächsische Gemeindeordnung, § 68 Rn. 5.

Rechtsstellung und damit auch seine Wählbarkeit grds. nach der des Bürgermeisters richtet (§§ 69 Abs. 1 S. 1 i. V. m. 49 SächsGemO).[1251] *Auch der gewählte Bürgermeister wird Mitglied des Gemeinderats (§ 29 Abs. 1 S. 1 SächsGemO).*

35 Wird als Ortsvorsteher ein **bisheriges** Ortschaftsratsmitglied gewählt, ist unstreitig, dass ihm kein „doppeltes Stimmrecht" zusteht.[1252] Fraglich ist indes, ob für das zum Ortsvorsteher gewählte Mitglied ein Nachrücker dessen Mandat gemäß §§ 69 Abs. 1 S. 1 i.V.m. 34 SächsGemO wahrnehmen muss, da durch die Verweisung in § 69 Abs. 1 S. 1 SächsGemO auf die Vorschriften für den Bürgermeister auch die Unvereinbarkeitsvorschrift des § 32 Abs. 1 Nr. 1 SächsGemO auf den Ortsvorsteher anwendbar sein könnte.[1253]

Abweichend von § 49 Abs. 4 S. 1 SächsGemO können auch **Bedienstete der Gemeinde** und Geschäftsführer eines Unternehmens der Gemeinde i.S.d. § 96 SächsGemO zugleich Ortsvorsteher sein (§ 69 Abs. 1 S. 3 SächsGemO). Ausgenommen hiervon ist jedoch gemäß § 68 Abs. 1 S. 2 SächsGemO der Leiter des Rechnungsprüfungsamts. Der Ortsvorsteher kann auch gleichzeitig **Mitglied des Gemeinderats** sein, sofern er nicht zum Stellvertreter des Bürgermeisters bestellt ist (§ 68 Abs. 1 S. 2 SächsGemO). Der Ortsvorsteher unterliegt der Aufsicht und den Weisungen des Bürgermeisters. Bei einer gleichzeitigen Wahrnehmung beider Funktionen als (stellvertretender) Bürgermeister wäre eine sachgerechte gemeindeinterne Kontrolle nicht hinreichend gewährleistet.[1254]

36 Im Rahmen einer Vereinbarung über eine Gemeindeeingliederung oder -vereinigung kann gemäß § 9 Abs. 5 S. 2 SächsGemO vereinbart werden, dass erstmals nach Einrichtung der Ortschaft dem **bisherigen Bürgermeister** bis zum Ablauf seiner Amtszeit das Amt des Ortsvorstehers übertragen wird. Mit der Übertragung des Amtes ist er stimmberechtigtes Mitglied des Ortschaftsrats. Endet die Amtszeit des ehemaligen Bürgermeisters während der Wahlperiode des Ortschaftsrats, kann der Ortschaftsrat den Amtsinhaber oder eine andere Person für die verbleibende Zeit als Ortsvorsteher wählen.

37 Gemäß § 68 Abs. 1 S. 3 SächsGemO ist der Ortsvorsteher zum **Ehrenbeamten auf Zeit** zu ernennen. Die Ernennung erfolgt durch Aushändigung einer Ernennungsurkunde (§ 8 Abs. 2 S. 1 BeamtStG). Seine oberste Dienstbehörde sowie sein Vorgesetzter ist gemäß § 146 Abs. 2 Nr. 1 SächsBG der Bürgermeister. Auf Ortsvorsteher finden gemäß § 153 Abs. 1 SächsBG die für Ehrenbeamte geltenden Vorschriften mit Ausnahme von § 6 Abs. 2 S. 1 SächsBG (Verabschiedung des Ehrenbeamten) und mit der Maßgabe des § 148 Nr. 2 SächsBG (Entlassung des ehrenamtlichen Bürgermeisters) Anwendung.

1251 *Musall*, in: Binus/Sponer/Koolman, Sächsische Gemeindeordnung, § 68 Rn. 2.

1252 *Rehak*, in: Quecke/Schmid, Gemeindeordnung für den Freistaat Sachsen, § 68 Rn. 4; *G. Brüggen*, in: Brüggen/Geiert/Nolden, Sächsische Gemeindeordnung, § 68 Rn. 5.

1253 Bejahend *Musall*, in: Binus/Sponer/Koolman, Sächsische Gemeindeordnung, § 68 Rn. 2; a. A. *Rehak*, in: Quecke/Schmid, Gemeindeordnung für den Freistaat Sachsen, § 68 Rn. 4.

1254 *G. Brüggen*, in: Brüggen/Geiert/Nolden, Sächsische Gemeindeordnung, § 68 Rn. 6.

Abweichend von § 68 Abs. 1 S. 3 SächsGemO kann bei Gemeindeeingliederungen nach § 9 Abs. 5 SächsGemO vereinbart werden, dass der Ortsvorsteher, wenn er als Bürgermeister der eingemeindeten Kommune bisher hauptamtlicher Beamter auf Zeit war, diesen Status bis zum Ablauf seiner Amtszeit behält. Einer Ernennung bedarf es insoweit nicht (§ 153 Abs. 3 SächsBG). Auf diese ausnahmsweise **hauptamtlichen Ortsvorsteher** finden gemäß § 153 Abs. 2 S. 1 SächsBG die für Beamte auf Zeit geltenden Vorschriften mit der Maßgabe des § 147 Abs. 1 Nr. 2 und Abs. 2 SächsBG (Ruhestandsregelungen) Anwendung. Da § 150 Abs. 1 S. 2 SächsBG entsprechend gilt (§ 153 Abs. 2 S. 2 SächsBG), tritt in diesen Fällen der (hauptamtliche) Ortsvorsteher mit Ablauf des Monats in den Ruhestand, in dem er das 68. Lebensjahr vollendet. **38**

Zur Vertiefung: **39**

Für seine ehrenamtliche Tätigkeit erhält der Ortsvorsteher gemäß § 155a Abs. 1 S. 1 SächsBG eine ***Aufwandsentschädigung****, die sich an der Einwohnerzahl der Ortschaften sowie an der entsprechenden Aufwandsentschädigung für ehrenamtliche Bürgermeister orientiert (§ 155a Abs. 3 SächsBG). Wie bei den ehrenamtlichen Bürgermeistern dient diese Aufwandsentschädigung nicht als Ersatz für ein berufliches Einkommen. Bei der Festsetzung ihrer Höhe wird vielmehr vorausgesetzt, dass der Ortsvorsteher seinen Lebensunterhalt anderweitig absichert.*

Gemäß § 68 Abs. 1 S. 1 SächsGemO wählt der Ortschaftsrat auch einen oder mehrere **Stellvertreter** des Ortsvorstehers, die jedoch lediglich Verhinderungsstellvertreter sind. Sie werden nicht zu Ehrenbeamten ernannt.[1255] Eine besondere Stellvertretungsregelung enthält § 68 Abs. 3 S. 2 SächsGemO: Sind der Ortsvorsteher oder sein Stellvertreter daran gehindert, an den Verhandlungen des Gemeinderats oder seiner Ausschüsse teilzunehmen (z.B. wegen Krankheit), kann der Ortsvorsteher und sein Stellvertreter durch ein von den Ortschaftsräten im Einvernehmen mit dem Ortsvorsteher bestimmtes Mitglied des Ortschaftsrats vertreten werden. **40**

b) Aufgaben und Befugnisse

Gemäß § 66 Abs. 3 SächsGemO ist der Ortsvorsteher **Vorsitzender des Ortschaftsrats**. In dieser Funktion unterliegt er keinen Weisungen des Bürgermeisters oder der Beigeordneten (z.B. bei der Aufstellung der Tagesordnung oder der Leitung der Sitzung).[1256] Durch die gemäß § 69 Abs. 1 S. 1 SächsGemO grds. anwendbaren Vorschriften über den Gemeinderat kommen insoweit dem Ortsvorsteher **die für den Bürgermeister maßgeblichen Befugnisse** hinsichtlich dessen Funktion als Vorsitzender des Gemeinderats zu.[1257] **41**

Im Ortschaftsrat selbst steht dem Ortsvorsteher daher auch das **Stimmrecht** zu, obwohl er nicht vom Volk gewählt wurde. Ebenso besitzt der Ortsvorsteher nach § 9 Abs. 5 S. 2 SächsGemO für die dort bestimmte Gruppe Stimmrecht.[1258] **42**

1255 *Rehak*, in: Quecke/Schmid, Gemeindeordnung für den Freistaat Sachsen, § 68 Rn. 9.
1256 *G. Brüggen*, in: Brüggen/Geiert/Nolden, Sächsische Gemeindeordnung, § 68 Rn. 15.
1257 Vgl. dazu oben im 6. Kapitel unter F.VIII.1.
1258 *Sponer/Tostmann*, Kommunalrecht, S. 94.

43 Zu den Befugnissen des Ortsvorstehers gehört gemäß § 69 Abs. 1 S. 1 i.V.m. § 52 Abs. 2 SächsGemO auch das Widerspruchsrecht. Widerspricht der Ortsvorsteher einem Beschluss des Ortschaftsrates, ist allerdings zu beachten, dass gemäß § 69 Abs. 1 S. 4 i.V.m. § 52 Abs. 2 S. 4 SächsGemO die Entscheidung über den Widerspruch auf den Gemeinderat übergeht.

44 Der **Vollzug der Beschlüsse** des Ortschaftsrats ist grds. Aufgabe des **Bürgermeisters** gemäß § 51 Abs. 1 SächsGemO als Leiter der Gemeindeverwaltung. § 68 Abs. 2 S. 1 SächsGemO bestimmt allerdings, dass der Ortsvorsteher den Bürgermeister bzw. den Beigeordneten **ständig vertritt**. Damit wird ihm vom Gesetzgeber eine eigenständige **Vollzugskompetenz** eingeräumt,[1259] die indes durch das **Weisungsrecht** des Bürgermeisters bzw. des Beigeordneten gemäß § 68 Abs. 2 S. 2 SächsGemO eingeschränkt wird. Ausdrücklich wird zudem in § 68 Abs. 2 S. 3 SächsGemO bestimmt, dass für den Fall eines **Widerspruchs des Ortsvorstehers** gegen einen Beschluss des Ortschaftsrats gemäß § 52 Abs. 2 SächsGemO (i.V.m. § 69 Abs. 1 S. 1 SächsGemO) sowie im Bereich von Weisungsaufgaben gemäß § 52 Abs. 3 SächsGemO der Bürgermeister dem Ortsvorsteher Weisungen erteilen kann. Entsprechendes gilt nach §§ 68 Abs. 2 S. 3 i.V.m. 52 Abs. 4 SächsGemO auch für das Eilentscheidungsrecht des Ortsvorstehers. Hintergrund dieses speziellen Weisungsrechts ist, dass von Beschlüssen des Ortschaftsrats nachteilige Auswirkungen auf die gesamte Gemeinde ausgehen können. Das Weisungsrecht ermächtigt den Bürgermeister aber nicht dazu, im Wege des Selbsteintrittsrechts anstelle des Ortsvorstehers zu entscheiden.[1260]

45 Sofern in der Ortschaft gemäß § 65 Abs. 4 SächsGemO eine **örtliche Verwaltungsstelle** eingerichtet ist, kann (und wird i.d.R. auch) der Ortsvorsteher deren **Leiter** sein. Dazu bedarf es jedoch einer entsprechenden Entscheidung des Gemeinderats im Einvernehmen mit dem Bürgermeister gemäß §§ 65 Abs. 4 S. 3 und 28 Abs. 2 Nr. 2 SächsGemO. Verweigert der Bürgermeister sein Einvernehmen, entscheidet der Gemeinderat mit einer Mehrheit von zwei Dritteln der anwesenden Stimmberechtigten (§ 28 Abs. 4 S. 2 SächsGemO).

46 § 68 Abs. 3 SächsGemO verschafft dem Ortsvorsteher das Recht, an den Verhandlungen des Gemeinderats und seiner Ausschüsse mit **beratender Stimme teilzunehmen**. Er hat folglich einen Anspruch auf Einberufung zu den Sitzungen sowie auf Wortmeldung und -erteilung nach den für die Gemeinderäte geltenden Grundsätzen. Das gilt auch in den Fällen, in denen es sich um Angelegenheiten handelt, die die Ortschaft nicht berühren.[1261] An der Abstimmung selbst kann er sich nicht beteiligen. Ebenso wenig steht ihm das Recht zu, Anträge zu stellen.[1262]

1259 *G. Brüggen*, in: Brüggen/Geiert/Nolden, Sächsische Gemeindeordnung, § 68 Rn. 14.

1260 *Musall*, in: Sponer/Jacob/Musall, Kommunalverfassungsrecht Sachsen, § 68 SächsGemO, Erl. 5.

1261 *Musall*, in: Binus/Sponer/Koolman, Sächsische Gemeindeordnung, § 68 Rn. 11.

1262 *Rehak*, in: Quecke/Schmid, Gemeindeordnung für den Freistaat Sachsen, § 68 Rn. 12.

c) Ende der Amtszeit und vorzeitige Abwahl

Die **Amtszeit** des Ortsvorstehers **endet** gemäß § 68 Abs. 4 S. 1 SächsGemO mit der Amtszeit der Ortschaftsräte. Insoweit besteht ein erheblicher Unterschied zur Rechtsstellung des Bürgermeisters. Dies beruht konsequenterweise darauf, dass der Ortsvorsteher sein Amt durch eine Wahlentscheidung des Ortschaftsrats und nicht einer Wahl durch die Bürger erlangt hat. Gemäß § 68 Abs. 4 S. 2 SächsGemO führt der Ortsvorsteher nach Freiwerden seiner Stelle die Geschäfte in entsprechender Anwendung des § 51 Abs. 5 SächsGemO bis zur Ernennung des neu gewählten Ortsvorstehers weiter. Für den Fall, dass der bisherige Ortsvorsteher die Weiterführung der Geschäfte ablehnt, nimmt der an Lebensjahren älteste Ortschaftsrat die Aufgaben des Ortsvorstehers wahr (§ 68 Abs. 4 S. 3 SächsGemO). 47

Der Ortsvorsteher kann gemäß § 68 Abs. 5 S. 1 SächsGemO vom Ortschaftsrat **vorzeitig abgewählt** werden. Der Antrag auf vorzeitige Abwahl muss von der Mehrheit aller Ortschaftsräte gestellt werden (§ 68 Abs. 5 S. 2 SächsGemO). Der Beschluss über die Abwahl bedarf einer Mehrheit von zwei Dritteln der Stimmen aller Ortschaftsräte, ohne dass eine vorherige Aussprache stattfindet (§ 68 Abs. 5 S. 3 SächsGemO). Gemäß § 68 Abs. 5 S. 4 SächsGemO muss zwischen dem Antrag und dem Beschluss über die Abwahl eine Frist von mindestens vier und höchstens acht Wochen liegen. Der Ortsvorsteher scheidet mit dem Ablauf des Tages, an dem die Abwahl beschlossen wird, aus seinem Amt (§ 68 Abs. 5 S. 5 SächsGemO). Die Abwahl des Ortsvorstehers ist der Abwahl des Beigeordneten gemäß § 56 Abs. 4 SächsGemO nachgebildet. Auf eine doppelte Beratung und Beschlussfassung hat der Gesetzgeber jedoch verzichtet. Ansonsten gelten die für die vorzeitige Abwahl eines Beigeordneten geltenden Grundsätze.[1263] 48

4. Örtliche Verwaltungsstellen

Gemäß § 65 Abs. 4 S. 1 SächsGemO können in den Ortschaften **örtliche Verwaltungsstellen** eingerichtet werden. Darüber entscheidet der Bürgermeister kraft seines Organisationsrechts im Rahmen der haushaltsrechtlichen Bestimmungen unter Berücksichtigung der Grundsätze der Wirtschaftlichkeit und Sparsamkeit nach pflichtgemäßem Ermessen (§ 53 Abs. 1 SächsGemO).[1264] Die Einrichtung von örtlichen Verwaltungsstellen kann daher nicht durch die Hauptsatzung in der Gemeinde festgelegt werden. Für den Bürgermeister besteht auch die Möglichkeit zu entscheiden, dass eine örtliche Verwaltungsstelle für mehrere benachbarte Ortschaften zuständig ist (§ 65 Abs. 4 S. 2 SächsGemO). Wegen der finanziellen Bedeutung für die Gemeinde und der kommunalpolitischen Auswirkung auf die Ortschaft sind bei derartigen Entscheidungen aber der Gemeinderat (Budgetrecht) und der Ortschaftsrat (Anhörung) stets mit einzubeziehen. 49

Ein Entscheidungsrecht des Gemeinderats ergibt sich indes aus § 65 Abs. 4 S. 3 SächsGemO. Der Gemeinderat befindet danach über den **Leiter der örtlichen Verwaltung** entsprechend § 28 Abs. 2 Nr. 2 und Abs. 4 SächsGemO.

1263 Vgl. dazu oben im 6. Kapitel unter F.XI.4.e).

1264 *G. Brüggen*, in: Brüggen/Geiert/Nolden, Sächsische Gemeindeordnung, § 65 Rn. 8 m.w.N.

Zur Vertiefung:

Wenn eine örtliche Verwaltungsstelle eingerichtet wurde, erhält der Ortsvorsteher gemäß § 155a Abs. 3 S. 2 SächsBG einen Zuschlag von zehn Prozent der Aufwandsentschädigung des ehrenamtlichen Bürgermeisters einer Gemeinde mit der entsprechenden Einwohnerzahl.[1265]

C. Stadtbezirksverfassung

I. Allgemeines

50 Eines der zentralen Anliegen des Zweiten Gesetzes zur Fortentwicklung des Kommunalrechts vom 13.12.2017[1266] bestand darin, die Stadtbezirksverfassung stärker an die Regularien der Ortschaftsverfassung anzugleichen, obwohl die Zielrichtung beider Organisationsmodelle nicht identisch ist. Liegt der Fokus bei der Ortschaftsverfassung auf der Integration ehemals selbstständiger Gemeinden in eine andere (neue) Gemeinde unter Wahrung der örtlichen Identität, geht es bei der Stadtbezirksverfassung primär darum, durch Schaffung von Stadtbezirken der „Rathausferne" zugunsten der Bürger einer Großstadt entgegenzuwirken[1267] sowie die Stadtverwaltung zu dezentralisieren.

51 Die seit dem 1.1.2018 geltenden Bestimmungen über die Stadtbezirksverfassung (§§ 70 bis 71a SächsGemO) enthalten folgende maßgeblichen **Neuerungen**:

- In den Stadtbezirken müssen zwingend Stadtbezirksbeiräte gebildet werden.
- Die Stadtbezirksbeiräte können entweder vom Gemeinderat bestellt oder nach den für die Wahl des Ortschaftsrats geltenden Vorschriften (durch Volkswahl) direkt gewählt werden.
- Dem Stadtbezirksbeirat können durch Hauptsatzung bestimmte Aufgaben übertragen werden.
- Dem Stadtbezirksbeirat werden Haushaltsmittel zur Verfügung gestellt.
- Der Gemeinderat entscheidet über die Leitung der örtlichen Verwaltung.
- In den Stadtbezirken sind Einwohnerversammlungen möglich.
- Auf den Stadtbezirk bezogene Einwohneranträge sind u. U. zulässig.

52 Durch die Neufassung der §§ 70ff. SächsGemO wurde demnach insb. der Stadtbezirksbeirat als Vertretung der in den Stadtbezirken lebenden Einwohner gestärkt. Allerdings besteht dadurch die Gefahr, dass eine kontinuierliche Entwicklung der Kreisfreien Städte in ihrer Gesamtheit durch die stärkere Bedeutung von Partikularinteressen schwieriger wird. Zudem werden die Unterschiede

1265 Diese Regelung erscheint wenig sinnvoll, da die örtliche Verwaltungsstelle eine Außenstelle der allgemeinen Gemeindeverwaltung ist und ausschließlich der Leitungs- und Organisationshoheit des Bürgermeisters unterliegt. Ein erhöhter Aufwand dürfte für den Ortsvorsteher insoweit nicht entstehen.

1266 SächsGVBl. 2017, S. 626.

1267 *Rehak*, in: Quecke/Schmid, Gemeindeordnung für den Freistaat Sachsen, § 70 Rn. 1.

zwischen Ortschafts- und Stadtbezirksverfassung mit Ausnahme der Funktion des Ortsvorstehers weitgehend beseitigt. Da auch in den Kreisfreien Städten die Ortschaftsverfassung eingeführt werden könnte, stellt sich zumindest die Frage nach der zusätzlichen Notwendigkeit der §§ 70ff. SächsGemO.

Die Einführung einer Stadtbezirksverfassung ist nicht möglich, wenn die Ortschaftsverfassung für dieselben Gemeindeteile besteht; in diesem Fall muss die Ortschaftsverfassung zuvor aufgehoben werden.[1268] **53**

II. Einführung und Aufhebung

Gemäß § 70 Abs. 1 S. 1 SächsGemO können (nur) die drei **Kreisfreien Städte**[1269] durch Hauptsatzung die **Stadtbezirksverfassung** einführen. Bei der Einteilung der Stadtbezirke soll auf die Siedlungsstruktur, die Bevölkerungsentwicklung und die Ziele der Stadtentwicklung Rücksicht genommen werden (§ 70 Abs. 1 S. 2 SächsGemO). Bei den **Stadtbezirken** handelt es sich um Verwaltungsbezirke. Sie sind ein organisatorischer Teil der Gemeinde in Gestalt einer nicht rechtsfähigen Körperschaft des öffentlichen Rechts.[1270] **54**

Die Hauptsatzung muss bei der Einführung der Stadtbezirksverfassung regeln: **55**

- Die Einführung der Stadtbezirksverfassung als solche.
- Die Anzahl der Stadtbezirke.
- Die räumliche Abgrenzung der Stadtbezirke.
- Die Zahl der Mitglieder der Stadtbezirksbeiräte.
- Optional: die Wahl der Stadtbezirksbeiräte.
- Optional: die Aufgabenübertragung auf den Stadtbezirksbeirat.
- Optional: die besonderen Verfahrensregeln für den Stadtbezirksbeirat.

Durch Änderung der Hauptsatzung kann die Stadtbezirksverfassung gemäß § 71 Abs. 9 SächsGemO zur nächsten regelmäßigen Wahl der Gemeinderäte **aufgehoben** werden, frühestens jedoch zur übernächsten Wahl nach ihrer Einführung. **56**

III. Stadtbezirksbeirat

1. Zahl der Mitglieder, Bestellung oder direkte Wahl

Die **Zahl der Mitglieder** des Stadtbezirksbeirats bestimmt gemäß § 71 Abs. 1 S. 4 1. Hs. SächsGemO die Hauptsatzung. Damit liegt es grds. im Ermessen des Gemeinderats, wie groß dieses Gremium sein soll. Eine Höchstgrenze enthält allerdings § 71 Abs. 1 S. 4 2. Hs. SächsGemO: Die Zahl der Mitglieder darf höchstens halb so groß sein wie die Zahl der Gemeinderäte nach § 29 Abs. 2 SächsGemO in Gemeinden mit einer Einwohnerzahl, die der von der Kreisfreien Stadt zu ermittelnden Einwohnerzahl des Stadtbezirks entspricht. **57**

1268 *Musall*, in: Binus/Sponer/Koolman, Sächsische Gemeindeordnung, § 70 Rn. 1.

1269 Dies sind nach § 1 SächsKrGebNG Chemnitz, Dresden und Leipzig. Von dieser Ermächtigung haben bisher nur Dresden und Leipzig Gebrauch gemacht.

1270 *G. Brüggen*, in: Brüggen/Geiert/Nolden, Gemeindeordnung für den Freistaat Sachsen, § 70 Rn. 3 m.w.N.

58 Auch nach der Novellierung des § 71 SächsGemO bleibt der Grundsatz der **Bestellung der Stadtbezirksbeiräte durch den Gemeinderat** bestehen.[1271] Nach § 71 Abs. 1 S. 1 SächsGemO werden die Mitglieder des Stadtbezirksbeirats vom **Gemeinderat** aus dem Kreise der im Stadtbezirk wohnenden wählbaren Bürger nach jeder regelmäßigen Wahl der Gemeinderäte bestellt. Bei der Bestellung der Mitglieder soll das von den im Gemeinderat vertretenen Parteien und Wählervereinigungen bei der letzten regelmäßigen Wahl der Gemeinderäte im Stadtbezirk erzielte Wahlergebnis berücksichtigt werden (§ 71 Abs. 1 S. 5 SächsGemO).[1272] Da auf das Wahlergebnis im **Stadtbezirk** abgestellt wird, kommt es nicht auf die Zusammensetzung des Gemeinderats an.

59 Gemäß §§ 71 Abs. 1 S. 2 i. V. m. 66 Abs. 1 S. 1 i. V. m. 30, 31 SächsGemO kann in der Hauptsatzung allerdings festgelegt werden, dass die **Stadtbezirksbeiräte in den Stadtbezirken** nach den für die Wahl des Ortschaftsrats geltenden Vorschriften **gewählt** werden (Volkswahl).[1273] Dem entspricht § 37a KomWG, der für die Stadtbezirkswahlen auf die §§ 33 bis 37 KomWG (Ortschaftsratswahlen) verweist. Die Festlegung, dass die Stadtbezirksbeiräte nicht bestellt, sondern gewählt werden, kann zur nächsten regelmäßigen Wahl geändert werden, jedoch frühestens zur übernächsten Wahl nach ihrer Einführung (§ 71 Abs. 1 S. 3 SächsGemO).

Zur Vertiefung:

Die Frage, ob für die gewählten Mitglieder des Stadtbezirksbeirats die §§ 32 und 34 SächsGemO gelten, ist mit der Neufassung der §§ 70 ff. SächsGemO zunächst nicht ausdrücklich geregelt worden. § 71a Abs. 1 S. 1 SächsGemO verwies lediglich auf die §§ 35 und 36 bis 40 SächsGemO. Aufgrund des Art. 1 Nr. 28 des Dritten Gesetzes zur Fortentwicklung des Kommunalrechts vom 9.2.2022 gilt nunmehr auch § 34 SächsGemO für den Stadtbezirksbeirat. Nicht maßgeblich sind hingegen die Hinderungsgründe gemäß § 32 SächsGemO. Da indes gemäß § 71 Abs. 1 S. 2 SächsGemO für den Fall, dass die Mitglieder des Stadtbezirksbeirats gewählt werden, die für die Wahl der Ortschaftsräte geltenden Vorschriften gelten, müsste konsequenterweise § 32 SächsGemO auch hier anwendbar sein. Daher erscheint eine analoge Anwendung des § 32 SächsGemO sinnvoll.

2. Vorsitz und Geschäftsgang

60 Im Gegensatz zum Ortschaftsrat, dessen Vorsitzender der Ortsvorsteher ist, obliegt der **Vorsitz** des Stadtbezirksbeirats gemäß § 71 Abs. 4 S. 1 SächsGemO dem **Bürgermeister** oder einem von ihm im Benehmen mit dem Stadtbezirksbeirat mit der regelmäßigen Aufgabenwahrnehmung **Beauftragten**. Diese Re-

1271 Vgl. Begründung der Beschlussempfehlung des Innenausschusses des Sächsischen Landtags, LT-Drs. 6/11427, Anlage S. 8.

1272 Vgl. dazu SächsOVG, Beschluss vom 30.10.2023 – 4 B 171/23.

1273 Dies gilt für die zehn Stadtbezirksräte in Dresden gemäß § 32 Abs. 6 Hauptsatzung seit der Wahl am 26.5.2019. Die Stadtbezirksbeiräte für die zehn Stadtbezirke in Leipzig werden gemäß § 27 Abs. 2 S. 1 Hauptsatzung (weiterhin) vom Stadtrat bestellt.

gelung macht deutlich, dass die Stadtbezirke auch nach der Neufassung der §§ 70 ff. SächsGemO nach wie vor der Organisationskompetenz des Bürgermeisters nach § 53 Abs. 1 SächsGemO unterstehen.

Der Bürgermeister bzw. der Beauftragte lädt zu den Sitzungen ein, legt die Tagesordnung fest, leitet die Sitzungen und vertritt den Stadtbezirksbeirat nach außen (§ 71 Abs. 4 S. 2 SächsGemO). Zudem bestimmt § 71a Abs. 1 SächsGemO, dass für den Stadtbezirksbeirat grds. die §§ 34, 35 und 36 bis 40 SächsGemO entsprechend gelten, soweit nichts anderes bestimmt ist. Ausgenommen ist § 35a SächsGemO (Fraktionen). Dem entspricht § 71 Abs. 6 SächsGemO, wonach der Stadtbezirksbeirat keine Ausschüsse bildet. 61

Die **Sitzungen** dieses Gremiums sind dementsprechend nach §§ 71a Abs. 1 i. V. m. 37 Abs. 1 SächsGemO **grundsätzlich öffentlich**, soweit nicht das öffentliche Wohl oder berechtigte Interessen Einzelner eine nichtöffentliche Sitzung erfordern. 62

Soweit der Bürgermeister nicht Vorsitzender des Stadtbezirksbeirats ist und an einer Sitzung des Stadtbezirksbeirats teilnimmt, ist ihm gemäß § 71 Abs. 5 S. 1 SächsGemO vom Vorsitzenden auf Verlangen jederzeit das Wort zu erteilen. Gemeinderäte können an allen Sitzungen des Stadtbezirksbeirats mit beratender Stimme teilnehmen (§ 71 Abs. 5 S. 2 SächsGemO). Im Gegensatz zum Teilnahmerecht von Gemeinderäten an Sitzungen des Ortschaftsrats (§ 66 Abs. 4 S. 2 SächsGemO) ist nicht erforderlich, dass der Gemeinderat im Stadtbezirk wohnt. 63

3. Aufgaben und Rechte

Hatten die Stadtbezirksbeiräte bis zum 31.12.2017 eher begrenzte Mitwirkungsrechte, ist ihre Rechtsstellung durch das Zweite Gesetz zur Fortentwicklung des Kommunalrechts[1274] weitgehend den Aufgaben und den Rechten des Ortschaftsrats angeglichen worden. Allerdings erfolgt der wesentliche Aufgabenzuwachs nur dann, wenn der Gemeinderat dies nach freiem Ermessen entscheidet. So können dem Stadtbezirksbeirat gemäß § 71 Abs. 2 S. 3 SächsGemO durch Hauptsatzung **Aufgaben** nach § 67 Abs. 1 S. 1 Nr. 2 bis 5 und 7 SächsGemO **übertragen** werden. In diesem Fall erhält der Stadtbezirksbeirat für bestimmte Angelegenheiten, die den Stadtbezirk betreffen, eine direkte **Entscheidungskompetenz**. Ausgenommen sind die im Stadtbezirk gelegenen öffentlichen Einrichtungen (§ 67 Abs. 1 S. 1 Nr. 1 SächsGemO) sowie die Pflege von Paten- und Partnerschaften (§ 67 Abs. 1 S. 1 Nr. 6 SächsGemO). Der Gemeinderat kann die Angelegenheiten im Einzelnen abgrenzen und allgemeine Vorschriften erlassen (§ 71 Abs. 2 S. 4 SächsGemO). 64

Bei wichtigen Angelegenheiten, die den Stadtbezirk betreffen, ist der Stadtbezirksbeirat **zu hören** (§ 71 Abs. 2 S. 1 SächsGemO). Zudem besitzt er insoweit ein Vorschlagsrecht (§ 71 Abs. 2 S. 5 SächsGemO). Falls diese Fragen auf der Tagesordnung des Gemeinderats oder seiner Ausschüsse stehen, kann der Stadtbezirksbeirat eines seiner Mitglieder **zu den Sitzungen entsenden** (§ 71 Abs. 7 S. 1 SächsGemO). Das entsandte Mitglied nimmt an den Sitzungen mit beratender Stimme teil (§ 71 Abs. 7 S. 2 SächsGemO). 65

1274 SächsGVBl. 2017, S. 626.

66 Sofern in den Stadtbezirken örtliche Verwaltungsstellen gemäß § 70 Abs. 3 SächsGemO eingerichtet werden (was der Regelfall sein dürfte), erfolgt die Ernennung, Einstellung und Entlassung des **Leiters** der örtlichen Verwaltungsstelle **im Benehmen** mit dem Stadtbezirksbeirat (§ 71 Abs. 8 SächsGemO).

IV. Örtliche Verwaltungsstellen

67 Gemäß § 70 Abs. 3 S. 1 SächsGemO können **örtliche Verwaltungsstellen** eingerichtet werden. Diese können auch für mehrere benachbarte Stadtbezirke zuständig sein (§ 70 Abs. 3 S. 2 SächsGemO). Über die Einrichtung solcher Verwaltungsstellen und deren Änderung entscheidet der **Bürgermeister** wie bei der Ortschaftsverfassung kraft seines Organisationsrechts im Rahmen der haushaltsrechtlichen Bestimmungen unter Berücksichtigung der Grundsätze der Wirtschaftlichkeit und Sparsamkeit nach pflichtgemäßem Ermessen. Die Einrichtung der Verwaltungsstellen ist daher einer Regelung durch die Hauptsatzung nicht zugänglich.[1275] Aber auch bei derartigen Entscheidungen werden der Gemeinderat (Budgetrecht) und der Stadtbezirksbeirat (Anhörung) wegen der finanziellen Bedeutung für die Gemeinde und der kommunalpolitischen Auswirkungen auf den Stadtbezirk stets mit einzubeziehen sein.

68 Das Entscheidungsrecht des Bürgermeisters wird lediglich insoweit eingeschränkt, als er nicht allein über die Ernennung, Einstellung und Entlassung des **Leiters der örtlichen Verwaltungsstelle** entscheiden kann. Gemäß § 70 Abs. 3 S. 3 SächsGemO findet auf den Leiter der örtlichen Verwaltung § 28 Abs. 2 Nr. 2 SächsGemO entsprechende Anwendung. Demzufolge liegt insoweit die Organkompetenz beim Gemeinderat, der im Einvernehmen mit dem Bürgermeister zu entscheiden hat. Zuvor muss das Benehmen mit dem Stadtbezirksbeirat hergestellt werden (§ 71 Abs. 8 SächsGemO).

69 Die örtlichen Verwaltungsstellen sind **reine Verwaltungseinrichtungen** ohne eigene Rechtspersönlichkeit. Sie sind für die im Stadtbezirk lebenden Einwohner und Bürger eine dezentrale Anlaufstelle und sorgen insofern für mehr Bürgernähe. Zudem können sie ein Bindeglied zwischen den Stadtbezirksbeiräten und der Verwaltung sowie eine wichtige Schnittstelle für den Informationsfluss und den Zugang zu anderen Dienststellen für den Stadtbezirksbeirat sein.[1276]

1275 *G. Brüggen*, in: Brüggen/Geiert/Nolden, Gemeindeordnung für den Freistaat Sachsen, § 70 Rn. 6 m. w. N.; a. A. *Rehak*, in: Quecke/Schmid, Gemeindeordnung für den Freistaat Sachsen, § 70 Rn. 5: Art und Zahl der Verwaltungsstellen sind in der Hauptsatzung zu regeln (eine Begründung für diese Auffassung fehlt indes). Nach § 35 Abs. 1 der Hauptsatzung der Landeshauptstadt Dresden *sollen* örtliche Verwaltungsstellen eingerichtet werden, wobei das Recht des Oberbürgermeisters zur Organisation der Verwaltung unberührt bleibt.

1276 *G. Brüggen*, in: Brüggen/Geiert/Nolden, Gemeindeordnung für den Freistaat Sachsen, § 70 Rn. 6 m. w. N.

8. Kapitel
Gemeindewirtschaft

Hinweis für Studierende und Rechtsreferendare:

Gemäß §§ 14 Abs. 3 Nr. 8 Buchst. c) cc); 44 Abs. 2 S. 1 SächsJAPO gehören das in diesem Kapitel unter B. behandelte „Haushaltsrecht“ sowie das „Kommunalabgabenrecht“, das in der Sache v. a. unter C. dargestellt wird, weder zum Prüfungsstoff der staatlichen Pflichtfachprüfung der Ersten Juristischen Prüfung noch zu den Prüfungsgebieten der Zweiten Juristischen Staatsprüfung.[1277] *Im Umkehrschluss gehören die Regelungen in §§ 94a ff. SächsGemO betreffend die „Unternehmen und Beteiligungen der Gemeinden“ sowie die damit zusammenhängenden Rechtsschutzfragen, die in diesem Kapitel unter D. unter der Überschrift „Wirtschaftliche Betätigung der Gemeinden“ behandelt werden, weiterhin in beiden Examina zum Prüfungsstoff.*

A. Überblick und verfassungsrechtliche Grundlagen

Die Gemeindewirtschaft ist Ausdruck der Finanzhoheit der Gemeinden[1278] 1
und gehört damit zum Kernbereich des kommunalen Selbstverwaltungsrechts, wie Art. 28 Abs. 2 S. 3 GG ausdrücklich klarstellt. Allerdings unterliegen die Städte und Gemeinden zahlreichen gesetzlichen Beschränkungen, die insb. im Vierten Teil der SächsGemO (§§ 72 ff.) enthalten sind. Hinzu kommen Begrenzungen durch bundesrechtliche Bestimmungen wie z. B. durch das Gesellschafts- und Wettbewerbsrecht sowie Vorgaben, die sich aus dem Recht der EU ergeben (etwa Art. 106 AEUV).

Der Erste Abschnitt des Vierten Teils betrifft die **Haushaltswirtschaft**, deren 2
Grundzüge im Folgenden unter dem Gliederungspunkt B. dargestellt werden. Unter C. folgen Ausführungen zur **Einnahmenbeschaffung, Vermögensverwaltung und zum kommunalen Abgabenrecht**. Die **wirtschaftliche Betätigung** der Gemeinden ist Thema des Gliederungspunktes D. Abschließend wird unter E. ein Überblick über das **Prüfungswesen** gegeben (Vierter Abschnitt des Vierten Teils: §§ 103 ff. SächsGemO).

B. Grundzüge der Haushaltswirtschaft

I. Einführung und Haushaltsgrundsätze

Nach § 72 Abs. 1 S. 1 SächsGemO hat die Gemeinde ihre Haushaltswirtschaft 3
so zu planen und zu führen, dass die **stetige Erfüllung ihrer Aufgaben** gesichert

1277 Bis zum 30.11.2018 musste das Kommunalabgabenrecht für die staatliche Pflichtfachprüfung in den Grundzügen, in der Zweiten Juristischen Staatsprüfung vollumfänglich beherrscht werden.

1278 Siehe dazu näher oben im 2. Kapitel unter C.III.5.

ist, wobei möglichst die Erfordernisse des gesamtwirtschaftlichen Gleichgewichts i. S. d. § 1 StabG zu beachten sind (§ 72 Abs. 1 S. 2 SächsGemO).

4 Neben den Vorgaben in den §§ 72 ff. SächsGemO für die **Haushaltsplanung und -durchführung** sind insb. die VO des SMI über die kommunale Haushaltswirtschaft nach den Regeln der öffentlichen Doppik[1279] sowie die VwV des SMI über die Grundsätze der kommunalen Haushalts- und Wirtschaftsführung und die rechtsaufsichtliche Beurteilung der kommunalen Haushalte zur dauerhaften Sicherung der kommunalen Aufgabenerledigung[1280] von Bedeutung.

5 **Zur Vertiefung:**

Der sächsische Gesetzgeber hat entschieden, von den früheren Regeln der Kameralistik für die Haushaltswirtschaft ***zwingend***[1281] *auf das System der kommunalen* ***Doppik***[1282] *(Doppelte Buchführung in Konten) umzustellen, das dem in der Privatwirtschaft eingesetzten System sehr ähnlich ist. So regelt § 72 Abs. 2 S. 3 SächsGemO, dass die Gemeinde Bücher in der Form der* ***doppelten Buchführung*** *zu führen hat, in denen die Verwaltungsvorfälle und die Vermögens-, Ertrags- und Finanzlage ersichtlich zu machen sind. Im Gegensatz zur Kameralistik, die ausschließlich auf den Kategorien „Einnahmen" und „Ausgaben" beruhte, soll durch die doppische Haushaltswirtschaft die Transparenz hinsichtlich der Haushaltslage erhöht sowie die Steuerungsmöglichkeiten für die Entscheidungsträger der Gemeinde verbessert werden. Von besonderer Bedeutung ist hierbei die Verpflichtung, in der Vermögensrechnung alle der Gemeinde wirtschaftlich zuzurechnenden Vermögensgegenstände und Schulden vollständig auszuweisen (§ 36 Abs. 1 SächsKomHVO) und bei Vermögensgegenständen des Anlagevermögens, deren Nutzung zeitlich begrenzt ist, die Anschaffungs- und Herstellungskosten um planmäßige Abschreibungen zu vermindern (§ 44 Abs. 1 SächsKomHVO). Die Verpflichtung für die Gemeinde, die jeweiligen Abschreibungen abzubilden, soll v. a. den Gemeinderäten den Ressourcenverbrauch und den längerfristigen Investitionsbedarf verdeutlichen. Auch soll mit der Einführung der kommunalen Doppik eine Abkehr von der Input- hin zur Outputsteuerung bewirkt werden. Durch produktorientierte Haushalte ist es nunmehr möglich, Art, Menge und Qualität der erbrachten Leistungen mit Hilfe von Kennzahlen transparent darzustellen.*

6 Seit 1.1.2016 gelten die meisten Regelungen des Neuen Kommunalen Haushalts- und Rechnungswesens ohne Einschränkungen für alle sächsischen Gemeinden. Allerdings hat der Gesetzgeber angesichts der erheblichen Umstellungsschwierigkeiten, v. a. bei kleineren Gemeinden, Übergangsregelungen geschaffen.

7 Nach dem Haushaltsgrundsatz der **Sparsamkeit und Wirtschaftlichkeit** (§ 72 Abs. 2 S. 1 SächsGemO) sind die gemeindlichen Aufgaben mit dem geringst-

1279 SächsKomHVO vom 10.12.2013 (SächsGVBl. S. 910) mit späteren Änderungen.

1280 VwV KomHWi vom 14.6.2024 (SächsABl. S. 698).

1281 Im Gegensatz zu anderen Bundesländern, bei denen ein Wahlrecht besteht; vgl. dazu näher *Geis*, Kommunalrecht, § 12 Rn. 1.

1282 Vgl. dazu *Burgi*, Kommunalrecht, § 18 Rn. 23.

möglichen Aufwand durchzuführen (Minimalprinzip) und zugleich mit den vorhandenen Mitteln der größtmögliche Erfolg zu erzielen (Maximalprinzip). Nach dieser Kosten-Nutzen-Relation kann auch eine teurere Maßnahme geboten sein, wenn sie unter mehreren die effizienteste ist.[1283]

Spekulative Finanzgeschäfte sind nach § 72 Abs. 2 S. 2 SächsGemO seit dem 18.11.2012 verboten.[1284] Damit reagierte der Gesetzgeber auf eine langjährige Praxis einiger sächsischer Gemeinden, mit riskanten Geldgeschäften Einnahmen zu erzielen, wobei nicht selten erhebliche Verluste auf Kosten des kommunalen Haushalts entstanden sind.[1285] 8

Derartige spekulative Finanzgeschäfte sind nur eine von vielen Ursachen für den Umstand, dass **nicht wenige Städte und Gemeinden** im Freistaat Sachsen **in erheblichem Maße verschuldet** sind.[1286] Vor diesem Hintergrund normiert § 72 Abs. 3 bis 7 SächsGemO konkrete Anforderungen an die Haushaltsführung, die auf einen **ausgeglichenen Haushalt** abzielen. Wann der Ergebnishaushalt ausgeglichen ist, ergibt sich aus § 72 Abs. 3 SächsGemO. Wird dieses Ziel nicht erreicht, so ist ein **Haushaltsstrukturkonzept** aufzustellen, das den Ausgleich des Ergebnishaushalts bis zum vierten Folgejahr sicherstellt (§ 72 Abs. 3 S. 5 SächsGemO) und das der Genehmigung durch die Rechtsaufsichtsbehörde bedarf (vgl. im Einzelnen § 72 Abs. 6 SächsGemO). 9

Zur Vertiefung:

Beim Haushaltsstrukturkonzept handelt es sich nach § 26 Abs. 1 SächsKomHVO um eine Darstellung von Maßnahmen zur Erhöhung von Erträgen und zur Reduzierung von Aufwendungen unter Angabe des jeweiligen Konsolidierungsbetrages und des Zeitpunktes der haushaltsmäßigen Wirksamkeit.

II. Haushaltssatzung

Die rechtliche Grundlage der Haushaltswirtschaft bildet die für jedes Kalenderjahr zu verabschiedende Haushaltsatzung (§ 74 Abs. 1 S. 1 SächsGemO). Dieses **Prinzip der Jährlichkeit** wird durch § 74 Abs. 1 S. 2 SächsGemO dahin gehend modifiziert, dass die Haushaltssatzung auch für zwei Jahre erlassen werden kann (Doppelhaushalt), allerdings nach Jahren getrennt. 10

Die Haushaltssatzung ist eine für die Gemeinde verbindliche **Pflichtsatzung**[1287], die grds. keine Außenwirkung (mit Ausnahme der Festsetzung der Steuersätze) entfaltet. Ihrer Rechtsnatur nach gleicht sie einem staatlichen Haushalts- 11

1283 *Geis*, Kommunalrecht, § 12 Rn. 1; *Jänchen*, in: Binus/Sponer/Koolman, Sächsische Gemeindeordnung, § 72 Rn. 5.

1284 Nach Art. 2 Nr. 7a des Gesetzes vom 18.10.2012 zur Änderung der SächsGemO (SächsGVBl. 2012 S. 562).

1285 Nachweise zum sog. „Cross border leasing"-System bei *Geis*, Kommunalrecht, § 12 Rn. 1.

1286 Vgl. zu weiteren Ursachen *Burgi*, Kommunalrecht, § 18 Rn. 1, der mit Blick auf die finanzielle Situation sogar von einer „Krise der kommunalen Selbstverwaltung" spricht.

1287 Vgl. dazu oben im 4. Kapitel unter A.III.1.

gesetz als nur formelle Rechtsnorm. Mangels Außenwirkung können Gemeindeeinwohner aus ihr **keine subjektiven Rechte** ableiten, wie § 75 Abs. 4 S. 2 SächsGemO ausdrücklich klarstellt. Ansprüche – etwa auf Bezuschussung – werden erst durch den Vollzug der Haushaltsordnung begründet.[1288]

12 Die Haushaltssatzung enthält nach § 74 Abs. 2 S. 1 SächsGemO obligatorisch die Festsetzung

- des Haushaltsplans,
- des Höchstbetrags der Kassenkredite und
- die Steuersätze, die für jedes Jahr neu festzusetzen sind.

13 Für den Erlass der Haushaltssatzung gelten die allgemeinen Vorschriften zum Satzungserlass[1289] sowie zusätzlich einige Sondervorschriften. So ist z.B. nach § 76 Abs. 1 S. 3 SächsGemO der Satzungsentwurf an sieben Tagen öffentlich **auszulegen** oder elektronisch zur Verfügung zu stellen. Einwohner und Abgabepflichtige können gegen den Entwurf der Haushaltssatzung innerhalb von 14 Arbeitstagen **Einwendungen** erheben, über die der Gemeinderat in öffentlicher Sitzung entscheiden muss (§ 76 Abs. 1 S. 4 und 5 SächsGemO).

14 Grds. muss wie bei allen gemeindlichen Satzungen die Rechtsaufsichtsbehörde einbezogen werden. Als gegenüber der allgemeinen Regelung in § 4 Abs. 3 S. 3 SächsGemO vorrangige Bestimmung verlangt indes § 76 Abs. 2 S. 2 SächsGemO eine **Vorlagepflicht**. Unter drei speziellen Voraussetzungen bedarf die Haushaltssatzung darüber hinaus der **Genehmigung** durch die Rechtsaufsichtsbehörde. Dies ist der Fall, wenn

- bestimmte Kreditaufnahmen vorgesehen sind (§ 82 Abs. 2 SächsGemO),
- die Obergrenze für Kassenkredite überschritten ist (§ 84 Abs. 3 SächsGemO) und
- wenn bestimmte Verpflichtungsermächtigungen vorgesehen sind (§ 81 Abs. 4 SächsGemO), die in der Folge zu Kreditaufnahmen nach § 82 Abs. 1 SächsGemO führen.

15 Da der Erlass der Haushaltssatzung auf der Haushaltshoheit als Ausfluss der Finanzhoheit und damit dem kommunalen Selbstverwaltungsrecht beruht, ist die Rechtsaufsichtsbehörde auf die Überprüfung der Rechtmäßigkeit der Haushaltssatzung (nicht der Zweckmäßigkeit) beschränkt.[1290]

1288 *Geis*, Kommunalrecht, § 12 Rn. 3f.
1289 Vgl. dazu oben im 4. Kapitel unter A.IV.
1290 *Geis*, Kommunalrecht, § 12 Rn. 6.

Zur Vertiefung:
Enthält die Haushaltssatzung keine genehmigungsbedürftigen Bestandteile, kann der Haushaltsplan einen Monat nach der Vorlage bei der Rechtsaufsichtsbehörde vollzogen werden, sofern die Haushaltssatzung nicht von der Rechtsaufsichtsbehörde beanstandet wird (§ 119 Abs. 1 SächsGemO). Muss die Haushaltssatzung hingegen genehmigt werden, hängt der Vollzug des Haushaltsplans gemäß § 119 Abs. 2 SächsGemO von der Genehmigung ab. Solange diese fehlt, befindet sich die betroffene Gemeinde in der sog. vorläufigen Haushaltsführung gemäß § 78 SächsGemO.

III. Haushaltsplan

Der Haushaltsplan dient der Verwaltung als **Planungs- und Kontrollinstrument**. Nach außen übernimmt er eine **Informationsfunktion** gegenüber den Einwohnern. Nach innen bekommt der Haushaltsplan mit dem Beschluss der Haushaltssatzung nach § 75 Abs. 4 S. 1 SächsGemO Gesetzescharakter, d.h., die Einhaltung des Haushaltsplans ist für die Verwaltung bindend.[1291] Der Haushaltsplan ist Kernbestandteil der Haushaltssatzung. Die detaillierten Vorgaben zum Aufbau des Haushaltsplans ergeben sich aus §§ 1 bis 9 SächsKomHVO. Verantwortlich für die Aufstellung des Haushaltsplans ist der Fachbedienstete für das Finanzwesen (§ 62 Abs. 1 SächsGemO). 16

Nach § 75 Abs. 3 SächsGemO ist der Haushaltsplan in einen **Ergebnis-** und einen **Finanzhaushalt** zu gliedern, die sich ihrerseits aus Teilhaushalten zusammensetzen. Zudem muss er einen Stellenplan für die Bediensteten der Gemeinde enthalten (§ 75 Abs. 2 SächsGemO). Im Haushaltsplan sind nach § 75 Abs. 1 S. 2 SächsGemO alle im Haushaltsjahr voraussichtlich anfallenden **Erträge** und entstehenden **Aufwendungen** (dargestellt im Ergebnishaushalt), die **Einzahlungen** und **Auszahlungen** (enthalten im Finanzhaushalt) sowie die notwendigen **Verpflichtungsermächtigungen** aufzunehmen. 17

Der **Ergebnishaushalt** ist nach § 72 Abs. 3 SächsGemO in ordentlichen Erträgen und ordentlichen Aufwendungen unter Berücksichtigung von Fehlbeträgen und Überschüssen des ordentlichen Ergebnisses aus Vorjahren **auszugleichen**. Gelingt dies nicht, muss unter Umständen ein Haushaltsstrukturkonzept aufgestellt werden (§ 72 Abs. 4, 6 und 7 SächsGemO). Soweit und solange die Entwicklung der Erträge und Einzahlungen oder Aufwendungen und Auszahlungen es erfordert, ist die Inanspruchnahme von Ansätzen für Aufwendungen und Auszahlungen und Verpflichtungsermächtigungen durch den Fachbediensteten für das Finanzwesen gemäß § 30 S. 1 SächsKomHVO zu sperren (sog. **Haushaltssperre**). Der Gemeinderat ist gemäß § 29 Nr. 3 SächsKomHVO unverzüglich zu unterrichten, wenn sich eine solche Haushaltssperre abzeichnet, da er die Sperre gegebenenfalls gemäß § 30 S. 2 SächsKomHVO aufheben kann. 18

1291 *Jänchen*, in: Binus/Sponer/Koolman, Sächsische Gemeindeordnung, § 75 Rn. 1.

19 Abweichungen vom Haushaltsplan sind nur unter den engen Voraussetzungen des § 79 SächsGemO als **über-** und **außerplanmäßige Aufwendungen** oder **Auszahlungen** möglich. Falls diese Instrumente nicht ausreichen, einen nicht vorhergesehenen Fehlbetrag zu decken, muss die Gemeinde grds. unverzüglich eine **Nachtragssatzung** nach § 77 SächsGemO erlassen.

IV. Jahresabschluss und Gesamtabschluss

20 Zum Schluss eines jeden Haushaltsjahres hat die Gemeinde nach § 88 Abs. 1 SächsGemO einen Jahresabschluss aufzustellen. Dieser besteht gemäß § 88 Abs. 2 SächsGemO aus der

- Ergebnisrechnung,
- Finanzrechnung und
- Vermögensrechnung.

21 Damit ist für den Jahresabschluss das Konzept der sog. **Drei-Komponenten-Rechnung** maßgeblich. Hinzukommen muss grds. ein Anhang, der mit diesen drei Rechnungen eine Einheit bildet und durch einen Rechenschaftsbericht zu erläutern ist. Des Weiteren sind dem Anhang die in § 88 Abs. 4 SächsGemO vorgeschriebenen Anlagen beizufügen. Der durch das Dritte Gesetz zur Fortentwicklung des Kommunalrechts[1292] geänderte § 88 Abs. 5 SächsGemO erlaubt den Gemeinden, bei den Jahresabschlüssen der Haushaltsjahre bis einschließlich 2020 auf den Anhang und den Rechenschaftsbericht zu verzichten. Allerdings erfordert der Verzicht auf die genannten Bestandteile nun einen Beschluss des Gemeinderats.

22 Der Jahresabschluss muss innerhalb von sechs Monaten nach Ende des Haushaltsjahres aufgestellt, vom Bürgermeister unterschrieben sein (§ 88c Abs. 1 SächsGemO) und vom Gemeinderat festgestellt werden (§ 88c Abs. 2 SächsGemO). Der entsprechende Gemeinderatsbeschluss muss der Rechtsaufsichtsbehörde unverzüglich angezeigt und zusammen mit dem Gesamtabschluss ortsüblich bekannt gegeben werden (§ 88c Abs. 3 SächsGemO).

23 Im Neuen Kommunalen Haushalts- und Rechnungswesen stellt der Jahresabschluss das **zentrale Informationsinstrument** für die Analyse der Aufgabenerfüllung der Gemeinde dar.[1293] Er enthält alle notwendigen Informationen über das Vermögen und die Schulden einer Gemeinde sowie über ihre Liquidität und den tatsächlichen Ressourcenverbrauch bei der Durchführung der Aufgabenerfüllung. Damit kommt dem Jahresabschluss neben dem Haushaltsplan für die **Steuerung** der kommunalen Tätigkeit eine herausragende Bedeutung zu. Die größte Herausforderung bei der Erstellung des Jahresabschlusses besteht dabei in der Erfassung und Bewertung der gemeindlichen Vermögens- und Kapitalbestände, weshalb hierzu zahlreiche untergesetzliche Erfassungs- und Bewertungsvorschriften zu berücksichtigen sind (vgl. v.a. §§ 34 ff. SächsKomHVO).

1292 Gesetz vom 9.2.2022 (SächsGVBl. S. 134).
1293 *Jänchen*, in: Binus/Sponer/Koolman, Sächsische Gemeindeordnung, § 88 Rn. 1.

Im Hinblick auf die eigenen wirtschaftlichen Unternehmen einer Gemeinde sowie die Beteiligungen an Unternehmen Dritter kann die Gemeinde einen **Gesamtabschluss** aufstellen, in dem der Jahresabschluss der Gemeinde mit den Jahresabschlüssen der Unternehmen zu konsolidieren ist (§ 88b Abs. 1 S. 1 SächsGemO). Auf diese Weise kann ein Gesamtüberblick über die Vermögens-, Finanz- und Ertragslage einer Gemeinde mit sämtlichen ausgelagerten Aufgabenbereichen hergestellt werden. Verzichtet sie hierauf, ist dies der Rechtsaufsichtsbehörde anzuzeigen (§ 88b Abs. 1 S. 2 SächsGemO). Hinsichtlich der verfahrensrechtlichen Anforderungen gelten für den Gesamtabschluss die Vorgaben für den Jahresabschluss entsprechend. 24

V. Finanzplanung

Um die nach § 72 Abs. 1 SächsGemO verlangte stetige Aufgabenerfüllung der Gemeinde zu sichern, muss neben dem aktuellen Haushaltsjahr auch eine Planung für die Folgejahre, d.h. eine **mittelfristige Finanzplanung** erstellt werden. Nach § 80 Abs. 1 SächsGemO hat die Gemeinde ihrer Haushaltswirtschaft eine **fünfjährige** Finanzplanung zugrunde zu legen. In dieser Finanzplanung sind Umfang und Zusammensetzung der voraussichtlichen Aufwendungen und Auszahlungen sowie die entsprechenden Finanzierungsmöglichkeiten darzustellen (§ 80 Abs. 2 SächsGemO). Erforderlich ist für die vorgesehenen Investitionen ein Investitionsprogramm, welches wie auch der Finanzplan mit Beschluss der Haushaltssatzung an die tatsächliche Entwicklung angepasst und fortgeführt werden muss (§ 80 Abs. 3 und 5 SächsGemO). Der Finanzplan ist weder Satzung noch Verwaltungsakt, sondern ein schlichter Gemeinderatsbeschluss. Er weist keine Außenwirkung auf, doch bindet er die Gemeindeorgane.[1294] 25

C. Einnahmen

I. Einführung

Die Gemeinden und Landkreise haben im Rahmen ihrer vielfältigen Aufgabenerfüllung zahlreiche Leistungen zu erbringen, die sowohl hohe einmalige als auch laufende Auszahlungen verursachen. Sie verausgaben Gelder für die Weisungsaufgaben, die weisungsfreien Pflichtaufgaben und für die freiwilligen Aufgaben. Sie bieten ihren Einwohnern und Bürgern, dem örtlichen Gewerbe und der Industrie eine Vielzahl kommunaler Dienstleistungen an. Dies gilt insb. im wirtschaftlichen, sozialen und kulturellen Bereich, aber auch im Bereich der Ver- und Entsorgung. Diese Dienstleistungen werden, v.a. nach den grundlegenden Überlegungen von *Ernst Forsthoff*[1295], auch unter dem Begriff der **kommunalen Daseinsvorsorge** zusammengefasst. 26

1294 *Geis*, Kommunalrecht, § 12 Rn. 20.
1295 Vgl. *Forsthoff*, Verwaltungsrecht I, S. 370.

27 **Beispiele dafür sind:**

- Bau und Betrieb von Kitas, Schulen, Krankenhäusern, ÖPNV, Büchereien, Museen, Friedhöfen, Straßen usw.,
- Versorgung mit Strom, Gas, Wasser,
- Abwasser- und Abfallentsorgung, Straßenreinigung oder
- Verwaltungsleistungen wie Beglaubigungen, Bescheinigungen, Erteilung von Baugenehmigungen usw.

28 Durch diese vielen unterschiedlichen Leistungen im Rahmen der Aufgabenerfüllung sorgen die Kommunen dafür, dass das öffentliche Leben in der Gemeinde funktioniert. Die wesentlichen Entscheidungen dafür werden im **Gemeinderat** als dem Hauptorgan der Gemeinde oder im **Kreistag** als dem Hauptorgan des Landkreises getroffen. Den meisten Entscheidungen dieser Gremien kommen daher finanzielle Auswirkungen zu.

29 Die größten operativen **Aufwendungen** sind regelmäßig die Personalkosten, die steuerfinanzierten sozialen Leistungen (z.B. Grundsicherung für Arbeitsuchende, Sozialhilfe, Kinder- und Elterngeld, Kinder- und Jugendhilfe, Wohngeld), der Sachaufwand, die Sachinvestitionen sowie bei kreisangehörigen Gemeinden die Kreisumlage.

30 Zur Finanzierung dieser Aufgaben benötigen die Gemeinden und Landkreise ausreichende Finanzmittel als **Einnahmen**, die ihnen das Grundgesetz und die sächsische Verfassung garantieren. Besondere Bedeutung kommt in diesem Zusammenhang der Finanzhoheit der Kommunen zu, die in Art. 28 Abs. 2 S. 3 GG ausdrücklich geregelt worden ist. Danach umfasst die Gewährleistung der Selbstverwaltung auch die **Grundlagen der finanziellen Eigenverantwortung**.

31 **Zur Vertiefung:**

Art. 28 Abs. 2 GG ist im Jahr 1994 im Zuge einer Verfassungsreform im Zusammenhang mit der deutschen Wiedervereinigung um diesen S. 3 klarstellend deklaratorisch erweitert worden. Zudem wurde Art. 28 Abs. 2 S. 3 GG im Jahre 1997 noch einmal um einen Halbsatz ergänzt, der besagt, dass zu den Grundlagen der finanziellen Eigenverantwortung eine den Gemeinden mit Hebesatzrecht zustehende wirtschaftskraftbezogene Steuerquelle gehört. Die Reichweite dieser neuen Bestimmung ist allerdings umstritten.[1296]

32 Die **Finanzhoheit** stellt einen wesentlichen Bestandteil der kommunalen Selbstverwaltungsgarantie aus Art. 28 Abs. 2 GG dar. Denn ohne eigene Finanzmittel ist eine eigenverantwortliche Aufgabenerfüllung nicht möglich und die Selbstverwaltung wäre weitgehend staatlicher Bestimmung ausge-

1296 Vgl. *Burgi*, Kommunalrecht, § 18 Rn. 4; näher dazu am Beispiel der Gewerbesteuer *Selmer/Hummel*, NVwZ 2006, S. 14 ff. und am Beispiel der Frage einer finanziellen Mindestausstattung *Nierhaus*, LKV 2005, S. 1 ff.

setzt. Die Finanzhoheit gewährleistet den Gemeinden und Landkreisen – im Rahmen der Gesetze – über eine aufgabenadäquate Finanzausstattung hinaus auch gewisse eigene Gestaltungsspielräume bei der Mittelbeschaffung und -bewirtschaftung. Hierbei handelt es sich um eine allgemeine Einnahmegarantie, die sich auch in Art. 87 Abs. 1 SächsVerf in ähnlicher Art und Weise wiederfindet. **Konkrete** Ansprüche der Gemeinden gegen den Bund oder das Land auf eine angemessene kommunale Finanzausstattung ergeben sich aus diesen Vorschriften allerdings **nicht**.[1297]

Speziellere verfassungsrechtliche Absicherungen der kommunalen Finanzen sind im **Grundgesetz** enthalten und ergeben sich aus Art. 106 Abs. 5 und 5a GG (Beteiligung am Aufkommen der Einkommensteuer und der Umsatzsteuer), Art. 106 Abs. 6 GG (Realsteuergarantie), Art. 106 Abs. 6 GG (Aufkommen der örtlichen Verbrauchs- und Aufwandsteuern) und Art. 106 Abs. 7 GG (Weiterleitung eines prozentualen Länderanteils am Gesamtaufkommen der Gemeinschaftssteuern nach Art. 106 Abs. 3 GG; Finanzausgleich). Zusätzliche Absicherungen ergeben sich aus Art. 104a Abs. 2 GG, Art. 104b Abs. 1 GG und Art. 106 Abs. 8 GG (Ausgleich für Sonderbelastungen). In der **sächsischen Verfassung** finden sich **zusätzliche Gewährleistungen** für die Kommunen, so in Art. 87 Abs. 2 SächsVerf (Abgabenerhebungsrecht nach Maßgabe der Gesetze) und Art. 87 Abs. 3 und 4 SächsVerf (kommunaler Finanzausgleich nach Maßgabe des SächsFAG). 33

Zur Vertiefung: 34

Der in Art. 87 Abs. 3 SächsVerf ausdrücklich geregelte sog. ***„vertikale Finanzausgleich“*** *stellt keine abschließende Regelung der Finanzströme zwischen dem Freistaat und den Kommunen dar. Der Gesetzgeber hat daher auch die Möglichkeit, einen sog.* ***„horizontalen Finanzausgleich“*** *als interkommunalen Finanzausgleich zu regeln und zudem die Ausgleichsinstrumente miteinander zu kombinieren. Die Erhebung einer* ***Finanzausgleichsumlage*** *(§ 25a SächsFAG) mit einem einheitlichen Prozentsatz für alle sog. abundanten*[1298] *Gemeinden ist verfassungsrechtlich zulässig.*[1299]

Den Gemeinden und Landkreisen steht aufgrund ihrer Finanzhoheit zum einen das **Budgetrecht** zu, d.h., sie haben das Recht auf eine eigenverantwortliche Einnahme- und Ausgabewirtschaft und damit konkret die Befugnis, den Haushalt eigenverantwortlich zu planen, zu bewirtschaften und abzurechnen (Mittelbewirtschaffung). 35

Zum anderen besitzen die Kommunen aber auch eine (begrenzte) **Abgabenhoheit**. Diese gibt ihnen das Recht, eigene Abgaben zu erheben (Mittelbeschaffung). Infolgedessen bestimmt die sächsische Verfassung speziell in Art. 87 36

1297 Vgl. dazu *Erbguth/Mann/Schubert*, Besonderes Verwaltungsrecht, § 2 Rn. 95 m.w.N.

1298 Abundant sind Gemeinden dann, wenn ihre normierte Steuerkraft ihren normierten Finanzbedarf (Bedarfsmesszahl) erreicht und übersteigt.

1299 Vgl. SächsVerfGH, LKV 2010, S. 126ff. und dazu *Sponer*, in: Binus/Sponer/Koolman, Sächsische Gemeindeordnung, § 1 Rn. 21f. m.w.N.

Abs. 2 SächsVerf, dass die Gemeinden und Landkreise das Recht haben, eigene Steuern und andere Abgaben (insb. Gebühren und Beiträge) nach Maßgabe der Gesetze zu erheben. Ein ganz wesentliches Gesetz, das die Abgabenerhebung im Einzelnen regelt, ist das **SächsKAG** und dort zunächst die Regelung des § 1 Abs. 1 SächsKAG, wonach nur Gemeinden und Landkreise eigene Abgaben erheben können.

37 ***Hinweis:***

Zum SächsKAG wurden durch das SMI Anwendungshinweise erlassen.[1300] *Diese sind keine verbindlichen Weisungen i. S. v. Verwaltungsvorschriften. Sie dienen vielmehr als Hilfsmittel für die Rechtsanwender und sollen eine einheitliche Anwendung des SächsKAG durch die sächsische Verwaltung sicherstellen.*

38 § 1 Abs. 2 SächsKAG definiert nicht den Begriff der Kommunalabgabe, er umschreibt lediglich den **Anwendungsbereich** des Gesetzes. Hierbei handelt es sich um keine abschließende Definition der Kommunalabgaben in ihrer Gesamtheit.

39 Bei den **kommunalen Abgaben** handelt es sich um öffentlich-rechtliche Geldleistungen, die die Kommunen zur Erzielung von Einnahmen kraft öffentlichen Rechts von den Abgabenpflichtigen erheben. Sie dienen der Deckung ihres allgemeinen Finanzbedarfs.[1301]

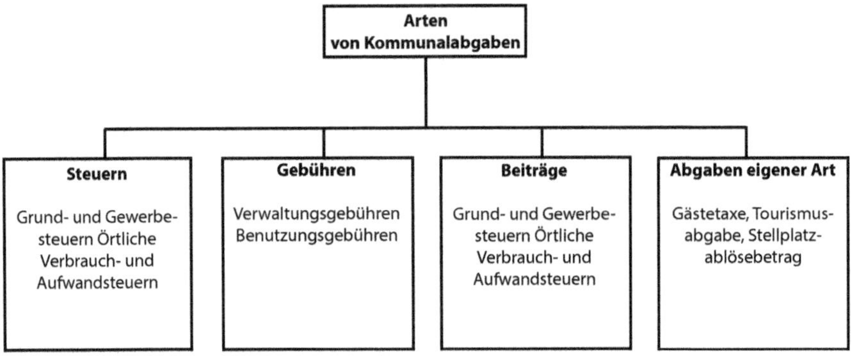

40 Strukturell enthält das SächsKAG im 1. Abschnitt allgemeine Vorschriften, insb. zum Verfahren (§ 3 SächsKAG), im 2. Abschnitt geht es um Steuern, im 3. Abschnitt um Benutzungsgebühren, im 4. und 5. Abschnitt um Beiträge sowie im 6. Abschnitt um Aufwandsersatz und sonstige Abgaben. Dabei legt das SächsKAG inhaltlich insb. grundsätzliche Maßstäbe zur Beitrags- und Gebührenberechnung fest (vgl. §§ 14, 18 und 29 SächsKAG).

1300 AnwHinwSächsKAG 2014 vom 12.8.2014 (SächsABl. S. 996).
1301 Vgl. BVerfGE 13, S. 181.

Die Abgabenerhebung stellt nach h. M. nur bei einer „erdrosselnden Wirkung" einen Eingriff in das nach Art. 14 GG geschützte Eigentumsrecht, ggf. auch in Art. 12 GG und ansonsten einen Eingriff in die durch Art. 2 Abs. 1 GG gewährleistete allgemeine Handlungsfreiheit dar.[1302] Sie bedarf daher **einer (besonderen) Ermächtigung** in einem formellen Gesetz. Die notwendigen konkreten gesetzlichen Ermächtigungen zur Abgabenerhebung finden sich v. a. im SachsKAG, und zwar 41

- für die Benutzung von öffentlichen Einrichtungen im § 9 SächsKAG (Benutzungsgebühren),
- für die Gemeindesteuern im § 7 SächsKAG (insb. zu den örtlichen Aufwandsteuern im § 7 Abs. 2 SächsKAG und zur Grund- und Gewerbesteuer im § 7 Abs. 4 SächsKAG),
- für die Kreissteuern im § 8 SächsKAG (das SächsKAG selbst sieht nur die Jagdsteuer vor[1303]),
- für die Erhebung von Verwaltungsgebühren in weisungsfreien Angelegenheiten im § 8a SächsKAG,
- für die Erhebung von Anschlussbeiträgen im § 17 SächsKAG sowie
- für die Erhebung von Straßenausbaubeiträgen im § 26 SächsKAG.
- Weitere spezielle Ermächtigungsgrundlagen zur Abgabenerhebung ergeben sich für den Aufwandsersatz aus § 33 SächsKAG, für die Gästetaxe aus § 34 SächsKAG und für die Tourismusabgabe aus § 35 SächsKAG.

Zur Vertiefung: 42

Erforderlich zur Abgabenerhebung ist gemäß § 2 Abs. 1 SächsKAG jedoch stets eine entsprechende ***Satzung als Rechtsgrundlage****. Auf deren Grundlage kann dann ein Abgabenbescheid erlassen werden (Abgabenerhebung). Dieses Satzungserfordernis gilt grds. für alle Kommunalabgaben, soweit nicht ein Bundes- oder Landesgesetz die Kommunen unmittelbar zur Erhebung einer Abgabe ermächtigt (vgl. § 1 Abs. 1 2. Hs. SächsKAG).*

Die Bestimmungen des SächsKAG gelten unmittelbar nur für die im § 1 Abs. 2 SächsKAG ausdrücklich benannten Kommunalabgaben und zählen diese dort als **Kommunalabgaben i. S. d. SächsKAG** abschließend auf[1304]. Im § 1 Abs. 2 SächsKAG werden auch die kommunalrechtlichen Nebenleistungen – Verspätungszuschläge, Zinsen und Säumniszuschläge – benannt. Dabei handelt es sich ebenfalls um Kommunalabgaben i. S. d. SächsKAG, aber um keine eigene Kommunalabgabenart und auch um keine Abgabe i. S. d. § 80 Abs. 2 S. 1 Nr. 1 VwGO. 43

1302 Vgl. zur grundrechtlichen Einordnung der Abgabenerhebung *Sodan/Ziekow*, Grundkurs Öffentliches Recht, § 42 Rn. 9; näher dazu *Wernsmann*, NJW 2006, S. 1169 ff.
1303 Die Jagdsteuer wird in Sachsen aber nicht mehr erhoben; s. u. Rn. 62.
1304 Vgl. dazu AnwHinwSächsKAG 2014, S. 7.

44 **Überhaupt gilt das SächsKAG nur subsidiär.** Es stellt lediglich eine Rahmenregelung dar, die nur insoweit Geltung beanspruchen kann, als keine vorrangigen besonderen bundes- oder landesrechtlichen Regelungen existieren. **Spezialgesetzliche Regelungen**, die die Erhebung von kommunalen (öffentlichen) Abgaben außerhalb des SächsKAG regeln, gehen dem SächsKAG insoweit also vor.

45 Dabei handelt es sich im Wesentlichen um

- den § 127 BauGB für die Erschließungsbeiträge,
- das GrStG und das GewStG für die Realsteuern (mit einer umfassenden Anwendung der AO),
- den § 8 Abs. 2 SächsAbwAG (Kleineinleiterabgabe) als sonstige öffentliche Abgabe (mit einem Verweis auf die §§ 2 bis 6 SächsKAG)

und speziell für die kommunalen Gebühren um

- den § 9 SächsKrWBodSchG i. V. m. §§ 2, 9 SächsKAG für die Abfallgebühren,
- den § 51 Abs. 5 SächsStrG für die Straßenreinigungsgebühren,
- das SächsVerwKG für die kommunalen Verwaltungsgebühren bei der Erfüllung von Weisungsaufgaben (§ 1 Abs. 1 S. 1 SächsVwKG) sowie
- den § 90 Abs. 1 SGB VIII i. V. m. § 15 SächsKitaG für die Elternbeiträge.

46 Schließlich gibt es noch die sonstigen **öffentlich-rechtlichen Abgaben und Umlagen**, für die nach § 36 SächsKAG die §§ 3, 3a Abs. 1 und 2 sowie §§ 5 und 6 SächsKAG sinngemäß anzuwenden sind.

Dazu gehören insb. die

- Kreisumlage (§ 26 FAG),
- kommunale Verbandsumlagen (§§ 25, 42, 60 SächsKomZG),
- Sondernutzungsgebühren (§ 21 SächsStrG),
- Stellplatzablöse (§ 49 Abs. 2 S. 1 SächsBO) sowie die
- Kulturumlage (§ 27 FAG).

47 **Zur Vertiefung:**

Die Bereitstellung, Organisation und zu einem großen Teil auch die ***Finanzierung von Kindertageseinrichtungen (Kitas)*** *gehört zu den weisungsfreien Pflichtaufgaben*[1305] *der Gemeinden nach § 9 Abs. 3 SächsKitaG sowie der Landkreise und Kreisfreien Städte als örtliche Träger der öffentlichen Jugendhilfe (§ 1 Abs. 1 LJHG). Diese Aufgaben müssen die Kommunen zwingend wahrnehmen. Sie können jedoch selbst entscheiden, wie sie diese Verpflichtung gewährleisten. In diesen Freiraum zur Ausgestaltung fällt auch die* ***Festlegung des Kostenbeitrags****, wobei übergeordnetes Recht wie insb. das Achte Buch des Sozialgesetzbuches – Kinder- und Jugendhilfe (SGB VIII) zu beachten ist. Gemäß § 90 Abs. 1 S. 1 Nr. 3; S. 2 SGB VIII können für die Förderung von Kindern in Kitas Kostenbeiträge festgesetzt werden (unmittelbare Ermächtigungsgrundlage). Die Kostenbeiträge sind zu staffeln, soweit Landesrecht nichts anderes bestimmt.*

1305 Vgl. dazu oben im 3. Kapitel unter H.II.3.

Im Freistaat Sachsen ist dies durch § 15 SächsKitaG geschehen, der eine spezielle Vorschrift über die (Teil-)Finanzierung der Betriebskosten durch ***Elternbeiträge*** *enthält. Dabei handelt es sich um* ***keinen abgabenrechtlichen Beitrag****, der sich dadurch auszeichnet, dass er für die Möglichkeit der Inanspruchnahme einer öffentlichen Einrichtung erhoben wird; der Elternbeitrag auf der Grundlage des § 90 SGB VIII wird aber als Gegenleistung für die tatsächliche Inanspruchnahme eines Platzes in einer Kita erhoben.*

Gemäß § 9 Abs. 1 SächsKitaG kann es sich bei Kitas i. S. d. § 1 SächsKitaG um ***öffentliche Einrichtungen*** *handeln. Soweit das Benutzungsverhältnis öffentlich-rechtlich bzw. hoheitlich geregelt ist und die Heranziehung aufgrund einer Satzung erfolgt, könnte es sich dabei um eine Benutzungsgebühr i. S. d. § 9 SächsKAG handeln. Kitabeiträge unterscheiden sich im Wesentlichen aber dadurch, dass ihnen das gebührentypische Kostendeckungsprinzip i. S. e. über die Elternbeiträge angestrebten* ***vollständigen*** *Deckung der Betriebskosten und der gebührentypische Grundsatz der speziellen Entgeltlichkeit nicht immanent sind. Eine auch nur entsprechende Anwendung des § 9 SächsKAG scheidet daher aus.*[1306] *Beim Elternbeitrag handelt es sich folglich um eine* ***besondere Benutzungsgebühr****, nach a. A. hingegen um eine öffentlich-rechtliche Abgabe eigener Art und um keine Gebühr im abgaberechtlichen Sinne.*[1307]

An sich sind zwar nur die Gemeinden und Landkreise berechtigt, kommunale Abgaben zu erheben (vgl. § 1 Abs. 1 SächsKAG). Nach spezialgesetzlichen Bestimmungen (§§ 5 Abs. 4, 25 Abs. 3 und § 60 Abs. 3 SächsKomZG), insb. im Bereich der Wasserversorgung und Abwasserbeseitigung (§§ 43 Abs. 1, 50 Abs. 1 SächsWG), können Gemeinden oder Landkreise ihnen obliegende Aufgaben aber ganz oder teilweise auf **andere öffentlich-rechtliche Körperschaften** (insb. Zweckverbände) übertragen. Erfolgt damit auch eine Übertragung ihrer originären Abgabenhoheit auf die Körperschaft, wächst diesen die Abgabenhoheit zu. **48**

Die Erhebung privatrechtlicher Entgelte berührt das SächsKAG nicht. Gemeinden und Landkreise haben im Rahmen ihres Organisationsermessens grds. die freie Wahl, ob sie eine Einrichtung in öffentlich-rechtlicher oder in privatrechtlicher Form betreiben wollen. Nur wenn die Gemeinde sich entscheidet, die Einrichtung in öffentlich-rechtlicher Form zu betreiben, ist sie an die Finanzierungsformen des SächsKAG gebunden. Betreibt die Gemeinde oder der Landkreis eine Einrichtung privatrechtlich, gilt das SächsKAG nicht (aber: „Keine Flucht in das Privatrecht", d. h., die im öffentlichen Recht geltenden Abgabengrundsätze gelten weiter). **49**

1306 So ausdrücklich: *Büchel*, in: Büchel/Patt, Sächsisches Kommunalabgabengesetz, § 9 Rn. 90.

1307 Vgl. dazu HessVGH, Beschluss vom 4.3.2014 – 5 C 2331/12.N, juris; OVG Lüneburg, Beschluss vom 29.9.2015 – 4 LB 149/13, juris; *Loos*, in: Wiesner, SGB VIII, Kinder- und Jugendhilfe, § 90 Rn. 6.

50 Ebenso sind das SächsKAG (und andere spezialgesetzliche Grundlagen) grds. in den Fällen nicht anwendbar, in denen eine Gemeinde oder ein Landkreis (ggf. auch ein Zweckverband) die Durchführung einer Aufgabe, d.h. die Aufgabenerledigung, auf einen privaten Dritten überträgt und dieser das Recht erhält, seine Kosten unmittelbar gegenüber den Benutzern geltend zu machen. Die Entgelterhebung darf in diesem Fall nur in **privatrechtlicher Form** erfolgen.

51 Stattdessen kann aber auch nur eine **alleinige** Übertragung der Leistungserbringung erfolgen, und zwar ohne dass die entstehenden Kosten gegenüber den Benutzern geltend gemacht werden können (Erfüllungsgehilfe). In diesem Fall erfolgt die Gebühren- oder Beitragserhebung weiterhin durch die jeweilige Kommune nach dem SächsKAG (oder anderen spezialgesetzlichen Grundlagen) und damit nach **öffentlichem Recht**.

52 **Zur Vertiefung:**

Eine Übertragung der Abgabenhoheit auf einen privaten Dritten, der damit berechtigt wäre, Abgaben nach der Maßgabe des SächsKAG zu erheben, ist unzulässig.[1308] *Ein privater Dritter kann aber als* ***Erfüllungsgehilfe*** *oder als* ***Verwaltungshelfer*** *nach § 4 SächsKAG eingesetzt werden. Gemeinden und Landkreise können auf ihre Abgabenhoheit indes nicht verzichten.*

53 Die kostenintensive Verwaltungstätigkeit wird damit zusammenfassend v.a. finanziert durch

- die Erhebung von **Kommunalabgaben** (§ 73 Abs. 1 SächsGemO) und
- die Geltendmachung von **privatrechtlichen Leistungsentgelten**.

54 Hinzu kommen

- die den Gemeinden zustehenden **Anteile an der Einkommen- und Umsatzsteuer** (Art. 106 Abs. 5 und 5a GG),
- die **staatlichen Finanzzuweisungen** (Art. 106 Abs. 7 GG, Art. 87 Abs. 3 SächsVerf: kommunaler Finanzausgleich) sowie
- **andere Erträge** (insb. Zuweisungen und Zuschüsse für Investitionen vom Bund und vom Land sowie aus Förderprogrammen der EU, aber auch die Erträge aus Buß- und Verwarnungsgeldern, Vermögensveräußerungen usw.).

Hinweis:

Mit dem Gesetz zur Ertragsbeteiligung von Kommunen an Windenergie- und Photovoltaik-Freiflächenanlagen vom 12.6.2024[1309] *(EEErtrBetG) hat der Freistaat Sachsen die Voraussetzungen für eine* ***verpflichtende Ertragsbeteiligung von Gemeinden*** *an Windenergie- und Photovoltaik-Freiflächenanlagen ab dem 1.1.2025 geschaffen, wobei die Möglichkeit des Abschlusses einer Individualvereinbarung zwischen dem Betreiber und der anspruchsberechtigten Gemeinde besteht. Die geltende bundesrechtliche Regelung sieht dagegen nur*

1308 Vgl. *Büchel*, in: Büchel/Patt, Sächsisches Kommunalabgabengesetz, § 4 Rn. 3 m. w. N.
1309 SächsGVBl. S. 522.

eine freiwillige Beteiligung vor. Die von den Betreibern zu zahlenden Mittel sind allerdings zweckgebunden und sind nur für Maßnahmen zur Steigerung der Akzeptanz für den Ausbau der Wind- und Solarenergie zu verwenden. Der Freistaat Sachsen folgt damit anderen Bundesländern, die bereits ähnliche Gesetze[1310] *(z. T. auch mit verpflichtender Bürgerbeteiligung) erlassen haben.*

II. Die wichtigsten Einnahmequellen der Gemeinden[1311]

1. Steuern[1312] (und steuerähnliche Einnahmen)

a) Gewerbesteuer

Die Gewerbesteuer steht gemäß Art. 106 Abs. 6 Satz 1 GG den Gemeinden zu und **zählt zu den Hauptertragsquellen** (trotz der Gewerbesteuerumlage nach Art. 106 Abs. 6 S. 4 GG i. V. m. § 6 Gemeindefinanzreformgesetz, wonach Anteile an Bund und Land abzuführen sind). Die Gewerbesteuereinnahmen sind allerdings sehr konjunkturabhängig und damit schwer planbar. 55

Zur Vertiefung: 56

Die Gewerbesteuer basiert auf Bundesrecht. Sie erfolgt auf der Grundlage des Gewerbesteuergesetzes (GewStG). Nach § 1 GewStG erheben die Gemeinden eine Gewerbesteuer als Gemeindesteuer. Steuergegenstand der Gewerbesteuer ist der Gewerbebetrieb. Die Gewerbebetriebe unterliegen der Gewerbesteuer in der Gemeinde, in der eine Betriebsstätte zur Ausübung des Gewerbes unterhalten wird (Betriebsstättenprinzip). Eine Abgabensatzung zur Gewerbesteuererhebung ist nicht erforderlich. Allerdings müssen die ***Hebesätze*** *(Prozentsatz) in einer eigenen Hebesatzsatzung oder in der Haushaltssatzung der jeweiligen Gemeinde festgelegt werden.*[1313]

Der Gewerbesteuerhebesatz beträgt gemäß § 16 Abs. 4 S. 2 GewStG als Untergrenze mindestens 200 Prozent. Eine gesetzliche Höchstgrenze gibt es nicht; hier gilt das Erdrosselungsverbot als Obergrenze. In seinem Beschluss vom 27.1.2010 hat das BVerfG klargestellt, dass der gesetzlich vorgeschriebene Mindesthebesatz von 200 Prozent für die Gewerbesteuer nicht gegen das Grundgesetz verstößt.[1314]

b) Grundsteuer

Die Grundsteuer steht ebenfalls gemäß Art. 106 Abs. 6 Satz 1 GG den Gemeinden zu und stellt ebenso wie die Gewerbesteuer eine Realsteuer dar[1315], bei der gemäß § 2 GrStG der Grundbesitz (Eigentum an Grundstücken) das Besteuerungsobjekt darstellt. Dabei handelt es sich im Vergleich zur Gewerbesteuer um eine sehr verlässliche, wenn auch deutlich geringere Einnahmequelle. Die **Grundsteuer B**[1316] 57

1310 Zur Verfassungsmäßigkeit des Beteiligungsgesetzes in Mecklenburg-Vorpommern vgl. BVerfGE 161, 63 ff.
1311 Vgl. *Klaus Ade*, Taschenbuch für Gemeinde- und Stadträte in Baden-Württemberg, S. 99–105.
1312 Die Definition der Steuer übernimmt das SächsKAG durch einen Verweis aus der AO: § 3 Abs. 1 Nr. 1b SächsKAG i. V. m. § 3 Abs. 1 AO.
1313 Siehe zur Haushaltssatzung oben unter B.II.
1314 Vgl. BVerfGE 125, S. 141.
1315 Siehe die Definition in § 3 Abs. 2 AO.
1316 Die Abkürzung „B“ steht für „Bebaute bzw. bebaubare Grundstücke“.

ist vom finanziellen Umfang her gegenüber der **Grundsteuer A**[1317] bedeutsamer. Die Grundsteuer A ist an dieser Stelle daher zu vernachlässigen.

58 **Zur Vertiefung:**

Die Grundsteuer ist eine der ältesten und wichtigsten kommunalen Steuern in Deutschland. Ihre Erhebung basiert ebenfalls auf Bundesrecht. Sie erfolgt nach dem Grundsteuergesetz (GrStG), und dem Bewertungsgesetz (BewG).

Mit Urteil vom 10.4.2018[1318] *hatte das BVerfG die Vorschriften zur Einheitsbewertung für die Bemessung der Grundsteuer für* ***verfassungswidrig*** *erklärt und dies wie folgt begründet: Die Regelungen des Bewertungsgesetzes zur Einheitsbewertung von Grundvermögen in den „alten" Bundesländern seien jedenfalls seit dem Beginn des Jahres 2002 mit dem allgemeinen Gleichheitssatz unvereinbar. Das Festhalten des Gesetzgebers an dem Hauptfeststellungszeitpunkt von 1964 führe zu gravierenden und umfassenden Ungleichbehandlungen bei der Bewertung von Grundvermögen, für die es keine ausreichende Rechtfertigung gebe. Der Erste Senat des BVerfG hat bestimmt, dass der Gesetzgeber spätestens bis zum 31.12.2019 eine Neuregelung zu treffen hatte, hierbei aber offengelassen, wie die neue Bewertung zu erfolgen habe. Bis zu diesem Zeitpunkt galten die verfassungswidrigen Regeln weiter. Nach Verkündung einer Neuregelung dürfen sie aber nach dem Urteil für weitere fünf Jahre ab der Verkündung, längstens aber bis zum 31.12.2024 angewandt werden. Somit ist ab dem 1.1.2025 die neu berechnete Grundsteuer von den Gemeinden festzusetzen und von den Steuerpflichtigen zu erheben. Dafür ist zuvor aber auch durch die Gemeinden (Gemeinderat) eine Neufestlegung der kommunalen Grundsteuerhebesätze für 2025 (und die folgenden Jahre) erforderlich.*

59 *Mit dem Gesetz zur Reform des Grundsteuer- und Bewertungsrechts (GrStRefG) vom 26.11.2019*[1319] *hat der Bundesgesetzgeber die Vorgaben des Urteils des BVerfG als Bundesmodell umgesetzt (neue Bewertungsregeln im BewG und Erlass eines neuen GrStG). Neben dem GrStRefG wurde auch das GG geändert.*[1320] *In einem neu gefassten Art. 105 Abs. 2 S. 1 GG wurde die Grundsteuer in den Bereich der konkurrierenden Gesetzgebung aufgenommen. Dabei steht den Ländern nach dem ebenfalls neu eingefügten Art. 72 Abs. 3 S. 1 Nr. 7 GG eine sog. Abweichungsgesetzgebung zu. Durch diese Öffnungsklausel können die Bundesländer von dem durch das GrStRG n. F. vorgegebenen neuen Grundsteuersystem des Bundes abweichen und eigenständige Regelungen zur Bewertung und Bemessung der Grundsteuer erlassen (Ländermodelle), die indes gemäß Art. 125b Abs. 3 GG frühestens ab dem 1.1.2025 in Kraft treten. Von dieser Möglichkeit hat der Freistaat Sachsen Anfang 2021 Gebrauch*

1317 Die Abkürzung „A" steht für „Agrarisch (land- und forstwirtschaftlich) genutzte Grundstücke".

1318 BVerfG, Urteil vom 10.4.2018 – 1 BvL 11/14 u.a., NJW 2018, S. 1451 ff.

1319 BGBl. I 2019, S. 1784.

1320 Gesetz vom 15.11.2019 (BGBl. I S. 1546).

gemacht.[1321] *Sachsen hat das Bundesmodell allerdings weitgehend übernommen und nur bezogen auf die Grundsteuermesszahlen durch das sächsische Grundsteuermesszahlengesetz abweichende Promillezahlen festgelegt (angelehntes Bundesmodell).*[1322]

c) Gemeindeanteil (als Teil der Gemeinschaftssteuern)

Darüber hinaus erhalten die Gemeinden einen Anteil 60

- an der Einkommensteuer (Art. 106 Abs. 5 GG; § 1 S. 1 Gemeindefinanzreformgesetz: 15 Prozent) und,
- an der Umsatzsteuer (Art. 106 Abs. 5a GG, § 5a Gemeindefinanzreformgesetz sowie § 1 Abs. 1 FAG: ab 2020 knapp 2,2 Prozent).

d) Örtliche Verbrauch- und Aufwandsteuern

Für die örtlichen Verbrauch- und Aufwandsteuern steht den Ländern die ausdrückliche Gesetzgebungskompetenz zu (Art. 105 Abs. 2a GG). Übliche örtliche Verbrauch- und Aufwandsteuern sind die Hundesteuer, die Vergnügungssteuer, die Jagdsteuer sowie die Zweitwohnungssteuer. Diese haben zwar vom finanziellen Umfang her nur eine untergeordnete Bedeutung (sog. Bagatellsteuern) und werden aufgrund ihres hohen Verwaltungsaufwandes kritisch betrachtet. Dennoch sind sie zur Finanzierung der Haushalte wichtig. Die Kommunen können – ohne eine Kompensation des Einnahmeausfalls – nicht auf diese Steuern verzichten. Schließlich kommt diesen Steuern häufig eine besondere **Lenkungsfunktion** zu[1323]. 61

Zur Vertiefung: 62

Der Freistaat Sachsen hat seine Gesetzgebungskompetenz dahin gehend wahrgenommen, dass er den Gemeinden ein sog. ***Steuerfindungsrecht*** *in § 7 Abs. 2 SächsKAG eingeräumt hat („abgeleitete Gesetzgebungskompetenz"). Im Rahmen des § 7 Abs. 2 SächsKAG haben (nur) die Gemeinden (nicht die Landkreise; diese können gemäß § 8 Abs. 2 SächsKAG eine Steuer auf die Ausübung des Jagdrechts erheben) – allerdings nur unter strengen Voraussetzungen – die Möglichkeit, „neue" örtliche Verbrauch- und Aufwandsteuern zu finden und diese auf der Grundlage einer Satzung mittels Steuerbescheid zu erheben.*[1324] *Es gibt zur Erhöhung der Einnahmen daher immer wieder Aktivitäten von Gemeinden, derartige neue kommunale Steuern zu finden.*

Erfolgreiches Beispiel für diese Aktivitäten ist die **Zweitwohnungssteuer**, an deren Verfassungsmäßigkeit bei gleicher Belastung aller Zweitwohnungsinhaber und bei gebührender Beachtung des verfassungsrechtlichen Schutzes der

1321 Vgl. das Sächsische Gesetz zur Umsetzung der Grundsteuerreform vom 3.2.2021 (SächsGVBl. S. 242).

1322 Sächsisches Grundsteuermesszahlengesetz vom 21.12.2021 (SächsGVBl. 2022, S. 9).

1323 Vgl. dazu *Müller*, Aktuelles zu den örtlichen Aufwandsteuern in Nordrhein-Westfalen, ZKF, 2019, S. 247 ff.

1324 Dieses Steuerfindungsrecht gibt es i. Ü. nicht nur im Freistaat Sachsen, sondern auch in den anderen Bundesländern.

Ehe keine grundsätzlichen Zweifel (mehr) bestehen und die mittlerweile von vielen Gemeinden (auch ohne Fremdenverkehrsort zu sein) erhoben wird.[1325]

Auch eine kommunale **Verpackungssteuer** auf Einwegverpackungen, Einweggeschirr und Einwegbesteck als örtliche Verbrauchsteuer ist zulässig, um hierdurch u.a. einen Anreiz zur Verwendung von Mehrwegsystemen zu setzen. Die Erhebung einer solchen Verpackungssteuer steht auch nicht im Widerspruch zur Gesamtkonzeption des geltenden Abfallrechts. Das hat das BVerwG bezüglich der Verpackungssteuer der Stadt Tübingen so entschieden[1326] Es ist davon auszugehen, dass weitere Gemeinden nach dieser Grundsatzentscheidung dem folgen werden. Gegen dieses Urteil ist allerdings beim BVerfG eine Verfassungsbeschwerde anhängig.[1327]

Demgegenüber wird die in § 8 Abs. 2 SächsKAG geregelte kommunale **Jagdsteuer** von den Kreisfreien Städten und den Landkreisen aus Gründen eines unverhältnismäßigen Aufwandes zum erwarteten Ertrag nicht mehr erhoben.[1328]

63 Es gibt im ländlichen Bereich immer wieder Überlegungen, ähnlich der Hundesteuer eine kommunale **Pferdesteuer** einzuführen. Das BVerwG hat die Zulässigkeit der Erhebung einer Pferdesteuer in Hessen zwar bestätigt.[1329] Sächsische Gemeinden haben indes – ebenso wie die meisten anderen Gemeinden in Deutschland – von dieser Einnahmemöglichkeit (bislang) keinen Gebrauch gemacht.

64 Hingegen wurde im Mai 2015 in der Stadt Dresden, wie zuvor in einigen anderen deutschen Großstädten, eine Beherbergungssteuer (die **sog. „Bettensteuer“**) eingeführt.[1330] Die Stadt Leipzig erhebt seit dem 1.4.2023 ebenso wie die Stadt Chemnitz seit dem 1.1.2024 eine Beherbergungssteuer.

65 **Zur Vertiefung:**

Die erste deutsche Stadt, die die „Bettensteuer“ eingeführt hat, war im Jahr 2010 die Stadt Köln. Seit 2012 liegt nach einer Reihe obergerichtlicher Entscheidungen, die überwiegend die Rechtmäßigkeit der Erhebung derartiger Abgaben festgestellt haben, ein Grundsatzurteil des BVerwG vor, das die „Bettensteuer“ für teilweise verfassungswidrig erachtete. Das BVerwG entschied, dass Gemeinden Steuern nur auf ***privat veranlasste*** *entgeltliche Übernachtungen erheben dürfen, nicht aber auf solche, die beruflich zwingend erforderlich sind.*[1331] *Es waren dazu ferner Verfassungsbeschwerden beim BVerfG zu der Frage anhängig, ob die Erhebung einer Steuer auf*

1325 Vgl. zum Ganzen BVerfG, NVwZ 1996, S. 57f.; BVerfGE 114, S. 316; BVerfG, NVwZ 2010, S. 1022ff.; NVwZ 2017, S. 617ff.; *Benne*, ZKF 2017, S. 55ff. und ZKF 2015, S. 78ff. Vgl. zuletzt zu den Anforderungen an eine gleichheitsgerechte Ausgestaltung der Zweitwohnungssteuer BVerwG, NVwZ 2018, S. 661ff.

1326 Vgl. BVerwG, NVwZ 2023, S. 1406 = ZUR 2023, S. 622 mit zustimmender Besprechung von *Faßbender*, ZUR 2023, S. 597ff.

1327 Az. 1 BvR 1726/23.

1328 In einigen Bundesländern wie Bayern, Mecklenburg-Vorpommern und NRW wurde die Jagdsteuer bereits abgeschafft.

1329 BVerwG, NVwZ 2016, S. 620; vgl. auch: *König/Zimmermann*, ZKF 2015, S. 103.

1330 Diese wurde vom SächsOVG mit Urteil vom 6.10.2016 – Az. 5 C 4/16 als rechtmäßig beurteilt.

1331 BVerwGE 143, S. 301ff.

den Aufwand für die Möglichkeit der entgeltlichen Übernachtung einer Person in einem Beherbergungsbetrieb rechtens ist. Die vier Verfassungsbeschwerden wurden vom BVerfG mittlerweile zurückgewiesen. Darin wurde abschließend festgestellt, dass örtliche Übernachtungssteuern in Beherbergungsbetrieben mit dem Grundgesetz vereinbar sind und zudem der Gesetzgeber zwar beruflich veranlasste Übernachtungen von der Aufwandbesteuerung ausnehmen kann, dies aber nicht muss.[1332]

Vor der Einführung der (nicht zweckgebundenen) „Bettensteuer“ in Dresden erhob die Stadt als vermeintliche sonstige Fremdenverkehrsgemeinde gemäß § 34 Abs. 1 SächsKAG a.F. eine **Kurtaxe**. Das SächsOVG erklärte die Kurtaxsatzung der Stadt aber für unwirksam.[1333] Der unbestimmte Rechtsbegriff „sonstige Fremdenverkehrsgemeinde“ wurde durch das SächsOVG eng ausgelegt und für die Stadt Dresden verneint. **66**

Hinweis: **67**

Aufgrund des o.g. Streits um die Kurtaxe ist im Freistaat Sachsen im Jahr 2016 eine Änderung des SächsKAG erfolgt.[1334] *Kurtaxe und Fremdenverkehrsabgabe wurden durch die **Gästetaxe** (§ 34 SächsKAG) und die **Tourismusabgabe** (§ 35 SächsKAG) ersetzt.*[1335] *In Sachsen können damit zukünftig nicht mehr nur Kur- und Erholungsorte, sondern **alle** Gemeinden, die touristische Angebote und Leistungen vorhalten und folglich einen besonderen Aufwand haben, eine Gästetaxe (bisherige Kurtaxe) und/oder eine Tourismusabgabe (bisherige Fremdenverkehrsabgabe) erheben. Die Mittel sind in beiden Fällen allerdings **zweckgebunden** zur Finanzierung der touristischen Infrastruktur zu verwenden. § 7 Abs. 3 SächsKAG regelt zudem, dass eine Steuer auf Übernachtungsleistungen nicht erhoben werden darf, wenn die Gemeinde Abgaben nach §§ 34 oder 35 SächsKAG erhebt.*[1336]

Das Recht, eigene Steuern zu erheben, steht dem **Verwaltungsverband und dem Zweckverband** generell nicht zu (vgl. § 25 Abs. 3 S. 2 SächsKomZG; § 60 Abs. 3 S. 2 SächsKomZG). **68**

2. Staatliche Finanzzuweisungen

Die staatlichen Finanzzuweisungen haben eine maßgebliche Bedeutung für die Kommunen und finden ihre Grundlage v.a. in Art. 106 Abs. 7 GG, Art. 87 SächsVerf und dem SächsFAG. In den ostdeutschen Bundesländern übersteigen diese jährlichen Einnahmen derzeit noch den Anteil der Steuern. Sie er- **69**

1332 BVerfGE 161, S. 1 ff.

1333 SächsOVG, SächsVBl. 2015, S. 112.

1334 Durch Änderungsgesetz vom 26.10.2016 (SächsGVBl. S. 504), in Kraft getreten am 20.11.2016.

1335 Dazu: *Kreuter/Kunisch*, Gästetaxe und Tourismusabgabe – die Neuregelung des Sächsischen Kommunalabgabengesetzes, SächsVBl 2017, S. 327 ff.

1336 Bspw. haben die Städte Leipzig und Meißen seit dem Jahr 2019 eine Gästetaxe eingeführt und entsprechende Satzungen erlassen, wobei die Satzung der Leipziger Gästetaxe durch das SächsOVG indes für unwirksam erklärt wurde (SächsOVG, Urteil vom 9.2.2022 – 5 C 19/19, juris). Allerdings erhebt die Stadt Leipzig nunmehr eine Beherbergungssteuer.

folgen im Wesentlichen über den **kommunalen Finanzausgleich**[1337], mittels dessen ein finanzieller Ausgleich im Fall eines höheren Finanzbedarfs im Vergleich zur Finanzkraft der jeweiligen Kommune geschaffen wird. Die Gemeinden werden insoweit an den Einnahmen des Freistaates Sachsen (Steuern, Länderfinanzausgleich, Bundesergänzungszuweisungen) beteiligt, um Steuerkraftunterschiede zwischen den Gemeinden abzubauen und besondere Belastungen sowie Sondersituationen auszugleichen (Mehrbelastungsausgleich/Leistungsbeteiligung für übertragene Aufgaben). Vom Volumen her kommt dabei den Schlüsselzuweisungen zum Ausgleich mangelnder Finanzkraft die größte Bedeutung zu (allgemeine und investive Schlüsselzuweisungen).[1338] Hinzu treten **spezielle (besondere) Zuweisungen** vom Land und Ausgleichszahlungen vom Bund für Sonderbelastungen.

3. Gebühren

70 Im Gegensatz zu den (kommunalen) Steuern, die keine Gegenleistung für eine besondere Leistung darstellen, sondern nach § 3 Abs. 1 Nr. 1 b) SächsKAG i. V. m. § 3 Abs. 1 AO allen auferlegt werden, bei denen der Steuertatbestand zutrifft (z. B. Gewerbetreibende, Grundstückseigentümer, Hundehalter, Automatenbetreiber), haben Gebühren (und Beiträge) **Entgeltcharakter**, da sie für besondere Leistungen erhoben werden. Bei den kommunalen Gebühren handelt es sich dabei um die Benutzungsgebühren und die Verwaltungsgebühren.

a) Benutzungsgebühren

71 Benutzungsgebühren werden i. d. R. auf der Grundlage des § 9 SächsKAG (ggf. Spezialvorschriften[1339]) für die (tatsächliche) Benutzung öffentlicher Einrichtungen erhoben.

72 **Zur Vertiefung:**

Anstelle eines öffentlich-rechtlichen Benutzungsverhältnisses (durch Satzung) können die Kommunen auf vertraglicher Grundlage auch ein privatrechtliches Benutzungsverhältnis begründen. Insoweit haben die Kommunen ein ***Wahlrecht*** *hinsichtlich der Ausgestaltung der Benutzungsverhältnisse. Bei einem privatrechtlichen Benutzungsverhältnis kommt allerdings eine Gebührenerhebung nicht in Betracht, es kann allein ein privatrechtliches Leistungs-/Benutzungsentgelt erhoben werden. Das SächsKAG gilt in diesem Fall nicht. Bei privatrechtlicher Ausgestaltung sind allerdings die Grundsätze des Verwaltungsprivatrechts anzuwenden und damit alle substanziellen öffentlich-rechtlichen Grundsätze weiterhin zu beachten. Speziell gelten Art. 3 GG sowie das* ***Äquivalenzprinzip****. Anwendung findet auch das* ***Kostendeckungsprinzip****.*[1340]

1337 Vertiefend: Sächsischer Städte- und Gemeindetag (Hrsg.), Taschenbuch für die Ratsarbeit, S. 181 bis 211.

1338 Vgl. näher zum Finanzausgleich in Sachsen *Schmidt*, LKV 2018, S. 193 ff.

1339 Vgl. z. B. § 51 Abs. 5 SächsStrG, § 9 SächsKrWBodSchG, § 15 SächsKitaG, § 13 SächsGDG.

1340 Vgl. dazu in diesem Kapitel unter IV.

b) Verwaltungsgebühren

Verwaltungsgebühren (und Auslagen) werden als Gegenleistung des Kostenschuldners für individuell zurechenbare öffentlich-rechtliche Leistungen erhoben. 73

Zur Vertiefung: 74

Verwaltungskosten (Verwaltungsgebühren und Auslagen) werden entweder auf der Grundlage der §§ 1, 6 SächsVwKG i. V. m. dem derzeit gültigen 10. SächsKVZ[1341] im Rahmen der Erfüllung von Weisungsaufgaben oder nach § 8a SächsKAG i. V. m. einer kommunalen Satzung im Rahmen der Erfüllung von weisungsfreien Angelegenheiten erhoben. Spezielle Kostenregelungen (z. B. PAuswGebV) gelten als Sonderregelung allerdings im Rahmen der Erfüllung von Weisungsaufgaben vorrangig.

4. Beiträge[1342]

Beiträge sind Geldleistungen, die zur Herstellung oder Erhaltung von öffentlichen Einrichtungen oder Anlagen dienen, und zwar – im Unterschied zu Gebühren – unabhängig von einer tatsächlichen Inanspruchnahme. Namentlich der Bau von **Erschließungsanlagen** zur Baureifmachung von Bauland (insb. zum Anbau bestimmter Straßen, Wege und Plätze), der **Ausbau** von vorhandenen Straßen und die Anschaffungs- und Herstellungskosten für (leitungsgebundene) **öffentliche Einrichtungen** (insb. für Abwasseranlagen) werden über Beiträge refinanziert. Sie werden als Erschließungsbeiträge nach §§ 127 ff. BauGB, als Ausbaubeiträge nach §§ 26 ff. SächsKAG und als Beiträge für öffentliche Einrichtungen/sog. Anschlussbeiträge nach §§ 17 ff. SächsKAG erhoben. 75

5. Zuweisungen und Zuschüsse für Investitionen vom Bund, vom Land und von der EU

Weitere Einnahmen erhalten die Kommunen in Form von Investitionszuweisungen vom Bund/Land (Straßenbau, Schulhaus- und Kitabau, Hochwasserschutz usw.) sowie der EU. 76

6. Erlöse aus Vermögensveräußerungen

Erlöse können durch Veräußerung von Vermögensgegenständen erzielt werden, die die Gemeinde zur Erfüllung ihrer Aufgaben nicht mehr braucht, soweit Gründe des Wohls der Allgemeinheit dem nicht entgegenstehen (vgl. § 90 Abs. 1 SächsGemO). Dies betrifft v. a. das Grundvermögen. 77

1341 Zehnte VO des SMF über die Bestimmung der Verwaltungsgebühren und Auslagen vom 16.8.2021 (Zehntes Sächsisches Kostenverzeichnis – 10. SächsKVZ), SächsGVBl. S. 898.

1342 Näher zu einzelnen Beitragsarten unten in diesem Kapitel unter C.III.

78 **Zur Vertiefung:**

Der Erwerb und die Veräußerung von kommunalem Vermögen ist in §§ 89, 90 SächsGemO (bzw. § 62 SächsLKrO) geregelt. Nach § 89 Abs. 1 SächsGemO (bzw. § 62 SächsLKrO) soll das Vermögen der Gemeinde (Landkreise) unter Berücksichtigung seiner Bedeutung für das Wohl der Allgemeinheit ungeschmälert erhalten bleiben.

Zu beachten ist insb., dass Rechtsgeschäfte, in denen sich die Gemeinde (der Landkreis) verpflichtet, Grundstücke oder grundstücksgleiche Rechte sowie andere Vermögensgegenstände unter ihrem vollen Wert oder Vermögensgegenstände mit besonderem wissenschaftlichen, geschichtlichen, künstlerischen oder denkmalpflegerischen Wert zu veräußern, der **Genehmigung der Rechtsaufsichtsbehörde** *bedürfen (vgl. im Einzelnen § 90 Abs. 3 SächsGemO). Der Ankauf von Vermögensgegenständen fällt demgegenüber nicht unter die Genehmigungspflicht; hierbei ist allerdings § 89 Abs. 2 SächsGemO zu beachten.*

Die Genehmigung bezieht sich auf den abgeschlossenen schuldrechtlichen Vertrag. Sie ist für die zivilrechtliche Wirksamkeit eines Vertrages zwingend erforderlich. Im Hinblick auf § 89 Abs. 1 SächsGemO sollte vor einer Vermögensveräußerung stets geprüft werden, ob nicht mittels anderer Vertragsgestaltungen der Zweck genauso gut erreicht werden kann.[1343]

7. Einnahmen aus Krediten

79 Insb. zur Finanzierung von Investitionen sind **Kredite** für die Kommunen häufig unverzichtbar. Sie belasten durch die Zins- und Tilgungsverpflichtungen allerdings die Haushalte künftiger Jahre und bedürfen daher gemäß § 82 SächsGemO der Genehmigung der Rechtsaufsichtsbehörde. Daneben gibt es noch die sog. **inneren Darlehen**, die vorübergehend aus Mitteln der Sonderrücklagen oder der Sondervermögen ohne Sonderrechnung in Anspruch genommen werden.[1344] Die restlichen Investitionsmittel bestehen aus **Einnahmen aus Verwaltung und Betrieb** (sonstige privatrechtliche Entgelte wie Mieten, Pachten, Zinsen, Gewinne aus wirtschaftlichen Unternehmen der Kommunen, Konzessionsabgaben[1345]) sowie aus **sonstigen Finanzeinnahmen**.

80 Die Gemeinden können über diese genannten Einnahmequellen nicht nach ihrem freien Ermessen verfügen und sich Einnahmen beschaffen, sondern müssen dabei eine **bestimmte Rangfolge** beachten, die im nächsten Abschnitt unter III. näher dargestellt wird.

1343 Vgl. *Menke/Arens*, Gemeindeordnung für den Freistaat Sachsen, § 90 Rn. 6 f.

1344 Vgl. die Begriffsbestimmung in Nr. 15 der Anlage zur SächsKomHVO vom 26.3.2002 (SächsGVBl. S. 142), die allerdings nach dem Erlass der derzeitig gültigen SächsKomHVO vom 10.12.2013 zum 31.12.2014 außer Kraft getreten ist.

1345 Vgl. zu diesen § 101 SächsGemO und *Ipsen*, Niedersächsisches Kommunalrecht, § 19 Rn. 795.

Zur Vertiefung:

Kreditaufnahmen nach § 82 Abs. 1 SächsGemO *unterscheiden sich erheblich von Kassenkrediten. Reichen die eigenen Finanzmittel zur Finanzierung von Investitionen und Investitionsförderungsmaßnahmen nicht aus, darf die Gemeinde Kredite aufnehmen. Je nach finanziertem Investitionsobjekt können diese Kredite eine lange Laufzeit aufweisen und über mehrere Jahrzehnte zurückgeführt werden.* ***Kassenkredite nach § 84 Abs. 2 SächsGemO*** *hingegen sind lediglich zur kurzfristigen Stabilisierung der Kassenlage zulässig, damit die rechtzeitigen Auszahlungen der Gemeinde zur Erfüllung ihrer Verpflichtungen sichergestellt werden können. Kassenkredite können mit einem Kontokorrentkredit im privaten Bereich verglichen werden.*

8. Hinweise zu den Einnahmequellen der Landkreise

Bei den Landkreisen stellen die **Kreisumlagen** (vgl. § 26 SächsFAG) eine der 81
wesentlichen Einnahmequellen dar. Kreisumlagen sind Zuweisungen von Gemeinden an die Landkreise, die ohne Zweckbindung zur Deckung des allgemeinen Finanzbedarfs aufgrund eines bestimmten Schlüssels geleistet werden. Dies ist insb. auch vor dem Hintergrund zu sehen, dass die Landkreise – bis auf die Jagdsteuer – keine eigenen Steuern erheben können (vgl. § 8 Abs. 1 und 2 SächsKAG). Den Landkreisen ist, im Gegensatz zu den Gemeinden in § 7 Abs. 2 SächsKAG, kein Steuerfindungsrecht eingeräumt worden.[1346]

Zur Vertiefung: 82

Gemäß § 26 Abs. 1 S. 2 SächsFAG bestimmt der Kreistag die Höhe der Kreisumlage. Diese bemisst sich durch Anwendung eines Prozentsatzes (Umlagesatz) auf die in § 26 Abs. 3 SächsFAG definierten Umlagegrundlagen der kreisangehörigen Gemeinden (§ 26 Abs. 2 S. 1 SächsFAG). In allen zehn sächsischen Landkreisen sind die Kreisumlagen in den letzten Jahren kontinuierlich gestiegen. So betrug bspw. die Kreisumlage im Landkreis Meißen im Jahr 2009 26,52 Prozent (entspricht 219,12 Euro/Einwohner) und im Jahr 2016 bereits 33,80 Prozent (entspricht 323,08 Euro/Einwohner). Die Kreisumlage wird für jedes Haushaltsjahr in der Haushaltssatzung des jeweiligen Landkreises festgesetzt. Auf dieser Grundlage ergehen die Festsetzungsbescheide gegenüber den umlageverpflichteten kreisangehörigen Gemeinden. Gegen diese Festsetzungsbescheide können die betroffenen Gemeinden ggf. mittels Widerspruch und Klage vorgehen.

In einer Grundsatzentscheidung aus dem Jahr 2013 hat das BVerwG den aus dem Selbstverwaltungsrecht der kreisangehörigen Gemeinden resultierenden Anspruch auf finanzielle Mindestausstattung betont, der auch gegenüber dem Landkreis bestehe.[1347] *Das BVerwG hat allerdings 2019 entschieden, dass kreisangehörige Gemeinden vor Erlass einer Satzungsbestimmung über die Höhe des Kreisumlagesatzes*

1346 Vgl. *Büchel*, in: Büchel/Patt, Sächsisches Kommunalabgabengesetz, § 8 Rn. 1.
1347 BVerwG, DVBl. 2013, S. 858 mit Anmerkung *Hennecke*, DVBl. 2013, S. 651.

vom jeweiligen Landkreis nicht förmlich angehört werden müssen. Eine derartige Verpflichtung lasse sich aus dem Recht der Selbstverwaltung aus Art. 28 Abs. 2 S. 1 und 3 GG nicht entnehmen. Es obliege daher dem jeweiligen Landesgesetzgeber, das Verfahren der Erhebung von Kreisumlagen zu regeln.[1348]

III. Grundsätze der Einnahmenbeschaffung

83 § 73 Abs. 1 SächsGemO regelt den Bereich der Erhebung von Abgaben und bestimmt, dass Abgaben **nach Maßgabe der Gesetze** erhoben werden. Damit wird verdeutlicht, dass die SächsGemO keine eigenständige Ermächtigungsgrundlage zur Abgabenerhebung darstellt. Hierzu bedarf es vielmehr einer ausdrücklichen gesetzlichen Ermächtigung (**spezielle Ermächtigungsgrundlagen**). Derartige Ermächtigungsgrundlagen ergeben sich aus dem SächsKAG (§§ 7, 9, 17, 26 SächsKAG) oder aus anderen Spezialgesetzen (z.B. § 1 GrStG, § 1 GewStG, § 127 BauGB).

84 § 73 Abs. 1 SächsGemO verwendet den Begriff der **„Abgaben"**. Das sind Geldleistungen, die Gemeinden in Ausübung ihrer hoheitlichen Gewalt zur Deckung ihres Finanzbedarfs von den Abgabenpflichtigen erheben.

85 In § 73 Abs. 2 SächsGemO ist die **aufgabenorientierte** Einnahmenbeschaffung aus speziellen **Entgelten** (§ 73 Abs. 2 Nr. 1 SächsGemO) und nachrangig aus **Steuern** (§ 73 Abs. 2 Nr. 2 SächsGemO) geregelt. Zum insoweit **erforderlichen Finanzbedarf** gehören diejenigen Mittel, die für die Aufgabenerfüllung notwendig sind. Leistungsbezogenen Entgelte müssen daher grds. in einer Höhe erhoben werden, mit der die Kosten der Einrichtung gedeckt werden können.[1349]

86 Für Einrichtungen mit typischerweise voller Kostendeckung (z.B. Wasserversorgung, Abwasser-/Abfallbeseitigung, Straßenreinigung, Bestattungswesen, Märkte) ist die Erhebung kostendeckender Entgelte unter Beachtung des Vertretbarkeitsgrundsatzes aus § 73 Abs. 3 SächsGemO verpflichtend[1350], bei den übrigen Einrichtungen (z.B. ÖPNV, Bäder, Museen, Theater) ist ein möglichst hoher Kostendeckungsgrad anzustreben. Von diesen Grundsätzen darf nur ausnahmsweise und nicht ohne Not abgewichen werden. Zwar bestimmt die Gemeinde im Rahmen ihrer Finanzhoheit die Höhe der Entgelte, ein **„politischer Preis"**, der zur Entlastung der Nutzer führt, **belastet jedoch den Gesamthaushalt** und schmälert das Budget zu Ungunsten anderer Aufgaben.[1351]

1348 BVerwG, NVwZ 2019, S. 1279; dazu auch: *Dieter*, ZKF 2019, S. 217.

1349 Vgl. *G. Brüggen*, in: Brüggen/Geiert/Nolden, Gemeindeordnung für den Freistaat Sachsen, § 73 Rn. 6.

1350 Vgl. *G. Brüggen*, in: Brüggen/Geiert/Nolden, Gemeindeordnung für den Freistaat Sachsen, § 73 Rn. 8.

1351 Vgl. *Menke/Arens*, Gemeindeordnung für den Freistaat Sachsen, § 73 Rn. 2.

87 Weitere Begrenzungen ergeben sich aus der Pflicht zum Haushaltsausgleich (§ 72 Abs. 3 SächsGemO) und aus der Begrenzung der Finanzierung mittels Kreditaufnahmen (§ 82 SächsGemO).[1352]

88 Nach den Grundsätzen der Einnahmenbeschaffung in § 73 SächsGemO (§ 61 SächsLKrO) sind die zur Bedarfsdeckung erforderlichen Mittel von den Gemeinden (und Landkreisen) in einer **ganz bestimmten Reihenfolge** aufzubringen. § 73 Abs. 2 Nr. 1 SächsGemO verlangt, dass die Kommunen die Finanzierung kommunaler Leistungen über **öffentlich-rechtliche Entgelte** (Gebühren, Beiträge, bzw. alle kommunalen Abgaben mit Ausnahme der Steuern) und **(privatrechtliche) Leistungsentgelte** sicherstellen, soweit dies „vertretbar und geboten" ist und **im Übrigen aus Steuern** (§ 73 Abs. 2 Nr. 2 SächsGemO). Dem liegt der Gedanke zugrunde, dass die unmittelbar wirtschaftlich Begünstigten die anteiligen Kosten der ihnen zugutekommenden öffentlichen Dienstleistungen tragen sollen. Dieser **Vorrang der speziellen Entgelte** vor den Steuern folgt aus dem Verursacherprinzip und dient dem Vorteilsausgleich. Wer also aus speziellen Leistungen der Verwaltung individuell zurechenbare wirtschaftliche Vorteile erfährt, der soll auch die dafür anfallenden Kosten tragen und nicht aus der anonymen Steuermasse bedient werden. Einen einklagbaren Anspruch auf Einhaltung der Nachrangigkeitsregelungen hat das BVerwG (bezogen auf die Realsteuern) allerdings verneint.[1353]

89 § 73 Abs. 2 und 4 SächsGemO ordnet demnach folgende **Reihenfolge** an, in der die Kommunen die zur Erfüllung ihrer Aufgaben erforderlichen Einnahmen zu beschaffen haben **(Prinzip der speziellen Entgeltlichkeit)**:

- Leistungsentgelte (spezielle Entgelte),
- Steuern sowie
- Kredite (als letzte Finanzierungsmöglichkeit).

90 Bei den darüber hinausgehenden sog. **„sonstigen Einnahmen"** der Gemeinden, die in der SächsGemO (im Gegensatz zu anderen Bundesländern) nicht ausdrücklich erwähnt werden, handelt es sich um Einnahmen, die nicht aus Leistungsentgelten, Steuern oder Kreditmitteln stammen. Dennoch handelt es sich hierbei um eine wesentliche Einnahmequelle; denn sie fließen den Kommunen teilweise ohne besondere eigene Aktivitäten zu und entlasten die Abgabenpflichtigen (vgl. Rücksichtnahmegebot aus § 73 Abs. 3 SächsGemO). Daher gehören die sonstigen Einnahmen ebenfalls zu den primären Deckungsmitteln der Kommunen. Diese Finanzmittel müssen sogar in erster Linie herangezogen werden. Dabei handelt es sich um Finanzmittel aus der Bewirtschaftung des Vermögens und um auf öffentlich-rechtlicher Grundlage beruhende Finanzmittel.

91 Bevor die Kommunen hoheitlich ihre Machtstellung ausüben und Abgaben zwangsweise erheben, müssen sie demnach alle „sonstigen" Einnahmen aus-

1352 Vgl. *G. Brüggen*, in: Brüggen/Geiert/Nolden, Gemeindeordnung für den Freistaat Sachsen, § 73 Rn. 6.

1353 BVerwG, NVwZ 1994, S. 176f.

schöpfen.[1354] Dazu gehören insb. die Finanzzuweisungen, Gemeindeanteile an der Einkommen- und Umsatzsteuer, Vermögenserträge (Mieten/Pachten/Zinsen/Überschüsse aus Unternehmen, Veräußerungserlöse), sonstige Finanzhilfen, Konzessionsabgaben, Spenden, Schenkungen, Bußgelder und Erstattungen.

92 **Zur Vertiefung:**

§ 73 Abs. 5 SächsGemO wurde im Rahmen der Kommunalrechtsreform zum 1.1.2014 in die SächsGemO eingefügt. Die Norm ergänzt die Grundsätze der Einnahmenbeschaffung, indem Verfahrensregelungen für ***Spenden, Schenkungen und ähnliche Zuwendungen*** *ins Gesetz aufgenommen worden sind. Zunächst ist gemäß § 73 Abs. 5 S. 1 SächsGemO zulässig, dass die Gemeinde zur Erfüllung ihrer Aufgaben Spenden, Schenkungen und ähnliche Zuwendungen* ***einwerben und annehmen*** *oder* ***an Dritte vermitteln*** *darf, die sich an der Erfüllung der kommunalen Aufgaben beteiligen. Die Einwerbung und die Entgegennahme des Angebots einer Zuwendung obliegen ausschließlich dem Bürgermeister, den Beigeordneten oder den vom Bürgermeister damit beauftragten leitenden Bediensteten (§ 73 Abs. 5 S. 2 SächsGemO). Über die Annahme oder Vermittlung entscheidet gemäß § 73 Abs. 5 S. 3 SächsGemO der Gemeinderat oder ein beschließender Ausschuss.*

Seit 1.1.2018 können die Gemeinden für die Annahme oder Vermittlung von Spenden, Schenkungen und ähnlichen Zuwendungen zugunsten von Museen, Bibliotheken und Archiven, deren Träger die Gemeinde ist, sowie für die Annahme oder Vermittlung von Spenden, Schenkungen und ähnlichen Zuwendungen bis zu einem Wert von im Einzelfall 50 Euro durch Hauptsatzung von § 73 Abs. 5 S. 3 SächsGemO abweichende Regelungen treffen (§ 73 Abs. 5 S. 4 SächsGemO). Des Weiteren wurde für die kommunale Praxis erleichternd geregelt, dass Spenden, Schenkungen und ähnliche Zuwendungen bis zu einem Wert von im Einzelfall 1.000 Euro listenmäßig erfasst werden können und der Gemeinderat oder ein beschließender Ausschuss über deren Annahme oder Vermittlung in einer gemeinsamen Beschlussvorlage entscheiden kann (§ 73 Abs. 5 S. 5 SächsGemO).

93 ***Hinweise:***

Bei der gesetzlichen Regelung des § 73 Abs. 5 S. 4 SächsGemO geht es zunächst um Spenden usw. für die drei im ersten Halbsatz aufgeführten Einrichtungen (Museen, Bibliotheken, Archive). In der Begründung zum Gesetzentwurf[1355] *wird die* ***Privilegierung der drei Einrichtungen*** *damit begründet, dass insoweit eine Beeinflussung der Verwaltungstätigkeit in weitaus geringerem Ausmaß (als bei Spenden usw. für andere Zwecke) zu befürchten ist. Zudem soll gewährleistet werden, dass die Entscheidung über die Annahme von „Kunstspenden" (die auch Geldspenden umfasst) dem Wunsch des Spenders entsprechend frei von sachfremden Erwägungen und möglichen parteipolitischen Einflussnahmen getroffen werden kann. Der Gesetzgeber sieht folglich in dem Bürgermeister hier*

1354 Vgl. *Schmid*, in: Quecke/Schmid, Gemeindeordnung für den Freistaat Sachsen, § 73 Rn. 12 f.
1355 LT-Drs. 6/10367, S. 46.

den „besseren Sachwalter". Im Ergebnis bedeutet dies, dass der Gemeinderat in seiner Hauptsatzung festlegen kann, dass über die Annahmen von „Kunstspenden" (unabhängig von Form und Wert) der Bürgermeister entscheidet.

Der zweite Halbsatz von § 73 Abs. 5 Satz 4 SächsGemO betrifft Spenden usw. für ***nicht privilegierte Zwecke****. Hier kann die Hauptsatzung die Entscheidungsbefugnis auf den Bürgermeister nur bis zu der Wertgrenze von 50 Euro übertragen. Wegen der vom Wortlaut her abschließenden Privilegierung im ersten Halbsatz (Museen, Bibliotheken und Archive) müsste bspw. über die Annahme einer Geldspende von 51 Euro für einen kommunalen Tierpark bereits der Gemeinderat oder ein beschließender Ausschuss entscheiden.*

Die gesetzliche Regelung des § 73 Abs. 5 S. 5 SächsGemO lässt bei Spenden, Schenkungen und ähnlichen Zuwendungen unter 1.000 Euro im Einzelfall eine ***listenmäßige Erfassung*** *zu, über deren Annahme oder Vermittlung in einer* ***gemeinsamen Beschlussvorlage*** *entschieden werden kann. Liegt eine Spende usw. mit einem Wert über 1.000 Euro vor, bedarf es daher im Umkehrschluss aus dieser (sehr formalistischen) gesetzlichen Regelung stets gesonderter* ***(Einzel-)Entscheidungen*** *des Gemeinderats oder des beschließenden Ausschusses auf der Grundlage* ***eigenständiger Beschlussvorlagen****.*[1356]

Ein wichtiger Grundsatz, der bei den leistungsbezogenen Entgelten (v. a. den Benutzungsgebühren) gilt, ist das **Kostendeckungsgebot**, das bereits im Wortlaut des § 73 Abs. 2 SächsGemO („erforderlichen Einnahmen") angelegt ist. Dieses besagt, dass die speziellen (leistungsbezogenen) Entgelte grds. in einer Höhe erhoben werden, mit der die Kosten der Einrichtung gedeckt werden können, d. h. also kostendeckend sind. Ausnahmen vom Kostendeckungsgebot gibt es in begründeten Einzelfällen aus Billigkeits- oder Zweckmäßigkeitsgründen (vgl. dazu §§ 163, 222, 227 und 261 AO). 94

Zur Vertiefung: 95

§ 26 Abs. 1 SächsKAG ermächtigt die Gemeinden zur ***Erhebung von Beiträgen zu Verkehrsanlagen.*** *Nach der Rechtsprechung des SächsOVG ist § 73 Abs. 2 Nr. 1 SächsGemO auf die sog.* ***Straßenausbaubeiträge*** *nicht anwendbar, sodass insoweit grds. keine Abgabenerhebungspflicht besteht. Weil die Gemeinden Straßenausbaubeiträge erheben „können", geht das SächsOVG von einem Ermessen aus, das durch § 73 SächsGemO nicht eingeschränkt wird. Die §§ 26 ff. SächsKAG gehen dem § 73 Abs. 2 SächsGemO als speziellere Regelungen sowie nach der zeitlichen Reihenfolge des Inkrafttretens der beiden Regelwerke als spätere Norm vor.*[1357]

Der Verzicht auf Straßenausbaubeiträge steht jedoch unter Finanzierungsvorbehalt. Lässt sich der gemeindliche Straßenbau auf Dauer nicht anderweitig finanzieren, darf auf die Erhebung von Straßenausbaubeiträgen nicht vollständig verzichtet werden. Denn die Gemeinden sind verpflichtet, ihre Haushaltswirtschaft so zu planen

1356 Diese Regelung führt insb. bei den großen Städten zu einem (unnötigen) Verwaltungsaufwand.

1357 SächsOVG, SächsVBl. 2007, S. 112; die im Urteil vom 23.3.2004 – 5 B 6/03, SächsVBl. 2005, S. 112, noch vertretene gegenteilige Auffassung wurde ausdrücklich aufgegeben.

und zu führen, dass eine stetige Aufgabenerfüllung gesichert ist (§ 72 Abs. 1 S. 1 SächsGemO).[1358] *Künftig ist allerdings vorgesehen, diese Verpflichtung auch für die sächsischen Kommunen aufzuheben, zumal in den meisten anderen Bundesländern keine Straßenausbaubeiträge mehr erhoben werden.*

96 Auch das **öffentliche Interesse** ist bei der Entgelterhebung von Bedeutung und ggf. mindernd zu berücksichtigen; denn wenn die öffentliche Leistung nur teilweise privatnützig ist, ist ihre Entgeltfinanzierung auch nur insoweit geboten. Der kommunale Aufgabenträger hat daher einen Teil der Kosten, der als **Anteil des öffentlichen Interesses** bezeichnet wird, aus allgemeinen Deckungsmitteln zu tragen. Insoweit ist also eine volle Kostendeckung gar nicht möglich.

97 Dies betrifft speziell

- die **Straßenreinigungsgebühr**
  Bei Straßenreinigungsgebühren ist ein angemessener Anteil des öffentlichen Interesses zu berücksichtigen (mind. 10 Prozent), sodass nicht die gesamten Kosten auf die Abgabenpflichtigen umgelegt werden dürfen. Das SächsOVG hat bei der Straßenreinigungsgebühr einen 25-Prozent-Anteil des öffentlichen Interesses als angemessen angesehen.[1359]
- die **Abwassergebühr**
  Bei der Abwasserbeseitigung bleibt der Aufwand für die Straßenentwässerung bei den Kosten außer Betracht (vgl. § 11 Abs. 3 1. Hs. SächsKAG). Beachte: § 11 Abs. 3 2. Hs. SächsKAG bestimmt allerdings, dass bei den Benutzungsgebühren ein weitergehendes öffentliches Interesse nicht gegeben ist.
- die **Straßenausbaubeiträge**
  Bei den Straßenausbaubeiträgen gilt § 28 Abs. 2 SächsKAG (mindestens 25 Prozent öffentliches Interesse).
- die **Erschließungsbeiträge**
  Bei den Erschließungsbeiträgen gilt § 129 Abs. 1 S. 3 BauGB (mindestens zehn Prozent öffentliches Interesse).

98 Bei den in § 73 Abs. 2 und 3 SächsGemO (§ 61 SächsLKrO) normierten Grundsätzen der Einnahmenbeschaffung handelt es sich um **kommunal- und finanzpolitische Richtlinien.** Die vorgenommene Einschränkung „soweit vertretbar und geboten“ und das Rücksichtnahmegebot setzen den Kommunen aber auch Grenzen, die sie nicht überschreiten dürfen. Der unbestimmte Rechtsbegriff „soweit vertretbar und geboten“, der aus dem Sozialstaatsprinzip des Art. 20 Abs. 1 GG abgeleitet ist, führt zu einem **weitgehenden Ermessensspielraum der Gemeinden** und relativiert sowohl den Vorrang der speziellen Entgelte als auch das Kostendeckungsgebot.

1358 Vgl. dazu: VGH Hessen, ZKF, 2019, S. 231 ff. = KommJur 2018, S. 209 ff. (Kommunalaufsichtliche Anweisung zum Erlass einer Straßenbeitragssatzung).

1359 Vgl. SächsOVG, Urteil vom 27.7.2011 – 5 A 540/08, juris.

Aus **sozialen Gründen** und zur **Rücksichtnahme auf die wirtschaftlichen Kräfte der Abgabenpflichtigen** sind also Begrenzungen hinzunehmen. Mit den Begriffen „soweit vertretbar und geboten" bringt das Gesetz das Spannungsverhältnis zwischen finanzwirtschaftlichen und sozialen Anforderungen zum Ausdruck.[1360] 99

„Soweit vertretbar" meint, auf die wirtschaftliche Leistungsfähigkeit und finanzielle Belastbarkeit der Abgabenpflichtigen Rücksicht zu nehmen (keine Überforderung der Abgabenpflichtigen). „Soweit geboten" bedeutet, die Finanzlage und den wirtschaftlichen Wert der erbrachten Leistung zu berücksichtigen (Äquivalenzprinzip, Ziel der Kostendeckung). Bei der Beschlussfassung im Gemeinderat/Kreistag über die Höhe der Gebührensätze müssen diese beiden Gesichtspunkte angemessen berücksichtigt werden. 100

Zur Vertiefung: 101

Bei den im Rahmen der Erfüllung von ***Weisungsaufgaben*** *zu erhebenden* ***Verwaltungsgebühren*** *enthalten das SächsVwKG sowie zahlreiche Bundes- und Landesgesetze Spezialvorschriften, die entweder die Höhe oder den Rahmen der Gebühren vorgeben (z. B. für die Baugenehmigung, die Ausstellung von Reisepässen und Personalausweisen oder der Ausstellung eines Führerscheins).*

Demgegenüber können bei den ***weisungsfreien*** *Angelegenheiten Verwaltungsgebühren nach § 8a SächsKAG aufgrund einer kommunalen Verwaltungskostensatzung erhoben werden. Hier gelten dann ebenfalls der Grundsatz der speziellen Entgeltlichkeit und das Kostendeckungsgebot.*

Für die ***Benutzungsgebühren*** *legen die §§ 10 bis 14 SächsKAG den materiellen Rahmen fest. Diese bestimmen, welche Kosten angesetzt werden können, und dass die Gebühren diese Kosten nicht überschreiten dürfen (Kostenüberschreitungsverbot). Diese Vorgaben (Grundsätze) gelten auch für die privatrechtlichen Entgelte sinngemäß.*[1361]

IV. Der Grundsatz der Kostendeckung

Der Grundsatz der Kostendeckung gilt **in erster Linie bei den Gebühren** und ist gesetzlich nicht generell vorgeschrieben.[1362] Das SächsKAG enthält im § 10 lediglich **Obergrenzen** für die Kostendeckung. Eine generelle Festlegung der Kostendeckungsgrade würde auch der kommunalen Finanzhoheit widersprechen. 102

Dienen Einrichtungen einem ausnahmsweise eng begrenzten Kreis von Benutzern und vermitteln sie den Benutzern hohe wirtschaftliche Vorteile, ist eine **möglichst volle Kostendeckung** anzustreben (Abfall, Abwasser, Wasser). Beim Anbieten einer Leistung unter dem kostendeckenden Entgelt können aber verschiedene Aspekte eine Rolle spielen (wirtschaftliche, soziale, kulturelle, bildungs- oder umweltpolitische Gründe) und sogar ein Absehen von einer Gebüh- 103

1360 Vgl. *Schmid*, in: Quecke/Schmid, Gemeindeordnung für den Freistaat Sachsen, § 73 Rn. 43.
1361 Speziell zu den Kita-Beiträgen vgl. oben in diesem Kapitel unter C.I. Rn. 47.
1362 Vgl. näher dazu *Gern/Brüning*, Deutsches Kommunalrecht, Rn. 1356 ff. m. w. N.

renerhebung rechtfertigen. Letztendlich entscheidet darüber das Hauptorgan des jeweiligen kommunalen Trägers. Wenn Einrichtungen wie Theater, Museen, Bibliotheken und Bäder breiten Schichten der Bevölkerung zur Verfügung stehen und von diesen auch entsprechend genutzt werden sollen, müssen die Tarife häufig weit unterhalb der Kostendeckung ausgestaltet werden.

D. Wirtschaftliche Betätigung der Gemeinde

I. Einführung

104 Die wirtschaftliche Betätigung der Gemeinden zählt zum Kernbereich der kommunalen Selbstverwaltung des Art. 28 Abs. 2 GG sowie des Art. 82 Abs. 2 S. 1 SächsVerf.[1363] Insb. im Bereich der Daseinsvorsorge, wie z. B. der Versorgung der Gemeindeeinwohner mit Wasser, Energie und anderen Gütern des täglichen Bedarfs, hat die wirtschaftliche Betätigung der Gemeinden eine lange historische Tradition. Diese Tätigkeiten üben die Gemeinden i. d. R. nicht durch Behörden und Ämter aus, sondern gründen und betreiben zu diesem Zweck vielmehr **wirtschaftliche (kommunale) Unternehmen**.

105 Da die durch die kommunalen Unternehmen hergestellten Güter bzw. angebotenen Dienstleistungen grds. auch von privaten Marktteilnehmern erbracht werden können, besteht ein **Spannungsverhältnis** zwischen kommunalen Unternehmen und der privaten Wirtschaft. Die schrittweise Verwirklichung des europäischen Binnenmarktes mit einer sukzessiven Marktliberalisierung etwa im Energie- und Transportsektor hat diesen Konflikt noch verstärkt. Durch die Begrenzungen wirtschaftlicher Betätigung der Gemeinden in § 94a SächsGemO wird diesem Spannungsverhältnis Rechnung getragen. Hierauf wird unter den Punkten II. und IV. näher eingegangen.

106 Die kommunale Selbstverwaltung bezieht sich grds. auf alle Angelegenheiten der **örtlichen Gemeinschaft**. Gleichwohl wird eine wirtschaftliche Tätigkeit kommunaler Unternehmen nicht zwingend auf das Gemeindegebiet begrenzt.[1364] Dies betrifft v. a. kommunale Versorgungsunternehmen in den Bereichen der Strom-, Gas-, Wärme- und Wasserversorgung sowie Telekommunikation. Für diese Branchen enthält § 97 SächsGemO spezielle Regelungen, die im Folgenden unter II. näher dargestellt werden.

107 Durch die Teilnahme am Marktgeschehen können für kommunale Unternehmen und die sie tragenden Gemeinden nicht unerhebliche **finanzielle Risiken** entstehen. Deshalb ist die Leistungsfähigkeit der betroffenen Gemeinde ein wichtiges Tatbestandsmerkmal für eine zulässige wirtschaftliche Betätigung in § 94a SächsGemO. Hinzu kommen nach § 102 SächsGemO Anzeige-, Vorlage- und Genehmigungspflichten für die Gemeinde, die eine (vorgängige) Kontrolle durch die Rechtsaufsichtsbehörde ermöglichen.

1363 So mit Blick auf Art. 28 Abs. 2 GG BVerfGE 26, S. 228 (244); BVerfGE 103, S. 332 (366).
1364 Vgl. dazu *Geis*, Kommunalrecht, § 12 Rn. 60 m. w. N.

Wirtschaftliche Unternehmen können von den Gemeinden in unterschiedlichen **Rechtsformen** geführt werden; insb. kommen dafür die Gesellschaft mit beschränkter Haftung (GmbH) oder die Aktiengesellschaft (AG) in Betracht. Die maßgeblichen gesetzlichen Vorgaben ergeben sich aus den §§ 95 ff. SächsGemO, die unter III. näher behandelt werden. Nach § 28 Abs. 2 Nr. 15 SächsGemO muss die Entscheidung über die jeweils rechtlich zulässige Rechtsform des kommunalen Unternehmens zwingend durch den **Gemeinderat** getroffen werden. Vor dieser Entscheidung hat der Bürgermeister den Gemeinderat nach § 95 Abs. 2 S. 1 SächsGemO umfassend über die Chancen und Risiken der beabsichtigten unternehmerischen Betätigung sowie über deren Auswirkungen auf die private Wirtschaft zu unterrichten. Hierbei sind die nach § 94a Abs. 1 S. 2 SächsGemO erforderlichen Stellungnahmen der jeweiligen wirtschafts- und berufsständigen Kammern der betroffenen Wirtschaftskreise von Bedeutung. Dabei handelt es sich allerdings nur um eine **Anhörungspflicht**. Der Gemeinderat muss die Stellungnahmen bei seiner Entscheidung berücksichtigen, ist aber nicht daran gebunden. Des Weiteren verlangt § 95 Abs. 2 S. 2 SächsGemO vom Gemeinderat im konkreten Einzelfall eine Abwägung der Vor- und Nachteile der in Betracht kommenden Organisationsformen.[1365] **108**

Ein weiteres Problem bei kommunalen Unternehmen ist die **Steuerung und Kontrolle** durch den Gemeinderat als Hauptorgan der Gemeinde, zu dessen Organkompetenz grds. auch Entscheidungen über die wirtschaftliche Betätigung der Gemeinde gehören. Indes verlangt effizientes wirtschaftliches Handeln eine gewisse Selbstständigkeit der kommunalen Unternehmen. Diesen verschiedenen Zielsetzungen trägt der sächsische Gesetzgeber mit den Regelungen der §§ 95a und 96 ff. SächsGemO Rechnung. Einerseits erhalten insb. Eigenbetriebe und kommunale Unternehmen in privater Rechtsform wie etwa eine GmbH oder AG Autonomierechte. Andererseits bleibt die Gesamtverantwortung des Gemeinderats erhalten. Besondere Schwierigkeiten können sich daraus ergeben, dass für private kommunale Unternehmen die maßgeblichen rechtlichen Anforderungen bundes- und europarechtlicher Natur sind. Dem Landesgesetzgeber verbleiben insoweit nur begrenzte Einflussmöglichkeiten. **109**

II. Zulässigkeit wirtschaftlicher Betätigung der Gemeinde

1. Das Vorliegen eines wirtschaftlichen Unternehmens

Das unter Punkt I. beschriebene Spannungsverhältnis zwischen privater und kommunaler wirtschaftlicher Betätigung setzt eine **Konkurrenzsituation** zwischen Gemeinde und Privatwirtschaft voraus. In den meisten Gemeindeordnungen und auch in § 94a SächsGemO wird daher zwischen **nicht wirtschaftlicher Betätigung (nicht wirtschaftlichen Unternehmen)** und **wirtschaftlichen Unternehmen** unterschieden.[1366] § 94a Abs. 3 Nr. 1 bis 3 SächsGemO enthält einen Katalog mit Unternehmen bzw. Einrichtungen, die kraft **110**

1365 Vgl. dazu etwa *Sollondz*, in: Binus/Sponer/Koolman, Sächsische Gemeindeordnung, § 95 Rn. 9.

1366 Vgl. dazu *Burgi*, Kommunalrecht, § 17 Rn. 39 m. w. N.

Gesetzes als nicht wirtschaftliche Unternehmen der Gemeinde anzusehen sind und die daher die im Folgenden unter 2. näher behandelten, besonderen Zulässigkeitsvoraussetzungen nicht erfüllen müssen. Dies betrifft

- Unternehmen, mit denen die Gemeinde die ihr gesetzlich zugewiesenen **Pflichtaufgaben** wahrnimmt.
  Dazu gehören z. B. die Wasserversorgung (§ 57 Abs. 1 SächsWG), die Abwasserbeseitigung (§ 63 Abs. 2 SächsWG i. V. m. § 18a Abs. 2 WHG) sowie die Unterhaltung von Friedhöfen (§ 2 Abs. 1 SächsBestG).
- **Einrichtungen** des Unterrichts-, Erziehungs- und Bildungswesens, der Kunstpflege, der körperlichen Ertüchtigung, der Gesundheits- und Wohlfahrtspflege[1367] (wie z. B. Volkshochschulen, Musikschulen, Heimatmuseen) sowie
- **Hilfsbetriebe**, die ausschließlich zur Deckung des Eigenbedarfs der Gemeinde dienen.
  Typisches Beispiel ist der gemeindliche Bauhof. Hierzu zählen zudem ein Betrieb zur Grünflächenpflege oder auch eine kommunale Druckerei.

111 Demgegenüber enthält § 94a SächsGemO weder eine Legaldefinition des Begriffs **„wirtschaftliches Unternehmen"** noch eine Positivliste, wann die Gemeinde die besonderen Anforderungen des § 94a SächsGemO zu beachten hat. Eine auch für das sächsische Kommunalrecht hilfreiche **Begriffserklärung** ist § 107 Abs. 1 Satz 3 GO NRW: „Als wirtschaftliche Betätigung ist der Betrieb von Unternehmen zu verstehen, die als Hersteller, Anbieter oder Verteiler von Gütern und Dienstleistungen am Markt tätig werden, sofern die Leistung ihrer Art nach auch von einem Privaten mit der Absicht der Gewinnerzielung erbracht werden könnte."

112 Nach einhelliger Ansicht wird eine **Gewinnerzielungsabsicht** auch für kommunale wirtschaftliche Unternehmen verlangt.[1368] Nicht maßgeblich ist, ob tatsächlich ein Gewinn erzielt wird. Eine aus objektiver Sicht realistische Möglichkeit einer Gewinnerzielung genügt. Dies bestätigt § 94a Abs. 4 SächsGemO, wonach kommunale Unternehmen einen Gewinn erzielen sollen, soweit dadurch die Erfüllung des öffentlichen Zwecks nicht gefährdet wird.

113 Demnach lassen sich folgende Beispiele für wirtschaftliche Unternehmen nennen:[1369]

- **Versorgungsbetriebe:** Gas-, Elektrizitäts- und Fernheizwerke usw.
- **Betriebe der Urproduktion sowie deren Verarbeitungsbetriebe:** Molkereien, Milchhöfe, Mühlen, Sägewerke, Kies- und Sandgruben usw.
- **Verkehrsbetriebe:** Gleis- und Fährverkehr, Kraftverkehrsbetriebe, Parkhäuser usw.

1367 Diese in § 94a Abs. 3 Nr. 2 SächsGemO genannten Einrichtungen wurden erst durch das Zweite Gesetz zur Fortentwicklung des Kommunalrechts mit Wirkung vom 1.1.2018 in den Katalog der nicht wirtschaftlichen Unternehmen aufgenommen.

1368 Dazu näher *Geis*, Kommunalrecht, § 12 Rn. 63; BVerwGE 39, S. 329 (333).

1369 Nach *Geis*, Kommunalrecht, § 12 Rn. 64.

Demgegenüber bedarf es bei den in diesem Kontext teilweise genannten **sonstigen Betrieben** wie etwa Stadt- und Messehallen, Kurbetrieben, Sportanlagen, kulturellen und sozialen Einrichtungen[1370] im Einzelfall sorgfältiger Prüfung, ob diese nicht aufgrund der Regelung in § 94a Abs. 3 Nr. 2 SächsGemO als nicht wirtschaftliche Unternehmen anzusehen sind. Dies wird man etwa beim Betrieb eines Museums oder auch bei der Errichtung und dem Betrieb einer sog. Erlebnissauna bejahen können, da es sich hierbei um eine Anlage der Gesundheitspflege handelt.[1371]

2. Zulässigkeitsvoraussetzungen

Der Betrieb von wirtschaftlichen Unternehmen ist „an sich" keine öffentliche Aufgabe. Deshalb enthält § 94a Abs. 1 SächsGemO eine **Schrankentrias** als Maßstab für die Zulässigkeit gemeindlicher wirtschaftlicher Unternehmen, wobei der Gesetzgeber den Anwendungsbereich dieser Schrankentrias sehr weit gefasst hat.[1372] Folgende drei Grundvoraussetzungen müssen vorliegen: 114

Der **öffentliche Zweck** muss die unternehmerische Tätigkeit der Gemeinde rechtfertigen (§ 94a Abs. 1 S. 1 Nr. 1 SächsGemO). 115

Die wirtschaftliche Betätigung muss dem gemeindlichen Wohl direkt zugutekommen. Das ist dann der Fall, wenn die Lieferungen und Leistungen der kommunalen Unternehmen in sachlichem und räumlichem Wirkungskreis der Gemeinde liegen und dazu dienen, die Bedürfnisse der Gemeindeeinwohner zu befriedigen. Eine rein erwerbswirtschaftliche Betätigung wird durch den öffentlichen Zweck nicht erfasst.[1373] Der öffentliche Zweck steht in engem Zusammenhang mit dem Örtlichkeitsgrundsatz. Entscheidend ist, dass das Angebot des gemeindlichen Unternehmens dem örtlichen Wirkungskreis der Gemeinde zugeordnet werden kann. Die Rechtsprechung des BVerfG[1374] verlangt eine spezifisch gemeinwohlorientierte **einwohnernützige Zielsetzung**. Dazu gehören etwa die Arbeitsplatzsicherung und -schaffung, die regionale Wirtschaftsförderung usw. Die Frage, welche öffentlichen Zwecke die Gemeinden verfolgen dürfen, ist dabei nach h. M. jenseits der zuvor genannten Einschränkungen weitgehend der gerichtlichen Kontrolle entzogen.[1375]

Drei Bereiche werden in § 94a und § 97 SächsGemO gesetzlich besonders hervorgehoben, wobei damit der öffentliche Zweck normativ festgelegt wird: 116

- die **gemeindliche Wohnungswirtschaft** in § 94a Abs. 2 SächsGemO,
- die kommunalen Versorgungsunternehmen gemäß § 97 Abs. 1 SächsGemO **(Strom-, Gas-, Wärme- und Wasserversorgung sowie Telekommunikation)** und

1370 Vgl. *Geis*, Kommunalrecht, § 12 Rn. 64.

1371 Vgl. dazu NdsOVG, NVwZ 2009, S. 258 ff.

1372 Vgl. zu den einzelnen Tatbestandsmerkmalen „errichten, übernehmen, unterhalten, wesentlich verändern oder unmittelbar oder mittelbar beteiligen" *Sollondz* in: Binus/Sponer/Koolman, Sächsische Gemeindeordnung, § 94a Rn. 10 ff.

1373 *Schmid*, in: Quecke/Schmid, Sächsische Gemeindeordnung, § 94a Rn. 62.

1374 BVerfGE 79, S. 127 (151 f.); 92, S. 56 (62).

1375 Vgl. etwa BVerwGE 39, S. 329 (334); *Geis/Madeja*, JA 2013, S. 248 (249 f.). Differenzierend *Brüning*, NVwZ 2015, S. 689 (691).

- die **Sparkassen** sowie die Beteiligung an der Sachsen-Finanzgruppe nach § 94a Abs. 5 S. 2 SächsGemO. Vorrangig gilt indes insoweit das SächsSpG.[1376] Unzulässig sind allerdings der Betrieb eines gemeindlichen Bankunternehmens sowie der Erwerb von Anteilen an privaten Bankunternehmen (§ 94a Abs. 5 S. 1 SächsGemO).

Hinweis:

Die in § 94a Abs. 5 SächsGemO a.F. geregelte Zulässigkeit einer überörtlichen Betätigung im Bereich Strom-Gas und Wärmeversorgung ist durch das Vierte Gesetz zur Änderung der Sächsischen Gemeindeordnung vom 24.06.2019[1377] in den neuen § 97 SächsGemO („Kommunale Versorgungsunternehmen") überführt und um die Bereiche der Wasserversorgung und der Telekommunikation erweitert worden.

117 **Zur Vertiefung:**

Von dieser ersten Schranke geht ein geringer Steuerungseffekt zugunsten der Privatwirtschaft aus, zumal sog. ***Randnutzungen*** *auch ohne einen sie tragenden „eigenen" öffentlichen Zweck statthaft sind.[1378] Die alleinige Absicht einer Gewinnerzielung genügt indes nicht.[1379] Dies macht auch die Regelung des § 94a Abs. 4 SächsGemO deutlich, wonach eine Gewinnerzielung lediglich als Nebeneffekt der öffentlichen Aufgabenerfüllung angesehen wird.*

118 Nach § 94a Abs. 1 S. 1 Nr. 2 SächsGemO muss das kommunale Unternehmen nach Art und Umfang in einem **angemessenen Verhältnis** zur **Leistungsfähigkeit** der Gemeinde und zum voraussichtlichen **Bedarf** stehen.

Diese Schranke dient der Sicherung der (weiteren) finanziellen Leistungsfähigkeit der Gemeinde, die gemäß § 72 Abs. 2 SächsGemO die Haushaltswirtschaft sparsam und wirtschaftlich führen muss. Gemeindevermögen darf nicht zu Risikokapital werden.[1380] Hinsichtlich des voraussichtlichen Bedarfs bietet sich eine Marktanalyse an.[1381] Dennoch verbleiben hier gewisse Beurteilungsspielräume, sodass dieses Erfordernis nur in Extremfällen, bei denen das kommunale Unternehmen offensichtlich in keinem angemessenen Verhältnis zur Leistungsfähigkeit der Gemeinde und/oder zum voraussichtlichen Bedarf steht, eine wirksame Schranke darstellt.[1382]

119 § 94a Abs. 1 S. 1 Nr. 3 SächsGemO enthält eine sog. **Subsidiaritätsklausel**[1383]: Der Zweck des kommunalen Unternehmens darf nicht „besser" und „wirtschaftli-

1376 SächsGVBl. 2002 S. 333 mit späteren Änderungen.

1377 SächsGVBl. 2019 S. 494.

1378 Siehe dazu *Burgi*, Kommunalrecht, § 17 Rn. 44 sowie *Geis*, Kommunalrecht, § 12 Rn. 75.

1379 BVerwGE 39, S. 329 (334).

1380 *Sollondz*, in: Binus/Sponer/Koolman, Sächsische Gemeindeordnung, § 94a Rn. 18.

1381 So ausdrücklich etwa in § 107 Abs. 5 GO NRW verlangt.

1382 So auch *Burgi*, Kommunalrecht, § 17 Rn. 45; *Ipsen*, Niedersächsisches Kommunalrecht, § 15 Rn. 660.

1383 Zur Verfassungsmäßigkeit der Subsidiaritätsklausel vgl. etwa VerfGH Rh.-Pf., NVwZ 2000, S. 801 ff.

cher" durch einen privaten Dritten erfüllt werden können. Es sollen zum einen private Unternehmen geschützt werden. Zum anderen dient die Subsidiaritätsklausel auch dem Schutz der Kommunen vor einer finanziellen Überforderung. Folglich ist die wirtschaftliche Betätigung der Kommunen nachrangig.

Bei der Bewertung der Zweck-Mittel-Relation steht der Gemeinde ein weiter Beurteilungsspielraum zu.[1384] Daher scheitert die Zulässigkeit eines kommunalen Unternehmens nur dann an der Subsidiaritätsklausel, wenn die Beurteilung der Gemeinde offensichtlich nicht vertretbar ist. Vor einer Entscheidung über ein gemeindliches wirtschaftliches Unternehmen ist der Gemeinderat indes nach § 95 Abs. 2 S. 1 SächsGemO umfassend über die Auswirkungen auf die private Wirtschaft zu unterrichten. Dabei sind zwingend auch die nach § 94a Abs. 1 S. 2 SächsGemO einzuholenden Stellungnahmen der wirtschafts- und berufsständischen Kammern der betroffenen Wirtschaftskreise einzubeziehen. Diese verfahrensrechtlichen Sicherungen dienen gerade der Absicherung der materiellen Vorgaben des § 94a Abs. 1 S. 1 SächsGemO. Werden sie nicht beachtet, so ist die wirtschaftliche Betätigung bereits aus diesem Grund rechtswidrig.[1385]

Zur Vertiefung: 120

Der sächsische Gesetzgeber hat sich für eine „milde" Subsidiaritätsklausel entschieden. Der Betrieb eines kommunalen Unternehmens ist danach nur dann unzulässig, wenn private Dritte den öffentlichen Zweck „besser und wirtschaftlicher" erfüllen könnten, d.h., bereits bei gleich guter und ebenso wirtschaftlicher Aufgabenerfüllung ist eine wirtschaftliche Betätigung der Kommune in Sachsen zulässig. In einigen anderen Bundesländern darf eine derartige kommunale Betätigung demgegen über nur dann erfolgen, wenn private Anbieter die Tätigkeit „nicht ebenso gut und wirtschaftlich" durchführen könnten, d.h., nur wenn die Kommune den Zweck besser als ein privater Dritter erfüllt, ist eine wirtschaftliche Betätigung zulässig (sog. echte oder auch strenge Subsidiaritätsklausel).[1386]

Für den Bereich der **Strom-, Gas-, Wärme- und Wasserversorgung sowie Telekommunikation** stellt der Gesetzgeber fest, dass die insoweit tätigen gemeindlichen Unternehmen – auch außerhalb des Gemeindegebietes – einem öffentlichen Zweck dienen (§ 97 Abs. 1 SächsGemO). Weitere spezielle Regelungen für kommunale Versorgungsunternehmen enthält § 97 Abs. 2 bis 6 SächsGemO. Damit hat der sächsische Gesetzgeber insofern ein Sonderrecht geschaffen, als die in den privilegierten Sparten tätigen Beteiligungen dieser Versorgungsunternehmen (d.h. mittelbare kommunale Unternehmen) vom Anwendungsbereich der §§ 94a ff. und §§ 103 ff. SächsGemO grds. ausgeschlossen sind.[1387] 121

1384 Dazu *Sollondz*, in: Binus/Sponer/Koolman, Sächsische Gemeindeordnung, § 94a Rn. 29 f.
1385 Ebenso *Burgi*, Kommunalrecht, § 17 Rn. 46.
1386 So etwa § 102 Abs. 1 Nr. 3 GemO BW; Art. 87 Abs. 1 Nr. 4 GO BY.
1387 Vgl. dazu *Sollondz*, in: Binus/Sponer/Koolman, Sächsische Gemeindeordnung, § 97 Rn. 1.

III. Kommunale Unternehmensformen

122 Ein grundlegender Bestandteil der kommunalen Selbstverwaltung nach Art. 28 Abs. 2 GG und Art. 82 Abs. 2 S. 2 SächsVerf ist die Organisationshoheit.[1388] Dem trägt § 95 SächsGemO insoweit Rechnung, als der Gemeinde eine Wahlfreiheit zusteht, in welcher Rechtsform sie ein kommunales Unternehmen führen will. Ihr stehen drei Alternativen zur Verfügung:

- Der sog. **Regiebetrieb** (§ 95 Abs. 1 Nr. 1 SächsGemO: Unternehmen nach den Vorschriften der SächsGemO über die Haushaltswirtschaft),
- der **Eigenbetrieb** (§ 95 Abs. 1 Nr. 2 SächsGemO) sowie
- Unternehmen in einer Rechtsform des **privaten Rechts** (§ 95 Abs. 1 Nr. 3 SächsGemO).

Gemeinsam ist den Eigenbetrieben und Unternehmen in privater Rechtsform, dass die betreffende öffentliche Aufgabe nicht mehr durch die Kernverwaltung, sondern von ausgegliederten Einheiten der Gemeinde erfüllt werden, die über eine gewisse Selbstständigkeit verfügen.

1. Regiebetrieb

123 Der Regiebetrieb ist demgegenüber in die Gemeindeverwaltung eingegliedert, d.h., er ist nicht rechtsfähig, sowie nach innen organisatorisch und personell **unselbstständig**. Der Regiebetrieb verfügt als einfachste Form der wirtschaftlichen Betätigung über keinen eigenen Haushalt und stellt auch kein Sondervermögen i.S.d. § 91 Abs. 1 SächsGemO dar. Das Betriebsvermögen und von anderen Stellen bezogene Leistungen werden zwar erfasst. Seine Einnahmen und Ausgaben werden jedoch unmittelbar haushaltswirksam.

124 Die umfassende gemeindliche Einflussnahme ist damit bei dieser Organisationsform gewährleistet. Dies geht jedoch zulasten der betrieblichen Flexibilität.[1389] In der Praxis sind Regiebetriebe eher selten und werden nur noch als Hilfsbetriebe eingesetzt, die der Gemeindeverwaltung und anderen kommunalen Unternehmen dienen sollen.

Beispiele:

Friedhof, Bauhof, Gärtnerei für den Stadtpark usw.

2. Eigenbetrieb

125 Nach § 95a Abs. 1 S. 1 SächsGemO kann die Gemeinde Unternehmen **ohne eigene Rechtspersönlichkeit** führen, wenn Art und Umfang der Tätigkeit eine **selbstständige Wirtschaftsführung** rechtfertigen. Eigenbetriebe werden finanzwirtschaftlich als **Sondervermögen** der Gemeinde verwaltet und nachgewiesen (§ 95a Abs. 1 S. 2 SächsGemO). Ergänzend zu den rechtlichen Vorgaben der SächsGemO sind für Eigenbetriebe die **Sächsische Eigenbetriebs-**

1388 Siehe dazu näher oben im 2. Kapitel unter C.III.2.
1389 *Geis*, Kommunalrecht, § 12 Rn. 68.

verordnung (SächsEigBVO) i. d. F. der Bekanntmachung vom 10.12.2018[1390] sowie die jeweilige vom Gemeinderat nach § 95a Abs. 3 SächsGemO erlassene **Betriebssatzung** des Eigenbetriebs maßgeblich.

Der Eigenbetrieb ist ein gegenüber der Gemeinde partiell verselbstständigtes kommunales Unternehmen, eine Art Anstalt des öffentlichen Rechts ohne eigene Rechtspersönlichkeit.[1391] Er ist zwar organisatorisch und finanzwirtschaftlich weitgehend autonom, bleibt aber **rechtlich unselbstständiger Teil der Gemeinde**. Alle Handlungen und Willenserklärungen der Betriebsleitung werden der Gemeinde zugerechnet. Nach einer Grundsatzentscheidung des BGH sind Eigenbetriebe folglich im Zivilrechtsstreit nicht parteifähig.[1392] 126

Die Organisationsform des Eigenbetriebs bezweckt einen **Kompromiss** zwischen der Möglichkeit, ein wettbewerbsfähiges kommunales Unternehmen nach kaufmännischen Gesichtspunkten zu führen, und dem Bedürfnis nach gemeindlicher Kontrolle und einer einheitlichen Kommunalverwaltung.[1393] 127

Art und Umfang der Tätigkeit müssen eine **selbstständige Wirtschaftsführung** rechtfertigen. Hier ist auf die Kennzahlen des Unternehmens im Vergleich zum Haushaltsvolumen der Gemeinde sowie auf den erforderlichen personellen und sachlichen Aufwand abzustellen.[1394] Bei Tätigkeiten von nur untergeordneter Bedeutung kommt eine Herauslösung aus der Kernverwaltung nicht in Betracht. Reine Verwaltungstätigkeiten kann die Gemeinde nicht in einen Eigenbetrieb auslagern. Ausgeschlossen ist daher die Übertragung rein hoheitlicher Tätigkeiten der Gemeinde auf den Eigenbetrieb.[1395] Zulässig sind jedoch einzelne **hoheitliche Tätigkeiten**, die in unmittelbarem Zusammenhang mit der Leistungserbringung stehen. So ist die Betriebsleitung eines Eigenbetriebs im Rahmen der laufenden Betriebsführung zum Erlass von Verwaltungsakten, z. B. Erlass von Zahlungsbescheiden, befugt.[1396] 128

Typische Beispiele für Eigenbetriebe sind Verkehrsbetriebe, Krankenhäuser, Kindertagesstätten, Kultureinrichtungen sowie Eigenbetriebe in den Bereichen Wasserversorgung, Abwasserentsorgung und Abfallentsorgung. 129

Nach § 95a Abs. 2 S. 1 SächsGemO ist (zwingend) eine **Betriebsleitung** zu bilden, die vom Gemeinderat gewählt wird. Die Betriebsleitung führt die laufenden Geschäfte des Eigenbetriebs (§ 95a Abs. 2 S. 2 SächsGemO) und vertritt die Gemeinde im Rahmen ihrer Aufgaben (§ 95a Abs. 2 S. 4 SächsGemO). Ihr können weitere Aufgaben übertragen werden (§ 95a Abs. 2 S. 3 SächsGemO). Sie kann aus einem oder mehreren Personen bestehen (§ 3 Abs. 1 S. 1 SächsEigBVO). Betriebsleiter können gemäß § 95a Abs. 2 S. 5 SächsGemO in ein Beamtenverhältnis auf Zeit berufen werden. Gemäß § 9 Abs. 1 SächsEigBVO 130

1390 SächsGVBl. 2018 S. 816.

1391 *Burgi*, Kommunalrecht, § 17 Rn. 76; *Sollondz*, in: Binus/Sponer/Koolman, Sächsische Gemeindeordnung, § 95 Rn. 3.

1392 BGH, Beschluss vom 18.12.2016 – KZB 46/15.

1393 *Geis*, Kommunalrecht, § 12 Rn. 69.

1394 *Schmid*, in: Quecke/Schmid, Sächsische Gemeindeordnung, § 95 Rn. 72.

1395 SächsOVG, Urteil vom 30.9.2015 – 4 A 459/14, juris Rn. 21 ff. (28).

1396 SächsOVG, Urteil vom 30.6.2004 – 5 B 369/03, SächsVBl. 2004, S. 286.

kann der Bürgermeister der Betriebsleitung **Weisungen** erteilen, um die ordnungsgemäße Führung des Eigenbetriebs sicherzustellen. Daraus folgt u.a., dass Bürgermeister und Betriebsleitung nicht identisch sein können.[1397] Der Gemeinderat regelt die Rechtsverhältnisse des Eigenbetriebes in einer **Betriebssatzung** (§ 95a Abs. 3 S. 1 SächsGemO). In der Betriebssatzung soll ein beratender und beschließender Ausschuss des Gemeinderats **(Betriebsausschuss)** gebildet werden. Weitere Einzelheiten regelt die SächsEigBVO.

3. Unternehmen in Privatrechtsform

131 Die oben unter Punkt I. dargestellten verschiedenen Problemfelder sind v.a. dann von besonderer Bedeutung, wenn sich eine Gemeinde entschließt, ein kommunales Unternehmen in einer Rechtsform des privaten Rechts zu errichten oder sich an einem bestehenden privatrechtlichen Unternehmen zu beteiligen. Da derart strukturierte Unternehmen i.d.R. als juristische Personen des Privatrechts **rechtlich selbstständig** sind, besteht die Gefahr, dass der Gemeinderat als Hauptorgan der Gemeinde keinen direkten Einfluss auf das Unternehmen mehr ausüben kann und zudem die Gemeinde als Trägerin des Unternehmens erheblichen wirtschaftlichen Risiken ausgesetzt wird.

132 Der Gesetzgeber hat dem mit den teilweise sehr detaillierten Regelungen der §§ 96ff. SächsGemO Rechnung getragen und im Gegensatz zu Regie- und Eigenbetrieben für kommunale Unternehmen in Privatrechtsform über den § 94a SächsGemO hinausgehende Zulässigkeitsvoraussetzungen sowie Kontrollinstrumente für die Rechtsaufsicht geschaffen.

133 So verlangt § 96 Abs. 1 Nr. 1 SächsGemO, dass im Gesellschaftsvertrag oder in einer Satzung die **kommunale Aufgabenerfüllung** als Unternehmenszweck ausdrücklich sichergestellt sein muss. Damit nicht vereinbar wäre z.B. eine Beteiligung an einem Unternehmen, welches auf kommunalfremden Geschäftsfeldern tätig ist. Hierdurch würde die Gemeinde außerhalb des Kernhaushalts kommunales Vermögen in ein Unternehmen einbringen, das privatwirtschaftlichen Zielen und Risiken unterliegt.[1398]

134 Des Weiteren muss gemäß § 96 Abs. 1 Nr. 2 SächsGemO die Gemeinde einen angemessenen Einfluss auf das Unternehmen haben. Die Gemeinde muss ihrer Beteiligungsquote entsprechende **Kontroll-, Mitwirkungs- und Steuerungsrechte** besitzen, wobei die Sicherung des angemessenen Einflusses durch die Zusicherung von Einwirkungsrechten im Gesellschaftsvertrag erfolgt.

135 **Beispiel:**

Installierung eines Aufsichtsrates als Überwachungsorgan bei einer GmbH, in dem den gemeindlichen Vertretern ein angemessener Einfluss gewährt wird. Das muss deshalb geregelt werden, da bei einer GmbH i.d.R. ein Aufsichtsrat – anders als bei der AG – nicht gesetzlich vorgegeben ist.

1397 SächsOVG, Beschluss vom 20.11.2014 – 4 B 402/13, juris Rn. 22.
1398 *Sollondz*, in: Binus/Sponer/Koolman, Sächsische Gemeindeordnung, § 96 Rn. 3.

Die **Haftung der Gemeinde** muss auf einen ihrer Leistungsfähigkeit angemessenen Betrag begrenzt sein (§ 96 Abs. 1 Nr. 3 SächsGemO). Aus diesem Grund darf sich eine Gemeinde weder an einer Gesellschaft bürgerlichen Rechts noch an einer OHG oder als Komplementärin einer KG beteiligen, da in diesen Fällen keine Haftungsbeschränkung gegenüber den Gläubigern möglich ist. Zulässig sind deshalb 136

- der eingetragene Verein (e. V.),
- die eingetragene Genossenschaft (eG),
- die Gesellschaft mit beschränkter Haftung (GmbH),
- die GmbH & Co KG,
- die Aktiengesellschaft (AG, nach § 96 Abs. 2 SächsGemO allerdings nur subsidiär) sowie
- die rechtsfähige privatrechtliche Stiftung.

§ 96 Abs. 2 SächsGemO legt des Weiteren die Nachrangigkeit der Rechtsform „AG“ fest. Für den Inhalt eines Gesellschaftsvertrages kommunalbeherrschter Unternehmen enthält § 96a SächsGemO zahlreiche Vorgaben, die zwingend zu beachten sind **(Pflichtinhalte)**. Damit werden die Gemeinden verpflichtet, ihre gesellschaftsrechtlichen Steuerungs- und Kontrollrechte wirksam wahrzunehmen. Strukturell kommt diese Verantwortung in **Berichts- und Informationspflichten**, in **Prüfungsrechten** sowie in der zwingenden **Beteiligung des Gemeinderats** an wesentlichen Unternehmensentscheidungen zum Ausdruck.[1399] 137

Die **Vertretung der Gemeinde** in Unternehmen in Privatrechtsform ist ausführlich in § 98 SächsGemO normiert. Der **Bürgermeister** ist nach § 98 Abs. 1 S. 1 SächsGemO gesetzlicher Vertreter der Gemeinde in der Eigentümerversammlung ihrer Unternehmen und Beteiligungen, d. h. bspw. in der Gesellschafterversammlung (GmbH), Hauptversammlung (AG) oder Generalversammlung (eG). Diese organschaftliche Vertretung der Gemeinde ist nach außen umfassend und unbeschränkt. Im Innenverhältnis unterliegt er indes den Weisungsbefugnissen des Gemeinderats nach § 98 Abs. 1 S. 5 und 6 SächsGemO. Darüber hinaus besteht nach § 98 Abs. 1 S. 7 SächsGemO eine Unterrichtungspflicht der gemeindlichen Vertreter gegenüber dem Gemeinderat oder einem beschließenden Ausschuss.

Wie auch in anderen Verwaltungsangelegenheiten (siehe § 59 Abs. 1 SächsGemO) kann der Bürgermeister einen Bediensteten der Gemeinde mit seiner Vertretung beauftragen. 138

Kann die Gemeinde **weitere Vertreter** entsenden, werden diese **widerruflich** vom Gemeinderat bestellt (§ 98 Abs. 1 S. 2 SächsGemO), bei mehreren Personen entsprechend der Zusammensetzung beschließender Ausschüsse nach § 42 Abs. 2 SächsGemO („Fraktionsproporzgedanke“). Diese Gemeinderatszuständigkeit kann auch nicht durch eine anderweitige Bestimmung im Gesellschaftsvertrag abbedungen werden. So wäre etwa die Festlegung „geborener“ 139

1399 *Sollondz*, in: Binus/Sponer/Koolman, Sächsische Gemeindeordnung, § 96a Rn. 1.

Mitglieder in einem Aufsichtsrat unzulässig.[1400] Die weiteren Vertreter müssen nicht zwingend Gemeinderäte sein. Zulässig ist auch die Entsendung von Externen, die über die erforderliche **betriebswirtschaftliche Erfahrung und Sachkunde** nach § 98 Abs. 1 S. 4 SächsGemO verfügen müssen (ebenso § 63 SächsLKrO).[1401] Durch den Verweis auf § 42 Abs. 2 SächsGemO sind alle dort aufgezeigten Bestellungsmodalitäten eröffnet. Deshalb kann bspw. der Gemeinderat beschließen, dass anstelle einer Wahl die Vertreter nach dem Stärkeverhältnis der Gemeinderatsfraktionen bestellt werden.[1402]

140 § 98 Abs. 5 S. 2 SächsGemO bestimmt zudem, dass die nach § 98 Abs. 1 und 2 SächsGemO entsandten Personen sich regelmäßig zur Wahrnehmung ihrer Aufgaben **fortzubilden** haben.

141 Während die **Weisungsbefugnis** gegenüber gemeindlichen Vertretern in der Hauptversammlung einer AG oder in der Gesellschafterversammlung unproblematisch ist, ist sie bei Mitgliedern des Aufsichtsrates umstritten. Nach h.M. hat das bundesrechtliche Gesellschaftsrecht Vorrang vor dem landesrechtlichen Kommunalverfassungsrecht.[1403]

142 **Zur Vertiefung:**

Weisungen gegenüber Aufsichtsratsmitgliedern einer kommunalen GmbH sind bei einer Gesellschaft mit fakultativem Aufsichtsrat nach Auffassung des BVerwG[1404] *durch eine entsprechende Regelung im Gesellschaftsvertrag möglich, bei einem gesetzlichen Aufsichtsrat dagegen ausgeschlossen.*

Eine Haftung der Aufsichtsratsmitglieder einer GmbH oder AG kommt nach § 52 Abs. 1 GmbHG i. V. m. §§ 116, 93 Abs. 2 AktG in Betracht. Es gibt allerdings für die gemeindlichen Aufsichtsräte eine Haftungsfreistellung, sofern sie nicht vorsätzlich oder grob fahrlässig gehandelt haben (vgl. § 98 Abs. 4 SächsGemO).

143 Vorgaben für eine **Beteiligungsverwaltung** sind in § 99 SächsGemO geregelt. Danach ist gemäß § 99 Abs. 2 SächsGemO dem Gemeinderat jeweils bis zum 31.12. des dem Berichtsjahr folgenden Jahres ein **Beteiligungsbericht** mit Pflichtinhalten vorzulegen. Nach § 99 Abs. 4 SächsGemO ist der Beteiligungsbericht auch der Rechtsaufsichtsbehörde zuzuleiten und die Angaben des Berichts sind von der Gemeinde zur Einsichtnahme verfügbar zu halten. Besondere Bedeutung für Unternehmen in Privatrechtsform kommt auch der **Genehmigungspflicht** nach § 102 Abs. 1 SächsGemO zu. Diese Regelung dient der Einhaltung der oben dargestellten rechtlichen Anforderungen an die kommunalwirtschaftliche Betätigung in privater Rechtsform. Sowohl die Rechtsgeschäfte nach § 96 Abs. 1 SächsGemO als auch alle diesbezüglichen Gemeinderatsbeschlüsse müssen von der zuständigen Rechtsaufsichtsbehörde genehmigt werden. Über die Genehmigung

1400 SächsOVG, SächsVBl. 2011, S. 213.
1401 Vgl. insoweit SächsOVG, Urteil vom 4.2.2014 – 4 A 858/11, juris Rn. 21 f.
1402 SächsOVG, Urteil vom 7.6.2016 – 4 C 3/15, juris.
1403 *Schmid*, in: Quecke/Schmid, Gemeindeordnung für den Freistaat Sachsen, § 98 Rn. 67.
1404 BVerwGE 140, S. 300, Rn. 21.

ist binnen acht Wochen nach Eingang des vollständigen Antrags zu entscheiden (§ 102 Abs. 1 S. 2 SächsGemO). Die Genehmigung stellt einen privatrechtsgestaltenden Verwaltungsakt dar. Die bestandskräftige Versagung der Genehmigung macht die Rechtsgeschäfte gemäß § 96 Abs. 1 SächsGemO endgültig unwirksam (§ 120 Abs. 1 SächsGemO).

Bei der **Privatisierung kommunaler Einrichtungen** und Betriebe kann man systematisch zwischen vier Gruppen der Privatisierung unterscheiden:[1405] 144

- Organisationsprivatisierung bzw. formelle/formale Privatisierung,
- funktionale Privatisierung bzw. Erfüllungsprivatisierung,
- materielle Privatisierung bzw. Aufgabenprivatisierung sowie
- Vermögensprivatisierung.

Bei der **Organisationsprivatisierung** (auch formelle oder formale, auch Schein- bzw. unechte Privatisierung genannt) werden die jeweiligen kommunalen Aufgaben durch gemeindlich beherrschte juristische Personen des Privatrechts erfüllt, entweder durch Eigengesellschaften (d.h., die Gemeinde ist alleiniger Gesellschafter) oder durch Beteiligungsgesellschaften (d.h. Mehrheits- oder Minderheitenbeteiligung der Gemeinde an Kapitalgesellschaften). Dabei bleibt die Aufgabe in kommunaler Verantwortung. Es erfolgt lediglich ein **Rechtsformwechsel** unter Beibehaltung des öffentlich-rechtlichen Aufgabenträgers. Zwar richtet sich der Aufgabenvollzug nach den Vorschriften des Privatrechts. Die Bindungen, die sich aus dem öffentlichen Recht ergeben, bleiben indes erhalten („keine Flucht ins Privatrecht“[1406]). 145

Beispiel: 146

Die Stadtentwässerung Dresden GmbH wird mit 51 Prozent von der Landeshauptstadt Dresden und zu 49 Prozent von der (rein privaten) Gelsenwasser AG getragen. Diese GmbH ist zugleich ein Beispiel für eine Public-Private-Partnership.[1407]

Durch die **funktionale Privatisierung** (auch Erfüllungsprivatisierung genannt) wird nicht die Organisations-, sondern die Verantwortungsstruktur im Hinblick auf die betreffende gemeindliche Aufgabe verändert, wobei die Gemeinde Entscheidungs- und Weisungsbefugnisse zur Durchführung eben dieser Aufgabe behält.[1408] Im Rahmen der Vorbereitung oder Durchführung ihrer Verwaltungsaufgaben bedient sich die Gemeinde privater Erfüllungsgehilfen **(Verwaltungshelfer bzw. Erfüllungsgehilfe, Mandat, Konzession**[1409]**)**, um de- 147

1405 Nach *Geis*, Kommunalrecht, § 12 Rn. 100ff.

1406 Vgl. BVerfG, NJW 2016, S. 3153 (3154f.) betreffend die Preisgestaltung durch ein kommunales Freizeitbad. Zur sog. Zwei-Stufen-Theorie bei Benutzung öffentlicher Einrichtungen s. o. im 5. Kapitel unter F.V.

1407 Kritisch zu Public-Private-Partnership *Burgi*, Kommunalrecht, § 17 Rn. 79; ausführlich *Geis*, Kommunalrecht, § 12 Rn. 107ff.

1408 Zu den verschiedenen Modellen funktionaler Privatisierung *Geis/Madeja*, JA 2013, S. 248 (254f.).

1409 Im Einzelnen dazu: *Schaffarzik*, SächsVBl. 2006, S. 227.

ren spezifischen Sachverstand zu nutzen bzw. die Aufgabenerfüllung kostengünstiger zu gestalten. Einzelheiten werden zwischen der Gemeinde und dem Verwaltungshelfer vertraglich geregelt.

148 **Beispiele:**

Abschleppen von verkehrswidrig geparkten Kfz durch Privatunternehmer, die wiederum von Gemeindebediensteten beauftragt werden; Fertigung von Planentwürfen im Bauplanungsverfahren durch private Ingenieure.

149 Eine **materielle Privatisierung** (auch Aufgabenprivatisierung bzw. „echte" Privatisierung genannt) stellt die intensivste Form der Privatisierung dar. Sie bewirkt den vollständigen Rückzug der Gemeinde von der Aufgabenerfüllung. Sie ist bei kommunalen Pflichtaufgaben ausgeschlossen und beschränkt sich folglich auf die rein freiwilligen Aufgaben der Gemeinde. Die bisher kommunale Aufgabe wird bei der materiellen Privatisierung künftig ausschließlich von einem Privaten wahrgenommen. Die Gemeinde ist damit von der Aufgabenerfüllung befreit, verliert aber folglich auch jedwede Einflussmöglichkeit gegenüber dem Privaten.

150 **Beispiele:**

Ein bisher von der Gemeinde getragenes Heimatmuseum wird einem privaten Trägerverein (ohne Mitgliedschaft der Gemeinde) übergeben; den seither kommunalen Tierpark übernimmt ein privater Betreiber.

151 Vor dem Hintergrund angespannter Finanzverhältnisse war die materielle Privatisierung in den vergangenen Jahrzehnten für etliche Gemeinden reizvoll. Seit geraumer Zeit ist jedoch gerade im Bereich der Daseinsvorsorge eine Tendenz zur **Rekommunalisierung** zu beobachten.[1410] Gründe dafür sind die Durchsetzung bestimmter Sozial- bzw. Umweltstandards sowie der stärkere politische Einfluss durch Kontroll-, Weisungs-, Stimm- und Rückholrechte.[1411] Darüber hinaus hat die Rechtsprechung, und hier namentlich das BVerwG, in jüngerer Zeit manchen Privatisierungstendenzen Schranken gesetzt, die das Gericht freilich vor Kurzem wieder zurückgenommen hat.[1412]

152 Schließlich gibt es noch die **Vermögensprivatisierung**, bei der kommunale Vermögensgegenstände (z.B. Grundstücke, Beteiligungen), unter Beachtung der Voraussetzungen des § 90 SächsGemO, an Private veräußert werden.

1410 Näher dazu *Geis*, Kommunalrecht, § 12 Rn. 112b m.w.N.

1411 Vgl. *Burgi*, NdsVBl. 2012, S. 225 (232).

1412 Vgl. dazu die Pressemitteilung Nr. 20/2024 des BVerwG vom 24.4.2024 und näher dazu oben im 3. Kapitel unter H.II.1. sowie im 5. Kapitel unter F.III. Kritisch zur früheren Rechtsprechung im vorliegenden Zusammenhang *Burgi*, Kommunalrecht, § 17 Rn. 85 m.w.N.

IV. Rechtsschutzmöglichkeiten von Konkurrenten

Bereits unter D.I. wurde oben in diesem Kapitel dargestellt, dass sich kommunale Wirtschaftstätigkeit auf private Marktanbieter erheblich auswirken kann, zumal kommunale Unternehmen nicht dauerhaft mit Gewinn betrieben werden müssen und letztlich nicht insolvenzbedroht sind.[1413] Folglich kommt dem Rechtsschutz von Konkurrenten sowohl in der Praxis als auch in der Juristenausbildung **erhebliche Bedeutung** zu. 153

Hierbei stellt sich zunächst die Frage, welcher **Rechtsweg** für einen privaten Konkurrenten in Betracht kommt. Der BGH hat bereits vor einiger Zeit[1414] seine frühere Rechtsprechung aufgegeben, in der er zunächst eine mögliche Überschreitung der kommunalrechtlichen Kompetenzschranken zugleich als Sittenverstoß i. S. d. § 1 UWG a. F. qualifiziert hatte. § 1 UWG a. F. (jetzt: § 3 UWG) wurde dabei als Grundlage für Unterlassungsansprüche der privatrechtlichen Konkurrenten angesehen. Nunmehr ist der BGH der Auffassung, dass § 3 UWG nicht den Erhalt bestimmter Marktstrukturen bezwecke, sondern nur auf den Schutz vor unlauteren Verhaltensweisen **in** einem eröffneten Markt ziele. Folglich haben Klagen vor den Zivilgerichten wegen Verstoßes gegen das kommunale Wirtschaftsrecht keine Aussicht auf Erfolg. Vielmehr ist der **Verwaltungsrechtsweg** nach § 40 Abs. 1 S. 1 VwGO zu bejahen, denn nach den Maßstäben der modifizierten Subjektstheorie ist ein auf die Schrankentrias des § 94a Abs. 1 S. 1 SächsGemO gestützter Abwehranspruch dem öffentlichen Recht zuzuordnen.[1415] 154

Statthafte **Klageart** ist die allgemeine Leistungsklage in Form der Unterlassungsklage. Dies gilt auch für den Fall, dass die Gemeinde ihr kommunales Unternehmen in einer privaten Rechtsform betreibt. Klagegegner ist hier nicht das kommunale Unternehmen, sondern die Gemeinde selbst.[1416] Der Kläger muss hier beantragen, dass die Gemeinde auf ein Unterlassen ihres kommunalen Unternehmens hinwirkt. 155

Eine allgemeine Leistungsklage ist gemäß § 42 Abs. 2 VwGO analog indes nur zulässig, wenn der Kläger seine **Klagebefugnis** darlegen kann. Die **Grundrechte helfen** dabei **nicht weiter**: So schützt Art. 12 GG nicht vor Wettbewerb, selbst wenn dieser durch die öffentliche Hand hervorgerufen wird. Etwas anderes gilt nur dann, wenn die Berufsausübung gänzlich unmöglich gemacht wird.[1417] Das Recht am eingerichteten und ausgeübten Gewerbebetrieb i. S. d. Art. 14 GG[1418] bietet grds. keinen Schutz etwaiger Erwerbschancen und auch nicht vor neuen Konkurrenten.[1419] 156

1413 Vgl. auch *Geis*, Kommunalrecht, § 12 Rn. 86 ff.

1414 BGH, NVwZ 2002, S. 1141 und BGH, NVwZ 2003, S. 246.

1415 OVG Münster, NJW 2003, S. 462.

1416 OVG Münster, NVwZ 2003, S. 1520.

1417 Vgl. BVerwG, NJW 1995, S. 2938 (2939). So auch *Brüning*, NVwZ 2015, S. 689 (693).

1418 Ob dieses Recht unter den Schutzbereich der Eigentumsgarantie fällt, hat das BVerfG bislang offengelassen; vgl. jüngst etwa BVerfG, NJW 2017, S. 217 (223 f.).

1419 *Geis/Madeja*, JA 2013, S. 248 (251).

157 Damit verbleibt einzig die **Schrankentrias als Anknüpfungspunkt zur Begründung der Klagebefugnis**. Teile der Literatur[1420] sowie der Verwaltungsgerichte einschließlich des BVerwG[1421] vertraten lange Zeit die Ansicht, dass die Schrankentrias, wie sie in § 94a Abs. 1 S. 1 SächsGemO und anderen kommunalrechtlichen Regelungen normiert ist, keine subjektiven Rechte begründe. Die Kompetenzschranken des Gemeindewirtschaftsrechts bestünden ausschließlich im öffentlichen Interesse (Schutz der Gemeinde vor finanzieller bzw. politischer Überforderung). Soweit private Dritte hieraus Vorteile zögen, sei dies nicht Regelungsintention, sondern lediglich Reflex der objektiv-rechtlichen Wirkung. Mittlerweile hat ein Trend zur Änderung dieser Rechtsprechung eingesetzt.[1422] Zumindest hinsichtlich der Subsidiaritätsklausel wird nunmehr die drittschützende Wirkung zugunsten privater Konkurrenten zu Recht anerkannt.[1423] Dieses Ergebnis ergibt sich mit Blick auf § 94a Abs. 1 S. 1 Nr. 3 SächsGemO v. a. aus dem Umstand, dass die Gesetzesmaterialien zum „Gesetz zur Änderung des kommunalen Wirtschaftsrechts", das die Vorgängerregelung zur heutigen Regelung eingeführt hat, ausdrücklich davon sprechen, dass zumindest die Subsidiaritätsklausel drittschützenden Charakter haben soll.[1424]

158 Eine Konkurrentenklage ist **begründet**, wenn ein Verstoß gegen die kommunalrechtlichen Zulässigkeitsvoraussetzungen der wirtschaftlichen Betätigung der Gemeinde vorliegt und der Kläger hierdurch in seinen subjektiven Rechten verletzt ist. Hinsichtlich der subjektiven Rechtsverletzung muss differenziert werden zwischen unmittelbaren Konkurrenten (z. B. die Vermieter von Gewerberäumen) und mittelbar betroffenen Marktteilnehmern (z. B. andere Schilderpräger, die durch die im kommunalen Gebäude betriebene Prägefirma unter Druck geraten[1425]). Die Erfolgsaussichten einer Klage dürfen jedoch wegen der Weite der infrage stehenden Tatbestandsmerkmale nicht überschätzt werden.[1426]

E. Prüfungswesen

159 Die SächsGemO regelt im vierten Abschnitt des vierten Teils (Gemeindewirtschaft) das Prüfungswesen. Damit soll die Rechtmäßigkeit, Ordnungsmäßigkeit und Wirtschaftlichkeit der kommunalen Haushalts- und Wirtschaftsführung einer Kontrolle unterzogen werden.[1427]

1420 Nachweise bei *Geis*, Kommunalrecht, § 12 Rn. 94. Ferner zur (früheren) Rechtslage in Sachsen *Gern*, Sächsisches Kommunalrecht, Rn. 819; *Jaeckel/Jaeckel*, Kommunalrecht in Sachsen, Rn. 279.

1421 BVerwG, NJW 1995, S. 2938; VGH BW, NJW 1995, S. 274; BayVGH, JZ 1976, S. 641.

1422 Vgl. VerfGH R-Pf, DVBl. 2000, S. 992 (995); OVG Münster, NWVBl. 2003, S. 62 = NVwZ 2003, S. 1520; VGH Mannheim, NVwZ-RR 2015, S. 307.

1423 So auch überzeugend *Sollondz*, in: Binus/Sponer/Koolman, Sächsische Gemeindeordnung, § 94a Rn. 25 ff.

1424 Vgl. LT-Drs. 3/7625, Anlage 2, S. 2 und 4.

1425 Vgl. dazu OVG Münster, NWVBl. 2005, S. 68.

1426 So *Burgi*, Kommunalrecht, § 17 Rn. 67 m. w. N.; ebenso *Geis*, Kommunalrecht, § 12 Rn. 98.

1427 Vgl. Sächsischer Städte- und Gemeindetag (Hrsg.), Taschenbuch für die Ratsarbeit, S. 259.

Das Prüfungswesen ist im Freistaat Sachsen **zweistufig** aufgebaut. Es gibt eine **örtliche Prüfung** durch die Gemeinde selbst (oder eine von ihr beauftragte Stelle) sowie eine **überörtliche Prüfung** durch den Sächsischen Rechnungshof. Die örtliche Prüfung ist Teil der kommunalen Selbstverwaltung, die überörtliche Prüfung gehört demgegenüber zur staatlichen Aufsicht über die Kommunen (vgl. Art. 98 SächsVerf). Die örtliche Prüfung des Jahresabschlusses findet jedes Jahr statt, die überörtliche soll nach § 109 Abs. 3 SächsGemO alle fünf Jahre durchgeführt werden.[1428] 160

Die **Jahresabschlussprüfung** kommt bei den wirtschaftlichen Unternehmen der Gemeinde im Rahmen der jährlichen Feststellung der Jahresabschlüsse durch einen von der Gemeinde beauftragten Wirtschaftsprüfer bzw. eine beauftragte Wirtschaftsprüfungsgesellschaft als Prüfungsform noch hinzu. 161

Die Rechtsgrundlagen der Kommunalprüfung ergeben sich im Wesentlichen aus den §§ 103 bis 109 SächsGemO und der Sächsischen Kommunalprüfungsverordnung vom 25.10.2011 (SächsKomPrüfVO[1429]), aber z.B. auch aus § 96a Abs. 1 Nr. 11 und 12 SächsGemO (Prüfungs- und Einsichtsrechte in Unternehmen der Gemeinde). 162

I. Örtliche Prüfung

Da die ehrenamtlich tätigen Gemeinderäte mit der Prüfung der immer umfangreicheren und komplizierteren Jahresrechnung nicht selten überfordert sind, verpflichtet § 103 Abs. 1 SächsGemO Gemeinden mit mehr als 20.000 Einwohnern, ein **Rechnungsprüfungsamt** als besonderes Amt einzurichten, sofern sie sich nicht eines anderen kommunalen Rechnungsprüfungsamtes bedienen. 163

Allen anderen sächsischen Gemeinden ist es ins Ermessen gestellt, ob sie ein Rechnungsprüfungsamt einrichten bzw. einen geeigneten Bediensteten als Rechnungsprüfer bestellen oder sich eines „anderen" kommunalen Rechnungsprüfers, eines Wirtschaftsprüfers oder einer Wirtschaftsprüfungsgesellschaft bedienen (§ 103 Abs. 1 S. 2 SächsGemO), wobei bei kleinen Gemeinden die Einrichtung eines eigenen Rechnungsprüfungsamtes (mindestens zwei Personen) vom Bedarf her sowie aus Kostengründen eher nicht in Betracht kommen dürfte. 164

Das **Rechnungsprüfungsamt** hat in der Gemeindeverwaltung eine besonders herausgehobene Stellung, die darin zum Ausdruck kommt, dass es gemäß § 103 Abs. 2 SächsGemO bei der Erfüllung der ihm zugewiesenen Prüfungsaufgaben **unabhängig** und an Weisungen nicht gebunden ist. Es untersteht dem Bürgermeister unmittelbar. 165

Hinzu kommt, dass der **Leiter des Rechnungsprüfungsamtes** gemäß § 103 Abs. 3 SächsGemO hauptamtlicher Bediensteter der Gemeinde sein und die erforderliche Vorbildung, Erfahrung und Eignung besitzen muss. Die Leitung kann ihm 166

1428 Vgl. dazu *Binus*, in: Binus/Sponer/Koolman, Sächsische Gemeindeordnung, Vorbemerkungen vor § 103 Rn. 2.

1429 SächsGVBl. 2011 S. 604, geändert durch VO vom 28.3.2017 (SächsGVBl. S. 194).

nur durch einen mit der Mehrheit von zwei Dritteln der Stimmen aller Mitglieder gefassten Beschluss des Gemeinderats und nur dann **entzogen** werden, wenn die ordnungsgemäße Erfüllung seiner Aufgaben nicht mehr gewährleistet ist. Der Beschluss ist der Rechtsaufsichtsbehörde anzuzeigen (§ 103 Abs. 4 SächsGemO). Der Leiter und die Prüfer des Rechnungsprüfungsamtes dürfen gemäß § 103 Abs. 5 S. 1 SächsGemO zu bestimmten Personen auch nicht in einem die **Befangenheit** gemäß § 20 Abs. 1 Nr. 1 bis 3 SächsGemO begründenden Verhältnis stehen. Das betrifft den Bürgermeister, den Stellvertreter des Bürgermeisters, die Beigeordneten, den Fachbediensteten für das Finanzwesen, den Kassenverwalter, dessen Stellvertreter und andere Bedienstete der Gemeindekasse.

167 **Aufgabe des Rechnungsprüfungsamtes** ist gemäß § 104 Abs. 1 S. 1 SächsGemO – als wichtigste Aufgabe – die **Prüfung des Jahresabschlusses** einschließlich des **Anhangs mit allen Anlagen** und des **Rechenschaftsberichts** vor der Feststellung durch den Gemeinderat daraufhin, ob

- bei den Erträgen, Aufwendungen, Einzahlungen und Auszahlungen sowie bei der Vermögensverwaltung vorschriftsmäßig verfahren worden ist (Nr. 1),
- die einzelnen Rechnungsbeträge sachlich und rechnerisch vorschriftsmäßig begründet und belegt sind (Nr. 2),
- der Haushaltsplan eingehalten worden ist (Nr. 3) und
- das Vermögen, die Kapitalposition, die Sonderposten, die Rechnungsabgrenzungsposten und die Schulden richtig nachgewiesen (Nr. 4) worden sind.

168 Darüber hinaus hat es den Gesamtabschluss entsprechend § 104 Abs. 1 S. 1 Nr. 1 bis 4 SächsGemO zu prüfen; vorhandene Ergebnisse der Prüfung nach § 105 SächsGemO und vorhandene Jahresabschlussprüfungen sind dabei zu berücksichtigen (§ 104 Abs. 1 S. 2 SächsGemO).

169 § 104 Abs. 2 SächsGemO regelt das **Verfahren**. Die Vorschrift gibt dem Rechnungsprüfungsamt für die Prüfung eine Frist von drei Monaten nach Aufstellung des Jahresabschlusses und des Gesamtabschlusses zur Durchführung vor. Anschließend hat das Rechnungsprüfungsamt dem Bürgermeister einen **Bericht über das Prüfungsergebnis** vorzulegen, der eine Zusammenfassung der wesentlichen Ergebnisse der Prüfung enthalten soll (§ 8 Abs. 2 S. 3 SächsKomPrüfVO). Aufgrund dieses Berichts hat der Bürgermeister die Aufklärung von Beanstandungen zu veranlassen. Das Rechnungsprüfungsamt fasst seine Bemerkungen in einem **Schlussbericht** zusammen, der dann dem Gemeinderat vorzulegen und auf dessen Verlangen vom Leiter des Rechnungsprüfungsamtes zu erläutern ist.

170 **Zur Vertiefung:**

Die SächsGemO unterscheidet zwischen dem Prüfbericht, der sich an den Bürgermeister als Leiter der Verwaltung richtet und dem Schlussbericht, der dem Gemeinderat vorzulegen ist und insb. dazu dient, dass der Gemeinderat seine Entscheidung über den Jahresabschluss treffen kann. Dementsprechend sollte sich der Schlussbericht auf Dinge beschränken, deren Kenntnis für diese Entscheidung wichtig ist.

Beim Schlussbericht handelt es sich aber auch um eine Art von Prüfbericht. Deshalb sind die Vorschriften der SächsKomPrüfVO über den Inhalt von Prüfungsentscheidungen zumindest analog auf den Schlussbericht anzuwenden.[1430]

Im § 106 SächsGemO sind die **weiteren Aufgaben der örtlichen Prüfung** aufgeführt, wobei zwischen den weiteren Pflichtaufgaben des Rechnungsprüfungsamtes (§ 106 Abs. 1 SächsGemO), den weiteren freiwilligen („Kann") Aufgaben (§ 106 Abs. 2 S. 1 SächsGemO) und den weiteren Aufgaben, die vom Gemeinderat im Rahmen seines Ermessens übertragen werden können (§ 106 Abs. 2 S. 3 SächsGemO), unterschieden wird. 171

Hinweis:

In Bezug auf die weiteren freiwilligen Aufgaben des Rechnungsprüfungsamtes, die in § 106 Abs. 2 S. 1 Nr. 1–7 SächsGemO aufgeführt sind, wurde durch das Vierte Gesetz zur Änderung der Sächsischen Gemeindeordnung vom 25.6.2019[1431] *neu in § 106 Abs. 2 S. 2 SächsGemO geregelt, dass in Unternehmen, bei denen der Jahresabschluss und der Lagebericht in entsprechender Anwendung der Vorschriften für große Kapitalgesellschaften im Dritten Buch des Handelsgesetzbuches aufgestellt und geprüft werden, die Prüfung nach § 106 Abs. 2 S. 1 Nr. 7 SächsGemO nur stattfindet, wenn der Gemeinderat nicht widersprochen hat.*

II. Überörtliche Prüfung

Gemäß § 109 Abs. 3 SächsGemO soll innerhalb von **fünf Jahren** nach Ende des Haushaltsjahres eine überörtliche Prüfung unter Einbeziehung sämtlicher vorliegender Jahresabschlüsse einschließlich der Anhänge mit allen Anlagen, der Rechenschaftsberichte, Gesamtabschlüsse sowie Jahresabschlüsse der Sondervermögen, Treuhandvermögen, Unternehmen und Beteiligungen vorgenommen werden. 172

Überörtliche Prüfungsbehörde ist gemäß § 108 SächsGemO der **Sächsische Rechnungshof**, bei dem es sich nach § 1 Abs. 1 Rechnungshofgesetz (RHG) um eine unabhängige, nur dem Gesetz unterworfene oberste Landesbehörde handelt.[1432] Aufgabe dieser überörtlichen Stelle ist gemäß § 109 Abs. 1 Nr. 1 und 2 SächsGemO die Prüfung, ob 173

- bei der Haushalts-, Kassen- und Rechnungsführung, der Wirtschaftsführung und dem Rechnungswesen,
- der Vermögensverwaltung der Gemeinde und ihrer Sonder- und Treuhandvermögen sowie
- der Betätigung der Gemeinde in Unternehmen, an denen die Gemeinde unmittelbar oder mittelbar beteiligt ist,

1430 Vgl. dazu *Binus*, in: Binus/Sponer/Koolman, Sächsische Gemeindeordnung, § 104 Rn. 23.
1431 Viertes Gesetz zur Änderung der Sächsischen Gemeindeordnung vom 25. Juni 2019 (SächsGVBl. S. 494).
1432 Nach § 1 Abs. 2 RHG hat der Sächsische Rechnungshof seit dem 1.1.2020 seinen Sitz in Döbeln. Die konkrete Verlegung des bisherigen Sitzes von Leipzig nach Döbeln erfolgte indes erst im Januar 2024.

die gesetzlichen Vorschriften eingehalten und die staatlichen Zuwendungen bestimmungsgemäß verwendet worden sind.

174 Die überörtliche Prüfung kann sich gemäß § 109 Abs. 2 SächsGemO auch auf

- die Organisation und Wirtschaftlichkeit der Verwaltung sowie
- auf die Haushalts- und Wirtschaftsführung derjenigen Unternehmen erstrecken, die der überörtlichen Prüfungsbehörde gemäß § 96a Abs. 1 Nr. 11 SächsGemO ein Prüfungsrecht eingeräumt haben.

175 Die Prüfung umfasst den Jahresabschluss einschließlich des Anhangs mit allen Anlagen und den Rechenschaftsbericht (§ 109 Abs. 1 S. 2 SächsGemO). Um Doppelarbeit zu vermeiden, sind bei der Prüfung vorhandene Ergebnisse der örtlichen Prüfung (§§ 104 bis 106 SächsGemO) zu berücksichtigen (§ 109 Abs. 1 S. 3 SächsGemO).

176 Im weiteren Verfahren teilt die Prüfungsbehörde der Gemeinde und der Rechtsaufsichtsbehörde das Ergebnis der überörtlichen Prüfung in Form eines **Prüfungsberichts** mit (§ 109 Abs. 4 S. 1 SächsGemO). Der gesamte Prüfungsbericht ist innerhalb von sechs Monaten nach Erhalt dem Gemeinderat als Beratungsvorlage vorzulegen und ist i. d. R. in öffentlicher Sitzung zu verhandeln (§ 109 Abs. 4 S. 2 SächsGemO). Die Gemeinde hat zu den Feststellungen des Prüfungsberichts über **wesentliche Beanstandungen** gegenüber der Rechtsaufsichtsbehörde und gegenüber der Prüfungsbehörde innerhalb einer dafür bestimmten Frist (i. d. R. drei Monate) **Stellung zu nehmen**. Dabei ist mitzuteilen, ob den Feststellungen Rechnung getragen worden ist (§ 109 Abs. 5 SächsGemO).

177 Die **Rechtsaufsichtsbehörde** bestätigt der Gemeinde den Abschluss der Prüfung nur dann ohne Einschränkungen, wenn sich keine wesentlichen Beanstandungen ergeben haben oder diese erledigt sind (§ 109 Abs. 5 S. 2 SächsGemO). Andernfalls schränkt die Rechtsaufsichtsbehörde die Bestätigung entsprechend ein. Ist eine Erledigung noch möglich, veranlasst sie gleichzeitig die Gemeinde, die erforderlichen Maßnahmen durchzuführen (§ 109 Abs. 5 S. 3 SächsGemO). Die uneingeschränkte Abschlussbestätigung stellt einen begünstigenden, eine eingeschränkte einen belastenden **Verwaltungsakt** dar, den die Gemeinde anfechten kann.[1433]

178 Um die Gesetzmäßigkeit der Haushaltsführung für die Zukunft sicherzustellen, kann sich die Rechtsaufsichtsbehörde der Maßnahmen der allgemeinen Rechtsaufsicht gemäß §§ 113 ff. SächsGemO bedienen.

III. Jahresabschlussprüfung

179 Nach § 96 Abs. 1 Nr. 8 SächsGemO muss die Gemeinde bei entsprechender Mehrheitsbeteiligung durch Satzung oder Gesellschaftsvertrag sicherstellen, dass in entsprechender Anwendung der Vorschriften für große Kapitalgesellschaften im HGB ein Jahresabschluss und ein Lagebericht aufgestellt und ge-

1433 *Schmid*, in: Quecke/Schmid, Gemeindeordnung für den Freistaat Sachsen, § 109 Rn. 95.

prüft wird. Abschlussprüfer kann nur ein Wirtschaftsprüfer oder eine Wirtschaftsprüfungsgesellschaft sein. Die Einzelheiten legt § 317 HGB fest.[1434]

IV. Betätigungsprüfung

Gemäß § 106 Abs. 2 Nr. 5 SächsGemO kann die Prüfung der Betätigung der Gemeinden bei den kommunalen Unternehmen dem Rechnungsprüfungsamt als weitere Aufgabe durch den Gemeinderat übertragen werden. Die Betätigungsprüfung ist keine Prüfung des Unternehmens. Schwerpunkt der Prüfung ist, ob die **Gemeinde als Gesellschafterin** richtig gehandelt hat und ob ihre Vertreter in den Gesellschaftsorganen die Interessen der Gemeinde ausreichend wahrgenommen haben. Dies gilt unabhängig davon, ob die Gemeinde unmittelbar oder mittelbar beteiligt ist.[1435] 180

Die Prüfung umfasst zum einen die Frage, ob bei Beteiligungen der Gemeinde die Voraussetzungen des Gemeindewirtschaftsrechts vorliegen, und zum anderen die Kontrolle, ob die Gemeinde bzw. ihr Vertreter in dem Unternehmen die Rechte der Gemeinde ausgeübt und ihre Interessen angemessen vertreten hat. Da eine spezielle gesetzliche Regelung für den Prüfungsumfang fehlt, ist das allerdings nicht abschließend.[1436] 181

Zur Vertiefung: 182

Schwerpunkte der Prüfung sind[1437]*,*

- *inwieweit die Zulässigkeitsvoraussetzung für die Beteiligungsunternehmen gemäß den §§ 96 und 97 SächsGemO erfüllt sind,*
- *ob die Satzung oder der Gesellschaftsvertrag hinsichtlich Planung und der Jahresabschlussprüfung den Vorschriften des § 99 Abs. 1 SächsGemO entspricht,*
- *ob die Gemeinde ihre Pflichten, Befugnisse und Möglichkeiten zur Steuerung und Überwachung ihrer Beteiligungsunternehmen ausreichend und sachgerecht wahrnimmt und*
- *inwieweit die Vertreter der Gemeinde in den Unternehmensorganen ihre Aufgaben pflichtgemäß, mit der gebotenen Sorgfalt und unter angemessener Berücksichtigung der gemeindlichen Interessen wahrnehmen.*

1434 *Schmid*, in: Quecke/Schmid, Gemeindeordnung für den Freistaat Sachsen, § 106 Rn. 79.
1435 *Schmid*, in: Quecke/Schmid, Gemeindeordnung für den Freistaat Sachsen, § 106 Rn. 82.
1436 *Binus*, in: Binus/Sponer/Koolman, Sächsische Gemeindeordnung, § 106 Rn. 16.
1437 Vgl. *G. Brüggen*, in: Brüggen/Geiert/Nolden, Gemeindeordnung für den Freistaat Sachsen, § 106 Rn. 23.

9. Kapitel
Kommunalaufsicht

A. Wesen und Inhalt der Aufsicht

1 Nach Art. 28 Abs. 2 GG ist den Gemeinden das Recht garantiert, alle Angelegenheiten der örtlichen Gemeinschaft im Rahmen der Gesetze in eigener Verantwortung zu regeln. Die Überwachung der Einhaltung dieses Rahmens bedingt eine (staatliche) Kontrolle. Zur Wahrung des Legitimationszusammenhangs gemäß Art. 20 Abs. 3 GG bedarf es einer Rückbindung der Entscheidungsverantwortlichkeit der Gemeinden an den Staat.[1438] Art. 89 Abs. 1 SächsVerf verpflichtet folgerichtig den Freistaat, das Handeln der kommunalen Verwaltung auf die **Gesetzmäßigkeit** hin zu überwachen. Die damit verbundenen Einschränkungen des kommunalen Selbstverwaltungsrechts werden durch den Gesetzesvorbehalt aus Art. 28 Abs. 2 GG gedeckt („im Rahmen der Gesetze") und kompensieren den Freiraum, der den Gemeinden durch das Selbstverwaltungsrecht eingeräumt wird.[1439] Damit ist die Kommunalaufsicht das **notwendige Gegenstück** des kommunalen Selbstverwaltungsrechts.[1440]

2 Für die **Ausgestaltung** der Staatsaufsicht enthält das Grundgesetz keine näheren Vorgaben. Vielmehr obliegt es den Ländern, diese im Einzelnen zu regeln. Art. 89 Abs. 1 SächsVerf verpflichtet lediglich „den Freistaat" und trifft keine organisatorischen Festlegungen. Der verfassungsrechtliche Begriff „Freistaat" enthält indes keinen Typenzwang für die Verwaltungsorganisation. Im Rahmen des Art. 89 Abs. 1 SächsVerf gebietet er insb. nicht, dass die dem Freistaat zugewiesene Überwachung ausschließlich durch Behörden der unmittelbaren Staatsverwaltung erfolgen muss. Deshalb bestehen auch gegen die §§ 111 ff. SächsGemO, wonach die Rechtsaufsicht über die kreisangehörigen Gemeinden durch die Landratsämter ausgeübt wird, keine verfassungsrechtlichen Bedenken.[1441]

3 Die Kommunalaufsicht hat neben der Gesetzmäßigkeitskontrolle eine **Schutz- und Förderungsfunktion**.[1442] Ihre Aufgabe ist es daher auch, die Rechte der Kommunen zu schützen und deren Entschlusskraft und Verantwortungsbereitschaft zu fördern (§ 111 Abs. 3 SächsGemO). Dem entspricht, dass der Kommunalaufsicht das **Opportunitätsprinzip** zugrunde liegt. Aus der Formulierung „kann" bei den tatbestandlichen Voraussetzungen der einzelnen Aufsichtsmittel (§§ 113 bis 118 SächsGemO) ergibt sich, dass es keine generelle

1438 *Geis*, Kommunalrecht, § 24 Rn. 1.

1439 Vgl. BVerfGE 8, S. 137; 26, S. 181; 45, S. 341; SächsOVG, Urteil vom 7.7.2015 – 4 A 700/13, juris.

1440 *Rehak*, in: Quecke/Schmid, Gemeindeordnung für den Freistaat Sachsen, § 111 Rn. 5 m. w. N.

1441 SächsVerfGH, SächsVBl. 2005, S. 274; kritisch zur Zuständigkeit der Landratsämter *Sponer*, LKV 2003, S. 314; weiterführend *Lühmann*, Das Prinzip der kommunalisierten Kommunalaufsicht der deutschen Länder, 2004.

1442 BVerfG, Urteil vom 21.6.1988 – 22 BvR 602/83, BVerfGE 78, S. 331; SächsOVG, Urteil vom 26.5.2009 – 4 A 486/08, DÖV 2010, S. 369.

Pflicht zum Einschreiten gibt. Die Rechtsaufsichtsbehörde entscheidet nach pflichtgemäßem **Ermessen**, ob und wie sie gegen eine Gemeinde aufsichtsrechtlich vorgeht. In diesem Zusammenhang muss die Aufsichtsbehörde den **Grundsatz der Verhältnismäßigkeit** beachten. Aufsichtsrechtliche Eingriffsmaßnahmen müssen somit dann unterbleiben, wenn das Ziel der Herstellung rechtmäßiger Zustände bspw. auch durch Beratung der Gemeinde erreicht werden kann.[1443] In aller Regel wird man aber davon ausgehen müssen, dass eine Ermessensreduzierung auf Null bei einer wesentlichen Gesetzesverletzung anzunehmen ist.

4 Die in § 2 Abs. 1 bis 3 SächsGemO für die Erfüllung öffentlich-rechtlicher Aufgaben vorgenommene Differenzierung zwischen den Selbstverwaltungsaufgaben, den Pflichtaufgaben und den Pflichtaufgaben zur Erfüllung nach Weisung hat auch Folgen für die Aufsicht durch den Staat.[1444] **Weisungsfreie** Aufgaben erfüllen die Gemeinden im Rahmen der Gesetze in eigener Verantwortung, d.h., sie unterliegen nur der **Rechtsaufsicht** (§ 111 Abs. 1 SächsGemO). Demgegenüber unterstehen die Gemeinden bei der Erfüllung der Pflichtaufgaben zur Erfüllung **nach Weisung** der **Fachaufsicht**, die eine Gesetz- und die Zweckmäßigkeitskontrolle umfasst (§ 111 Abs. 2 SächsGemO).

5 Die Kommunalaufsicht wird stets ausschließlich **im öffentlichen Interesse**[1445] bzw. im Interesse des Gemeinwohls ausgeübt und dient nicht dem Schutz des Bürgers. Dementsprechend besteht auch **kein subjektives Recht auf Einschreiten** durch die Kommunalaufsichtsbehörden.[1446] Ebenso wenig ist es möglich, dass ein Bürger wegen eines Nichteinschreitens oder wegen Einschreitens der zuständigen Behörden einen **Amtshaftungsanspruch** gemäß § 839 BGB i. V. m. Art. 34 GG hat.

6 Denkbar ist lediglich, dass die Gemeinde gegen den **Träger der Rechtsaufsicht** einen Amtshaftungsanspruch geltend machen kann. Nach der BGH-Rechtsprechung steht der Gemeinde ein Anspruch darauf zu, dass die zuständige Kommunalaufsichtsbehörde durch ordnungsgemäßes Tätigwerden sie vor Schaden bewahrt.[1447] Für den Fall der **Fachaufsicht** können die Gemeinden gemäß § 123 Abs. 7 SächsGemO vom Freistaat Sachsen diejenigen Kosten fordern, die ihnen bei der Wahrnehmung von Weisungsaufgaben infolge fehlerhafter Weisungen der Fachaufsichtsbehörde entstanden sind. Dieser Kostenerstattungsanspruch tritt neben den zusätzlich möglichen Amtshaftungsanspruch.[1448]

1443 *Geis*, Kommunalrecht, § 24 Rn. 6 m. w. N.; SächsOVG, Urteil vom 8.4.2014 – 4 A 3/1–3, juris.

1444 BGH, DÖV 2003, S. 415 f.

1445 BVerwGE 56, S. 298 (313).

1446 *Geis*, Kommunalrecht, § 24 Rn. 36; *G. Brüggen/Rechentin*, in: Brüggen/Geiert/Nolden, Gemeindeordnung für den Freistaat Sachsen, § 111 Rn. 4 m. w. N.; a. A. *Hassel*, DVBl. 1985, S. 697.

1447 Vgl. BGH, DÖV 2003, S. 415.

1448 *G. Brüggen/Rechentin*, in: Brüggen/Geiert/Nolden, Gemeindeordnung für den Freistaat Sachsen, § 123 Rn. 22.

B. Rechtsaufsicht

I. Rechtsaufsichtsbehörden

Für die Gemeinden besteht im Freistaat Sachsen gemäß § 112 Abs. 1 SächsGemO bei den Rechtsaufsichtsbehörden grds. ein dreigliedriger Aufbau: 7

- (untere) Rechtsaufsichtsbehörde,
- obere Rechtsaufsichtsbehörde und
- oberste Rechtsaufsichtsbehörde.

Zuständige (untere) **Rechtsaufsichtsbehörde für kreisangehörige Gemeinden** 8
ist gemäß § 112 Abs. 1 S. 1 1. Hs. SächsGemO das Landratsamt, **für Kreisfreie Städte** die Landesdirektion Sachsen (§ 112 Abs. 1 S. 1 2. Hs. SächsGemO). Obere Rechtsaufsichtsbehörde ist für alle Gemeinden die Landesdirektion Sachsen (§ 112 Abs. 1 S. 2 SächsGemO). Oberste Rechtsaufsichtsbehörde ist gemäß § 112 Abs. 1 S. 3 SächsGemO das Staatsministerium des Innern. Abweichend vom dreistufigen Aufbau bestehen damit bei Kreisfreien Städten nur zwei Stufen. Gleiches gilt **für die Landkreise**, bei denen die Landesdirektion Sachsen ebenfalls Rechtsaufsichtsbehörde und obere Rechtsaufsichtsbehörde ist und das Staatsministerium des Innern oberste Rechtsaufsichtsbehörde (§ 65 Abs. 1 SächsLKrO). Die Rechtsaufsicht für **Zweckverbände und Verwaltungsverbände** richtet sich demgegenüber differenziert nach den jeweils beteiligten Körperschaften des öffentlichen Rechts (§§ 74, 75 SächsKomZG).

Die sachliche Zuständigkeit für die Rechtsaufsicht über die kreisangehörigen 9
Gemeinden liegt mit Ausnahme der §§ 112 Abs. 4 und 118 Abs. 2 S. 1 SächsGemO bei den Landratsämtern als unteren Verwaltungsbehörden (§ 2 Abs. 5 SächsLKrO). Die dem Landratsamt obliegenden Aufgaben sind gemäß § 112 Abs. 2 S. 1 SächsGemO **Weisungsaufgaben**, wobei das Weisungsrecht nicht beschränkt ist (§ 112 Abs. 2 S. 2 SächsGemO). Die ansonsten im Rahmen von Weisungsaufgaben gemäß § 2 Abs. 3 S. 3 SächsGemO geltende Beschränkung, i.d.R. nicht in die Einzelausführung der Weisungsaufgabe einzugreifen, gilt bei der Rechtsaufsicht ausdrücklich nicht (§ 112 Abs. 2 S. 4 SächsGemO). Dieses **unbeschränkte Weisungsrecht** sichert hinreichend die Einflussmöglichkeiten der staatlichen Behörden gegenüber dem Landratsamt als kommunaler Behörde des Landkreises.[1449]

Leistet das zuständige Landratsamt als (untere) Rechtsaufsichtsbehörde einer 10
ihm erteilten Weisung keine Folge, so kann die Landesdirektion Sachsen gemäß § 112 Abs. 3 SächsGemO als nächsthöhere Rechtsaufsichtsbehörde die erforderlichen Maßnahmen selbst treffen. Der Landesdirektion steht in diesem Fall ein **Selbsteintrittsrecht** zu.[1450]

1449 *Rehak*, in: Quecke/Schmid, Gemeindeordnung für den Freistaat Sachsen, § 112 Rn. 9; *Sponer*, in: Binus/Sponer/Koolman, Sächsische Gemeindeordnung, § 112 Rn. 2.

1450 Vgl. *Sponer*, in: Binus/Sponer/Koolman, Sächsische Gemeindeordnung, § 112 Rn. 5.

11 Ein besonderes Selbsteintrittsrecht kann gemäß § 112 Abs. 4 S. 1 SächsGemO vorliegen: Ist an einer Entscheidung des Landkreises dieser als Rechtsaufsichtsbehörde aufgrund kreislicher Interessen beteiligt, entscheidet unmittelbar die Landesdirektion Sachsen als obere Rechtsaufsichtsbehörde. Die Formulierung des § 112 Abs. 4 S. 1 SächsGemO ist allerdings ungenau, da nicht „der Landkreis", sondern „das Landratsamt" (als Behörde des Landkreises gemäß § 1 Abs. 4 SächsLKrO) als Rechtsaufsichtsbehörde handelt.[1451] Eigene kreisliche Interessen sind alle Sachverhalte, bei denen der Landkreis im Rahmen seiner Selbstverwaltung freiwillige und/oder weisungsfreie Pflichtaufgaben erledigt. Hierfür genügen bspw. auch fiskalische Interessen.[1452] Ob tatsächlich eine Interessenkollision vorliegt, entscheidet ebenfalls die Landesdirektion Sachsen (§ 112 Abs. 4 S. 2 SächsGemO).

12 In einzelnen Rechtsgebieten verdrängen spezialgesetzliche Aufsichtsbestimmungen die allgemeine Rechtsaufsicht nach §§ 111 Abs. 1, 112 SächsGemO. So ist bspw. das Landesamt für Schule und Bildung **Schulaufsichtsbehörde** über die Gemeinden als Schulträger gemäß §§ 58 Abs. 2 S. 1 Hs. 3, 59 Abs. 1 S. 1 und Abs. 2 Nr. 3 SächsSchulG. Als Träger der Straßenbaulast gemäß § 44 SächsStrG unterliegen die Gemeinden nach § 49 Abs. 2 SächsStrG nur der Rechtsaufsicht durch die **Straßenaufsichtsbehörden** (§ 49 Abs. 5 SächsStrG).

II. Umfang der Rechtsaufsicht

13 Dem Inhalt nach handelt es sich um eine **reine Rechtskontrolle**; die Prüfung beschränkt sich auf die Einhaltung der gesetzlichen Grenzen kommunalen Handelns unter Beachtung des Art. 28 Abs. 2 GG. Ermessensfehlerhaftes Handeln der Gemeinde wird dabei miterfasst, und zwar dahingehend, ob Grenzen der Ermessensbetätigung eingehalten worden sind. Die Rechtsaufsicht darf aber nicht das Verwaltungsermessen kontrollieren, soweit es sich noch pflichtgemäß im gesetzlichen Rahmen hält. Eine Überprüfung der Zweckmäßigkeit ist im Rahmen der Rechtsaufsicht nicht zulässig.[1453] In Bezug auf die kommunalen Haushalte haben die Rechtsaufsichtsbehörden die wichtige Aufgabe, die Einhaltung des Haushaltsrechts der Gemeinden zu überwachen und ggf. durchzusetzen.

Hinweis:

*Von besonderer Bedeutung ist der in § 72 Abs. 3 SächsGemO verankerte allgemeine Haushaltsgrundsatz, wonach der Ergebnishaushalt in jedem Jahr **ausgeglichen** sein muss. Erforderlich ist hierfür, dass der Gesamtbetrag der Erträge den Gesamtbetrag der Aufwendungen unter Berücksichtigung der Rücklagen aus*

1451 So zutreffend *Rehak*, in: Quecke/Schmid, Gemeindeordnung für den Freistaat Sachsen, § 112 Rn. 21, Fn. 38.

1452 *G. Brüggen/Rechentin*, in: Brüggen/Geiert/Nolden, Sächsische Gemeindeordnung, § 112 Rn. 21.

1453 Vgl. etwa *Engels/Krausnick*, Kommunalrecht, Teil 2, § 10 Rn. 12.

Überschüssen des ordentlichen Ergebnisses und des Sonderergebnisses erreicht oder übersteigt (§ 72 Abs. 2 S. 2 SächsGemO).[1454]

III. Aufsichtsmittel

1. Überblick

Den Rechtsaufsichtsbehörden steht gemäß §§ 113 ff. SächsGemO eine ganze Reihe von Aufsichtsmitteln zur Kontrolle des gemeindlichen Handelns zur Verfügung, die üblicherweise in präventive und repressive Aufsichtsmittel unterteilt werden.[1455] Durch **präventive** Aufsichtsmittel soll verhindert werden, dass es überhaupt zu einem rechtswidrigen Handeln der Gemeinde kommt. Ziel der **repressiven** Maßnahmen ist hingegen, darauf hinzuwirken, dass bereits vorliegendes rechtswidriges Handeln der Gemeinde wieder beseitigt wird. Weil mit rechtsaufsichtlichen Maßnahmen (belastende Verwaltungsakte) regelmäßig Eingriffe in das kommunale Selbstverwaltungsrecht verbunden sind, bedarf es grundsätzlich einer Anhörung der Kommunen nach § 28 Abs. 1 VwVfG. 14

Besondere Schutzregelungen, die eine Zuständigkeit der Rechtsaufsichtsbehörden begründen, enthalten §§ 121 und 122 SächsGemO. Obwohl diese Bestimmungen vom Gesetzgeber systematisch dem Fünften Teil der SächsGemO und damit der Aufsicht zugeordnet wurden, handelt es sich hierbei nicht um Aufsichtsmittel i. e. S.[1456] Näheres wird in diesem Kapitel unter E. dargestellt. 15

Zu den **präventiven Aufsichtsmitteln** gehören 16

- das Informationsrecht,
- das Beratungsrecht bzw. die Beratungspflicht sowie
- Anzeige-, Vorlage- und Genehmigungspflichten.

Repressive Aufsichtsmittel sind hingegen 17

- das Beanstandungsrecht,
- das Anordnungsrecht,
- die Ersatzvornahme mit Vorauszahlungsforderung,
- die Bestellung eines Beauftragten sowie
- die vorzeitige Beendigung der Amtszeit des Bürgermeisters.

2. Präventive Aufsicht

a) Informationsrecht

Mittel der präventiven Aufsicht ist insb. das **Informationsrecht** gemäß § 113 SächsGemO. Ausreichende Kenntnisse sind Voraussetzung bzw. notwendiger Bestandteil für jede Aufsicht. Die Rechtsaufsichtsbehörden können sich über einzelne Angelegenheiten der Gemeinden in geeigneter Weise informieren. Dies 18

1454 Näheres regeln die §§ 18 ff. SächsKomVO Doppik.

1455 *Geis*, Kommunalrecht, § 24 Rn. 14.

1456 *Rehak*, in: Quecke/Schmid, Gemeindeordnung für den Freistaat Sachsen, § 121 Rn. 1, weist zu Recht darauf hin, dass gesetzessystematisch die Regelungen des § 121 SächsGemO eher im Rahmen des § 19 SächsGemO hätten dargestellt werden können.

kann durch Aktenvorlage, Besichtigung vor Ort, Teilnahme an Gemeinderatssitzungen, Anforderung von Berichten oder durch die Vorlage von Beschlüssen des Gemeinderats erfolgen. Die entsprechende Unterrichtung erfolgt grds. nur auf Aufforderung durch die Aufsichtsbehörde im Einzelfall. Die Rechtsaufsichtsbehörde darf nicht verlangen, laufend über alle Entscheidungen und Beschlüsse der Gemeindeorgane ohne Anlass informiert zu werden.[1457]

b) Beratung

19 Die Beratung der Gemeinden durch die Rechtsaufsichtsbehörde ist zwar nicht ausdrücklich in der SächsGemO enthalten, dennoch zählt sie nach höchstrichterlicher Rechtsprechung[1458] zu den wichtigsten Formen präventiver Kommunalaufsicht. Sie kann Beratungsangebote sowie Empfehlungen an die Kommunen geben, die diesen wegen ihrer fehlenden Verbindlichkeit aber nicht zu folgen brauchen. Die Beratung hat unterstützende Funktion und kann das Erfordernis der beaufsichtigten Kommune, sich im Rahmen ihrer Verwaltungskraft eine eigene Einschätzung der Sach- und Rechtslage zu erarbeiten und sich selbst um eine Problemlösung zu bemühen, im Regelfall nur ergänzen, nicht ersetzen.[1459]

c) Anzeige-, Vorlage- und Genehmigungspflicht

20 Die SächsGemO enthält zudem eine Reihe von Anzeige-, Vorlage- und Genehmigungspflichten, worüber die Rechtsaufsichtsbehörden ebenfalls detaillierte Kenntnisse erhalten und so bereits vor dem Wirksamwerden einer gemeindlichen Entscheidung die Möglichkeit haben, entsprechend zu reagieren. So sind Satzungen der Gemeinde unverzüglich nach ihrem Erlass in vollem Wortlaut der Rechtsaufsichtsbehörde **anzuzeigen** (§ 4 Abs. 3 S. 3 SächsGemO). Die vom Gemeinderat beschlossene Haushaltssatzung ist gemäß § 76 Abs. 2 S. 2 1. Hs. SächsGemO der Rechtsaufsichtsbehörde **vorzulegen**. Entsprechendes gilt grds. für Beschlüsse über Verträge der Gemeinde mit einem Gemeinderat, dem Bürgermeister oder einem Beigeordneten (§ 121 Abs. 2 SächsGemO). Sind in einer Haushaltssatzung Kreditaufnahmen vorgesehen, so ist gemäß den näheren Voraussetzungen des § 82 Abs. 2 S. 1 SächsGemO eine **Genehmigung** der Rechtsaufsichtsbehörde erforderlich. Spezielle Anzeige-, Vorlage- und Genehmigungspflichten enthält § 102 SächsGemO.

3. Repressive Aufsicht

21 Bei der repressiven Rechtsaufsicht liegt ein **rechtswidriger Akt** der Gemeinde vor, der grds. wieder beseitigt werden muss. Die SächsGemO sieht eine Vielzahl von repressiven Aufsichtsmaßnahmen vor, die aber nicht beliebig ausgewählt oder nebeneinander angewendet werden können, sondern die der Landesgesetzgeber in einem **Stufenverhältnis** angeordnet hat. Der Grundsatz der Verhältnismäßigkeit verlangt, dass zunächst die Mittel der kommunalen

1457 *Sponer*, in: Binus/Sponer/Koolman, Sächsische Gemeindeordnung, § 113 Rn. 1; *Rehak*, in: Quecke/Schmid, Gemeindeordnung für den Freistaat Sachsen, § 113 Rn. 3 m. w. N.

1458 BVerfGE 58, S. 177 (195); BGH, DÖV 2003, S. 415 (416).

1459 *Sponer*, in: Binus/Sponer/Koolman, Sächsische Gemeindeordnung, § 113 Rn. 5; Beratung und Betreuung wird bspw. in Art. 108 BayGO ausdrücklich als Sinn der Aufsicht festgelegt.

Aufsicht ausgeschöpft werden müssen, die am geringsten in das Selbstverwaltungsrecht der Gemeinde eingreifen. Aus der funktionalen Abstufung der Aufsichtsmittel ergibt sich nach dem Übermaßverbot, dass diese nicht etwa kumulativ angewandt werden dürfen.

a) Beanstandung

Rechtswidrige Beschlüsse (Abstimmungen/Wahlen[1460]) und Anordnungen der Gemeinde kann die Rechtsaufsichtsbehörde gemäß § 114 Abs. 1 SächsGemO **beanstanden** und ihre Aufhebung oder Änderung binnen einer angemessenen Frist verlangen, sofern die Gemeinde damit nicht erneut gegen das Gesetz verstoßen müsste (z.B. bei rechtlich unzulässiger Rücknahme eines Verwaltungsakts). Die **gesetzte Frist** muss so bemessen sein, dass das zuständige Gemeindeorgan sich über Inhalt oder Tragweite des Beschlusses unter Prüfung der einschlägigen Sach- und Rechtsfragen unterrichten kann.[1461] Zudem muss die Rechtsaufsichtsbehörde beachten, dass sie, falls sie einen Beschluss oder eine Anordnung der Gemeinde nicht nur beanstanden, sondern auch dessen Aufhebung fordern möchte, hierzu eigenständige Ermessenserwägungen anstellen muss.[1462] 22

Zur Vertiefung: 23

Umstritten ist, ob die Rechtsaufsichtsbehörde ihr Beanstandungsrecht ***verwirken*** *kann. Nach Auffassung des SächsOVG soll dies ausnahmsweise möglich sein.*[1463] *Dagegen spricht allerdings, dass die Herstellung der Gesetzmäßigkeit der Verwaltung Vorrang vor einem Vertrauensschutz der Gemeinde auch unter Beachtung ihres Selbstverwaltungsrechts haben muss.*[1464]

Ziel der Beanstandung ist es, die Gemeinde zur Berichtigung der rechtswidrigen Maßnahme zu veranlassen. Insoweit liegt der Sinn der Beanstandung in der Anstoßfunktion zur Eigenkontrolle und ggf. zur **Selbstkorrektur** des gerügten Rechtsverstoßes durch die Gemeinde.[1465] 24

Die Beanstandung durch die Rechtsaufsichtsbehörde hat gemäß § 114 Abs. 1 S. 3 SächsGemO **aufschiebende Wirkung** in dem Sinne, dass die betroffene Maßnahme der Gemeinde bis zur abschließenden Klärung der Angelegenheit nicht vollzogen werden darf. Allerdings sind Vollzugsmaßnahmen, die trotz der Beanstandung vorgenommen werden, zunächst wirksam, da die Beanstandung keine gegenüber Dritten unmittelbar wirkende rechtsgestaltende Folge hat. Dies gilt sowohl bei öffentlich-rechtlichen wie auch bei zivilrechtlichen Vollzugshandlungen.[1466] 25

1460 SächsOVG, Urteil vom 22.3.2016 – 4 A 474/14, juris (zur Bestellung der Mitglieder des Aufsichtsrats einer kommunalen Wohnungsgesellschaft).

1461 *Ewert* in: Hegele, Aktuelle Fragen der Kommunalaufsicht im Freistaat Sachsen, S. 51 (54 ff.).

1462 Vgl. SächsOVG, NVwZ-RR 2020, S. 507 ff.

1463 SächsOVG, Urteil vom 31.1.2007 – 5 B 522/06, juris; Urteil vom 30.9.2015 – 4 A 459/14, juris.

1464 So zutreffend *Rehak*, in: Quecke/Schmid, Gemeindeordnung für den Freistaat Sachsen, § 114 Rn. 16; BayVGH, BayVBl. 1993, S. 626.

1465 *Rehak*, in: Quecke/Schmid, Gemeindeordnung für den Freistaat Sachsen, § 114 Rn. 1 m.w.N.

1466 *Rehak*, in: Quecke/Schmid, Gemeindeordnung für den Freistaat Sachsen, § 114 Rn. 23.

26 Legt die Gemeinde Widerspruch gegen die Beanstandungsverfügung ein, entfaltet dieser Widerspruch gemäß § 80 Abs. 1 S. 1 VwGO seinerseits eine aufschiebende Wirkung mit der Folge, dass die Beanstandungsverfügung gemäß § 114 Abs. 1 S. 3 SächsGemO in ihrer Wirkung suspendiert wird. Um dies zu verhindern, kann die Rechtsaufsichtsbehörde indes gemäß § 80 Abs. 2 S. 1 Nr. 4 VwGO die sofortige Vollziehung der Beanstandungsverfügung anordnen.[1467]

27 Im Wege der sog. **vorläufigen Beanstandung** gemäß § 114 Abs. 2 S. 1 SächsGemO kann die Rechtsaufsichtsbehörde insb. in Eilfällen die Aussetzung des Vollzugs anordnen, ohne eine Beseitigung der Maßnahme zu verlangen, sodass eine genauere Überprüfung durchgeführt werden kann. Die vorläufige Beanstandung tritt jedoch spätestens nach einem Monat außer Kraft (§ 114 Abs. 2 S. 2 SächsGemO).

b) Anordnung

28 § 115 SächsGemO ergänzt das Beanstandungsrecht nach § 114 SächsGemO. Die Gemeinde kann Rechtsverstöße durch Handeln und durch Unterlassen begehen. Ein Unterlassen (die Gemeinde bleibt untätig) kann aber nicht beanstandet werden. Für ein rechtswidriges Unterlassen ist vielmehr die (schriftliche) **Anordnung** gemäß § 115 SächsGemO das richtige Instrument.[1468]

29 Auf der Grundlage des § 115 SächsGemO kann die Rechtsaufsichtsbehörde von der Gemeinde ein bestimmtes positives Handeln verlangen und ist nicht – anders als bei der Beanstandung gemäß § 114 SächsGemO – auf die Rüge der Gesetzwidrigkeit und die Aufforderung, Anordnungen und Beschlüsse aufzuheben, beschränkt. Sie kann die **Durchführung** der erforderlichen Maßnahme anordnen.

30 Eine Anordnung kommt nur dann in Betracht, wenn die Gemeinde mit der Erfüllung einer ihr gesetzlich obliegenden **öffentlich-rechtlichen Verpflichtung** im Verzug ist.[1469] Die Pflichten können sich dabei sowohl aus Rechtsnormen ergeben wie aus öffentlich-rechtlichen Verträgen oder Vereinbarungen. Verpflichtungen der Gemeinde aus zivilrechtlichen Verträgen können dagegen nicht mit Mitteln der Kommunalaufsicht durchgesetzt werden.[1470]

31 Unzulässig ist die **kumulative Anwendung** von Anordnung und Beanstandung, weil die jeweilige Zielrichtung unterschiedlich ist. Spricht die Aufsichtsbehörde eine Beanstandung gemäß § 114 SächsGemO aus, die von der Gemeinde nicht umgesetzt wird, kann sie erst anschließend eine Anordnungsverfügung gemäß § 115 SächsGemO erlassen.

32 Die Anordnung muss nicht förmlich angedroht werden, da es sich nicht um ein Zwangsmittel i. S. d. Verwaltungsvollstreckungsrechts handelt. Für die Gemeinde ist die Anordnung indes ein **belastender Verwaltungsakt** mit der Folge, dass die Verfahrensbestimmungen des VwVfG einzuhalten sind. Dem-

1467 Vgl. zu einem solchen Fall SächsOVG, NVwZ-RR 2020, S. 507 ff.

1468 Vgl. *G. Brüggen/Rechentin*, in: Brüggen/Geiert/Nolden, Gemeindeordnung für den Freistaat Sachsen, § 115 Rn. 1.

1469 SächsOVG, Beschluss vom 16.7.2007 – 4 BS 243/67, juris; Urteil vom 8.4.2014 – 4 A 3/13, juris.

1470 *Rehak*, in: Quecke/Schmid, Gemeindeordnung für den Freistaat Sachsen, § 115 Rn. 4 m. w. N.

zufolge muss die Gemeinde gemäß § 28 Abs. 1 VwVfG (i.V.m. § 1 S. 1 SächsVwVfZG) **angehört** werden. Die Anordnung soll grds. schriftlich ergehen. Sie ist zu begründen und muss gemäß § 37 Abs. 6 VwVfG eine Rechtsbehelfsbelehrung enthalten.

In der Anordnungsverfügung ist anzugeben, in welcher **Frist** die Gemeinde die notwendige Maßnahme durchzuführen hat. Gemäß § 115 SächsGemO muss die Frist **angemessen** sein. Der Zeitraum für den Vollzug ist so zu bemessen, dass die Gemeinde auch tatsächlich in der Lage ist, die erforderlichen Maßnahmen durchzuführen. Ohne Fristbestimmung ist die Anordnung rechtswidrig.[1471] 33

c) Ersatzvornahme

aa) Ziel und Wirkung

Mithilfe der Ersatzvornahme kann die Rechtsaufsichtsbehörde gemäß § 116 Abs. 1 SächsGemO gegen Gemeinden vorgehen, die einer Verfügung der Aufsichtsbehörde, sei es eine Aufforderung zur Information (§ 113 SächsGemO), eine Beanstandung (§ 114 SächsGemO) oder eine Anordnung (§ 115 SächsGemO), nicht innerhalb der gesetzten Frist nachgekommen sind. Sie kommt in **allen gemeindlichen Angelegenheiten** in Betracht, und zwar bei weisungsfreien Aufgaben wie auch bei der Erfüllung von Weisungsaufgaben. Die Rechtsaufsichtsbehörde kann **anstelle der Gemeinde** nicht nur Verwaltungsakte erlassen und Verträge schließen, sondern auch kommunalverfassungsrechtliche Maßnahmen durchführen. Denkbar sind bspw. die Einberufung und Durchführung von Gemeinderatssitzungen, die Einleitung von Kommunalwahlen und der Erlass von Satzungen.[1472] 34

Die Ersatzvornahme ist kein zusätzliches Aufsichtsmittel, sondern dient vielmehr der Durchsetzung der nach den §§ 113 ff. SächsGemO erlassenen Verfügungen. Sie ist eine **besondere Form des Verwaltungszwangs**, auf die als fachgesetzlich geregelte Maßnahme die Regelungen des SächsVwVG keine Anwendung finden.[1473] 35

Die Ersatzvornahme besteht aus einem **Doppelakt**: Es handelt sich gegenüber der Gemeinde um einen **Verwaltungsakt** und zugleich um einen Akt, dessen rechtlicher Charakter sich nach seinem **Regelungsinhalt** bestimmt. Der Gemeinde gegenüber ist er als Umsetzung rechtsaufsichtlicher Zwangsmittel zu verstehen; nach seinem Regelungsinhalt kann er ein Realakt, ein Verwaltungsakt, ein Akt der Normsetzung oder auch eine privatrechtliche Willenserklärung sein.[1474] 36

1471 SächsOVG, Urteil vom 26.7.2011 – 2 A 856/10, juris.
1472 *Rehak*, in: Quecke/Schmid, Gemeindeordnung für den Freistaat Sachsen, § 116 Rn. 2 m.w.N.
1473 *Sponer*, in: Binus/Sponer/Koolman, Sächsische Gemeindeordnung, § 116 Rn. 1 m.w.N.
1474 *Rehak*, in: Quecke/Schmid, Gemeindeordnung für den Freistaat Sachsen, § 116 Rn. 3 m.w.N.

37 **Zur Vertiefung:**

Eine Sonderregelung für die ***Ersetzung des im Baurecht*** *nach den §§ 14 Abs. 2 S. 2, 22 Abs. 5 S. 1, 36 Abs. 1 S. 1 und Abs. 2 BauGB* ***erforderlichen gemeindlichen Einvernehmens*** *enthält § 71 SächsBO. Entscheidungen der Bauaufsichtsbehörde gelten gemäß § 71 Abs. 3 S. 1 SächsBO im Hinblick auf versagte Einvernehmen zugleich als Ersatzvornahme i. S. d. § 116 SächsGemO. Widerspruch und Anfechtungsklage haben auch insoweit keine aufschiebende Wirkung, als die Genehmigung (des Bauantrags) als Ersatzvornahme gilt (§ 71 Abs. 3 S. 3 SächsBO).*

38 Nach der neueren Rechtsprechung des BVerwG[1475] ist für eine Gemeinde, die zugleich untere Bauaufsichtsbehörde ist, der Anwendungsbereich des § 36 BauGB (nicht mehr) eröffnet. In einer solchen Gemeinde ist für die Erteilung von Baugenehmigungen und für sonstige bauplanungsrechtliche Entscheidungen nach den §§ 31 ff. BauGB allein der Bürgermeister zuständig. Dem Gemeinderat steht insoweit keine Mitentscheidungskompetenz zu. Der Bürgermeister darf deshalb bspw. die Ablehnung des Bauantrags nicht mit der Versagung des gemeindlichen Einvernehmens begründen. Gegen die von der Widerspruchsbehörde verfügte Verpflichtung, die Baugenehmigung zu erteilen, kann sich die Gemeinde deshalb nicht (mehr) unter Berufung auf ihr fehlendes Einvernehmen zur Wehr setzen. Sie kann sich lediglich auf die Verletzung ihrer materiellen Planungshoheit stützen.

39 Umstritten ist die Frage, ob die Rechtsaufsichtsbehörde mit der Ersatzvornahme die Stellung eines **gesetzlichen Vertreters der Gemeinde** erlangt (sog. Fremdkompetenztheorie[1476]) oder ob es sich um eine eigene Kompetenz der Rechtsaufsichtsbehörde handelt, derzufolge diese sowohl gegenüber der Gemeinde als auch gegenüber den sonst Betroffenen **in eigenem Namen** und eigenverantwortlich tätig wird (sog. Eigenkompetenztheorie[1477]). Für die Fremdkompetenztheorie spricht v. a., dass eine gegen einen Dritten gerichtete Maßnahme, die anstelle der Gemeinde von der Rechtsaufsichtsbehörde verfügt wird, stets einen Akt im Wirkungskreis der Gemeinde dargestellt. Auch die gegen ihren Willen ergangene Maßnahme muss sich die Gemeinde zurechnen lassen. Das hat zur Folge, dass ein Bürger, der sich gegen einen von der Rechtsaufsichtsbehörde im Wege der Ersatzvornahme erlassenen Verwaltungsakt wehren möchte, seine Klage gemäß § 78 Abs. 1 Nr. 1 VwGO gegen die Gemeinde richten muss.[1478]

1475 BVerwGE 121, S. 339 = NVwZ 2005, S. 83 (Aufgabe der bisherigen Rechtsprechung, zuletzt BVerwG, Beschluss vom 30.7.2002 – 4 B 40.02).

1476 Ausführlich dazu *G. Brüggen/Rechentin*, in: Brüggen/Geiert/Nolden, Gemeindeordnung für den Freistaat Sachsen, § 116 Rn. 9 ff. m. w. N.; ferner *Sponer*, in: Binus/Sponer/Koolman, Sächsische Gemeindeordnung, § 116 Rn. 2; *Geis*, Kommunalrecht, § 24 Rn. 22.

1477 Diese Theorie vertreten z. B. *Rehak*, in: Quecke/Schmid, Gemeindeordnung für den Freistaat Sachsen, § 116 Rn. 16; ferner VG Leipzig, Urteil vom 12.6.2012 – 6 K 837/10, juris, Rn. 25 m. w. N.

1478 Vgl. *Geis*, Kommunalrecht, § 24 Rn. 22.

Beispiel zur Vertiefung: 40

Nach der Kommunalwahl 2009 beschloss der Gemeinderat einer Gemeinde im Landkreis Leipzig entgegen der ausdrücklichen Meinung des Bürgermeisters, dass im Falle eines gewählten Bewerbers für den Gemeinderat kein Hinderungsgrund nach § 32 Abs. 1 SächsGemO vorläge. Nach erfolglos durchgeführtem Widerspruchsverfahren nach § 52 Abs. 2 SächsGemO einschließlich einer erfolglosen Beanstandung durch das Landratsamt als Aufsichtsbehörde wurde der Gemeinde durch das Landratsamt im Wege der Ersatzvornahme nach § 116 SächsGemO aufgegeben, dem Bewerber die Feststellung des Hinderungsgrundes mitzuteilen. Daraufhin erließ der Bürgermeister als gesetzlicher Vertreter der Gemeinde den entsprechenden Bescheid. Die vom Bewerber beim VG Leipzig erhobene Klage hatte Erfolg.[1479] Das VG stellte fest, die Klage sei begründet, da der Bürgermeister der beklagten Gemeinde zum Erlass des umstrittenen Bescheids nicht befugt gewesen sei. Die vom Landratsamt gegenüber der Gemeinde verfügte Ersatzvornahme habe zu einem Kompetenzübergang auf die Rechtsaufsichtsbehörde geführt. Deshalb sei nunmehr ausschließlich das Landratsamt sachlich zuständig. Das SächsOVG gab dem Antrag der Gemeinde auf Zulassung der Berufung gemäß § 124 Abs. 2 Nr. 1 VwGO statt, da ernstliche Zweifel an der Richtigkeit des Urteils des VG bestünden. Es sei zwar denkbar, dass die Rechtsaufsichtsbehörde die von ihr für notwendig gehaltenen Maßnahmen in eigener Kompetenz sowohl gegenüber der Gemeinde als auch im Außenverhältnis gegenüber den sonst Betroffenen im eigenen Namen und eigenverantwortlich trifft und vollzieht. Die Rechtsaufsichtsbehörde könne für die fragliche Maßnahme aber auch an die Stelle der gemeindlichen Organe treten und in Vertretung der Gemeinde tätig werden, wodurch sie die Stellung eines gesetzlichen Vertreters der Gemeinde erlangt.[1480] Diese rechtliche Bewertung erscheint zweifelhaft und führt letztlich zu Unklarheiten hinsichtlich der sachlichen Zuständigkeit.

bb) Voraussetzungen

Eine Ersatzvornahme kann nur angeordnet werden, 41

- wenn die ihr zugrundeliegende rechtsaufsichtliche Verfügung i. S. d. §§ 113 bis 115 SächsGemO bestandskräftig **oder** für sofort vollziehbar erklärt worden ist und
- die in der zugrundeliegenden Maßnahme gesetzte **Frist** abgelaufen ist.

Da die Gründe für die Nichterfüllung der Grundverfügung für die Ersatzvornahme unerheblich sind, **kommt es** auch auf ein **Verschulden** der Gemeindeorgane oder der Gemeindebediensteten **nicht** an.[1481] Die Rechtsaufsichtsbehörde muss den Erlass der Ersatzvornahme des Weiteren **nicht androhen**. Der Grund für den Verzicht auf eine Androhung liegt wiederum in dem grundlegenden Unterschied zwischen der kommunalaufsichtlichen Ersatzvornahme und der verwaltungsvollstreckungsrechtlichen Ersatzvornahme nach § 24 42

1479 VG Leipzig, Urteil vom 12.6.2012 – 6 K 837/10, juris.
1480 SächsOVG, Beschluss vom 11.2.2013 – 4 A 488/12, juris.
1481 *Sponer*, in: Binus/Sponer/Koolman, Sächsische Gemeindeordnung, § 116 Rn. 4.

SächsVwVG.[1482] Erforderlich ist allerdings eine **vorherige Anhörung** der Gemeinde gemäß § 28 VwVfG.

43 Da es sich bei der Ersatzvornahme um einen **Verwaltungsakt** handelt, muss die Rechtsaufsichtsbehörde die formalen Anforderungen insb. der §§ 37 und 39 VwVfG beachten. Eine förmliche **Zustellung** ist im Gesetz nicht zwingend vorgeschrieben, sodass eine Bekanntgabe der Ersatzvornahme nach § 41 VwVfG genügt.[1483] Zum sicheren Nachweis ihres Zugangs ist jedoch eine Zustellung sinnvoll.[1484] Betrifft der Regelungsinhalt der Ersatzvornahme auch einen Dritten, so ist der Bescheid auch diesem bekannt zu geben.[1485]

cc) Beauftragung eines Dritten und Kostentragung

44 Die Rechtsaufsichtsbehörde kann – statt die Maßnahme im Wege der Ersatzvornahme selbst zu vollziehen – auch **einen Dritten** mit der Durchführung der für notwendig erachteten Maßnahmen **beauftragen**. Dies ist aber nur dann möglich, wenn auch die Gemeinde die Maßnahme durch einen Dritten durchführen lassen könnte. Anordnungen, die dem hoheitlichen Bereich zuzuordnen sind, scheiden aus. Die Rechtsaufsichtsbehörde kann sich eines Dritten nicht als Beliehenen, sondern nur als **Verwaltungshelfer** bedienen. Um eine Beleihung annehmen zu wollen, müsste das Gesetz eine Beleihungsermächtigung aussprechen.[1486] Die Verträge, die die Rechtsaufsichtsbehörde mit den Verwaltungshelfern schließt, kommen mit der Gemeinde und nicht mit dem Träger der Rechtsaufsichtsbehörde zustande.[1487]

Beispiele:

Anordnung von Straßenbaumaßnahmen; Auftrag, Pläne anzufertigen.

45 Die Kosten der Ersatzvornahme muss die Gemeinde gemäß § 116 Abs. 1 SächsGemO tragen. Die Rechtsaufsichtsbehörde kann von der Gemeinde sogar die **Vorauszahlung der voraussichtlichen Kosten** der Ersatzvornahme verlangen (§ 116 Abs. 2 SächsGemO). Mit dem im Rahmen der Kommunalrechtsnovelle 2013[1488] eingefügten § 116 Abs. 2 SächsGemO sollte die Handlungsfähigkeit der Rechtsaufsichtsbehörde gestärkt werden, indem deren Tätigwerden in Form einer Ersatzvornahme nicht von fiskalischen Erwägungen beeinflusst wird (bspw. bei kostenintensiven Planungs- und Bauaufträgen).[1489]

1482 So zu Recht *Rehak*, in: Quecke/Schmid, Gemeindeordnung für den Freistaat Sachsen, § 116 Rn. 13; a. A. *Sponer*, in: Binus/Sponer/Koolman, Sächsische Gemeindeordnung, § 116 Rn. 5; nach *G. Brüggen/Rechentin*, in: Brüggen/Geiert/Nolden, Gemeindeordnung für den Freistaat Sachsen, § 116 Rn. 18 sei i. d. R. nur eine zuvor angedrohte Ersatzvornahme angemessen.

1483 Vgl. OVG NRW, NVwZ-RR 2008, S. 50.

1484 *Rehak*, in: Quecke/Schmid, Gemeindeordnung für den Freistaat Sachsen, § 116 Rn. 14.

1485 Vgl. OVG NRW, NVwZ-RR 1990, S. 23.

1486 So zutreffend *G. Brüggen/Rechentin*, in: Brüggen/Geiert/Nolden, Gemeindeordnung für den Freistaat Sachsen, § 116 Rn. 8.

1487 *Gern*, Sächsisches Kommunalrecht, Rn. 381.

1488 Gesetz zur Fortentwicklung des Kommunalrechts vom 28.11.2013 (SächsGVBl. S. 822).

1489 LT-Drs. 5/11912, S. 70f.

d) Bestellung eines Beauftragten

aa) Voraussetzungen und Verfahren

Die Einsetzung eines Beauftragten durch die Rechtsaufsichtsbehörde gemäß § 117 Abs. 1 SächsGemO ist das äußerste und stärkste Mittel der Rechtsaufsicht zur Aufrechterhaltung einer gesetzmäßigen Verwaltung in der Gemeinde.[1490] Sie ist **nur in Ausnahmefällen zulässig** und nur dann, wenn andere Möglichkeiten der Rechtsaufsicht erschöpft sind oder die Rechtsaufsichtsbehörde zu der zwingenden Auffassung kommt, dass andere rechtsaufsichtliche Maßnahmen keinen Erfolg haben.[1491] Ohne vorherige Inanspruchnahme der Maßnahmen gemäß §§ 113 ff. SächsGemO darf die Rechtsaufsichtsbehörde einen Beauftragten nur dann bestellen, wenn aufgrund der Schwere der Erschütterung des Gemeindelebens zu befürchten ist, dass andere Maßnahmen das Ziel der Sicherung der Gesetzmäßigkeit der Verwaltung der Gemeinde verfehlen werden.[1492] 46

Einzelne Verstöße gegen gesetzliche Verpflichtungen reichen daher nicht aus. Vielmehr muss der Bürgermeister oder der Gemeinderat **mehrfach versagt** haben mit der Folge, dass es zu einer **schweren und fortdauernden** Erschütterung der Verwaltung gekommen ist. Dabei können die Verstöße sowohl auf dem Gebiet der weisungsfreien wie auch der Weisungsaufgaben liegen.[1493] 47

Voraussetzung für die **Auswahl eines Beauftragten** ist seine Qualifikation. Es sollte angestrebt werden, nur solche Personen als Beauftragte zu bestellen, die aufgrund ihrer fachlichen Eignung und beruflichen Erfahrung parteiübergreifend rasche Akzeptanz in der betroffenen Gemeinde erfahren.[1494] 48

In Anbetracht der Schwere des Eingriffs in die kommunale Selbstverwaltung sind an die entsprechende **Bestellungsverfügung** und an das **Bestellungsverfahren** sowohl in formeller als auch in materieller Hinsicht strenge Anforderungen zu stellen.[1495] Die Maßnahme ist der Gemeinde rechtzeitig vorher **schriftlich anzudrohen**[1496], wobei die Verfügung zu begründen und mit einer Rechtsbehelfsbelehrung zu versehen ist. In der Verfügung sind die Aufgaben des Beauftragten genau zu bestimmen und – soweit möglich – die Dauer des Auftrags festzulegen.[1497] Wenn die Bestellung des Beauftragten nicht im Einvernehmen der Gemeinde erfolgt (dies dürfte der Regelfall sein), wird die Rechtsaufsichtsbehörde die sofortige Vollziehung gemäß § 80 Abs. 2 S. 1 Nr. 4 VwGO anzuordnen haben. 49

bb) Folgen

Mit der Bestellung des Beauftragten gehen auf ihn diejenigen Zuständigkeiten der Gemeindeorgane über, die in der Aufsichtsverfügung aufgeführt sind. Die Bestellung erfolgt nicht „für die Gemeinde", sondern für **ein Gemeindeorgan**. 50

1490 *Rehak*, in: Quecke/Schmid, Gemeindeordnung für den Freistaat Sachsen, § 117 Rn. 1.
1491 *Gern*, Sächsisches Kommunalrecht, Rn. 935; *Geis*, Kommunalrecht, § 24 Rn. 26.
1492 SächsVerfGH, Urteil vom 26.1.1996 – Vf. 15-I-95, SächsVBl. 1997, S. 90 (91).
1493 Vgl. VG Dresden, LKV 1999, S. 521.
1494 *Sponer*, in: Binus/Sponer/Koolman, Sächsische Gemeindeordnung, § 117 Rn. 3.
1495 *G. Brüggen/Rechentin*, in: Brüggen/Geiert/Nolden, Gemeindeordnung für den Freistaat Sachsen, § 117 Rn. 7.
1496 Vgl. VG Dresden, SächsVBl. 1996, S. 284.
1497 *Rehak*, in: Quecke/Schmid, Gemeindeordnung für den Freistaat Sachsen, § 117 Rn. 6.

Der Beauftragte tritt insoweit vollständig an die Stelle des betreffenden Gemeindeorgans. Rechtsbehelfe gegen Maßnahmen des Beauftragten sind somit ausschließlich gegen die Gemeinde zu richten. Im Innenverhältnis zwischen Rechtsaufsichtsbehörde und Beauftragten ist jener an **Weisungen der Rechtsaufsichtsbehörde** gebunden.

Die Handlungen des Beauftragten werden der betroffenen Gemeinde zugerechnet, die auch die Kosten der Beauftragung zu tragen hat. Soweit der Beauftragte eigenverantwortlich im Rechtskreis der Gemeinde handelt, **haftet die Gemeinde** für dessen Pflichtverletzungen. Anderes gilt nur dann, wenn der Beauftragte auf unmittelbare Weisung der Rechtsaufsichtsbehörde tätig geworden ist. In diesem Fall haftet die Rechtsaufsichtsbehörde.[1498]

51 Der Beauftragte hat gemäß § 117 Abs. 2 SächsGemO im Gemeinderat und seinen Ausschüssen **kein Stimmrecht**, da ihm – anders als dem nach § 54 Abs. 5 SächsGemO bestellten Amtsverweser – eine Legitimation aus einer direkten Volkswahl fehlt.[1499]

cc) Sonderfall der Beauftragtenbestellung

52 Ein Sonderfall der Beauftragtenbestellung ist bei der **Beschlussunfähigkeit des Gemeinderats** gemäß § 39 Abs. 4 i. V. m. § 117 SächsGemO gegeben. Da die Vorschrift jedoch lediglich die Beschlussunfähigkeit des Gemeinderats als Voraussetzung benennt und der Verweis auf § 117 SächsGemO lediglich ein Rechtsfolgenverweis ist, sind die übrigen Erfordernisse des § 117 SächsGemO weder direkt noch analog anwendbar. Zudem ist die Tätigkeit dieses Beauftragten darauf beschränkt, dass der Gemeinderat beschlussunfähig ist. Ist die Angelegenheit abgeschlossen, endet automatisch die Bestellung als Beauftragter.[1500]

e) Vorzeitige Beendigung der Amtszeit

aa) Inhalt und Voraussetzung

53 Die vorzeitige Beendigung der Amtszeit des Bürgermeisters gemäß § 118 SächsGemO ist keine Aufsichtsmaßnahme gegenüber der Gemeinde, sondern **gegenüber dem Bürgermeister**. Sofern in der Person des Bürgermeisters liegende Missstände durch sonstige disziplinarrechtliche und aufsichtsrechtliche Mittel nicht behoben werden können, kann auf Initiative der Landesdirektion Sachsen als Ultima Ratio eine förmliche Beendigung des Amtes als Bürgermeister herbeigeführt werden.

54 Voraussetzung gemäß § 118 Abs. 1 SächsGemO ist, dass der Bürgermeister den Anforderungen seines Amtes nicht gerecht wird. Dabei muss es sich um eine dauernde, nicht nur einmalige oder vorübergehende Fehlleistung des Bürgermeisters handeln mit der Folge, dass so erhebliche Missstände in der Verwaltung der Gemeinde eingetreten oder zu befürchten sind, dass eine Weiterführung seines Amtes **im öffentlichen Interesse** nicht vertretbar ist.[1501]

1498 *Rehak*, in: Quecke/Schmid, Gemeindeordnung für den Freistaat Sachsen, § 117 Rn. 10 m. w. N.

1499 Vgl. dazu LT-Drs. 5/11912, S. 72.

1500 *Sponer*, in: Binus/Sponer/Koolman, Sächsische Gemeindeordnung, § 117 Rn. 1.

1501 *Rehak*, in: Quecke/Schmid, Gemeindeordnung für den Freistaat Sachsen, § 118 Rn. 2; *Sponer*, in: Binus/Sponer/Koolman, Sächsische Gemeindeordnung, § 118 Rn. 1.

bb) Verfahren und Rechtsfolgen

Die vorzeitige Beendigung der Amtszeit des Bürgermeisters erfordert gemäß § 118 Abs. 2 S. 1 SächsGemO ein **förmliches Verfahren**, das von der Landesdirektion Sachsen als oberer Rechtsaufsichtsbehörde (§ 112 Abs. 1 S. 2 SächsGemO) **eingeleitet** wird. Auf das förmliche Verfahren finden die **disziplinarrechtlichen Vorschriften** entsprechende Anwendung (§ 118 Abs. 2 S. 2 SächsGemO). Die **Durchführung** des förmlichen Verfahrens obliegt demnach der Disziplinarkammer des Verwaltungsgerichts. Zuständig ist gemäß § 45 Abs. 2 SächsDG das VG Dresden für alle sächsischen Bürgermeister. 55

Wird die durch das VG Dresden getroffene Entscheidung auf vorläufige Beendigung der Amtszeit des Bürgermeisters rechtskräftig, **endet die Amtszeit des Bürgermeisters**. Sein Beamtenverhältnis endet dagegen erst mit Ablauf der gesetzlichen Amtszeit. Bis dahin hat der Bürgermeister die gleiche Rechtsstellung wie ein Ruhestandsbeamter. Gemäß § 118 Abs. 3 SächsGemO wird er besoldungs- und versorgungsrechtlich so gestellt, als wäre er abgewählt worden.[1502] 56

Mit oder nach der Einleitung des förmlichen Verfahrens kann die obere Rechtsaufsichtsbehörde die **vorläufige Dienstenthebung** des Bürgermeisters anordnen. Dies setzt gemäß § 38 Abs. 1 SächsDG voraus, dass voraussichtlich die Disziplinarkammer auf eine vorzeitige Amtszeitbeendigung erkennen wird. Die vorläufige Dienstenthebung wird mit der Zustellung wirksam und vollziehbar (§ 39 Abs. 1 SächsDG) und endet mit dem rechtskräftigen Abschluss des förmlichen Verfahrens (§ 39 Abs. 4 SächsDG). 57

cc) Verhältnis zum Disziplinarrecht

Das Verfahren gemäß § 118 SächsGemO schließt die (ergänzende) Durchführung disziplinarrechtlicher Maßnahmen **nicht** aus, da im Verfahren gemäß § 118 SächsGemO nicht das vorwerfbare Verhalten des Bürgermeisters, sondern das öffentliche Interesse Maßstab für die vorzeitige Beendigung der Amtszeit des Bürgermeisters ist.[1503] Disziplinarrechtliche Maßnahmen erfordern indessen ein schuldhaft begangenes Dienstvergehen. 58

C. Fachaufsicht

I. Umfang und Zuständigkeiten

Der Fachaufsicht unterliegen die **Weisungsaufgaben** der Gemeinde (§ 2 Abs. 3 SächsGemO). Im Gegensatz zur Rechtsaufsicht erstreckt sich die Fachaufsicht sowohl auf die **Rechtmäßigkeit** wie auch auf die **Zweckmäßigkeit** der getroffenen Maßnahme (§ 111 Abs. 2 SächsGemO). Sie verfolgt den Zweck, die Gemeinde im übertragenen Aufgabenbereich in die allgemeine Staatsverwaltung einzugliedern.[1504] Die Fachaufsicht ist **Körperschaftsaufsicht** und besteht zwischen dem Träger der Fachaufsicht und der Gemeinde.[1505] 59

1502 Siehe dazu oben im 6. Kapitel unter F.VII.3.
1503 Vgl. *Sponer*, in: Binus/Sponer/Koolman, Sächsische Gemeindeordnung, § 118 Rn. 6.
1504 *Gern*, Sächsisches Kommunalrecht, Rn. 924.
1505 *G. Brüggen/Rechentin*, in: Brüggen/Geiert/Nolden, Gemeindeordnung für den Freistaat Sachsen, § 123 Rn. 5.

60 Die **Zuständigkeit** zur Ausübung der Fachaufsicht bestimmt sich grds. gemäß § 123 Abs. 1 S. 1 SächsGemO nach den hierfür geltenden **besonderen Rechtsvorschriften**, wobei insoweit nur formelle Gesetze i.S.v. Art. 85 Abs. 1 S. 1 SächsVerf in Betracht kommen.[1506] Die zuständigen Fachaufsichtsbehörden sind demnach in den jeweiligen Fachgesetzen geregelt (z.B. § 8 Abs. 1 SächsPBG). Im Hinblick auf die Großen Kreisstädte enthält § 123 Abs. 4 SächsGemO eine Sonderregelung für diejenigen Aufgaben, die sonst vom Landkreis wahrzunehmen sind. Da die Großen Kreisstädte in diesem Fall auf derselben „erstinstanzlichen" Stufe stehen, können sie auch nur von derselben Behörde wie die Landkreise beaufsichtigt werden.[1507]

II. Aufsichtsmittel und Kostentragung

61 Die der Fachaufsichtsbehörde zustehenden **Aufsichtsmittel** sind folgende:

- ein Informationsrecht (§ 123 Abs. 2 S. 1 SächsGemO),
- ein fachgesetzlich zu definierendes Weisungsrecht,
- ausnahmsweise ein Selbsteintrittsrecht sowie
- weitere in Fachgesetzen geregelte Kompetenzen.

62 Das **Informationsrecht** der Fachaufsichtsbehörde entspricht vom Umfang und Inhalt her dem der Rechtsaufsichtsbehörde. Die Fachaufsichtsbehörde darf nur Auskünfte verlangen, die zur Kontrolle der Recht- und Zweckmäßigkeit in Weisungsangelegenheiten dienen. Teilweise ist in den Fachgesetzen eine konkrete Zweckbindung des Informationsrechts enthalten (z.B. § 110 Abs. 3 SächsWG).

63 Das **Weisungsrecht** ist Ersatz für das den Fachaufsichtsbehörden fehlende Beanstandungs- oder Anordnungsrecht, geht jedoch tatbestandlich über diese rechtsaufsichtlichen Mittel hinaus. Es umfasst die Kompetenz, das künftige Verhalten der Gemeinde zu beeinflussen, indem **im Voraus** für die Behandlung von Einzelfällen oder konkreter Fallgruppen Anordnungen oder Richtlinien erteilt werden. Das Weisungsrecht enthält aber auch die Befugnis, **nachträglich** die vollständige oder teilweise Aufhebung oder Änderung von Maßnahmen und Entscheidungen zu verlangen.[1508] Allerdings verlangt § 2 Abs. 3 S. 3 SächsGemO, dass Weisungen i.d.R. nicht in die Einzelausführung eingreifen.

64 Ein **Selbsteintrittsrecht** der Fachaufsichtsbehörde kommt nur dann in Betracht, wenn es ausnahmsweise ausdrücklich gesetzlich vorgesehen ist (z.B. § 8 Abs. 3 SächsPBG; § 58 Abs. 5 SächsBO). Indes verfügt die Fachaufsichtsbehörde nicht über ein ungeschriebenes Selbsteintrittsrecht, auch nicht im Wege der Eilzuständigkeit.[1509]

1506 Vgl. *G. Brüggen/Rechentin*, in: Brüggen/Geiert/Nolden, Gemeindeordnung für den Freistaat Sachsen, § 123 Rn. 7 m.w.N.

1507 *Sponer*, in: Binus/Sponer/Koolman, Sächsische Gemeindeordnung, § 123 Rn. 2.

1508 *G. Brüggen/Rechentin*, in: Brüggen/Geiert/Nolden, Gemeindeordnung für den Freistaat Sachsen, § 123 Rn. 6.

1509 Vgl. VGH BW, Urteil vom 24.2.1992 – 1 S 1131/90, juris.

§ 111 Abs. 2 SächsGemO ermächtigt die Fachaufsichtsbehörden nicht zu Maßnahmen nach §§ 114 bis 118 SächsGemO, sondern regelt nur den Umfang der Aufsicht (Gesetzmäßigkeits- und Zweckmäßigkeitskontrolle). Wird eine erteilte Weisung nicht umgesetzt, ist es der Fachaufsichtsbehörde daher nicht möglich, ihre Weisung mit repressiven Aufsichtsmitteln selbst durchzusetzen. Der in § 123 Abs. 2 S. 2 SächsGemO normierte **Grundsatz der Einheit der Aufsicht** erfordert folglich grds. eine Einbeziehung der Rechtsaufsichtsbehörde, welche aufgrund des ihr obliegenden Entschließungsermessens im Regelfall zunächst im Wege der Anordnung gemäß § 115 SächsGemO und gleichzeitiger Androhung der Ersatzvornahme gemäß § 116 SächsGemO tätig wird.[1510] 65

Zur Vertiefung: 66

In speziellen Fachgesetzen können noch weitere Kompetenzen der Fachaufsichtsbehörden geregelt sein. So sieht bspw. § 2 Abs. 4 SächsAGTierSchG vor, dass die Fachaufsichtsbehörde das Verfahren an sich ziehen kann.

Leistet die Gemeinde einer ihr erteilten Weisung keine Folge und ermächtigt ein Gesetz die Fachaufsichtsbehörde, anstelle der Gemeinde zu handeln, verweist § 123 Abs. 3 SächsGemO auf die **Kostentragungsregelung** gemäß § 116 Abs. 2 SächsGemO. Folglich kann die Fachaufsichtsbehörde in diesen Fällen (z. B. § 49 Abs. 5 SächsStrG) wie bei der Rechtsaufsicht die Vorauszahlung der voraussichtlichen Kosten für das Handeln der Fachaufsichtsbehörde verlangen.[1511] 67

Zur Vertiefung: 68

Falls die Fachaufsichtsbehörde aufgrund spezieller gesetzlicher Ermächtigung anstelle der Gemeinde handelt und Dritte von einer entsprechenden Maßnahme betroffen sind, stellt sich im Verwaltungsstreitverfahren die Frage nach der Passivlegitimation. Anders als bei der Rechtsaufsicht wird die Fachaufsichtsbehörde in diesen Fällen jedoch aus eigenem Recht tätig mit der Folge, dass der Rechtsträger der Fachaufsichtsbehörde passivlegitimiert ist.[1512]

III. Spezielle Weisungsrechte

1. Bundesauftragsverwaltung

Wenn die Länder gemäß Art. 85 Abs. 1 S. 1 GG **Bundesgesetze im Auftrag des Bundes** ausführen, bleibt die Einrichtung der Behörden grds. Angelegenheit der Länder. Sofern Landesbehörden für den Vollzug zuständig sind, unterstehen sie den Weisungen der zuständigen obersten Bundesbehörden (Art. 85 Abs. 3 S. 1 GG). Die Länder können jedoch die Aufgabenerfüllung auch den 69

1510 *Sponer*, in: Binus/Sponer/Koolman, Sächsische Gemeindeordnung, § 123 Rn. 6.
1511 Dazu *Rehak*, in: Quecke/Schmid, Gemeindeordnung für den Freistaat Sachsen, § 123 Rn. 15 f.
1512 Vgl. *Kopp/Schenke*, Verwaltungsgerichtsordnung, § 47 Rn. 39; a. A. OVG Bremen, NVwZ 2000, S. 143.

Gemeinden übertragen. Diese Möglichkeit ist dem Bund gemäß Art. 85 Abs. 1 S. 2 GG verschlossen.

70 Im Rahmen der Bundesauftragsverwaltung besteht ein unmittelbares Auftragsverhältnis nur zwischen dem Bund und dem Land. Das Land ist verpflichtet sicherzustellen, dass auch die Gemeinden, soweit ihnen der Vollzug obliegt[1513], die Weisungen des Bundes an das Land befolgen. Deshalb stellt § 123 Abs. 5 S. 1 SächsGemO klar, dass es sich in diesen Fällen um eine **Weisungsaufgabe** handelt, die **nicht beschränkt** ist.

2. Vollzug von Bundesgesetzen durch die Länder

71 Die Regelung in § 123 Abs. 5 S. 3 SächsGemO bezieht sich auf die in Art. 84 Abs. 5 GG vorgesehene Möglichkeit, dass die Bundesregierung unter bestimmten Voraussetzungen dem jeweiligen Bundesland, das gemäß Art. 84 Abs. 1 S. 1 GG **Bundesgesetze als eigene Angelegenheit** ausführt, **Einzelweisungen** erteilen darf. Obliegt die Ausführung des Bundesgesetzes der Gemeinde, können die Fachaufsichtsbehörden auch Weisungen erteilen, soweit dies zum Vollzug von Einzelweisungen der Bundesregierung erforderlich ist. Die grds. gemäß § 2 Abs. 3 S. 3 SächsGemO bestehende Beschränkung der Fachaufsicht wird hier ausdrücklich ausgeschlossen (§ 123 Abs. 5 S. 3 2. Hs. SächsGemO).

3. Aufgabenübertragung aufgrund von Bundesgesetzen

72 Werden den Gemeinden aufgrund eines Bundesgesetzes durch **Rechtsverordnung** vom Freistaat Sachsen neue Aufgaben als Pflichtaufgaben übertragen, können durch diese Rechtsverordnung ein Weisungsrecht vorbehalten, die Zuständigkeit zur Ausübung der Fachaufsicht und der Umfang des Weisungsrechts geregelt werden (§ 123 Abs. 6 SächsGemO). Eines förmlichen Landesgesetzes bedarf es in diesen Fällen nicht.[1514]

IV. Vorgabe landeseinheitlicher IT-Verfahren

73 § 123 Abs. 8 SächsGemO normiert die landeseinheitliche Erhebung und Verarbeitung von Daten, einheitliche und zentrale Datenvereinbarungsverfahren sowie die Voraussetzungen für **einheitliche IT-Verfahren** und einheitliche Vorgaben. Damit soll insb. erreicht werden, dass die staatliche Verwaltung die zahlreichen Berichtspflichten gegenüber dem Bund und der EU einfacher bewältigen kann.[1515]

74 Gemäß § 123 Abs. 8 S. 3 Nr. 3 a)–d) SächsGemO dürfen verbindliche Vorgaben von einheitlichen IT-Verfahren nur getroffen werden, soweit dies „erforderlich" ist (Erforderlichkeitsprüfung). Diese Einschränkung ist Ausdruck des Gebots der Verhältnismäßigkeit, das bei Eingriffen in die kommunale Selbstverwaltung (Art. 82 Abs. 2 SächsVerf) zu beachten ist.[1516]

1513 Siehe dazu oben im 3. Kapitel unter H.II.4.

1514 *G. Brüggen/Rechentin*, in: Brüggen/Geiert/Nolden, Gemeindeordnung für den Freistaat Sachsen, § 123 Rn. 21 m. w. N.

1515 Vgl. dazu LT-Drs. 4/8810, S. 242 ff.

1516 *Rehak*, in: Quecke/Schmid, Gemeindeordnung für den Freistaat Sachsen, § 123 Rn. 23 m. w. N.

D. Rechtsschutz

I. Maßnahmen der Rechtsaufsicht

Maßnahmen der Aufsichtsbehörden im Bereich der **Rechtsaufsicht** stellen Eingriffe in das Selbstverwaltungsrecht der Gemeinden nach Art. 28 Abs. 2 GG bzw. Art. 82 Abs. 2 SächsVerf dar und sind **Verwaltungsakte** i. S. d. § 35 VwVfG[1517], weil sie auf unmittelbare Rechtswirkung nach außen gerichtet sind. Dasselbe gilt auch für die Versagung von Genehmigungen der Rechtsaufsichtsbehörde.[1518] 75

Die Gemeinde kann im Bereich der Rechtsaufsicht daher nach den allgemeinen Bestimmungen der VwGO **Widerspruch**[1519] und **Anfechtungsklage** erheben mit der Behauptung, sie werde durch den rechtswidrigen Akt der Rechtsaufsichtsbehörde in ihrem Recht auf Selbstverwaltung verletzt.[1520] 76

Klagebefugt ist als Träger des Selbstverwaltungsrechts stets die Gemeinde selbst und nicht eines ihrer Organe, und zwar auch dann, wenn aufsichtlich unmittelbar ein Rechtsakt dieses Organs aufgehoben wurde.[1521] 77

Ist eine staatliche Verwaltungsbehörde (z. B. die Landesdirektion Sachsen) tätig geworden, dann ist gemäß § 78 Abs. 1 Nr. 1 VwGO der Freistaat Sachsen der richtige **Klagegegner**. Der Landkreis ist Klagegegner, wenn das Landratsamt gemäß § 1 Abs. 4 SächsLKrO als untere Verwaltungsbehörde rechtsaufsichtsrechtliche Maßnahmen verfügt hat. Der Landkreis ist als Träger der kommunalen Selbstverwaltung in Sachsen kommunale Einheitsbehörde.[1522] 78

Verwaltungsgerichtlichen Klagen auf Genehmigungserteilung steht die Vorschrift des § 44a VwGO nicht entgegen, weil die Genehmigungsentscheidung gegenüber der Gemeinde nicht nur Verfahrenshandlung, sondern ein rechtsgestaltender Verwaltungsakt im Sinne des § 44a VwGO ist.[1523] Wird die Genehmigung durch das Verwaltungsgericht unanfechtbar versagt, sind gemäß § 120 Abs. 1 SächsGemO die Rechtsgeschäfte nichtig. 79

II. Maßnahmen der Fachaufsicht

Die Frage des gemeindlichen Rechtsschutzes gegen Maßnahmen der Fachaufsicht ist streitig.[1524] Nach ständiger Rechtsprechung des BVerwG[1525] und überwiegender Literaturmeinung[1526] sollen fachaufsichtliche Weisungen **keine** 80

1517 *Gern/Brüning*, Deutsches Kommunalrecht, Rn. 326; *Waldhoff*, JuS 2016, S. 478 (479).
1518 *Sponer/Jacob/Menke*, Landkreisordnung für den Freistaat Sachsen, § 119 SächsGemO Rn. 6.
1519 Im Gegensatz zu einigen anderen Bundesländern (z. B. NRW) ist im Freistaat Sachsen ein Vorverfahren nach den §§ 68 ff. VwGO erforderlich.
1520 BVerwGE 10, S. 145; 19, S. 121; 52, S. 315; *Kopp*, Verwaltungsgerichtsordnung, § 42 Anm. 95.
1521 Vgl. VGH BW, DÖV 2003, S. 126.
1522 *Belz*, SächsVBl. 1993, S. 227; vgl. *Sponer/Jacob/Menke*, Landkreisordnung für den Freistaat Sachsen, Vorbemerkungen 1 d.
1523 Ebenso *Humpert*, Genehmigungsvorbehalte im Kommunalverfassungsrecht, S. 206.
1524 *Sponer*, in: Binus/Sponer/Koolman, Sächsische Gemeindeordnung, § 123 Rn. 7 m. w. N.
1525 BVerwGE 19, S. 121; 45, S. 207; DÖV 1982, S. 283; NVwZ 1983, S. 610; DVBl. 1995, S. 744.
1526 *Geis*, Kommunalrecht, § 26 Rn. 5; *G. Brüggen/Rechentin*, in: Brüggen/Geiert/Nolden, Gemeindeordnung für den Freistaat Sachsen, § 111 Rn. 26; *Rehak*, in: Quecke/Schmid, Gemeindeordnung für den Freistaat Sachsen, § 123 Rn. 12 ff.; a. A. *Erichsen*, DVBl. 1985, S. 947.

Verwaltungsakte sein, sondern lediglich verwaltungsinternen Charakter haben.[1527] Sie könnten deshalb von der Gemeinde auch nicht mit Widerspruch und Anfechtungsklage angegriffen werden. Andernfalls wäre die Möglichkeit der Fachaufsichtsbehörde, ihre eigene Auffassung hinsichtlich der Zweckmäßigkeit der jeweiligen Weisungsaufgabe durchzusetzen, in unzulässiger Weise eingeschränkt.[1528] Zudem soll sich eine Gemeinde gegen eine fachaufsichtliche Weisung auch nicht mit einer allgemeinen Leistungsklage oder einer Feststellungsklage gemäß § 43 VwGO (bzw. im einstweiligen Rechtsschutz mit einer Einstweiligen Anordnung gemäß § 123 VwGO) zur Wehr setzen können, da es an der gemäß § 42 Abs. 2 VwGO (analog) erforderlichen Klagebefugnis mangele.[1529]

Es wurde jedoch bereits darauf hingewiesen, dass die Aufgabenzuordnung im Freistaat Sachsen dem sog. monistischen Modell folgt.[1530] Aus dieser Zuordnung folgt, dass auch Weisungsaufgaben eigene Aufgaben der Gemeinde sind, die Gemeinde also immer als eigenständiges Rechtssubjekt und nicht als Staatsbehörde handelt. Daher ist auch insoweit vom Vorliegen eines Verwaltungsakts auszugehen.[1531] Die gemäß § 42 Abs. 2 VwGO (analog) erforderliche Widerspruchs- bzw. Klagebefugnis folgt in diesem Fall allerdings richtigerweise nicht aus Art. 28 Abs. 2 S. 1 GG, sondern aus der Landesverfassung[1532], und hier v. a. aus Art. 84 Abs. 1 S. 1 SächsVerf.

81 Fachaufsichtliche Weisungen haben unabhängig von der zuvor behandelten Frage der abstrakten Einordnung **ausnahmsweise** doch Verwaltungsaktqualität und können folglich von der Gemeinde mit Widerspruch und Anfechtungsklage angegriffen werden, wenn sie sich nicht nur auf die sachbezogene Aufgabenerfüllung beziehen, sondern durch eine Regelung der Art und Weise der Aufgabenerledigung in die Personal-, Organisations- oder Planungshoheit eingreifen. In diesem Fall verbleibt die Rechtswirkung der Weisung nicht im Innenbereich, sondern greift in den geschützten Bereich gemeindlicher Selbstverwaltungsangelegenheiten ein.[1533]

E. Besondere Schutzregelungen

I. Ansprüche der Gemeinde gegen Gemeinderäte und Bürgermeister

82 Ansprüche der Gemeinde gegen im Amt befindliche Gemeinderäte und den Bürgermeister werden von der Rechtsaufsichtsbehörde geltend gemacht (§ 121

1527 HessVGH, Beschluss vom 19.8.1988 – 4 TG 438/88, juris.

1528 So etwa *Rehak*, in: Quecke/Schmid, Gemeindeordnung für den Freistaat Sachsen, § 123 Rn. 13.

1529 So etwa *Geis*, Kommunalrecht, § 26 Rn. 5.

1530 Siehe näher dazu im 3.Kapitel unter H.I.

1531 Ebenso *Burgi*, Kommunalrecht, § 8 Rn. 24 und § 9 Rn. 10.

1532 Ebenso *Burgi*, Kommunalrecht, § 8 Rn. 24 und § 9 Rn. 18.

1533 *Sponer*, in: Binus/Sponer/Koolman, Sächsische Gemeindeordnung, § 123 Rn. 8; *Rehak*, in: Quecke/Schmid, Gemeindeordnung für den Freistaat Sachsen, § 123 Rn. 14; BayVGH, BayVBl. 2002, S. 336.

Abs. 1 SächsGemO), die insoweit die Stellung des gesetzlichen Vertreters der Gemeinde erhält und im Namen der Gemeinde mit unmittelbarer Wirkung für und gegen die Gemeinde handelt.[1534] Damit sollen **Interessenkonflikte** vermieden und eine „saubere" Verwaltung gewährleistet werden. „Geltend machen" bezieht sich dabei nur auf die zwangsweise Durchsetzung bzw. auf den Erlass oder die Niederschlagung von Ansprüchen. Die bloße Zusendung eines Abgabenbescheids oder einer Mahnung fällt nicht unter diesen Begriff.

Nach § 69 Abs. 1 SächsGemO gilt diese Bestimmung auch gegenüber den Ortsvorstehern und den Ortschaftsräten, nicht aber gegenüber den Stadtbezirksbeiräten. Beigeordnete werden von dieser Vorschrift nur dann erfasst, wenn sie über längere Zeit hinweg als Verhinderungsstellvertreter amtieren.[1535] **83**

Die Kosten der Rechtsverfolgung trägt – mit Ausnahme der allgemeinen Verwaltungskosten der Rechtsaufsichtsbehörde – die Gemeinde (§ 121 Abs. 1 S. 2 SächsGemO). **84**

II. Verträge mit der Gemeinde

Beschlüsse über Verträge der Gemeinde mit einem Gemeinderat, dem Bürgermeister oder einem Beigeordneten sowie Beschlüsse über Verträge der Gemeinde mit einer juristischen Person, an denen die zuvor genannten Personen maßgeblichen Einfluss ausüben, sind der Rechtsaufsichtsbehörde **vorzulegen** (§ 121 Abs. 2 S. 1 SächsGemO). Vorlagepflichtig ist somit bereits der **Gemeinderatsbeschluss** und nicht erst der Vertragsabschluss selbst. Die Rechtsaufsichtsbehörde hat die Gesetzmäßigkeit dieser Verträge – v. a. hinsichtlich der Einhaltung des Gleichheitsgrundsatzes – zu überprüfen. Damit soll sichergestellt werden, dass sich diese Personen keine unberechtigten Vorteile über ihre Einflussmöglichkeiten verschaffen. **85**

Von der Vorlagepflicht sind gemäß § 121 Abs. 2 S. 2 SächsGemO ausgenommen Beschlüsse über Verträge nach feststehenden Tarifen. Dies betrifft etwa Lieferungen von Gas, Wasser und Strom. Gleiches gilt für Verträge, die für die Gemeinde nicht von erheblicher wirtschaftlicher Bedeutung sind.[1536] **86**

Die **Vollzugsfähigkeit** der Gemeinderatsbeschlüsse tritt nach § 119 Abs. 1 SächsGemO entweder mit der Bestätigung durch die Rechtsaufsichtsbehörde oder durch Ablauf der Monatsfrist ein. Aus Gründen der Klarstellung dürfte es daher ratsam sein, bei einschlägigen Beschlüssen des Gemeinderats einen **Vollzugsvorbehalt** aufzunehmen.[1537] **87**

1534 Vgl. SächsOVG, Beschluss vom 11.3.2010 – 2 A 145/09, juris; SächsOVG, SächsVBl. 2001, S. 246.

1535 Vgl. *Sponer*, in: Binus/Sponer/Koolman, Sächsische Gemeindeordnung, § 123 Rn. 6f.

1536 Vgl. *Rehak*, in: Quecke/Schmid, Gemeindeordnung für den Freistaat Sachsen, § 121 Rn. 17 m. w. N.

1537 *G. Brüggen/Rechentin*, in: Brüggen/Geiert/Nolden, Gemeindeordnung für den Freistaat Sachsen, § 121 Rn. 14; *Rehak*, in: Quecke/Schmid, Gemeindeordnung für der Freistaat Sachsen, § 121 Rn. 18.

88 Die Rechtsaufsichtsbehörde hat den Vertrag nur auf seine **Gesetzmäßigkeit** zu prüfen und insb. unberechtigt eingeräumte Sonderbestimmungen zu untersuchen. Hält sie den Vertrag für unzweckmäßig, kann dies Anlass für eine aufsichtliche Beratung gemäß § 111 Abs. 3 SächsGemO sein; eine unmittelbare Untersagung ist jedoch nicht gerechtfertigt.[1538]

III. Zwangsvollstreckung gegen die Gemeinde

89 Eine Zwangsvollstreckung gegen die Gemeinde **wegen einer Geldforderung** darf nur eingeleitet werden, wenn der Gläubiger eine Zulassungsverfügung der Rechtsaufsichtsbehörde besitzt (§ 122 Abs. 1 SächsGemO). In der Verfügung hat die Aufsichtsbehörde den Zeitpunkt der Vollstreckung zu bestimmen und die Vermögensgegenstände zu bezeichnen, in welche die Zwangsvollstreckung zugelassen wird. Dabei sollen gemäß § 122 Abs. 2 SächsGemO solche Gegenstände ausgenommen werden, die für die Erfüllung von Pflichtaufgaben unentbehrlich sind oder deren Veräußerung ein überwiegendes öffentliches Interesse entgegensteht.[1539]

90 Die Zulassung ist Voraussetzung für das Vollstreckungsverfahren, das im Übrigen nach den Vorschriften der Zivilprozessordnung abgewickelt wird. Die Rechtsaufsichtsbehörde kann die Zulassungsverfügung nur dann ablehnen, wenn die Gemeinde keine Vermögensgegenstände besitzt, die sie ohne ernsthafte Gefährdung ihrer Aufgabenerfüllung entbehren könnte.

91 Die Zwangsvollstreckung zur **Herausgabe von Sachen** und zur **Erwirkung von Handlungen oder Unterlassungen** benötigt im Umkehrschluss keine Zulassungsverfügung. Dasselbe trifft auf Zwangsvollstreckungen in Verfolgung **dinglicher Rechte** zu.

1538 *Rehak*, in: Quecke/Schmid, Gemeindeordnung für den Freistaat Sachsen, § 121 Rn. 18.
1539 Vgl. dazu SächsOVG, Beschluss vom 17.4.2009 – 4 B 382/08, juris.

10. Kapitel
Landkreise im Freistaat Sachsen

A. Einführung

Ein Landkreis ist ebenso wie die Gemeinde **Teil der Exekutive** im Freistaat Sachsen, die sich aus der Staatsregierung, den ihr unterstellten Behörden und den Trägern der Selbstverwaltung zusammensetzt (Art. 82 Abs. 1 S. 1 SächsVerf). In Art. 82 Abs. 1 S. 1 SächsVerf werden die Landkreise ausdrücklich als Träger der Selbstverwaltung erwähnt. Sie sind somit Teil der sog. mittelbaren Staatsverwaltung. 1

Die Anzahl der Landkreise im Freistaat Sachsen hat sich in den vergangenen Jahren erheblich reduziert.[1540] Nach § 1 SächsKrGebNG[1541] gibt es im Freistaat Sachsen nur noch **zehn Landkreise**[1542], denen mit Ausnahme der drei Kreisfreien Städte Chemnitz, Dresden und Leipzig sämtliche übrigen Gemeinden zugeordnet sind (vgl. dazu § 3 SächsKrGebNG). Landkreise sind demnach **Gemeindeverbände**. 2

Neben den verfassungsrechtlichen Bestimmungen im GG sowie in der SächsVerf ist die **Landkreisordnung (SächsLKrO)**[1543] die wichtigste Rechtsgrundlage für die Landkreise. Zahlreiche Regelungen in der SächsLKrO verweisen indes auf die SächsGemO mit der Folge, dass insb. die Binnenorganisation der Landkreise und der Gemeinden in vielen Punkten weitgehend identisch ist. Die nachfolgenden Ausführungen beschränken sich daher v. a. auf die Abweichungen und Besonderheiten. 3

B. Rechtsstellung

I. Landkreis als Gebietskörperschaft

Gemäß § 1 Abs. 2 SächsLKrO ist der Landkreis eine rechtsfähige **Gebietskörperschaft** des öffentlichen Rechts. Das Gebiet des Landkreises besteht aus den nach geltendem Recht zum Landkreis gehörenden Gemeinden (§ 6 Abs. 1 S. 1 SächsLKrO).[1544] **Einwohner** des Landkreises ist gemäß § 9 Abs. 1 SächsLKrO 4

1540 Vgl. dazu oben im 3. Kapitel unter C.V.1. und 3.

1541 Sächsisches Kreisgebietsneugliederungsgesetz vom 29.1.2008 (SächsGVBl. S. 102), geändert durch Gesetz vom 18.12.2013 (SächsGVBl. S. 970, 1079).

1542 Kleinere Bundesländer haben teilweise mehr Landkreise (bspw. in Thüringen: 17). Insgesamt gibt es in Deutschland 294 Landkreise, die als Mitglieder in den jeweiligen Landesverbänden (in Sachsen der Sächsische Landkreistag e. V.) und im Deutschen Landkreistag e. V. zusammengeschlossen sind.

1543 Sächsische Landkreisordnung i. d. F. der Bek. vom 3.3.2014 (SächsGVBl. S. 180) mit späteren Änderungen.

1544 Die in anderen Bundesländern umstrittene Frage, ob es sich bei den Landkreisen um einen „Gemeindeverband" handelt (vgl. dazu *Geis*, Kommunalrecht, § 14 Rn. 2 m. w. N. sowie *Burgi*, Kommunalrecht, § 20 Rn. 9), stellt sich im Freistaat Sachsen nicht.

jeder, der in einer Gemeinde des Landkreises wohnt. Demzufolge ist jeder Gemeindeeinwohner zugleich auch Kreiseinwohner des Landkreises, zu dem die jeweilige Gemeinde gehört. Wer **Bürger** eines Landkreises ist, ergibt sich aus § 13 SächsLKrO, der inhaltlich mit § 15 SächsGemO übereinstimmt.

5 Hinsichtlich des **Wesens** des Landkreises wird die funktionale Beziehung zu den kreisangehörigen Gemeinden und deren Einwohnern insb. durch § 1 Abs. 1 S. 1 und 2 SächsLKrO verdeutlicht: Der Landkreis **unterstützt** die kreisangehörigen Gemeinden in der Erfüllung ihrer Aufgaben und trägt zu einem **gerechten Ausgleich** ihrer Lasten bei (§ 1 Abs. 1 S. 2 SächsLKrO). Zudem erfüllt er seine Aufgaben in bürgerschaftlicher Selbstverwaltung zum gemeinsamen Wohl **aller Einwohner** des Landkreises (§ 1 Abs. 1 S. 1 SächsLKrO).

6 Behörde des Landkreises ist das **Landratsamt** (§ 1 Abs. 4 SächsLKrO). Soweit nichts anderes bestimmt ist, sind die Landratsämter gemäß § 2 Abs. 5 SächsLKrO **untere Verwaltungsbehörden**[1545] im Sinne bundes- und landesrechtlicher Bestimmungen. Auch in diesen Fällen handelt das Landratsamt als Kreisbehörde, da für die Landkreise wie für die Gemeinden das Prinzip der Einheitlichkeit der Verwaltung gilt.[1546] Die Aufgaben der unteren staatlichen Verwaltungsbehörde werden demnach als „voll kommunalisierte" Landkreisaufgaben verstanden, wobei es sich gemäß § 2 Abs. 3 SächsLKrO um Weisungsaufgaben handelt.[1547]

II. Verfassungsgarantien

7 Landkreise sind **Gemeindeverbände** i. S. d. Art. 28 Abs. 2 S. 2 GG. Das **Selbstverwaltungsrecht der Landkreise** ist in Art. 28 Abs. 2 S. 2 GG nur im Rahmen ihres gesetzlichen Aufgabenbereichs nach Maßgabe der Gesetze gewährleistet und weist demnach ein **geringeres Schutzniveau** im Vergleich zu den Gemeinden auf.[1548] Das Selbstverwaltungsrecht auf der Ebene der Landkreise, das ausdrücklich auch in Art. 82 Abs. 2 S. 1 und 84 Abs. 1 S. 2 SächsVerf garantiert wird, nimmt eine andere Funktion als bei den Gemeinden ein. Vornehmlich sichert es die Aufrechterhaltung der Institution des Landkreises mit einem eigenen Aufgabenspektrum.[1549]

8 Aus Art. 28 Abs. 2 S. 2 GG ergibt sich zunächst eine **Rechtssubjektsgarantie**, die auf den Schutz der Institution Landkreis gerichtet ist. Damit ist aber lediglich der Fortbestand des Rechtsinstituts als solches gesichert. Nicht geschützt sind die derzeit existierenden Landkreise. Dies zeigt auch Art. 88 Abs. 1 SächsVerf, wonach das Gebiet von Landkreisen aus Gründen des Wohls der Allge-

1545 Insoweit haben die Landkreise und die Kreisfreien Städte (vgl. § 3 Abs. 4 SächsGemO) eine identische Aufgabenstellung.

1546 Siehe dazu näher oben im 3. Kapitel unter H.I.

1547 Demgegenüber hat das Landratsamt bspw. in BW und Bayern eine Doppelstellung: Es ist Behörde des Landkreises und zugleich untere staatliche Verwaltungsbehörde; vgl. dazu *Geis*, Kommunalrecht, § 18 Rn. 2.

1548 BVerfGE 83, S. 363 (383); BVerfG, NVwZ 2008, S. 183; *Geis*, Kommunalrecht, § 14 Rn. 3 m. w. N.; *Burgi*, Kommunalrecht, § 20 Rn. 12; *Pielow/Groneberg*, JuS 2014, S. 794 (795 f.).

1549 *Geis*, Kommunalrecht, § 14 Rn. 3 m. w. N.

meinheit geändert werden darf, wobei die Auflösung von Landkreisen nur aufgrund eines formellen Gesetzes möglich ist (Art. 88 Abs. 3 S. 2 SächsVerf).[1550]

Darüber hinaus wird durch die **institutionelle Garantie** die Selbstverwaltung der Landkreise geschützt. Sie ist einerseits auf den Aufgabenbestand und andererseits auf die Eigenverantwortlichkeit bei Erfüllung der Aufgaben gerichtet. Diese Eigenverantwortlichkeitsgarantie, die namentlich in den verschiedenen Hoheitsrechten[1551] konkretisiert wird, steht grds. auch den Landkreisen zu. Was Landkreisangelegenheiten sind, wird indes allein „nach Maßgabe der Gesetze" durch den **Landesgesetzgeber** bestimmt, da das gemäß Art. 84 Abs. 1 S. 7 und 85 Abs. 1 S. 2 GG für den Bundesgesetzgeber geltende Aufgabenübertragungsverbot gegenüber den Gemeinden auch für die Landkreise gilt.[1552] Für die Landkreise gibt es folglich keinen Zuständigkeitsbereich, der vergleichbar mit der Allzuständigkeit der Gemeinden wäre.[1553] Der Gestaltungsspielraum des Gesetzgebers wird hierbei durch Art. 85 SächsVerf und dabei insb. durch die Pflicht zum Mehrbelastungsausgleich begrenzt. Zudem dürfen grds. die verfassungsrechtlichen Gewährleistungen des Selbstverwaltungsrechts der Kreise nicht entwertet werden.[1554] 9

C. Aufgaben

Inhaltlich können die von den Landkreisen wahrzunehmenden Aufgaben in drei Gruppen unterteilt werden:[1555] 10

- originäre bzw. übergemeindliche Kreisaufgaben,
- Ergänzungsaufgaben sowie
- Ausgleichsaufgaben.

Originäre Kreisaufgaben sind Aufgaben bezüglich des Kreisgebiets, die Bestand und Funktion des Landkreises begründen und sichern. Von der Sache her gehen sie über das Gebiet einer einzelnen Gemeinde hinaus und wirken sich auf mehrere Gemeinden aus. 11

Beispiele:

Zu den typischen Kreisaufgaben gehören bspw.: die Sozial- und Jugendhilfe, die Trägerschaft von Krankenhäuser, der Bau und die Unterhaltung von Kreisstraßen, die Förderung des kreisweiten Fremdenverkehrs, die Trägerschaft von Berufsschulzentren und Kreismusikschulen, die Planung, Organisation und Ausgestaltung des öffentlichen Personennahverkehrs sowie die Personalverwaltung und die Organisation der Kreisverwaltung.

1550 Siehe dazu näher oben im 3. Kapitel unter C.III. und IV.2.

1551 Zu den kommunalen Hoheitsrechten s. o. im 2. Kapitel unter C.III.

1552 Zu beachten ist aber auch hier Art. 125a Abs. 1 GG.

1553 *Geis*, Kommunalrecht, § 14 Rn. 4 m. w. N.; *Burgi*, Kommunalrecht, § 20 Rn. 12 m. w. N.; *Pielow/Groneberg*, JuS 2014, S. 794 (796).

1554 BVerfG, NVwZ 2008, S. 183.

1555 Vgl. dazu *Geis*, Kommunalrecht, § 16 Rn. 1 m. w. N.; *Burgi*, Kommunalrecht, § 20 Rn. 17.

12 **Ergänzungsaufgaben**

ergeben sich je nach der Leistungsfähigkeit der kreisangehörigen Gemeinde und treten – subsidiär – neben die gemeindlichen Aufgaben oder auch an deren Stelle. Zu überörtlichen Aufgaben werden sie, weil die kreisangehörigen Gemeinden den Anforderungen an eine sachgerechte Aufgabenerfüllung mangels personeller oder finanzieller Ressourcen nicht (mehr) gerecht werden. Diese Konstellation liegt etwa dem Rastede-Beschluss des BVerfG[1556] in Gestalt der gesetzlichen Übertragung von Aufgaben der Abfallentsorgung auf die Kreise zugrunde.

Beispiele:

Unterhaltung von Krankenhäusern; Trägerschaft von Volkshochschulen oder Jugendeinrichtungen.

13 Eine ähnliche Funktion haben die **Ausgleichsaufgaben**, indem auch sie die Unterstützung der kreisangehörigen Gemeinden bezwecken: Sofern kreisangehörige Gemeinden bestimmte Aufgaben wegen fehlender Verwaltungs- oder Finanzkraft nicht erledigen können, dürfen Kreise auf landesgesetzlicher Grundlage den Gemeinden ausgleichend administrative und finanzielle Hilfe – praktisch als Hilfe zur Selbsthilfe – gewähren, um gleichwertige Lebensverhältnisse in den Gemeinden herzustellen.[1557]

Beispiel:

Ein Landkreis könnte etwa eine größere Bibliothek von der Gemeinde aufgrund der Ausgleichs- und Ergänzungsfunktion gemäß § 1 Abs. 1 S. 2 i. V. m. § 2 Abs. 1 S. 1 SächsLKrO übernehmen. Ein Anspruch der Gemeinde gegenüber dem Landkreis auf Übernahme der Bibliothek besteht jedoch nicht.

14 Bei den Ausgleichs- und Ergänzungsaufgaben bleibt die Kompetenz grds. auch bei der Gemeinde. Die Landkreise ergänzen bzw. unterstützen das gemeindliche Handeln lediglich. Obwohl die Kompetenz bei der Gemeinde bleibt, berühren gleichwohl Ausgleichs- und Ergänzungsaufgaben ihr gemeindliches Selbstbestimmungsrecht und bedürfen deshalb einer verfassungsrechtlichen Rechtfertigung. Eine solche stellt insb. das Fehlen der Leistungsfähigkeit der Gemeinden zur alleinigen Aufgabenerledigung dar.[1558] Da eine klare Trennung zwischen Ausgleichs- und Ergänzungsaufgaben schwierig ist, kann diese „Unschärfe“ zu Kompetenzschwierigkeiten führen. Allerdings wird dadurch eine

1556 BVerfGE 79, S. 127 = NVwZ 1989, S. 347.

1557 *Pielow/Groneberg*, JuS 2014, S. 794 (797); vgl. zu den Ausgleichsaufgaben zudem BVerwG, NVwZ 1998, S. 63.

1558 BVerwG, NVwZ 1998, S. 63.

flexiblere Handhabung entsprechend der jeweiligen Leistungskraft der betreffenden Gemeinden ermöglicht.[1559]

Strukturell muss wie bei den Gemeinden auch bei den Landkreisen gemäß § 2 SächsLKrO unterschieden werden zwischen **weisungsfreien Aufgaben**, deren Aufgabenerfüllung lediglich der Rechtsaufsicht unterliegt, sowie den **Weisungsaufgaben**, für welche die Rechts- und Fachaufsicht gilt. 15

Weisungsfrei sind 16

- **freiwillige Aufgaben** gemäß § 2 Abs. 1 SächsLKrO.

> **Beispiele:**
>
> Kreismusikschule, Aufgabenträger gemäß § 3 SächsÖPNVG für den öffentlichen Personennahverkehr; Krankenhausträgerschaft; regionale Fremdenverkehrsförderung.

- **Pflichtaufgaben** gemäß § 2 Abs. 2 SächsLKrO.

> **Beispiele:**
>
> Straßenbaulast für Kreisstraßen (§§ 9, 44 Abs. 1 S. 2 SächsStrG); Träger der berufsbildenden Schulen (§§ 22 Abs. 1 S. 3, 23 Abs. 1 SächsSchulG); örtlicher Träger der Sozialhilfe (§ 10 SächsAGSGB); Abfallentsorgungspflichtiger (§ 17 KrWG, § 2 Abs. 1 SächsKrWBodSchG); Aufgabenträger für den überörtlichen Brandschutz und untere Brandschutzbehörde (§§ 3 Abs. 1 Nr. 2, 4 Abs. 1 Nr. 3 und 5 Abs. 1 S. 1 SächsBRKG).

Weisungsaufgaben können den Landkreisen gemäß § 2 Abs. 3 SächsLKrO auferlegt werden. Das Gesetz bestimmt den Umfang des Weisungsrechts (§ 2 Abs. 3 S. 2 SächsLKrO). Hierbei handelt es sich wie auch bei den Gemeinden nach § 2 Abs. 3 SächsGemO um Aufgaben, die aus dem staatlichen Aufgabenkanon auf die kommunale Ebene übertragen wurden.[1560] 17

> **Beispiele:**
>
> Aufgaben als untere Bauaufsichtsbehörde (§§ 57 Abs. 1 Nr. 1, 58 Abs. 1 SächsBO); Aufgaben der Kreispolizeibehörde (§ 1 Abs. 1 Nr. 3 und 2 SächsPBG sowie §§ 32f. SächsVersG); Aufgaben der unteren Denkmalschutzbehörde (§ 3 Abs. 1 Nr. 3, 3 SächsDSchG); Aufgaben der unteren Straßenverkehrsbehörde (§§ 1 Nr. 2, 3 und 24 SächsStVRG); Aufgaben der unteren Wasserbehörde (§§ 109 Abs. 1 Nr. 3 und 110 Abs. 3 SächsWG) und der unteren Naturschutzbehörde (§§ 46 Abs. 1 Nr. 3 und 47 Abs. 4 SächsNatSchG); Unterhaltung und Instandsetzung der Staatsstraßen (§ 48 SächsStrG) sowie die Wahrnehmung der Aufgaben als untere Straßenaufsichtsbehörde (§ 49 SächsStrG); Rechtsaufsichtsbehörde gegenüber den kreisangehörigen Gemeinden (§ 112 Abs. 1 S. 1 und Abs. 2 SächsGemO).

1559 *Bätge*, Möglichkeiten, Chancen und Risiken bei interkommunaler Zusammenarbeit zwischen Kreis und kreisangehöriger Gemeinde in *Schneider*, Handbuch Interkommunale Zusammenarbeit, S. 89ff.

1560 Siehe dazu näher oben im 3. Kapitel unter H.II.3.

D. Rechtsetzung

18 Auch den Landkreisen steht aufgrund ihres Selbstverwaltungsrechts die **Satzungshoheit** zu.[1561] Gemäß § 3 Abs. 1 SächsLKrO können die Landkreise die weisungsfreien Angelegenheiten durch **Satzung** regeln, soweit Gesetze oder Rechtsverordnungen keine Vorschriften enthalten. Insoweit ergeben sich keine grundsätzlichen Unterschiede zur Rechtsetzungshoheit der Gemeinden.[1562]

19 Von besonderer Bedeutung sind **Rechtsverordnungen**, die von den Landkreisen als untere Naturschutzbehörde erlassen werden dürfen. So erfolgt die Unterschutzstellung von Teilen von Natur und Landschaft gemäß § 13 Abs. 1 SächsNatSchG durch Rechtsverordnung. Zuständig für die Unterschutzstellung von Natur- und Landschaftsschutzgebieten, Naturdenkmälern sowie Naturparks sind gemäß § 48 Abs. 1 Nr. 2 SächsNatSchG die Landratsämter als untere Naturschutzbehörden. Weitere Ermächtigungen ergeben sich z. B. zum Erlass von Polizeiverordnungen als Kreispolizeibehörde aus §§ 32 Abs. 1, 1 Abs. 1 Nr. 3 SächsPBG oder von Verordnungen zur Errichtung von Grabungsschutzgebieten nach § 22 Abs. 1 i. V. m. § 3 Abs. 1 Nr. 3 SächsDSchG.

20 Hinsichtlich des Rechtsetzungsverfahrens enthalten die Bestimmungen in § 3 Abs. 4 bis 6 SächsLKrO entsprechende Vorgaben wie für das Rechtsetzungsverfahren der Gemeinden.[1563]

E. Binnenorganisation

I. Einführung

21 Auch hinsichtlich der Binnenorganisation des Landkreises ergeben sich weitgehend vergleichbare Strukturen wie bei den Gemeinden. So bestimmt § 1 Abs. 3 SächsLKrO, dass **Organe** des Landkreises der **Kreistag** (vergleichbar mit dem Gemeinderat) und der **Landrat** (vergleichbar mit dem Bürgermeister) sind. Auch die Bestimmungen der Organkompetenz zwischen Kreistag und Landrat sowie über die Verfassung und Verwaltung des Landkreises gemäß §§ 23 ff. SächsLKrO entsprechen überwiegend dem Konzept der SächsGemO.

22 Um Wiederholungen zu vermeiden, beschränken sich die folgenden Ausführungen v. a. auf die Besonderheiten und Abweichungen gegenüber den Regelungen der SächsGemO.

1561 Vgl. hier nur *Ewert*, in: Sponer/Jacob/Musall, Kommunalverfassungsrecht Sachsen, § 3 SächsLKrO Erl. 1.

1562 Vgl. dazu näher oben im 4. Kapitel.

1563 Vgl. dazu näher oben im 4. Kapitel unter A. IV. und B.III.

II. Kreistag

1. Rechtsstellung und Zuständigkeit

Die Rechtsstellung des Kreistags ist in § 23 SächsLKrO geregelt. Danach ist der Kreistag die 23

- Vertretung der Bürger und
- das Hauptorgan des Landkreises.

Ihm sind – mit Blick auf Art. 28 Abs. 1 S. 2 GG – die wesentlichen Entscheidungen des Landkreises vorbehalten.[1564] Er ist das demokratisch gewählte Vertretungsorgan der Bürger aller kreisangehörigen Gemeinden. Als **Hauptorgan** der Kreisebene legt der Kreistag die Grundsätze für die Verwaltung des Landkreises fest und entscheidet über alle Angelegenheiten des Landkreises, soweit nicht der Landrat kraft Gesetzes zuständig ist oder ihm der Kreistag bestimmte Angelegenheiten überträgt (§ 24 Abs. 1 SächsLKrO). Er überwacht die Ausführung seiner Beschlüsse und sorgt beim Auftreten von Missständen in der Kreisverwaltung für deren Beseitigung durch den Landrat (§ 24 Abs. 3 SächsLKrO). 24

2. Zusammensetzung und Wahl sowie Rechtsstellung der Kreisräte

Der Kreistag setzt sich zusammen aus den Kreisräten und dem Landrat (§ 25 Abs. 1 SächsLKrO). Vorsitzender des Kreistags ist der Landrat (§ 25 Abs. 1 SächsLKrO). Die Zahl der Kreisräte ist in § 25 Abs. 2 SächsLKrO vorgeschrieben. Im Gegensatz zu § 29 Abs. 3 SächsGemO besteht für den Kreistag keine Möglichkeit, durch Hauptsatzung die Zahl der Kreisräte zu verändern. Die Dauer der Amtszeit der Kreisräte beträgt fünf Jahre (§ 29 Abs. 1 SächsLKrO). 25

Zur Vertiefung: 26

*Ist ein **Bürgermeister Mitglied im Kreistag**[1565], können Interessenkollisionen auftreten, wenn der Kreistag über eine Angelegenheit beschließt, die die Gemeinde unmittelbar betrifft (z. B. Kaufvertrag zwischen dem Landkreis und der Gemeinde, Festlegung der Kreisumlage, Rechtsaufsichtsmaßnahmen gegen die Gemeinde, deren Bürgermeister zugleich Kreisrat ist usw.). Rechtlich betrachtet ist es aber weder gesetzlich ausgeschlossen noch ausschließbar, dass Bürgermeister kreisangehöriger Gemeinden, die Bürger des Landkreises sind, sich um ein Mandat als Kreisrat bewerben (§§ 13, 14, 27 SächsLKrO). Grds. hat jeder Kreiseinwohner, der die Voraussetzungen der Wählbarkeit erfüllt, das Recht, sich in den Kreistag wählen zu lassen.[1566] Es stellt sich allerdings die*

1564 *Brüning*, in: Ehlers/Fehling/Pünder, Besonderes Verwaltungsrecht, Band 3, § 64 Rn. 222.
1565 VerfG Brandenburg, Beschluss vom 26.08.2011 – 6/11, juris; VerfG Brandenburg, Beschluss vom 17.09.1998 – 30/98, 30/98 EA, juris (zur Vereinbarkeit Bürgermeister und Mitglied im Kreistag).
1566 BVerfGE 48, S. 64; VGH Baden-Württemberg, Urteil vom 9.11.1992 – 1 S 65/92, juris.

(politische) Frage, ob der sächsische Landesgesetzgeber die bereits bestehende Inkompatibilitätsregelung[1567] *des § 28 SächsLKrO (Vorliegen von Hinderungsgründen) um die Gruppe der Bürgermeister der kreisangehörigen Gemeinden erweitern sollte, um dadurch Interessenkollisionen vorzubeugen.*[1568] *Für die Beibehaltung der bisherigen Gesetzeslage spricht indes v.a. die Fachkompetenz der Bürgermeister. Zudem können mögliche Interessenkonflikte in Einzelfällen durch die Befangenheitsvorschrift des § 18 SächsLKrO vermieden werden.*

27 ***Hinweis:***

Im Freistaat Sachsen sind – Stand: 2016 – 27 Prozent (245 von 914) der Kreistagsmitglieder Bürgermeister, wobei die Spanne in den zehn Landkreisen von 20 bis 34 Prozent reicht. Insb. die größeren Gemeinden sind durch den Bürgermeister vertreten: Während die Vertretungsquote für die Gemeinden bis 2.000 Einwohner nur bei 29 Prozent liegt, steigt der Anteil für die Gemeinden ab 10.000 Einwohner auf 83 Prozent.[1569]

28 Die **Wahl der Kreisräte** ist in den §§ 26 bis 30 SächsLKrO sowie ergänzend in den §§ 48ff. KomWG geregelt. Wie sich insb. aus § 48 KomWG ergibt, gelten für die Kreistagswahlen grds. die Vorschriften für die Gemeinderatswahlen.[1570]

29 Die **Rechtsstellung der Kreisräte** (§ 31 SächsLKrO) entspricht im Wesentlichen denjenigen der Gemeinderäte. Sie sind ehrenamtlich tätig und entscheiden im Rahmen der Gesetze nach ihrer freien, nur durch das öffentliche Wohl bestimmten Überzeugung (freies Mandat).[1571] Hinsichtlich der Bildung von Fraktionen enthält § 31a SächsLKrO seit dem Dritten Gesetz zu Fortentwicklung des Kommunalrechts vom 9.2.2022[1572] ein Kuriosum, weil eine Fraktion gemäß § 31a Abs. 1 S. 1 SächsLKrO einerseits fünf Prozent der Kreisräte umfassen muss, was bei einer Mindestgröße des Kreistages von 74 Kreisräten (siehe § 25 Abs. 2 SächsLKrO) zu einer Mindestgröße von vier Personen führt. Andererseits werden in § 31a Abs. 1 S. 1 SächsLKrO „mindestens jedoch zwei Personen“ verlangt. Hier bedarf es einer gesetzlichen Klarstellung, was denn nun gelten soll.

1567 Grundlegend *Schneider-Hässler*, Inkompatibilität im Kommunalrecht, 2017.

1568 Einzelne Bundesländer haben entsprechende Unvereinbarkeitsregelungen, die jedoch sehr verschieden sind (z.B. Art. 24 BayLKrO sowie § 102 ThürKO [OB oder Beigeordnete einer kreisfreien Stadt], § 26a KrO Schleswig-Holstein [hauptamtliche Bürgermeister kreisangehöriger Gemeinden] sowie § 12 BbgKWahlG [maßgeblich: Dienstverhältnis mit kreisangehöriger Gemeinde]).

1569 Vgl. näher zum Ganzen *Held/Stahl*, Bürgermeister in sächsischen Kreistagen – Empirische Untersuchung und kritische Auseinandersetzung mit der Mandatswahrnehmung, 2016.

1570 Vgl. näher dazu oben im 6. Kapitel unter B.II.2.

1571 Vgl. näher dazu oben im 6. Kapitel unter B.IV.

1572 Gesetz vom 9.2.2022 (SächsGVBl. S. 134).

3. Kreistagssitzung

Das Verfahren hinsichtlich der Einberufung und des Ablaufs der Sitzungen des Kreistags und seiner Ausschüsse ist im Wesentlichen ebenso geregelt wie der Verfahrensgang im Gemeinderat (§§ 32 bis 36 SächsLKrO). 30

Werden Mitglieder des Kreistags in einem Mitgliedschaftsrecht verletzt, haben sie – ebenso wie die Gemeinderäte – die Möglichkeit, ihre Rechte in einem Kommunalverfassungsstreitverfahren[1573] geltend zu machen. 31

III. Landrat

1. Rechtsstellung, Wahl und Abwahl

Die Rechtsstellung des Landrats entspricht derjenigen des Bürgermeisters. Er ist gemäß §§ 47 Abs. 1 und 2, 48 Abs. 1 SächsLKrO: 32

- Vorsitzender und stimmberechtigtes Mitglied des Kreistags,
- Leiter der Verwaltung,
- gesetzlicher Vertreter des Landkreises sowie
- Beamter auf Zeit.

Gemäß § 151 Abs. 1 S. 1 SächsBG finden auf Landräte grds. die für hauptamtliche Bürgermeister geltenden Vorschriften entsprechende Anwendung. Die besoldungsrechtliche Zuordnung der Ämter der Landräte erfolgt in § 30 Abs. 1 Nr. 1 SächsBesG. Zudem erhalten Landräte gemäß § 1 KomDAEVO eine Entschädigung für dienstlich veranlasste Aufwendungen. 33

Der Landrat wird von den Bürgern des Landkreises **auf sieben Jahre gewählt** (§§ 44 bis 46, 47 Abs. 3 SächsLKrO). Er kann ebenfalls wie ein Bürgermeister vorzeitig **abgewählt** werden (§ 47 Abs. 6 bis 8 SächsLKrO). 34

2. Stellung im Kreistag und den Ausschüssen

Der Landrat ist stimmberechtigtes Mitglied des Kreistags (§ 48 Abs. 1 S. 1 SächsLKrO), bereitet die Sitzungen des Kreistags und der Ausschüsse vor und vollzieht die Beschlüsse (§ 48 Abs. 1 S. 2 SächsLKrO). Er hat gemäß § 48 Abs. 2 und 3 SächsLKrO die Widerspruchsbefugnis gegen Beschlüsse des Kreistags und der beschließenden Ausschüsse, das Eilentscheidungsrecht (§ 48 Abs. 4 SächsLKrO) sowie die Pflicht zur Unterrichtung des Kreistags (§ 48 Abs. 5 SächsLKrO). 35

3. Leiter des Landratsamtes

Der Landrat ist gemäß § 49 Abs. 1 SächsLKrO für die sachgerechte Erledigung der Aufgaben und den ordnungsgemäßen Gang der Kreisverwaltung verantwortlich und regelt die innere Organisation der Kreisverwaltung. Er erledigt in eigener Zuständigkeit die Geschäfte der laufenden Verwaltung und die ihm sonst durch Rechtsvorschriften oder vom Kreistag übertragenen Aufgaben (§ 49 Abs. 2 S. 1 SächsLKrO). 36

1573 Vgl. näher dazu oben im 6. Kapitel unter H.

37 Weisungsaufgaben erledigt der Landrat grds. gemäß § 49 Abs. 3 S. 1 SächsLKrO in eigener Zuständigkeit. Im Übrigen ist der Landrat Vorgesetzter, Dienstvorgesetzter und oberste Dienstbehörde der Kreisbediensteten (§ 49 Abs. 4 SächsLKrO).

4. Stellvertreter des Landrats

38 Im Gegensatz zu § 55 Abs. 1 SächsGemO, der die zwingende Bestellung von Beigeordneten von der Einwohnerzahl der Gemeinden abhängig macht[1574], müssen alle Landkreise gemäß § 50 Abs. 1 S. 1 SächsLKrO mindestens einen **hauptamtlichen Beigeordneten** als Stellvertreter bestellen. Die Hauptsatzung des Landkreises kann bestimmen, dass ein weiterer Beigeordneter bestellt wird (§ 50 Abs. 1 S. 2 SächsLKrO). Die Beigeordneten werden vom Kreistag für sieben Jahre gewählt (§ 52 Abs. 1 S. 2 und Abs. 2 SächsLKrO).

39 **Zur Vertiefung:**

Durch das Gesetz zur Neugliederung der Landkreise im Freistaat Sachsen[1575] wurde nicht nur die Anzahl der Landkreise erheblich verringert, sondern auch durch die Änderung des § 50 SächsLKrO die mögliche Zahl der Beigeordneten reduziert. Art. 4 Nr. 1 dieses Gesetzes bestimmte, dass in allen Landkreisen höchstens ***zwei Beigeordnete*** *bestellt werden können. Die Übergangsregelung, wonach auch drei Beigeordnete möglich sind, entfiel mit Inkrafttreten des Art. 4 Nr. 1 Neugliederungsgesetz am 1.10.2015. Allerdings wurde den Beigeordneten, die vor dem 1.10.2015 gewählt wurden und deren Amtszeit noch lief, für die restliche Laufzeit ihres Amtes Bestandsschutz gewährt (Art. 11 Neugliederungsgesetz).*

40 Die Beigeordneten vertreten gemäß § 50 Abs. 2 S. 1 SächsLKrO den Landrat ständig in ihrem Geschäftskreis, wobei die Geschäftskreise vom Landrat im Einvernehmen mit dem Kreistag festgelegt werden (§ 50 Abs. 2 S. 2 SächsLKrO). Der Landrat kann den Beigeordneten allgemein oder im Einzelfall Weisungen erteilen (§ 50 Abs. 2 S. 3 SächsLKrO).

41 Neben den Beigeordneten können gemäß § 51 Abs. 1 S. 1 SächsLKrO **weitere Stellvertreter** des Landrats bestellt werden, die den Landrat im Falle seiner Verhinderung vertreten, wenn auch alle Beigeordneten verhindert sind. Die Stellvertretung beschränkt sich jedoch auf die Fälle der Verhinderung (§ 51 Abs. 1 S. 2 SächsLKrO). Zudem sieht § 51 Abs. 2 bis 4 SächsLKrO die Möglichkeit der Bestellung eines **Amtsverwesers** vor.

F. Aufsicht

42 **Rechtsaufsichtsbehörde** für die Landkreise ist gemäß § 65 Abs. 1 S. 1 SächsLKrO die Landesdirektion Sachsen. Hinsichtlich der **Wahrnehmung der Aufsicht** verweist § 65 Abs. 2 S. 1 SächsLKrO grds. in vollem Umfang auf den

1574 Siehe näher dazu oben im 6. Kapitel unter F.XI.4.
1575 Gesetz vom 29.1.2008 (SächsGVBl. S. 102). Siehe näher dazu oben im 3. Kapitel unter C.V.3.

Fünften Teil der SächsGemO (§§ 111 bis 123).[1576] Lediglich § 2 Abs. 3 S. 3 SächsGemO, wonach sich bei Weisungsaufgaben die Weisungen auf allgemeine Anordnungen beschränken und i. d. R. nicht in die Einzelausführung eingreifen sollen, findet keine Anwendung (§ 65 Abs. 2 S. 2 SächsLKrO).

G. Landkreiswirtschaft

Die **Wirtschaftsführung der Landkreise** entspricht im Wesentlichen der der Gemeinde. Folgerichtig verweist deshalb § 61 SächsLKrO auf die für die Haushaltswirtschaft der Gemeinden maßgeblichen Bestimmungen der §§ 72 bis 88c SächsGemO. Weitere Verweise finden sich in § 62 SächsLKrO (Vermögen des Landkreises) und § 63 SächsLKrO (Unternehmen und Beteiligungen des Landkreises). Gemäß § 64 S. 1 SächsLKrO hat auch der Landkreis ein Rechnungsprüfungsamt einzurichten. Auch im Prüfungswesen wird auf die Bestimmungen für die Gemeinden verwiesen (§ 64 S. 3 SächsLKrO). 43

Die Gewährleistung der Selbstverwaltung umfasst gemäß Art. 28 Abs. 2 S. 3 1. Hs. GG auch die Grundlagen der **finanziellen Eigenverantwortung**. Dass zu diesen Grundlagen eine mit Hebesatzrecht zustehende wirtschaftsbezogene Steuerquelle gehört, wird indes gemäß Art. 28 Abs. 2 S. 3 2. Hs. GG ausschließlich den Gemeinden garantiert.[1577] Gemäß § 8 Abs. 1 und 2 SächsKAG ist die einzige Kreissteuer die ökonomisch relativ unbedeutende Jagdsteuer, die derzeit von keinem Landkreis mehr erhoben wird. Das gemeindliche Recht, örtliche Verbrauch- und Aufwandsteuern zu erheben, steht den Landkreisen nicht zu (kein Abgabenfindungsrecht). Sie erhalten als wichtigste Einnahmequelle vielmehr nach dem SächsFAG staatliche Finanzzuweisungen (Schlüsselzuweisungen und Ausgleichszahlungen) aus dem kommunalen Finanzausgleich. 44

Ein kreisspezifisches Finanzierungsinstrument ist die **Kreisumlage** gemäß § 26 SächsFAG, die die Landkreise von den kreisangehörigen Gemeinden erheben, soweit ihre sonstigen Erträge nicht ausreichen, um ihren Finanzbedarf zu decken. Die Höhe der Kreisumlage wird vom Kreistag festgelegt.[1578] Die Umlage bemisst sich durch Anwendung eines Prozentsatzes (Umlagesatz) auf die Umlagegrundlagen der kreisangehörigen Gemeinden (§ 26 Abs. 2 S. 1 SächsFAG). Die Umlagegrundlagen ergeben sich aus § 26 Abs. 3 SächsFAG (z. B. die Steuerkraftmesszahlen) und werden durch die Landesdirektion Sachsen bestimmt und bekannt gemacht (§ 26 Abs. 3 S. 2 FAG). 45

Zur Vertiefung: 46

Umstritten ist, ob die Kreisumlage auch für die Ergänzungs- und insb. für die Ausgleichsaufgaben der Landkreise verwendet werden darf. Dies würde im Ergebnis

1576 Insoweit kann auf die Ausführungen im 9. Kapitel verwiesen werden.
1577 Siehe näher dazu im 8. Kapitel unter C.II.1.
1578 Siehe näher dazu im 8. Kapitel unter C.II.8.

bedeuten, dass ein finanzieller Transfer von den leistungsfähigeren Gemeinden (über den Kreis) hin zu den weniger leistungsfähigen (oder weniger wirtschaftlich geführten) Gemeinden erfolgt. Dies wurde vom BVerwG bejaht.[1579]

H. Name, Sitz, Wappen und Dienstsiegel

47 Die Landkreise führen im Gegensatz zu den Gemeinden gemäß § 4 Abs. 1 S. 1 SächsLKrO den **gesetzlich bestimmten Namen**. Die nach der letzten Kreisgebietsreform maßgeblichen Namen ergeben sich nunmehr aus § 1 SächsKrGebNG. Eine Änderung des Namens ist grds. möglich. Erforderlich hierzu sind gemäß § 4 Abs. 1 S. 2 SächsLKrO ein Beschluss des Kreistags mit einer Mehrheit von zwei Dritteln aller Kreistagsmitglieder sowie die Genehmigung des Staatsministeriums des Innern als oberste Rechtsaufsichtsbehörde (§ 65 Abs. 1 S. 2 SächsLKrO).

48 Der **Sitz** des Landratsamtes wird gemäß § 4 Abs. 2 S. 1 SächsLKrO ebenfalls durch Gesetz bestimmt. Die jeweiligen Kreisstädte sind in § 3 SächsKrGebNG aufgeführt. Gemäß § 4 Abs. 2 S. 2 SächsLKrO kann der Landkreis **Außenstellen** des Landratsamtes einrichten.

49 Die Landkreise können gemäß § 5 Abs. 1 S. 1 SächsLKrO ihre bisherigen **Wappen** führen. Die erstmalige Führung von Wappen und Flaggen sowie deren Änderung bedürfen der Genehmigung der Rechtsaufsichtsbehörde, wobei hierzu das Einvernehmen des Sächsischen Staatsministeriums des Innern erforderlich ist. Die Abbildung der Wappen und Flaggen der Landkreise zu künstlerischen und wissenschaftlichen Zwecken ist jedermann erlaubt (§ 5 Abs. 2 S. 1 SächsLKrO). Jede weitere Verwendung bedarf gemäß § 5 Abs. 2 S. 2 SächsLKrO der Erlaubnis des wappenführenden Landkreises.

50 Gemäß § 5 Abs. 3 S. 1 SächsLKrO führen die Landkreise **Dienstsiegel**. Landkreise mit eigenem Wappen führen dieses, die übrigen Landkreise das Wappen des Freistaates Sachsen mit der Bezeichnung und dem Namen des Landkreises als Umschrift in ihrem Dienstsiegel (§ 5 Abs. 3 S. 2 SächsLKrO).

1579 BVerwGE 101, S. 99; a. A. BayVGH, BayVBl. 1993, S. 1112; vgl. auch *Burgi*, Kommunalrecht, § 20 Rn. 22 m. w. N.

11. Kapitel
Kommunale Zusammenarbeit

A. Einführung

Grds. sind die Kommunen zur selbstständigen und eigenverantwortlichen Aufgabenerfüllung verpflichtet. Für zahlreiche kleinere Gemeinden, insb. im ländlichen Raum, wird es aber zunehmend schwieriger, die vielfältigen kommunalen Aufgaben in der vom Bürger zu erwartenden Qualität allein zu bewältigen. Knappe finanzielle Ressourcen, besondere technische Herausforderungen sowie die demografische Entwicklung erhöhen den Druck auf viele Kommunen.[1580] 1

Vor diesem Hintergrund bietet sich eine **Zusammenarbeit mit anderen Kommunen** an, ohne dass die jeweiligen Gemeinden ihre rechtliche und politische Selbstständigkeit im Ganzen aufgeben müssen. Die Kompetenz der Gemeinden zu dieser Kooperation folgt aus ihrer **Organisationshoheit.**[1581] Die Zusammenarbeit ist in den Rechtsformen des öffentlichen und privaten Rechts möglich.[1582] Öffentlich-rechtliche Formen bieten den Vorteil, mit den Mitteln des öffentlichen Rechts handeln zu können (z. B. Erlass von Satzungen, Rechtsverordnungen und Verwaltungsakten). Demgegenüber ergeben sich bei einer privatrechtlichen Zusammenarbeit (z. B. im Rahmen einer Public-Private-Partnership) variablere Gestaltungsmöglichkeiten.[1583] 2

Der sächsische Gesetzgeber hat den Gemeinden und Landkreisen durch das **Sächsische Gesetz über kommunale Zusammenarbeit (SächsKomZG)**[1584] für die öffentlich-rechtliche Kooperation[1585] einen rechtlichen Rahmen vorgegeben, der das Selbstverwaltungsrecht der Kommunen nicht unerheblich einschränkt. 3

Die Formen der kommunalen Zusammenarbeit werden in § 2 Abs. 1 SächsKomZG **abschließend** durch einen **Typenzwang** festgelegt. In Betracht kommen

- Zweckverband, Zweckvereinbarung und kommunale Arbeitsgemeinschaft (Nr. 1) sowie
- Verwaltungsverband und Verwaltungsgemeinschaft, sofern diese bis zum 17.11.2012 wirksam entstanden sind (Nr. 2).

1580 Vgl. dazu auch *Geis*, Kommunalrecht, § 21 Rn. 1 m. w. N. sowie *Burgi*, Kommunalrecht, § 19 Rn. 2.

1581 Siehe dazu näher oben im 2. Kapitel unter C.III.2.

1582 Vgl. die Übersicht bei *Reitzig/Senf*, Wege zur selbstbestimmten dezentralen Zusammenarbeit sächsischer Gemeinden, S. 10.

1583 *Sponer/Tostmann*, Kommunalrecht, S. 177.

1584 SächsKomZG i. d. F. der Bek. vom 15.4.2019 (SächsGVBl. S. 270).

1585 Gemäß § 2 Abs. 2 SächsKomZG wird die Zulässigkeit der kommunalen Zusammenarbeit in hierfür geeigneten Rechtsformen des Privatrechts nicht durch das SächsKomZG berührt.

4 Zweckverbände sind **Formen punktueller kommunaler Zusammenarbeit**. Das Gleiche gilt für den Abschluss von Zweckvereinbarungen. Verwaltungsverbände und Verwaltungsgemeinschaften sind **Formen umfassender kommunaler Zusammenarbeit**. Daneben können Kommunen ohne besondere Voraussetzungen auch zum Zwecke der Zusammenarbeit gemäß §§ 54 bis 62 VwVfG öffentlich-rechtliche Verträge abschließen sowie gemäß § 2 Abs. 2 SächsKomZG die privatrechtlichen Rechtsformen der Zusammenarbeit wählen.

5 Insb. durch das Gesetz zur Erleichterung freiwilliger Gebietsänderungen[1586] wurde allerdings die politische Zielsetzung eines Vorrangs der Bildung von **Einheitsgemeinden**[1587] gegenüber Verwaltungsverbänden und Verwaltungsgemeinschaften verankert. Demzufolge hat die Bedeutung von Verwaltungsgemeinschaften[1588] und insb. von Verwaltungsverbänden[1589] stetig abgenommen. Gleichwohl regelt das SächsKomZG etwas unsystematisch den Verwaltungsverband in den §§ 3 ff. SächsKomZG sehr ausführlich gleichsam als „Grundmodell". Für den in der kommunalen Praxis erheblich wichtigeren Zweckverband verweist das Gesetz häufig auf die entsprechenden Bestimmungen für den Verwaltungsverband.

6 Neben den in § 2 SächsKomZG aufgeführten Grundformen ergeben sich für die Gemeinden und Landkreise aufgrund spezieller gesetzlicher Regelungen **Sonderformen** der kommunalen Zusammenarbeit, die den Kommunen als **freiwilliges** Gestaltungsmittel zur Verfügung stehen.

Beispiele:

- **Sparkassenzweckverbände** gemäß § 1 Abs. 1 bis 4 SächsSpG (so ist bspw. Träger der Sparkasse Chemnitz der Sparkassenzweckverband Chemnitz, dessen Mitglieder die Stadt Chemnitz und der Landkreis Zwickau sind);
- **Gewässerunterhaltungsverbände** gemäß § 32 Abs. 2 SächsWG;
- **Planungsverbände** gemäß § 205 Abs. 1 BauGB.

7 Weitere Sonderformen der kommunalen Zusammenarbeit beruhen auf Entscheidungen des Gesetzgebers und führen zu einer **unfreiwilligen** Kooperation.

Beispiele:

- **Rettungszweckverbände** gemäß § 25 Abs. 2 SächsBRKG;
- **regionale Planungsverbände** gemäß § 9 SächsLPlG;
- **ländliche Kulturräume** gemäß § 1 Abs. 1 SächsKRG.

1586 Gesetz vom 18.10.2012 (SächsGVBl. S. 562).
1587 Siehe dazu näher oben im 3. Kapitel unter C.VI.
1588 Gegenwärtig (Stand: 1.1.2024) bestehen im Freistaat Sachsen 64 Verwaltungsgemeinschaften mit 158 Städten und Gemeinden.
1589 Gegenwärtig (Stand: 1.1.2024) bestehen im Freistaat Sachsen sechs Verwaltungsverbände mit 21 Gemeinden.

Darüber hinaus gibt es auch noch die gesetzlich nicht geregelten (verwaltungsinternen) **Städteverbünde** als Instrument der Raumordnung, die im SächsLEP anerkannt sind.[1590] Hinzu kommen **wirtschaftliche Unternehmen**, zu denen auch die kommunalen Wohnungsunternehmen gehören. Diese dürfen gemeinsam in Privatrechtsform geführt werden, wenn die Voraussetzungen der §§ 94a ff. SächsGemO erfüllt sind. Schließlich bieten sich noch sog. **„weiche Kooperationsformen"** wie Städtenetzwerke, Regionalkonferenzen oder Foren als Formen der Zusammenarbeit an. Hinzu kommt eine **länderbezogene grenzüberschreitende kommunale Zusammenarbeit**. Der Freistaat Sachsen hat dafür Staatsverträge mit den angrenzenden Ländern Bayern, Thüringen, Sachsen-Anhalt und Brandenburg geschlossen. Die Rechtsgrundlagen ergeben sich aus § 81 SächsKomZG und den jeweiligen Staatsverträgen. Schließlich kommt auch eine **grenzüberschreitende kommunale Zusammenarbeit auf europäischer Ebene** auf der Grundlage von entsprechenden Rahmenverträgen und Kooperationsvereinbarungen in Betracht. 8

Die nachfolgenden Ausführungen beschränken sich auf die gemäß § 2 SächsKomZG möglichen Formen der Zusammenarbeit und stellen in Grundzügen zunächst die Kooperationsvarianten mit einer festen Organisationsstruktur dar (Zweckverband, Verwaltungsverband und Verwaltungsgemeinschaft). Anschließend werden die Zweckvereinbarung sowie die kommunale Arbeitsgemeinschaft behandelt. 9

B. Zweckverband

I. Grundlagen

Gemäß § 44 Abs. 1 S. 1 1. Alt. SächsKomZG können sich Gemeinden, Verwaltungsverbände, Landkreise und Zweckverbände zu einem Zweckverband **freiwillig** zusammenschließen **(Freiverband)** und ihm **bestimmte Aufgaben übertragen**. 10

Typische Beispiele:

Trinkwasserversorgung, Abwasserbeseitigung, Abfallbeseitigung, Organisation des öffentlichen Personennahverkehrs (z. B. der Zweckverband Verkehrsverbund Oberelbe [ZVOE]).

Besteht die Gefahr, dass eine in § 44 Abs. 1 S. 1 SächsKomZG genannte Gebietskörperschaft eine Pflichtaufgabe nicht erfüllen kann, besteht für die Rechtsaufsichtsbehörde unter den Voraussetzungen des § 50 SächsKomZG die Möglichkeit, die Bildung eines **Pflichtverbands** (§ 44 Abs. 1 S. 1 2. Alt. SächsKomZG) zu veranlassen. 11

1590 Siehe dazu die Zielfestlegungen Z 1.3.6 und 1.3.7 des Landesentwicklungsplans 2013 für den Freistaat Sachsen.

12 Neben den in § 44 Abs. 1 SächsKomZG genannten Körperschaften können grds. auch andere Körperschaften, Anstalten und Stiftungen des öffentlichen Rechts **Mitglied** des Zweckverbands sein (§ 44 Abs. 2 S. 1 SächsKomZG). Sofern die Erfüllung der Verbandsaufgabe gefördert wird und Gründe des öffentlichen Wohls nicht entgegenstehen, können gemäß § 44 Abs. 2 S. 2 SächsKomZG auch natürliche und juristische Personen des Privatrechts Mitglied eines Zweckverbands sein.

Der Zweckverband ist gemäß § 45 Abs. 1 S. 1 SächsKomZG eine (neue) **Körperschaft des öffentlichen Rechts.**[1591] Er verwaltet seine Angelegenheiten im Rahmen der Gesetze unter eigener Verantwortung (§ 45 Abs. 1 S. 2 SächsKomZG). Zwischen dem Zweckverband und seinen Mitgliedern besteht ein verwaltungsrechtliches Schuldverhältnis, auf das die Regelungen über zivilrechtliche Schuldverhältnisse in §§ 280 Abs. 1 S. 1, 276 Abs. 1 S. 1 i.V.m. 278 S. 1 BGB entsprechend Anwendung finden.[1592]

13 Mit dem Entstehen des Zweckverbands erfolgt gemäß § 46 SächsKomZG ein **Aufgabenübergang.** Die bisherige Zuständigkeit der Verbandsmitglieder für die maßgebliche Aufgabe erlischt und wird nunmehr vom Zweckverband wahrgenommen. Dazu gehört grds. auch das Recht, anstelle der Verbandsmitglieder Satzungen und Rechtsverordnungen zu erlassen.[1593] Zudem steht dem Zweckverband gemäß § 60 Abs. 3 S. 1 SächsKomZG das Recht zu, Abgaben und für die Benutzung einer Einrichtung Entgelte zu erheben.

14 **Zur Vertiefung:**

Eine Wasserversorgungs-GmbH, deren alleiniger Gesellschafter ein Zweckverband ist, unterstützte seit vielen Jahren örtliche Sportvereine mit finanziellen Zuwendungen (Sponsoring). Dafür wurden bei den jeweiligen Sportveranstaltungen entsprechende Werbeplakatständer aufgestellt. Die Landesdirektion Sachsen als zuständige Rechtsaufsichtsbehörde erließ gegenüber dem Zweckverband eine Verfügung, wonach der Zweckverband aufgefordert wurde sicherzustellen, dass die GmbH ihre Sponsorentätigkeit einstellt.

Das SächsOVG[1594] bestätigte die Rechtmäßigkeit der Aufsichtsmaßnahme. Die GmbH erfülle nach § 50 Abs. 1 WHG i. V. m. § 43 Abs. 1 SächsWG eine Aufgabe der Daseinsvorsorge und stehe im Gegensatz bspw. zu Sparkassen nicht in einer Wettbewerbssituation. Die Sponsoring-Tätigkeit der GmbH sei demnach rechtswidrig.

1591 Vgl. dazu SächsOVG, SächsVBl. 2002, S. 298.
1592 BGH, Urteil vom 2.3.2017 – III ZR 271/15, juris für einen Schulzweckverband.
1593 *Sponer*, in: Sponer/Jacob/Musall, Kommunalverfassungsrecht Sachsen, § 46 SächsKomZG, Erläuterungen.
1594 SächsOVG, Beschluss vom 13.12.2012 – 4 A 437.11, juris.

II. Bildung und Auflösung

Zur **Bildung** eines Zweckverbands in der Form des Freiverbands[1595] vereinbaren die Beteiligten eine **Verbandssatzung** (§ 48 Abs. 1 S. 1 SächsKomZG). Der notwendige Inhalt der Satzung ergibt sich aus §§ 11 Abs. 2 i.V.m. 48 Abs. 1 S. 3 SächsKomZG. Danach müssen Name, Sitz, Beteiligte, Aufgaben des Zweckverbandes, die Verfassung und die Verwaltung des Zweckverbandes, der Umlageschlüssel sowie Veröffentlichungsform und die Abwicklungsart geregelt werden. Die Verbandssatzung muss von der Rechtsaufsichtsbehörde genehmigt werden (§ 49 Abs. 1 S. 1 SächsKomZG). 15

Die Einigung der Beteiligten selbst ist ein öffentlich-rechtlicher Vertrag, der gemäß § 48 Abs. 1 S. 2 SächsKomZG der Schriftform bedarf. Die Entscheidung über einen entsprechenden Vertrag müssen die Gemeinderäte der Mitgliedsgemeinden (vgl. § 28 Abs. 2 Nr. 21 SächsGemO) bzw. der Kreistag des jeweiligen Landkreises (vgl. § 24 Abs. 2 Nr. 20 SächsLKrO) und die Verbandsversammlungen beteiligter Zweckverbände treffen. 16

Der Zweckverband kann gemäß § 62 Abs. 1 S. 1 SächsKomZG mit einer Mehrheit von mindestens drei Vierteln der satzungsmäßigen Stimmenzahl der Verbandsmitglieder seine **Auflösung** beschließen. Dieser Beschluss bedarf jedoch der Genehmigung der Rechtsaufsichtsbehörde (§ 62 Abs. 1 S. 2 SächsKomZG). Die Genehmigung darf gemäß § 62 Abs. 1 S. 3 SächsKomZG nur erteilt werden, wenn **Gründe des öffentlichen Wohls** der Auflösung nicht entgegenstehen, insb. die weitere Erfüllung der Pflichtaufgaben gesichert ist, keine unvertretbaren haushaltswirtschaftlichen Auswirkungen zu erwarten sind und sich die Verbandsmitglieder über die Auseinandersetzung geeinigt haben. Über die Auseinandersetzungsvereinbarung, deren Abschluss in der Praxis i.d.R. die größten Schwierigkeiten bereitet, haben sowohl die Verbandsversammlung wie auch die Vertretungskörperschaften der Mitgliedsgemeinden einen Beschluss zu fassen. Wird die Genehmigung zur Auflösung erteilt, hat die obere Rechtsaufsichtsbehörde diese im Sächsischen Amtsblatt öffentlich bekannt zu machen (§ 62 Abs. 1 S. 4 i.V.m. § 13 Abs. 1 SächsKomZG). Die Auflösung wird am Tag nach dieser Bekanntmachung wirksam, sofern die Verbandsversammlung in ihrem Beschluss über die Auflösung keinen späteren Zeitpunkt bestimmt hat (§ 62 Abs. 1 S. 4 i.V.m. § 13 Abs. 2 SächsKomZG). 17

Aus dringenden Gründen des öffentlichen Wohls kann die Landesdirektion Sachsen als obere Rechtsaufsichtsbehörde (§ 74 Abs. 1 Nr. 2 und Abs. 2 SächsKomZG) gemäß § 62 Abs. 3 S. 1 SächsKomZG nach Anhörung der Beteiligten die Auflösung des Zweckverbands oder den Ausschluss einzelner Verbandsmitglieder **anordnen**. Zudem ist der Zweckverband **kraft Gesetzes** gemäß § 62 Abs. 4 S. 1 SächsKomZG aufgelöst, wenn seine Aufgaben vollständig auf eine andere Körperschaft des öffentlichen Rechts übergehen oder wenn er nur noch aus einem Mitglied besteht. 18

1595 Für den Pflichtverband gilt § 50 SächsKomZG.

III. Binnenorganisation

19 **Organe** des Zweckverbands sind gemäß § 51 Abs. 1 SächsKomZG die Verbandsversammlung und der Verbandsvorsitzende. Die Verbandssatzung kann als weiteres Organ einen Verwaltungsrat vorsehen (§ 51 Abs. 2 S. 1 SächsKomZG).

20 Hauptorgan ist gemäß § 53 S. 1 SächsKomZG die **Verbandsversammlung**. Sie nimmt die Aufgaben des Zweckverbands, insb. den Erlass von Satzungen und Rechtsverordnungen wahr, soweit nicht der Verbandsvorsitzende oder ein beschließender Ausschuss zuständig ist (§ 53 S. 2 SächsKomZG). Insoweit ist die Stellung der Verbandsversammlung mit der des Gemeinderats nach § 28 Abs. 1 SächsGemO vergleichbar. Sie besteht aus mindestens einem Vertreter jeden Verbandsmitgliedes (§ 52 Abs. 1 S. 1 SächsKomZG). Die Verbandssatzung kann gemäß § 52 Abs. 1 S. 2 SächsKomZG bestimmen, dass einzelne oder alle Verbandsmitglieder **mehrere Vertreter** in die Verbandsversammlung entsenden, wobei die Vertreter ehrenamtlich tätig sind (§ 52 Abs. 6 S. 1 SächsKomZG). Die **Stimmenzahl** eines Verbandsmitglieds kann unabhängig von der Zahl der von ihm entsandten Vertreter bestimmt werden (§ 52 Abs. 1 S. 3 SächsKomZG), d.h. die einzelnen Verbandsmitglieder können auch ein mehrfaches Stimmrecht haben. Die Stimmen eines Verbandsmitglieds werden indes **einheitlich**[1596] durch den gemäß § 52 Abs. 3 SächsKomZG maßgeblichen Vertreter abgegeben (§ 52 Abs. 1 S. 4 SächsKomZG), der insoweit die Stimmführerschaft ausübt. Gemäß § 52 Abs. 4 S. 1 SächsKomZG können die Verbandsmitglieder ihren Vertretern **Weisungen** erteilen. Gemäß § 52 Abs. 4 S. 2 SächsKomZG haben die Vertreter das Hauptorgan ihres Verbandsmitgliedes i.S.d. § 44 Abs. 1 SächsKomZG frühzeitig über alle Angelegenheiten des Zweckverbandes von besonderer Bedeutung zu unterrichten.

21 In der Verbandsversammlung werden die Gemeinden durch den Bürgermeister, ein Landkreis durch den Landrat und ein Verwaltungs- oder Zweckverband durch den Verbandsvorsitzenden **vertreten** (§ 52 Abs. 3 S. 1 1. Hs. SächsKomZG). Diese „geborenen" Vertreter können jedoch dem jeweiligen Hauptorgan des Verbandsmitglieds vorschlagen, einen anderen leitenden Bediensteten zum Vertreter des Verbandsmitglieds zu wählen (§ 52 Abs. 3 S. 1 2. Hs. SächsKomZG).[1597] Sind mehrere Vertreter zu entsenden, werden diese gemäß § 52 Abs. 3 S. 2 und S. 3 i.V.m. § 16 Abs. 4 SächsKomZG vom Hauptorgan des Verbandsmitglieds gewählt.

22 Der **Verbandsvorsitzende** und mindestens ein Stellvertreter werden von der Verbandsversammlung aus der Mitte ihrer gemäß § 52 Abs. 3 S. 1 SächsKomZG entsandten Vertreter **gewählt** (§ 56 Abs. 1 S. 1 SächsKomZG). Damit kommen als mögliche Kandidaten für den Verbandsvorsitz nicht alle Mitglieder der Verbandsversammlung in Betracht, sondern nur diejenigen, die entweder „geborene" Vertreter der Verbandsmitglieder oder gemäß § 52 Abs. 3 S. 1 2. Hs. SächsKomZG gewählt worden sind (leitende Bedienstete). Der Verbandsvorsitzende und seine Stellvertreter sind ehrenamtlich tätig (§ 56 Abs. 2

1596 Dies gleicht der Stimmenabgabe im Bundesrat gemäß Art. 51 Abs. 3 S. 2 GG.

1597 Vgl. dazu näher *Sponer*, in: Sponer/Jacob/Musall, Kommunalverfassungsrecht Sachsen, § 52 SächsKomZG Erl. 1.

S. 1 SächsKomZG). Die Wahlperiode beträgt grds. fünf Jahre; sind der Verbandsvorsitzende bzw. seine Stellvertreter Inhaber eines kommunalen Wahlamts eines Verbandsmitglieds, sind sie für die Dauer dieses Amtes gewählt (§ 56 Abs. 2 S. 2 SächsKomZG). Eine vorzeitige Abberufung bzw. eine Abwahl entsprechend § 51 Abs. 7 SächsGemO ist nicht möglich.[1598]

Gemäß § 56 Abs. 3 S. 1 SächsKomZG ist der Verbandsvorsitzende Vorsitzender der Verbandsversammlung und zugleich Leiter der Verbandsverwaltung. Zudem verweist § 56 Abs. 3 S. 2 SächsKomZG – neben § 20 Abs. 1 S. 3 und Abs. 5 SächsKomZG – auf die §§ 21 und 22 SächsKomZG, wonach dem Verbandsvorsitzenden weitgehend eine dem Bürgermeister nach § 51 Abs. 1 SächsGemO vergleichbare Stellung[1599] zukommt. Eine Regelung über das Stimmrecht in der Verbandsversammlung wie beim Bürgermeister durch § 39 Abs. 5 S. 2 SächsGemO ist entbehrlich, da der Verbandsvorsitzende „aus der Mitte" der Verbandsversammlung gewählt wurde. 23

Hinsichtlich des **Geschäftsgangs in der Verbandsversammlung** gelten gemäß § 47 Abs. 2 S. 1 SächsKomZG die entsprechenden Regelungen gemäß § 19 SächsKomZG für die Verbandsversammlung der Verwaltungsverbände. Eine Besonderheit besteht darin, dass ein Verbandsmitglied gegen Beschlüsse der Verbandsversammlung, die für dieses Mitglied von besonderer Wichtigkeit oder erheblicher wirtschaftlicher Bedeutung sind, binnen drei Wochen nach der Beschlussfassung **Einspruch** einlegen kann, der (zunächst) aufschiebende Wirkung hat (§ 19 Abs. 3 S. 2 und 3 SächsKomZG). Dieser Einspruch kann jedoch von der Verbandsversammlung gemäß den näheren Bestimmungen des § 19 Abs. 3 KomZG zurückgewiesen werden.[1600] 24

Der Zweckverband kann ferner seine inneren Angelegenheiten durch **Satzung** regeln (z. B. über die Entschädigung der Vertreter der Verbandsmitglieder). Der Zweckverband hat auch das Recht, nach Maßgabe der Verbandssatzung hauptamtliche Bedienstete zu haben (§ 57 Abs. 1 SächsKomZG). Zudem kann ihm von der obersten Rechtsaufsichtsbehörde das Recht verliehen werden, Dienstherr von Beamten zu sein (§ 57 Abs. 2 SächsKomZG). 25

IV. Wirtschaft und Finanzen

Hinsichtlich der **Wirtschaftsführung** eines Zweckverbands gelten gemäß § 58 Abs. 1 S. 1 SächsKomZG die Vorschriften über die Gemeindewirtschaft (§§ 72 ff. SächsGemO) entsprechend. Zweckverbände, deren Hauptzweck der Betrieb eines Unternehmens i. S. d. § 95a SächsGemO und damit eines Eigenbetriebs[1601] ist, können in ihrer Verbandssatzung festlegen, dass insoweit Eigenbetriebsrecht maßgeblich ist. Zu beachten ist hierbei § 58a SächsKomZG, 26

1598 Vgl. dazu näher *Sponer*, in: Sponer/Jacob/Musall, Kommunalverfassungsrecht Sachsen, § 56 SächsKomZG Erl. 3.

1599 Siehe dazu näher oben im 6. Kapitel unter F.VIII. und IX.

1600 Vgl. dazu näher *Sponer*, in: Sponer/Jacob/Musall, Kommunalverfassungsrecht Sachsen, § 19 SächsKomZG Erl. 9.

1601 Siehe dazu näher oben im 8. Kapitel unter D.III.2.

der unter den dort näher bestimmten Voraussetzungen von den betroffenen Zweckverbänden ein **Haushaltsstrukturkonzept** verlangt.

27 Vorrangige Deckungsmittel für den **Finanzbedarf** des Zweckverbands sind die eigenen Einnahmen, damit insb. Verwaltungskosten für Amtshandlungen nach dem SächsVwKG sowie Beiträge und Gebühren nach dem SächsKAG. Gemäß § 60 Abs. 3 S. 1 1. Hs. SächsKomZG steht dem Zweckverband das Recht zu, Abgaben und für die Benutzung einer Einrichtung Entgelte zu erheben, soweit nicht die Verbandssatzung bestimmt, dass dieses Recht bei den Verbandsmitgliedern verbleibt (§ 60 Abs. 3 S. 1 2. Hs. SächsKomZG). Das Recht zur Erhebung von eigenen Steuern ist gemäß § 60 Abs. 3 S. 2 SächsKomZG ausdrücklich ausgeschlossen.

28 Von besonderer praktischer Bedeutung ist die Ermächtigung für den Zweckverband, von den Verbandsmitgliedern gemäß § 60 Abs. 1 S. 1 SächsKomZG eine **Umlage** zu erheben, soweit seine sonstigen Erträge zur Deckung seines Finanzbedarfs nicht ausreichen. Die Verbandsumlage wird durch einen Verwaltungsakt i. S. d. § 35 S. 1 VwVfG festgesetzt. Hier tritt der Zweckverband seinen Mitgliedern ausnahmsweise hoheitlich gegenüber.[1602] Die Maßstäbe für die Umlagen für die einzelne Aufgabe sollen so bestimmt sein, dass der Aufwand entsprechend dem Nutzen aus der Aufgabenerfüllung auf die einzelnen Verbandsmitglieder verteilt wird (§ 60 Abs. 1 S. 2 SächsKomZG). Von dieser Soll-Vorschrift, die sich am Äquivalenzprinzip orientiert, darf nur im Ausnahmefall abgewichen werden.[1603] Die Satzung eines Zweckverbands muss die Voraussetzungen zur Erhebung einer Umlage so regeln, dass die Umlagehöhe mit dem Einfluss des jeweiligen Zweckverbandsmitglieds bei Abstimmungen in der Verbandsversammlung, die finanzielle Verpflichtungen für die Verbandsmitglieder zeitigen können, korrespondiert.[1604] Die konkrete Höhe der Umlage ist in der Haushaltssatzung für jedes Haushaltsjahr festzusetzen (§ 60 Abs. 1 S. 3 1. Hs. SächsKomZG).

29 **Zur Vertiefung:**

Der Verbandsversammlung eines Abwasserzweckverbandes gelang es aufgrund heftiger Meinungsverschiedenheiten nicht, rechtzeitig für das kommende Haushaltsjahr eine Haushaltssatzung zu verabschieden. Um die Zahlungsfähigkeit des Zweckverbands zu gewährleisten, beschloss die Verbandsversammlung auf Vorschlag des Verbandsvorsitzenden, im Rahmen einer vorläufigen Haushaltsführung gemäß § 58 Abs. 1 SächsKomZG i. V. m. § 78 Abs. 1 Nr. 2 SächsGemO, zunächst die gleiche Umlage wie im Vorjahr zu erheben.

1602 Vgl. dazu *Sponer*, in: Sponer/Jacob/Musall, Kommunalverfassungsrecht Sachsen, § 60 SächsKomZG Erl. 1.

1603 SächsOVG, Urteil vom 26.8.2015 – 5 A 786/13, juris; Urteil vom 3.9.2015 – 5 A 772/13, juris; vgl. zum Umlagemaßstab weiter *Sponer*, in: Sponer/Jacob/Musall, Kommunalverfassungsrecht Sachsen, § 60 SächsKomZG Erl. 2 m. w. N.

1604 SächsOVG, Urteil vom 30.3.2020 – 4 A 508/16, juris.

Der Antrag eines Verbandsmitglieds nach § 80 Abs. 5 VwGO gegen den Sofortvollzug des Umlagebescheids hatte beim SächsOVG Erfolg.[1605] *Die Umlage sei keine Abgabe i. S. d. § 78 Abs. 1 Nr. 2 SächsGemO, sondern ein Instrument des Finanzausgleichs zwischen den Verbandsmitgliedern.*

C. Verwaltungsverband

I. Grundlagen

30 Mitglieder der noch bestehenden sechs Verwaltungsverbände im Freistaat Sachsen sind gemäß § 3 Abs. 1 SächsKomZG **benachbarte Gemeinden desselben Landkreises**. Der Verwaltungsverband soll der Stärkung der Leistungs- und Verwaltungskraft unter Aufrechterhaltung der rechtlichen Selbstständigkeit der beteiligten Gemeinden dienen (§ 3 Abs. 3 S. 1 SächsKomZG).

31 Der Verwaltungsverband ist gemäß § 5 Abs. 1 S. 1 SächsKomZG eine rechtsfähige Körperschaft des öffentlichen Rechts und verwaltet seine Angelegenheiten im Rahmen der Gesetze unter eigener Verantwortung (§ 5 Abs. 1 S. 2 SächsKomZG). Die Rechtsverhältnisse des Verwaltungsverbands werden durch die **Verbandssatzung** geregelt (§ 5 Abs. 2 SächsKomZG), wobei gemäß § 5 Abs. 3 SächsKomZG grds. die für Gemeinden geltenden Vorschriften entsprechend anzuwenden sind.

32 Kraft Gesetzes gehen gemäß § 7 Abs. 1 SächsKomZG folgende Aufgaben als **Mindestaufgaben** der Mitgliedsgemeinden auf den Verwaltungsverband über:

- Weisungsaufgaben (Nr. 1) sowie
- Aufgaben der vorbereitenden Bauleitplanung (Nr. 2).

33 Damit ist für Flächennutzungspläne gemäß §§ 5 ff. BauGB der Verwaltungsverband zuständig, während die Bebauungspläne gemäß §§ 8 ff. BauGB von den Mitgliedsgemeinden beschlossen werden. Zudem können die Mitgliedsgemeinden gemäß § 7 Abs. 2 S. 1 SächsKomZG dem Verwaltungsverband **weitere Aufgaben** einschließlich des Erlasses von Satzungen und Rechtsverordnungen durch öffentlich-rechtlichen Vertrag übertragen. Der öffentlich-rechtliche Vertrag wird allerdings erst mit der Änderung der Verbandssatzung wirksam (§ 7 Abs. 2 S. 2 SächsKomZG).

34 Der Verwaltungsverband erfüllt diese Aufgaben in eigener Verantwortung und die am Verwaltungsverband beteiligten Gemeinden verlieren insoweit jede Entscheidungsbefugnis.

35 Hinzu kommt, dass der Verwaltungsverband die in § 8 Abs. 1 Nr. 1 bis 3 SächsKomZG enthaltenen Aufgaben für die Mitgliedsgemeinden nach deren Weisung erledigt. Die Gemeinden bleiben hierbei Träger ihrer Rechte und Pflich-

1605 SächsOVG, Beschluss vom 22.3.2012 – 4 B 102/11, juris.

ten und treffen selbst die Entscheidungen. Der Verwaltungsverband vollzieht nur die gemeindlichen Entscheidungen, besorgt die Geschäfte der laufenden Verwaltung und vertritt die Gemeinden in Gerichtsverfahren. Gemäß § 8 Abs. 2 SächsKomZG können Mitgliedsgemeinden dem Verwaltungsverband **weitere Aufgaben** zur bloßen Erledigung übertragen.

II. Bestandsschutz, Ausscheiden von Mitgliedern und Auflösung

36 Wie bereits oben in der Einführung erwähnt, ist es den Gemeinden seit dem 18.11.2012 nicht mehr möglich, einen Verwaltungsverband zu bilden. Dieser Stichtag wurde vom Gesetzgeber deshalb gewählt, weil das Gesetz zur Erleichterung freiwilliger Gebietsänderungen vom 18.10.2012[1606] am 18.11.2012 in Kraft getreten ist. Durch Art. 1 Nr. 2 dieses Gesetzes erhielt § 2 SächsKomZG seine jetzige Fassung. Den bereits bestehenden Verwaltungsverbänden wurde jedoch ein **Bestandsschutz** gewährt.

37 Durch dieses Gesetz wurde zudem § 27 SächsKomZG, der die **Auflösung** des Verwaltungsverbands regelt, erheblich verändert.[1607] Es bleibt zwar bei den beiden Alternativen eines freiwilligen Ausscheidens einzelner Mitglieder bzw. einer einvernehmlichen Auflösung des Verwaltungsverbands einerseits sowie der zwangsweisen Auflösung durch die Rechtsaufsichtsbehörde andererseits. Die nach § 27 SächsKomZG a. F. vorgesehene Möglichkeit des Wechsels der Mitgliedsgemeinden in einen anderen Verwaltungsverband oder eine Verwaltungsgemeinschaft wurde gestrichen. Zulässig ist nunmehr gemäß § 27 Abs. 1 S. 1 SächsKomZG lediglich, dass sich die Mitgliedsgemeinden freiwillig zu einer **Einheitsgemeinde** zusammenschließen.

III. Binnenorganisation

38 **Organe** des Verwaltungsverbands sind gemäß § 15 SächsKomZG die Verbandsversammlung und der Verbandsvorsitzende.

39 Die **Verbandsversammlung** besteht aus dem Verbandsvorsitzenden, den Bürgermeistern der Mitgliedsgemeinden sowie weiteren vom jeweiligen Gemeinderat aus seiner Mitte zu wählenden Vertretern (§ 16 SächsKomZG). Die Mitgliedsgemeinden können ihren Vertretern in der Verbandsversammlung Weisungen erteilen (§ 16 Abs. 5 S. 1 SächsKomZG). Die Vertreter haben den Gemeinderat ihrer Mitgliedsgemeinden auch frühzeitig über alle Angelegenheiten des Verwaltungsverbandes von besonderer Bedeutung zu unterrichten (§ 16 Abs. 5 S. 2 SächsKomZG). Gemäß § 17 SächsKomZG ist die Verbandsversammlung das Hauptorgan des Verwaltungsverbands und hat eine dem Gemeinderat entsprechende Rechtsstellung. Durch Verbandssatzung können **Ausschüsse** gebildet werden (§ 18 SächsKomZG).

1606 SächsGVBl. 2012 S. 562.

1607 Vgl. dazu näher *Sponer*, in: Sponer/Jacob/Musall, Kommunalverfassungsrecht Sachsen, § 27 SächsKomZG Erl. 2.

Der **Verbandsvorsitzende** wird gemäß § 20 Abs. 3 S. 1 SächsKomZG von der Verbandsversammlung für eine Amtszeit von sieben Jahren gewählt und ist hauptamtlicher Beamter auf Zeit (§ 20 Abs. 1 S. 1 SächsKomZG). Obwohl er im Gegensatz zu den Bürgermeistern über keine durch unmittelbare Wahl begründete Legitimation verfügt, entsprechen seine Befugnisse weitgehend denen eines Bürgermeisters. Gemäß § 152 Abs. 1 SächsBG finden indes auf ihn grds. die für Beigeordnete geltenden beamtenrechtlichen Vorschriften Anwendung. Auch hinsichtlich der möglichen vorzeitigen Abwahl sind gemäß § 20 Abs. 5 SächsKomZG die für die Abwahl von Beigeordneten geltenden Vorschriften (§ 56 Abs. 4 SächsGemO) maßgeblich. 40

Die Regelungen hinsichtlich des **Geschäftsgangs in der Verbandsversammlung** entsprechen weitgehend den §§ 36ff. SächsGemO, auf welche in § 19 Abs. 1 S. 2 SächsKomZG verwiesen wird. Eine Besonderheit stellt das Einspruchsrecht für Mitgliedsgemeinden nach § 19 Abs. 3 S. 2 SächsKomZG dar. 41

Der Verwaltungsverband ist gemäß § 23 SächsKomZG verpflichtet, die zur Erfüllung seiner Aufgaben erforderlichen **geeigneten Bediensteten einzustellen**, wobei Bedienstete der Mitgliedsgemeinden vorrangig berücksichtigt werden sollen, wenn sie über ausreichende Fachkenntnisse verfügen und bereit sind, an Fortbildungsveranstaltungen teilzunehmen. Der Verwaltungsverband kann auch Dienstherr von Beamten sein.[1608] 42

IV. Wirtschaft und Finanzen

Für die **Wirtschaftsführung** des Verwaltungsverbands bestimmt § 24 SächsKomZG, dass die §§ 72ff. SächsGemO entsprechend gelten. Die verschiedenen Möglichkeiten, wie der Verwaltungsverband seinen **Finanzbedarf** decken kann, ergeben sich aus § 25 SächsKomZG, der weitgehend mit der Regelung für Zweckverbände in § 60 SächsKomZG übereinstimmt. Auch hier kann der Verwaltungsverband von seinen Mitgliedsgemeinden eine Umlage erheben. 43

D. Verwaltungsgemeinschaft

I. Grundlagen

Benachbarte Gemeinden desselben Landkreises konnten gemäß § 36 Abs. 1 SächsKomZG in einer Verwaltungsgemeinschaft vereinbaren, dass eine Gemeinde **(erfüllende Gemeinde)** für die anderen Gemeinden die Aufgaben eines Verwaltungsverbands übernimmt.[1609] Hinsichtlich der maßgeblichen Aufgaben verweist § 36 Abs. 3 SächsKomZG auf die §§ 7 und 8 SächsKomZG. 44

Im Gegensatz zum Verwaltungsverband ist die Verwaltungsgemeinschaft jedoch keine Körperschaft des öffentlichen Rechts. Sie beruht vielmehr auf 45

1608 Dazu *Sponer*, in: Sponer/Jacob/Musall, Kommunalverfassungsrecht Sachsen, § 23 SächsKomZG Erl. 3.

1609 Grundlegend dazu *Kreuter*, Die Verwaltungsgemeinschaft nach §§ 36ff. SächsKomZG, SächsVBl. 2017, S. 149ff.

einer schriftlichen **Gemeinschaftsvereinbarung**[1610], in der die Rechtsverhältnisse der Verwaltungsgemeinschaft geregelt sind (§ 37 SächsKomZG) und die von der Rechtsaufsichtsbehörde genehmigt wurde (§ 38 Abs. 1 SächsKomZG).

46 Entsprechend ihrer Rechtsnatur verfügt die Verwaltungsgemeinschaft auch nicht über Organe wie eine juristische Person. Stattdessen bilden die beteiligten Gemeinden gemäß § 40 Abs. 1 S. 1 SächsKomZG einen **Gemeinschaftsausschuss**, für den die für die Verbandsversammlung eines Verwaltungsverbandes geltenden Vorschriften grds. entsprechende Anwendung finden (§ 40 Abs. 1 S. 2 SächsKomZG). Demzufolge ist für die Zusammensetzung des Gemeinschaftsausschusses § 16 SächsKomZG maßgeblich.[1611] Eine Abweichung gilt für den **Gemeinschaftsvorsitzenden**: Dieses Amt nimmt gemäß § 40 Abs. 3 S. 1 SächsKomZG immer der Bürgermeister der erfüllenden Gemeinde wahr. Die **Zuständigkeiten** des Gemeinschaftsausschusses sind in § 41 SächsKomZG geregelt. Danach entscheidet grds. der Gemeinschaftsausschuss anstelle des Gemeinderats der erfüllenden Gemeinde, soweit die erfüllende Gemeinde Aufgaben der Verwaltungsgemeinschaft wahrnimmt.

47 Der **Vollzug von Rechtsvorschriften** obliegt der erfüllenden Gemeinde. Sie kann gemäß § 39 SächsKomZG im Geltungsbereich der vom Gemeinschaftsausschuss für die beteiligten Gemeinden und der von den beteiligten Gemeinden erlassenen Satzungen und Rechtsverordnungen alle zur Durchführung erforderlichen Maßnahmen wie im eigenen Gebiet treffen.

II. Bestandsschutz, Ausscheiden von Mitgliedern und Auflösung

48 Hinsichtlich des **Bestandsschutzes** kann auf die Ausführungen zum Verwaltungsverband[1612] verwiesen werden. Durch Art. 1 Nr. 11 des Gesetzes zur Erleichterung freiwilliger Gebietsänderungen[1613] wurde der für das **Ausscheiden von Mitgliedern** der Verwaltungsgemeinschaft bzw. deren **Auflösung** maßgebliche § 38 SächsKomZG geändert. Ziel dieser Änderung war auch hier, die Möglichkeit zur Schaffung von neuen Einheitsgemeinden bzw. die Eingliederung in bestehende Einheitsgemeinden zu erleichtern.[1614]

III. Finanzbedarf

49 Die erfüllende Gemeinde kann gemäß § 42 S. 1 SächsKomZG zur Deckung ihrer aus der Wahrnehmung der Aufgaben der Verwaltungsgemeinschaft entstehenden Kosten von den anderen beteiligten Gemeinden eine **Umlage** erheben. Es gelten grds. die Bestimmungen wie beim Verwaltungsverband gemäß § 25 SächsKomZG.

1610 Vgl. dazu näher *Sponer*, in: Sponer/Jacob/Musall, Kommunalverfassungsrecht Sachsen, § 36 SächsKomZG Erl. 2.

1611 Vgl. dazu näher *Sponer*, in: Sponer/Jacob/Musall, Kommunalverfassungsrecht Sachsen, § 40 SächsKomZG Erl. 2.

1612 In diesem Kapitel unter C.II.

1613 Gesetz vom 18.10.2012 (SächsGVBl. S. 562).

1614 Vgl. dazu näher *Sponer*, in: Sponer/Jacob/Musall, Kommunalverfassungsrecht Sachsen, § 38 SächsKomZG Erl. 5 ff.

E. Zweckvereinbarung

I. Voraussetzungen und Formen

Von erheblicher praktischer Bedeutung für die kommunale Zusammenarbeit ist die Zweckvereinbarung, die als **öffentlich-rechtlicher Vertrag** gemäß §§ 54ff. VwVfG zustande kommt und für die gemäß §§ 71 und 72 SächsKomZG weitere Voraussetzungen zu beachten sind. Der Kreis der möglichen **Vertragsbeteiligten** wird durch § 71 Abs. 1 SächsKomZG weit gefasst: In Betracht kommen zunächst Gemeinden, Verwaltungsverbände, Landkreise und Zweckverbände (§ 71 Abs. 1 S. 1 SächsKomZG), aber auch andere Körperschaften, Anstalten und Stiftungen des öffentlichen Rechts sowie natürliche und juristische Personen des Privatrechts (§§ 71 Abs. 1 S. 2 und 44 Abs. 2 SächsKomZG). 50

Durch die Zweckvereinbarung entsteht keine neue juristische Person im Gegensatz zu Verwaltungs- und Zweckverbänden. Vielmehr sieht § 71 SächsKomZG zwei verschiedene **Formen der Zusammenarbeit** aufgrund einer Zweckvereinbarung vor: 51

- Übertragung von bestimmten Aufgaben (§ 71 Abs. 1 SächsKomZG) sowie
- Gemeinsame Durchführung von bestimmten Aufgaben (§ 71 Abs. 2 S. 1 SächsKomZG).

Im Fall der **Übertragung von bestimmten Aufgaben** wird gemäß § 71 Abs. 1 S. 1 SächsKomZG vereinbart, dass eine der beteiligten Körperschaften als sog. **beauftragte Körperschaft** bestimmte Aufgaben, zu deren Erfüllung jede der beteiligten Körperschaften berechtigt oder verpflichtet ist, **für alle wahrnimmt**. 52

Beispiele:

Zwei Gemeinden können vereinbaren, dass eine Gemeinde als beauftragte Körperschaft für die (andere) beteiligte Gemeinde die Verwaltungsaufgaben im Personenstandswesen entsprechend den geltenden bundes- und landesrechtlichen Regelungen im eigenen Namen durchführt.

Zwei Abwasserzweckverbände können die Übertragung der Aufgabe der Abwasserbeseitigung für ein bestimmtes Flurstück vertraglich regeln.

Die beauftragte Körperschaft wird zur Aufgabenerfüllung verpflichtet, die übertragenden Körperschaften werden hingegen von ihren Verpflichtungen zur Aufgabenerfüllung befreit. Vereinbart werden kann zudem, dass den übrigen Beteiligten die **Mitbenutzung einer** von der beauftragten Körperschaft betriebenen **Einrichtung** gestattet wird (§ 71 Abs. 1 S. 1 a.E. SächsKomZG). Zur Benutzung sind dann nicht mehr nur die Einwohner der beauftragten Körperschaft (z.B. gemäß § 10 Abs. 2 SächsGemO), sondern auch die Einwohner aller an der Zweckvereinbarung beteiligten Gebietskörperschaften berechtigt. 53

Gemäß § 71 Abs. 2 S. 1 1. Alt. SächsKomZG kann auch die Durchführung bestimmter Aufgaben durch eine der beteiligten Körperschaften im Namen und nach Weisung der übrigen Beteiligten vereinbart werden (sog. **Mandatie-** 54

rung).[1615] Dabei bleibt die Zuständigkeit der Beteiligten als Träger der Aufgabe unberührt (§ 71 Abs. 2 S. 2 SächsKomZG).

Beispiele:

Gemeinsame Datenverarbeitung, Beschaffungen, Personalsachbearbeitung.

In einer Zweckvereinbarung kann auch geregelt werden, dass eine Gebietskörperschaft oder ein Zweckverband den beteiligten anderen Gebietskörperschaften oder Zweckverbänden **Dienstkräfte** zur Erfüllung ihrer Aufgaben zeitanteilig zur Verfügung stellt (§ 71 Abs. 2 S. 3 SächsKomZG).

55 **Zur Vertiefung:**

Ein Sonderfall der mandatierten Zweckvereinbarung ist der Betrieb einer ***gemeinsamen Dienststelle*** *(§ 71 Abs. 2 S. 1 2. Alt. SächsKomZG). Auch hier erfolgt keine Zuständigkeitsverlagerung. Die Zusammenarbeit muss nach außen nicht zwingend sichtbar werden. Allerdings hat im Falle des Betriebs einer gemeinsamen Dienststelle jede beteiligte Körperschaft gemäß § 71 Abs. 4 SächsKomZG zu gewährleisten, dass bei ihr eine Stelle mit ausreichend qualifiziertem Personal besteht, die im Tätigkeitsbereich der gemeinsamen Dienststelle die erforderlichen Auskünfte erteilt und Anträge oder sonstige Erklärungen von Bürgern entgegennimmt.*

Die gemeinsame Dienststelle ermöglicht den Beteiligten, die inneren Betriebsabläufe flexibel zu gestalten und größere Arbeitsmengen im „Backoffice" zu erledigen.

II. Genehmigung und Aufhebung

56 Die Zweckvereinbarung sowie deren Änderung bedürfen gemäß § 72 Abs. 1 S. 3 SächsKomZG der **Genehmigung** der Rechtsaufsichtsbehörde, sofern sie einen Aufgabenübergang oder den Betrieb einer gemeinsamen Dienststelle zum Gegenstand hat. Damit sind die Zweckvereinbarungen gemäß §§ 71 Abs. 1 und Abs. 2 S. 1 2. Alt. SächsKomZG genehmigungspflichtig. Keiner Genehmigung bedürfen folglich die Zweckvereinbarungen gemäß § 71 Abs. 2 S. 1 1. Alt. SächsKomZG.

Gemäß § 72 Abs. 3 S. 1 SächsKomZG kann die Zweckvereinbarung aus Gründen des öffentlichen Wohls mit Genehmigung der Rechtsaufsichtsbehörde **aufgehoben** werden.[1616] Die nicht genehmigungspflichtige Zweckvereinbarung bedarf demgegenüber auch zur Aufhebung keiner Genehmigung (§ 72 Abs. 3 S. 2 SächsKomZG). Aus dringenden Gründen des öffentlichen Wohls kann die Landesdirektion Sachsen als obere Rechtsaufsichtsbehörde nach

1615 Diese Alternative wurde durch Art. 3 des Gesetzes zur Fortentwicklung des Kommunalrechts vom 28.11.2013 (SächsGVBl. S. 822) eingeführt; zur Begründung vgl. LT-Drs. 5/11912, S. 45 ff.; vgl. ferner dazu *Sponer*, in: Sponer/Jacob/Musall, Kommunalverfassungsrecht Sachsen, § 71 SächsKomZG Erl. 4.

1616 Vgl. dazu näher *Sponer*, in: Sponer/Jacob/Musall, Kommunalverfassungsrecht Sachsen, § 72 SächsKomZG Erl. 9.

Anhörung der Beteiligten die Aufhebung der Zweckvereinbarung oder das Ausscheiden einzelner Beteiligter anordnen (§ 72 Abs. 4 SächsKomZG).

F. Kommunale Arbeitsgemeinschaft

Gemäß § 73a Abs. 1 S. 1 SächsKomZG können sich Gemeinden, Landkreise, Verwaltungs- und Zweckverbände zu kommunalen Arbeitsgemeinschaften zusammenschließen.[1617] Besondere formale Anforderungen wie bei den anderen Instrumenten der kommunalen Zusammenarbeit bestehen nicht. Die Aufgaben dieser Arbeitsgemeinschaften beschreibt § 73a Abs. 2 SächsKomKG: Sie sollen ihre Mitglieder beraten sowie Planungen und Tätigkeiten von Einrichtungen ihrer Mitglieder aufeinander abstimmen. 57

Bindende Beschlüsse können die Arbeitsgemeinschaften nicht fassen (§ 73a Abs. 3 S. 1 SächsKomZG). Vielmehr bleiben gemäß § 73a Abs. 3 S. 2 SächsKomZG die Zuständigkeiten der Organe der einzelnen Mitglieder unberührt. 58

Mit dem durch Art. 3 Nr. 26 des Gesetzes zur Fortentwicklung des Kommunalrechts vom 28.11.2013[1618] eingeführten weiteren Instrument für die kommunale Zusammenarbeit wurde die bereits in vielen Gemeinden geübte Praxis lediglich kodifiziert. Insoweit gehen von § 73a SächsKomZG keine innovativen Impulse aus, sich zu Netzwerken zusammenzuschließen.[1619] 59

G. Aufsicht

I. Verwaltungs- und Zweckverbände

Verwaltungs- und Zweckverbände unterstehen gemäß § 75 S. 1 SächsKomZG der **Rechtsaufsicht**, bei Erfüllung von Weisungsaufgaben der **Fachaufsicht**. Gemäß § 75 S. 2 SächsKomZG gelten die §§ 111 und 113 bis 123 SächsGemO entsprechend. Auf die Zuständigkeitsregelung des § 112 SächsGemO wird bewusst nicht verwiesen, da insoweit § 74 SächsKomZG spezielle Regelungen enthält. Die Frage, welche Behörde als (untere) **Rechtsaufsichtsbehörde** sachlich zuständig ist, hängt davon ab, welche Gemeinden und Verwaltungsverbände an den jeweiligen Verwaltungs- bzw. Zweckverbänden beteiligt sind. Gemäß § 74 Abs. 1 S. 1 SächsKomZG sind drei Konstellationen zu unterscheiden: 60

- Wenn nur Gemeinden oder Verwaltungsverbände aus einem Landkreis beteiligt sind, ist das **Landratsamt** Rechtsaufsichtsbehörde (§ 74 Abs. 1 S. 1 Nr. 1 SächsKomZG).
  Da einem Verwaltungsverband gemäß § 3 Abs. 1 SächsKomZG nur benachbarte Gemeinden desselben Landkreises angehören können, liegt die Zuständigkeit des jeweiligen Landratsamtes als Rechtsaufsichtsbehörde auf der

1617 Weitere Mitglieder können auch andere natürliche und juristische Personen sein (§ 73a Abs. 1 S. 2 SächsKomZG).

1618 SächsGVBl. 2013 S. 822.

1619 Vgl. dazu KGSt, Sonderjournal: 75 Jahre KGSt, August 2024, S. 4 ff.

Hand. Bei Zweckverbänden hingegen ist das Landratsamt nur dann Rechtsaufsichtsbehörde, wenn Verbandsmitglieder gemäß § 44 Abs. 1 SächsKomZG kreisangehörige Gemeinden sind bzw. ein Verwaltungsverband ebenfalls zu dem jeweiligen Landkreis gehört.

- Die **Landesdirektion Sachsen** ist gemäß § 74 Abs. 1 S. 1 Nr. 2 SächsKomZG zuständige Rechtsaufsichtsbehörde, wenn an einem Zweckverband ein Landkreis oder Gemeinden bzw. Verwaltungsverbände mehrerer Landkreise beteiligt sind.
- Wenn sich bei einem Zweckverband der Kreis der beteiligten Gemeinden, Verwaltungsverbände oder Landkreise über den Freistaat Sachsen hinaus erstreckt oder wenn der Freistaat Sachsen oder der Bund beteiligt sind, ist das **Staatsministerium des Innern** zuständige Rechtsaufsichtsbehörde (§ 74 Abs. 1 S. 1 Nr. 3 SächsKomZG).
  Der Fall von grenzüberschreitenden Zweckverbänden ist in § 81 SächsKomZG näher geregelt.

61 In den beiden ersten Konstellationen des § 74 Abs. 1 S. 1 SächsKomZG ist die Landesdirektion Sachsen, in der dritten Variante das Staatsministerium des Innern **obere Rechtsaufsichtsbehörde** (§ 74 Abs. 2 SächsKomZG). Das Staatsministerium des Innern kann die Zuständigkeit nach § 74 Abs. 1 S. 1 Nr. 2 und 3 SächsKomZG allerdings abweichend bestimmen (§ 74 Abs. 1 S. 2 SächsKomZG). **Oberste** Rechtsaufsichtsbehörde ist gemäß § 74 Abs. 3 SächsKomZG das Staatsministerium des Innern.

II. Verwaltungsgemeinschaften und Zweckvereinbarungen

62 Eine unmittelbare Rechts- und Fachaufsicht ist nur gegenüber juristischen Personen des öffentlichen Rechts möglich. Bei Verwaltungsgemeinschaften und Zweckvereinbarungen kann sich demzufolge eine aufsichtsrechtliche Maßnahme nur gegen die Körperschaft richten, die Aufgabenträger ist. Bei Verwaltungsgemeinschaften ist Adressat von Aufsichtsmaßnahmen die **erfüllende Gemeinde** gemäß § 36 SächsKomZG, bei Zweckvereinbarungen die **beauftragte Gemeinde** (§ 71 Abs. 1 SächsKomZG).

63 Im Sinne einer **vorbeugenden Aufsicht** unterliegen die Gemeinschaftsvereinbarung bei der Verwaltungsgemeinschaft gemäß § 38 Abs. 1 SächsKomZG sowie die Zweckvereinbarung gemäß § 72 Abs. 1 S. 3 SächsKomZG einem **Genehmigungsvorbehalt** durch die Rechtsaufsichtsbehörde. Auch eine Aufhebung der Verwaltungsgemeinschaft bzw. das Ausscheiden einzelner Mitglieder (§ 38 Abs. 2 und 3 SächsKomZG) sowie die Aufhebung einer Zweckvereinbarung (§ 72 Abs. 3 SächsKomZG) sind nur mit Genehmigung der Rechtsaufsichtsbehörde möglich. Hinsichtlich der Zuständigkeiten sowie der möglichen Aufsichtsmaßnahmen sind in diesen Fällen ebenfalls die §§ 74 und 75 SächsKomZG maßgeblich.

III. Kommunale Arbeitsgemeinschaften

Da kommunale Arbeitsgemeinschaften gemäß § 73a Abs. 3 S. 1 SächsKomZG keine die Mitglieder bindenden Beschlüsse fassen können und darüber hinaus die Zuständigkeit der Organe der einzelnen Mitglieder unberührt bleibt (§ 73a Abs. 3 S. 2 SächsKomZG), besteht insoweit kein Bedarf für aufsichtsrechtliche Maßnahmen. Adressat wären zudem ausschließlich die Mitglieder der Arbeitsgemeinschaft, da dieser der Status einer juristischen Person des öffentlichen Rechts fehlt. 64

Stichwortverzeichnis

Fett gedruckte Zahlen verweisen auf das Kapitel, die Standardzahlen verweisen auf die jeweiligen Randnummern

Z